国家哲学社会科学成果文库

NATIONAL ACHIEVEMENTS LIBRARY
OF PHILOSOPHY AND SOCIAL SCIENCES

中国特色社会主义法治道路的理论创新与实践探索 （第三卷）

汪习根　等著

人民出版社

第六篇

法治理论篇

第　一　章

良 法 善 治 论

贯彻中国特色社会主义法治理论是中国特色社会主义法治道路的第三层核心要义。以习近平法治思想为根本指导，阐释和研究中国特色社会主义法治理论，对始终坚持和不断拓展中国特色社会主义法治道路具有重大意义。习近平总书记指出："推进全面依法治国是国家治理的一场深刻变革，必须以科学理论为指导，加强理论思维，不断从理论和实践的结合上取得新成果，总结好、运用好党关于新时代加强法治建设的思想理论成果，更好指导全面依法治国各项工作。"① 为此，应当注重推陈出新，在创造性借鉴人类法治文明成就的基础上，不断创新发展中国特色社会主义法治理论。

从法律到良法，从治理到善治，人类对治国理政和依法治国的理论认识不断深化，价值透析不断深化。党的十八届四中全会决议明确指出，"法律是治国之重器，良法是善治之前提"。这标志着法治中国建设正在走向全新领域，发生革命性的变化，那就是：从什么是法治，为什么实施法治转向我们需要一个什么样的法治以及建设怎么样的法治，也就是从治国理政到"治好国""理好政"。习近平总书记指出："人民群众对立法的期盼，已经不是有没有，而是好不好、管用不管用、能不能解决实际问题；不是什么法都能治国，不是什么法都能治好国；越是强调法治，越是要提高立法质

---

① 习近平：《论坚持全面依法治国》，中央文献出版社 2020 年版，第 6 页。

量。"① 同时，强调"没有全面依法治国，我们就治不好国、理不好政"②。前者实质上表达了对良法的美好期许，后者则凝聚着对善治的深度思考。既然良法和善治是中国特色社会主义法治的基本要求，那么究竟该如何解读和揭示中国特色社会主义法治视野下的良法善治理论，便是一个亟待深化研究的重大现实和理论问题。

第一节　良法的思想源流

良法善治是治国理政的基本追求，是全面依法治国的最佳境界。如何对良法善治进行理论的定位，学术界进行了有益的探索，形成了种种富有见地的不同主张。张文显教授认为，法治就是"良法之治""良法善治"（good governance of good law）③，并提出了法治进化的两个阶段——人治到以法而治以及依法而治到良法善治，而这种变迁意味着公共治理模式的革命，以法律的"人化"消解了"法律暴政"，实现了形式正义与实质正义的统一。④ 姚大志教授提出，良法善治是超越法治的一种政治理念。⑤ 周安平教授则指出，善治优于法治的论断可能会导致法治的特征模糊不清，法治和善治的关系并非后者优于前者，法治反而是最大的善治。⑥ 这些争议表明，尽管学界对于良法善治持肯定态度，但在具体认识上仍存在一定的差距。⑦ 正如《牛津法律大辞典》所指出的："法治是一个无比重要……但未被定义，也不是随便就能定义的概念。"⑧ 但如果从历史的角度对法治一词本身的变迁，以及法治是否应然地包含价值指涉下的良法善治进行梳理，则可以发现，基于价值理性和工具理性相互融汇的良法善治之分析，对充实现今的中国特色社

---

① 《习近平关于全面依法治国论述摘编》，中央文献出版社 2015 年版，第 43 页。
② 《习近平关于全面依法治国论述摘编》，中央文献出版社 2015 年版，第 15 页。
③ 张文显：《法哲学通论》，辽宁人民出版社 2009 年版，第 406 页。
④ 张文显：《和谐精神的导入与中国法治的转型——从以法而治到良法善治》，载《吉林大学社会科学学报》2010 年第 3 期。
⑤ 姚大志：《善治与合法性》，载《中国人民大学学报》2015 年第 1 期。
⑥ 周安平：《善治与法治关系的辨析》，载《法商研究》2015 年第 4 期。
⑦ 郑玉双：《实现共同善的良法善治：工具主义法治观新探》，载《环球法律评论》2016 年第 4 期。
⑧ ［英］M. 沃克：《牛津法律大辞典》，李双元等译，光明日报社 1988 年版，第 790 页。

会主义法治理论具有相当重要的理论意义。

一、西方良法思想渊源

从一般法治理论来看，良法和善治并不能截然分离。戴雪对于法治概念的构造是相对较早的权威性解读，他基于对宪法基本原则的阐释，认为法治主要包括三个层次：一是法律具有最高权威性，以此来限制政府的专断权力；二是法律面前人人平等，公职人员不具有超常地位；三是认为宪法其实是私人权利之结果，并非私人权利之原因。① 当然，戴雪的观点在后期也受到了不少批判，但以此为法治概念的一个重要锚点进行延伸思考并不无可。向前追溯，从最古老的著述来看，亚里士多德曾阐述了法治的两个维度，向后索骥，经典的是富勒对法的内在道德刻画的标准，而后者对前者的批判继承，正好划分出了实质良法论和形式良法论的区别。

亚里士多德在其《政治学》中提出了到底人治和法治哪个更为可取的经典问题，并且给出了著名论断："法治应当优于一人之治"。② 他把法律界定为权威仅仅由上帝和理性赋予，因此不受欲望影响的智慧，而一旦人被赋予权威，就等于放任欲望的野兽去侵蚀理性。亚里士多德对于法治重要性的论断并非幻想，他深刻分析了人性的弱点以及城邦制度发展的历史，将法律的秉性与人的秉性进行比较，认识到不受约束的势力是整体稳定的潜在祸患。法律是理性的体现，而理性的人也总是在追求制定出理性之法，以期实现太平统治，所以良法的愿望也反映着人的理性。

法治是如此之重要，良法也是人之所求，亚里士多德早在公元前即开始思索法治之标准——已成立的法律获得普遍的服从，而大家所服从的法律又应该是制定良好的法律。这两重意义可以总结为法律的权威性和法律的优良性，如果国家的公民忽视且不遵从已制定好的法律，这显然并非法治国家，如果国家的法律无视人民的诉求，是被人人所唾弃的恶法，那么无法得到公民拥戴的法律也不是法治国家的基石。亚里士多德的论证环环相扣，先抛出问题，然后指出法治的重要性，进而又为法治划分了两个标准，"法律被普

---

① ［英］戴雪：《英宪精义》，雷宾南译，中国法制出版社 2001 年版，第 4 页。
② ［古希腊］亚里士多德：《政治学》，吴寿彭译，商务印书馆 1997 年版，第 167—168 页。

遍服从"以及"被服从的法律是良法"二者缺一不可。虽然他并未明确阐释什么样的法才称得上良法，但已为后来者奠定下了深厚的思想基础。

除此之外，传统上，学界对亚里士多德法治观的分析多止于权威性和良法性，这也与亚里士多德自身在论述时提到的"两重意义"有关。但笔者认为，这两重意义后还隐藏了另一个至关重要的前提，即"已成立"。只有通过正常、合理、合法途径成立的法律，才能进而去讨论它是否具有权威性以及是否符合大众的价值取向。从亚里士多德的论述中也能窥见这一点："法律也有好坏，或者合乎正义或者是不合乎正义。这里，只有一点是可以确定的，法律必然是根据政体（宪法）制定的。"① 在此，可以先不讨论这段话后半段把正义的价值纳入讨论的部分，仅看前半段，根据宪法制定，也即符合程序正义的制定的法律，才能被称之为"已成立"，只有"已成立"的法律，才是判断是否为法治所要求的理性之法的判断起点，这一点绝不可忽略。

法治理论发展到近现代，法理学家富勒又在继承亚里士多德良法论的基础上做出了新的经典界定："法治是规则治理之事业"。② 富勒终身关心的一直是"良好的社会秩序何以可能"这个问题。如果对这个问题进行进一步划分，则有两个分问题，作为个体的人如何坚持善的生活或者说如何始终坚守道德规范，以及由个人组成的社会如何保证这种坚持。由于"善"所代表的价值倾向多种多样，因此需要努力诉诸于某种一般规范来实现良好的社会秩序。富勒认为，法律是人类社会必不可少的一环，法律也无法脱离社会而单独存在，因此法律的合法性论证离不开法律的目的性和道德性，而法律作为一种目的性的规则治理事业，最终是一种有目的的人类持续努力构建良好社会秩序的过程。为此，其理论的一个重要锚点就是提出了法治的八项原则，也即法的"内在道德"：法律的一般性、法律必须公布、法律非溯及既往、法律的清晰性、法律内部的一致性、法律的可行性、法律的稳定性、官方行动与公布规则之间的一致性。富勒指出："法治的精髓在于，在对公民采取行动时，政府将忠实地适用规则，这些规则是作为公民应当遵循，并且

---

① 北京大学哲学系编译：《古希腊罗马哲学》，三联书店1957年版，第323页。
② ［美］富勒：《法律的道德性》，郑戈译，商务印书馆2005年版，第113页。

对他的权利和义务有决定作用的规则而事先公布的。如果法治不意味着这个，它就没什么意思。"① 一致性原则可以说是八项法治原则中最为关键和复杂的一项，它涉及立法、司法和行政的步调统一，维持这种一致和统一是法院的主要任务，也是执法者自身应有的理念。

当然，富勒同时指出，法的内在道德，也即法治的八项原则并不是绝对的，它们只是实现某种目的的方法，也是实现法的外在道德的基本前提。这种目的性的事业法律观"显然是从亚里士多德伦理学中得到的指点。可以说，富勒的'目的'概念是从亚里士多德'善'中得到的启发。"② 人的活动并不是绝对意义上的杂乱无章，而是总有理性目的或者向善目的的，因此，正确解释和认知人类行为及其规则的前提条件就是理解其行为所指向的目的为何。

结合上文中提到的亚里士多德良法之治的法治观可知，其中"普遍的服从"和"良好的法律"这两个核心要素对应到富勒的法治观中，就是"规则治理"和"法律的道德性或目的性"。不过，二者相似却又不完全相同，一方面，富勒强调法律是一种动态的、持续有目的的事业，这种"良法"的实现存在度的问题，并不必然的在任何国家的任何时期都能完美实现，即法律确实存在不完全实现的形态；另一方面，富勒所言的这八项法治原则在伦理上具有中立性，也即一种形式意义上的道德，这种中立的态度显然与亚里士多德极力推崇的正义价值取向的实质良法论有所不同。但这种内在道德理论的实质是寻找法律的正当性基础，具有此种正当性的法律即为良法，以此来说服人们服从这种良法，也是为法律的遵守寻找到了一种道德基础。亚里士多德的良法论同样也试图为法治或者法律寻找一种道德基础（正义），这也是他所言良法的判断标准之一。③

富勒的这种形式良法论认为，不符合这种内在道德的法律就是恶法，或者根本无法称之为法律。恶法既然并非法律，自然无需服从或遵守。至此，

① ［美］富勒：《法律的道德性》，郑戈译，商务印书馆2005年版，第121页。
② Willem J. Witteveen and Wibren van der Burg, *Rediscovering Fuller*: *Essays on Implicit Law and Institutional Design*, Amsterdam University Press, 1999. pp. 239-240.
③ 对此论述详见王人博、程燎原：《法治论》，山东人民出版社1998年版，第11页。同时，李龙教授的《良法论》将良法归纳为三个标准，即价值标准、程序标准与形式标准，这是融合过去不同守法理论之紧张关系的一次理论尝试与突破（参见李龙：《良法论》，武汉大学出版社2001年版）。

良法的讨论又与一个新的概念"恶法"紧密联系起来，这也使得我们把目光转向自然法学与分析法学之间恶法非法与恶法亦法之间的论战。

这场论战称得上是西方法学理论演变的历史过程中非常值得深挖和关注的主线之一。一般而言，自然法学作为具有明确价值倾向的法学理论，大多主张"恶法非法"，分析法学的实证主义使得它更多的主张"恶法亦法"。这种总体上的判断相对容易，但恶法的理论源泉从何而来？恶法亦法是否全然地不利于法治、不利于良法？这一系列的理论问题仍需梳理和澄清。

如前文所述，良法的理论源头可追溯至亚里士多德的实质良法论，其诸多理论对后世良法和法治理论的发展起到了引导作用。而恶法亦法的理论萌芽，甚至更早于良法理论的出现，是苏格拉底用自己的生命诠释了恶法亦法理论的精髓。

苏格拉底在晚年被雅典普通法院判决有罪，当时他有三条路可以免去一死：一是向法院诚心认罪道歉，请求法院宽恕，以换取较轻微的处罚；二是通过向法庭缴纳一定数量的罚款来免除死刑；三是顺从朋友安排秘密逃离雅典。但是苏格拉底不愿出卖自己高贵的灵魂苟且认错，也不拒绝赎买生命，同时又毅然拒绝逃避雅典法律给予的死亡判决，即使做出判决所依据的法律是完全荒谬和不正义的，最终他慷慨赴死，希望以此能换取雅典人的清醒。

之所以称苏格拉底的言行只不过是恶法亦法的思想萌芽而非理论源头，是因为苏格拉度对恶法亦法的理论并非有清晰而系统的理论认知，而是一种对法律无条件遵从的信念。同样在古希腊，也有人对法律持与苏格拉底截然相反的态度，《安提戈涅》中安提戈涅没有遵从国王的法令，安葬了自己背叛国家的弟弟。这两种态度的迥异冲突，预示着此后法学界对这个问题根源的争论不休：法律和道德之间关系究竟何解？到底是"恶法非法"还是"恶法亦法"？

在西方思想史中，"恶法非法"的代表自然法学派认为，邪恶的、不符合正义的法律不是真正的法律。这一理念自然而然地反映出了对个体理性、人文精神的极大关怀，是对善和民主的追求，对不平等和专制的反抗。古典自然法学坚持实在法和自然法的不相分离，自然法是人理性的最高体现，包含了正义、平等和自由等最完备的自然权利，而法律就是对这种自然权利的确认和保护。新自然法学派则把研究推进到对程序正义的要求，比如富勒提出了法律具有内在道德和外在道德，法西斯国家的法律并不满足内在道德的要求，因此是恶法，也不能称之为法律。

"恶法亦法"的理论代表是以边沁、奥斯丁和凯尔森为首的分析法学派，他们坚持道德和法律的分离，同时他们也并不否认实践中道德和法律相互影响的情况。奥斯丁的经典论述认为，实在法是主权者的命令，主权者基于政治地位而具有的优势才是法律的本质，所以并不存在所谓更高的法。"如果用恰当的理由去证明一个法律是有害的，那么这一证明本身是十分有益的，因为这样一种证明过程，可以导致人们废除有害的法律。……但是，普遍地公开宣布法律是有害的，……这种行为本身是怂恿无政府主义。"[1]他列举了以下几个理由：（1）违背道德的法律，即便得不到民众的支持，也无法否认其本身的"主权者命令"之本质，其强制力并不会因为民众的反对而丧失；（2）自然法学派所谓的良法和恶法的标准并无其绝对的客观真理性，因为上帝之法或者理性法非明确存在，而是某些人的价值判断；（3）与理性法相悖的法即无拘束力是站不住脚的。[2]

后期，新分析法学派继承了奥斯丁法律与道德相分离的命题，凯尔森试图建立纯粹的法律，将法律视为社会的一种技术，而非道德或政治上的问题，道德和法律在内容上不存在一致性，仅具有形式上的共通性。"法律和道德的区别不在于两种秩序所命令或禁止之事，而在于他们命令或禁止一个特殊的人类行为的方式。"法律是一种"强制秩序，即规范秩序"，而道德的作用仅仅表现在"赞许"或"非难"。[3]哈特虽反对奥斯丁的"法律命令说"，认为其缺少法律规则而无说服力，但仍然坚持"道德上邪恶的法律还是法律"的观点。"一个明显非道德的法律，如民族主义的种族法律，在原则上也具有法律的特点，因为'实证的'法律理论，以其宽泛被理解的法律概念，也包容这不正确的（非公正）的法"。[4]

基于对二战的反思和战后人性、人权和人文主义的呼唤，分析法学派迅速败下阵来。因为按照分析法学派的观点，德国制定的法西斯法律，符合立

---

① 朱峰：《法律实证主义的命题研究》，载《法学论坛》2006 年第 6 期。

② 李龙：《良法论》，武汉大学出版社 2001 年版，第 4、23 页。

③ 张文显：《二十世纪西方法哲学思潮研究》，法律出版社 1996 年版，第 402 页。

④ ［德］考夫曼：《当代法哲学和法律理论导论》，郑永流译，法律出版社 2002 年版，第 163 页。

法的正当程序、逻辑要件和形式要求，足以成为法律，但希特勒也正是在这些法律的包装下把种族大屠杀合法化。如果不对这些受到"合法"残害的民众给予赔偿，不对制定恶法、犯下战争罪的战犯处以刑罚，又如何实现真正的正义呢？新自然法学派将"恶法非法"的理论重新焕发出光彩，是历史的必然，也是世界民众的呼唤。

综合上述所有的梳理，我们可以发现法治及与其密切相关的良法论在西方思想史上的前进主线，从古希腊亚里士多德对法治的二重标准讨论开始，道德与法律关系混淆不清，后人试图在扬弃相关理论的基础上更加细致地探讨良法之治的具体内涵，自然法学派与分析法学派站在道德与法律的两边摇旗呐喊，共同推进了良法理论在西方的发展。

二、中国良法思想渊源

中国也有自己的良法理论渊源。法治在不同的历史时期有不同的含义，在春秋战国时期，法学家就提出了"以法治国"的理念，不过此种含义上的法，并非现代意义上的法律。中国古代的法律是严刑峻法，诞生于君权神授的君主专制统治，此所谓"夫生法者君也，守法者臣也，法于法者民也"①。中国古代的法律本质上是为专制的统治阶级服务的工具，漠视人权和理性，也并非是法律面前人人平等。但是，即使是这种专制之法，在德主刑辅的思想指引之下，仍存在着"良善之法"的痕迹。"立善法于天下，则天下治；立善法于一国，则一国治"②，"法令者，民之命也，为治之本也"③。

古代礼法社会之良法，由礼典、律典和礼俗习惯法三部分组成。其中，礼俗习惯法使礼法精神成为一种生活的常理、常情、常识，实质上是一种"无法之法"④，即法上之法。统治者们在治理实践中逐渐醒悟，法律中"良"的成分越多，则统治更加稳固。

毛泽东在早年的文章《商鞅徙木立信论》中敏锐地察觉到了良法之治

---

① 《管子·任法》。
② 《王安石文集·周公》。
③ 《商君书·修权》。
④ 俞荣根：《礼法之治：传统良法善治方略钩沉》，载《法治现代化研究》2017年第5期。

的优势。他在文中写道："法令者，代谋幸福之具也。商鞅之法良法也。"商鞅"徙木立信"的典故出自《史记·商君列传》，秦孝公选用商鞅之策力图变法图强，虽然政策利国利民，但变法怠于百姓对统治者的不信任而进展缓慢。商鞅为赢得百姓的信任，言之若有国民能将南门的三丈长杆搬运至北门者，即赏黄金，后有人尝试，果真得赏，百姓重拾对统治者的信心，也坚定了追寻改革变法的步调，自此改革顺利推进。"徙木立信"这一做法反映出商鞅改革图强的决心以及践行法治的态度，遂成佳话。

毛泽东在文章中先是讲述了法律谋求国民幸福的作用和意义，在普遍性上界定了恶法与良法的区分，认为良法造福民众，恶法损害福祉。但他随即提出了一个令人深思的问题，商鞅之法是为良法，为何最初推行不畅，以至于要采取徙木立信的方式取信于民？执政者的腐败、欺压、前期政府屡次的失信于民，法与民、国与民之间断了联系、失了信任。因此，为政者的法律、政策必须以民为本，以人民利益为出发点和落脚点。如果法律有益于民，人民会自动去维护法律，反之，人民就会与政府对立起来。同时，执政者与执法者必须将法律与行为统一起来，有法必依，取信于民。"法令既行，纪律自正，则无不治之国，无不化之民"，这篇文章虽然短短数百字，但其敏锐的视角与精辟的论述令人叹为观止，被评价为"实切社会立论"。虽然这里对商鞅之法的评价有其特定时代的思想痕迹，但其对于良法的论述，对法与民的关系的认知，仍对此后探寻中国特色社会主义法治理论产生了深远影响。

中国共产党深刻分析了世界各国在不同历史时期不同种类和作用的法治模型，提出了具有中国特色的社会主义良法理论，并将其精华聚集为一句话，法律是治国之重器，良法是善治之前提。而这种在实践总结和理论创新中不断完善的法治理念与法治模型，意味着我党又进一步完善了法律治理工具，也意味着中国特色社会主义的现代法治，是形式上的法律之治和实质上的良法之治的有机统一。① 从十八大到十八届三中、四中全会以至十九大，党一直坚持不懈地在探索中国特色社会主义法治的理论和实践创新，为了适

---

① 张文显：《习近平法治思想研究（中）——习近平法治思想的一般理论》，载《法制与社会发展》2016 年第 3 期。

应改革开放的新形势，有效回应社会转型期出现的各种现实问题与矛盾，在及时总结和回应依法治国方略推进过程中的经验和问题的基础上，顺理成章地提出了全面推进依法治国的一系列理论性概念，填充了中国特色社会主义法治理论的框架和基础。在推进法治建设的过程中，进一步完善中国特色社会主义法律体系就是以实现真正意义上的良法为目标，不仅维护法律的权威和稳定，同时最大限度地保护公民的权利和自由；不仅使法律真正造福人民和社会，也使人民真心拥戴法律、信仰法治。

第二节　良法的概念构建

一、良法的概念构造

尽管在上文中已经梳理了西方从古希腊到现代的良法渊源和理论，也论述了中国古代良法思想萌芽和社会主义良法观，但依然没有给良法下一个明确的定义。在学界，对何为良法这个问题也是众说纷纭，但无论形式主义还是实质主义的良法观，在目前中国特色社会主义的法治实践中，都不否认良法中的"良"，既应是道德层面的良善，也是价值层面和功能层面的优良。对此，习近平总书记曾在不同的场合下提出过两个论断，解释了中国特色的社会主义良法，以实现形式法治和实质法治的统一，把社会主义核心价值观融入法治体系，这构成新时代良法的内核。第一个论断是："法律是什么？最形象的说法就是准绳。用法律的准绳去衡量、规范、引导社会生活，这就是法治。"① 第二个论断是："要抓住提高立法质量这个关键，深入推进科学立法、民主立法，完善立法体制和程序，努力使每一项立法都符合宪法精神、反映人民意愿、得到人民拥护。"② 前者是对形式法治的要求，后者是对实质法治的要求，这两个要求也抓住了法治理论的核心要义——良法善治。

---

① 习近平：《在中共十八届四中全会第二次全体会议上的讲话》，载《习近平关于全面依法治国论述摘编》，中央文献出版社 2015 年版，第 8、9 页。

② 习近平：《在庆祝全国人民代表大会成立六十周年大会上的讲话》，载《习近平关于全面依法治国论述摘编》，中央文献出版社 2015 年版，第 47 页。

整合以上分析，对良法的定义，我们认为，在价值优良的"一元论"、形式法治与实质法治互动的"二元论"和实质、程序和形式良法之"三元论"基础上，有必要提出一种内涵更为丰富、要素更为充实的涵摄了价值性、程序性、规范性、调控性和系统性的"五元论"良法观。循此，良法可被界定为是在一套价值体系导引下依程序理性而构建的内在自足和外在协调的法律规范体系。对这一"五元论"良法观，可具体分解如下：

一是价值优良。公平正义、自由平等、民主人权、秩序与效率，都是良法的必备价值。只有涵摄了这些美好价值的法才是良法。但是，在理论界，有两个问题始终没有解决好：良法的诸多价值究竟应如何排序？良法诸要素何者为首？我们认为，对于前者，尽管不同时代存在不同的价值观，但仅就价值形式而论，公平正义始终是核心价值，人权民主应当是终极价值，秩序安定是基本价值，效率与效益则是一般价值，不可也不应置于核心地位。经济学领域的效率优先、兼顾公平不能直接照搬到法律之中，良法的艺术魅力正在于通过对市场自由与平等的高质量平衡来体现效率。对于后者，尽管良法的构成要件不止一个，但是，在所有形式、程序或实质性的要件中，价值的良善是首位、首要的。良法之良，首当其冲的是价值优良，没有价值上的优良，其他一切形式或实质理性均会迷失方向。

二是程序民主。立法究竟是谁的利益与意志的集合？究竟是统治阶级意志还是人民意志的反映，对这一困扰法理学已久的本体论问题，仁者见仁智者见智。其实，良法论可以也应当有效地回应此一问题。至少在程序上，良法必须是经过公开透明、严谨科学、全面开放、公共参与其中的步骤、形式与环节来凝聚共识，体现民意，彰显公平。其中，需要解决的关键问题是立法程序应进行怎样的设计才能最大限度地吸引社会主体最广泛地参与其中并且最为真实地反映多数人的意志与意见。程序"失真"是法律"不良"的关键制约因素之一。在法治的视野里，司法执法者，如果有失公平正义，必当追求责任。但对立法存在的问题，似乎不存在什么国家责任。这固然与民主立法、代议制有关。但是，代议制不能成为规避立法之法律责任的借口。尽管通过宪法、立法法等相关规范规制了立法程序与立法者的责任，但是，在实践中应该进一步强化。在理论上，处理好民主、开放与责任、负责之间的关系，促进代议制民主在程序理论上发展，对于立法程序完善至关重要。

　　三是内在和谐。良法是一个内在和谐有序的规则构造，包括：（1）法治化取向。法治之法与非法治之法之间既有价值上的分野，也有规则上的区别。对立法的法治化分析，要求法律本身作为一个内在的自足的概念，必须在逻辑规则本身充分体现法治的形式要求以期达致法治之实质理想。这表明，立法必须是明确的肯定的普遍的一致的规范系统，具有适应性适宜性，前后法之间保持协调性和人本化人性化的取向性，法不溯及既往，两利相较取其大、两害相较取其轻，法律应该是相对稳定而非变动不居，等等。①（2）结构性安排。从法律体系的构建、法律部门的分设、规范文本的设定，到法律关系的厘定、权利义务的分配、法律责任的设定，都应当被系统化地融入良法体系构建这一系统工程的考量之中。例如，法典化还是单行法化抑或法典与单行法两者共存？这是两大法系之争的一个重大问题，至今依然存在诸多问题难以解决。如何处理法典与单行法的关系，法典下的结构应该如何安排？对此，良法必须做出科学的回答。（3）地域性考量。治大国如烹小鲜，但是大国的法治之于小国的法治有所不同。在立法上，不同区域的法律规范存在诸多差异。地方法治与国家立法之间的一致性与差别化共存，反映了法治文化的多样性的统一。良法既要谋求立法的统一，又要保持必要的差异与个性，如少数民族地区、不发达地区、乡土气息浓厚的传统地域，民间法、地方法的色彩较之于其他地域便更为浓厚，而这种不同正是维系特定地理空间法治秩序的奥妙之所在。无论何种政体与国家结构形式，均或多或少地均要考虑到空间上的立法差别、个性与统一、融合的互动关系。（4）矫正性审查。通过明确定位宪法、法律、行政法规与命令的层级性、效力性与可审查性，对立法行为加以规范，对立法文本进行宪法审查，对立法进行及时废改。这是实现立法和谐一致的保障性手段。

　　四是调控力强。良法应当具备对外部社会关系的强大调控力和高超的调整技艺，为善治奠定牢固根基。体现为以下特征：（1）质效性。良法对调整对象的规制与调控应当是高质量高水准的，既涵摄着对象性世界的客观特性，又最大限度地满足主体合理需求，还能在情理法之间谋求最佳关系，最

---

　　①　无论是富勒、菲尼斯还是拉兹，都提出了法治的八原则，尽管在具体内容上不尽一致，也广泛涉及立法、执法与司法，但在立法上大体上都展示了关于规则内在和谐一致的法治特性。

有效地配置权利义务与责任。（2）全面性。良法的覆盖范围虽然不是也不可能是全部社会关系的每一个层面或各个侧面，但应当对社会关系的主要方面进行尽可能地加以调整。对于那些看似无法调节的领域，可以运用软法规范加以调整。法理、情理、公理、规律、交易习惯、公序良俗、乡规民约、团体章程、自治规范等，应当在法治中发挥最大功效，以社会法治、地方法治、基层法治弥补国家法治之不足。（3）衡平性。良法对利益关系的衡量具有独到性、科学性和技巧性，无论是对权利的呵护，还是对义务的配置，抑或是对责任的设定，都要最大限度地加以明晰化、有序化、合理化。在权利时代，良法不只是某一个或某一类主体而是全体社会成员共同的护身符，公平分配权利、平等保护每一个主体的合法权益，是良法的应有品性。而良法并不能因此成为平均主义的代名词，对弱势群体、贫困人口或被边缘化人群，应当赋予特别优惠待遇，实行政策性平衡的干预原则，确保主体权利不因先天或后天因素而削减或流失。（4）强制性。在良法的争论中，历来都有法的强制性与选择性之争。也就是，对于所谓不符合良善价值的实在法，能否公然废弃不用？这是困扰西方分析法学和自然法学已久的关键问题。我们认为，任何走极端的方法都是不可取的。既不能任意宣布某一现行法律为恶法而妄加违反，也不能任由恶法泛滥成灾，而应建立恶法的甄别机制与法律内部的及时矫正机制，尤其是在立法尚未对此作出回应而司法又不得不高效地作出选择时，不能坐等立法或简单地僵硬地适用规则主义，而是要赋予司法自身的能动性和自由裁量权。在立法时，应当以法律原则涵括规则无法囊括的事项，为法律纠偏提供合法性依据。（5）适度性。法律的调控不能也不必事无巨细、面面俱到，应当注意解决调控的力度、限度、强度三方面问题。例如，究竟是采用强制性规范还是选择性规范，究竟是选取惩罚性规范还是提倡性规范？其实，在一定条件下，可以同时使用两种规范模式，以便充分发挥法律的抑恶扬善功能。如果一味采用"促进法""奖励法""示范法"的规范模式，势必会失去法的权威性和有效性，使法律等同于政策或道德约束；反之，也要防止完全背离人本主义法律观而走向惩罚主义或法律恐怖主义。（6）预见性。法律不只是事后惩罚的工具，更是一种行为规范，具有引领性、导向性。其作用机理在于法律的预测性、超前性和可预见性，通过对社会关系的事前预知与预设，导引主体行为方向与行为路径。

　　五是系统整合。合乎逻辑性是良法的基本要求，良法是一个层次分明、结构严谨、有序互动、连为一体的法律系统。这一内在逻辑构造必须具备：（1）法律文本之间的逻辑性。也就是从最小构成单位到一个子系统再到法律大系统，对法律要素之间、法律规范之间、法律条文之间、法律规范性文件之间的内在关联性进行深入研究，确保系统的各个层次、结构、子系统和总系统内部及其相互之间的协调一致。消除法律之间的张力、矛盾与冲突。尽管法理上为消除法律冲突已经形成了后法优于前法、特别法优于一般法、国际法优于国内法之类的原则，但是，法律系统内部各个组成部分之间的冲突依然存在，有时还较为突出。这就告诉我们，应当在这些原则之下，进行进一步研究，形成更为精准和优化的冲突规则和细则，并辅之以释法、变法之类的手段，以期在根本上消解法律系统的矛盾。（2）立法与造法、释法之间互动性。在现代社会，立法在狭义上仅指代议机关创制依照法定程序创制或确认的法律，而从广义上看，无论是对法律的立法、司法和行政解释，还是在英美法系的法官造法，都在实质上起到法律的规范强制作用。为此，一方面，应正确处理立法与造法之间的关系，明确在法的创制中立法者和法官的权限划分。大陆法系与英美法系不同，虽然不承认法官造法，但是判例对司法的作用力也是不可忽视的。例如，我国实行的案例指导制度，尽管不是立法或司法解释，没有立法上的法律效力，但是法官判案时"应当参照。"① 这里使用的"应当"而非"可以"，"参照"而非"参考"。对于"参照"的理解和把握，应当明确两点：一是在效力强度上低于"依照"，二是在效力底线上应该做到类似案件类似判决，而不得自行颠覆同类的指导性案例。但是，无论如何，造法或案例的效力均应低于立法。另一方面，正确处理立法与释法的关系，明确释法的地位、层级。克服法律解释比被解释的法律在数量上要多、在功能上更有用、好用、管用的局面。一个完善的良法系统，应当是始终以宪法法律为主体和主干的，法律解释永远只是下位的。（3）立法与变法之间的调适性。立法往往具有稳定性、可靠性和连续性，这是良法的起码要求。但是，良法本身应当蕴含着自我修复、修正和修

① 最高人民法院于 2010 年 11 月 26 日颁布《关于案例指导工作的规定》，在第八条中首次确立了案例指导制度，并明确了指导性案例的法律地位与法律效力。该条规定："最高人民法院发布的指导性案例，各级人民法院在审判类似案件时应当参照。"

改的功能。所谓修复，是指良法具备特定的规范形态、规范程序与规范手段以实现对来自于特定法律之外的其他规范的冲击和源自外部的损害。所谓修正，是指在保持宪法法律效力不变的大前提下以修正案的形式对宪法法律加以修改完善。所谓修改，则是对立法的规范文本内容或结构进行较大程度的改变以使之适应社会变迁和利益变动的需要。维持法律效力连续不变是法律稳定的基础，而变法也是保持立法稳定性的路径。但是，变法不宜过于频繁，而且变法本身必须在法治轨道内进行，应当由宪法依据和立法机关的授权，否则，如果法律总数变动不居或朝令夕改，便无以构建起系统化的良法。

二、良法的基本特征

对良法的基本特征，可归结为以下四大方面：

（一）主观性与客观性的统一。良法是最大多数人主观意志和利益的充分反映，具有鲜明的主观性。同时，良法又是对客观规律的充分尊重、摹写与反映的结果。立法者"不是在创造法律，不是在发明法律，而仅仅是在表述法律，他把精神关系的内在规律表现在有意识的现行法律之中"[1]。问题的关键并不在于是否具有主观性和客观性，而在于反映主观意志和客观规律的边界与程度、程序与方法。对主观性的彰显，意味着对立法公正的呼唤；对客观性的突出，表征着立法真实的秉性。

（二）道德性与逻辑性的统一。如前所述，良法蕴含着良善的价值理念，将抽象的德性、人性与具象的理性、灵性有机结合，才能赋予良法以鲜活的生命之躯。尽管不同场域下对德性、人性与理性、灵性的解读各不相同甚至完全相反，但是，作为价值与逻辑的融合体始终是良法不变的特质。可见，良法是真善美[2]的集合。

（三）回应性与固有性的统一。良法对社会的回应度极高，回应性是良法的必备品质。"社会不是以法律为基础的，那是法学家们的幻想。相反地，法律应该以社会为基础。"[3]立法应以变化的目的为导向，回应现实社

---

[1]　《马克思恩格斯全集》第 1 卷，人民出版社 1995 年第 2 版，第 176 页。

[2]　关于法律的真善美，参见吕世伦：《法的真善美》，法律出版社 2004 年版。

[3]　《马克思恩格斯全集》第 6 卷，人民出版社 1961 年版，第 291—292 页。

会预期。从压制到自治再到回应是良法的一个发展路向。① 良法必定随时代的变迁而变迁，没有整体意义上不变的良法，但是良法也含有内在不变的独特要素，良法的固有性绝不意味着墨守成规，而是善于吸纳人类法律文明史上亘古不变的经验法则和公理，内含着自身的规律性识见和规范技艺。例如，关于一事不二理的程序性良法原则、公序良俗方面的实体性良法原则。

（四）实体性与程序性的统一。对于实体与程序的关系，学者历来存在分歧。有的认为，实体优于程序；有的认为，程序比实体更为重要；还有的认为，实体与程序同等重要。我们认为，良法视野下的实体与程序问题不同于实体法与诉讼程序法上的论争。但是，实体问题与程序问题在良法中的作用均不可忽视。在不同场景和语境下，随着法律规范体系构建过程的推进，其立法的重心应该有所不同。法律作为社会关系的调控器，首先应该分配好实体性的权利义务，但对于分配权利义务的程序机制应给予高度重视。在此，我们把立法中的程序机制分为两种：一是作为专门法的特设外置型程序机制，二是作为整合进实体立法之中的内嵌式程序机制。一部良法应当适度地嵌入关于废改立的程序机制，以确保适时地进行自我净化、进化与优化。

第三节　良法的中国特色

在吸收古今中外已有良法思想合理成分的基础上，在新的历史时代，中国特色社会主义的良法观逐渐形成。这种新时代的良法观，在实质层面上融合了社会主义核心价值观，为法律规范体系确定了鲜明的价值导引；而在形式层面上，新时代对良法构造提出了三个新要求：一是科学立法，二是民主立法，三是依法立法。对此，党的十九大报告指出，应"推进科学立法、民主立法、依法立法，以良法促进发展、保障善治"②。这不仅丰富了十八大的良法善治理论，也为良法的最主要的实现形式——立法，提供了切实可行的具体标准，即立法方式的科学、民主以及依法，这是我国立法认识论的

①　关于回应型法的描述，参见［美］P. 诺内特、P. 塞尔兹尼克：《转变中的法律与社会：迈向回应型法》，季卫东、张志铭译，中国政法大学出版社 2004 年版。

②　习近平：《决胜全面建成小康社会，夺取新时代中国特色社会主义伟大胜利——在中国共产党第十九次全国代表大会上的报告》，载《人民日报》2017 年 10 月 28 日。

巨大进步和飞跃，具有极强的理论和实践意义。

一、良法的核心价值

新时代中国特色社会主义良法观，除了吸收传统的道德层面上的理性、正义、善等价值之外，最重要的目标就是如何把社会主义核心价值观的重要内容全面融入到中国特色社会主义法律规范的体系之中。把社会主义核心价值观纳入良法理论、渗入法律规范体系建设，不仅能赋予中国新时代法治以中国特色社会主义理论的价值观灵魂，又能实现社会主义核心价值观从"软性要求"到"硬性规范"的推进，是不断展开国家治理体系和治理能力现代化进程的良策。

（一）意义发现。富强、民主、文明、和谐；自由、平等、公正、法治；爱国、敬业、诚信、友善。这短短的 24 个字不仅仅是国家层面、社会层面和个人层面价值标准的统一，也反映出了社会制度的本质与活力。习近平总书记在北京大学师生座谈会上指出："核心价值观，其实就是一种德，既是个人的德，也是一种大德，就是国家的德、社会的德。"① 因此，核心主义价值观这种既反映了人民的诉求与权利，又反映了国家德行和社会的价值倾向，与良法对个人、社会和国家的要求完美契合，使得二者在法治建设和国家治理的实践中能够相互补充、相互促进、相得益彰。

党中央在多份文件中也把社会主义核心价值观融入中国特色社会主义法治建设视为重要目标。2013 年 12 月 23 日，《关于培育和践行社会主义核心价值观意见》提出，应把社会主义核心价值观贯彻到依法执政、依法行政和依法治国的理论和实践中，也要切实融入各项法律工作中。2014 年 2 月 24 日，习近平总书记在中央政治局第十三次集体学习时提出，要用法律来推动核心价值观建设。2016 年 12 月 25 日，《关于进一步把社会主义核心价值观融入法治建设的指导意见》中强调，社会主义法治建设的灵魂就是社会主义核心价值观。

所以，社会主义核心价值观和社会主义良法观的融合，不仅仅是中国特色社会主义法治的现实要求，也是支撑社会主义良法观继续发展的必然

---

① 《习近平谈治国理政》，外文出版社 2014 年版，第 168 页。

需求。

（二）硬法建设。在国家和地方立法层面全方位融入核心价值观，以硬法确认和实践核心价值观、以核心价值观引领和指导硬法建设，是实现两者融合的关键。为此，应当明确价值与法律相互融合的基本原则、路径要求、具体任务。融合的基本原则可归结为：第一，坚持全面融合和问题导向相结合，在立足长远的同时，重点解决立法对核心价值观回应性不强和核心价值观对立法的导向性不足者两个方面的问题；第二，坚持立法为公与立法为民相统一，最终以人民利益为根本价值目标；第三，坚持党的领导与统筹推进相一致，把法律的规范性、价值性、政治性和社会性有机统一起来；第四，坚持全面融合与深度融合相结合，无论是立法，还是修改或废止法律，均应以核心价值为根本导向，同时，始终保持融合达到应有的深度和高度，而应防止在实践中的生搬硬套或随意搭配，如果这样势必损害法治的权威性和严肃性，也不利于发挥核心价值观的应有功能。

在融合的方向与安排上，2018 年 5 月，中共中央办公厅印发了《社会主义核心价值观融入法治建设立法修法规划》等文件，力图把社会主义核心价值观纳入法律法规的成立、修改和废除的全过程，确保立法的导向、措施和要求更加明确有力，力争在 5—10 年间，推动社会主义核心价值观全面融入中国特色社会主义法律体系。

在具体目标预设上，主要体现为六大层面：一是民事经济立法的核心价值导向。以自由、平等、公正、法治为最为重要的价值关切，依法重点确认和保护权利平等、契约自由、等价交换、公平竞争。二是政治立法的核心价值导向。在全面融合所有核心价值的前提下，以富强、民主、文明、和谐以及自由平等公正法治为价值重心，完善人民代表大会制度和行使权利、管理国家和社会的制度机制，确保坚持人民主体地位和以人为中心的发展。三是文化立法的核心价值导向。弘扬文明的价值理念，完善公共文化服务保障法律制度和文化产业促进法律体系，为文化自信、文化强国奠定法律基础。同时，完善文化载体和文化传播法律建设，加强互联网和信息领域立法，消除文化领域的落后、陈腐甚至腐朽思想观念。四是社会立法的核心价值导向。以和谐为根本价值，本着公平、正义、友善的价值精神，强化民生领域立法的合价值性。为幼有所育、学有所教、劳有所得、病有所医、老有所养、住有所居、弱有所扶提供坚实的法律保障。五是生态立法的核心价值导向。以文明、和谐、公正为首要价值关切，将文明融入生态立法，实现生态文明；把和谐融入生态立法，确保人与自然和谐共生；拓展正义的环境维度，以立法实现环境正义。六是道德领域立法的核心价值导向。道德意味着对外部的态度，包括对国家、社会、他人以及职业、家庭诸方面的态度，为此，应当突出立法对于爱国、敬业、诚信、友善的价值功能，"加强道德领域突出问题专项立法，把一些基本道德要求及时上升为法律规范"①。

（三）软法建设。中国特色社会主义法治体系的第一要义是构建完备的法律规范体系，而法律规范体系又由国家立法、党内法规和和社会规范三部分组成。其中，社会规范值得引起足够重视。所谓社会规范，也可称之为软法，是指虽无国家立法的强制力，但对人们的行为具有规范作用的软性规则。软法主要是指行业协会、高等学校、基层群众自治组织、人民政协、社会团体、国际组织等的章程、规章、自治条例、内部规则、市民公约、乡规民约等。② 相对于硬法而言，软法更富有弹性，对社会组织、共同体或民间社会具有强大的规范、引导功能。"健全各行各业规章制度，完善市民公约、乡规民约、学生守则等行为准则，……要建立和规范一些礼仪制度。"③通过硬法之治与软法之治的统合促进国家善治的实现。

二、良法的规范标准

社会主义法治体系概念的完善，是中国特色社会主义法治论的重大飞跃，也对社会主义新时代良法提出了新的要求。2011 年 3 月，全国人大宣布，中国特色社会主义法律体系已经形成，这标志着我国已经基本上结束了无法可依的情况，转而对法律的需求提到了良法的层次。虽然中国特色社会主义法律体系的发展成型是中国特色社会主义法治体系的现实和理论基础，但这并不意味了完备的法律规范体系已经全面高质量地建成了。良法善治呼

---

① 《中共中央办公厅印发〈社会主义核心价值观融入法治建设立法修法规划〉》，中华人民共和国中央人民政府网站：http://www.gov.cn/xinwen/2018-05/07/content_5288843.htm。访问日期：2019 年 7 月 10 日。

② 姜明安：《软法的兴起与软法之治》，载《中国法学》2006 年第 2 期。

③ 《习近平谈治国理政》，外文出版社 2014 年版，第 165 页。

唤形成一个完备的良法规范体系，从"有法可依"到"有良法可依"，加快法治体系中的法律规范体系建设。为此，必须坚持"科学立法""民主立法"和"依法立法"在立法活动中的统一。只有坚持这三种立法标准的有机结合，才能使制定的法律真正成为良法，并形成中国特色的社会主义良法体系，才能最大限度地体现人民的根本意志和保护人民的根本利益，符合社会主义社会发展的客观规律。①

　　首先，科学立法的核心，就是符合客观规律和法治对立法的逻辑与规范要求。习近平总书记提出："推进科学立法，关键是完善立法体制。"② 完善的立法体制，可以从程序上规避和解决立法过程中的突出问题，并且发挥党的领导下，人大及其常委会的立法主导作用。除了立法体制的改革之外，科学立法也必然的要求进一步完善立法程序。健全立法从起草至表决的各项程序以及后续评估、合宪性审查机制，变粗放式立法为精细化立法，尽量减少法的模糊性。其次，民主立法的核心在于为了人民、依靠人民。③ 社会主义良法最根本的检验标准必然是以人民为中心：是否维护最广大人民的最根本利益，是否顺应最广大人民的意志，是否能以法律增进社会认同，进而增进人民福祉。④ 而民主立法的推进，则需要检查立法公开原则，同时健全立法沟通、协商、反馈机制，准确把握最广大人民的根本利益。最后，依法立法要求立法活动必须始终坚守宪法至上、依据程序立法、合宪性合法性审查和法律冲突整合四大原则。严守宪法原则与宪法规范设置的立法体制和权限与程序标准，严格依据立法程序法进行法的创制，实现立法动议、立法参与、立法议决、立法公布、立法备案、立法审查、立法解释和立法废改的规范化。重点完善立法备案审查和监督制度以及合宪性、合法性审查制度。

---

　　① 信春鹰：《深入推进科学立法、民主立法》，载《〈中共中央关于全面推进依法治国若干重大问题的决定〉辅导读本》，人民出版社 2014 年版，第 78—82 页。

　　② 习近平：《加快建设社会主义法治国家》，载《求是》2015 年第 1 期。

　　③ 《中共中央关于全面推进依法治国若干重大问题的决定》，载《人民日报》2014 年 10 月 29 日。

　　④ 信春鹰：《深入推进科学立法、民主立法》，载《〈中共中央关于全面推进依法治国若干重大问题的决定〉辅导读本》，人民出版社 2014 年版，第 76—77 页。

第四节　善治的流变与要义

尽管直到十八届四中全会才真正在官方文本中把良法和善治作为法治的目标提升到国家意识形态层面进行策略布控，但实际上自 20 世纪 90 年代以来，"善治"一词在国内学界的使用频率就开始呈上升趋势。善治对应的英文单词是"good governance"，但对这一核心概念的解读可谓仁者见仁、智者见智。虽然关于法治的善治取向已经达成共识，但是在一定程度上原本在汉语语境中善治与法治较为分明的关系却似乎被模糊了。因此，有必要对善治的具体内涵做进一步的澄清和梳理，还原中国特色社会主义法治理论中善治的本相。

一、善治的思想探源

对于治理与善治的源流，李龙教授认为，西方的治理历经了原始民主治理、古希腊城邦自治、中世纪宗教治理，到近代自由民主治理、法律统治的演变，以至当代欧洲的"多极协商治理""联合治理""自主治理"以及世界意义上的"多中心治理""全球治理"。而在中国，"治理"一词古已有之，它强调"治国理政"之道。有"治平"（治国平天下）、"治化"（治理国家、教化人民）、"治术"（韩非的致治之术）、"治本"（治国的根本措施）、"治宜"（治理所宜）之说。新中国成立后，则经历了初期的"全能主义国家治理模式"、晚近"治国理政"与"社会管理创新"和党的十八届三中全会以来的"治理现代化""良法善治"三个演变阶段。[①] 全面提升"国家治理体系和治理能力现代化"水平，实现良法善治，成为当今中国治理理论与实践的主旋律。

对于治理与善治的含义，可谓观点纷呈，莫衷一是，以至于学者认为："它在许多语境中大行其道，以至于成为一个可以指涉任何事物或毫无意义

[①] 李龙、任颖：《"治理"一词的沿革考略——以语义分析与语用分析为方法》，载《法制与社会发展》2014 年第 4 期。

的'时髦词汇'。"① 国内学者们对善治的定义，在借鉴西方理论的基础上进行了高度的学术想象。有的认为，"善治就是使公共利益最大化的社会管理过程和管理活动。善治的本质特征，就在于它是政府与公民对公共生活的合作管理，是政治国家与公民社会的一种新型关系，是两者的最佳状态。"② 有的认为，"善治就是为使治理富有成就感，通过政府与社会的良性互动，借助公共部门和私人部门之间的合作管理和伙伴关系，达到公共利益最大化的社会管理过程，其本质特征即在于政府和公民对公共生活的合作管理，是政治国家与公民社会新颖关系的一种最佳状态。"③

从国际上看，1989 年世界银行首次使用了"治理危机"一词，并以《治理与发展》作为了 1992 年年度报告的主题。世行提出了治理和善治的三个考察维度："政体的类型""程序""政府决策能力"。④ 1996 年，世界银行采用世界治理指数（The Worldwide Governance Indicators）开始对世界上 200 多个国家进行评估。该指数包括 6 个方面："愿望与可归责性"（Voice & Accountability）、"政治稳定性与非暴力"（Political Stability and Lack of Violence）"政府效能"（Government Effectiveness）、"规制平等"（Regulatory Quality）、"法治"（Rule of Law）、"控制腐败"（Control of Corruption）。⑤

随后"治理"（governance）和"善治"（good governance）成为国际社会科学中炙手可热的学术名词，不管是学者还是组织，国际社会借此政治学热潮纷纷对善治的理想状态进行了阐释与分析。

---

① ［英］鲍勃·杰索普：《治理的兴起及其失败的风险：以经济发展为例的论述》，载《国际社会科学杂志》1999 年第 2 期。

② 俞可平：《论国家治理的现代化》，社会科学文献出版社 2014 年版，第 59 页。另参见俞可平：《治理与善治》（社会科学文献出版社 2000 年版）、《全球化：全球治理》（社会科学文献出版社 2003 年版）、《经济全球化与治理的变迁》（《哲学研究》2000 年第 10 期）、《治理和善治：一种新的政治分析框架》（《南京社会科学》2001 年第 9 期）、《全球治理引论》（《马克思主义与现实》2002 年第 1 期）等等。

③ 黄晓军、靳永翥：《"善治"：一种社会和谐的美好愿景——"治理"范式下的现实挑战与未来设计》，载《中共福建省委党校学报》2008 年第 6 期。

④ UNESCAP, "What is Good Governance"? Friday, July 10, 2009. https：//www.unescap.org/resources/what-good-governance, Accessed September 1, 2018.

⑤ Kaufmann, Daniel and Kraay, "Aart, Growth Without Governance". (November 2002). World Bank Policy Research Working Paper No. 2928.

联合国前秘书长安南提出："善治是指确保尊重人权和法治，促进民主，增强公共管理中的透明度和能力"。为此，联合国亚太经济社会委员会提出善治的八个原则：参与（Participation）、法治（Rule of Law）、共识导向（Consensus Oriented）、平等与包容（Equity and Inclusiveness）、实效与效率（Effectiveness and Efficiency）、归责（Accountability）、透明度（Transparency）、回应（Responsiveness）。[1]

国际货币基金组织在 1996 年提出，"在一切方面促进善治，包括实行法治，增进公共部门的效率和可归责性，反腐败……"[2]

俞可平教授在《全球治理引论》一文中，总结了善治的十个基本要素，即合法性、法治、透明性、责任性、回应性、有效性、参与、稳定、廉洁和公正。[3] 这种订立标准的范式分析，为我们进一步理解善治的内涵和本质提供了理论基础。

无论学界关于善治的定义与善治的标准存在多大争议，但归结起来，可以发现它具有以下三个核心要点：（1）善治是理想的治理活动；（2）善治改变了治者和被治者的命令服从等级关系，其主体之间具有双向互动性，并非仅仅由掌握公权力的国家和政府进行治理；（3）该种治理状态呈现明确的价值取向——"善"。前两点的主要侧重于"治理"（governance），第三点则侧重于治理的内容和方式如何称之为"善"（good）。那么，善治所言的"治理"究竟有何特殊之处，如何能够成为中国特色社会主义法治发展道路的手段和目的，是应明晰的重点所在。

二、善治的理论基础

善治之所以如此之重要和流行，就是因为善治是对旧式治理模式的超越，是治理的理想和标准。

（一）"统治"范式的式微

以系统论的角度来看，发展至 20 世纪末，社会的功能分化逐渐完成，

① UNESCAP，"What is Good Governance"？Friday，July 10，2009. https：//www. unescap. org/resources/what-good-governance，Accessed September 1，2018.

② IMF，"The IMF's Approach to Promoting Good Governance and Combating Corruption—A Guide June 20，2005". http：//www. imf. org/external/np/gov/guide/eng/index. htm，Accessed September 1，2018.

③ 俞可平：《全球治理引论》，载《马克思主义与现实》2002 年第 1 期。

逐渐从一元迈向多元，社会的各个领域发展日趋完善，现代社会变成开放的系统，传统上机械的自上而下的、以命令为核心的科层式"统治"之范式逐渐失灵。它无法面对日趋复杂的社会现状，在处理全球性问题，如区域冲突、贫困问题、社会不公、气候变化、资源危机甚至是核危机等问题上捉襟见肘。学界认为，该种"统治"范式已经陷入了自身悖论而无法继续适用：行政与政治二分法、目的合理性与价值合理性、工具理性与价值理性、效率与公平、集权与分权、非人格化与人道的悖论。[①] 总结而言，"统治"范式主要有以下三个缺陷：

其一，预设"恶之人性"的缺陷。按照韦伯的观点，"统治"是对非理性的"魅力型"和"传统型"的超越，体现的是"祛魅化"，把人性之恶作为排除目标，转而以效率为核心的功利主义来处理社会公共事务。18世纪时，休谟在讨论制度的功能及建设时指出："许多政论家已经确立这样一项原则：即在设计任何政府制度和确定该制度中的若干制约和监控机构时，必须把每个成员都假定为是无赖，并设想他的一切作为都是为了谋求私利，别无其他目的。"[②] 到了现代，詹姆斯·布坎南认为，"政治家和官僚的行为同经济学家研究的其他人的行为没有什么不同。"[③] 他主张把"经纪人"在经济领域具有的自利性，推广到政治领域中"政治人"的政治活动中去。前者是著名的"无赖假设"，后者则是"政治人"假设，这两种假设都是以普遍性的人性之恶作为制度设计的思想前提，但这种假设其实是对人性的片面认知，只看到了人的自利性，却否定了人在社会活动中的利他性，从而造成了只重视"他律"而忽视"自律"的后果，也必然造成了"统治"范式的道德缺失。

其二，"统治"之主体单一的缺陷。基于理性主义的一元论，"统治"范式下管理社会公共事务的主体为单一的拥有主权的政府（国家）。只有该单一的权力主体才能代表公共利益，拥有公共权力，任何非政府的组织或者个人都无法参与公共事务。这种没有交互的单一模式是产生集权政体的温床。

---

① 熊节春：《善治的伦理分析》，中南大学2012年博士学位论文，第3页。
② ［英］休谟：《休谟政治论文选》，张若衡译，商务印书馆1993年版，第27页。
③ ［美］布坎南：《自由、市场与国家》，上海三联书店1989年版，第40页。

其三，"统治"之法治模式单一的缺陷。在"统治"范式中，法治主要负责防止腐败、亲缘以及其他种类的非法干预，它摒弃了建立在传统道德、宗族和个人魅力基础上的非理性管理方式，提倡严格遵循规则，反对任意性裁量和决定。但这种意义上的法治放弃了价值层面上道德的优势，在公共事务治理中出现了道德和伦理危机，也失去了所谓的终极关怀。

（二）"治理"对"统治"的超越

与"统治"相比，"治理"拥有公共权力与道德重新结合的优势，同时在主体的多元、自主与责任承担上更加凸显人性和权利。正如法国著名治理专家皮埃尔·卡兰默所言："伦理远不是治理这块蛋糕上的一点樱桃，而是治理不可分的部分。"①"治理"范式有以下几个优点：

其一，主体的多元性。"治理"打破了"统治"对公共权力和公共事务的垄断，其主体不仅仅只是政府，还包括其他的非政府主体，比如社会团体甚至是公司。一方面，在经济全球化的时代，仅凭借政府自身单一的资源、权力和能力，无法面面俱到地处理所有出现的问题，而不得不联合社会中的其他力量，进行相互沟通与共同治理；另一方面，在跨国经济和新型互联网极速发展的新时代，特别是人工智能发展狂潮的到来，越来越多的社会组织、团体甚至公司凭借自己独有的资源，成为影响公共事务的重要力量，他们要求参与到公共治理的环节，他们也有必须参与公共治理的责任和义务。

其二，主体间性的优势。在传统的"统治"范式中，统治者与被统治者之间是单纯的主体与客体、影响与被影响的关系，整个权力的运作过程是从高向低的命令和指令的流动，这种目的和手段的工具主义关系，欠缺道德层次的合法性。"治理"这种模式下，各个治理主体之间不再是简单的主体和客体关系，而是主体与主体之间，也即主体间性。主体与主体之间相互认同、相互理解，各个主体作为相对独立的层次共同参与到公共事务和公共管理的过程中，能够自由地表达彼此的诉求和权利，而要使"治理"高效地运转，必须在考虑他者利益的基础上理性协商，进而实现治理目标。

其三，主体责任的明确。美国公共行政学家莫舍曾指出："在公共行政

---

① ［法］皮埃尔·卡兰默：《破碎的民主——试论治理的革命》，上海人民出版社2004年版，第72—73页。

的所有词汇中，责任一词是最为重要的。"① 责任是治理的基础和中心，主要包括三个方面：政府主体的责任、企业主体的责任和公民社会的公民身份责任。

因此，与"统治"范式相比，"治理"突出展现了公共事务管理的伦理特性，实现了道德层面和能力层面的超越。

（三）"治理"的完美形态——善治

善治是建立于治理之上，公共利益和个人利益得到平衡，价值诉求得以满足，政治国家和公民社会所能达到的最佳状态。可以说，"治理"是善治的必要条件而非充分条件，治理也可能造成恶劣的结果，但善治一定是治理所应该达到的最完美和理想的状态，因为善治除了蕴含着前已述及的公平、公开、程序、互动、互律、互治、法治、效率的内涵之外，还具有以下几个优点：

其一，善治能实现公共利益的最大化。马克思认为："人们奋斗所争取的一切，都同他们的利益相关。"②"思想、观念、意识的生产最初是直接与人们的物质活动，与人们的物质交往，……人们的想象、思维、精神交往在这里还是人们物质行动的直接产物。"③ 人类活动的目的都是为了自己的利益，因此脱离利益直接谈价值是空谈。善治的过程和目标都是实现公共利益的最大化，这也是它合法性的来源。新公共服务理论将公共利益作为政府行为的核心价值。公共利益成为善治下主体的共同信仰，并且进入实践环节，成为指引公共事务管理和活动的目标指引。

其二，善治的运转核心是"自律"。善治同样是对"统治"范式的超越，因此主体间性带来的是善治主体间的自觉和自发，而非统治者给予的命令和强迫，各个主体在长期的良好运转和互动合作中实现公共利益和个人追求，因此会形成一种自发的、非正式的社会治理机制，这种主体的自觉认同进而会转化为共同的价值和信仰，最终使得善治能够以自律的方式自行运转。

其三，善治的基石是以人为本。善治是对单一的价值理性或者单一的工

---

① ［美］莫舍：《民主与公共服务》，牛津大学出版社1968年版，第7页。
② 《马克思恩格斯全集》第1卷，人民出版社1966年版，第82页。
③ 《马克思恩格斯全集》第1卷，人民出版社1966年版，第79页。

具理性的超越，单纯的效率或公平都是片面不足的，人本身在这种单一的管理模式中被放弃或者消解了。但是善治重新把人作为治理的主体和目的回归到基础地位，强调治理方式的以人为本，关注治理的人性和人道，关注治理主体的权利和诉求，最终实现人的全面发展和社会的终极幸福。

第五节　新时代的善治观

"治理"是对传统"统治"范式的超越，从结果来看，善治是治理所能达到的最完美的状态，从过程来看，善治是政府、企业和公民社会（公共利益相关者）为了实现公共利益最大化的目的，在平等、自由和协同的前提下，通过三大组织之间（政府的科层组织、企业的市场组织和公民社会的网络组织）的相互信任和协同合作，依赖三种权威之间（政府的政治权威、企业的经济权威和公民社会的社会权威）的相互认同、相互信任和相互合作，对公共事务进行的一种网络协同治理的方式。[①] 就后者而言，良法与善治相辅相成，是法治的重要内核，也是治理的内涵之意。随着中国特色社会主义的不断发展，对法治的要求和内容不断更新，相应的也对善治提出了新时代的新要求，也意味着善治的内容出现了新时代的更迭。

一、国家善治

国家善治就是治理在实际的国家运行层面的理想状态。"国家治理体系和治理能力现代化"是全面依法治国和全面深化改革的根本使命。而治理的法治化是实现国家层面善治的关键路径。从规范主义法学的角度，寻找到一种适合的法治思维和运行的法治模型，就是国家治理现代化之意义，而现代法治以民主法治为核心，成为了被广泛应用的综合治理工具。[②] 习近平总书记指出："小智治事，中智治人，大智立法。治理一个国家、一个社会，关键是要立规矩、讲规矩、守规矩。法律是治国理政最大最重要的规矩。推进国家治理体系和治理能力现代化，必须坚持依法治国，为党和国家事业发

---

① 熊节春：《善治的伦理分析》，中南大学博士研究生学位论文，2012 年，第 154 页。

② 唐皇凤：《新中国 60 年国家治理的变迁及审视》，载《经济社会体制比较》2009 年第 5 期。

展提供根本性、全局性、长期性的制度保障。"① 法治作为综合治理的工具,其运作模式和思维方式,对于治理体制、治理能力和治理纠错等各个治理领域问题的解决都有重要意义。②

以历史的角度,国家治理法治化适应了由管理向治理转变的急需,这与前文所言的传统模式的失效密切相关。在经济全球化浪潮冲击下,中国在深入开展市场经济改革后,需要处理的关系越来越复杂,以国家全能为核心的纵向权力管理模式濒临失效,不仅很难推进市场自由,也难以完全化解矛盾,必然需要代之以依法治国理政、依规则治理社会。在这种情况下,国家治理的法治化转向就自然而然了。

国家治理的法治化包括治理体系的法治化和治理能力法治化两个基本方面。国家治理体系在本质上依托国家制度体系,这套完整的制度包括党内法规、政策制度、以宪法为核心的法律体系,而这都最终会表现于法律的制度层面纳入社会主义法治体系,通过全面依法治国为中国特色社会主义制度体系提供坚实保障。因此,国家治理体制只有通过法治化才能够稳定下来,精细地输出和运行。③ 同时,国家治理体系作为一个制度系统,必然要受到宪法的调整和制约,因此,宪法是国家治理体系的最根本基点,不仅起到了国家治理总体统领和章程的作用,也是国家治理体系所表现的最高形式及载体。国家治理体系正是由于宪法作为根本大法的最高性和权威性,才因此获得了最高的合法性和政治效力。国家治理能力,包括国家治理体系中主体的领导力、决策力、执行力和整个体系的运行效力与效能。

从国家治理走向国家善治,是一个系统工程,从理念、主体到价值目标、方式与手段诸方面进行系统化构建。④ 其基本理论可归结为:

第一,国家治理理念现代化。"我国今天的国家治理体系,是在我国历史传承、文化传统、经济社会发展的基础上长期发展、渐进改进、内生性演化的结果。"⑤ 其中,社会主义核心价值观不仅融入到中国特色社会主义的

---

① 《习近平关于全面依法治国论述摘编》,中央文献出版社 2015 年版,第 12 页。
② 陈金钊:《国家治理体系法治化及其意义》,载《法律方法》2014 年第 15 卷。
③ 张文显:《法治与国家治理现代化》,载《中国法学》2014 年第 4 期。
④ 张雷声:《习近平国家治理思想的中国智慧》,载《中国特色社会主义理论》2017 年第 2 期。
⑤ 《习近平谈治国理政》,外文出版社 2014 年版,第 105 页。

良法建设，还把道德伦理建构成国家治理模式的灵魂，并贯穿在国家治理的制度构建、模式选择、行为方式诸领域诸环节。这是确保治理之"善"的根本前提。

第二，国家治理主体多元化。国家治理不等于国家机关的治理，善治不只是公权力执掌者的一己之治。相反，它是国家与人民、政党与政府以及公权力内部的不同主体、政府与市场主体之间相互协作、相互协商、共同治理的关系模式与理想状态。无论是执政党与参政党，还是国家权力机关、行政机关、检察机关、审判机关和监察机关，以及社会组织和全体人民，都是国家治理的主体。只有当多元主体互动互治共治时，国家治理才有可能成其为善治。

第三，国家治理目标人本化。治理是为了更好发展，只有坚持以人为本、以人民为中心的发展，才能通过国家善治确保全体人民平等参与平等发展的权利得到充分实现。"坚持人民性，就是要把实现好、维护好、发展好最广大人民根本利益作为出发点和落脚点，坚持以民为本、以人为本。"①可见，国家治理向国家善治转化的过程，就是人民主体地位不断彰显、人民中心不断突出、人民参与不断强化、人民权利不断实现的过程。

第四，国家治理方式规范化。国家善治要求"改革不适应实践发展要求的体制机制、法律法规，使各方面制度更加科学、更加完善，实现党、国家、社会各项事务治理制度化、规范化、程序化"②。而无论是实体性制度、还是程序性机制，都应当纳入规范的轨道，在政策、法律、法规、惯例等规范内加以构建和运行。

第五，国家治理手段法治化。"善于运用制度和法律治理国家，把各方面制度优势转化为管理国家的效能，提高党科学执政、民主执政、依法执政水平。"③ 总之，国家治理水平和治理能力需齐头并进，实现"治理制度化、规范化、程序化，不断提高运用中国特色社会主义制度有效治理国家的能力"④。而要提高这些能力，最重要的方式就是运用法治思维和法治方式，

---

① 《习近平谈治国理政》，外文出版社 2014 年版，第 154 页。
② 《十八大以来重要文献选编（上）》，中央文献出版社 2014 年版，第 549 页。
③ 《十八大以来重要文献选编（上）》，中央文献出版社 2014 年版，第 549 页。
④ 《习近平谈治国理政》，外文出版社 2014 年版，第 104 页。

把关于国家治理的法律制度规范建设及其运行置于重要地位,使法治理念和精神贯穿于国家治理实践的始终,同时正确处理好改革与法治的关系,不以牺牲法治的尊严、统一和权威为代价进行改革。

二、社会善治

良法善治在社会建设领域的表现就是实现社会治理及其法治化。以法治促进社会治理,以社会治理推进法治发展,践行良法善治,是良法善治在社会治理领域的基本方略。社会治理法治理论的基本框架和逻辑构造可以归纳如下:

(一)社会治理法治的理论基点

新时代社会治理法治建设的战略定位立足于新时代社会主要矛盾发生的深刻变化和呈现的崭新特征。新时代社会主要矛盾从以往的人民群众日益增长的物质文化生活需求与落后的生产力之间的矛盾转变到"人民日益增长的美好生活需要同不平衡不充分的发展之间的矛盾"。问题意识是治理的理论前提。即要解决为什么治?治什么?对此,党的十九大报告清醒地认识到:在取得辉煌成就的同时,中国社会"面临不少困难和挑战","社会矛盾和问题交织叠加",主要是:"发展不平衡不充分"、收入分配、贫困、就业、教育、医疗、居住、养老、社会文明程度诸方面问题。[①] 而这些问题的解决,不可能凭借简单命令或强制的方法,以往存在的对抗性事件频发表明传统管理失灵和能力不足,必须创新治理思维,运用法治思维和方式整体推进社会治理。

(二)社会治理法治的理论范式

以良法善治理论为指导,在社会治理领域"打造共建共治共享的社会治理格局"[②]。共建共治共享的社会治理理念,"是社会主义本质及尊重人民群众主体地位在新时代的重要体现和实践展开"。[③] 这在实质上就是对治理范式的根本转换,即从以往的公权力机关的管理、命令与强制转变到国家权力、社会权力和公民权利三者之间共同进行治理、形成共治合理、最终为社

[①] 习近平:《决胜全面建成小康社会,夺取新时代中国特色社会主义伟大胜利——在中国共产党第十九次全国代表大会上的报告》,载《人民日报》2017年10月28日。

[②] 习近平:《决胜全面建成小康社会,夺取新时代中国特色社会主义伟大胜利——在中国共产党第十九次全国代表大会上的报告》,载《人民日报》2017年10月28日。

[③] 徐汉明、邵登辉:《打造共建共治共享的社会治理格局》,载《人民日报》2018年6月21日。

会全体成员共同分享治理成果。而这三个方面，都需要法治的确认、引导、规范和保障。首先是以法治促进"共建"。以法律规范性文件明确不同主体在社会建设中的地位、权限与责任，参与社会建设的路径、方式与手段，改变单纯依政策或道德调整的惯性思维。重点是完善事关社会建设大局的公共财政、教育公平、医疗卫生、社会保障、收入分配方面的法律制度，为社会资源公平配置、公共服务均等化提供法律制度保障。其次是以法治促进"共治"。依法确认、规范和保障不同治理主体的权力、权利与义务及其运行或履行途径、方式，重点在于强化公共参与社会治理的法治建设，切实依法确认和保护全体公民有效地参与治理全过程。再次是以法治促进"共享"。实现公法、私法和社会法的有机结合，在平等保护每一个社会成员共享社会发展成果的前提下施以政策性平衡和倾斜性保护，设置社会公平正义的法律底线，加强民生立法和民生司法执法、重点保护低收入群体、弱势人群、贫困人口、边缘化主体的法定权益不受侵犯。①

（三）社会治理法治的主体构建

社会治理主体论是关于政府、执政党或公民等多种主体，在社会治理中所扮演的角色、承担的责任，以及其互动关系的理论。现代社会的功能分化的完成使得治理工作的标准愈发严格，对治理技术的要求要更为复杂，这种不断增加的治理紧迫感，推动了社会组织、社会成员和公共主体之间的联动，也为形成党委领导、政府主导、社会合作、多元主体协同共治提供了运作领域。② 为此，应当从以往只依靠公权力实行社会管理的单一主体转变为公权力与私权利以及介于这两者之间的社会权力三种主体力量共同治理。也就是执政党、政府、社会组织、公民共同进行社会治理。因为良法善治的奥秘在于政府与社会、公与私之间的良性互动、合作共治，达到最佳关系状态。为此，在这一基础法理的导引下，应当以宪法、党内法规明确执政党在社会治理中的法律上的地位、领导权、行为方式；以国家法律法规明确政府和社会组织、公民个人在社会治理中的法定权利及其实现方式；以法律明确公权力与私权利两类不同性质的主体之间的相互关系；以法律确立执政党、

---

① 马庆钰、单苗苗：《准确理解共建共治共享的内涵》，载《学习时报》2017 年 11 月 8 日。

② 徐汉明：《习近平社会治理法治思想研究》，载《法学杂志》2017 年第 10 期。另参见徐汉明：《"习近平社会治理法治思想"的核心要义及其时代价值》，载《法制日报》2018 年 6 月 13 日。

政府、社会和个人四者之间的互动方式。

（四）社会治理法治的关系模式

良法善治的目标首先是依据良法理性公正而科学地确立治理关系、配置权利义务。为此，对治理关系进行法律意义上的界分、定位与定性是治理理论的核心任务。根据"党委领导、政府负责、社会协同、公众参与和法治保障"① 的二十字方针，在对主体进行界定的基础上，不同主体之间的关系可以被分解为四种模式：一是领导关系。在社会治理中，应当在宪法和党内法规中明确执政党与其他主体之间是领导和被领导的关系，这里的领导是指政策、原则、组织和指导思想上的领导，而不是对具体治理事务的直接包办。二是主导关系。行政机关在社会治理中应当承担主体责任，负责主导社会治理。所谓政府主导，是指行政机关对社会治理承担主要责任，既要落实执政党关于社会治理的指导方针、战略决策与总体要求，也要主动而富有创造性地组织、实施、推进和落实社会治理。对此，应当在法律和行政法规中予以确认与规范。三是协同关系。一个强大而富有活力的社会组织体系是社会治理达致善治境界的重要力量依托。社会组织在社会治理中发挥着协调、整合、优化分散的个体、单个资源或力量的独特功能。通过协调利益关系，消解社会矛盾，实现社会内部的自我治理；通过整合不同资源，起到扶贫济困、互帮互助、资源共享的特有治理作用；通过优化管理方式，发挥着柔性、弹性化管理的功效，有助于实现以人为本、和谐共生。四是参与关系。参与是善治的重要特征，参与权是宪法赋予公民的一项基本人权，是公民民主政治权利在社会领域的表现形式之一。在社会治理体系中，每一个公民都享有参与权，包括参与讨论、听证、决策、处置与监督。而参与权的实现离不开对社会治理信息的知情、过程的参与、效果的监督，为此，不应孤立地看待参与，而应依法全面落实公民的知情权、表达权、建议权、批评权、监督权。

（五）社会治理法治的作用机理

一是自治、互治与共治共举，以自治为基础、互治为依托、共治为核心。二是法治与德治结合，以法治为基本方略，以德治为长远之策。"治

---

① 党的十七大提出了"党委领导、政府负责、社会协同、公众参与"的社会管理十六字方针，党的十八大增加了"法治保障"四字，形成当今关于社会治理格局的二十字方针。

理"对"统治"超越的重要一环，就是打破了传统政府对公共权力和公共事务管理的垄断，实行社会治理多元并进。因此，必须引导社会各方协同作用，强化企事业单位、人民团体的社会管理服务职能，促进组织的健康有序发展，与党委和政府的力量强强结合，形成服务全社会的治理网络；发挥公众参与在社会治理中的基础性作用，从"他律"转向"互律""自律"，实现多元力量的自我管理与自我调节、相互扶助与相互约束、共同治理与共同发展。最后，法治是社会治理的最根本依据和最可靠保障，是现代社会治理的基本方式，一切管理活动都应当于法有据，于良法有据。应加强社会治理领域的立法工作，尽可能把各项社会治理关系纳入法治轨道。执法者和管理者应运用法治思维和法治方式于治理实践工作中，严格公正执法。同时，加强法治宣传教育和道德建设，使每个社会成员都能自觉践行法治，强化尊法守法用法护法的法治意识和道德素养。

（六）社会治理法治的系统构建

社会治理法治理论是一个完整的系统，以此为指导，社会治理法治实践应当全面系统推进。（1）在方式上，应当以善治为统领，实现源头治理、综合治理、系统治理和依法治理的共同推进。[①] 其中，法治作为社会治理的基本方式，应当全面融入系统治理、综合治理和源头治理之中。以法治对社会关系的全面调整为根托把社会治理各领域全方位地贯穿于全面依法治国之中，为系统治理奠定法治基础。同时，综合治理的法治化水平越高，治理合力和强力便愈大、其治理效能便愈强。而源头治理离不开法的预防、规范和引导功能的发挥。（2）在体制上，中国特色社会治理法治建设需要在组织管理、社会动员、风险化解、纠纷解决、网络治理各个层面形成合力。可以分解为：改革和完善社会组织管理体制，拓展社会组织参与治理的空间、强化社会组织参与治理能力；创新防范和化解重大风险和社会矛盾机制，形成风险矛盾识别、评估、预警、干预、处置和化解六大方面的法律机制；建立健全调解、审判、仲裁、行政裁决、行政复议等相互联动的多元化纠纷解决机制，切实依法维护公民合法权利；构建网络社会治理法治体系，适应新技

---

① 江必新：《以党的十九大精神为指导加强和创新社会治理》，载《国家行政学院学报》2018 年第1 期。

术高速发展和网络革命的新形势之需，厉行网络法治，倡导互联网不是"法外之地"的网络社会治理法治观，共同构建人类网络空间命运共同体。（3）在领域上，推进公共安全体系、社会治安防控体系、社会心理服务体系、社区治理四个体系建设。[①] 依法预防和应对公共安全事件和事故，完善安全生产责任机制和防灾减灾救灾机制，切实保障社会公众的人身、财产安全；充分释放法律的秩序这一基础性价值功能，依法打击破坏社会秩序的违法犯罪行为，加大违法成本、增加守法收益，构建严密的社会治安预防和控制法律机制；动员政府和社会力量共建社会心理引导、激励、干预、服务机制，培育优良的社会心态、理性的社会人格、向善的社会品性。社会治理的重心在基层社区，以网格化治理为手段、以依法治理为根据、以联动共治为保障、以依法自治为重点，有效推进社区治理法治化和现代化。

三、全球善治

全球意义上的善治是治理在全球范围展开的理想状态。全球治理并非一个新鲜的名词，它兴起于 20 世纪 90 年代初期，并且深切地影响到了后世。但随着新世纪"9·11 事件"以及全球金融危机的爆发，全球治理的浪潮陷入萎靡，各国纷纷予以质疑、批判，直到近些年才开始逐渐恢复声势。中国自十八大以来，主动参与全球治理，在为国家治理争取良好外部环境的同时，展示了中国的强大，收获了外交的胜利，同时为促进世界经济增长和推动全球治理的完善贡献了中国智慧。

在经济全球化、技术信息化、社会网络化、市场自由化的今天，"地球村"拉近了全球各地的距离，诸多国家的个体利益问题变成了全球的共同命运，甚至形成了不同于欧盟却联系同样紧密的利益共同体。许多风险突破国界，挑战着全体人类的安全、和平、发展与人权。因此，在巨大的风险与机遇面前，没有国家可以独善其身，只有摒弃偏见通力合作才能实现共赢。跨入新时代的善治要求处理好国际关系，提高发展中国家在国际社会中的话语权和代表性。

---

① 向春玲：《十九大关于加强和创新社会治理的新理念和新举措》，载《中国青年报》2017 年 12 月 5 日。

习近平总书记明确指出了全球治理变革是大势所趋，他将其重要性概括为：不仅事关应对各种全球性挑战，而且事关给国际秩序和国际体系定规则、定方向；不仅事关对发展制高点的争夺，而且事关各国在国际秩序和国际体系长远制度性安排中的地位和作用。[①]

为此，积极而富有成效地参与全球治理，构建中国特色治理话语体系，成为一项紧迫的战略任务。中国特色全球治理话语体系构建已经并需要进一步在以下层面深入展开：中国特色大国外交；维护国际秩序和国际体系，坚持奉行正确而有效的全球治理态度和方式；推动全球治理体制向公平和公正方向演变，推进全球治理规则民主化、法治化，使其符合大多数国家的意愿和利益；与国际社会通力合作应对全球性挑战。习近平总书记关于全球治理与国际法治的重要讲话精神是中国在全球化浪潮中坚守本心，以强硬的态度与合理的方式参与全球治理的进程，推动整个国际制度创新发展的有力思想指导和思想工具。以此为根本遵循和总体指导，我们认为，应当推动全球治理融入文明的价值理念和良善的价值取向，实现从全球治理向全球善治的根本转变。具体可归结为以下几个方面：

（一）全球善治目的论。中国坚持走和平发展的道路，因此中国参与全球治理的根本目的，是希望中华民族的伟大复兴和世界民族的共同发展相伴而行，也是期望全球治理体制更加的民主与公正。中国主动参与和积极推动全球治理体系变革，并非出于一己之私利，更非为了称霸全球，而是为了在发展自己的同时实现全体人类的共同发展，打破不平等不公正的治理格局，谋求更加公平正义的全球善治。

（二）全球善治阶段论。二战后，全球治理从以侵略战争、殖民主义和霸权主义为主逐步转向发展中国家、新兴市场经济国家兴起和依据"制度规则"推进的新时代，"全球治理体制变革因而正处在历史转折点上"，正是基于对全球治理形势的科学研判，党才审时度势地提出了参与全球治理的新思想。

（三）全球善治价值论。积极发掘中华文化中积极的处世之道和治理理念同当今时代的共鸣点，继续丰富打造人类命运共同体等主张，弘扬共商共

---

① 《习近平在中共中央政治局第二十七次集体学习时强调：推动全球治理体制更加公正更加合理为我国发展和世界和平创造有利条件》，载《人民日报》2015 年 10 月 14 日。

建共享的全球治理理念。坚持"正确义利观",以义为先,以和为贵,以人为本,"和衷共济、和合共生"是中华民族的"历史基因"。以和平、发展、公平、正义、民主、自由的人类共同价值①为共同关切。以平等、开放、合作、共享为理念和方式,推动经济治理的重点改革,确保世界各国尤其是广大发展中国家获得均等的参与、表达、决策机会,实现全球治理规则与机制的平等、包容、共建、共商、协调、有序。最终促使国际关系向民主法治方向发展,推动全球治理更加和谐合理。

（四）全球善治方案论。全球治理进入善治境地的中国方案就是:构建人类命运共同体。十八大前后,习近平总书记提出并坚持完善了人类命运共同体理论。构建人类命运共同体,从国际范畴而言,不仅帮助中国,也帮助世界各国认识到了独行之苦,理清了推动全球治理的利益、目标和路径,以此来解决全球性的风险和困难;从国内范畴而言,中国走和平发展的道路,坚持"共商共建共享",是未来中国应对全球问题和参与全球治理的基本认知和重要方略。可以说,这是习近平总书记为了加强全球治理而提出的重要理论,也成为了全球治理不断发展的巨大推动力。

（五）全球善治核心论。打造"共商共建共享"的全球治理格局,成为理解中国推进实现全球善治的关键。我们知道,合作、互治、协商是善治的重要特征。为此,面对战争、动荡、冲突、贫困、疾病、饥饿、社会不公、气候变化、生态危机等重大的全球性难题,全球社会应当秉持沟通理性,健全政策协调机制,为实现世界善治供给更好的"公共产品",积极协商,化解矛盾,深入协调,力争更多正面而非负面的"溢出效应"。就经济治理而言,存在"四个重点":共同构建公正高效的全球金融治理格局、开放透明的全球贸易和投资治理格局、绿色低碳的全球能源治理格局、包容联动的全球发展治理格局。②

（六）全球善治制度论。"加强全球治理、推进全球治理体系变革";③"争取全球经济治理制度性权力""在国际规则制定中发出更多中国声音、

①　习近平:《携手构建合作共赢新伙伴　同心打造人类命运共同体》,载《人民日报》2015年9月29日。

②　2016年9月3日,习近平总书记在二十国集团工商峰会开幕式上的主旨演讲。

③　《习近平谈治国理政》第二卷,外文出版社2017年版,第448页。

注入更多中国元素"；① "提高我国在全球治理中的制度性话语权"②。话语权分为理论话语权、日常话语权和制度性话语权。制度性话语权是最具有影响力、作用力和现实性、长远性的话语权，体现为由国际政策法律规则体系构成的制度规范及其释放的支配力、影响力与相关社会经济政治效应。建设和完善全球治理体系，必须在根本上增强旧制度规范修改的参与度和参与力、新制度规范的创制力和运用力。为此，在态度上，既不能墨守成规，也不是推倒重来。而是 "积极参与" "创新完善" "发挥建设性作用"。在立场上，不是 "旁观" 和 "尾随"，而是 "参与" 甚至 "引领"。

（七）全球善治道路论。"走和平发展道路" 是站在新的历史起点上，回应现实问题，准确把握国内外两个大局，做出的走中国特色社会主义发展道路的重要结论。它一方面要求充分认识到发展需要和平的历史规律，维护以联合国宪章为根本依据的现行国际法治，倡导 "共同、综合、合作、可持续" 的安全观，摒弃 "国强必霸" 的错误观点和强盗逻辑；另一方面要求我们坚定维护国家核心利益不动摇，绝不做有损国家主权、国家利益、国家安全的事情。

（八）全球善治关系论。保护和促进国家间合作，是保持世界的和平稳定发展与中国持续稳定发展齐头并进的最优历史选择；而共赢发展不仅是中国及世界各国人民的根本利益和共同心愿，也符合世界的发展潮流。因此，中国特色的社会主义全球治理理论，要求构建以合作共赢为核心的全新国际关系，坚持合作共赢，拒绝零和博弈，积极寻求共同利益的最大公约数，打造遍及世界各地的 "伙伴关系网络"。

此外，还应当加强涉外法律即国际法治工作，推进国内法治与国际法治良性互动，为中国参与全球治理创新发展提供智力支撑。

新的时代对善治提出新要求，善治也基于此发展出新内容，作为治理之完美结果的善治，需要以法治化作为依托和载体，作为治理之过程和模式的善治，又是法治的核心内容。厘清两者之间的区别和联系，是理解新时代良

---

① 《习近平谈治国理政》第二卷，外文出版社 2017 年版，第 100 页。
② 《习近平谈治国理政》第二卷，外文出版社 2017 年版，第 244 页。

法善治论的基点。善治之所以为"善"，就在于其目的是为了公共利益的最大化，就在于其本质上是非私有性、非排他性的，就在于其以人民为中心、尊重人权。因此，无论善治的内容和方法有什么变化，必须始终牢牢把握住这三点，防止开"恶治"的历史倒车。

第六节　良法与善治的关系

十八届四中全会的决定早已明晰了良法与善治之间的不可分离性。如果仅从良法与善治的关系层面做解释，那么可以将其理解为三个方向：良法是善治的前提和基础；善治是良法的目标和结果；中国特色社会主义法治是良法和善治的有机结合。

一、良法是善治的前提和基础

中国特色的社会主义良法，在法律内容上顺应经济社会发展规律、维护最广大人民群众的根本利益和基本权利、符合社会公平原则，同时在立法形式上坚持科学、民主立法，以党的领导和宪法原则为指引，实现形式理性和实质理性的有机统一。不管良法的定义如何变更表述，它首先是法律，而冠以"良法"的称谓，则意味着它是比普遍意义上的法律更高层次的法律，也只有这样的法律，才能成为"完美的治理"——善治的保障。

因此，除了良法本身的内容和属性，也即符合科学规律、制定良好、实施良好、体现良善价值之外，习近平总书记基于良法的崇高性，从立党为公、执政为民的战略高度，重点强调了"公平正义"和"人民主体"两个特有的中国特色社会主义良法核心。

习近平总书记指出："公正是法治的生命线。……全面依法治国，必须紧紧围绕保障和促进社会公平正义来进行。"[1] 他同时强调，"全面深化改革必须着眼创造更加公平正义的社会环境，不断克服各种有违公平正义的现象，使改革发展成果更多更公平惠及全体人民。"[2] 良法价值上的公平正义，

---

[1] 《习近平关于全面依法治国论述摘编》，中央文献出版社 2015 年版，第 38 页。

[2] 习近平：《切实把思想统一到党的十八届三中全会精神上来》，载《人民日报》2014 年 1 月 1 日。

在立法上主要体现为机会平等、规则平等、权利平等，在司法上主要体现为法律面前人人平等，切实做到公正司法，不断提升司法公信力。

十八届三中全会关于全面深化改革的决定、四中全会关于全面依法治国的决定、五中全会关于制定十三五规划纲要的建议，都体现了以人民为主体、以人民为中心的治理思想和法治情怀。坚持人民的主体地位，就是把维护最广大人民群众的根本利益作为出发点和落脚点，同时也作为良法之治的最终目的，使得法律及其实施充分体现人民意志。

而无论是良法本身的规则标准还是核心价值准则，最终都要通过立法的方式进行实践和检验，因此，要使良法真正成为善治之前提和保障，立法工作为重中之重。十八届四中全会将"有法可依"演进为新的"科学立法"，显示出在新时期的法治建设要求下，不能仅仅做到"有法可依"，更应该做到"有良法可依"。因此，十八届四中全会是党首次在政治文件中规定立法权，是落实良法保障，全面推进依法治国的新举措。

二、善治是良法的目标和结果

"道不拾遗，山无盗贼，家给人足……乡邑大治。"这是史记中描述商鞅变法之后所谓"盛世"的景况，这也确实是在当时历史条件限定下，所能实现的善治的理想状态了。到了现代社会，善治所蕴含的标准也在不断变化，如前文所述，合法性、法治、透明、责任性、回应、有效、参与、稳定、廉洁和公正等要素，是目前政治学意义上的善治。同时，前文也已梳理清楚，善治实质上是治理的完美状态，在治理实现善治的过程中有可能发生偏差，以至于产生恶治，良法正是指引和保障治理最终走向善治的依据和保障。所以，善治也即良法的目标和结果。

良法的有序、有效运作结果即为善治，也是国家治理能力现代化、法治化的最根本表现。[1] 法治化又是国家治理能力现代化的根本依托和方式，当宪法作为国家和公民活动的最高准则这个权威得到真正实现，当以此为基础的法律法规作为国家和公民行动的主要依据这个原则得到真正落实[2]，便获

---

① 李林：《习近平全面依法治国思想的理论逻辑与创新发展》，载《法学研究》2016 年第 2 期。

② 李林：《依法治国与推进国家治理现代化》，载《法学研究》2014 年第 5 期。

得了良法运行的预期收益与理想结果。

三、中国特色社会主义法治是良法和善治的有机结合

斯蒂芬·汉弗雷对法治的一席话引人深思:"在一个给定的语境下,法律可能容忍或者支持贫穷、暴力或者无知。然而,当提到法'治'的时候,显然被认定提供了额外的因素。"[①] 因此,法治的灵魂在于良法,社会主义核心价值观的融入,使良法能为法治添加符合人民意志和利益的伦理道德色彩,也使其能够区别于一般的治理。

十八届三中全会决议提出,必须推进国家治理体系和治理能力的现代化。而这一要求的关键就是实行良法善治,把法治精神和法治理念融入和贯穿到治理的方方面面。如菲尼斯所指出:"法治通常是指法律制度得到合法地、良好地运作的一种状态。"[②] 在此,善治就并不仅仅是一个结果,更是一种治理过程,这种朝特定方向努力的治理过程再加上良法的指引,实现有机结合便构成为法治。

良法需要善治加以实施,善治需要良法提供遵循。良法和善治这种相互依存又结伴前行的关系,为法治中国建设提供了新路径。同时,良法善治的提出,也充分展现了中国共产党作为执政党,对法治内涵和法治道路的深刻剖析、深度把握,以及对世界各国发展与治理经验的清晰理解。我们正处在一个信守法治、崇尚法治、厉行法治的新时代,新时代呼唤我们对良法善治的内容作出新的阐释与揭示。

---

① S. Humphreys, *Theatre of the rule of law*, *Transnational legal intervention in theory and practice*, New York: Cambridge University Press, 2010, pp. 3-5.

② John Finnis, *Natural Law and Natural Rights*, Oxford, New York, Oxford University Press. 1980.

第 二 章

法 律 权 威 论

　　法律权威是法治的根本标志，是保障法律有效实施的基本前提。习近平总书记明确指出，"法律的生命在于实施，法律的权威也在于实施"①。即是说，法律权威与其有效实施是一个相互关联的命题。因此，为进一步完善中国特色社会主义法治体系，实现国家治理体系与治理能力现代化的目标，就必须析清法律权威命题的含义，在学理上梳理法律权威的学术源流、理论基础及其基本含义。再者，必须充分考量法律权威在中国表达的具体形式，"突出中国特色、实践特色、时代特色"②。如"任何组织和个人都必须尊重宪法法律权威""法治权威能不能树立起来，首先要看宪法有没有权威"等。否则，全面移植西方法治理论、法治权威观点不免削足适履。在此基础上，本章重点研究法律权威的理论基础及其在新时代中国语境下的创新发展与实践逻辑。

第一节　法律权威的学理分析

　　法律权威是现代法治国家必须直面的问题。缺乏法律权威的法律体系容

---

　　①　中共中央宣传部：《习近平新时代中共特色社会主义思想三十讲》，学习出版社 2018 年版，第 187 页。

　　②　《习近平谈治国理政》第二卷，外文出版社 2017 年版，第 117 页。

易沦为僵化的文本，法治体系的建立、完善也容易成为空谈，因为法律权威可以推动静态的法律制度转化为动态的法治。但法律权威并非近代才产生，或者说法律权威问题自有法律制度以来就一直是一个重要的问题。尽管古代的法律权威与现代的法律权威存在不同点，但两者存在共性的因素。深入探究可以发现，法律权威具有易污名化的特点。因为"权威"一词很容易被人们同"威权""权力""暴力压迫"联系在一起，而传统"权威"的认知的易污名化特点很容易借助常识输入到法律权威中。因此，为正本清源以及为法律权威正名，首先就需要对法律权威的学术源流进行梳理，探寻法律权威的理论基础，进而解读法律权威的含义。

一、法律权威的学术源流

首先，法律权威研究最初来源于权威。权威理论研究具有代表性的人物有"德国的韦伯、美国的帕森斯和法国的科尔曼等"①。权威之所以是权威，存在诸多原因，不同学者有不同的观点。但总结起来可以分为以下几种：第一，权威之所以是权威乃是因为权威背后的暴力力量支撑；第二，权威的支配性不仅得益于权威可以借助暴力力量行使，还在于权威本身具有魅力、能力；第三，权威获得力量的原因在于权威能够解决协调难题；② 第四，权威之所以成其为权威究其本质在于其自身具备正当性、合理性基础。综合如上观点，权威力量的实现既可能得益于暴力力量的支撑，也可能来自于权威本身的前置理性以及理性论证成立的实践理性。因为权威自身的理性与暴力并存使其具备了复杂的魅力，并且借助魅力、能力可以解决协调难题，在实践理性之外具备实践运用的价值。也正因为此，使权威能够同法律权威相结合。因为法律给人们的直观印象就是可以借助暴力力量实施的制度拟制，但法律不仅仅是纯粹的暴力力量，其背后有理性论证的支撑，一系列的原因使其具备了解决协调难题的能力。因此，权威为法律研究提供了切入的视角；同时，法律确实具有权威性的特征，使之表现为权威在具体领域的体现。因此，法律权威研究最初从权威研究中汲取理论来源。

---

① 张亮：《法律权威来源的历史考察》，载《前沿》2010 年第 8 期。
② ［美］约翰·菲尼斯：《自然法与自然权利》，董娇娇等译，中国政法大学出版社 2005 年版，第 187 页。

其次，法律权威研究不断具备独立性。尽管权威与法律权威具有很大的相似性，权威具有被服从的要求。因此，主张法律的权威即是说法律会对行为人提出被服从的要求。[①] 人们将两者关联起来，在法学研究上也借助权威的视角研究法律，但法律权威不等同于权威，法律权威的研究也逐渐从权威研究中脱离出来。如分析实证主义法学家拉兹就有名为《法律的权威》的专著。[②] 即是说，法律权威研究一段时间中借助权威的视角切入，但却未局限于权威问题，结合了法律领域的特殊问题以及法律权威的特点使研究更加精深化，具备了一定的独立性。直接研究法律权威的独立性主要是近代以来的产物，法律权威的研究一直掩映在法律研究的其他视角之下，随着主权问题的出现，尤其是 17 世纪以后，国家逐渐成为政治权威的来源，欧洲的传统权威结构遭到破坏，美国的权威结构也得到很大的改造。[③] 实证化的权威逐渐进入人们的眼帘，实证化带来的法律制度的重新入场，才产生了近代意义上的法律制度与法律权威。法律权威的关注也逐渐从权威问题下出走，构建法律权威相对独立的研究领域。

再次，法律权威的中心在于法律自身。尽管前述论证指出权威研究可以通过权威视角切入，并且法律权威前期研究掩映在权威研究的阴翳下。但并非说法律领域的研究不关注权威问题，如果借助权威视角研究法律属于方法论意义上的权威研究，或者外在视角的理论引入，则内在视角意味着法律研究共同体内部的自我认识。关注法律问题的学者研究法律权威问题由来已久，只是最初并未以"权威"命题提出，如亚里士多德便在其《政治学》一书中论及权威的问题：成立的法律被普遍服从，被普遍服从的法律同时也是良法。[④] 即是说，法律权威结合了两种要素：普遍服从，并且这种服从具有正当性基础（良法）。只是亚里士多德并未直接在该论述中指出法律权威，但实质上亚里士多德通过良法善治问题的回答间接指出了法律权威生成的条件之一。再比如，西塞罗在论及法律时就指出"真正的法律乃是正确

---

① 李龙、孙来清：《论法律权威的生成机制及其维护》，载《湖北社会科学》2015 年第 7 期。

② Joseph Raz, *The Authority of Law*, Oxford: Clarendon Press, 1979.

③ ［美］塞缪尔·P. 亨廷顿：《变化社会中的政治秩序》，王冠华等译，上海人民出版社 2008 年版，第 82—89 页。

④ ［古希腊］亚里士多德：《政治学》，吴寿彭译，商务印书馆 1965 年版，第 199 页。

的理性。"① 在此西塞罗也指出了法律具备权威的条件。或言之，整个西方法哲学的发展都在通过或明或隐的方式论及法律权威的问题，从古希腊到古罗马，从历史法学派到分析法学派，都在不同程度上涉及该问题。与通过权威视角切入不同，法律权威的内在视角研究主要着眼于法律自身，强调本体论问题的关注。

最后，法律权威研究的核心线索为法律的规范性。法律为何具有权威性展开论述就是人们为何需要遵循法律？因为"权威意味着服从"。② 将协调难题完全交由理性人权衡不仅无法解决协调难题，还容易导致价值的诸神混战。而且社会生活中的大量协调难题无法一一交由理性个体完全的独立权衡。因为，在协调难题存在的场合，理性主体在利益纠葛中容易作出倾向于自己的判断，使得最终的结论成为价值之间的揪斗。因此，作为权威的法律权威要求人们遵从法律规定。但如此一来问题便转到"为何人们要服从法律"的问题上。前文引用亚里士多德、西塞罗等人的观点都对该问题进行了回答，亚里士多德认为法律具备权威性是因为人们的普遍遵从以及其为良法；而西塞罗则实际上回答了何为良法的问题，也即是说人们遵从法律因为其是良法，而法律是良法则是因为其符合自然理性。并且，这一问题的争议并未终结，随着更多学者的介入与争议的扩大，该问题的答案也呈现出更多样化的选择。无论是自然法学派、社会法学派、概念法学派，还是分析法学派、现实主义法学派都对该问题给出了符合己方基础观点的答案。其中观点冲突最大的即是自然法学派与分析法学派。自然法学派认为法律之所以是法律，乃是因为其符合道德，或者法律权威性来源于道德的支持。而分析法学派提出了相反的观点，如分析法学派之父奥斯丁认为法律是什么是一回事，法律应该是什么是另一回事。③ 用奥斯丁最准确的表达就是法律是主权者发布的以威胁为后盾的命令，即法律的权威来自于主权者以及威胁。这种观点遭到了自然法学派以及后期分析法学派的反对，但这种观点以及其以前、以后的观点都给出了法律何以具备规范性以及使得人们遵从之的理由。而给出

① ［古罗马］西塞罗：《论共和国》，王焕生译，上海人民出版社 2006 年版，第 251 页。

② Joseph Raz, *The Authority of Law*, Oxford: Clarendon Press, 1979, p. 3.

③ See John Austin, *The Province of Jurisprudence Determined*, David Campbell&Philip Thomas eds., Dartmouth Ashage, 1998, pp. 132–133.

人们遵从法律的理由便是给出法律权威的内在生成机理，与外在观察权威的特征共同构成了法律权威研究全域。只是，规范性的研究更受到法律权威研究的学者的青睐。

二、法律权威的理论基础

梳理法律权威理论的基本学术源流可以发现法律权威的核心问题即法律的规范性。法律何以具有权威性，会很大程度上依赖于法律何以具有规范性；法律的权威性成立基础，一定程度上等同于追问法律具备规范性的基础。因此，探讨法律权威的理论基础即是探讨法律具备规范性的原因。法律规范性的原因可以有很多：第一，权威自身的价值；第二，权威背后的合法暴力力量支撑；第三，法律权威自身作为一种实践性、服务性权威存在。

首先，权威自身能够解决协调难题。前文业已指出，权威能够解决协调难题。哲学家大卫·刘易斯曾提出社会惯习理论，认为惯习可以解决日常生活中存在的大量协调性难题。[1] 因为协调性难题的存在使得社会生活无法有效开展。比如靠左走还是靠右走，在社会规范尚未形成或者特定社会问题初次显现时，人们往往各行其是。但各行其是的行动往往建立在个体的爱好、偏好以及生活经验、价值观等前见上，如此一来，社会就成为一个无限博弈的社会。博弈论中的性别难题即是如此。作为解决该问题的方案，前文援引菲尼斯的观点认为包含两种方式：协调一致与建立权威。在小范围的社会协调一致具有一定的可行性，但随着人数的增多、价值观的差异以及利益的掺杂其中，社会的协调一致也很难实现，单纯的协商活动实现协调难题的应对具有狭隘性，并且社会也无力承担巨大的交易成本。此时，建立权威成为可行的选择。权威的功能表现为"以其影响力而使本权威系统内的成员形成共同的意识""为该权威系统内的成员具有统一的价值标准""造成人们行为上的协调一致"。[2] 在共同意识下，系统内部成员借助统一的价值标准进行思考与行动。从思考到行动趋同，从思想上表现为共同意识，到行动上协调一致。不仅在感情上可以产生共鸣，也能应对协调难题。最终的结果是权

---

① See David Lewis, *Convention: A Philosophy Study*, Oxford: Basil Blackwell, 1968.

② 薛广洲：《权威特征和功能的哲学论证》，载《浙江大学学报（社会科学版）》1998 年第 3 期。

威形成制度化、规范性的整合力量。① 即是说，权威具有推动制度形成的力量，在常态化、批量性的协调性难题解决中，权威力量使得规律性的处理形成共性方案。经由机构的制定或认可，权威主导下的协调难题应对方案被固定成为机构性实践。所以，权威具有特定的价值。法律权威作为一种权威也具备权威处理协调难题的价值。更准确地说，部分法律权威往往是权威在应对协调难题时形成的规范方案的机构化实践。经过时间与问题的历练，权威解决协调难题的方案得到人们的认可，在时代中成为约定俗成的方式，而法律所需要做的工作便是将其成文化或者借助法律条文确认下来。此种情形便是法律权威通过约定俗成的权威方案而来。马克斯·韦伯在其文章中指出的超凡领袖权威蜕化成为传统治理模式便是这个含义。② 而且通过历史经验的观察来看，权威先于法律产生，法律一定程度上是权威的衍生品，法律权威来自于权威主体的确认。但法律权威这个"孩子"不断成长在理性反思的引导下，不断具备了独立于传统权威的规范性含义。在独立解决协调难题、机构化建构之外还形成了独特的实质价值内涵。因此，法律权威自身便具备特定的价值，并且能够解决协调难题。

　　其次，法律权威得益于合法暴力力量的保障。法律权威与权威相似点之一在于两者有时都需要借助必要的暴力力量保障。因此，法律具有权威性在该论点上有两处要点：其一，法律权威借助暴力力量保障。因为法律权威并非总是能够维持其权威地位，缺乏必要强制性的法律权威很容易沦为空谈，在必要的情形下，法律权威可以行使其暴力力量。尽管法律不等于强制性，但强制性是法律权威得以实现的重要保障力量。空谈权威本身的功能，无法有效约束无视权威者，在共同意识尚未形成的时期，无法仅借助权威自身使人们的行动一致。尤其是在韦伯意义上的超凡领袖时期。"弱势的一方则从实际的结果出发，不顾规则而强调现实的利益。"③ 对从利益、结果、偏好出发的权威服从者需要借助其他手段将他们的偏离活动矫正到共同意识允许

---

　　① 邵莉、季金华：《权威关系的社会价值与合法性——对恩格斯、帕森斯和科尔曼之权威理论的解读》，载《南京社会科学》2002 年第 3 期。

　　② ［德］马克斯·韦伯：《经济与社会》（下卷），林荣远译，商务印书馆 1997 年版，第 242 页。

　　③ 李小平、杨晟宇、李梦遥：《权威人格与权力感对道德思维方式的影响》，在《心理学报》2012 年第 7 期。

的范围内。其二，法律需要必要的强制性，但不代表强制性在法律存在的场合一直出场。从最狭义的范围上，守法场合中的强制性就无需出场（但不等于法律权威不发挥其效力）。就如同义务违反引发责任的场合，不必然意味着法律制裁的触发。责任的自愿履行使得法律制裁体现的暴力力量无需直接出场；相反，此时的法律权威确实在场的。因为法律权威发挥其效力的方式不仅限于法律强制力的运用。而且效力可以分为"法律效力""道德效力""现实效力"等，① 法律权威可以借助其他力量保证其权威性。因为，法律权威的形成是多线程的，往往是在不同力量综合支撑下的结果。再者，法律权威运用暴力力量与一般意义上的权威不同，法律权威强调暴力力量行使的合法性。即在法律存在的场合，暴力力量可以行使，但不是自始至终行使；暴力力量可以行使，但必须满足合法性的前提。权威运用暴力力量的原因则未必满足合法性的要求，尤其是在超凡领袖魅力笼罩的时期，权威为将意识与行动凝结到一处，可能运用超越法律甚至推翻法律的方式、方法。但法律权威不允许此种情形的存在，因为法律权威的前提就是其存在规范性约束，规范性约束使超越或者违背合法性前提的就要削弱自身的正当性基础。这造成的结果便是"以子之矛攻子之盾"，使得法律权威丧失权威性。除非在革命、政变等场合，法律的规范性或合法性要求同正当性、暴力性力量出现冲突，多维权威角逐各有胜负，在秩序稳定之际重新构造新的法律权威的合法性基础。② 但合法性基础重构之际，权威都会寻求合法性来源。20 世纪中期发生的国共"法统"之争正是围绕着合法性基础进行的斗争，这也体现了借助暴力力量保障的权威不是任意的，而是需要符合一定的合法性要求的。

最后，法律权威属于实践性、服务性权威。权威不等于权力，尽管两者之间具有紧密的联系，但两者毕竟不同，权威更多的是基于社会承认，这其中包含着一种社会价值，价值作为内在线索引导着自发遵从。③ 法律权威不同于奥斯丁意义上的威胁命令，不等同于暴力力量的形式。否则，诚如哈特所言，法律与强盗的命令无甚区别。④ 相反，法律不仅是主权者发布的以威

① ［德］伯恩·魏德士：《法理学》，丁晓春、吴越译，法律出版社 2013 年版，第 149 页。
② ［奥］凯尔森：《法与国家的一般理论》，商务印书馆 2013 年版，第 183—185 页。
③ 季卫东：《论法制的权威》，载《中国法学》2013 年第 1 期。
④ ［英］H. L. A. 哈特：《法律的概念》，许家馨、李冠宜译，法律出版社 2006 年版，第 20—24 页。

胁为后盾的命令，法律的规范性还可以来自于其他原因。法律具有权威性要区分法律指导行动的权威性与法律具备权威性的原因。实践当中人们经常将两个问题混淆起来，认为法律具备权威性的原因即是法律能够指导人们行动的原因。答案是否定的。法律能够指导行动正是得因于法律权威性。此处所指法律的权威性是指法律能够为人们的行动提供行动理由。因为法律本身就是一种社会规范，通过赋予权利、设定义务的方式来调整人们的行为。"法律本质上是一种权威性制度与服从权威性指令的理由。"① 即法律本身就是一种权威，需要得到人们的遵从，一旦行为人不遵从法律会带来相应的法律后果。即是说，法律与道德、宗教纪律、习俗等其他社会规范一样，都可以作为权威来调整人们的行为。当行为违反作为权威的社会规范就会引发一定的后果。而法律何以具备权威性则是另外一个问题。该问题涉及法律具备权威性的原因，与人们遵从法律具有一定的重合性，但仍不能将两者等置。举例来说，我国《老年人权益保障法》第十八条第一款规定了应当关爱老人，不得忽视、冷落老人的义务。该条文设置了子女的应为义务（应当关爱老人）与勿为义务（不得忽视、冷落老人），但该条款是否能够得到人们的遵从、是否具有权威性则是两个问题。从理论上将其析清便是：其一，法律规定了义务；其二，义务意味着必须履行，否则可能带来不利后果（尽管该条在法律条文上省略了法律后果）；其三，该义务的履行可能并非因为该条法律规定，还可能因为其他原因；其四，该条法律规定之所以具有权威性一者可能因为它就是法律，因为其是特定权威机关制定，也可能因为它符合特定的道德要求。因此，《老年人权益保障法》第十八条第一款具有权威性分为它可以对人们的行为提出规范性要求和其符合特定要求。即该条文能够指导人们的行为是因为其是法律，法律本身作为一种规范就可以作为人们行为的指导，即其自身便是权威。因此，法律存在意味着其能够形成一个实践差异命题（practical difference thesis）。② 实践差异命题的存在意味着法律存在与否导致的结果是不一样的。再者，法律具有权威性的原因要么是其是由特定权威机关制定的，要么是因为其符合道德要求，要么人们担心违反该条款

① Andrei Marmor, *Philosophy of Law*, Princeton University Press, 2011, p. 63.
② ［美］朱尔斯·L. 科尔曼：《原则的实践——为法律理论的实用主义方法辩论》，法律出版社2006年版，第174页。

设计的义务会带来不利的法律后果。但无论如何,《老年人权益保障法》第十八条第一款的权威性分为行动权威性与权威性获得理由。尽管有时人们之所以遵从法律将遵从法律的形式要求同法律遵从的内容要求混同在一起,法律之所以得到人们的遵从不是因为其是法律,而是因为法律内容符合其他规范性的要求,但两者不能等同。即是说,民主立法之后的法律类似于公民的自我承诺,"承诺意味着主体对他所持的信念和所做的事情负有责任"[1]。遵守法律意味着遵守自我承诺,行动的原因是承诺使然,但人们为何遵守承诺则是另外一回事。不过,将法律权威作为理由与法律具有权威性的理由区分还必须面对下述问题:尽管法律作为权威可以作为行为人行动的理由,但人们更关注为何法律具有权威。也即法律权威的规范性来源何处。为回答该问题学界产生大量的争议,前述不同学派的分歧都是围绕该问题展开。

回到本章主题,法律权威具有权威性的理论基础是因为其实践性、服务性。"权威机构必须考虑一切相关理由再作出决定。"[2] 也即是说,法律之所以能够具备权威性不能通过行动理由命题获得完全的支持。因为行动理由命题能够证成的是法律本身可以是权威,能够为人们的行为提供行动理由,但不能够反向证成法律何以具备权威性。更深入的理解便是说:立法之初,立法者便需要充分权衡不同的理由。在不同的利益之间进行博弈,使得法律一旦制定之后便具有扎实、稳固的正当性基础。这也是拉兹认定的权威的依赖命题。[3] 除此之外,法律权威还需满足一般化证成命题。在一般化证成命题下,"遵从权威机关的指令应该使人们更接近理性"[4]。即是说,与行为人自行判断权衡的结果相比,权威作出的判断更符合行为主体的价值。一旦行为人抛开法律权威自行进行权衡判断就必须为自己设定义务或者框定行为范围,此时的行为人行为未必是符合其真正利益的;相反,因为人类理性的有限性与主体自我情境的想象使其无法脱离偏好的影响。而且,根据心理学的知识可以推知,人类未必知道自己喜欢的是什么,因为人的认知建立在叙事

---

① 郭贵春、赵晓聃:《规范性问题的语义转向语用进路》,载《中国社会科学》2014 年第 8 期。

② 李桂林:《拉兹的法律权威论》,载《华东政法学院学报》2003 年第 5 期。

③ Joseph Raz, *Ethics in the Public Domain: Essays in the Morality of Law and Politics*, Oxford: Clarendon Press, 1994, p. 214.

④ 李桂林:《拉兹的法律权威论》,载《华东政法学院学报》2003 年第 5 期。

自我之上。叙事自我中的人们受到"峰终定律"的影响，即"只记得高峰和终点这两者，再平均作为整个体验的价值"①。用通俗的表述方式就是"当局者迷，旁观者清"。相反，权威通过经验、数据等一系列观察、统计可以得知体验自我的真实需求。即是说，法律权威不仅能够获得依赖命题中理由的支持，还能获得一般化证成命题的支持。最后，法律权威还需符合优先命题的要求。优先命题是指当法律与其他规范性理由存在冲突的时候，法律具有优先性。但该命题需要满足特定的要求：第一，该命题主要用来论证的不是法律获得权威性的原因，相反，优先命题是用来论证法律作为行动理由的指导性规范，强调的是法律自身具有权威性。用拉兹自己的表述可以认为法律属于排他性理由，并且强调法律的排他性理由是指法律作为理由与作为理由的其他社会规范出现冲突的时候法律具有优先性。而法律的优先性得益于法律属于二阶理由，其他社会规范属于一阶理由。二阶理由依据理由的性质排除一阶理由的适用。② 第二，优先命题的成立必须对依赖命题与一般化证成命题的成立具有依赖性。因为排他性理由的成立也必须具有实质性的价值支撑，而实质性的价值支撑工作由依赖命题与一般化证成命题负责。只有在依赖命题中提供充足的理由与一般化证成命题中使权威能够获得更符合行为人需求的证成才能更有效论证优先命题的正当性基础。而且"行为者对于自身行动的具有自我意识的反思的能力，赋予我们对自身的权威"③。在行为者自我反思的审视下，还必须满足优先命题的程序性要求。否则，纯粹的主张实质价值判断可能无法杜绝过程怀疑以及价值纷争。通过过程的开放、参与，使得价值之争在程序论证阶段充分进行，通过程序化解实质判断的诘难。当然不仅是优先命题，一般化证成命题也需要程序化的保障。④

综上所述，法律权威并非无源之水、无根之木。法律权威拥有坚实的理论基础，在各类规范性要求的作用下，法律权威能够有效支撑法律实践活动中的协调难题的调整性工作。西方关于法律权威的诸多论述大多拘泥于法的

---

① ［以色列］尤瓦尔·赫拉利：《未来简史》，林俊宏译，中信出版社 2017 年版，第 265 页。

② ［英］约瑟夫·拉兹：《实践理性与规范》，朱学平译，中国法制出版社 2011 年版，第 32—34 页。

③ ［美］克里斯蒂娜·科尔斯戈德：《规范性的来源》，杨顺利译，上海译文出版社 2010 年版，第 21 页。

④ 季卫东：《论法制的权威》，载《中国法学》2013 年第 1 期。

形式理性上的分析，而实际上，法律权威的最深厚的理论基础在于法治的人民主体性和人权保障这一核心价值。党的十八届四中全会决定明确指出，法律的权威源自人民的内心拥护和真诚信仰。人民权益要靠法律保障，法律权威要靠人民维护。

三、法律权威的含义解读

梳理法律权威的学术源流与理论基础之后可以发现，法律权威的含义包含两层含义：内在权威与外在权威。也有学者把其分为内在影响力与外在影响力。[①] 但两种界定的方式从本质上体现了从不同视角观察法律权威的不同认知。法律的内在权威主要是指通过主体视角认识法律何以具有权威，侧重点主要在于法律权威形成的内在动因。相反，法律的外在权威则是通过客观的视角观察法律具有权威性的外部动力，侧重点则主要在于通过社会观察法律权威形成的直观观感。这种界分同哈特对于法律观察采取的两种视角具有异曲同工之处，即外在的社会学观察和内在的职业共同体观察。

首先，法律的内在权威。伯尔曼在《法律与宗教》一书中提出一个法律/法治信仰或法律/法治认可的观点，这句论断被译介到中国后引发了"法律信仰论"的巨大讨论，涌现出大量的文章。[②] 为防止法律沦为僵化的条文或者变成具文，法律需要具有内在的价值或者具有内在权威。[③] 尽管不同学者的观点不尽相同，但不同学者都关注到一个问题：何以法律能够得到人们的认可，更重要的是法律是否能够得因其自身获得人们的遵从。基于此

---

① 孙笑侠：《论法律的外在权威与内在权威》，载《学习与探索》1996 年第 4 期。

② 贾永健：《法治信仰："法律信仰"之重构》，载《河北法学》2018 年第 6 期；郑智：《中国法律信仰的认知困境及其超越》，载《法学》2016 年第 5 期；郭春镇：《从"神话"到"鸡汤"——论转型期中国法律信任的建构》，载《法律科学（西北政法大学学报）》2014 年第 3 期；范进学："法律信仰"：一个被过度误解的神话——重读伯尔曼〈法律与宗教〉》，载《政法论坛》2012 年第 2 期；李春明、王金祥：《以"法治认同"替代"法律信仰"——兼对"法律不能信仰"论题的补充性研究》，载《山东大学学报（哲学社会科学版）》2008 年第 6 期；范愉：《法律信仰批判》，载《现代法学》2008 年第 1 期；张永和：《法律不能被信仰的理由》，载《政法论坛》2006 年第 3 期；钟明霞、范进学：《试论法律信仰的若干问题》，载《中国法学》1998 年第 2 期；陈金钊：《论法律信仰——法治社会的精神要素》，载《法制与社会发展》1997 年第 3 期；范进学：《论法律信仰危机与中国法治化》，载《法商研究（中南政法学院学报）》1997 年第 2 期；等等。

③ ［美］伯尔曼：《法律与宗教》，梁治平译，中国政法大学出版社 2002 年版，第 12 页。

出现了"法律或法治是否能够被信仰"的争论，观点可以分为两大类：一类认为法律无法被信仰，信仰更多地强调形而上的理念，法律则是形而下的制度规范；另一类认为法律或法治可以被信仰，因为法治是包含一系列法律价值——如人权、正义、平等等——在内的价值理念，作为系统性、体系化的价值理念可以被信仰。尽管不同观点看似南辕北辙，但实质上具有内在的一致性。即两者都承认法律作为规范手段能够约束行为人的行为，一定程度上还可以内化为人们的内在判断标准。内化为判断标准的法律使法律获得了权威性，使之可以暂时放下法律获得权威性的依赖命题、一般化证成命题直接作为行动理由。这对于法律规范而言是值得期待和意欲的目标。所以，法律要想实现这一目标必须实现法律权威的内在化或形成法律的内在权威。因此，问题最终落脚到法律权威如何内在化上面。第一，切合服从权威的主体的观念、认知、习惯等。在英美法系的法制史中，判例法是绕不开的学术重点。判例法何以获得人们的青睐，靠近注重成文法典的欧洲大陆的英格兰何以发展出不同于法典化倾向的判例法是值得注意的。判例法之所以能在诺曼征服以后获得人们青睐，最重要的原因是判例法并非是制定出来的，而是发现出来的。当纠纷产生时，法官并不主动创制规范性文件，相反，"仅在纠纷发生后裁决哪方的行为违反公众所认可的基本信条"①。法官只是将已经存在于人们日常生活中的习惯发掘出来进行必要的处理，适用于纠纷当中。如此一来，解决问题的规范"从群众中来，到群众中去"，很容易为纠纷各方以及社会所接受。因为法律权威在此时具有约定俗成的传统性力量，将人们活动有效控制在特定范围内。当人们的行为背离约定俗成的传统时不仅可能受到习惯力量的批判，司法机关也能实施一定的强制性。为此，处于稳定的不变之中比变化更值得追求。因此，内在权威形成方式之一便是通过惯习的力量，赢得人们的认可。第二，符合一般理性人的利益预期。经济人的假设意味着人们总是会追求个人利益最大化。所以，法律形成权威，内在层面还需要同理性人的基本经济诉求相结合，不能无视一般理性主体的利益考量；否则，容易在理性人心中形成心理抵触。同时，符合一般理性人的利益

---

① ［比］R. C. 范·卡内冈：《英国普通法的诞生》，李红海译，商务印书馆 2017 年版，"译者序"第Ⅵ—Ⅶ页。

预期不等于将特定个体利益无限放大。在利益不断放大的情形下,利益权衡的跷跷板容易失衡。法律需要注重的是一般理性人的经济预期,而非特定个体的无限预期。人是有限利他主义者,"人类不是魔鬼,他们也不是天使"①。人们会对他人利益进行必要的考量,因为利益的交互性与环境的变化使人们不得不考虑将来情境互换时自己的情形。即人们有将自己放入"无知之幕"的理性能力,这种理性能力使得人们采取自利主义与有限的利他主义。第三,借助程序的方式构造公平合理的认知环境。前文在论证优先命题时便指出法律具备权威需要满足程序性的要求,程序性的意义在于"可以从一种外在影响力转化为一种内在影响力"②。能够将外在的理性(依赖命题、一般化证成命题)转化为内在理性(优先命题)。或者说,程序转换并非完全的内在权威形成方式,更是内在权威从外在权威转化而来法律规范化手段。③ 通过前述三种方式形成法律的内在权威具有一个共同点——也是内在权威的核心含义——内在的法律权威是赢的人们认同的法律权威,并且内在权威一定程度上担负着行为主体行为指引与评价标准的功能。呈现为内在权威的法律权威通过认可、接受最终内化,塑造为行为主体内心的价值观,成为批判的基础、规范性要求证成的一般理由以及施加惩罚的标准。④

其次,法律的外在权威。如果法律的内在权威得益于其生长于人们的心中,则外在权威是法律施行的外在压力。不可否认,权威不等于权力,但权威实现一定程度或一定范围内需要权力的助力。但权威与权力相互关联,两者"是主体与客体的相互作用"⑤。尽管权威可以使权力的行使具有正当性,但从反方面说,权力也在保证权威的实现。尤其是在超凡领袖存在的场合,非法理型权威通常对权力具有较大的依赖性。即使是法理型社会中,法律权威也因其出场方式使人们认为其同权力并无不同。在法律权威并不直接出场的场合,人们很难感受到权力作用。而一旦权力从幕后走到台前,法律权威便同权力出现重影与叠合。所以,法律的外在权威呈现出强制性的特征。强

---

① [英] H. L. A. 哈特:《法律的概念》,许家馨、李冠宜译,法律出版社 2006 年版,第 173 页。
② 孙笑侠:《论法律的外在权威与内在权威》,载《学习与探索》1996 年第 4 期。
③ 汪习根:《论法治中国的科学含义》,载《中国法学》2014 年第 2 期。
④ [英] H. L. A. 哈特:《法律的概念》,许家馨、李冠宜译,法律出版社 2006 年版,第 89 页。
⑤ 俞可平:《权力与权威:新的解释》,载《中国人民大学学报》2016 年第 3 期。

制性的体现主要是法律义务的设定、法律责任的负担与法律制裁的实施等活动，通过设定义务、分配法律责任与实施法律制裁让行为人感受法律的存在，对尚未形成内在权威认知并且不符合内在权威认可的价值标准予以惩戒。一旦价值标准被违反，便将预设的应对方案施加在特定主体身上，通过惩罚形成对特定主体的直接——或肉体或精神——规训以及对社会中不特定主体的教育引导。但仍必须强调的是，此处的外在权威实现具有强制性或暴力性的特征，不等于说法律外在权威可以随意地实施暴力活动。其活动进行必须满足合法性的要求。合法性体现为权威的等级特点（规范性文件的位阶），通过不同等级的权威分层次、阶梯化的实施，构造权威的系统，并且也在位阶之间形成纠错机制，对于错误运用外在权威的行为进行校正。并且，通过强制性实施活动与位阶构造进行校正实际上都是在保证内在权威。通过外在权威保证内在权威，使内在权威不断深化。同时，外在权威与内在权威相互结合，内化之后的权威会巩固标准、强化外在权威，促使人们真诚地实施外在权威。最终，实现内在权威与外在权威的良性互动与有效勾连。

第二节　法律权威的中国表达

一、任何组织和个人都必须尊重宪法法律权威

"坚守法之最高性，尊法律为最高权威。"[1] 现代法治（Rule of Law）理念起源于英国，其意欲解决的是 Rex（国王）与 Lex（法律）之间的关系的问题，Rex 在 Lex 之上的国家就是人治国家，而 Lex 在 Rex 之上的国家就是法治国家，实际上就是要确定"法律至上"的原则。随着社会的发展，英国国王逐渐演变为"统而不治"的象征性元首，法治理念则转变成处理"Government"与"Law"之间关系的议题，尤其是要处理议会/国会与法律之间的关系问题。在当代英国必须面对的问题是坚持"议会至上"（Supremacy of Parliament）原则下该如何处理法律与议会之间的关系问题？法律与议会之间的关系的核心命题就是"议会主权"如何符合现代法治理念。

---

[1]　朴勤：《法治、国家与治理能力》，载《科学社会主义》2014 年第 6 期。

作为主权意象符号的议会同其自身制定法律是何种关系？制定法高于议会还是议会高于制定法？主张制定法高于议会，即"Law"在"Parliament"之上，是法治国家。因此，现代法治国家通常强调宪法法律的最高权威性。或者说，法律具有权威在于法治社会中体现为宪法法律具有最高权威，任何组织和个人都必须尊重宪法法律权威。

再者，宪法和法律是党领导人民制定的，尊重宪法法律权威就是在尊重党和人民的共同意志。习近平总书记在不同场合多次强调每一个党组织或领导干部都必须遵循宪法和法律。党的领导不能成为以言代法、以权压法、徇私枉法的挡箭牌。[①] 个别党政组织或个别领导干部以言代法、以权压法、徇私枉法实质上是假借党的领导的话语实现个人意志凌驾于党和人民的意志的私人目标。同时，将党的领导刻意推向遵守宪法法律的对立面，但党的领导同遵从宪法法律是相一致的，因为"维护宪法权威，就是维护党和人民共同意志的权威。捍卫宪法尊严，就是捍卫党和人民共同意志的尊严。"[②] 不能将假借党的领导以权代法、以言代法、徇私枉法等于党的领导，更不能将与遵循宪法法律相一致的党的领导推向遵循宪法法律的对立面，人为地制造分裂。因为遵循宪法法律就是坚持党的领导，漠视宪法法律的权威就是漠视党和人民的意志。以言代法、以权压法或徇私枉法并非坚持党的领导，相反是违背党的领导。漠视宪法法律权威的必然损害人们的权利与自由，这将对中国特色社会主义法治事业的建设产生极大的损害。同时，强调宪法法律权威也"深刻揭示了维护宪法权威、捍卫宪法尊严、保证宪法实施对于坚持和发展中国特色社会主义事业的极端重要性"[③]。而且习近平总书记也多次强调"领导干部要尊法学法守法用法的模范"，[④] 实质上也是在明确遵守宪法法律与坚持党的领导的内在统一，领导干部带头守法，做尊法学法守法用法的模范实际上就是将党的领导与遵守宪法法律更好地结合起来。同时党的十八届四中《关于全面推进依法治国若干问题的重大决定》（以下简称《决

[①] 《习近平谈治国理政》第二卷，外文出版社 2017 年版，第 128 页。

[②] 习近平：《在首都各界纪念现行宪法公布施行 30 周年大会上讲话（2012 年 12 月 4 日）》，载《人民日报》2012 年 12 月 5 日。

[③] 公丕祥：《习近平法治思想述要》，载《法律科学（西北政法大学学报）》2015 年第 5 期。

[④] 《习近平谈治国理政》第二卷，外文出版社 2017 年版，第 126—129 页。

定》）中也明确了很多措施来维护宪法法律权威，如健全行政机关依法出庭应诉、尊重并执行法院生效裁判的制度。只有如此，才能形成尊法、学法、守法、用法的社会氛围，不断将宪法法律权威落实到每一个组织、个人的日常生活中，不断认可、接受到内化为一种价值观。因此，任何组织、个人都必须遵守宪法、法律，推崇宪法法律的权威就是尊重党和人民的意志，遵循宪法法律就是在践行党和人民的实践性要求。

二、党必须在宪法法律的范围内活动

一段时间以来，社会生活中存在的个别领导干部以言代法、以权压法与徇私枉法问题造成了一个疑问："党大还是法大"？"我们说不存在'党大还是法大'的问题，是把党作为一个执政整体而言的，是指党的执政地位和领导地位而言的，具体到每个党政组织、每个领导干部，就必须服从和遵守宪法法律。"① 将"党大与法大"这个问题进行对比首先就是将"党"与"法"在二元分离的基础上塑造成对立关系，这种错误观点实际上认为坚持党的领导就要违背法律，而遵守宪法法律就要排斥党的领导。但这种观点不仅忽略了党在领导立法、执法、司法、守法与法律监督中可以内在地切合法律的要求，而且也没有看到党的领导与遵守宪法法律之间的内在统一。而且，刻板地去对比党大或者法大实际上又在坚持一元论，一定程度上又是在否定二元分离的论证前提。再者，党在法律活动中与法在党的活动中的作用并非同位性，两者并非非此即彼的关系。相反，党更多的是主体，法是党领导下制定的外在规范，并且这种外在规范可以影响、约束主体——包括自己——的活动。同时，执着于"党大还是法大"这一伪命题也忽视了党作为治国理政主体的反身性。反身性是指主体通过理性反思自身，人类思维无法克服的线性特征与现实世界的非线性特征存在一定的紧张关系，但理性主体本身具有反身性，可以对自身行为活动进行反思进而予以付诸实施、改变、修正。而且每一个主体的角色不是单一排他的，而是具有复合性的，主体具有多身份性或者说处在角色丛中。② 党领导社会主义法治建设不等于说

---

① 《习近平关于全面依法治国论述摘编》，中央文献出版社 2015 年版，第 37 页。
② ［美］罗伯特・K. 默顿：《社会理论和社会结构》，唐少杰等译，译林出版社 2006 年版，第 566—567 页。

党凌驾于宪法法律之上。相反，党同时也是守法者的角色，通常党会带头守法，即是说党在领导立法等活动中承担领导者的身份，但在守法活动中则作为守法者的角色出现。不能因为主体的同一性就否定党在法律范围内活动这一要求和实际情况。否则，必然机械地割裂党的领导与法治之间的关系，等同于认定特定主体作为父亲存在而不能作为丈夫或儿子存在。因此，虽然存在部分领导干部以言代法、以权压法与徇私枉法现象，但实质上是违背我国《宪法》第五条的要求，即包括党在内的一切国家机关等需要在宪法法律范围内活动。同时，党应在、能在并且实际上也在宪法法律的范围内活动。

　　党必须在宪法法律范围内活动是指党不仅要全面领导依法治国，建设社会主义法治国家。在具体举措上，党还要在立法、执法、司法、守法以及法律监督等各方面都发挥领导带头作用，提出更加具体细致的对策、措施。[①]并且需要指出的是：带头守法不仅是指消极地守法，守法还可以是积极的守法。党领导立法、保证执法、支持司法正是党在具体举措上积极守法。因为党的领导是中国特色社会主义最本质的特征，该表述也被 2018 年《宪法修正案》所吸收，增加到我国《宪法》中。党领导立法、保证执法、支持司法也体现了党践行宪法的要求。并且，既然党要积极守法（领导立法、保证执法、支持司法）与消极守法（带头守法）就必须以宪法法律为标准，这也是尊重宪法法律权威的必然要求。即是说，无论是从实际情况上，还是从理论论证上，党都必须在宪法法律范围内活动。

三、法治权威的核心为宪法权威

　　宪法是我国的根本法，法治权威首先体现为宪法权威。或言之，法治权威的核心是宪法权威。"法治权威能不能树立起来，首先要看宪法有没有权威。"[②] 宪法是否具有权威则首先要从政治意义上去探寻，因为宪法不同于一般法律，其意义不仅仅在于其属于主权国家的规范性文件，能够

---

　　① 张文显：《习近平法治思想研究（中）——习近平法治思想的一般理论》，载《法制与社会发展》2016 年第 3 期。

　　② 习近平：《关于〈中共中央全面推进依法治国若干问题的重大决定〉的说明》，载《人民日报》2014 年 10 月 29 日。

对行为人的行为提出规范性要求。同时，宪法也属于基本的政治性文件。[1]作为一个政治性文件，其关注的首先不是国家机构组织或者规范国家机关权力问题，这两项内容是宪法作为规范文本的内涵。作为政治性文件的宪法交代的主要是国家理性、国家权力来源，需求的则是国家正义与政治正当性。[2] 为解决该问题，历史上涌现出大量的理论，从不同学者的社会契约论到人民主权，各种理论都试图给出政权正当性的基础。我国《宪法》也不例外。我国《宪法》序言 13 个自然段都在不同方面强调了政权的正当性基础，并且借助宪法文本自身确认了政权的合法性。因为法治权威的建立需要依赖命题的参与，而依赖命题参与便是给出正当性理由。对于法治权威而言，正当性的根本性理由则是宪法的证成，宪法的规范性要求以及描述性叙述都在为法治权威提供基础规范性的正当性基础。因此，建立法治权威首先要明确宪法的权威。因为宪法权威意味着法治的正当性基础，其证明的是依赖命题的成立。

宪法权威的建立有利于全社会形成尊重法治权威的氛围。宪法作为根本法不仅体现为规定了国家最基本、最核心的问题或者其制定修改程序严于普通法律，还体现在其是普通法律制定的依据。诸多法律都在其第一条中明确"依据/根据宪法，制定本法"，其强调的正是作为渊源的宪法是该法的正当性与合法性基础。在这个意义上，宪法是普通法律的上位法与母法。得到人们认可、遵从的宪法具有权威，得因宪法具有正当性，宪法权威也获得了正当性。依据宪法制定的普通法律也因规范性传递获得了相应的权威。前文论证权威一定程度上即规范性也说明了这个道理。正因为法律需要规范性来源，宪法提供了规范性来源。而宪法的规范性来源则并非通常规范性文件通过上位法回溯获得，宪法的规范性来自于上述民主建国与立宪的正当性基础。因此，宪法权威的建立有利于法治权威的建立，或言之，宪法权威的建立是法治权威建立的前提。同时，宪法赋予普通法律的权威性不仅仅是立宪时刻或革命奋斗获得的正当性，同时宪法还确认了下位法的法律规范性来

---

① ［德］克里斯托夫·默勒斯：《德国基本法：历史与内容》，赵真译，中国法制出版社 2014 年版，第 38 页。

② 高全喜：《论宪法的权威——一种政治宪法学的思考》，载《政法论坛》2014 年第 1 期。

源。正是在这个意义上，凯尔森才会主张他的"基础规范"，① 哈特才要主张他的"承认规则"。②

因此，法律权威（规范性）的获得首先在一个规范体系中需要获得上位规范的确认，所以，宪法可以确认法律的权威；再者，宪法的正当性基础使得法律权威的外显不断内化。所以，树立法治权威的关键在于树立宪法权威。

四、宪法法律权威体现了党和人民共同意志

"在我国，法是党的主张和人民意愿的统一体现。"③ 因为宪法法律是人民在党的领导下制定，所以维护宪法法律权威实际上就在维护党和人民的共同意志。

首先，宪法法律由特定主体在法定权限范围内通过法定程序制定体现了民主性的要求。满足法定程序、法定权限条件制定的宪法法律充分符合了法治的要求，并且法治也充斥民主的要素。如基本法律的制定要求全体全国人大代表过半数通过，符合民主的基本要求，再如宪法修改的通过要求全体全国人大代表的 2/3 以上多数通过。这都体现了立宪立法的民主性要求。而人大代表则代表了人民的意志。一旦经由法定程序订立的法律成立并有效，就意味着人民意志的稳定化，为捍卫人民的意志，就需要捍卫法律。

其次，宪法法律制定体现了党的主张。亨廷顿认为现代政治社会的构建不能缺乏政党的参与，缺乏政党参与，会导致政治参与的无序，甚至导致社会秩序的混乱。④ 因为政治活动的开展需要秩序，零散个体或小规模群体参与政治会带来政治活动的分裂，过于分散的价值观可能导致社会的撕裂。因此，为实现必要的政治有序参与，政党制度就是必要的。并且，中国的近代史告诉我们，中国共产党代表了人民，现实情况（人民的选择）也决定了

---

① ［奥］凯尔森：《法与国家的一般理论》，商务印书馆 2013 年版，第 180—183 页。
② ［英］H. L. A. 哈特：《法律的概念》，许家馨、李冠宜译，法律出版社 2006 年版，第 90—100 页。
③ 中共中央宣传部：《习近平新时代中共特色社会主义思想三十讲》，学习出版社 2018 年版，第 192 页。
④ ［美］塞缪尔·P. 亨廷顿：《变化社会中的政治秩序》，王冠华等译，上海人民出版社 2008 年版，第 336—340 页。

中国共产党必须带领人民制定宪法和法律。因为与西方的选票民主不同，东方政党具有更强的组织功能，作为后发型政党更能代表人民大众以及更广泛阶级的利益。① 在更强代表性、更高凝聚力下，通过党发挥其先锋作用，将人民的意志抽象为更具有针对性的党的主张。即是上文所说的人民意志的形成、成为法律都需要党的领导，通过不同领导方式促使人民的意志能够有效形成，最终落实到法律规定当中。

再次，党的主张与人民的共同意志在宪法法律具有高度统一性。一方面"党领导人民制定宪法法律"，另一方面"党领导人民实施宪法法律"。② 在这个意义上，党的主张在三个方面实现了与人民共同意志的统一：第一，党的主张体现了人民的共同意志，并且党具有高度的先锋性与代表性，党的主张从人民中来，高度体现了人民的意志；第二，党善于将自己的主张与人民的共同意志通过立法程序制定到宪法法律中，在遵循宪法法律的要求的前提下，党的主张不仅同人民意志高度结合，而且党还善于将主张与人民意志结合的结果通过法律化的方式确定下来，而且党在立法程序的要求下不断地将其转化、内化，使得社会主义民主事实不断法律化、制度化；第三，党领导人民实施宪法法律并带头守法。为防止党的主张以及人民的意志沦为空谈或者制度化的、法律化的民主事实成为具文，中国共产党还积极主动地带领人民实施宪法，在包括执政在内的各类活动中坚持带头守法。③ 因此，党的主张与人民意志在宪法法律的制定、实施（包括司法、执法、守法与法律监督）中是高度统一的。所以，维护宪法法律权威就是维护党和人民的共同意志。

最后，宪法法律权威的实现需要完善宪法监督制度。"徒善不足以为政，徒法不足以自行。"一项制度的实现需要有相应的保障措施。宪法监督制度的存在可以对相应规范性文件的合宪性进行审查，完善宪法监督制度可以武装宪法法律的权威，给宪法法律装上牙齿，使宪法法律权威能够得到保障。通过诸如批准、备案制度等形式保障规范性文件的合宪性审查，也是

---

① 王若磊：《政党权威与法治构建——基于法治中国道路可能性的考察》，载《环球法律评论》2015年第5期。

② 《习近平谈治国理政》第二卷，外文出版社2017年版，第128页。

③ 刘小妹：《习近平法治道路思想探析》，载《法学杂志》2016年第5期。

《宪法》《立法法》等规范性文件的要求。但当前的宪法监督、保障制度仍不够完善，需要在接下来的法治建设当中，进一步完善宪法监督制度，如合宪性审查的方式、方法等。通过宪法监督、保障制度完善为宪法法律权威的实现提供体系化的保障。

五、发扬人民民主必须维护法律权威

人民民主的实现离不开法律权威的维护。早在 1978 年党的十一届三中全会时，邓小平同志深刻地指出"为了保障人民民主，必须加强法制，使民主制度化、法律化，使这种制度和法律不因领导人的改变而改变，不因领导人的看法和注意力的改变而改变。"① 邓小平同志对该问题的认识一方面体现了党和国家领导人对先前国家、社会问题的认识，开始着手开启包括法制在内的政治、经济等一系列改革。② 另一方面，也体现了我们不断深化对法治与民主之间关系的认识。法治与民主两者不能偏废，亦不能过度倚重任何一方，因为民主与法治两者相辅相成。缺乏民主的法治不具有必要的平等性，而缺乏法治的民主不够成熟、稳定。对于民主的实现必须采取法治的方式。这也是宪法的必然要求，因为宪法的特征之一便是确认社会主义民主事实的成果，确认的方式之一也是最重要的方式就是法律制度化的确认。而宪法能够确认社会主义民主事实则得因于其正当化的民主基础。因此，发扬人民民主必须维护法律权威。

并且，党关于民主与法治关系的理解和认识也在不断深化。强调法治建设始终坚持"人民的主体地位"。不仅法治建设保护人民、造福人民，还不断扩大法治建设中人民参与的力度与宽度。即法治建设应坚持《宪法》第一条要求的人民民主的要求下，做到不断提高人民参与法治建设，通过民主的方式提升法治的正当性基础。而且，法治是实现民主最恰当的手段。法治不仅可以促使民主的实现，还可以防止民主的实现偏离方向，使得民主在合法、合理的要求内实现，实现理性的民主。同时，法律权威的实现也依赖人民民主的发扬。只有以发扬人民民主为目标才能更好地赢得人民的支持。

---

① 《邓小平文选》第二卷，人民出版社 1994 年版，第 146—147 页。
② 梁治平：《法律何为：梁治平自选集》，广西师范大学出版社 2013 年版，第 140 页。

六、司法不公是对法律权威的损害

"公正司法事关人民切身利益，事关社会公平正义，事关全面推进依法治国。"[①] 司法是社会公平正义的最后一道防线，司法不公不仅会使得人们对司法本身丧失信心，将司法公信力推向谷底，更会损害法律权威。因为司法是人民认识法律的重要途径以及最终方法，最能体现法律权威的司法不公就会削弱法律权威的正当性基础。其一，"司法公正不是抽象的，而是具体的。"[②] 司法中的当事人拥有直接相关利益，当司法不公存在就会使得正确的司法天平倾向于一方，而倾向于一方就会使得特定的当事人利益受损，损害的便是人民的切身利益，这一行为带来的结果便是当事人对司法公正的怀疑。其二，个案体现为个案中当事人的利益，同时，由一个一个个案组成的社会环境表现为社会的公平正义，积沙成塔、集腋成裘，个案的不公平会引发整体的社会公平正义质疑。习近平总书记为说明该问题在不同场合反复引用弗朗西斯·培根的名言说明不公裁判的弊端，相反，司法是最需要体现法律权威行特征的法律实施活动。其三，推进全面依法治国要求法律公平正义，不仅要科学立法、严格执法、积极守法还要公正司法，司法不公会影响全面推进依法治国的实现。而司法体现法律，司法不公必然会破坏法律权威的拱石。

为保障司法公正的实现必须进行相应的改革。《决定》就提出保障司法公正的各项措施，从完善确保司法机关依法独立公正行使审判权和检察权制度、优化司法职权配置到保障人民群众参与司法等。同时，党的十九大报告特别强调深化改革，落实责任制。通过不同的措施在制度层面确保司法公正的实现。在不同措施保障的司法活动中，一次次的司法公正不断提升司法的公信力与权威性特征，最终提升的则是法律的权威性。因此，为防止法律权威受到损害就需要防止司法不公的出现。

---

① 《习近平谈治国理政》第二卷，外文出版社 2017 年版，第 130 页。

② 姜伟：《全面落实司法责任制》，载《党的十九大报告辅助读本》，人民出版社 2017 年版，第297 页。

七、法律的权威在于实施

法律的权威在于实施。早期的法治十六字方针是"有法可依，有法必依，执法必严，违法必究"，到 2011 年中国特色社会主义法律体系建立意味着"有法可依"的基本完成，但"有法必依，执法必严，违法必究"还有待进一步实现。其中"有法必依"尚未有效实现意味着"有法不依"，一定程度上也体现为"违法不究"，相应的结果就是法律不能有效实施。而且，现实的观感与法治评估都显示"我国法律实施的情况都严重低于立法预期"[①]。意味着法律制定出来后虽然具有效力，但缺乏必要的实效。"社会现实与法律条文之间，往往存在着一定的差距。"[②] 此时，法律成为具文，便失去了实效。失去实效的法律条文便同人们的日常生活严重脱节，人们的法律需求便无法得到满足。此时，法律的内在权威或者法律权威的内生机制就受到阻塞，即使法律权威此时符合依赖命题的要求，却未必符合一般化证成命题的要求。相应的结果便是优先命题遭到抛弃，或者优先命题的相反结果更为人们所期待。即是说，法律会失去人们的认可与支持。因此，为保证法律具有权威还要求推动法律实施。

为推动法律实施，要采取切实有效的法治方法与法治化措施。"各级政府必须坚持在党的领导下、在法治轨道上开展工作。"[③] 首先，要健全宪法实施制度，让宪法法律落到实处，真正开花结果；宣传和树立宪法的权威，让人们真正地了解宪法，在认识、了解的基础上不断认同并内化为一种价值观。其次，推动依法行政，建立权责一致、权威高效的行政运行体制，实现依法行政基础上合理行政以及行政效率。再次，推动司法体制改革，完善相应的配套措施，同时扩大司法民主。通过不同领域的措施保障推动法律实施，在法律实施中实现人民参与，强化法律的权威。通过立法、执法、司法、守法等不同方式使法律真正落到实处，也使人们能够在法实施各个

---

① 张文显:《习近平法治思想研究（中）——习近平法治思想的一般理论》，载《法制与社会发展》2016 年第 3 期。

② 瞿同祖:《中国法律与中国社会》，中华书局 2003 年版，"导论"第 2 页。

③ 习近平:《关于〈中共中央全面推进依法治国若干问题的重大决定〉的说明》，载《人民日报》2014 年 10 月 29 日。

方面感受到一般化证成命题带来优势，并且通过实施中的感受深化依赖命题，进而实现优先命题的结论。

八、建立权威的依法行政体制

法律权威表现是多方面的，其中之一便是具有权威的依法行政体制。依法行政体制体现了"坚持依法治国、依法执政、依法行政共同推进，坚持法治国家、法治政府、法治社会一体建设"[①] 的要求。即建立权威的依法行政体制是依法治国、依法执政以及依法行政的必然要求。

依法行政体制建立的关键在于"依法"。"依法"进行行政体制建立、完善是治国理政合法性、正当性以及程序性的必然要求。[②] 法律作为一种社会规范，一者，为人们的日常生活提供可预期的行为规范，使得社会生活处于稳定与可预测之中；二者，依法行政保证确保行政的合法性，因为依法行政是行政活动的基本原则之一。同时，依法行政也体现了"法无授权不可为"的一般原理。将行政机关权力的行使限制在法律规定的范围内，对于法律没有明确授予给行政机关的权力不能被行使，在规范国家机关权力的同时，保障公民的权利。并且，依法行政的"依法"划定行政的范围，在该范围内行使行政权，还有利于形成行政权力行使的清单，便于人们监督行政机关。

依法行政体制的形成既可以促使法律权威的建立，也有赖于依法行政体制建立的权威性。权威的依法行政体制要求依法全面履行政府职能，完善行政组织和行政程序法律制度，推进法定职责必须为，法无授权不可为，即不能乱作为，也不能不作为。[③] 健全依法决策机制，建立重大决策合法性审查机制，通过审查地方式控制行政决策，保证行政决策的合法性。严格规范文明执法，坚决依法惩处各类违法行为，加大执法力度。并且，强化对行政权力行使的制约与监督，形成党内监督、人大监督、民主监督、行政监督在内的监督体系，增强监督效果。全面推进政务公开，坚持公开为常态、不公开

---

① 《中共中央关于全面推进依法治国若干问题的重大决定》，人民出版社 2014 年版，第 4 页。
② 范进学：《"法治中国"：世界意义与理论逻辑》，载《法学》2018 年第 3 期。
③ 袁曙宏：《建设法治政府》，载《党的十九大报告辅导读本》，人民出版社 2017 年版，第 287—288 页。

为例外。形成权力清单，向社会全面公开各类事项，并推进各类政府信息公开。[1]

九、建设公正高效权威的社会主义司法制度

深化司法改革，就要建设公正高效权威的社会主义司法制度。公正高效权威的社会主义司法制度建设有利于提升司法公信力。[2] 公正是司法的生命。前文论及司法不公对法律权威的损害已经指出公正对司法的重要性。公正涉及司法的根本价值，只有保证司法公正，司法才能赢得人们的信任和认可。高效也是司法的要求之一。司法公正要实现而且还要具有一定的效率，否则正义会变成"迟来的正义"，尽管"迟来的正义也是正义"，但"迟来的正义"仍会损伤司法的权威性。因此，为保障法律的权威性就需要建设公正高效的社会主义司法制度。

公正高效权威的社会主义司法制度包括多方面内容。首先，完善确保审判机关、检察机关依法独立行使审判权、检察权。为此，既要求领导干部不得干预司法，且领导干部要带头支持司法。同时，健全行政机关依法出庭应诉等制度，建立健全司法人员履行法定职责保护机制。非因法定理由、经法定程序，不得将司法机关工作人员撤职、调离等。即通过司法公正外部环境的构造，形成良好的氛围，使得其他机关、社会团体以及个人尊重司法。尤其是公权力机关，其尊重司法更具有引导意义。其次，优化司法职权配置，设立巡回法庭、探索跨行政区域法院、改革登记制度、完善审级制度等。通过司法职权的优化配置使得司法权力的行使更能赢得人们的认可，而职权、权能的划分也可以推动司法权的高效行使。与培育司法权公正行使的外部环境不同，司法职权的优化配置是构造司法权公正行使的体制机制，建构性地发挥司法的理性。通过内部公正环境构造、监督机制形成，使得司法公正具备更优良的运行和保障机制。再次，推进公正司法，推进以审判为中心的诉讼制度改革，明确各类司法人员的职责、流程等。以及保证人民群众参与司法、加强人权的司法保障、加强对司法活动的监督。司法公正既需要外部环

---

[1] 《中共中央关于全面推进依法治国若干问题的重大决定》，人民出版社 2014 年版，第 15—20 页。

[2] 张恒山：《十八大以来习近平法治思想梳理与阐释》，载《人民论坛》2014 年第 29 期。

境的构造，不仅意味着司法以外的其他机关、社会团体、个人要尊重司法，还意味着司法机关能够为人们监督且是有效的监督方式。通过外在的他律机制，强化监督也恰当拉近人民与司法之间的距离，促使法律权威内生机制更畅通。

十、执法司法越公开，就越有权威和公信力

"阳光是最好的防腐剂"，过程展示在人们面前容易赢得人们的信任。无论是行政中的审批流程，还是政府信息公开，公开可以促进公正;[①] 司法公正亦要求司法公开，保证公开透明是司法的必然要求。缺乏司法公开的司法公正——即使公正——也容易遭到怀疑。为提升法律权威和公信力，就需要执法司法公开。通过公开的方式提升人民对法律活动的参与感，消解隐秘或不透明带来的怀疑。

执法公开的方式具有多元化的特征，并不仅是指政府信息公开。政府信息公开属于执法或行政公开的重要内容，但并非政府信息公开的全部。或言之，执法公正一定程度上是指行政活动的开展要公开公正。政府信息公开是其中一项重要内容，但并非全部。公正公开主要是指通过公开促公正，并且坚持公开为原则，不公开为例外，将决策、执行、管理、服务各环节都公开，[②] 同时公布政府权力清单，实现公民对政府权力的阳光监督。并且对于涉及公民、法人相关权利的规范性文件通过法定程序进行公开，保障公民等主体能够监督。不断优化监督的方式、便利监督的方法、降低监督的成本，使得公开化的监督方案成为一种常态。

司法公开是司法公信力的重要来源。"司法公信力体现为社会公众对司法机构、司法人员的信任和信赖程度。"[③] 而信任、信赖的建立首先得益于信息的了解，但了解并非单向的，不仅需要人们主动去了解，也需要司法主动公开，通过公开的双向互动实现信任与信赖。而且党的十八大以来，司法

---

① 张文显:《习近平法治思想研究（下）——习近平全面依法治国的核心观点》，载《法制与社会发展》2016 年第 4 期。

② 《中共中央关于全面推进依法治国若干问题的重大决定》，人民出版社 2014 年版，第 19 页。

③ 张文显:《习近平法治思想研究（下）——习近平全面依法治国的核心观点》，载《法制与社会发展》2016 年第 4 期。

机关致力于司法改革与深化司法公开，满足民众对司法的知情权、参与权以及表达权和监督权。努力实现立案、庭审、审判结果、裁判文书和执行公开。《决定》也明确指出审判、检务、警务、狱务公开。并且为实现上述公开，最高人民法院也在推行生效裁判文书统一上网和公开查询。通过不同的公开方式，让人们有更多的机会和方法参与到对司法的监督中来。

第三节　法律权威的生成机制

一、尊重法律是树立法律权威的前提

法律权威的建立以尊重法律为前提，是指法律权威的建立需要形成内在权威，内在权威建立在广大干部群众的心中。仅有外在权威的促进机制不能使得法律权威扎根于人们的心中。"靠某种外在强制力树立了一时的权威也难以达到长久的权威、真正的权威。"[①] 因此，法律权威的建立需要来自人们心中发自内心的尊重。其一，法律权威分为内在权威与外在权威，相对于外在权威，内在权威是目的性、根本性的，良好的社会秩序更依赖内在权威。其二，法律权威建立需要满足依赖命题、一般化证成命题，因为尊重的前提在于具有合理性，而合理性的实现需要正当性基础与能够更好地满足行为主体的利益。获得理由的依赖命题证成与利益优越的一般化证成命题支撑，法律便容易构建权威。同时，获得该两项命题的支撑也意味着人们尊重法律。因此，需要采取措施是人们尊重法律。

第一，宪法法律的原则性与灵活性协调。法律是具有可预测性的行为规范，设定了人们的权利义务，调整人与人之间的社会关系，间接调整社会秩序。通过法律的调整性功能，社会实现有序、有组织性的生活。因此，为保证社会生活的秩序需要法律具有稳定性，为人们的行为提供必要的预期。同时，法律又不能强调片面安定性，随着社会生活的发展，宪法法律又需要作出必要的调整与改变，2018年《宪法修正案》正是在这种背景下进行的，

---

① 朱国良：《当代公民法治认同与法治政府权威提升研究》，载《东岳论丛》2016年第6期。

适应社会生活的发展与新时代中国社会的新问题。① 因此，为树立法律权威要尊重宪法法律，但宪法法律要在原则性、稳定性、可预期性与灵活性、适应性、正当性之间进行权衡协调。

第二，宪法法律至上。现代法治国家"法律权威性的获得，与……国家的整体制度设计是否能够树立法律的至上地位"②。因此，形成尊重法律的环境还需要宪法法律具有至上地位。"坚持依法治国首先要坚持依宪治国，坚持依法执政首先要坚持依宪执政。"③ 宪法作为我国根本大法，规定了公民的基本权利与义务、明确了国家社会生活最重要最基本最核心的问题。因此要明确其地位，这也是我国《宪法》第五条的明文规定。而法律的规范性来源于宪法，明确宪法的至上地位，也使得法律获得了至上地位。将人民权利保障最重要的规范性文件确定在至上地位，有利于更好地保护人民的权利。保护人民权利的规范性文件的确立则有利于法律权威的树立。所以，尊重法律首先就意味着要确定宪法法律至上，任何国家机关、社会团体、个人不得有超越宪法法律的特权，都必须在宪法法律的范围内活动，确保合法性基础。

第三，法律具有内在权威。前文引用亚里士多德的法治理念证成良法需要获得人们的遵从，但人们遵从法律需要满足其他条件，即"人们相信法律"④。相信的前提一方面需要信息公开实现信息对称，作出充分的判断。同时，信息内容也需要人们认可、接受，人们接受、认可的法律会自发成为行动理由。要使法律被人们接受、认可，要求法律在实质上符合人们的利益、诉求与价值观。只有切合人们观念的法律才能赢得人们的认可、接受。因为内化意味着"从知识的认知到情感上的认同再到意志自觉的不断升华"⑤。法的内在权威就是通过法律知识普及到法律情感上的认同，通过一般化证成命题辅助依赖命题的成立，最终实现法律作为标准的意志自觉生化。此时便形成了法律的内在权威，也会使得尊重法律权威成为一种自然而

---

① 范进学：《论中国特色社会主义新时代下的宪法修改》，载《学习与探索》2018 年第 3 期。
② 李龙、孙来清：《论法律权威的生成机制及其维护》，载《湖北社会科学》2015 年第 7 期。
③ 《中共中央关于全面推进依法治国若干问题的重大决定》，人民出版社 2014 年版，第 9 页。
④ 冉杰：《法律权威的正当性基础》，载《求索》2016 年第 10 期。
⑤ 刘立明：《法律权威内化于心的理论逻辑》，载《理论导刊》2015 年第 12 期。

然的生活方式。如此一来，法律的权威便在日常生活中建立起来。

二、维护人权是尊重法律权威的根本

"国家尊重和保障人权"。这是我国《宪法》第三十三条第三款的内容，这一条明确了宪法的一项价值取向，也设定了公民的具体基本权利。[①] 但从《宪法》篇章结构的安排与条文的基本语义可以确定该条首先规定了公民的基本权利。因为本条位于我国《宪法》正文第二章"公民的基本权利与义务"一章，该章规定的内容主要是公民的基本权利与义务。因此，无论学界争议如何，该条首先明确了公民的基本权利。因此，我国《宪法》明确了人权作为公民权利的重要性，因此维护人权是在践行宪法规定，更是对宪法要求的遵循。再者，通过条文的文义分析，"国家尊重和保障人权"还设定了国家的义务，此处的义务既包括积极的义务，也包括消极的义务。消极义务主要是指同我国《宪法》第三十八条内容一样，国家不得侵犯公民的人权，即《宪法》第三十三条有基本权利的防御功能；积极义务是指国家积极采取措施保障公民的基本权利，发挥《宪法》第三十三条的基本权利受益功能。《决定》就在"完善以宪法为核心的中国特色社会主义法律体系，加强宪法实施"部分第四块明确强调"保障公民权利""各项权利不受侵犯""权利落实……权利保障法治化""增强全社会尊重和保障人权意识"等等。[②]

人权是宪法法律的权威来源。人权可以作为基本权利存在，意味着宪法对人权的实在化。我国《宪法》通过宪法条文以及具体法律规定的方式予以实现，但人权并不仅限于实定权利，还是一项道德权利。作为一项道德权利的人权是宪法法律权威的重要来源。人权作为人之为人与生俱来、先天固有的权利先于国家产生，它是宪法规定的基本权利的正当性基础。正因为宪

[①]　关于这一问题，我国宪法学界存在一定争议，有的学者认为该条属于基本权利，有的学者认为该条属于基本原则，也有的学者认为该条即属于公民的基本权利也属于一项基本原则。参见谢立彬：《中德比较宪法视野下的人格尊严——兼与林来梵教授商榷》，载《政法论坛》2010年第4期；韩德强：《论人的尊严——法学视角下人的尊严理论的诠释》，法律出版社2009年版，第237页；林来梵：《人的尊严与人格尊严——兼论我国宪法第三十八条的解释方案》，载《浙江社会科学》2008年第3期；林来梵、骆正言：《宪法上的人格权》，载《法学家》2008年第5期；等等。

[②]　《中共中央关于全面推进依法治国若干问题的重大决定》，人民出版社2014年版，第11—12页。

法规定了人权，符合了道德权利的人性基础与价值需求，人权获得了相应的正当性基础。现代宪法中也将基本人权原则作为宪法的基本原则之一。其中基本人权不仅可以作为公民的一项基本权利，还可以作为一项客观价值秩序。正是基于此，《德国基本法》才将基本权利的人权既视为主观权利，还将其视为客观法。在客观法或客观价值秩序层面，"人权是超越法律体系的普遍高级法的观念"①。这种理论一定程度上赓续了自然法理论的传统。而自然法理论解决的宪法权威问题并非纯粹规范层面或者不仅是法理上的规范性来源，其强调的更多的是前文所主张的政治正当性。这种规范性确认在正当性与合法性分离的领域强调的是正当性，即合法性确认以前的正当性基础。而正当性基础在政治决断中具有强大的价值基础。通过维护人权不仅强化了宪法规范的任务，还强化了宪法权威的基础。前文在论证权威的学术源流与理论基础时便指出权威的要点包括其正当性的基础。尤其是 17 世纪以后，法律权威因主权问题逐渐从权威的阴翳下走出，一定程度上就是因为自然法不断转变为自然权利。② 自然权利的要求之一便是人权，如果自然权利可以为宪法提供正当性基础，则人权也功不可没。但此处的人权仍是客观秩序意义上的道德权利，因此其更能够负担宪法法律权威正当性基础的责任。

三、法治环境是维护法律权威的必备条件

"全面依法治国是一个系统工程，是国家治理领域一场广泛而深刻的革命。"③ 同样，法治权威的建立需要系统化的构建法治环境，从广度与深度上推进法治环境的建设，在综合配套与有序协调中才能促使法律权威有效、良性建立。

首先，法律系统并非完全独立存在的。法律系统作为社会系统的一个子

---

① 张翔：《基本权利的双重性质》，载《法学研究》2005 年第 3 期。

② 关于该问题学界历来存在争议，即自然权利何时产生不同学者采用不同观点。尽管在古希腊古罗马时期为论证城邦等问题援引"ius"作为论据，但"ius"更多的是自然法，根据施特劳斯的观点，古希腊时期的是"自然法"，而非"自然权利"，而且自然法与自然权利之间不存在关系，自然法建立在个体对城邦义务的基础之上，而自然权利则建立在个体自由的基础之上，但提尔尼却认为两者存在关系，详细论证参见周濂：《后形而上学视阈下的西方权利理论》，载《中国社会科学》2012 年第 6 期。但可以确定的是自然法与自然法都不同程度承担着论证权威的论证功能。

③ 《中共中央关于全面推进依法治国若干问题的重大决定》，人民出版社 2014 年版，第 11—12 页。

系统尽管具有一定的独立性，但并非绝对的独立。相反，法律系统同其他社会系统之间具有紧密的联系，法律系统同其他社会系统——如经济系统、政治系统、道德系统——发生交叉影响。即是说，社会与法律之间存在着无法割裂的联系。① 因此，社会主义国家建设包括但不限于法治国家建设，而是同体制机制改革一体推进，"不是就法治论法治"。② 将法治建设同整体中国特色社会主义事业环境建设剥离也是违背唯物辩证法的，因为法治建设同中国特色社会主义事业总体布局密切相关。即是说，建设社会主义事业的任务之一便是建设中国特色社会主义法治事业，在建设法治事业的过程中必须充分考虑法律与社会、法律与经济、法律与政治等不同方面的联系，综合考量社会生活中不同方面、不同要素，建设符合真实社会需求的法治事业。

其次，制定法律规范并非法治建设中的唯一事务。通过制定符合人们需求的法律规范可以帮助法律建立权威，但仅有法律规范并不能独立维持法律的权威地位。"徒法不足以自行"，法律权威的建立还需要多方面的法治环境构建，法治环境的既包括前述外部的大环境，还包括法治系统内部的环境，从立法、执法、司法到守法各方面都属于法治环境构建的重要组成部分。因此，党的十八届四中全会在《决定》中第二到第四个部分从法治工作的基本格局出发论述和部署。③ 因此，法治建设中需要关注但不仅关注法律规范的制定工作，还要综合法治建设内部的各项工作，协调统筹、协力共进。

最后，法律权威作为一项综合性事务需要内外部环境的统筹协调。从政府行政、党执政到党领导人民治国，从政府到社会再到国家，法律权威构建仰赖社会各方面共同协力。内外部环境共同作用才能有效使得权威扎根于人们心中，防止权威因为阻止情形的发生遭到不必要的削弱。

四、法律实施是树立法律权威的关键

法律权威能够树立起来关键在于法律实施与否。随着中国特色社会主义

---

① ［德］尼克拉斯·卢曼：《法社会学》，宾凯、赵春燕译，上海人民出版社2013年版，第51页。
② 习近平：《关于〈中共中央全面推进依法治国若干问题的重大决定〉的说明》，载《人民日报》2014年10月29日。
③ 习近平：《关于〈中共中央全面推进依法治国若干问题的重大决定〉的说明》，载《人民日报》2014年10月29日。

法律体系的建立，法治建设工作的重心从"有法可依"转移到"有法必依，执法必严、违法必究"。并且十六字方针的内涵与外延也在不断变化，当前的核心变为"科学立法、严格执法、公正司法、全面守法"，一方面这体现了法治理论的变化与升华，另一方面也体现了当前法律权威建立的重要问题发生了变化。尽管法律体系仍需要完善，但将法律体系化的规定落到实处也特别重要。"如果有了法律而不实施、束之高阁，或者实施不力、做表面文章，那制定再多法律也无济于事。"① 因此，为保证法律权威真正落到实处，需要采取不同方式、方法、举措推动法律实施。否则，法律规范便会沦为上文论证中指出的具文。尽管具文具有法律效力，但却因为不具有实效失去了法律规范的活性。失去法律活性的法律条文可以被称之为"僵尸法条""休眠法条"。举例来说，在2014年以前《民法通则》第十八条第三款后半句就是休眠法条，自1986年《民法通则》通过以来，该条从未被实施过。导致的结果是社会生活中存在大量的虐待、侵犯等情形无法得到有效规制，如此一来，法律条文就真的成为"书本上的法律"，无法成为"行动中的法律"。无法从静态的文本转化为动态的保障机制会使得人们丧失对法律的信任感，而信任感是法律知识认知转化为情感认同乃至意志自觉升华的关键。人民在每个案件中感受到的法律预期落空则会削弱法律权威。因此，法律实施是树立法律权威的关键。

五、法治宣传是塑造法律权威的重要渠道

"必须把宣传和树立宪法权威作为全面推进依法治国的重大事项抓紧抓好，切实在宪法实施和监督上下功夫。"② 全面守法并非完全自动建立起来的，宪法法律权威的建立还需要对法律进行宣传，通过宪法法律宣传让人们认识宪法法律、了解宪法法律，并且在认识、了解中学会运用法律维护自己的权利。前文业已指出，法律权威需要内化，而内化的第一步并非依赖命题的形成或者一般化证成命题的认知，相反应该是让人民先了解宪法。尽管现

---

① 习近平：《关于〈中共中央全面推进依法治国若干问题的重大决定〉的说明》，载《人民日报》2014年10月29日。

② 习近平：《关于〈中共中央全面推进依法治国若干问题的重大决定〉的说明》，载《人民日报》2014年10月29日。

代传媒手段极大的便利了人们了解相关知识的需求，但巨量的信息给人们巨大的选择困难，法治宣传具有信息选择与定向推广的意义，可以提高宪法的精准、定向宣传。为此，需要深入推进宪法宣传，宣传社会主义法治精神，通过法学家宣讲宪法、宪法普法宣传进社区等不同方式将法治精神沉入人们的日常生活中。"在全民中宣传、普及以至最终形成一种可被全民接受和遵从的法律观念。"① 而且，进行法治宣传也要注意对于党员领导干部法治思维、法律方法学习的要求。要求党员领导干部尊法学法守法用法，发挥模范带头作用。如此一来，全社会形成守法的氛围，并且通过宣传深入了解法律、法治的内涵，通过潜移默化的方式培育法律权威。

六、宪法宣誓是培育法律权威的必要方式

宪法宣誓制度的建立"有利于彰显宪法权威，增强公职人员宪法观念，激励公职人员忠于和维护宪法，也有利于在全社会增强宪法意识、树立宪法权威"②。宪法宣誓制度的建立有利于公职人员认识到权力的来源，更明白权力获得的目的。③ 一者，宪法作为我国根本大法是人民立宪的结果，也就意味着宪法来源于人民，而公职人员宣誓的进行使其明白权力来自于宪法。则公职人员的权力最终来自于人民。另一者，宪法规定了公民的基本权利，通过宪法宣誓明确权力行使的目的。公职人员权力的行使在于保障公民的权利，而不能损害公民的权利。同时，为了保障公民的权利还需要对权力行使进行必要的限制。限制既有形式上规范性文件的明确要求以及"法无授权不可为"的原则限制，也包括比例、目的等要求的限制。做到"权为民所用"。

宪法不仅是一项誓言承诺，还是对权威的宣扬与人民参与的鼓动。"其落脚点却是一种目标明确的社会动员。"④ 因为宣誓仪式的进行不是单向的；相反，宣誓仪式是双向的，不仅要宣誓的公职人员明确其权力来源的根本以

① 李建勇：《构建法治中国必须维护宪法权威》，载《上海大学学报（社会科学版）》2015年第1期。

② 习近平：《关于〈中共中央全面推进依法治国若干问题的重大决定〉的说明》，载《人民日报》2014年10月29日。

③ 刘连泰、周雨：《宪法宣誓的"名"与"实"》，载《浙江社会科学》2015年第2期。

④ 张国旺：《宪法宣誓、人民主权与执政党的政治伦理》，载《环球法律评论》2016年第6期。

及需要服务于人民权利保障的目的,还在于引导、激发人民的权利意识。尽管当前我国宪法宣誓制度的存在一定的局限,如仅限于国家机关内部,未形成有效地开放。① 但首先通过明确该项制度,逐步推进深化,通过宣誓仪式的进行强化人民主权主体的权利意识,尤其是公开进行的宣誓仪式,在电视、广播、网络等载体上形成观看与动员的目标。在人民观看的过程中形成对公职人员权力来源的认知与给予宣誓人员信任,并且以此作为"严格履职"的承诺达到形成契约约束,促使人民对该问题的参与感,通过设身处地地参与感形成内在认可。再者,动员更广泛的社会公众参与到由"宣誓承诺"产生的监督参与契机下,形成全面参与法制建设的环境中,强化法律的权威性。

七、在改革中完善法治才能维护法律权威

"我们在立法领域面临着一些突出问题……有的法律法规全面反映客观规律和人民意愿不够。"② 即当前社会发展与社会转型时期,法律具有一定的滞后性。法律滞后性会导致其与社会脱节,而与社会脱节会导致人们对法律产生不满甚至排斥情绪。不满与排斥情绪的产生会使法律在人们心中的地位受到损害,法律权威必然受到影响。因此,为保证法律权威的稳固,还需要在改革中完善法治。

第一,做好法律预测、立法评估与社会调研。法治不能成为改革的阻碍,要在改革中推动完善法治,使得法治建设符合改革要求。③ 为使得法治同改革有效契合就需要做好法律预测、立法评估与社会调研等工作,充分应对社会发展可能带来的问题,对法律事实之后的法律效果、社会效果作出充分的预测,缓解法律与改革之间的紧张关系。其一,对于实践证明具有实效性且能切实解决实践中问题的经验即使转化为立法;其二,条件尚不成熟可采取先行先试的方法,依据程序作出适当的授权进行试点工作,在不同试点

---

① 张怡歌:《宪法宣誓制度规范性的法理思考》,载《法学》2017 年第 9 期。

② 习近平:《关于〈中共中央全面推进依法治国若干问题的重大决定〉的说明》,载《人民日报》2014 年 10 月 29 日。

③ 张文显:《习近平法治思想研究(上)——习近平法治思想的鲜明特征》,载《法制与社会发展》2016 年第 2 期。

的基础上吸取教训、总结经验；其三，不适应改革的则要及时废改释，使其能够适应社会发展。[①]

第二，重大改革做到于法有据。"重大改革措施的出台之所以需要尊重宪法是法治的基本要求。"[②] 改革不能盲目突破立法，突破立法会使得社会失去法律规范的约束，并且也会使得法律在人民心中的重要性降低。因此，重大改革做到于法有据，做好立法先行，在遇到改革难题时充分做好立法试点工作，发挥全国人大决定的灵活性，做好试点经验教训的总结，在此基础上进行立法变化，以期使得改革与立法良性互动。如此既能使得改革不突破法律的要求，维护法律的权威；同时，也可以使得法治符合改革的需求。坚持法律为基础和必要性要求，在法律程序授权、法律规范的合理范围内进行试点改革、先行先试，通过经验总结的方式及时总结调研形成可行的方案，进而进行法律的制定、废止、修改和解释能够更好地符合"重大改革于法有据"的要求，也更能尊重法律的权威。

---

① 刘作翔：《论重大改革于法有据：改革与法治的良性互动——以相关数据和案例为切入点》，载《东方法学》2018 年第 1 期。

② 陈金钊：《对"重大改革都要于法有据"之"法"的理解》，载《中共浙江省委党校学报》2015 年第 3 期。

第 三 章

权 利 保 障 论

人权是现代法律的终极价值追求，在法律价值体系中居于核心地位。法律的这一价值属性决定了法治实践亦必要以追求人权价值目标的最大化实现为旨归。在此逻辑前提下，中国特色社会主义法治道路的实践探索亦不例外。可以说，实现人民群众美好生活权利并加强人权法治保障乃是中国特色社会主义法治道路探索实践最具鲜明特色的一部分。究其根源，这不仅仅是中国特色社会主义法治道路的实践探索对世界人权法治发展大势的积极把握，更在于它是人民当家做主这一基本政治制度的内在价值和充分实践。这一性质决定了，探讨中国特色社会主义法治道路的理论创新和实践发展有必要考察同一时期中国特色人权发展道路的流变、特征与内容，而要探讨中国特色人权道路的发展势必要回顾中国共产党领导下的整个革命、建设和改革历史，而不能仅仅关注中国特色社会主义发展道路形成和发展所历经的 30 余年的改革开放史。

第一节　中国特色人权历史发展的简要回顾

一、中国特色人权发展的历史文化基因

中国特色人权道路的发展贯穿于中国共产党领导下的革命、建设以及改革开放的全过程，是近现代中国特定历史发展的产物。这一历史发展属性进

一步决定了，在中国共产党诞生之前的中国近代社会历史中有关人权思想的译介与阐述都将在不同程度上影响到中国共产党领导下的人权斗争实践的发展演变并为其思想理论的演绎、发展和总结提供宝贵的思想资源和理论依据。

概括来讲，自第一次鸦片战争到中国共产党诞生大约 80 余年时间里，中国近代知识分子关于人权思想的认识和探索先后形成两个认识高峰。第一个认识高峰乃是以康有为、梁启超等人为代表对西方近代人权学说与儒学思想相互结合的再造，其人权思想集中体现在康有为《大同书》一书之中。第二个认识高峰乃是以陈独秀、李大钊等人为代表对包括民主、科学、自由、人权等现代价值理想的宣扬以及对专制集权制度及其思想依托的集中批判。

从中可以看出，近代中国知识分子在大规模介绍人权思想的同时，并不是单纯地就人权理论本身进行译介传播，而是一开始就自觉地与我国传统现实相结合，并由此赋予了近代我国人权思想译介本身的独特历史价值。质言之，近代中国史上两次人权思想认识高峰均在不同程度地结合了我国延续千年的封建儒学，且都把这一理论认知放置于特殊的历史发展背景下进行，从而体现出鲜明的时代价值性。然而如果仔细考察和比较上述两个人权思想认识高峰，就不难发现二者之间的显著差异，而这一差异与特殊的历史背景以及人们思想认识的改变息息相关。

对于第一个人权思想认识高峰来说，其宣介西方人权思想是与张扬我国传统儒家思想同时进行的，其意在表明或者说揭示我国传统封建儒学是包含人权这一现代政治文明要素的，其根本目的乃在于彰显、维护和发展传统儒家思想，使之符合现代社会发展需要，延续封建国家治理体制。与此不同，第二个人权思想认识高峰期间，近代资产阶级激进派人士通过借助于近代人权话语体系批判封建专制传统尤其是为其背书的儒家学说思想，其目的在于试图突破传统认识的思想枷锁，为近代中国的新生发展探索一种理论可能。

可以说，近代中国史上第一个人权思想认识高峰更多地停留在思想论证层面，而到第二个认识高峰之时，近代中国知识分子已经开始真正自觉地将人权自由平等理念同近代中国社会的历史发展需求相结合，并由此形成了关于对当时中国人权形势之恶劣千年未有之根源的正确认识和定位，即"中国人民缺少人权最根本的原因是遭受帝国主义和封建主义的压迫"①，故反对帝国主义殖民统治，反对传统封建专制乃近代中国发展国民人权之首要任务。对此，陈独秀在批判传统封建文化时也一针见血地指出传统封建儒学乃是近代中国人权匮乏的思想根源，而这一学说思想也恰恰是为封建专制服务的，亦即"别尊卑，重阶级，主张人治，反对民权之思想之学说，实为制造专制帝王之根本恶因"②。在此基础上，李大钊在《布尔什维主义的胜利》一文中更是进一步明确提出了中国人民翻身解放的主题，指出"人道的警钟响了，自由的曙光现了！试看将来的环球，必将是赤旗的世界！"③ 由此，要实现真正的人权，首要目标就是要反对敌中国主义，反对封建专制，尤其是要注意打碎阶级分化，实现国家民族的自由解放。而这也正是近代中国民主主义革命意图达到的最重要目的之一。

显然，这一特殊历史背景为即将诞生的中国共产党及其在长期的革命、建设和改革实践中矢志追求国家独立、民族解放、人民翻身的人权事业实践及其理论发展提供了具有鲜明中国特色的历史文化基因。

二、中国特色人权发展的主要历程回顾

整体来讲，在中国共产党领导下进行的长期革命、建设和改革实践中，对人权事业的探索和发展集中体现在以下四个发展阶段，即起步阶段、发展阶段、受挫阶段以及重启阶段。在上述四个发展阶段，结合对该阶段中国社会发展的特殊背景的考察，从中可以看出中国特色人权发展的主要演绎轨迹。

（一）起步阶段：救亡图存，革命斗争（1921—1949 年）

中国特色人权的历史发展真正起步于中国共产党成立及其随后开展的人权革命斗争实践的尝试与探索。其中，中共二大在中国近代史上首次正式明确提出了反帝反封建的民主革命纲领，率先将中国人民的人权斗争从属于救亡图存革命斗争实践中，标志着"中国共产党领导的人权斗争超越了旧民主主义的人权斗争，开启了中国人权的新进程。"④ 如果我们以一种更加宏

---

① 孙力：《人的解放主题的中国化进程》，东方出版中心 2011 年版，第 88 页。
② 《独秀文存》卷 1，上海亚东图书馆 1922 年版，第 127 页。
③ 《李大钊文集》第 2 卷，人民出版社 1999 年版，第 246 页。
④ 孙力：《人的解放主题的中国化进程》，东方出版中心 2011 年版，第 89 页。

阔的学术视野来审视该时期的人权存在样态，就会发现这一历史阶段的人权发展极具鲜明的时代特色，亦即以救亡图存为人权斗争直接目的，以武装革命为人权斗争根本手段，并以之贯穿于北伐战争时期、抗日战争时期以及解放战争时期的全过程。这是一个"自由"为价值导向的人权发展阶段。"自由"是这一时期人权发展的关键词。

究其根源，这是由近代中国半封建半殖民地社会性质所决定的。在当时积贫积弱、一盘散沙的旧中国，唯有将处于社会底层且没有（或没有太多）生产生活资料的工农民众武装起来向封建主义、帝国主义、官僚资本主义抗争争取人之为人即应具有的基本权益，才可能真正实现包括底层民众在内的全体国民的最基本自由。由此也可看出，中国人民的各项自由权利是用鲜血牺牲抗争得来的，而非他人恩赐或者天赋的结果，正如毛泽东在《论联合政府》一文中指出的："自由是人民争来的，不是什么人恩赐的。"

在其后长达28年的浴血奋战中，随着革命斗争形势的不断发展尤其是革命斗争对象的变化，中国共产党领导下的人权革命斗争实践也相应地经历了从单纯强调城市地区工人阶级工作权利保障到突出强调苏维埃地区的广大农民生存权利保障再到强调以维护中华民族集体生存和发展权益为根本目的的抗日救国运动的历史转变。这一变化表明，随着早期中国共产党人对当时民众基本权利保障问题认识的逐渐深化，实践探索中逐渐摆脱了一味追随共产国际步伐的教条主义禁锢，逐步形成以中国特殊历史背景为根本参考，以救亡图存为根本旨归，以底层工农民众为根本依托，以武装革命斗争为根本手段的中国人权事业发展的新探索，并历史地形成了新民主主义革命同旧民主主义革命的重要历史差异。①

---

①　"新民主主义革命"是毛泽东同志于1936年在《中国革命与中国共产党》一文中首次明确提出的科学概念，其准确表达为"无产阶级领导之下的人民大众的反帝反封建的革命"。"新民主主义革命"是与"旧民主主义革命"相对而言的，代表着两种不同的革命形态和结果。根据史学界共识，近代中国革命史，1840—1919年阶段被称为旧民主主义革命时期，1919—1949年阶段被称为新民主主义革命时期。两种革命最根本的区别是领导阶级是谁，领导权掌握在谁的手中。其中，旧民主主义革命是小资产阶级或资产阶级领导的，新民主主义革命是由无产阶级及其政党领导的。相对于旧民主主义革命而言，新民主主义革命是一种新式的特殊的资产阶级民主革命，其目的在于彻底推翻帝国主义、封建主义、官僚资本主义，改变半殖民地半封建的社会形态，实现国家的自由独立。由此看来，新民主主义革命代表了当时近代中国人权斗争的最高级形式。

（二）发展阶段：追求平等，制度重建（1949—1966 年）

1949 年 10 月新中国的成立具有世界历史意义，其标志着人类史上拥有大约五分之一的世界人口的殖民地国家正式摆脱西方殖民主义统治，实现了民族国家的独立自由，成为当时世界最大的新兴民主共和国，极大地推动了世界民主化的进程。这一历史背景为我国特色人权事业的进一步发展创造了积极条件。

从我国人权历史发展的整个过程来看，这一时期中国人民对自由价值追求开始让位于对平等价值的制度建构及其实践。换言之，"平等"开始成为新时期中国特色人权发展的关键词。结合新中国成立后关于民主法制建设探索、社会主义三大改造以及"百家争鸣、百花齐放"科学文化方针的提出等一系列重大历史发展事实，我们可以将这一时期的人权事业发展进一步归纳为以下四个方面：

一是政治权实现平等性普及。政治权平等普及是新中国成立以来最具历史意义的伟大成就，是几千年来中国历史上真正实现人民当家作主的政权，国家的一切大政方针均由人民及其选举的代表最终决定。其标志性事件主要包括 1949 年第一届全国政治协商会议召开，社会各界人士代表共商建国大计以及 1954 年第一届全国人民代表大会召开，制定了新中国第一部国家根本法等。

二是经济权获得平等性保障。经济基础决定上层建筑。经济平等是实现政治平等的逻辑前提和根本保障。因此，为长久巩固人民当家做主的平等政治地位，就必须进一步彻底消灭存在数千年的生产资料私有制，消灭不平等产生的根源。1964 年社会主义三大改造的提前完成标志着全国各族人民平等经济权利的初步实现——至少从形式逻辑的角度来看确是如此。

三是社会文化权利取得显著性进步。1956 年毛泽东同志在中央政治局扩大会议上正式提出"百花齐放，百家争鸣"的方针，亦即在艺术问题上要"百花齐放"，在学术问题上要"百家争鸣"。截至"文革"前夕，我国文学艺术界呈现异彩纷呈的繁荣局面，涌现出以作家老舍话剧《茶馆》等为代表的一大批优秀文学艺术作品，极大丰富了中国人民的精神文化需求，实现了近代以来中国人民文化权利的极大进步。

（三）挫折阶段：阶级斗争，虚置禁忌（1966—1979 年）

由于社会主义现代化建设经验缺乏等多种复杂原因，20 世纪 60、70 年代，新中国开始进入社会主义现代化建设的挫折时期。其突出表现在社会经济发展过程中强调政治挂帅，政治正确日益成为判断一切事物和行动的唯一最高标准。一时间阶级斗争论调甚嚣尘上，整个国家体制框架陷入虚置困境，而作为舶来品的"人权"也受到前所未有的批判和漠视，甚至一度将人权视为是"资产阶级的专利"而予以排斥和否定，以至于在理论上给"人权"一词贴上禁忌性话语标签，除非是批判西方资本主义制度人权理论虚伪性的需要。

在这一话语背景下，如果说前期的反右扩大化已经开始放纵对部分公民权利的严重侵害，那么随着"文化大革命"的正式发动，公检法被砸烂，广大公民的各项法定权利彻底形同虚设，整个国家陷入一种事实上的"无法无天"状态。以国家主席刘少奇的悲惨遭遇为突出标志，中国人权事业的探索和发展全面陷入历史低谷。即使在"文化大革命"被粉碎后的最初几年时间里，由于继续执行"左"倾错误路线，奉行"两个凡是"错误指导方针，整个社会的思想观念依然处于僵化固守状态，人权事业的发展尚处于"寒冬"蛰伏阶段，尽管伴随着后期"实践标准"大讨论的酝酿发酵。此时，人们尘封已久的思想冰窟已经处在涣然冰释的前夕。

（四）重启阶段：阵地重构，步入正轨（1979—2002 年）

1979 年正式开启的改革开放标志着社会主义现代化建设开始进入一个全新的历史发展阶段，从此"以阶级斗争为纲"开始全面让位于"以经济建设为中心"。随着政治冻土的逐步解冻以及思想认识的全面开放，以"人权"为代表的一大批一度被弃置的现代政治文明思想理念开始重新进入世人的视野，人们开始以一种客观理性的态度正确对待之，并由此开启了中国现代人权事业的阵地重构以及逐步步入正轨发展阶段，并由此成为我国人权事业发展史上承上启下的关键一环。根据这一时期我国关于人权问题认知的不断深化，可以将这一历史发展过程集中概括为以下两个阶段：

一是正视和初谈人权阶段（1979—1991 年）。新中国的特殊历史发展状况决定了对于某些敏感理论问题的突破往往需要来自国家最高领导层的大力推动。在此基础上，借由理论界的进一步阐发、宣扬和推进，最终为普通民众所真正认可和接受。人权问题亦是如此。为外界回应质疑，同时阐明我们党在人权问题上的基本立场和根本观点，1979 年改革开放以来，邓小平先后多次在不同场合分别就中国的人权问题及其认识发表了一系列重要讲话，成为新中国历史上首位专就中国人权发展问题作出积极正面且系统回应的中共高层领导人。1979 年邓小平在主题为《坚持四项基本原则》的讲话中首次正面回应了西方关于中国人权问题的批评，揭示了其打着人权幌子反对无产阶级专政的本质目的，准确揭示了无产阶级专政与社会民主的正向关系，即前者"不是妨碍而是保证社会主义国家的民主化。"① 在此基础上，1985 年邓小平在题为《搞资产阶级自由化就是走资本主义道路》的讲话中首次公开谈及"我们的人权"问题，提出中西方人权观念的差异在于少数人和多数人的主体属性不同，"本质上是两回事，观点不同"②。作为我国官方对人权问题的首次正面系统回应，邓小平关于人权问题的一系列阐述，"是我们尊重和发展人权的指导思想"③，为我国即将开启的关于人权问题的全面审视以及中国特色人权道路的实践探索奠定了基础，指明了方向。

　　在这一新的历史背景下，江泽民进一步发挥了邓小平关于中西人权差异、人权之外还有国等理论，进一步丰富了中国特色人权道路的实践认识。早在 1990 年 5 月首都青年纪念五四报告会上，江泽民即准确揭示了主权与人权之间的内在关系，即主权完整是人权保障的根本前提，失去了国家主权，也就从根本上失去了人权。④ 如果说上述关于人权的谈论还主要局限于第二代中央领导开创的人权话语体系内，那么江泽民于 1991 年 4 月 14 日会见美国前总统吉米·卡特一行时的谈话则颇具开创性地指明了中国人权发展的主要内容之所在。正是在此次谈话中，中国对外明确宣布十几亿中国人的生存权和发展权是当前中国共产党和中国政府最关心的根本人权，"是对世界人权进步事业的重大贡献"⑤。

　　整体来讲，在 20 世纪最后一个十年之前，中国大陆关于人权问题的再

---

① 《邓小平文选》第二卷，人民出版社 1983 年版，第 116 页。

② 《邓小平文选》第三卷，人民出版社 1993 年版，第 125 页。

③ 李燕奇：《学习邓小平关于人权问题的思想》，载《理论探讨》2009 年第 9 期。

④ 江泽民：《1990 年 5 月 3 日在首都青年纪念五四报告会上的讲话》，载《人民日报》1990 年 5 月 4 日。

⑤ 《江泽民文选》第二卷，人民出版社 2006 年版，第 56 页。

认知尚处于初级阶段，尽管最高领导层越来越公开地谈及中国的人权问题，越来越多地阐释中国的人权立场，但这一时期"人权"始终未能正式进入国家政策层面，遑论人权入法问题。尽管如此，不论是官方还是民间学术团体均不再回避人权问题本身即已在事实上开启了人权实践道路再探索的破冰之旅。在此背景下，学界开始初步迎来人权理论研究的春天。其中，张春津所著《人权论》是当时大陆较早进行人权理论研究的学术性著作之一。1990年四川人民出版社编辑出版《世界人权约法总览》，极大弥补了当时国内学界人权理论研究的重要资料空缺，为进一步的人权理论研究创造了条件。

二是承认和发展人权阶段（1991—2002年）。如果说，20世纪最后一个十年之前中国大陆关于人权问题的认知更多是一种试探性的探索，那么进入20世纪最后十年，伴随着改革开放的全面深化，"人权"不再只是一种理论可能上的探讨，而是开始进入正式的国家政策层面，成为指导新时期中国社会主义现代化建设的重要指导方针。概括来讲，这一时期，关于人权问题的认识深化主要体现在国家政策、法律对人权的正式确认。

一方面，国家政策方面开始对人权问题进行正式接纳，并对人权事业发展进行统一政策指导。其突出表现在中国政府开始正式对外发布各种类型的人权白皮书，诸如国务院新闻办于这一时期先后发布了《中国的人权状况》（1991）、《西藏的主权归属与人权状况》（1992）、《中国妇女的状况》（1994）、《中国人权事业的进展》（1995）、《中国人权发展50年》（2000）等一系列人权白皮书，凸显出中国政府对人权问题前所未有地重视。其中，国务院新闻办于1991年正式发布的《中国的人权状况》（白皮书）是新中国历史上第一部人权专题白皮书，标志着我国政府开启通过正式政策保障人权发展的新阶段。1997年9月，党的十五大报告明确指出中国共产党执政的重要目的之一即"尊重和保障人权"。这是新中国成立以来首次正式将人权写入党的历史文献，标志着尊重和保障人权作为执政党治国理政的基本目标之一被正式确立，成为新时期中国政治体制改革和民主法制建设的重要主题之一，是中国特色人权发展道路探索实践中的一件大事。

另一方面，国家立法层面开始对人权进行积极规制，开启了人权法制保障的新时期。其中，具有重大现实意义的人权立法活动主要包括选举法（1995年）、刑事诉讼法（1996）、刑法（1997年）等主要法律规范的修订，并由此开始形成中国特色人权法律体系的基本框架，为进一步的人权法治化进程奠定了法律基础。

与此同时，学界对人权理论问题的研讨开始活跃起来。国家政策层面对人权的正式"接纳"以及人权立法进程的不断推进，为人权理论研究提出了空前需求。以《人权研究资料丛书》（四川人民出版社，1994）、《人权理论与实践》（武汉大学出版社，1995）等大部头人权理论著作为代表的人权研究文献的先后出版将20世纪末中国大陆人权理论研究推向一个新的高峰，极大推动人权理论研究的全面繁荣，为即将到来的中国特色人权法制建设做了极为必要的理论准备。

（五）成熟阶段：全面重视，法治保障（2002至今）

进入新世纪以后，伴随着前期我国人权政策的逐渐完善、人权立法的逐步健全以及人权研究的全面深化，中国特色人权事业开始进入发展的相对成熟阶段，其突出特征是全面重视人权保障，尤其是强调人权的法治保障问题。根据这一线索以及期间人权法治保障重点的不同，可以将这一时期的人权发展路径具体细分为以下两个阶段：

一是重视人权立法保障阶段（2002—2012年）。2002年党的十六大进一步重申"尊重和保障人权"是新时期、新阶段中国共产党治国理政的主要原则之一，是党和国家发展的重要目标之一。2004年十届全国人大二次会议在中国历史上首次将"尊重和保障人权"正式写进《宪法》，成为我国民主法治建设道路上一座里程碑。"人权入宪"对于中国特色人权发展道路的探索而言，其最大意义在于，在我国"人权"开始"由一个政治概念提升为法律概念，将尊重和保障人权的主体由党和政府提升为国家"①，并由此开启了我国人权保障从政策保障向法律保障的人权现实化道路的转型。2012年新修订的刑事诉讼法将"尊重和保障人权"作为一项基本任务正式确立，开始强调惩治犯罪与保障人权并重，表明我国人权法治保障事业进程开始从根本大法向具体部门法，从实体性规定向程序性规定，从文字规制向

---

① 谢文英：《"完善人权司法保障"彰显法治精神》，载《检察日报》2013年12月4日。

司法实践的动态进化过程。

二是强调人权司法保障阶段（2013至今）。中国特色社会主义法律体系的建成标志着中国特色社会主义法治建设重心将从更加强调立法完善向更加重视法律实施的历史转变。对于中国特色社会主义人权发展道路而言，此举意味着司法之于人权现实化的核心地位得以确立的开始。在这一过程中，党的十八大具有重要标志性意义。此次大会不仅正式明确提出了"建设中国特色社会主义法治体系"的发展目标①，而且此后历次全会进一步提出了诸如"建设法治中国""领导干部的法治思维与法治方式""全面推进依法治国"等一系列更具体更具操作性的新理念、新命题与新主张。如果说承认、尊重、保障并实现人权始终是人类憧憬和向往法治理想国的初衷，那么党的十八大以来的一系列法治建设部署和努力则是推动这一初衷现实化的加速器。②事实亦是如此。目前正在全国司法系统全力推进的"以审判为中心的刑事诉讼制度改革"等一系列司法体制改革正是上述论断的最好注脚。

第二节　中国特色人权发展的基本启示

从上节对中国特色人权事业发展脉络的梳理中，我们不难看出其发展道路之曲折漫长。显而易见，在这一历史发展过程中，1978年十一届三

---

① 党的十八届四中全会《决定》第一部分即以"坚持走中国特色社会主义法治道路，建设中国特色社会主义法治体系"为小节主题，充分表明了"全面推进依法治国"的大会主旨和根本目的。《决定》提出"全面推进依法治国，总目标是建设中国特色社会主义法治体系，建设社会主义法治国家。这就是……形成完备的法律规范体系、高效的法治实施体系、严密的法治监督体系、有力的法治保障体系，形成完善的党内法规体系，坚持依法治国、依法执政、依法行政共同推进，坚持法治国家、法治政府、法治社会一体建设，实现科学立法、严格执法、公正司法、全民守法，促进国家治理体系和治理能力现代化。"具体参见《中共中央关于全面推进依法治国若干重大问题的决定（2014年10月23日）》，载《人民日报》2014年10月29日。

② 在民主法治建设目标问题上，党的十八大在党的历史上首次明确提出"人权得到切实尊重和保障"的战略发展目标。在此基础上，十八届三中全会《决定》明确提出"完善人权司法保障制度"改革要求并具体从证据制度、法律援助制度等相关方面做了系统部署，"这是中国共产党首次提出这一任务，标志着我国人权司法保障将步入新的历史阶段。"参见江必新：《关于完善人权司法保障的若干思考》，载《中国法律评价》2014年第2期。遵循上述思路，党的十八届四中全会《决定》专节部署"加强人权司法保障"具体改革事项以"保证公正司法，提高司法公信力"。

中全会开启的改革开放可谓是一道"分水岭"。在此之前，中国人权的发展更多地体现出一种"应急性"特征，突出表现在发展系统性不强以及制度性保障缺失。在此之后，随着政治生态回归理性，人权问题开始再次走进人们的视野。新时期，人们关于人权问题的思考以及制度性实践渐趋成熟理性，成为一种稳健发展中的中国特色社会主义人权理论探索及其制度实践。从这一稳健发展状态中，我们可以系统总结出中国特色人权发展的若干基本启示。

一、"三个转变"：中国特色人权发展的基本特点

从纵向发展的角度来看，中国特色人权发展的整体进路可以集中概括为"三个转变"，亦即人权态度、人权地位以及人权形态的转变。这三大转变分别从人们对人权问题的基本认知、社会实践中人权的实然性地位以及人权存在的基本方式三个维度精准刻画了中国特色人权发展的基本理路与特征。

（一）人权态度的转变：从刻意回避到日益重视

人权态度的变化集中体现为不同历史发展阶段的中国共产党人对权利斗争实践的不同认识，突出体现在具体观念、立场以及实践道路的不同选择。从整体来讲，作为近代中国以来最成功的革命领导者，中国共产党人始终坚持无产阶级政党旨在实现人的自由解放与全面发展的根本政治理念，不论是政党成立初期领导的"京汉铁路工人大罢工""安源工人大罢工"等一系列旨在维护劳工阶层生存生活权利的斗争，还是抗日战争时期提出"停止内战，一致对外"的抗日宣言以及团结一切可以团结的力量进行抗日的斗争策略，再或是新中国成立伊始开始的经济复建以及社会主义三大改造的顺利推进和提前实现，以及新时期全方位的改革开放无不紧紧围绕特定历史背景下最广大人民群众切身利益的积极维护和努力争取。这是一条一以贯之的主线，是中国特色人权保障道路探索和发展的主流。然而这并不意味着期间人们对待人权的具体态度不曾发生过反差鲜明的不同转向——"文革"期间严峻政治形势一度造成人们对人权话题的忌惮、漠视乃至刻意回避，而改革开放以后随着社会主义市场经济的发展以及人权意识的觉醒，上至中央领导高层下至平民百姓无不对人权发展表达出日益强烈的需求和意愿，并由此形

成截然相反的关于人权的态度和立场的变化。① 究其根源，乃在于历史上曾对马克思主义学说理论的僵化理解与奉行，以至于在社会主义建设实践中违背中国共产党人结合自身实践总结创新的科学理论判断。作为中国特色人权发展历史的一段小插曲，其造成的惨痛教训永远值得警戒。

（二）人权地位的转变：从隶属服从到独立主导

在中国人权历史发展过程中，人权的地位经历了从隶属服从到独立主导的发展转变。讲"隶属服从"主要是指，在相当长的一段时间内，个体性人权诉求并不为当时整个社会环境过度张扬，而在事实上隶属于民族救亡图存这一集体权利争取的艰苦斗争实践。当然，这并不意味着个体性人权不重要，而是指近代中国半殖民地半封建社会的特殊的历史性质决定了只有在实现对外独立与自由的前提下才有可能实现每一个个体的尊严体面地生存与生活。也正是基于对这一事实的基本判断，清末以降无数革命者前赴后继，舍小家为大家，投身革命洪流中，反对封建主义，反对官僚资本主义，反对帝国主义，一切努力均旨在结束半殖民地半封建社会的社会现状，实现整个中华民族的自由独立与彻底解放。讲"独立主导"主要是指随着社会历史的发展进步，尤其是随着社会生产力发展水平的不断提高，人权价值属性不再单独依附于民族道义。质言之，随着社会历史的发展，原子化的、具体化的人权价值地位逐步得到凸显，并日益彰显出独立性价值属性，并由此成为当前民主法治发展的核心要义之所在。这一点不论是从我国人权政策的制度化发展还是从人权法治保障进程的不断推进均可见一斑。

（三）人权形态的转变：从强调宣示到重视实践

人权的形态从另一个侧面也可反映出一个国家和地区的人们对人权存在价值的真实态度。在长期的革命实践中，人权尤其是作为集体人权面貌出现的中华民族利益更多体现为一种宣示性话语或标签，在这一集体人权的宣誓感召下，无数仁人志士牺牲小我之珍贵生命，赢取大我之自由独立。在这一

---

① 针对人权的反差鲜明的态度转变，或许国内理论界关于"人权"阶级属性的讨论最具证明力。在新中国成立以后的相当长的一个时期内，受"左"倾政治路线影响，强调阶级斗争一度成为国家政治生活乃至整个社会各阶层的主要内容甚至全部内容，在此背景下，"人权是资产阶级专利"的论断一度甚嚣尘上，成为一种"天然""不证自明"的政治判词。而随着全面改革开放，人们开始批判这一阶级至上论断，提出了截然相反的理论判断——"人权不是资产阶级的专利"。无疑，这种看法对立的背后折射出人们对"人权"态度的巨大反差。

阶段，人权之所以更多地强调宣示意义乃在于当时情形下基本人权之匮乏，这一状况决定了该时期的人权运动的重点在于"争取"二字，而要实现争取基本人权斗争的实现首先就要动员足够多的力量参与其中，显然人权的宣示性正是感召人们誓死为国家民族生死存亡而奋斗的一面旗帜。然而与革命年代不同，和平年代更为紧迫的现实任务不在于对外争取所谓民族自由独立，也不在对内进行所谓阶级斗争，而在于如何实践已经通过国家根本大法确立下来的本国民众的基本人权诉求和主张，避免诸如前国家主席刘少奇、烈士刘志新等悲剧的再次上演。如果说，革命年代为争取近代以来一度匮乏的民族权利而采取"宣示"形态是一种历史必要的话，那么和平年代尤其是社会经济已经高度发展的背景下越来越强调人权的制度性实践则是一种现实必需。

二、"三个关联"：中国特色人权发展的基本事实

上一小节从纵向对比的角度揭示了中国特色人权发展进路中的若干基本特征。接下来，本部分将从另外一个角度，亦即从横向分析的角度进一步揭示中国特色人权发展的若干基本事实。揭示这一事实是如此重要以至于只有深刻且准确地把握这些事实才可能形成关于中国特色人权历史发展的立体化、精准化认识。根据研究需要，本部分将主要从人权与政治、经济、文化三个模块的内在联系角度，进一步揭示中国特色人权历史发展之所以呈现出前文诸特点的内在根源。

（一）人权与政治关联：政治环境是影响权利状态的首要因素

从中国特色人权历史发展中，我们可以看到人权与政治之间始终存在着无法分割的紧密关系。甚至可以说是现实政治发展的不同阶段性特征和现实需要直接决定了该阶段人权的实际存在状态。这一判断是如此明显以至于诸多历史发展事实均可轻而易举地予以证实。比如在中国共产党成立初期，为了尽快巩固和壮大无产阶级这一核心革命力量，就有必要通过放手发动工人罢工运动等革命斗争形式，助其争取应有的各项工作保障性权利，改善最基本的工作生活状态。再如在抗日战争时期，为尽早取得抗日战争的胜利，取得彻底的民族独立与解放，革命根据地采取的"三三制"参政原则，实行"减租减息，交租交息"的经济政策等，有效团结了一切可以团结的力量共

同抵御外侮。如果说，上述两例均为一种正面的论证说明，那么"文革"期间特殊的政治环境与恶劣人权状况则是一种无法否认的侧面印证。众所周知，"文革"期间无法无天的政治混乱直接导致了人们之间武力批斗的随意性，并由此进一步纵容了批斗形式的残酷性。显然当一种政治环境已经足够混乱以至于提不出一种正面向上的价值引导和积极有效的政治规制时，那么就会给人权——一组自身实践机制缺失的纯粹的价值理念集合——的存在和发展蒙上无法消除的厚重阴影。

（二）人权与经济关联：经济发展是实现权利保障的基础前提

唯物史观的一个经典论断是"经济基础决定上层建筑"。这一论断放置于人权发展问题上同样适用。在某种程度上，人权的保障与实现是一种奢侈品，尽管从其本意上讲人权是人之为人即应当享有的基础性权利。享有这种奢侈品是需要支付必要的社会成本或者说代价的，诸如健全完善的法律规制，高效权威的司法制度，完善有效的社会保障，稳定和谐的社会秩序等等。只有在上述条件同时具备的情形下，权利的全面有效保障才可能具备现实化的实际可能。而所有这一切都依赖于社会经济发展所创造的物质基础和现实条件——这正是经济基础决定上层建筑之生动体现。不仅如此，我们考察人权历史发展同样可以得出相同结论。中国近现代史是中国历史上黑暗的历史时期之一，乃"数千年未有之大变局"①，而之所以说黑暗就在于当时中华民族在世界列强面前毫无独立性可言，普罗大众在权贵面前毫无人性尊严可言。显然，并非是因为近代中国人民乐见这种毫无保障和尊严可言的生存生活状态，而是因为社会生产力发展的极度落后性（相对于当时快速发展的资本主义世界经济）决定了当时的人们不得不处于一种挣扎于生存边缘的悲惨境地。如果人们的基本生存都成问题，那么，人们的尊严和权利保障又将从何谈起呢？与此相反，改革开放以来，随着社会主义市场经济的长足发展，当最基本的生存生活问题都已经得到解决，追求更好的发展才真正成为人们的普遍愿望和诉求。为了更好地保障人们实现更好地发展，政治经

---

① 出自清末李鸿章语，原话为"臣窃惟欧洲诸国，百十年来，由印度而南洋，由南洋而中国，闯入边界腹地，凡史前所未载，亘古所未通，无不款关而求市。我皇上如天之度，概与立约通商，以牢笼之，合地球东西南朔九万里之遥，胥聚于中国，此三千年一大变局也。"参见李鸿章：《同治十一年五月复议制造轮船未裁撤折》。

济文化社会法律各方面的保障措施日渐完善就成为一种历史发展的必然需要。显然，这一切归根结底都取决于社会主义市场经济体制释放出的巨大生产能力。生产力的巨大发展为支撑所有这些相关性的"上层建筑"提供了必要的物质基础和现实条件。这也是为什么最近二十年中国人权事业实现突飞猛进的深层次根源之所在。

（三）人权与法治关联：法治建设是推动权利实现的根本保障

在一定意义上，人权是美好的也是寄生的。之所以说人权"美好"就在于人权彰显人之主体性地位，在于尊重人之思想行动自由，彰显人之价值属性；说人权"寄生"则是指人权仅仅是一组价值理念的集合，其本质"是一种主体能够自由主张自己正当利益的资格"①。既然如此，那么"人权"自我实施与实现机制的缺失就是必然的。既然如此，那么人权的现实化就需要必要的"宿主"——某种具有强制性的外在规则体系。在人类历史上，包括道德、宗教、禁忌在内的传统规则体系都曾不同程度上扮演过人权"宿主"的角色，然这些规则天然具有的制定和实施的随意性决定了其之于人权现实化保障的不稳定性。与此不同，法律因其与生俱来且不为其他社会规范诸如道德、社会舆论所不具备的规范性、强制性、可预期性等内在优势和特征而成为人权现实化最为可欲的路径选择。因此，考察人权的历史发展不能关注人权与政治、经济之间的关联问题，还应甚至更加关注人权与法治的内在关系。以"文革"与当前全面依法治国新时期对比为例。前者是一个"无法无天"的混乱时期，期间法治废弛，法制虚置，公检法被打烂。对比当前，党的十八届四中全会提出全面依法治国方略，要求党员干部要树立法治思维和法治方式，法治提升到前所未有的新高度。在此背景下，人权现实化进程将会得到更加有力保障，由此也必将迎来中国特色人权发展的黄金时期。这是中国特色社会主义法治道路发展的历史必然之所在。

第三节　中国特色人权的理论创新

实践是认识的根源。中国近代以来的特殊历史发展路径决定了中国共产

---

① 汪习根：《论免于贫困的权利及其法律保障机制》，载《法学研究》2012 年第 2 期。

党在领导中国人民在基本人权斗争和建设实践中必然要立足于本土实际，结合本土传统文化资源，进行人权理论的不断创新和实践探索。概括来讲，同当今世界主流人权话语体系（即西方人权话语体系）相比，中国特色人权理论的创新和发展主要体现在主体范围、内容重点、理论认知以及价值定位四个方面的积极突破。

一、主体范围扩大：从强调个人本位到兼顾集体权利

在西方人权话语体系中，其最大特色就是坚持个人本位的权利观念。单纯强调权利的个体属性是一种狭隘的人权观，本质上体现了个人自由主义的价值取向。从逻辑上讲，过于强调权利的个体性、自我性势必会在一定程度上忽略乃至否定某些特殊群体诸如妇女、儿童、有色人种、少数种族等弱势群体的利益保障问题，从而造成对更大范围的人权保障不足事实的漠视。因为相对于那些具有足够条件、资源、能力来主张个性发展、个人绝对民主自由的少数阶层而言，占据社会人口更大比例的弱势群体基于其与生俱来的天然缺陷以及后天制度保障不足等原因，是很难甚至可以说是几乎不可能提出同样等量的人权诉求。事实上，即使这类群体真正提出了同样的权利诉求也很少甚至根本不会得到来自那些拥有话语权的少数阶层的正面回应。这主要是因为，这些弱势群体的群体性人权诉求在单纯个人主义人权话语体系中是没有一席之地的，即使有也微乎其微以至于不值一提。

在近代中国，尽管"人权"属于西方"舶来品"，但这并非一个单纯"抄袭"的过程。正如前文所指出的，中国近代人权的发展自一开始便进行了"中国化"改造，即根据自身的历史文化环境以及现实发展需要进行着富有创造性地发展与转化，从而在根本上塑造了中西人权文化价值观念的不同，正如有学者指出的"当代中国的人权话语是从外界输入的，但这并不是说中国接受了现代西方的人权观念。"① 那么问题是中西人权观念的最大差异体现在何处呢？

与西方狭隘的人权观不同，中国人权理论体系不仅仅强调个体的自由权利，同时也强调作为集体的自由权利。质言之，这是一种同时兼顾个体人权

---

① 申建林：《自然法理论的演进》，社会科学文献出版社 2005 年版，第 4 页。

与集体人权的更加周延的人权话语。在中国人权理论与实践中，两种类型的人权地位并不固定，由此也体现出与西方人权话语体系个体权利的"独大性"。比如，在20世纪中叶之前，争取和维护国家民族这一集体性权利更是占据毋庸置疑的主导地位，以至于整个革命实践均是围绕国家民族的救亡图存这一核心主题展开。当然，这并不意味着这一时期个人权利不重要，而是就革命整体形势而言，个体权利的牺牲乃是为了维护国家民族权利的周延。

就我国人权事业发展而言，之所以要在传统个体人权理念基础上高度强调集体人权的重要意义，是由中国特有的历史背景和现实国情所决定的。尤其是近代以来中国人民经历的悲惨历史遭遇是一项无法忽视的最重要因素。近代以来，正是由于失去了独立国家主权的强大保障，中国人民的个体人权从此变得"一文不值"，并由此得出"落后就要挨打"这一鲜血淋漓的惨痛教训。也正是由于我国对此有着这种沉痛且深切地体会，所以在看待人权问题上始终坚持保障人权不能局限于原子化的个体，还要着眼集体人权的保障，只有集体事业真正发展起来了，国家真正繁荣富强了，人民群众日益增长的物质文化需求才可能更有条件、更有机会、更有保障地得到满足。

二、内容重点转移：从偏重政治权到重视生存发展权

西方人权话语体系根源于近代自然法传统。在近代自然法传统中，所谓权利更多地指向公民的政治权利，比如言论出版自由、宗教信仰自由以及选举与被选举权等等。其之所以如此，是与近代自然法学说提出的历史背景和现实目的密切相关的。事实上，上述权利正是近代资产阶级法权革命的重要内容，通过这些权利的行使进而限制王权或贵族特权，最终为资产阶级利益的撷取和巩固创造法理依据。受此思想根深蒂固的影响，西方资产阶级早期人权宪法性文件比如美国《弗吉尼亚权利法案》《独立宣言》和法国《人权与公民权宣言》等都充分体现了这一特点①。然而不得不说这种人权观是十分狭隘的，且这一认知在事实上也妨碍了那些资本主义国家对人权问题的更加全面和客观的把握，即基于近代西方权利斗争的事实所获得的特殊历史经

---

① 比如《弗吉尼亚权利法案》规定"这些权利就是享有生命和自由，取得财产和占有财产的手段，以及对幸福和安全的追求与取得。"美国《独立宣言》规定"（基本权利）包括生命、自由和追求幸福的权利。"法国《人权与公民权宣言》规定"自由、财产、安全和反抗压迫。"

验只是一种有限理性和实践有限总结，自然不能完全适用于历史背景和现实情形迥异的其他国家和地区。比如相对于发达国家和地区，亟待解决基本生存和发展问题而非"个人自由""民主机制"诸如此类的政治权利，更加契合广大发展中国家的历史需求和现实国情。正如有学者曾一针见血地指出，"所以对发展中国家来说，当务之急是行使和实现发展权利，改善人民生活状况，消除饥饿、贫困、疾病的威胁，而不是奢谈什么'个人自由'、'民主机制'的问题。"① 这是一种典型的实用主义价值判断，但不能就此否认其揭示的事物的真实性。因此，人权的内容是整体性的、不可分割的，其不仅包括政治权利，还包括经济权利、文化权利、社会权利等。国际人权约法体系阵营的不断扩充也体现出国际社会对人权内容认识的不断深化。

事实上，在看待人权问题上，不能仅仅强调尊重和保障公民政治权，还应当同时强调经济、社会、文化其他领域的各项权利的价值意义。作为当前世界上最大的发展中国家，我国一贯将生存权和发展权作为基本人权的坚定立场也充分展现了这一点。在这一逻辑前提下，国家富强、民族振兴以及人民幸福这一中国梦的提出，不仅仅意味着各项民主自由权利得到切实尊重和保障，而且人们全面且公平的发展权利也会得到相应保障。党的十八大明确提出"五位一体"的发展战略，随着民主政治建设、市场经济建设、科学文化建设、法治社会建设以及生态文明建设的全面推进，到新中国成立一百周年时，社会主义现代化建设目标将全面实现，届时中国人民的各项人权将得到全面且有效地保障。

三、理论认知理性：从鼓吹普适性到尊重现实多样性

普适性乃是人权最鲜明的特性之一，正所谓"不具有普适性，即无所谓人权"②。但对何谓"普适性"，学界并无统一共识。根据学界一般看法，人权的普适性主要指主体的普适性、内容普适性以及价值的普适性三种情况。然而，问题在于，人权的历史时空性决定了，任何普适性本身都是有条

① 唐天日：《中国与西方在人权问题上的原则分歧》，载中国人权发展基金会编：《西方人权观与人权外交》，新世界出版社 2003 年版，第 63 页。
② 钟云萍：《反思与借鉴：普适性人权与转型社会中国人权发展评述——兼论转型社会中国人权事业发展之进路》，载《理论与改革》2009 年第 1 期。

件的、相对的，并不存在放之四海而皆准的抽象的超越现实条件的人权观。近现代人权历史的发展证明了这一判断。

从人权历史发展的角度来看，真正在形式意义上实现人权普遍性是二战之后的事情。《世界人权宣言》的通过标志着人权开始从形式意义转变为普遍性阶段。在此基础上，以人权思想的广泛传播、人权组织的纷纷建构、人权规则的普遍制定等①全球性人权运动为契机，人权普适性开始被世人广泛接受。

从价值本源上来看，人权普适性来自于人类的共性需要，故得以演进而逐渐成为国际社会的共识，最终于二战以后逐步建立起了诸多参与广泛、影响深远的人权国际保护机制。② 然而如果借此大肆鼓吹人权普适性，过度宣扬所谓的"普世价值"就会忽视人权本身的特殊性或多样性。"人权特殊性一般理解为不同国家和地区由于历史传统、文化、宗教、价值观念、资源和经济因素的差别，在追求人权充分实现的过程中，其具体方法手段和模式是可以多样的。"③ 因此之故，以 1968 年国际人权会议通过的《德黑兰宣言》、1986 年联合国大会通过的《发展权宣言》等为代表的世界人权文件无一不突出强调了对人权特殊性价值的承认和尊重。④

就我国人权的发展而言，不管是民主革命时期还是社会主义建设时期抑或是改革开放新时期，中国共产党的人权发展策略始终紧密结合自身特殊历史发展背景以及多民族人民群众的现实生活需要做出科学价值定位，突出和强调我国中国特色社会主义的国家性质、一向崇尚大同社会的民族秉性、当前社会发展阶段的历史任务以及不同地区、不同民族的差异性现实需求等等，注意将人权的普适性与人权的多样性、特殊性有机结合起来，不断提升人权多样性的层次，为世界人权事业的全面繁荣发展贡献出自己应有力量。

---

　　① 周永坤：《全球时代的人权》，载《江苏社会科学》2002 年第 3 期。

　　② 钟云萍：《反思与借鉴：普适性人权与转型社会中国人权发展评述——兼论转型社会中国人权事业发展之进路》，载《理论与改革》2009 年第 1 期。

　　③ 徐显明：《人权的普遍性与人权文化之解析》，载《法学评论》1999 年第 6 期。

　　④ 比如《关于人权新概念的决议》中即明确指出"基于国际人权合作必须对不同社会的各种问题有深切认识和充分尊重他们的经济、社会、文化现实情况，以及联合国系统内部处理人权问题的工作办法应当适当考虑到发达国家和发展中国家两者的经验和一般情况的认识。"

四、价值定位科学：从标榜自由独立到寻求全面发展

西方人权理论的根本目的在于追求个体的自由独立，防止他人对自己天赋自由权利的干涉或者损害。关于这一倾向，从英美两国早期的宪法性文件中关于财产自由的规定即可见一斑。现以英国1215年《大宪章》为例。据统计，在《大宪章》共63条规定中有21条涉及财产权利，其中最核心的权利规定是禁止最高统治者非法剥夺教会、贵族和自由民的财产。由此也可见《大宪章》对财产权的特别重视程度，正如有学者指出："《大宪章》所确立的财产权不受侵犯、人身自由、罪刑法定以及'无代表不纳税'等原则，为个人权利不受王权侵犯树立了制度和法律的屏障。"① 正是基于这一根深蒂固的政治思想传统，西方人权理论一向标榜人权的独立自由意义，似乎只要实现个体的自由独立即实现了人权价值目标本身。

然在资产阶级领导的反对封建特权以争取自由独立的资产阶级革命活动中，革命主体除了资产阶级本身还包括着为数众多的无产阶级，革命的要求同样也涵括了广大无产阶级的基本政治要求。"从资产阶级由封建时代的市民等级破茧而出的时候起……资产阶级的平等要求，也有无产阶级的平等要求伴随着。从消灭阶级特权的资产阶级要求提出的时候起，同时提出了消灭阶级本身的无产阶级要求。"② 然而囿于历史发展和阶级局限性，资产阶级"人权"旨在"解放"的对象"没有超出作为市民社会的成员的人，即作为封闭于自身、私人利益、私人任性、同时脱离社会整体的个人的人"③。因此，资产阶级革命胜利后旨在维护和巩固新建立资产阶级政权的人权制度不可能有效涵盖全体人民而只可能限于资产阶级本身。如果说资产阶级因为已经达到了最初革命的目的而在人权发展问题上裹足不前，那么，不满足于仅仅强调个体自由独立的无产阶级则始终把实现人的彻底解放作为开展无产阶级革命斗争的理论起点和实践归宿，把维护人的尊严、保障人的权利、实现人的价值作为本阶级的历史使命。

因此，独立自由并非人权运动的终点，独立自由基础上追求每个人潜能

---

① 徐显明主编：《人权法原理》，中国政法大学出版社2008年版，第10页。
② 《马克思恩格斯选集》第3卷，人民出版社2012年版，第483—484页。
③ 《马克思恩格斯全集》第1卷，人民出版社1956年版，第439页。

的最大化实现，即实现"以各个人自由发展是一切人自由发展的条件"① 的发展状态才是人权存在的最终目的。中国共产党作为无产阶级政党的阶级属性决定了伴随中国革命、建设和改革实践的中国特色人权事业的发展必然要以每一个人的自由全面发展而非空泛的独立自由为最根本的价值定位，从而实现对西方人权话语体系的突破、发展和完善，正如习近平总书记在谈论中国梦时提出的其根本目的在于确保"共同享有""一起成长的与进步的机会"②。

第四节　中国特色人权的制度实践

理论是实践的先导，实践是理论的展开。中国特色人权理论的发展创新为中国特色人权制度实践进行了理论准备，提供了思想指引，奠定了舆论基础。反过来，中国特色人权制度的实践在实现中国特色人权理论构想的同时也进一步印证了这一理论探索的价值合理性与科学性。概括来讲，在中国特色社会主义法治道路实践探索中，中国特色人权的制度实践主要体现在逐步实现政治平等、经济自由、文化共享、社会公平、生态保护以及良善法治的不懈努力过程及其取得的显著成果。

一、翻身做主：实现最大多数的政治平等

中国特色人权理论强调个体权利与集体权利的统一，旨在追求最大多数人的自由平等发展。这一内在属性决定了，该人权理论的制度实践首先必须强调民众政治地位的最大化平等。中国共产党领导的旨在反帝反封建反官僚资本主义的新民主主义革命最直接的目标就是实现对外自由独立以及对内平等发展。

1949 年 10 月新中国成立的最大历史意义在于，拥有世界最多人口的殖民地国家正式实现国家独立，民主解放，遭受数千年封建奴役的中国人民正式从被统治者转变为国家主人，真正意义上实现了最大多数人的政治地位平

---

① 《马克思恩格斯全集》第 4 卷，人民出版社 1958 年版，第 422 页。
② 《习近平谈治国理政》，外文出版社 2014 年版，第 40 页。

等。因此，从人类历史发展的宏阔角度来看，人民当家做主的新中国的正式建立在客观上极大地推动了人类历史的民主化进程。这是新中国对人类历史发展的一个不容忽视的重大贡献。

如果说新中国成立对于中国人民政治地位的平等而言更多具有一种宣示意义，那么新中国成立后有关政治权利立法活动的正式启动则标志着人们的政治平等地位开始一步步走向现实。1953 年 3 月，我国第一部选举法即明确规定我国实行间接选举制度并确定城乡居民选举比例。随后在全国范围内进行了中国历史上第一次规模空前的普选，通过民主选举产生各级人民代表大会，并在此基础上自下而上逐级召开人民代表大会。1954 年 9 月，新中国第一届全国人民代表大会胜利召开，大会通过了中华人民共和国第一部民主制宪法（亦即"五四宪法"），并依据该宪法选举产生中华人民共和国主席和全国人民代表大会常务委员会，组织国务院，选举最高人民法院院长和最高人民检察院检察长，标志着最大多数民众的政治平等正式被确立为宪法制度事实。新中国第一部宪法"以国家根本法的形式，确认了近代 100 多年来中国人民为反对内外敌人、争取民族独立和人民自由幸福进行的英勇斗争，确认了中国共产党领导中国人民夺取新民主主义革命胜利、中国人民掌握国家权力的历史变革"[1]，为社会主义现代化建设提供了根本法遵循和依据，开创了中国特色社会主义民主法制发展新方向，对于推动我国的民主法制进程以及民主权利的普遍性享有具有深远的历史影响。

然而，由于中国是全世界人口最多的国家且农民占全国总人口的 80%，一方面采行直接选举办法不具现实操作性，另一方面完全按照人口比例选举出来的代表就会大多数是农民，显然也不适合国家经济建设发展的形势和要求。[2] 因此在新中国成立之后很长一段时期，我国人民代表大会制度施行的均是间接选举办法，且城乡居民在选举上存在"同票不同权"的问题[3]。为解决这一问题，实现城乡居民选举权的真正平等，"文革"结束后尤其是改

---

[1] 习近平：《在首都各界纪念现行宪法公布施行 30 周年大会上的讲话》，人民出版社 2012 年版，第 2 页。

[2] 刘政等主编：《人民代表大会工作全书》，中国法制出版社 1999 年版，第 209 页。

[3] 城乡居民"同票不同权"是指单位数量的城乡居民在选票效力上的差异。1953 年《选举法》规定，城市选民每 10 万人可选 1 名全国人大代表，而农村选民则每 80 万人才可以拥有 1 名全国人大代表。因此，占人口绝大多数的农民，长期以来只有"八分之一选举权"。这种现象一直持续到改革开放之后。

革开放以来，全国人大及其常委会先后于 1979 年、1982 年、1986 年、1995 年、2004 年、2010 年以及 2015 年对选举法进行了多达 7 次大规模修改，城乡居民选举权差异问题逐渐缩小并最终予以消除，实现真正意义上的选举权的实质平等。其中，2010 年选举法修正案明确规定"全国人大代表名额……按照每一代表所代表的城乡人口数相同的原则，以及保证各地区、各民族、各方面都有适当数量代表的要求进行分配。"至此，城乡居民"同票不同权"的现象正式成为历史，在政治地位平等方面迈出实质化的一大步。

二、改革开放：激发最大限度的经济自由

改革开放是新中国历史上的一件开天辟地的大事，是党的历史上第二次伟大革命，从根本上扭转了新中国延续多年的以阶级斗争为纲的治国理政旧模式，实现了国家的主要任务从以政治斗争为中心向以经济建设为中心的历史转型，成为决定当代中国命运的关键抉择。在这一历史进程中，改革的是束缚社会主义生产力发展的落后社会生产关系，比如把高度集中的计划经济体制改革成为社会主义市场经济体制的根本经济体制改革，再如发展民主，加强法制，实现政企分开，完善民主监督制度的政治体制改革；开放的是国际、国内两个庞大市场，互通有无，激发经济体量的巨大潜能。伴随着改革开放进程的不断深入推进，以生产资料的公有制为主体，多种所有制经济共同发展的社会主义市场经济体制的逐渐成型与完善，社会主义生产力得到前所未有的解放和发展，最大限度地激发和实现了人们的经济自由。改革开放的三十余年间，中国实现了广大人民生活水平的根本改善，实现了综合国力的显著增强，实现了国际地位的大幅提高。

一方面，从纵向比较的角度来看，我国经济社会发展的速度是惊人的。现以国家统计局最新统计年鉴提供的几个关键指标数据为例进行分析。1978 年我国国内生产总值为 3678.7 亿元，2015 年达到 685505.8 亿元，平均增幅增速为 9.7%；1978 年人均国内生产总值为 385 元，2015 年达到 49992 元，平均增速达 8.6%；1978 年国民总收入为 3678.7 亿元，2015 年达到 682635.1 亿元，平均增速达 9.6%；1978 年城镇居民可支配收入为 343 元，2015 年达到 31790 元，平均增速达 7.4%；1978 年农村居民人均纯收入为

134 元，2015 年达到 10772 元，平均增速达到 7.6%。① 在长达三十余年间，上述重要指标均保持如此高度增长，这在人类历史上是绝无仅有的，而这些数据充分也真实反映出改革开放以来我国社会经济领域取得的巨大进步。

另一方面，从横向分析的角度来看，当前我国之于世界经济发展的重要地位日渐凸显业已成为世人共识。就我国目前而言，如果按照 GDP 来算，我国的经济实力仅次于美国，在世界排名居第二位；如果按照 PPP（购买力评价），据世界银行公布的数字，目前世界上的购买力评价大概是 55 万亿美元，中国大概 5 万多亿美元，占世界购买力总体评价的 9%，同样位居世界第二；如果从外汇储备角度来看，目前中国拥有的外汇储备也达到 14000 多亿，稳居世界第一位。中国在世界经济版图中的战略地位的凸显反映出我国目前已经是当今世界经济繁荣与发展的重要增长极和发展引擎，而这一状况进一步决定了中国在当今世界发展大局的重要战略地位的彰显，其中上海合作组织、博鳌亚洲论坛、金砖国家银行尤其是"一带一路"倡议被联合国安理会一致决议通过无不标志着中国世界话语权和影响力的充分彰显。

我国改革开放 40 多年间取得的巨大成就再次印证了一个基本道理，即只有改革开放才能发展中国。在此基础上，正是得益于改革开放解放的巨大生产力，极大激发了人们经济自由，在此基础上人们才可能有条件去追求和享有更多的权利和自由，这一点在下文有关文化权利、社会权利的享有方面的将得到进一步印证。

三、文化建设：确保最大范围的文化共享

人权的保障和实现不能仅仅体现在物质财富的富足上，还应体现在精神文化需求的同样满足。早在新中国成立初期，党和国家领导人即已经意识到发展社会主义文化对于人民生活生产的重要意义，明确提出"百家争鸣、百花齐放"的文艺发展方针，随着文学艺术曲艺等文化各方面的起步发展，极大地推动了社会底层群众观的文化需求的满足。然而，毕竟受制于社会主

---

① 上述数据详见国家统计局官方网站：《中国统计年鉴（2016）》，http：//www.stats.gov.cn/tjsj/ndsj/2016/Indexch.htm，2017-3-12 访问。

义起步阶段生产力发展整体水平较低的现实，加之长期受制于西方资本主义国家的经济文化封锁，人们的精神文化生活仅仅局限于传统的某些文化娱乐方式，其精神文化需求并没有获得广泛、多样且充分地满足。鉴于我们要建成的全面小康社会以及人民向往的美好生活，不仅是物质生活水平提高、家家仓廪实衣食足，而且是精神文化生活丰富、人人知礼节明荣辱。[①] 因此，坚持和发展中国特色社会主义，不仅需要强大的物质基础，还需要高度的精神文明支持。

基于这一战略判断，为了加快社会主义文建设进程，加大对文化建设的领导力度，巩固和维护社会主义先进文化的主阵地，改革开放之初，我们党即创造性地提出了加强社会主义精神文明建设的发展要求，明确提出了"两手抓、两手都要硬"的战略方针。在此背景下，随着社会主义市场经济体制的释放的巨大潜力，以及伴随着改革开放，世界不同国家和地区的多样性文化开始涌进中国，极大丰富了中国民众的精神文化消费需求。现以与普通民众文化生活息息相关的图书出版和电影生产为例。根据国家统计局官网发布的数据显示，1978 年全国图书出版量为 37.7 亿册，2015 年达到 86.6 亿册，平均增速达到 2.3%；1978 年全国故事电影产量为 46.0 部，2015 年达到 686 部，平均增速达到 7.6%。[②] 另据国家新闻出版广电总局发布的数据显示，2016 年全国电影银幕以每天增加 26 块的速度递增，截至 12 月下旬，中国电影银幕已超过 4 万块，跃居世界第一。在此背景下，全国票房总量已近 440 亿元。[③] 管中窥豹可知，中国亿万民众真正在最大范围上实现文化权利的共享实则是得益于改革开放 40 多年以来国民经济的快速发展，实现了文化事业的快速发展。

尽管文化事业产业发展成绩显著，但目前我国人民群众的精神文化需求还有待进一步强化，正如如有学者指出的，"（当前）我们主要解决了物质贫穷、物质贫困、物质贫乏的问题，现在我们要着力解决一些人的精神贫

① 黄坤明：《推动物质文明和精神文明协调发展》，载《人民日报》2015 年 11 月 12 日。
② 上述数据详见国家统计局官方网站：《中国统计年鉴（2016）》，http://www.stats.gov.cn/tjsj/ndsj/2016/Indexch.htm，2017-3-12 访问。
③ 新华社：《2016 年，中国电影产业逐步回归理性》，http://news.xinhuanet.com/fortune/2016-12/23/c_1120172302.htm，2017-3-12 访问。

穷、精神贫困、精神贫乏的问题，需要以更大决心、下更大力气，加强社会主义精神文明建设。"[1] 2016 年 3 月，《国民经济和社会发展第十三个五年规划纲要》也明确提出，要积极"推动物质文明和精神文明协调发展，建设社会主义文化强国"。不仅如此，国家立法层面也日益体现出对文化产业事业以及服务保障的高度重视。2016 年 12 月 25 日，第十二届全国人大常委会第二十五次会议高票通过了《中华人民共和国公共文化服务保障法》。"这是我国文化领域的一件大事、喜事，标志着我国文化法治建设取得了新的可喜进展。"[2] 总之，随着社会主义文化建设战略地位的凸显，人民群众各方面的精神文化需求和各项文化权益势必会得到更加全面、严格和有效的保障。

四、社会保障：追求最为普及的社会公平

木桶理论告诉我们木桶容量并不取决于长板的长度，而是短板的长度。同样道理，决定一个社会发展水平的不在于社会富裕阶层的富有及先进程度，而是社会底层的普通民众的发展水平和层次。相对于富裕阶层，社会底层民众往往是弱势群体的代名词，受诸先天条件限制以及后天环境因素制约，在基本发展甚至基本生存方面更容易面临风险。因此，要实现社会发展成果的共享，实现整个社会发展的公平性，加大社会保障力度，追求最为普及的社会公平就显得极为必要。相对于其他价值，社会发展的公平性是我国传统文化中一贯强调的基本理念之一，正所谓"不患寡而患不均"[3]。受此文化传统影响，中国特色人权理论制度实践亦格外注重社会发展的公平性，强调社会保障的普及性，实现改革发展成果的共享。

现以国家人力资源和社会保障部于 2018 年 5 月发布的《2017 年度人力资源和社会保障事业发展统计公报》权威数据为例进行分析。[4]

---

[1]　郭建宁：《推动物质文明和精神文明协调发展》，载《光明日报》2016 年 4 月 14 日。

[2]　王晨：《大力推动公共文化服务保障法的深入宣传和贯彻实施》，载《人民日报》2017 年 2 月 22 日。

[3]　《论语·季氏》。

[4]　主要数据来自于中华人民共和国人力资源和社会保障部：《2017 年度人力资源和社会保障事业发展统计公报》，参见中华人民共和国人力资源和社会保障部官方网站，http://www.mohrss.gov.cn/ghcws/BHCSWgongzuodongtai/201805/t20180521_ 294290. html。2018-9-22 访问。

首先，劳动就业方面。截至 2017 年底，全国就业人员 77640 万人，比 2016 年末增加 37 万人。其中城镇就业人员 42462 万人，比 2016 年末增加 1034 万人；全国农民工总量 28652 万人，比 2016 年增加 481 万人。2017 年城镇新增就业人数 1351 万人，城镇失业人员再就业人数 558 万人，就业困难人员就业人数 177 万人。

其次，社会保险方面。截至 2017 年底，全年五项社会保险基金收入合计 67154 亿元，比 2016 年增加 13592 亿元，增长 25.4%。基金支出合计 57145 亿元，比上年增加 10257 亿元，增长 21.9%。其中，（1）养老保险方面，2017 年末全国参加基本养老保险人数为 91548 万人，比 2016 年末增加 2771 万人。其中，参加城镇职工基本养老保险的农民工人数为 6202 万人，比 2016 年末增加 262 万人。2017 年基本养老保险基金收入 46614 亿元，比 2016 年增长 22.7%。2017 年基本养老保险基金支出 40424 亿元，比 2016 年增长 18.9%。（2）医疗保险方面，2017 年末全国参加基本医疗保险人数为 117681 万人，比 2016 年末增加 43290 万人。其中，参加基本医疗保险的农民工人数为 6225 万人，比 2016 年末增加 1399 万人。2017 年基本医疗保险基金总收入 17932 亿元，支出 14422 亿元，分别比 2016 年增长 37% 和 33.9%。（3）失业保险方面，2017 年末全国参加失业保险人数为 18784 万人，比 2016 年末增加 695 万人。其中，参加失业保险的农民工人数为 4897 万人，比 2016 年末增加 238 万人。失业保险金月均水平 1111 元，比 2016 年增长 5.7%。2017 年共为领取失业保险金人员代缴基本医疗保险费 85 亿元，同比增长 6.8%。2017 年共向 45 万户参保企业发放稳岗补贴 198 亿元，惠及职工 5192 万人。（4）工伤保险方面，2017 年末全国参加工伤保险人数为 22724 万人，比 2016 年末增加 834 万人。其中，参加工伤保险的农民工人数为 7807 万人，比 2016 年末增加 297 万人。2017 年工伤保险基金收入 854 亿元，比 2016 年增长 15.9%。支出 662 亿元，比 2016 年增长 8.5%。（5）生育保险方面，2017 年末全国参加生育保险人数为 19300 万人，比 2016 年末增加 849 万人。2017 年共有 1113 万人次享受了生育保险待遇，比 2016 年增加 199 万人次。2017 年生育保险基金收入 642 亿元，支出 744 亿元，分别比上年增长 23.1% 和 40.1%。

再次，社会基础设施方面，2017 年稳步推进基本公共服务标准化、信息化、专业化建设，发布人力资源社会保障领域 26 项国家标准和 1 项行业标准，宣布失效 26 份文件、废止 76 份文件。截至 2017 年底，全国 31 个省份和新疆生产建设兵团已发行全国统一的社会保障卡，实现省份全覆盖。全国实际发卡地市（含省本级、新疆生产建设兵团各师）共 383 个，地市覆盖率达 99.7%。全国社会保障卡持卡人数达到 10.88 亿人，社会保障卡普及率达到 78.7%。社会保障卡持卡人员基础信息库已在全国 31 个省份和新疆生产建设兵团正式上线运行，入库人员基础信息达 13.9 亿人，社会保障卡基础信息达 9.8 亿张卡，257 个各地业务系统接入持卡库。全国所有省份均已开通 12333 电话咨询服务，全年接听总量约 1.2 亿次。

通过对上述有关劳动就业、社会保险以及相关基础设施建设等社会保障领域的相关数据进行简要列举分析可知，在实现社会公平方面，我国近年来社会保障工作无论是在保障的覆盖范围、保障力度还是人数规模均呈稳步推进态势，极大保障了社会底层民众的基本生存、生活与发展权利，为进一步缩小贫富差距，实现改革开放成果共享，实现经济社会的快速平稳健康发展以及为中国特色社会主义人权事业的进一步发展与完善奠定了坚实基础。

五、绿色发展：实行最为严格的生态保护

良好的生态环境是人们健康生存和永续发展的根本前提和基本保障。当前，推动并促成实现可持续发展已经成为全体人类共同发展的基本共识。党的十八大顺应这一世界发展潮流，结合中国现实发展特点及其要求明确提出实现绿色发展，建设美丽中国的发展新要求，并将生态文明建设提高到与政治建设、经济建设、文化建设、社会建设同一水平的战略高度，由此正式形成中国特色社会主义事业"五位一体"的总体布局。这一总体布局的形成决定了旨在追求绿色永续发展的最严格的生态保护格局正日益成为现实。这一格局的形成是建立在党的十八大以来以习近平同志为核心的党中央提出的高度体系化的绿色发展思想及其制度实践基础上的。

作为一位从地方领导工作岗位一步步走出来的国家最高领导人，习近平同志早在主政地方期间就已经深刻认识到保护生态环境，搞活生态经济，实现绿色的发展的重要意义。① 自正式担任中央领导职务以来，习近平总书记关于绿色发展的重要论述得到进一步发展和完善。考察和梳理学界对习近平总书记关于绿色发展的重要论述研究成果可知，学界一般认为习近平总书记关于绿色发展的重要论述主要包括生态文明观、生态生产力观、生态民生观、生态安全观以及生态法治观等五大方面的内容。② 由此不难判断，"民生"在习近平总书记关于平绿色发展的重要论述中占据着不容忽视的一席之地。从习近平总书记有关绿色发展的具体表述中，读者能够随处感受到生态文明建设的最终目的在于更好地改善生态生活生存环境，在于更好地维护"人的命脉"，③ 在于更好地推动国家富强、民族振兴以及人民幸福的中国梦的积极实现。由此判断，人权价值目标的实践与实现乃是绿色发展的确定无疑的核心主题。

"生态环境保护是功在当代、利在千秋的事业。"④ 习近平总书记指出建设生态文明，建设美丽中国的目的在于为人民生产生活创造良好的环境，为

---

① 习近平同志在主政福建宁德时结合当地发展现状和现实特点提出的重视发展林业的思想可谓是习近平生态文明思想形成与发展的重要起点。并且在执政地方的整个过程中，习近平同志始终将生态建设作为推进社会发展和民生改善的重要抓手，禁止以破坏生态环境为代价来追求经济社会的不可持续发展。对此，有学者指出："从1990—2012年的22年时间，在这一过程中，习近平同志的生态观和自然观日臻完备，到了他担任党和国家领导人后，习近平总书记先后就生态文明建设发表了一系列重要论述，蕴涵着他尊重自然规律、追求人与自然和谐的高度智慧，贯穿着心系民生、为民造福的深厚情怀。"（贺东航：《习近平的绿色情怀》，载《林业经济》2014年第12期）

② 当然，由于各学者研究视角以及倾向选择的差异，关于习近平生态文明思想的具体归纳略有出入，但仔细考察这些归纳的内容，我们将会发现学者们的归纳实在是大同小异，有的仅仅是只是语词概念的不同而已。相关研究参见刘浚、赵淑妮：《论习近平的生态观》，载《淮海工学院学报》2015年第7期；秦书生、杨硕：《习近平的绿色发展思想探析》，载《理论学刊》2015年第6期；刘海霞、王宗礼：《习近平生态思想探析》，载《贵州社会科学》2015年第3期；骆方金：《习近平生态文明观探析》，载《长沙理工大学学报》2015年第2期；张硕、高九江：《习近平生态文明思想的哲学探析》，载《江南社会学院学报》2015年第2期；等等。

③ "人的命脉"是习近平总书记在《关于〈中共中央关于全面深化改革若干重大问题的决定〉的说明》中就建设生态文明这一重大问题时提出的一个重要概念。习近平总书记指出："我们要认识到，山水林田湖是一个生命共同体，人的命脉在田，田的命脉在水，水的命脉在山，山的命脉在土，土的命脉在树。用途管制和生态修复必须遵循自然规律，如果种树的只管种树、治水的只管治水、护田的单纯护田，很容易顾此失彼，最终造成生态的系统破坏……对山水林田湖进行统一保护、统一修复是十分必要的。"（习近平：《关于〈中共中央关于全面深化改革若干重大问题的决定〉的说明》，载《习近平谈治国理政》，外文出版社2014年版，第85—86页）

④ 习近平：《努力走向社会主义生态文明新时代》，载《习近平谈治国理政》，外文出版社2014年版，第208页。

实现中华民族伟大复兴提供生态环境保障。"走向生态文明新时代，建设美丽中国，是实现中华民族伟大复兴的中国梦的重要内容……把生态文明建设融入经济建设、政治建设、文化建设、社会建设各方面和全过程，形成节约资源、保护环境的空间格局、产业结构、生产方式、生活方式，为子孙后代留下天蓝、地绿、水清的生产生活环境。"[1]　为此，习近平总书记一再要求全国党员同志尤其是领导干部"要清醒认识保护生态环境、治理环境污染的紧迫性和艰巨性，清醒认识加强生态文明建设的重要性和必要性，以对人民群众、对子孙后代高度负责的态度和责任……为人民创造良好生产生活环境"[2]。为此，一方面要加大生态环境污染治理力度，其中重点是要着力解决好人民群众最关心、最急迫、最突出的生态环境问题。"环境保护和治理要以解决损害群众健康突出环境问题为重点"[3]，比如与人民日常生活息息相关的大气污染、水污染、土壤污染等。另一方面要积极推动发展模式的转型，要"把推动发展的着力点转到提高质量和效益上来，下大气力推进绿色发展、循环发展、低碳发展"[4]。如果说前者体现出一种防御性的生态文明建设策略，强调事后的积极治理；后者则体现出更多的主动性色彩，主张从根源上消减生态危机以及环境污染产生的可能性。

　　从以上简要举例分析可以看出，习近平总书记关于绿色发展的重要论述的根本出发点及最终落脚点都是一致的，那就是对人们基本生活权益以及永续健康发展的积极维护和充分保障，亦即良好生态环境最惠普民生。毋庸置疑，这一思想所体现的"真挚的人民情怀"[5]　所彰显的则是积极维护人之健康生存尊严与永续发展之权利的自觉。也正是基于上述判断，学界才自觉地将"生态民生观"视为是习近平新时代中国特色社会主义思想不可分割的重要内容之一。

---

　　① 习近平：《为子孙后代留下天蓝、地绿、水清的生产生活环境》，载《习近平谈治国理政》，外文出版社 2014 年版，第 211—212 页。

　　② 习近平：《努力走向社会主义生态文明新时代》，载《习近平谈治国理政》，外文出版社 2014 年版，第 208 页。

　　③ 习近平：《努力走向社会主义生态文明新时代》，载《习近平谈治国理政》，外文出版社 2014 年版，第 209—210 页。

　　④ 习近平：《提高开放型经济水平》，载《习近平谈治国理政》，外文出版社 2014 年版，第 114 页。

　　⑤ 李玉峰：《习近平关于生态文明建设的思想略论》，载《思想理论教育导刊》2015 年第 6 期。

正是在这一理念创新背景下，被称为"史上最严"的环保法于 2016 年 1 月 1 日正式颁布实施。概括起来，新修订的环保法主要有"严"在以下三处：一是对企业要求更严，首次规定"按日计罚"的严厉措施，将会给污染企业以从未有过的最大违法成本；二是对地方政府要求更严，明确了环保直接与干部考评挂钩；三是对监管部门要求更严，列举了九种失职渎职行为，并规定了严厉的行政问责措施。① 可以说，严法应时而出，既反映了党和政府铁腕治污的决心与力度，也凸显了当前中国追求和实现绿色发展保障人们生存生活生态权益的现实迫切性。另据统计，截至 2015 年年底，各级环保部门下达行政处罚决定 9.7 万余份，罚款 42.5 亿元，比 2014 年增长了 34%，② 其严厉性效果可见一斑。不仅如此，诸如水法、土壤污染防治法等一系列生态环保相关法律法规亦都先后提上修法日程，不断加速生态环保法规体系的健全和完善。

六、法治中国：实施最为全面的良法善治

根据亚里士多德有关"法治"两层含义说的论断可知，法治的本义乃是良法善治。而判断良法与否的重要标准就是该项法律在保障人权方面的应然价值与实然意义。在中国特色社会主义人权制度发展实践中，尤其是改革开放以来，越来越重视法治保障的人权价值目标实现的价值意义。相对于前期"人权入宪""人权入法"对国家尊重和保障人权价值定位的立法确认，"法治中国"建设目标的提出则将标志着我国在人权保障、发展和实现道路上开始追求更为全面的良法善治格局。

在党的历史上，党的十八届三中全会首次明确提出"建设法治中国"的战略议题。该法治建设命题的提出"指明了社会主义法治建设的方向和道路，顺应了人民群众对法治建设的关切和期待"③，开创了中国特色社会主义法治建设的新境界。严格来说，"法治中国建设"并非凭空产生的法治

---

① 《"史上最严"环保法要有"史上最强"的执行》，http：//news.xinhuanet.com/legal/2015 - 01/01/c_ 1113849798.htm，2017-3-18 访问。

② 《新环保法施行一年效果显》，载《人民日报·海外版》2016 年 2 月 6 日。

③ 张文显：《全面推进法制改革，加快法治中国建设——十八届三中全会精神的法学解读》，载《法制与社会发展》2014 年第 1 期。

概念，而是与我国历史人治传统、人类发展法治经验以及时代发展诉求之间存在着密切联系。与此相应，"法治中国建设"本身即体现为鲜明的实践特色。（1）法治中国建设是对我国历史上人治传统的反思与否定。"法治中国建设"属于法治发展的范畴，是对我国历史上曾长期存在的人治思想传统及其实践做法的反思与否定。自十一届三中全会确立法制化发展道路以来，中国共产党积极把握时代脉搏，顺应时代发展要求，不断推进法治建设创新，实现了法治理论与法治实践的积极互动。由此逐步形成一套完善的具有中国特色的社会主义法治建设理论与实践体系。这一体系的最新发展正是"法治中国建设"的提出。长达40多年的法治发展历程反映出"文革"结束以来我们党和政府在反对人治观念，否定人治做法方面，追求良善法治的坚定立场。（2）法治中国建设是对人类法治实践的传承与发展。西方法治发展的先进性决定了我国在法治发展中"以西学为师"的必然性与必要性。然而，我国法治建设的发展实践也表明我国法治现代化建设不是凭空再造而是对人类近代以来法治实践及其精神的学习、借鉴和继承，且始终注意结合我国特殊背景下的现实国情进行创新性发展。自"82宪法"实施以来，我国先后创造性地提出"依法治国，建设社会主义法治国家""社会主义法治理念""建设法治中国"等一系列重大法治建设目标和理念。一方面凸显出鲜明的中国特色、中国风格与中国气派；另一方面也体现出我国当前法治建设事业的渐进性、层次性、立体性与整体性。（3）法治中国建设是对我国时代发展诉求的聚焦与回应。"与时俱进"是中国共产党能够把握时代发展潮流，保持历史先进性的关键所在。这一理念同样贯穿到社会主义法治现代化建设过程中。长期以来，改革、发展与稳定始终是我国现代化建设不容忽视的基本问题。在新的发展形势下，改革面临全面深化、发展面临全面推进、维稳面临全面创新，这一特殊时代背景决定了我国当前的法治建设必须作出积极回应。作为我国现代法治发展的最新形态，"法治中国建设"是在法治国家、法治社会与法治政府建设基础上进一步提出的法治新命题，是"法治国家、法治社会与法治政府一体化建设"的宏观表达。"三者一体"的基本属性体现了"法治中国建设"内涵理念的丰富性、多样性与有机性，由此也为新时期改革、发展、稳定的新发展提供了保障，创造了条件。

因此，作为我国社会主义法治现代化建设的时代主题，"建设法治中国"实际上是基于我国改革开放以来具体法治建设实践进一步提出的更具宏阔性的法治建设命题。其并不只具有单纯意义上的法治价值，还具有不容忽视的民主政治意蕴。"'法治中国'作为法治在当下中国的政治表达，正在从一个命题具体化为全面改革的行为逻辑，预示着中国法治史上的一次重大飞跃的来临，必将对中国的法治与社会发展产生重大影响。"①

如果说"法治中国"建设命题的提出更多的是一种法新的治发展理念，那么"全面依法治国"方略的提出则标志着最为全面的良法善治制度实践大幕的开启。党的十八届四中全会在党的历史上首次将"依法治国"为大会主题，并将"全面依法治国"正式确立为党执政治国的基本方略。也正是在这一时代背景下，无论是以审判为中心的刑事诉讼制度改革还是以司法责任制改革为核心的新一轮司法体制改革抑或是公益诉讼试点改革无不凸显出我国在法定人权现实化目标最大化实现问题上的持续不懈努力。总之，实施最全面的良法善治，确保人权现实化目标的最大化实现，促进人权的全面自由发展，乃是中国特色社会主义法治道路实践探索最根本旨归之所在。

---

① 汪习根：《法治中国的科学含义》，载《中国法学》2014 年第 2 期。

第　四　章

权 力 制 约 论

　　权力是一个古老的多学科概念，贯穿人类社会发展的各个时期，不同领域、不同时代赋予权力不同的含义。作为政治学的核心范畴，权力通常是指国家权力，指统治阶级迫使被统治阶级服从的强制性力量。从国家与社会对应的角度而言，社会权力侧重社会组织、团体等通过拥有的社会资源对国家权力决策或执行进行影响。① 在法学这一语境下探讨权力，国家权力、社会权力，又可称为公权力，与私权利相对。本章探讨权力制约的一般理论与实践，即对公权力的制约。

　　权力具有多样性，权力关系的表现形式亦是多样的，但归根结底，权力是人与人之间支配与服从的关系。权力几乎是伴随着人类的产生而产生的。权力本身的扩张性、易腐败性也制约着权力的正常运行，因此，任何行使权力的行为都应当受到一定的控制和约束。有学者将权力制约（check）、权力制衡（balance）和权力监督（supervise）区分开来，认为权力制约是以分权或分工为前提，权力制约者与被制约者之间是平行或由下至上的关系；权力制衡是以分权为前提，不同的权力机构之间形成相互掣肘、彼此牵制的关系；权力监督是以授权为前提，权力监督者与被监督者是由上至下单向的约束关系。因此，制约与监督的区别是程序性、功能性的，而分

---

　　① 郭道晖：《社会权力与公民社会》，译林出版社 2009 年版，第 54 页。

工制约与分权制衡则分别代表了社会主义政体和资本主义政体。[①] 亦有学者将制约和制衡作为同一概念来使用，并认为，权力制约、权力制衡都是以分权为前提，是西方"三权分立"学说的产物，我们是社会主义国家，不存在权力制衡。[②] 权力制约的实质是为了规范、控制和约束权力、保障权力运行、防止权力滥用。

第一节　权力制约的理论预设

一、权力的固有特点

权力的概念虽然难以界定，但与其他范畴一样，权力具有区别于其他事物的特性。权力的固有特点使其发挥着特有的作用、体现着独特的价值。

（一）强制性

无论哪种性质、哪种类型的权力，都蕴含着能够支配他人的力量，使他人被迫或自愿服从权力主体的意志。权力是一种力量，但并不是所有的力量都能称之为权力。权力之所以能够产生强制的作用，源于"权力以资源为基础"[③] 这一客观事实。权力主体借助所拥有的资源对权力对象形成影响，使权力对象自愿或被迫按照其意志行为。资源是权力的基础，权力主体占有资源的多寡与其拥有、掌控权力的多寡成正比。仅仅拥有资源只能是具备拥有、运行权力的可能性。只有在一定的条件下被运用来对他人施加影响时，才成为权力。这种影响或支配是权力行使的手段，可以通过说服、诱导、暴力等方式作用于权力对象。因此，根据权力维持方式的不同，政治学界把权力分为"强制型权力、报偿型权力和信仰型权力"[④] 三种类型。报偿型权力、信仰型权力体现了权力的正当性、合法性要求，但报偿或信仰均是有限的、不稳定的，自愿服从依然要以强制作为后盾。从权力运行的结果来看，

① 谢鹏程：《也谈监督、制约和制衡》，载《检察日报》2008 年 5 月 29 日。
② 何华辉、许崇德：《分权学说》，人民出版社 1986 年版，第 121 页。
③ 俞可平主编：《政治学教程》，高等教育出版社 2010 年，第 32 页。
④ 周光辉、张贤明：《三种权力类型及效用的理论分析》，载《社会科学战线》1996 年第 3 期。

无论权力对象是否自愿接受或认可，都将最终服从权力主体的意志。① 强制力的作用虽然有限，但确实是必要的。从权力运行而言，强制是保障有效控制不可或缺的力量或手段。

强制性在权力运行过程中以支配或控制的形式表现出来，强制往往与暴力相联系，但并不仅仅是暴力，还可以通过影响、制裁等方式作用于权力对象。国家是凭借暴力机器实现和保障阶级统治的形式，因此，国家权力的强制性表现尤为突出。在国家范围内，不允许有任何其他权力超越或凌驾于国家权力之上。

（二）公共性

马克思认为，社会是一个"矛盾的集合体"，② 为了防止"社会内部矛盾和冲突的激化而导致整个社会的覆灭，就需要有一种特殊的社会力量通过集中化的、常设的、专门机构来行使"③。拥有公共力量的专门机构运用其所掌握的力量以缓和社会矛盾和冲突，使国家和社会保持一种正常的秩序。马克思的论述从主体和目的两个方面揭示了权力的公共性。

首先，权力主体是公共机关或公共组织。人们往往将权力行使者视为权力主体。从权力的来源来看，权力来自公民的让渡或人民的授予，权力的应然主体是全体人民。但是，从权力的实际运行来看，权力不可能由全体人民一起来行使，权力只能由组织或个人代替行使。作为实际行使权力的主体，他们所拥有的是公权力。在现代民主国家，权力的行使者必须是脱离个人、超越个人的公共机关。

其次，权力设定的目的是维护公共利益。恩格斯指出，任何统治阶级的统治都要以实现一定的"社会职能"为基础，这种公共职能是政治统治得以存续的必要条件。④ 即便是在"权力私有"的专制社会，统治者利用国家机器统治被统治阶级，同样要承担管理社会公共事务的职能。如果权力主体不顾社会公共利益诉求，将自己的意愿强加给权力对象，这种权力关系是难以持续下去的。人类社会变迁的历程表明，罔顾公共利益的权力必然导致权

① 王莉君：《权力与权利的思辨》，中国法制出版社 2005 年，第 23—24 页。
② 孟庆仁：《现代唯物史观大纲》，当代中国出版社 2002 年版，第 149 页。
③ 汪宗田：《马克思主义制度经济理论研究》，人民出版社 2014 年版，第 103 页。
④ 《马克思恩格斯全集》第 3 卷，人民出版社 1995 年版，第 523 页。

力关系的覆灭。因此，权力应该是用以实现社会公众的共同利益，而不是为了"有限的局部利益"①。而所谓的"私权力"其实是权利而不是权力，比如家长对子女、老板对员工都存在事实上的支配力。但是，家长对子女的管束是一种监护权，属于民事权利，是以保护被监护人的利益为目的。就这一层面而言，权力准确地说应该仅指公权力，而不存在所谓的"私权力"，因为权力的异化就在于以权谋私。② 权力的公共性是权力与权利的根本区别，权力的行使不会以权力行使者的个人利益为目的，而是要为公共利益服务，否则权力将会变成"私权力"而失去权力的合法性基础。

（三）非对称性

权力的非对称性在于权力主体对权力对象施以控制，而非相反。③ 权利具有平等性，无论是自然法的"人人生而平等"，还是"法律面前人人平等"，都要求权利主体平等地享有权利、履行义务，一切主体享有相同或相等的权利。而权力却具有天然的非对称性，就其主体而言，并非所有的人或组织都能成为权力主体；就其内容而言，权力体现为权力主体对社会稀缺资源的占有和控制，稀缺就意味着权力对象对权力主体的依赖，意味着权力主体占有资源优势；就其实现过程而言，权力运行要维护权力秩序，必须以强制力作为后盾和保障，"强制之所以能够让权力对象服从，并非建立在以理服人的基础上，而是建立在力量对比的悬殊关系上"。④ 非对称性或不平等性是权力区别于权利的另一标志。权力作为一种强制力量，权力主体具有天生的优势地位，"权力关系的不平等是实行国家管理的基础"⑤。

权力的设定以公共利益为目的，合理、科学地运用权力能够为国家创造价值，推动社会的发展。但因为权力的非对称性，权力设置或运行的不合理致使权力作用于权力对象时对其造成侵害和威胁，造成权力运行的结果与权力设置目的相悖，即损害公共利益。因此，权力是一把双刃剑，从其产生之日就会产生"正负双重效应"。⑥

---

① ［英］罗德里克·马丁：《权力社会学》，丰子义、张宁译，上海三联书店1992年版，第84页。
② 郭道晖：《社会权力与公民社会》，译林出版社2009年版，第64页。
③ ［美］丹尼斯·朗：《权力论》，陆震纶、郑明哲译，中国社会科学出版社2001年版，第10页。
④ 周光辉：《论公共权力的合法性》，吉林出版集团有限责任公司2007年版，第161页。
⑤ 卢少华、徐万珉：《权力社会学》，黑龙江人民出版社1989年版，第47页。
⑥ 孟祥馨、楚建义、孟庆云：《权力授予和权力制约》，中央文献出版社2005年版，第194页。

（四）阶级性

国家在实质上是阶级统治的工具，是阶级矛盾不可调和的产物。因此，阶级性是国家这一特殊组织的根本属性。权力尤其是国家权力，作为国家形成和运行的重要内容，是统治阶级统治或压迫被统治阶级的"有组织的暴力"。[1] 根据马克思主义阶级分析理论，权力是维持统治阶级利益的强制力量，权力既是阶级斗争的工具，也是阶级斗争或政治斗争的目标和结果。国家的阶级性决定了国家权力的阶级性。相较于国家权力，社会权力的阶级性具有隐秘性，但并不能因此否认社会权力的阶级性。国家是社会发展到一定阶段的产物，社会权力是国家权力的渊源。国家权力与社会权力是同源的，社会主体不是某个个体，而是一个群体或组织，他们有共同的特殊利益和要求，因而形成特殊的阶层，为了实现这种共同的利益，他们会通过拥有的社会资源、生产资料对国家和社会产生影响，只有与国家权力利益相一致，才能真正形成社会权力以制约国家权力。在阶级社会中，权力的非对称性导致权力结果的双重性，权力一旦作用于社会，其是否产生维护公共利益的效果及在维护公共利益方面发挥了多大的作用，并不取决于权力的强制性，而是取决于谁是权力的拥有者，即谁是统治阶级。统治阶级必然从统治阶级的利益出发，在设定权力、运用权力时考量的是本阶级的利益，因而，权力运行是否以公共利益为目的、在何种程度和范围内维护公共利益、对社会造成什么样的负效应，关键在于统治阶级是否代表了人民或社会利益，也就是权力的阶级性。

二、权力制约的依据

（一）马克思主义人性观

西方资本主义思想家们主张"性恶论"，认为"人的天性是趋利避害"，[2] 追求经济利益或物质享受不仅是人自我实现的目的，也是社会发展的动力。同时，人类出于自我保全的需要，会用一切方法谋取更多的力量，直到他认为没有能够危害自己足够力量为止。[3] 因此，人出于维护既得利益

---

① 马克思、恩格斯：《共产党宣言》，人民出版社 2014 年版，第 50 页。
② ［英］霍布斯：《利维坦》，黎思复、黎廷弼译，商务印书馆 2009 年版，第 61 页。
③ ［英］霍布斯：《利维坦》，黎思复、黎廷弼译，商务印书馆 2009 年版，第 61 页。

的目的而不得不继续扩张权力。所以，孟德斯鸠指出，"一切手握权力的人都有滥用权力的倾向。"① 因此，要对权力进行约束或限制。虽然他们也认为人性中有"向善"的趋向，但这种向善表现为理性，是人区别于其他动物的特性，是指人类判断善恶是非及"对智虑和美德加以运用"的能力，②而不是为善、利他的本性。

可见，西方资本主义的人性观将人的自然属性等同于人的本性，将人仅看作物质的存在，忽视了人的社会属性和人性的精神维度，因而具有片面性。马克思主义人性观认为，人性是自然属性与社会属性的辩证统一，人的需求不仅有物质需求，还有精神需求。首先，人性是人的自然属性和社会属性的统一。人不但是"自然存在物"，③ 还是"一切社会关系的总和"④。孤立的个体不可能实现生存和发展，人必须依托社会、成为社会人才能实现自由和独立。因此，人性不仅有天生的自然动物属性的部分，还有后天形成的社会动物的属性。其次，人同时有物质需求和精神需求。马克思在《德意志意识形态》中指出，"他们的需要即他们的本性。"⑤ 人作为动物，有生存的基本需求，即物质需求的共同属性。人的自然属性决定了人的需要的物质性，作为一个物质的存在，人必然有生理需求、安全需求等。但人区别于一般动物的关键就在于人"自由的有意识的活动"。⑥ 意识是外界物质对人形成刺激，人接受这种刺激并形成主观的感觉、观念、思维等，并支配人的具体实践活动。意识的形成不仅受外界物质社会影响，还受到人主观能动选择的影响。人的主观能动选择的过程体现了人的精神追求，人作为精神性存在物，必会产生审美、德行、发展、实现自我价值等需要。最后，从整体上看，人的物质需求和精神需求是不断上升发展的。马克思认为，"人们奋斗所争取的一切，都同他们的利益有关。"⑦ 人的利益追求是在社会生活中产生和实现的，人的谋利意识和谋利行为受到客观现实条件的制约。可以说，

① ［法］孟德斯鸠：《论法的精神》，欧启明译，译林出版社2016年版，第131页。
② ［古希腊］亚里士多德：《政治学》，吴寿彭译，商务印书馆2009年版，第8页。
③ 《马克思恩格斯全集》第42卷，人民出版社1979年版，第191页。
④ 《马克思恩格斯选集》第1卷，人民出版社1995年版，第92页。
⑤ 马克思、恩格斯：《德意志意识形态（节选本）》，人民出版社2018年版，第120页。
⑥ 《马克思恩格斯全集》第3卷，人民出版社2002年版，第6页。
⑦ 《马克思恩格斯全集》第1卷，人民出版社1956年版，第82页。

马克思也认为人是趋利避害的。但是，利益不是恒定不变的物质利益，它是外在物质社会制约和主体自觉选择的共同结果。利益可以是个人的物质利益，也可以是为了他人利益或国家利益而舍己或忘我，进而获得的精神利益，这是更高层次的利益。① 中国共产党的先进性就在于追求的是最广大人民的根本利益。人的需求受到社会的制约，而无论是物质需求还是精神需求都不是恒定不变的，随着社会发展变化而变化。从人的发展和社会发展的一般规律来看，"人类社会是从低级阶段向高级阶段发展的"，那么人的社会属性决定了人的需求也是从低层次向高层次发展的。所以，人性是自然属性和社会属性的辩证统一，不能片面强调人的自然属性中的"恶"，而忽视人的精神需求、忽视社会的生产方式和经济关系对人的利益需求产生、实现的决定性作用。

（二）人民主权论

资产阶级启蒙思想家洛克明确提出了人民主权的思想，他认为，立法权是国家的最高权力，是人民委托的权力。② 权力委托的结果是同意国家或政府统治的合法性，目的在于确定公民的服从义务而非选择的权利。③ 同时，人民还拥有反抗权，但只有在政治社会出现暴政导致原有的权力关系无法维系时才能使用。人民的权力虽然至高无上，但却是不完整、不连续的。卢梭作为人民主权理论的集大成者，将主权提升到了一个绝对的高度。他认为，主权本质上就是人民的公意，主权是最高权力；根据社会契约理论，国家是人民根据契约协议的产物，而作为人民公意执行者的政府，其所有一切权力都是人民让渡、委托的。因此，人民才是国家的主人，公权力行使者是人民委托的代理人，主权只属于人民，并且主权是绝对的、不受任何限制的。

马克思、恩格斯肯定了卢梭"主权在民"的思想，但与资本主义国家有根本性的不同，社会主义国家是无产阶级人民民主专政的国家，国家政权的组织活动形式旨在实现广大人民群众的利益。但在社会主义国家，实际上仍存在着导致权力异化腐败的因素：其一，权力主体与权力行使者的分离为权

---

① 王孝哲：《马克思主义人学概论》，安徽大学出版社 2009 年版，第 75—80 页。
② ［英］约翰·洛克：《政府论》，杨思派译，中国社会科学出版社 2009 年版，第 160 页。
③ 霍伟岸：《洛克与现代民主理论》，载《中国人民大学学报》2011 年第 1 期。

力滥用和腐败提供了社会基础。在社会主义国家，一切权力属于人民，人民是国家的主人，但人民群众不可能全部直接参与管理国家事务，权力所有者与权力行使者在形式上表现为异体和分离。公权力实际由具体的个人即公职人员行使，个人无论是在主观上还是客观上对权力运行的认识和把握都有局限性。公职人员在履行职务时掌握着一般民众所不具备的资源和权力，其代表人民行使公权力，应当维护公共利益，但是，同时他们还是普通的个人，存在人作为个体的局限性，不仅有个性化的个体利益诉求，还有知识、能力及其他方面的有限性。不同的利益诉求使公权力垄断（集权）和滥用成为可能，公共机构和公职人员可能"由社会公仆变为社会主人"。① 其二，人民主权的意识和制度尚未成熟，为公权力进一步挤压私权利空间提供了条件。这是由权力的阶级性和非对称性决定的，马克思主义认为，公权力是由在经济上占优势地位的统治阶级掌握，并成为维护其阶级利益的工具。在社会主义国家，由广大的无产阶级掌握国家政权，社会主义民主应当是"最广泛、最真实、最管用"的民主，② 但囿于经济政治发展水平，我国的民主制度还不够完善，公权力如不被有效约束便会借其强势地位迅速扩张，导致国家与社会、政府与公民、权力与权利关系失衡。其三，权力规范体系的不完善导致权力滥用和腐败。社会主义制度"议行合一"具有优越性，同时也容易造成权力的高度集中。苏联社会主义国家解体的经验教训表明，过多强调集中、缺乏民主必然导致权力个人专断。当前，我国正处于改革开放发展的关键时期，社会的主要矛盾发生了改变，片面追求经济发展的发展理念已经不能满足社会多元化的发展需求，原有的权力结构与权力体系发生了巨大变化，社会多元化的需求对公权力提出了新的要求。滞后于社会的发展，公权力的规范和控制因此出现了盲点，为权力异化和权力腐败提供了可乘之机。社会主义国家并不会因为社会主义制度的先进性而直接免除权力异化的风险，如果不全面强化法治，仍然会产生权力腐败。

---

① 《马克思恩格斯选集》第 3 卷，人民出版社 1995 年版，第 12 页。
② 《党的十九大报告辅导读本》编写组：《党的十九大报告辅导读本》，人民出版社 2017 年版，第 35 页。

第二节　权力制约的理论路径

一、以权力制约权力

权力制约理论源于启蒙运动和资产阶级革命时期，其基础与核心是分权学说和有限政府论，共同作为西方政治思想的基石。① 分权制衡论和有限政府论以性恶论、社会契约论等为理论依据，以英国资产阶级阶级革命后建立的君主立宪制为事实依据。分权理论肇始于古希腊，发展、成熟于近代资产阶级革命时期。法国启蒙思想家孟德斯鸠认为，拥有权力的人有滥用权力的倾向，而防止权力被滥用的最有效的办法就是"用权力约束权力"。② 西方资产阶级启蒙思想家主张立法权、行政权、司法权三权分立，建立有限政府。三权在彼此分立、又相互牵制的情况下，才能以权力对抗权力，防止权力滥用。经思想家的倡导和传播，分权制衡作为一项宪法原则被西方国家普遍采用。

权力制约是人类社会发展的同质性需求，是人类对政治生活和公平正义的共同追求。权力制约权力是防止权力滥用的共同规律。但社会主义国家是人民民主专政的国家，代表着最广大人民群众的根本利益，国家政权的组织活动形式应当是有利于广大人民群众利益的实现的。民主集中、议行合一是我国权力制约权力的具体形式。我国《宪法》第三条第三款规定："国家行政机关、监察机关、审判机关、检察机关都由人民代表大会产生，对它负责，受它监督。"这是我国国家机关民主集中制的完整体现。国家权力配置、国家机关组织运行，应该在"充分发扬民主的基础上，实行必要的集中，以最快的速度正确决策，付诸实施"。③ 虽然美国等资本主义国家将国家权力划分为立法权、行政权、司法权，并且通过法律赋予不同部门相互监

---

① ［英］M. J. C. 维尔：《宪政与分权》，苏力译，三联书店1997年版，第2页。
② ［法］孟德斯鸠：《论法的精神》，欧启明译，译林出版社2016年版，第131页。
③ 中共中央国家机关工委宣传部、中共中国社会科学院直属机关委员会：《学习贯彻"三个代表"重要思想理论问题50问》，人民出版社2004年版，第292页。

督的职责，"但在实践上永远不能得到正式的维持"①。与西方的三权分立不同，议行合一在于国家权力由不同的国家机关分别行使，把国家根本性、基础性事务的决策权交由人民代表大会统一行使，立法权高于行政权、审判权和其他权力，一切权力统一于最高权力机关，从而保证各个部门分工合作、协同配合，形成一个完整统一、高效运转的国家机器。国家权力的内部分工并不意味着权力分立、相互制衡，仍然表现为国家权力的统一。② 议行合一也要求权力制约权力，但与"三权分立""有限政府"有着不同之处，它要求"认真执行民主集中制",③ "将国家权力交于人民，由人民直接掌握对国家机关及其工作人员的制约权，防止他们滥用权力"④。因此，在我国对权力进行约束和控制，主要表现为权力分工及各种主体对权力的监督，而不是资本主义国家的权力分立与制衡。

二、以权利制约权力

以"权力制约权力"早已为人们所熟悉，世界各国都不同程度地建立了"以权力制约权力"的机制。各国的历史实践也证明"权力制约权力"的模式对遏制权力腐败发挥了重要作用，但仅靠这种机制也很难从根本上制约权力。在倡导权利为本位的今天，运用权利这个本源性武器对公权力进行制约具备充分的理论根据和现实依据，权利是制约权力的根本途径。在社会主义国家，从权利与权力的关系来看，权力源自人民的授予，权利是权力的来源和基础。公民通过选举代表组成政府或公共部门，委托或授权他们管理国家事务、社会公共事务。权利制约权力是民主的重要环节，权力来自谁就应该向谁负责。公民有权利选举公职人员组建政府及公共机构，同样也有权利批评、罢免、更换公职人员，对公权力进行约束和监督。

权利制约权力具有明显的优势。第一，广泛性。一方面所有公民和社会

---

① 〔美〕汉密尔顿、杰伊、麦迪逊：《联邦党人文集》，程逢如等译，商务印书馆 2009 年版，第 290 页。

② 何华辉、许崇德：《分权学说》，人民出版社 1986 年版，第 121 页。

③ 新华社中央新闻采访中心：《深入学习习近平总书记重要讲话读本》，人民出版社 2013 年版，第 61 页。

④ 吴敏：《民主建设论》，人民出版社 1993 年版，第 238 页。

组织都有权利依法对公权力部门及其公职人员进行监督。另一方面权利制约的对象并不囿于特定的对象和范围，对于任何公共部门和公职人员，公民和社会组织都可以行使监督的权利。第二，防御性。"权利乃国家权力止步之处。"权力不得侵害权利，这是权利的消极防御功能。从理论上讲，权力应当反映权利的内容和要求，权利是否得到满足和实现是考察权力是否合理规范运行的标准。因此，权利对权力的防御实质上是对权力进行评价与监测。第三，灵活性。以权力制约权力是必要的，但毕竟仍然是在国家权力机构内部相互协调、约束，以权力维护权力的现象在人类社会发展的各个阶段不同程度地存在着。① 而且，权力制约权力依然是权力的运行和适用，要受到权力运行规范的限制，制约主体、对象、范围、方式等均应由法律明确规定，而权利制约权力则相对灵活，权利制约权力的方式众多，程序也相对简单便捷。

马克思指出，公职人员在进行公职活动时应当向公民负责。② 列宁进一步发展了马克思人民监督的思想，他认为，要扩大人民的民主权利，"应当使工人进入一切国家机关，让他们监督整个国家机构"，③ 让人民全面参与到政治生活当中，充分调动人民的积极性，"使所有人都来执行监督和监察的职能"。④ 毛泽东指出，要全面发动人民群众对政府进行监督，"只有人人负起责来，才不会人亡政息"。⑤ 这体现了毛泽东关于人民主权和人民监督的思想，要充分发扬民主，让人民监督政府。由人民对权力进行监督，对权力的运行进行约束，才是真正的民主。习近平总书记对权利制约权力做出了更具体、更深刻地理解，最广泛就是人民当家作主、广泛参与，最真实就是真正体现人民的意志，最管用就是制度规范、行之有效。显然，权利主体、内容、方式等都关系着权利制约权力的实效。

三、以社会制约权力

社会主体以其所拥有的社会资源对社会和国家进行影响，这种影响可以

---

① 刘巍：《以权利制约权力》，载《上海科学院学术季刊》2001 年第 3 期。
② 《马克思恩格斯选集》第 3 卷，人民出版社 1995 年版，第 324 页。
③ 《列宁全集》第 38 卷，人民出版社 1986 年版，第 140 页。
④ 《列宁全集》第 3 卷，人民出版社 1984 年版，第 210 页。
⑤ 黄炎培：《八十年来》，文史资料出版社 1982 年版，第 149 页。

是支持国家权力的积极力量，也可以是制约、抵制国家权力的消极力量。[①]根据马克思的国家理论，社会是国家的基础。在国家形成后，国家成为凌驾于社会之上、并统治社会的力量，是"独立于社会之上又与社会对立"[②]的产物。由于国家掌握着强大的国家机器，国家权力的控制力和强制力往往胜于社会权力的影响力和支配力。[③]虽然国家以社会为基础，但具体到某一国家、某一时期常常表现为国家对社会的控制，国家权力强于社会权力。

在西方，市民社会是社会制约权力思想产生的社会基础。在资本主义国家的发展历程中，国家与社会是并立的。市民社会在西方是自然演进产生的，11世纪的欧洲，以城市为中心，产生了足以制衡国家权力的资产阶级。[④]国家虽然统治着社会，但社会同样拥有左右国家的力量。作为市民社会主体的资产阶级以社会组织、社会团体等不同的形态存在着，并运用其所拥有的社会资源，通过游说、施压、操纵等方式，凭借资源优势对社会和国家施以影响，使之朝着有利于社会集团、群体的利益倾斜，间接发挥了遏制国家权力专横的作用。资产阶级所拥有的资源既是国家权力的依靠和来源，也被看作是能操纵国家权力和左右社会舆论的"第四种权力"。[⑤]随着资本主义国家意识到"民主政府在应对国家危机上的不足"，"增加社会力量治理国家"[⑥]成为一种新的选择，以体制外的社会力量参与来强化对权力的约束，从而实现了权力制约思想从"分权制衡"到"社会制约"的范式转换。[⑦]福柯认为非法活动普遍存在于社会之中，所以惩罚应当是普遍的和必要的，只有"弥散的"惩罚手段才是"经济而有效的"。[⑧]在西方，这种渗透进"弥散的"公权力场域的精神或原则表现为社会参与。单纯的社会制约是一种社会监督，不属于监察的范畴，当社会权力融合进"权力制约权

---

① 郭道晖：《以社会权力制衡国家权力》，载《法治现代化研究》第五卷，第351页。

② 《马克思恩格斯选集》第3卷，人民出版社1995年版，第93页。

③ 郭道晖：《以社会权力制衡国家权力》，载《法治现代化研究》第五卷，第351页。

④ 徐忠明：《法学与文学之间》，中国政法大学出版社2000年版，第380—384页。

⑤ 郭道晖：《以社会权力制衡国家权力》，载《法治现代化研究》第五卷，第352页。

⑥ ［美］托克维尔：《论美国的民主》，张晓明译，北京出版社2012年版，第68—69页。

⑦ 周义程：《从分权制衡到社会制约：西方权力制约思想的范式转换》，载《社会主义研究》2011年第4期。

⑧ ［法］米歇尔·福柯：《规训与惩罚》，刘北成、杨远婴译，上海三联书店2012年版，第91—104页。

力"的权力制约体系之中时，就成为了国家权力制约制度的一部分。

列宁指出，只有"真正包罗万象的、普遍的和全民的监督"才会使贪腐无法逃避、"无处躲藏"。① 无论是监察全覆盖还是监察公开都是民主集中制的要求，既要保证国家机关协调高效运转，又要有利于实现广泛参与，"利用全党全国全民的力量，反过来高屋建瓴地监督党和国家机关、各级干部……建构了一种权力运行的人民监督机制"，② 从而使得人民广泛参与和党的集中领导统一，促使各类国家机关提高效率，形成腐败治理的强大合力。但是，我国历史上一直是中央集权的国家，造就了"强国家—弱社会"的传统，随着改革开放、政治体制改革的推进，虽然目前我国的社会团体、社会组织还不发达，但国家、社会的格局已有所突破，国家逐步把权力"归还给社会有机体"，社会主体多元化和社会权力的发展使社会对国家权力的制约作用也逐步加强。

第三节　权力制约的制度笼子

一、把权力关进制度笼子

道德自律和制度他律是制约权力的两种范式，但二者并非截然对立，而应该是相辅相成的。道德指向良好的素养和品质，凝聚着社会成员的共同信念，代表社会积极的价值取向。以道德规范权力是强调公权力行使者将外在的道德准则内化为自身的道德修养，从而自觉地进行自我约束，抑制权力腐败。道德自律是权力制约最理想的途径，但还存在极大的或然性与不稳定性。因此，要减少、根除权力异化、权力腐败，还必须通过明确的、稳定的规则体系对权力进行约束和限制，即以正式的制度对权力进行规范。

"把权力关进制度的笼子里"体现了权力制约的基本要求。首先，从功能上看，该论断明确权力以保障公民权利为目的。权力具有强制性，如果不规范其对象、程序、责任及其实现方式等，则权力极易突破权利与权力的边

---

① 《列宁全集》第 31 卷，人民出版社 1985 年版，第 127 页。
② 郭丽兰：《马克思民主观的文本研究》，人民出版社 2014 年版，第 231 页。

界，权力的强制力直接作用于权力对象，对公民权利造成侵害。其次，从性质上看，该论断要求划定权力边界。权力具有非对称性，权力运行的边界、权力主体的职责等都应当予以明确，否则不仅难以实现权力应有的功能与作用，还易导致权力的滥用、腐败，对权利造成侵害和威胁。最后，从实现过程来看，应依法规范权力运行。权力运行是一个持续变化的动态过程，权力关系是多层次的、复杂的。权力应依照确定的规则、规范来运行，而不是人为的、随意的操纵。依照既定的规则、规范，才能保证权力的运行能够发挥维持权力秩序的作用。

"把权力关进制度的笼子里"是古今中外国家治理的智慧结晶。专制政体下，道德制约权力的作用微乎其微，制度制约权力显得弥足珍贵。西方权力制约思想在近代资产阶级革命中表现出强大的动力，成为资产阶级反对封建专制的有力武器，但不可能逃脱资本和金钱对权力的绑架。社会主义民主政治体现了权力与权利的高度一致性，为打造权力的制度笼子奠定了牢固的社会基础。

二、权力制约制度的优化

"把权力关进制度的笼子"形象地描述了权力与制度的关系，但要实现制度对权力的约束，还要解决把权力关进"什么样"的笼子的问题，即用什么样的制度去制约权力。对此，邓小平曾指出，好的制度可以使行使权力者无法恣意妄为，而不好的制度不仅使行使权力者无法运用手中的权力实现公共利益，还会"走向反面"，[①] 侵害社会和公众的利益。然而，任何制度并不具有必然的普适性，其产生、地位、作用都要符合特定的时空环境。权力制约制度与权力制约是规范与事实、静态与动态的关系。权力制约制度除应具备逻辑的自洽性外，还应当反映权力制约的实际状态、符合权力运行的发展趋势。权力制约"是一个永恒、动态的角色"，[②] 所以，为真正实现权力制约，应当从以下四个角度对权力制约制度予以优化。

---

① 《邓小平文选》第二卷，人民出版社1994年版，第333页。

② Timothy Hedeen，"Ombuds as Nomads：The Inter Sections of Dispute System Design and Identity"，*University Of St. Thomas Law Journal*，Vol. 2，（Spring1990），p. 235.

（一）权力

"只有权力配置合理、科学，其功能才能有效发挥，其承担反腐败职责的需求才能得以满足。"[①] 权力制约权力要求在权力主体之间形成既相对独立，又能彼此制约、互相协调的关系，从而实现防止权力异化和滥用的目的。为加强对权力的制约，习近平总书记指出要"合理分解权力，科学配置权力"[②]。分解权力是进行权力制约的前提，即根据形势把国家权力分解成若干不同性质的权力，分别交由不同部门或机构专门行使。可从权力主体、权力能力两个方面对权力制约权力制度进行优化。其一，优化权力结构。从横向、纵向、内部三个层面完善权力架构，形成横向制约、纵向监督、自我监督三种权力制约权力的机制。在分权的基础上形成相对独立的权力主体，独立是有效制约的前提，尤其是监察权作为一种新型的权力，更具独立价值。权力设置应符合权力运行的规律和创设权力的目的，还要符合一国现实的经济条件、政治进程、法治水平等。虽然国家权力系统具备一定结构稳定性，但随着权力运行条件的变化，"需要不断更新固有的内在结构"以适应社会发展需求。[③] 其二，强化监督权力能力。分权是实现权力制约权力的前提，而不是结果。要真正实现权力制约权力还需要从职能划分、机构设置、权力保障和人员配备上进行完善，以使其有能力对相应的权力予以制约或监督。因此，要增强权力制约和监督效果，有效发挥反腐败机构的反腐职能，就必须确保权力监督机关一定的"独立性和权威性"[④]。独立和能力是权力制约权力发挥良好作用的必要条件。就反腐制度而言，一个能"代表官方长期反腐决心"的制度是"打击腐败的有力武器"，[⑤] 是权力制约权力制度化建设的必然趋势。

（二）权利

以权利制约权力的制约模式的方向是由下至上，优化权利制约权力制度应从以下两个方面对权利主体进行赋权和赋能。其一，赋权于民，增加权利

---

① 周佑勇：《监察委员会权力配置的模式选择与边界》，载《政治与法律》2017 年第 11 期。

② 《习近平关于全面深化改革论述摘编》，中央文献出版社 2014 年版，第 80 页。

③ 谭家超：《国家监察权设置的功能》，载《河南社会科学》2017 年第 6 期。

④ 《习近平关于全面深化改革论述摘编》，中央文献出版社 2014 年版，第 80 页。

⑤ ［美］苏珊·罗斯·艾克曼：《腐败与政府》，王江、程文浩译，新华出版社 2000 年版，第 211 页。

的能效。公民权利的起点就是公权力的终点，二者之间的关系可谓"此消彼长"。① 法律赋予公民的各项权利就是公权力不可行使的边界。习近平总书记在调研指导党的群众路线教育实践活动时曾指出，要"扎紧"制度的笼子，② 通过严密的控制和约束，消除公权力肆意侵犯公民权利的空间和途径。通过法律赋予公民充分的自由和权利，在整体上增加了权利的空间，压缩了公权力的空间，同时，权利不仅是一种资格，也是一种能力，权利的赋予也会增强权利整体抗衡公权力的强度。因此，赋权于民还意味着优化权利结构，以使权利体系同权力结构相平衡。权利确认应当充分，不仅要宣布公民享有某种权利，还要明确对应的义务主体、尤其是公权力主体作为相对人负有的义务，并规定切实可行的权利救济方式。③ 其二，提高公民权利意识，激发人民群众行使权利的积极性和能动性，以抗衡权力的势能。④ 引导和教育人民群众提高和强化自己的监督意识，不仅要主动、积极监督公权力运行，还要合法、理性、文明监督，在不妨碍公权力正当行使的情况下实现权利对权力的全面监督。

（三）社会

社会制约权力的着眼点在于社会与国家的适度分立，以及社会力量足以影响、约束国家权力。首先，应放权给社会。公民权利的分散性使权利制约权力在有些情况下显得乏力，而拥有广泛权利的公民同时也是社会主体，作为群体的人民群众或社会组织在能力上比个体公民掌握更多社会资源。但社会制约权力以社会的相对独立为前提，国家社会一元状态下，社会不可能对国家权力有实质性的制约。打破国家社会一体化格局，将国家吞食的社会资源、社会权力归还给社会，社会主体才能拥有可供自己直接支配的资源和力量，进而增加其在国家政治经济生活中的影响力。法治社会与法治国家、法治政府共同建设，为充分发挥基层自治这一制度的显著优势奠定了规范基础，进而保障以社会制约权力得以有序稳建推进。其次，培育社会力量并促

---

① 刘巍：《以权利制约权力》，载《上海社会科学院学术季刊》2001年第3期。
② 中共中央文献研究室、中央党的群众路线教育实践活动领导小组：《习近平关于党的群众路线教育活动论述摘编》，党建读物出版社、中央文献出版社2014年版，第70页。
③ 菅从进：《权利制约权力论》，山东人民出版社2008年版，第526页。
④ 林喆：《权力腐败与权力制约》，山东人民出版社2012年版，第270页。

进其理性发展。一方面，社会对国家权力的制约是一种非强制性的制约；另一方面，国家权力占据强势地位。只有充分发展社会力量，激发社会参与的积极性，社会主体才会通过自己所占有的社会资源来影响国家权力，形成全社会共同监督的氛围。

（四）道德

道德制约权力从自律的角度而言，具有不稳定性和不明确性。因此，道德制约权力的意义被普遍认同，但效果却受到质疑。但是，马克思主义认为，"代表先进阶级的正确思想一旦被人民群众掌握就会变成改造社会，改造世界的物质力量"。[1] 道德能够提升权力主体的道德境界，从源头上遏制权力腐败。因此，通过教育引导、制度规范等方式将道德他律引入权力制约制度，会提升权力主体自身防变抗腐的能力，在功效上补充甚至超越其他权力制约方式。[2] 一是，创新道德教育，加强对公职人员的道德引导，弘扬高尚的从政信念。首先，通过健全社会道德教育制度提升全民道德意识，营造良好的道德氛围；其次，要教育、引导公职人员树立正确的权力价值观。社会主义制度下，权力观的核心是"以民为本"，要以广大人民的利益为出发点和落脚点。在权力实际行使过程中，把握公益和私利的关系，牢固树立"为人民服务"的从政理念。道德观念的树立或改变不是一蹴而就的，因此，道德教育也应当常态化、机制化。二是，强化道德监督，完善道德问责，树立权责意识。道德作为一种社会规范，离不开社会的合力，是个体自律与外界他律共同作用的产物。为群众监督和媒体监督提供平台，对公职人员的行为进行道德评价，进而形成舆论，对公职人员的行为进行道德引导。同时完善道德问责制度，制定道德规范，明确后果、责任，不能认为道德问题是"小节"就予以宽纵。

第四节　权力制约的系统构建

权力滥用和腐败是一个长期、普遍存在的综合性问题，权力制约制度建

---

[1]　赵云献：《马克思主义党学基础》，人民出版社1994年版，第353页。
[2]　陈国权：《权力制约监督论》，浙江大学出版社2013年版，第98页。

设也非一朝一夕之功。权力制约是一个渐进性、系统性的庞大工程，习近平总书记明确指出，对权力进行制约和监督，用制度规范和约束权力，要"形成不敢腐的惩戒机制、不能腐的防范机制、不易腐的保障机制"。① 这一论述以更加科学有效地防治腐败为切入点，以加强对权力运行制约和监督为主题，实现事后惩罚与事前防范、规范他律与内在自律的有机统一。因此，"三不"机制既是反腐机制，更是权力制约的长效机制。

一、不敢腐的威慑机制

惩治腐败是权力制约的首要功能，有效的惩戒机制能够对社会成员产生威慑效应。问责制度不够完善，难以发挥应有的问责效力，是导致贪腐现象严重的重要原因。为此，习近平总书记多次强调，惩治贪腐要"零容忍"，并且"严厉惩处的尺度不松"。②

从完善问责机制的角度强化腐败惩治，形成不敢腐的惩戒机制。其一，完善异体问责。异体问责是民主的重要内容，充分发挥社会监督作用，强化权利制约、社会制约，畅通公民监督渠道，营造舆论监督氛围，增强社会监督的成效。问责主体多元化引领反腐主体制度安排，主要通过顶层设计，从整体上、宏观上系统规划反腐制度框架。其二，扩大问责范围。全方位的问责范围是全面打击腐败的前提。③ 责任是否明确、是否不可避免决定着追责威慑效力的实现，因此，惩罚是对腐败"最强有力的约束力量"。④ 不能因为职位高、权力大就不受监督，也不能因为贪腐情节轻微就不追究责任。"反腐无小事"，全覆盖式的权力监督既保证了反腐的威慑效力，又保障了反腐的权威。其三，健全问责法律法规。权力与责任是辩证统一的关系，现代民主国家权力既意味着职权，也包含着职责。有权无责、或有责无权都将导致权力运行失范，权责统一是对权力滥用进行追责的前提。在国家立法层面，通过修订刑法、制定监察法等，将法律责任覆盖至全部行使公权力的人

---

① 《习近平谈治国理政》，外文出版社 2014 年版，第 388 页。
② 《习近平关于协调推进"四个全面"战略布局论述摘编》，中央文献出版社 2015 年版，第147 页。
③ 陈国权：《权力制约监督论》，浙江大学出版社 2013 年版，第 137 页。
④ ［意］贝卡利亚：《论犯罪与刑罚》，黄风译，中国方正出版社 2004 年版，第 57 页。

员，党中央通过制定、修订《中国共产党纪律处分条例》《中国共产党问责条例》等党内法规，明确所有党员的责任，尤其是党员领导干部的职责。这些规范不仅对违法行为问责，还对违纪行为问责，共同构成了全覆盖式的腐败问责法律规范体系。其四，加大问责力度。问责的力度影响着治理腐败的成效。一般情况下，当腐败成本小于腐败的预期收益时，腐败分子选择腐败的可能性就大大增加；而当腐败预期收益等于或小于其腐败成本时，腐败分子认为不划算，选择腐败的可能性就会减小。防止权力滥用，惩治这一手决不能放松。习近平总书记指出，要增强惩治的严厉性，始终保持惩治腐败的高压态势，提高违法成本，减少腐败收益，让"出笼者"得不偿失，[①] 不敢腐败。其五，强化贯彻执行保障机制。所有的制度建设都要落实在贯彻执行上，否则就是流于形式。党的十八大以来，党和国家高度重视打击权力滥用和腐败的制度落实，强调"老虎、苍蝇一起打"、[②] 完善巡视派驻、海外追逃追赃等反腐败机制。以铁的手段，加大惩处力度、严厉打击腐败，真正体现了党和国家反腐败的决心，充分发挥了反腐机制的震慑功能，减少、消除腐败不受惩罚的侥幸心理，令腐败者闻"腐"而止、谈"腐"色变。

二、不能腐的防范机制

权力过于集中，权力运行规范缺位，使权力得不到有效监督，是各种腐败现象蔓延的根本原因。科学、全面的反腐制度是进行制度反腐的前提，制度化反腐的关键，就是遵循权力运行的规律，通过系统化的制度设计明确权限职能、规范权力运作，确保各项权力规范运行，使所有的公权力都被关在制度的笼子里。

首先，完善权力主体制度建设。一方面，在国家权力体系内部合理分工、科学配置、简政放权，横向上将权力划分给不同的主体，如党的十九大明确了国家监察体制改革的重大任务，由"一府两院"体制改革为"一府一委两院"；纵向上中央放权给地方，避免权力过度集中，如 2015 年全国人

---

① 《习近平在十八届中央纪委二次全会上重要讲话精神学习问答》，党建读物出版社 2013 年版，第122 页。

② 《习近平在十八届中央纪委二次全会上重要讲话精神学习问答》，党建读物出版社 2013 年版，第15 页。

大对《立法法》作出修订，明确地方立法权限。另一方面，国家还权于社会。国家将最大限度地缩小自身的经济人角色，减少对市场直接管理作用和资源分配中的权力性因素，归属市场和社会的经济社会权力交还给市场和社会。

其次，健全权力运作规范制度。以宪法和党章为依据，健全党的各级代表大会和领导机构的权力运作规范、各级人大及常委会的权力运作规范、各级人民政府的权力运作规范、党和国家监督权力运作规范。宪法对全国及地方人民代表大会及其常务委员会、国务院及县级以上人民政府的职权都作出了全面规定。国家权力机关监督、监察机关监察监督、行政机关行政监督、检察机关法律监督、审判机关司法监督、政协及民主党派的民主监督、人民群众监督、新闻媒体舆论监督等都有比较明确的法律规定。党章对各级党的代表大会的职权做了比较全面的规定，《中国共产党党内监督条例》等又明确规定了党的各级领导机关、各级纪律检查委员会、全体党员的监督职责。党内法规形成体系的同时，党内监督规范体系也建立起来，以《中国共产党党内监督条例》为核心构建起一套完整的党内监督体系，即中央统一领导、党委全面监督、纪检机关专责监督、基层组织日常监督和党员民主监督。

最后，加强配套制度的供给。比如进一步深化改革干部人事制度、权责清单制度、回避制度、信访制度等，让配套制度与主体制度有效衔接、协同配合，发挥制度的整体优势，促进权力制约在各个层面、各个领域的贯彻落实。在改革方向上严格约束公职人员手中的直接权力，对权力主体、权力内容、权力程序、权力方式等予以明确和细化，消除以权谋私的空间。进一步深化人事制度改革，明确选任标准和程序，有利于遏制权力腐败。这些决策和措施为建立科学的权力结构和运行机制提供了可靠的保障。

三、不想腐的长效机制

不敢腐、不能腐、不想腐是反腐败斗争三重境界，其中，"不想腐"是反腐败的终极目标。道德作用机制具有他律与自律的统一性，通过道德教化能够从源头上遏制腐败，进而通过道德境界的提升主动追求廉政、勤政。

我国处于历史转型期，进入全面深化改革的关键阶段，社会全局的利益关系、权利关系、权力关系以及人们的思维方式、价值观念、行为方式发生结构性变迁，既产生了新的腐败形式，又为反腐败提供了有利的条件。习近平总书记明确指出，要从"反腐倡廉教育和廉政文化建设"两个方面加强道德教育，并且要突出强化对党员领导干部高尚从政理念的培养。① 这一重要论述为构建不想腐的长效机制指明了方向，只有通过教育引导、文化培育等方式才能塑造一个人的道德品格，塑造主体法治信仰和执政为民、勤政廉政信念。

首先，推进文化改革，涵养传统文化。巩固反腐败斗争成果，需要借助文化力量。目前我国正在加速文化体制改革，由此推动文化产业和文化事业的大发展。大力弘扬优秀传统文化，如廉洁文化、革命文化、家风文化等，抵制低俗、庸俗、媚俗文化，重塑社会主义公私观，为中华民族伟大复兴注入强大精神动力，践行社会主义核心价值观，培育不想腐的政治文化氛围。其中，关键是加强廉洁文化建设，着力培育廉洁价值理念，使不想腐成为思维习惯和价值取向，转化为拒腐防变的能力，确保实现全体社会成员特别是党员干部由"不敢腐"到"不想腐"的转变。

其次，开展道德教育，提升道德境界。不敢腐、不能腐强调的是外在制约，不想腐则是内在自我约束。从根本上治理腐败，必须从道德层面解决不想腐的问题。高尚的从政道德信念需要通过有效的途径进行倡导和教育。落实"两学一做""三会一课"、推行党风廉政教育、开展"学党章、知党规、守党纪"等活动，并将其常态化、制度化，并强化道德实践、知行合一，促使党员领导干部将廉洁勤政内化于心、外化于行。

第五节　权力制约的具体方式

权力监督，是指有关国家机关、社会组织或公民个人"对权力主体、权力运行、权力目的等方面的监视、督促与纠偏。"② 一切权力都是被监督

---

① 《习近平关于全面从严治党论述摘编》，中央文献出版社 2016 年版，第 176 页。
② 邓杰、胡延松：《反腐败的逻辑与制度》，北京大学出版社 2015 年版，第 206 页。

的对象，国家、社会、个人均有权监督权力的运行。因此，权力监督是权力制约的重要内容和主要形式。目前，我国的权力监督根据监督主体可以大致划分为党内监督、人民代表大会的监督、政府专门机关的监督、司法机关的监督、监察机关的监督、政协的监督、民主党派的监督、人民群众监督及新闻媒体舆论监督等具体方式。

一、党内监督

在谈到党的建设、党内监督与外部监督的关系时，习近平总书记指出，"外部监督是必要的，但从根本上讲，还在于强化自身监督。"① 相较于外部监督机制，党内监督强调从根本上提升党的自我净化能力、永葆党的先进性。党内监督是共产党建党思想的一个重要内容。依据《中国共产党党内监督条例》，党内监督是党内监督主体（党委、纪委、党代表、党员）依据党章及其他党内法规对党的各级组织和全体党员所进行的监察和督促活动。党的中央及各级纪律检查委员会是党内监督的专门机关，专门行使党内监督职能。

党内监督在反腐败体系中具有优越性。其一，权威性强。共产党作为执政党，在国家权力结构中始终处于领导地位。党内民主集中的领导体制和严格的党纪约束决定了党内监督在党内的实效性和威慑力。其二，监督强度大。党内监督实质是党内的纪律监督，党的纪律是党内监督的重要依据，党的纪律建设决定党内监督制度建设的水平。党既坚持根本性的纪律不动摇，也重视纪律的时代性，依据不同时期社会的发展变化，不断完善党的各项纪律，与时俱进，丰富党内监督的内容。"重视党的优良传统、工作惯例"等，将其作为"不成文的纪律"，② 对党员提出了更高的要求。任何违反党纪的，都要给予相应的纪律处分。"从严治党"对党内监督提出了高于其他监督方式的要求。其三，效率高。全体党员是党内权力的源泉，党的代表大会衍生各种党的权力机关，保证了党内权力来源的唯一性、权力结构的完整性及其运行机制的统一性。在此基础上，党内监督特别是自上而下的层级监

---

① 习近平：《在第十八届中央纪律检查委员会第六次全体会议上的讲话》，人民出版社 2016 年版，第 25 页。
② 曹雪松：《党内监督优势与实现路径》，载《中国特色社会主义研究》2016 年第 4 期。

督有高度的集中性、有效的针对性及绝对的权威性，相对行政监督和司法监督严格的程序性要求更加灵活，因而党内监督往往能够得以快速穿透组织层级构架得到有效的贯彻实施。

二、人大监督

根据《宪法》规定，全国人民代表大会是国家最高权力机关，地方各级人大是地方各级权力机关。各级人民政府、监察委员会、法院、检察院都由本级人民代表大会产生，并对其负责，受其监督。因此，人民代表大会的监督（简称"人大监督"）是国家最高形式的监督，这是其作为最高国家权力机关的权威在国家政治生活中的体现，也是其依法代表人民行使当家作主的权力的法律保障。换言之，人大的监督权是作为最高国家权力机关的应有权力，只有依法严格行使监督权，宪法法律才能得到有效施行，人民当家作主才能得到保障。

以《宪法》为核心、以《监督法》为基础的人大监督法律法规为人大监督提供了法律依据。根据监督对象的不同，可分为对政党的监督、对政府的监督、对司法机关的监督、对监察机关的监督、对同级人大常委会和对下级人大的监督、对国有企事业单位的监督。当代中国权力结构以人大为中心，人大监督制度体系的构建以充分发挥人大的决策权、规范政府的执行权、保障法院和检察院的司法权、强化监察委员会的监督权、各个权力"既相互制约又相互协调"[1] 为目的。因此，人大监督可以划分为对决策权的监督、对执行权的监督、对监督权的监督。[2] 但无论是哪个监督对象、哪种被监督的权力，人大监督内容都包括法律监督和工作监督。

人大监督具有以下特点：一是不直接处理或办案。人大及人大常委会对监督检查中发现的问题，应责成"一府一委两院"予以具体处理解决，这是职权分工的要求。二是监督重大事项。人大及其常委会监督的内容主要是国家和地方事务中带有根本性、长远性的重大事项。人大的性质地位及工作机制决定了人大不可能管理具体事务。并且，如果人大事无巨细，样样都

---

① 温家宝：《政府工作报告：2013 年 3 月 5 日在第十二届全国人民代表大会第一次会议上》，人民出版社 2013 年版，第 43 页。

② 陈国权：《权力制约监督论》，浙江大学出版社 2013 年版，第 199 页。

管，则是对"一府一委两院"工作的干扰。因此，人大监督的原则之一就是工作监督要抓大事，法律监督要抓典型，应当限于"宏观的权力监督"，而非具体的业务监督。① 三是集体行使职权。人大及其常委会作为国家权力机关监督的显著特点，是集体行使监督权。即监督意向的确定、监督行为的实施、监督结论的形成，都要按照法定程序，经过集体讨论，任何处理决定都由人大及其常委会集体做出。

三、行政监督

行政监督是指行政机关对自己进行的监督，包括行政一般监督和行政专门监督。行政一般监督是指根据行政机关上下级隶属关系或行政管理权限对行政机关内部的监督，如上级对下级的层级行政监督、财政部门对其他行政部门财务收支进行的职能监督等；行政专门监督，是指在行政机关内部专设机构专司监督职责，主要是行政监察、审计监督。我国的行政监察机关经历了从无到有、从独立到合署的过程，原监察部（厅、局）已随着监察体制改革并入同级监察委员会，行政监察机关的监察职能亦被整合至监察委员会。但是，职能整合并不是全部职能的简单合并或叠加。一是，监察对象不同。原行政监察的监督对象包括行政机关，监察委员会的监察对象仅限于"行使公权力的公职人员"，并不仅限于行政机关。二是，监察范围不同。根据原《行政监察法》第二条的规定，原行政监察机关主要履行执法监察、效能监察和廉政监察等行政监察职能。而监察委员会则定位为反腐败机构，原行政监察机关的廉政监察职能当然被整合至监察委员会，原有的执法检查、效能监察职能并不因此取消，而应通过已有的人大监督、行政一般监督强化工作监督的职能，以弥补原行政监察机关被合并、转隶后造成的对行政执法、行政效能监督的不足。②

审计监督是指国家行政机关内部专门机构依法审核检查国家行政机关、国有企事业单位等的财政财务收支活动，评估、监督其经济效益和遵纪守法情况的活动。审计制度是一项重要的经济监督制度，其中一项重要职能就是

---

① 魏昌东：《〈监察法〉与中国特色腐败治理体制更新的理论逻辑》，载《华东政法大学学报》2018年第3期。

② 江利红：《行政监察职能在监察体制改革中的整合》，载《法学》2018年第3期。

审查监督各级政府机关的经济计划、预决算的编制和执行情况及财务收支状况，检查财经工作中的违法违纪行为，因而是行政监督的一个重要任务。审计监督相较于其他监督形式，具有以下几点优势。一是专业性。审计监督是一种专门监督，运用专门技术对经济活动进行检查评估。权力滥用主要是权力腐败，而腐败往往与经济行为紧密联系，经济领域的腐败活动往往会在财政财务收支中表现出来。因此，审计监督在权力监督中具备专业优势。二是全面性。首先，根据《监察法》的规定审计机关的监督对象并不限于行政机关，还包括国有企事业单位、受政府委托管理的社会保障基金等。所以，审计监督不仅对行政权力形成制约，还对社会权力予以监督。其次，审计的内容包括被审计单位经济活动的合法性、真实性和效益性。最后，审计工作的预算、核算等工作方式使审计具有事前预防、事中预警、事后惩治的功能，① 从这个层面而言，审计监督贯穿具体权力运行的全过程。因此，习近平总书记指出，审计是党和国家监督体系的重要组成部分。②

四、司法监督

司法监督，即司法机关的监督，主要包括检察机关的监督和审判机关的监督。根据我国《宪法》第一百二十九条规定，人民检察院是我国专门的法律监督机关。广义的法律监督，是指对有关国家机关活动的合法性以及国家工作人员利用职务的犯罪和其他犯罪行为所进行的监督。监察体制改革后，职务犯罪侦查权从检察院转移至监察委员会，但检察院仍行使"狭义的法律监督职能"，③ 对公安机关、法院、监狱等机关的司法活动进行监督，包括立案监督、侦查监督、审判监督、执行监督。检察监督是一种事后监督，程序性强。检察监督的启动、步骤、程序等均由法律明确规定。同时，根据《宪法》《刑事诉讼法》等相关法律的规定，上级人民检察院与下级人民检察院是领导与被领导的关系，具体表现为业务监督关系。

---

① 李明辉：《政府审计在反腐败中的作用：理论分析与政策建议》，载《马克思主义研究》2014年第4期。

② 《习近平主持召开中央审计委员会第一次会议强调：加强党对审计工作的领导，更好发挥审计在党和国家监督体系中的重要作用》，载《人民日报》2018年5月24日。

③ 秦前红：《坚持监察机关的法律监督宪法定位不动摇》，载《中国法律评论》2017年第5期。

　　法院的监督也包括对内部的监督和对外部的监督两个方面。一方面，审判机关自我监督。根据《宪法》第一百二十七条之规定，上级人民法院与下级人民法院的关系是监督与被监督关系，监督的内容是审判工作。上级人民法院对下级人民法院的监督也是一种业务监督，但有别于检察院的全面的业务监督。上级人民法院对下级人民法院的业务监督范围仅限于已经生效的判决、裁定等是否确有错误，而业务监督的方式也仅限于提审或指令再审。另一方面，依诉讼程序对其他国家机关行为的合法性进行监督。比如，通过行政诉讼程序对行政机关的具体行政行为进行司法审查。人民法院对行政机关的监督是通过依法审理与行政机关及其工作人员有关的各类案件等，以判决、裁定的形式处理行政机关及其工作人员的违法行为来实现的。因此，人民法院的监督具有终局性。

五、监察监督

　　我国的监察监督经历了从无到有、从分散到集中、从合署到整合的过程。1949 年，根据《中国人民政治协商会议共同纲领》，各级人民政府设立监察委员会，负责监督、纠举违法失职的国家机关和公务人员。[1] 1986 年，国家恢复行政监察体制，设立监察部，加强行政监察，"有监察权、调查权、建议权并有一定的行政处分权。"[2] 1993 年，党中央和国务院决定将中纪委与监察部合署办公，两个机构、一套人马，统一履行党的纪律检查和行政监察两项职能。行政监察的对象扩大至"国家行政机关任命的其他人员"，不仅监督行政机关及公务人员的执法情况，还监察廉政、效能。2016 年，全国人大常委会决定在北京市、山西省、浙江省三地试点，将纪律检查委员会、监察厅（局）、检察院反贪污贿赂局、反渎职侵权局，以及预防腐败局等部门的相关职能整合至监察委员会，统一行使监察职权。2018 年 3 月 11 日，十三届全国人大一次会议第三次通过宪法修正案，确定了监察委员会同国家行政机关、审判机关、检察机关一样的宪法地位，是专司监督职能的国家机关。2018 年 3 月 20 日，《监察法》颁布施行。

---

　　[1] 《中国人民政治协商会议共同纲领》第十九条规定，"县市以上各级人民政府设立人民监察机关，监督各级国家机关和各种公务人员是否履行其职责，并纠举其中违法失职的机关和人员。"

　　[2] 黄稻：《社会主义法治意识》，人民出版社 1995 年版，第 313 页。

监察委员会的成立意味着监察监督作为一种异体监督形式的确立。从监督对象上看，所有行使公权力的公职人员都是监察委员会的监督对象。从监督内容上看，监察委员会监督检查公职人员遵守法律法规、党纪党规的情况，监察委员会监督的范围涵盖了职务犯罪、一般违法、违反党纪乃至违反道德规范。这一监督范围远远广于其他任何形式的监督。从监督方式上看，主要有监督、调查、处置三项职权，及十二项监察措施。从监督阶段上看，监察委员会的监督不仅包括事中监督和事后监督，还包括事前监督，也就是预防。监察监督克服了人大监督、行政监察、纪检监督和司法监督的局限性，与前述国家监督机制形成互补。

在人民代表大会下设立相应的国家机关，国家机关之间不是分权而是分工行使国家权力，这样就"克服了把国家权力局限在三种权力之间进行分配的弊端"。① 监察委员会是新型的国家机关，监察权是隶属于国家最高权力，但又独立于立法权，与行政权、司法权独立且平行的权力。在尊重监察监督和检察监督各自特点的基础上进行具体制度设计，方能实现二者职能的良好衔接。监察权的剥离与独立有利于发挥监督效能，符合新时代权力供给与权利需求关系的变化，促进强化国家权力运行的统一性和有效性，从而保证"议行合一"的根本制度不变，体现出社会主义制度的显著优势。

六、政协监督

2017 年，中共中央办公厅印发《关于加强和改进人民政协民主监督工作的意见》，对人民政协民主监督的监督主体、监督方式、监督性质作出新的规定。从性质定位上看，政协民主监督是一种协商式监督，坚持党的领导、坚持中国特色社会主义是进行监督的前提和基础。从监督主体上看，政协民主监督的主体是参加人民政协的各民主党派和各族各界无党派人士。政协组织本身是开展民主监督的平台，而不是民主监督的主体。从监督对象上看，政协民主监督的对象有两类：一是党政机关及其工作人员；二是参加政协的组织和个人，这类监督属于"内部监督"。从监督内容来看，政协民主监督内容涉及国家政治经济文化生活的方方面面，不仅包括党和国家的法律

---

① 张智辉：《检察权与法律监督》，载《检察日报》2013 年 5 月 20 日。

法规、方针政策、发展规划、财政预算等的执行情况，还包括国家机关工作人员作风建设等情况，其重点是"监督党和国家重大方针政策和重要决策部署的贯彻落实"。①从监督形式上看，会议、视察、提案、专项调查等是政协民主监督的主要形式。从监督结果上看，提意见、批评、建议等是其主要方式。人民政协依托自己特殊的政治地位，将政治协商、参政议政、民主监督进行融合，使政协民主监督展现出监督范围全面、监督方式灵活等特点。

七、民主监督

毛泽东提出设置"对立面"，实现对党和国家的有效监督，不仅建立了中国共产党领导的多党合作与政治协商制度，而且坚持中国共产党接受各民主党派的监督。实践证明，这对于发扬民主、加强监督和防止权力腐败，具有十分重大的意义，与其他监督方式相比民主党派监督有以下特征：

首先，民主党派监督是一种合作监督。民主党派监督区别于资本主义国家多党制的党派监督，基于政治协商制度，民主党派与共产党的关系不是多党制下的"在野"与"执政"的关系，而是"参政"与"执政"的关系，要"长期共存、互相监督、肝胆相照、荣辱与共"。资本主义国家多党制下的党派监督，是为了实现执政目的而互相竞争的基础上的监督。作为执政党的共产党与作为参政党的民主党派之间是领导与合作的关系，民主党派对共产党的监督是建立在团结合作的基础上，而民主党派的监督本身就是"民主党派参政议政的主要方式和基本途径之一"。②

其次，民主党派监督是一种政党政治监督。2015年制定、2020年修订的的《中国共产党统一战线工作条例》强调，民主党派对共产党进行监督以坚持四项基本原则为前提和基础，"通过提出意见、批评、建议等方式对中国共产党进行民主监督"。民主党派监督的主体是各民主党派，并不限于政协组织中的政治协商，还包括调研考察、参与重大政策、决策执行实施情况的监督检查，以及受党委委托就有关重大问题进行专项监督。监督的对象

---

① 习近平：《决胜全面建成小康社会，夺取新时代中国特色社会主义伟大胜利——在中国共产党第十九次全国代表大会上的报告》，载《人民日报》2017年10月18日。

② 喻中：《权力制约的中国语境》，山东人民出版社2007年版，第193页。

是中国共产党，监督的内容主要是中国共产党的执政水平和执政状况。因此，民主党派的监督是通过合作监督的方式，对中国共产党的执政行为进行监督、检查和纠偏，防止权力滥用和腐败，坚持社会主义道路，确保社会主义政治体制和政治制度的发展和完善。

八、群众监督

群众监督是人民群众、人民团体等对公共机关及其工作人员的工作所进行的监督。群众监督是民主政治的应有之义，是人民主权的重要组成部分，是国家权力制约和监督体系的基础。目前，我国群众监督制度包括信访制度、举报制度、申诉制度等，大量的大案要案的侦破基本都要依靠群众发现并提供线索，群众监督是遏制权力滥用的最基本的力量。群众监督作为权力制约制度的民主基础，具有下列特征：其一，广泛性。首先，监督主体的广泛，群众监督对监督主体并无特殊要求，个体、群体、社会团体等均可成为监督主体。其次，监督对象广泛，与党内监督、人大监督、政协监督、司法监督、专门机关监督不同，群众广泛分布于社会生活的各个领域，能够接触到各种行使公权力的公职人员，无论是党员还是非党员、领导干部还是非领导干部，都可以进行监督。最后，监督内容广泛，群众监督不仅可以监督公职人员的公务行为，还可以对其非公务行为进行监督。其二，自发性。群众进行监督一般取决于群众个人意志，主要是对于自身利益相关的个人或行为进行监督，而非出自规范权力运行等宏观因素，因此，群众监督体现出较强的自主性和自发性。其三，灵活性。群众可以通过批评、建议、举报、检举揭发等多种形式进行监督。

九、舆论监督

舆论，是指社会公众在特定的时空里对特定的行为、现象或事务公开表达的、基本一致的意见或态度。[①] 舆论以公民个人言论自由为基础，但又不同于个人言论，它指向的是不特定的公共群体的特殊利益，而非一己私利。因此，舆论监督是一种社会监督，一般是借助大众传媒等媒介的形式表现出

---

① 李良荣：《新闻学概论》，复旦大学出版社2001年版，第49页。

来。舆论监督主体是整个社会，实质是人民，所以，舆论监督的本质就是人民监督，舆论监督是人民群众行使民主权利、监督公权力的重要方式。在我国，舆论监督的方式灵活多样，其最主要的是通过媒体向社会公众公开报道。虽然舆论监督没有强制性，但舆论的专业性、公开性、广泛性决定了舆论监督的影响力。党和国家高度重视舆论监督的作用，支持新闻媒体开展舆论监督工作，在权力制约制度建设中"加强舆论监督，注重对比宣传，既发挥先进典型示范引领作用，又发挥反面典型警示震慑作用"①。

第六节　中国特色社会主义权力制约制度的特点

一、党导性

以党的执政权为统领，体现了权力行使集中性与统一性。坚持中国共产党的领导是中国特色社会主义的基本特征和根本保证，是人民主权、民主集中原则的要求和体现，也是中国社会主义法治建设的基本经验。宪法确认了党的领导地位，"中国共产党的领导权在特定范围内具有宪法效力，它应被视为一种宪法权力。中国共产党不仅是宪法关系的一个重要主体，而且应明确是一个宪法权力主体。"② 党的执政权在国家权力中的领导地位，不仅是宪法关系，而且还是一种事实关系。权力制约制度建设作为国家政治制度建设的一部分，以执政权为统领是符合既定规范与事实的。党的领导是民主集中的必然要求，也是依法治国的重要保障。坚持党的领导与坚持人民民主是一致的，依规治党与法治国是相统一的，这是"我国民主法治建设正反经验的科学总结"③。在反腐败实践中，充分发挥党的核心领导作用，逐渐形成了"党委统一领导"④ 的反腐败工作机制。坚持党在权力制约体制建设中的领导地位是执政党的领导职能、执政地位的体现。以反腐败为核心的权力

---

① 习近平：《在党的群众路线教育实践活动总结大会上的讲话》，载《人民日报》2014 年 10 月 9 日。

② 陈云良、蒋清华：《中国共产党领导权法理分析论纲》，载《法治与社会发展》2015 年第 3 期。

③ 《李龙文集》第二卷，武汉大学出版社 2011 年版，第 76 页。

④ 《习近平在十八届中央纪委二次全会上重要讲话精神学习问答》，党建读物出版社 2013 年版，第 164 页。

制约制度建设是一项长期性的、系统性的工程，需要国家顶层设计和系统安排，必须在党的统一领导下进行，才能统揽全局、协同调配，有效整合各种资源，以凝聚成为强大的反腐败的合力。

二、整合性

一个强有力的反腐败机构是打击腐败、制约权力的重要武器。我国在权力制约实践中，立足国情，遵循权力运行的客观规律，打破"三权"理论的桎梏，从权力配置和机构设置上实行整合，形成一个新的专门监督机构——监察委员会。做到了：一是，权力的整合。将执政权、行政权和司法权整合为新的权力——监察权，"克服了把国家权力局限在三种权力之间进行分配的弊端"。[①] 经验表明，强大的执行力能够有效阻止腐败。党政领导干部交叉任职为执政权和行政权融合提供了制度基础，腐败违纪与腐败违法的关联性要求执政权、行政权应与司法权在监察方面实现无缝衔接。监察权既有一般国家权力性质，又有政党权力性质，是党的执政权、国家的行政权和司法权三权合一的结果。二是，机构的整合。监察委员会的设立"实现反腐败工作的四个统一，即统一主体（监察委员会）、统一对象（所有公职人员）、统一行为（统一公职人员的行为规范）、统一程序（按法律规定的统一程序处理案件），这将有效整合我国反腐资源，形成打击和预防腐败的整体合力。"[②] 通过整合行政监察、党内监察、司法监察的监督资源，推动人员融合、工作流程优化，实现优势互补，产生 1+1>2 的整体效应。[③] "反腐败机构职能的整合，以及由此产生的新反腐败机构的权力延伸，为更有效的监督提供了条件。"[④] 国家监察委员会是党的纪律检查委员会、行政监察部门、检察院反贪污反渎职局融合的结果，是一个综合体，而不是一个单纯

---

① 张智辉：《检察权与法律监督》，载《检察日报》2013 年 5 月 20 日。
② 郝建臻：《我国设立监察委员会的宪制机理》，载《中国政法大学学报》2017 年第 4 期。
③ 李永忠：《权力结构改革与监察体制改革》，载《国家行政学院学报》2017 年第 2 期。
④ Raffaele Cantone, "The New Italian Anti-Corruption Authority: Duties and Perspectives", *Nat'l Italian American Bar Ass'n Journal*, Vol. 24, (2016), p. 84.

的国家机关，是一个新型的"政治机关"。[①]

"中国共产党在构思反腐败计划方面是坚定而具有开创性的。"[②] 新时代中国特色社会主义法治体系建设下的监察体制改革，将执行权、行政权、司法权进行整合，形成新型的、独立的监察权，是立足中国国情、反映中国实际、解决中国问题、彰显中国智慧的法治话语体系下的创举。

三、共治性

权力制约、腐败治理涉及政治、经济、文化、社会等领域，是国家治理的重要内容，是一项全方位、系统性的工程。我国反腐败实践在党的领导下，使党内监督与外部监督、党内法规与国家立法、政府主导与社会参与有机统一，是一种"政党主导共治型"的腐败治理结构。[③] 因此，我国的权力制约制度建设体现了政党、国家、社会的共治性。

腐败治理首先是政党治理。中国共产党作为执政党，必然要求公务员中的绝大多数都是党员。从这个层面而言，腐败治理就是政党治理。因此，习近平总书记多次强调党要管党、从严治党、加强党内监督、严肃党内政治生活。党的十八大以来，党持续加强党风廉政建设，发挥执政党的主导优势，全面深入推进反腐败斗争。其次，腐败治理是国家治理的重要环节。腐败的根源在于国家权力结构的不完善，因此，国家大力推进司法制度改革、监察制度改革、人事制度改革等，完善国家权力结构、规范国家权力运行秩序，通过腐败治理推进"国家治理体系和治理能力现代化"。最后，腐败治理以社会治理为依托。政府主导并不意味着政府包办，政府通过创新社会治理机制，激发、调动社会组织和人民群众的积极性，扩大民主，充分发挥群众监督、舆论监督的作用，形成良好社会氛围，实现从源头上遏制腐败。

---

① 2017 年 11 月 7 日，新华社播发题为《监察委是政治机关，不是行政机关、司法机关》的长篇综述，指出："监察委员会实质上就是反腐败工作机构，和纪委合署办公，代表党和国家行使监督权，是政治机关，不是行政机关、司法机关。"

② Luminita Ionescu, "Has China's Anti-Corruption Strategy Reduced Corruption or Purged Political Rivals?" *Contemporary Readings in Law and Social Justice*, Vol. 8：1，(2016)，p. 245.

③ 王希鹏：《腐败治理体系和治理能力现代化研究》，载《求实》2014 年第 8 期。

四、复合性

"不敢腐、不能腐、不想腐"的机制实际上反映了权力制约过程中治标与治本、惩治与教育、廉政与勤政、法治与德治相辅相成的复合性关系。主要体现为：一是治标与治本结合。在反腐败斗争问题上，坚持对违纪违法问题的严厉惩治，同时，对反腐实践中发现的制度漏洞进行弥补，采取多种措施修补、加固制度之笼，规范权力运行，从根本上、制度上打击腐败。二是惩治和预防结合。进行有效预防本身就要求严格依法惩治，同时，严厉打击腐败、提升腐败成本又有利于有效预防腐败。党中央坚持"老虎""苍蝇"一起打，推行了立体式、全方位反腐，通过严格追究违纪违法责任，对广大党员干部进行反面教育，同时对先进个人、组织及事件进行广泛宣传，对广大党员干部进行正面教育，注重从源头上预防腐败，"不敢腐"与"不能腐"紧密结合，教育和监督相辅相成，形成了强大的反腐合力。三是德治与法治结合。反腐败制度建设不仅注重党内法规、国家立法的刚性作用，还深刻认识到道德的基础作用。因此，党中央从思想道德上狠抓思想理论建设、党性教育和党性修养、道德建设，教育引导广大党员、领导干部认真学习和实践马克思列宁主义、毛泽东思想和中国特色社会主义理论体系，尤其强调以习近平法治思想为根本遵循，不断夯实党员干部廉洁从政的思想道德基础，实现德治与法治互补。

五、制度性

党的十八大以来，我国的反腐败实践经历了从运动反腐到法律制度反腐的转变。首先，以制度制约权力为基础。针对我国反腐败实践中存在的问题，习近平总书记指出，"解决存在的问题，还得靠制度。"① 十八大以来，党中央不断加强顶层设计，明晰反腐败的终极目标、近期目标、时间进程、方法与手段，逐渐绘制出反腐败制度建设蓝图，反腐败以各项制度的建设和完善为根本途径，使党风廉政建设、监察体制改革等深入化、系统化、制度化。其次，以法律制度制约权力为核心。权责不统一、追责难落实是我国反

---

① 《习近平关于全面深化改革论述摘编》，中央文献出版社 2014 年版，第 80 页。

腐败斗争中突出问题，为此，习近平总书记在反腐败工作会议中强调指出，要增强法律规则意识，运用法治的方式反腐，通过完善相关国家立法和党内法规制度建设，"让法律制度刚性运行"。① 十八大以来，党中央制定、修订了约50部党内法规，形成了以《中国共产党章程》为基础，以《中国共产党纪律处分条例》及各种工作条例等为核心的反腐败党内法规体系。在此期间，在国家立法层面上通过修订《宪法》《立法法》以及制定《监察法》等一系列立法举措，加大了反腐的力度和强度，完善了我国权力结构体系，从根本上保障了权力制约监督的合法性和有效性。

① 任仲文：《深入学习习近平总书记重要讲话精神：人民日报重要文章选》，人民日报出版社 2014年版，第 259 页。

第　五　章

社　会　公　平　论

对于任何一个国家来说，正义都是一个永恒性的问题。一个国家的社会制度是否正义决定了这个国家的社会秩序是否具有正当性，进而影响到社会合作的顺利进行以及社会秩序的稳定性。正义对于中国来说尤其重要，中国社会正处于转型时期，各项社会制度尚不够完善，利益的分配与社会结构的安排经受着重要挑战，从而引发了大量的社会矛盾和纠纷。以社会公平为基础建构社会秩序是当代中国核心法治价值对正义论的原创性贡献。社会公平要求公平地对待每一种不同的思想观念与生活方式，为不同的主体提供公平的机会、规则与权利，使得每一个人在这个社会中都能够找到人生价值的自由创造空间。同时，社会公平也是人与人之间的公平，社会制度是一套合作体系，其正常运转也需要每一个人都能够履行自己的相应义务，在公共事务中都贡献出自己的那一份力量，避免不劳而获的"搭便车"现象。没有社会公平，人们就怠于承担自己的义务，就会拒绝遵守社会制度，也就无法提供能够惠及多数人的公共产品。

第一节　西方正义论的超越

正义思想在西方社会源远流长。在古希腊时期，西方的思想家就开始系统、深入地探讨何种社会秩序是正义的，并逐步形成了复杂的理论体系。但很明显，由于正义的社会性与历史性，[①] 源出于西方社会与历史的正义观可能并不完全适合中国，因此，我们必须对西方社会的正义论有所批判和超越，从而在此基础上提出能够适应中国国情与中国文化的正义论。

一、正义论探源

我们为什么需要正义？我们追求正义、建构正义论的社会根源与心理根源是什么呢？或者从社会学的角度来说，正义的社会功能是什么？无疑，这是一个比较复杂的问题。

第一，社会资源的有限性。面对人无限的欲望，社会资源无论如何都是非常有限的。例如，并不是每一个人都成为富人、每个人都能够开得起豪车，每一个人都能够住得起别墅，也不是每一个人都能够成为政府领导，每一个人都有机会读名牌大学。如果没有良好的社会分配制度来及时调节利益关系、化解利益纷争、尽量在不损及他人利益诉求的前提下实现自身利益的最大化，那么，社会就会不断分化，各种矛盾和纠纷就会愈演愈烈。荀子的一段话很能够说明这一点："人生而有欲，欲而不得，则不能无求。求而无度量分界，则不能不争；争则乱，乱则穷。"[②] 鉴于社会资源的有限性，以及平等分配的不可能性，我们需要一种正义体系，来对资源的分配做出令人满意的安排，从而使得每一个人都能够安于自己的所得。

第二，人类命运的偶然性。从经验的角度来看，人类的命运是极为偶然的。我们的生老病死很大程度都是不可计划与不可控制的。尽管现代科技、医疗都变得非常发达，生活环境也变得高度的自由，但命运总体上往往是不可预测的。对于人类来说，为了实现心理上的安全，理性要求我们必须对偶然性的命运给一个名正言顺的说法，这就涉及正义问题。在卢曼的"一阶观察"的层面上，人类的命运看似是非常确定的，一阶观察是对对象的直接观察，这时人们不容易发现命运的偶然性。在一阶观察中，人们直接受某种观察模式的支配，这种观察模式造就了一种确定性的"幻觉"。例如，在古代社会，当人们遭受天灾时，会认为这是神灵的惩罚或前辈子作恶的报

---

① 如韩水法就提到西方的正义理论实际上回避了历史不正义及其后果的问题（参见韩水法：《正义的视野——政治哲学与中国社会》，商务印书馆 2009 年版，第 34—41 页）。

② 《荀子·礼论》。

应，偶然性的天灾会被当成自然或神灵的必然性惩罚。在这种观念中，正义就是自然或神灵主宰的秩序，违背这个秩序就会受到自然或神灵的惩罚。从卢曼的"二阶观察"的角度来看，命运则是偶然的。"二阶观察"是对观察的观察，也即对观察者如何进行观察的观察，[①] 二阶观察会很容易发现，这个世界上其实并没有什么命运之神，"天人合一"其实也不过是人类的建构，神灵鬼怪也只是人类决定的结果，人类作为观察者实际上很容易选择不同的观察模式进行观察，不同时代的人或相同时代不同的人都可能采取不同的观察的模式。一旦我们对观察本身进行观察，就会对事物的确定性丧失信心，无论是历史性的纵向观察，还是共时性的横向观察，我们都会发现，人类很多看似有着确定无疑的根据的安排其实完全取决于观察者是如何进行观察的。例如，现代人在科学的启发之下，就不再认为天灾是神灵或自然对于人类犯下道德罪恶的惩罚，而是源于被人类认为是不可测的气候变化。也就是说，人类社会秩序是否具有确定性，其实取决于人类的主观认知。正义就构成了这种主观认知的一个重要部分，任何时代的主流正义观因其在认知与规范上的强大话语权都提供了一种"一阶观察"的模式，正义能够使人类在面对偶然的世界时产生一种确定感。按照卢曼的说法，正义是一种"偶然性公式（formula for contingency）"，其能够穿越确定性与不确定性之间的界限，从而能够掩饰由正义理论自己来界定什么是正义可能会导致不正义的悖论。[②] 这意味，正义与不正义的界定并不是客观的，而是人定的，但这种人定又是不可避免的，而正义理论就可能将非正义的人为决定美化为正义的客观秩序。例如，在法律领域，我们很容易发现，程序正义提供了一种整体上正义的表象，程序正义既能够界定正义，也能够界定不正义，即便面对一些实质上不正义的判决，人们在程序正义表象之下也会坚持该判决是正义的。但程序正义自主界定正义与不正义这一操作是否正义这一问题却在"一阶观察"被不自觉地忽视了。其实，程序正义的结果具有极大的偶然性，但基于程序正义的社会认知能够不计较这种不确定性，并赋予这种不确

---

① Niklas Luhmann, *Theories of Distinction*, Standford University Press, 2002, pp. 79-112.

② Michael King and Chris Thornhill, *Niklas Luhmann's Theory of Politics and Law*, Palgrave Macmillan, 2003, pp. 63-67. 另参见［德］N. 卢曼：《社会的法律》，郑伊倩译，人民出版社 2009 年版，第 116—119 页。

定性一种貌似的确定性，最终的效果就是不论最终的判决是否真的正义，人们都倾向于接受。

第三，正义是社会自我反思的需要。从话语策略的角度来看，正义还有一种功能，也即正义是一种刺激社会进行自我反思的媒介。任何社会都不可能不存在问题，这些问题如何能够引起社会的关注与讨论呢？正义话语会产生一种义正辞严的社会效果，其对不正义者则会产生无地自容的社会压力，这会刺激人们对社会问题进行积极的反思与改进。从行为激励的角度来看，正义是社会为自己制造的"对立面"，是社会自己"烦扰"自己的机制。正义设定了较高的理想标准，人们在这种理想标准的支持下，就会对社会产生不满，进而对社会不断地进行反思与改进。同时，现实无论如何按照正义的方向进行改进，与正义总是存在距离，这会形成规范与事实之间的张力，强化人们对于现实的不满意，从而成为社会纷争的来源。这个过程也会附带性地产生社会不稳定，因为正义的谴责具有强烈的道德效果，会引发羞耻的情感反应，使得人们对正义的谴责会非常敏感，从而引发对于正义表达的抵制或压制。但这反而会加剧正义与现实之间的对立，社会矛盾会被进一步激化。原因无他，正义要求水涨船高，以社会契约论为核心的西方政治正义标准构成了一个国家正义与否的核心标准。自鸦片战争以来，在西学东渐的思想转变之下，西方社会契约论中的人权、自由、民主迅速地替代了传统儒家家国天下的道德理想，成为正义的主流标准。中国社会在西方正义观的参照之下，与正义理想更加遥远了，人们对于现实反而会产生更多的失望与抗争。在一个转型社会，由于理想与现实的巨大差距，正义在短期内并不必然会导致社会秩序的稳定，人们也完全可能根据较高的正义作为标准来对抗现实的压力。于是，变法运动风起云涌、资产阶级革命拉开序幕。但是，这些都因其对西方正义论的简单复制而在中国归于失败。

以上主要是从功能主义的角度对正义社会根源的分析，通过这种分析，我们能够看到，正义既可能源于社会整合的客观需要，也可能源于人类社会对于心理安全的追求。任何国家的思想体系都会直白地或隐晦地提出对某种理想的正义秩序的追求。对于正在转型的中国来说，正义既构成了社会进行自我反思、自我改进的参照点，也构成了社会自我刺激、自我扬弃的思想来源。

二、西方正义论概览

由于西方社会长期以来在政治、经济、文化、科技上相对于非西方社会的比较优势，其正义理想也不自觉地被非西方社会接受。正如在近代史中我们所看到的，西方的船坚炮利虽然是西方对中国在技术层面的胜利，但在文化与思想层面也导致了对于皇帝制度的否定与对民主共和的倡导。但是很明显，技术与文化没有必然联系。正如今天中国的现实所表明的，一个不符合西方正义标准的国家居然取得了极为出色的经济成就，据经济学家统计，二战之后，如果扣除中国改革开放以来对于贫困人口的减少，世界上的贫困人口实际上是增加的。① 经济上的逐渐富足形成对教育、医疗、基础设施等民生领域的支持，这些领域的成就同样也不俗。而世界上大部分民主国家，特别是拉美地区，虽然移植了标准的美式宪法与西方社会的市场经济模式，但无论是在经济领域还是社会领域，国家的治理都非常糟糕。面对这种情况，社会契约论中的正义观只是一种"偶然性公式"，正是由于社会契约实际上是不可能的，我们才需要社会契约的幻想来正当化那些不可能达成社会契约的决定。社会契约的好处是其能够"一白遮三丑"，只要是民主，再糟糕的结果都能接受，契约正义及其在制度上的体现也即程序民主，实际放纵了由其自身所产生的不正义结果，如经济发展停滞不前、儿童的营养不良率、腐败、犯罪率居高不下、基础设施的落后、人均预期寿命的低下等。我们很容易看到，基于社会契约并具体化为民主程序的合法性不仅会正当化那些实质正义的结果，也正当化那些实质不正义的结果。有鉴于此，中国的出色成就反过来也需要我们对西方的这些正义理想与制度模式提出质疑。因此，我们这里也必须根据中国的现实对西方的正义理论提出自己的批判与见解，而不能盲目随大流。在这之前，我们首先应对西方的正义论进行一个总体性的概览与梳理。

在古希腊时期，人们的正义观主要是一种等级正义观，并有着共同体主义与自然主义的特征。这种正义观对应于结构比较简单的"分层式社会"，②

---

① 林毅夫：《解读中国经济》，北京大学出版社2012年版，第5页。

② Niklas Luhmann, *The Theory of Society* (*Volume* 2), translated by Rbodes Barrett, Standford Unversity, 2013, p. 51.

在这种社会，人们的生活方式比较简单，在资源比较有限的前提下，人们凭借某种集体性与单一性的等级正义观就能够简化世界的复杂性。较高地位者与较低地位者在事务上的不同安排不会导致难以解决的社会问题。不同于现代社会，如果我们以某种集体性与单一性的等级正义观来安排所有的不同的社会关系，会导致在某一领域的较高地位者不能解决其他社会领域的问题，例如在法律结构安排中是最高等级的法官在企业当中未必就是一个好的经理人。古希腊时期正义论的代表性人物是柏拉图和亚里士多德。柏拉图认为，正义就是"只做自己的事而不兼做别人的事"，"当生意人、辅助者和护国者这三种人在国家里各做各的事儿不相互干扰时，便有了正义，从而也就使国家成为正义的国家了。"[①] 正义存在于一个国家各个部分之间的相互和谐当中。为了强化这种正义观的说服力，柏拉图认为每一个所应做的事应和其品性相对应，也即"每一个人必须在国家里执行一种最适合他天性的职务"，"各起各的天然作用"。[②] 这颇有出身论的色彩，这种对应不同职业的品性的获得，并不是个人能够通过努力实现的，而是不可选择的"天性"与"天然"。无论是天性还是天然，实际都只是对个人社会地位的一种偶然性安排的正当化，但这种偶然性安排是非常必要的，因为有限的高级职位不可能满足每一个人的需求。

亚里士多德的正义论的共同体主义特征比柏拉图还要显著，总体上来看，亚里士多德的正义观也是一种等级正义观。这种正义观和法律有着密切的关系，以至于亚里士多德将公正界定为守法与平等，[③] 原因不难理解，在法律的裁决过程，需要在不同当事人或利益之间进行权衡，每一个人都不能获取过多，也不能获取过少，总之要均衡。这构成了亚里士多德正义思想的直观来源。相比于柏拉图，亚里士多德其对正义的共同体背景强调得更为明显，这种正义观要求在人与人的社会关联中来界定正义。亚里士多德认为，"一个人必定要同其他人打交道，必定要做共同体的一员"，公正因此也是"交往行为上的总体的德性""对于他人的善"，"具有公正德性的人不能仅

---

① 〔古希腊〕柏拉图：《理想国》，郭斌和、张竹明译，商务印书馆1986年版，第154、156页。

② 〔古希腊〕柏拉图：《理想国》，郭斌和、张竹明译，商务印书馆1986年版，第154、172页。

③ 〔古希腊〕亚里士多德：《尼各马可伦理学》，廖申白译，商务印书馆2003年版，第128—129页。

对他自己运用其德性，而且还能够对其邻人运用其德性"①。除了这种对于正义的总体探讨外，亚里士多德还分析了更具体的正义观，如分配公正、矫正公正、回报公正。就比较重要的政治正义而言，亚里士多德认为，公正是为政的准绳，因为实施公正可以确定是非曲直，而这就是一个政治共同体秩序也即城邦的基础，城邦在本性上优先于家庭和个人，在城邦当中，有些人是天生的统治者和主人，有些人是天生的被统治者与奴隶，对于后者来说，被奴役不仅"有益而且公正"。② 这与前面亚里士多德将公正界定为守法和平等并不矛盾，因为亚里士多德所谓的平等仅仅是意味着几何比例平等，③而不是绝对平等，也即每个人根据各自不同的品质和能力在应得份额上的平等。另外，亚里士多德关于自然公正与约定公正的区分，在西方正义思想史上是一种极为普遍的思维结构，也是近代自然法思想与社会契约论思想的渊源之一。自然公正对于任何人皆有效力，不论人们是否承认，而约定公正源于人为的约定。④ 这对于我们理解现代社会的正义观无疑是具有助益的，因为现代民主国家的建构基于两个前提性设定：一个是与生俱来、不可剥夺的普遍人权，一个是人们基于普遍人权所达成的社会契约。因此，自然公正与约定公正是现代民主国家两个基础性的正当性来源。

在古罗马时期，西塞罗对于正义的探讨借鉴了亚里士多德关于自然公正与约定公正的区分。西塞罗通过不同人物的对话，大致阐明了两种不同的正义观，一种观点认为"正义是政府的产物，而完全不是自然的产物，如果它是自然的，诸如冷暖或苦甜，那么正义和非正义对所有的人都会相同，"不存在自然正义或自然法这样的东西，在一个国家中，所谓的正义不外是一种为彼此自我限制的协议，其基础只是效用而不是任何其他东西。⑤ 这种正义观颇有功利主义的色彩，因为其认为正义不过是人们基于对于效用的理性计算而达成的协议。另外一种观点认为，"大自然"是正义的基础，其"对

① ［古希腊］亚里士多德：《尼各马可伦理学》，廖申白译，商务印书馆 2003 年版，第 130 页。
② ［古希腊］亚里士多德：《政治学》，颜一、李典华译，中国人民大学出版社 2003 年版，第 2—10 页。
③ ［古希腊］亚里士多德：《尼各马可伦理学》，廖申白译，商务印书馆 2003 年版，第 128、134—136 页。
④ ［古希腊］亚里士多德：《尼各马可伦理学》，廖申白译，商务印书馆 2003 年版，第 149 页。
⑤ ［古罗马］西塞罗：《国家篇·法律篇》，沈叔平译，商务印书馆 1999 年版，第 95、99 页。

所有的人类社会都有约束力，并且它基于一个大写的法，这个法是运用于指令和禁令的正确理性"，西塞罗更偏向于自然公正观，因为"如果正义的原则只是建立在各民族的法令、君王的敕令或法官的决定之上，那么正义就会支持抢劫、通奸和伪造遗嘱，只要这些行为得到大众投票和法令的赞同"①。西方社会关于自然公正与约定公正的思维对于西方法律传统的影响是深远的，一方面形成了法律或权利神圣的观念，一个国家的政治秩序最终可以被追溯到某些不变的基本权利与规则；另一方面形成了社会自治与民主自决的理念，这使得西方社会成为现代民主的发源地。

　　西方中世纪的正义观主要是一种神学正义观，正义变成了上帝的安排。从基于自然秉性向基于上帝的正当化策略的转变是基督教统治欧洲后对于正义观所产生的最显著的影响。任何正义论无论是自然公正还是约定公正，都被赋予了神学的色彩。在中世纪的神学理论中，上帝是最高和永恒的正义的代表。正如中世纪早期的奥古斯丁所认为的，上帝是"正是"，没有"曾是"与"将是"，上帝之中"无偶性"。② 上帝是永恒和必然的，其永远是正义的。正义还体现在神法或永恒法中，神法就是永恒法，"天主的法律一成不变，不随时间空间而更改，但随时代地区的不同而形成各时代各地区的风俗习惯"③。而"如果人法不是人们从永恒法律得来，那么在人法里就没有一条条文是公正或合理的"，④ 因此，在基督教统治的中世纪，正义只能来源于上帝，现实世界的种种不满被融合进上帝的绝对正确性中，从而变得不可置疑，让人们安于接受教会及其教义对于世俗社会的等级制安排。奥古斯丁还认为，国家是人堕落后的产物，是天然不正义的，国家是上帝给沉沦的人类的原罪的惩罚与救治。这一点和柏拉图以及亚里士多德存在着显著的差异，在他们对国家的构想中，只要国家内部不同群体之间各得其所、各安其位，那么国家就是正义，而奥古斯丁那里，国家在完美的天国的比对之下，完全无正义可言。⑤ 这实际上潜在地赋予了上帝与教会对于世俗国家的

① ［古罗马］西塞罗：《国家篇·法律篇》，沈叔平译，商务印书馆 1999 年版，第 170—171 页。
② 周伟驰：《奥古斯丁的基督教思想》，中国社会科学出版社 2005 年版，第 170 页。
③ ［古罗马］奥古斯丁：《忏悔录》，周士良译，商务印书馆 1963 年版，第 44 页。
④ ［古罗马］奥古斯丁：《论自由意志》，上海人民出版社 2010 年版，第 121 页。
⑤ 周伟驰：《奥古斯丁的基督教思想》，中国社会科学出版社 2005 年版，第 276—279 页。

一种优势地位。

阿奎那是中世纪经院哲学的集大成者，其对等级制正义观进行神学上的解释。阿奎那参照亚里士多德的观点，认为正义在于不同活动之间按照平等关系有着适当的比例，这种比例有两种来源，一种是作为"当然的道理"的自然正义，另一种是基于协议或同意的实在正义。但实在正义无法改变自然正义，人类意志无法使不符合自然的正义的事情变成正义的。[①] 当然，任何正义最终都必须追溯到神那里，如阿奎那认为，基督教是正义的本原和始因，正义的正常状态要求人们服从他们的上级，否则在人类事务中就会出现不稳定的状态，在基督教的正义观中，人们同样也被要求服从君王。[②] 因为"在自然的作用中，高级的东西必须依靠上帝赋予他们的卓越的自然力来推动低级的东西"，"在上帝所建立的自然秩序中，低级的东西必须服从高级的东西，在人类事务中，低级的人也必须按照自然法和神法所建立的秩序，服从地位比他们高的人"[③]。与柏拉图将不平等建立自然秉性的差异之上不同，而阿奎那将人与人不平等的安排进行了神学上的正当化。

通过以上的概述，我们很容易看到，西方近代所提出的作为国家、社会与法律正当性来源的自然权利学说与社会契约理论，都不是一蹴而就的，而是有其深厚的历史根源。以霍布斯、洛克、卢梭与休谟为代表的契约正义观，[④] 其内在的两个思想渊源就是自然公正与约定公正。如霍布斯关于自然状态的假定：在人类的天性当中，竞争、猜疑和荣誉会导致无休止的争斗，这导致一种每个人对每个人的战争状态，人们在此状态下会遭遇死亡、孤独、贫困、残忍的恐惧和危险，为了克服这种状态，理性提示了可以使人们同意的如何实现和平的条件，这些和平条件就是自然律或自然法。自然律或自然法又和人的自然权利密切相关，自然权利是"运用自己的力量保全自己的天性——也即保全自己的生命——的自由"，这种自由是人们用自己的理性认为最合适的手段去做任何事情的自由。理性最终发现了各种能够维护

---

① ［意］托马斯·阿奎那：《阿奎那政治著作选》，马清槐译，商务印书馆1963年版，第138页。

② ［意］托马斯·阿奎那：《阿奎那政治著作选》，马清槐译，商务印书馆1963年版，第147—148页。

③ ［意］托马斯·阿奎那：《阿奎那政治著作选》，马清槐译，商务印书馆1963年版，第146页。

④ 关于契约正义观，更详细的分析参见何怀宏：《正义理论导引：以罗尔斯为中心》，北京师范大学出版社2015年版，第48—113页。

和平条件的自然律或自然法，或者说自然法体现了理性。自然法在总体上体现为一个一般性法则："每一个人只要有获得和平的希望就应当力求和平；在不能得到和平时，他就可以寻求并利用战争的一切有利条件和助力。"① 从这条基本的自然法又会引申出其他的自然法，其中比较重要的就是："在别人也愿意这样做的条件下，当一个人为了和平与自卫的目的认为必要时，会自愿放弃这种对一切事物的权利；而在对他人的自由权方面满足于相当于自己让他人对自己所具有的自由权利"，这种相互妥协、转让权利的结果就是契约。② 在霍布斯的政治学说中，契约就构成了正义的源泉，在订立契约后，失约就是不义，"正义的性质在于遵守有效的信约"，但"信约"有效性又以"强制的权力"的存在为前提，没有这种"强制的权力"，正义与不义都不存在。③ 尽管类似于前现代社会的思想家，霍布斯的正义论也是以自然作为推导正义的出发点，但与前现代社会思想家正义论的共同体主义色彩不同，霍布斯的正义论完全是个人主义的，正义是源自人们趋利避害的本性，而非某种集体性的自然秩序。他从个人的内在天性、在自然状态中的恐惧感以及个人极力保全自己生命的自然权利这些个人状况出发，认为在理性的引导之下，人们会相互让渡自己的权利，达成社会契约，从而结束战争状态。霍布斯的正义论也和中世纪神学家的正义论存在根本性差异，神学上的正义观认为君权神授，而霍布斯的正义论很明显是一种人民主权理论的早期版本，霍布斯认为国家来源于人民的转让与托付，目的在于更好地维护和平与制止相互侵害。尽管霍布斯的"利维坦"有着明显的极权主义色彩，但霍布斯所设想的国家起源仍然根植于人民主权。

相比于霍布斯的契约正义理论，洛克的社会契约论则和现代的自由主义正义观完全接轨了。洛克一方面假定在自然状态中人人享有自然法上不可剥夺的权利，为了克服自然状态的种种不便，理性的人们愿意放弃自己的天赋权利，达成协议组成共同体或政府，赋予政府一定的权力，由政府来保证人身、自由和财产以及抵御侵犯。④ 另一方面，洛克和霍布斯也有着重要不

---

① ［英］霍布斯：《利维坦》，黎思复、黎廷弼译，商务印书馆 1985 年版，第 97—98 页。
② ［英］霍布斯：《利维坦》，黎思复、黎廷弼译，商务印书馆 1985 年版，第 98—100 页。
③ ［英］霍布斯：《利维坦》，黎思复、黎廷弼译，商务印书馆 1985 年版，第 108—109 页。
④ ［英］约翰·洛克：《政府论两篇》，赵伯英译，陕西人民出版社 2004 年版，第 184—204 页。

同，洛克理论中的政府权力范围仅限于"保护社会的公众福利"，而且必须受普遍性的法律的约束，如果政府权力违背人民的委托，则可以罢免或更换。① 洛克的社会契约论也可以被视为一种契约正义观，正义的政府取决于人民的同意，而且政府还必须是有限政府。

在卢梭的理论中，正义就是公意。与霍布斯和洛克类似，卢梭认为，为了克服自然状态中的种种障碍，人们将自己的一切权利转让给共同体、国家或主权者，达成社会公约，国家根据公意来保护每个人的人身与财富。一旦达成社会契约，人类便用正义取代了本能，其行动也就获得了道德性。② 卢梭的正义观也是以同意或约定为前提。在卢梭的正义观中，公意是一个核心性的概念。在卢梭看来，主权不外是公意的运用，"公意是永远公正的"。③因为人民让渡自然权利、组成共同体不是为了侵害自身的权利，而恰恰是为了保护自己的权利。

除以上哲学的契约正义理论外，休谟的正义理论在这里也不得不提，休谟的正义论也是一种契约正义观，尽管休谟并没有将其正义理论系统扩展至国家的建构上，但休谟也以自然正义与约定正义的区分为视角出色地论证了正义的来源。休谟认为，"正义与非正义的感觉不是由自然得来的，而是人为地由教育和人类的协议发生的。"④ 因为人类的自然情感总是非常盲目的，总会超出协议的约束，因此自然情感不足以作为正义的来源，恰恰相反，正义是源自对于自然情感进行约束的必要。正义起源于人类的协议，这些协议用以补救人性与财产保护的种种天然不足，一方面，人性是自私的、有限的和慷慨的，另一方面，财产的占有总是显得非常不稳定，其很容易被他人非法占有，而且相比于人类的需求总是显得稀少。⑤ 由于这种种不足，协议的正当性安排就极有必要。休谟反复强调，正义的实现不能寄托在人类的善良本性上，如果是这样，正义规则根本就是不必要的，恰恰由于人类是自私的，正义规则才显得必要。这颇类似于中国老子的那句话："大道废，有仁

---

① ［英］约翰·洛克：《政府论两篇》，赵伯英译，陕西人民出版社 2004 年版，第 207—215 页。

② ［法］卢梭：《社会契约论》，何兆武译，商务印书馆 1980 年版，第 18—25 页。

③ ［法］卢梭：《社会契约论》，何兆武译，商务印书馆 1980 年版，第 35 页。

④ ［英］休谟：《人性论（下）》，关文运译，商务印书馆 1980 年版，第 523 页。

⑤ ［英］休谟：《人性论（下）》，关文运译，商务印书馆 1980 年版，第 534—535 页。

义；慧智出，有大伪；六亲不和，有孝慈；国家昏乱，有忠臣"。① 因此，休谟的契约正义观和霍布斯与洛克有很大相似之处，都假定了某种自然状态的不足，后在此基础上需要达成的协议或契约，从而对自然状态进行限制或约束，而有了契约才会有正义。

在西方哲学史上，自然公正与约定公正构成了各种正义哲学的一种基础性观念区分，尽管自然公正与约定公正在中世纪经过神学的改造，但这种改造随着现代西方社会整体上的"去魅化"而丧失了说服力。而随着个人主义与理性主义观念的普及，带有一定神秘色彩的自然公正观念也很难作为社会制度整体的正义观了，因为人们开始要求一切社会制度都必须经过个人的理性选择。西方正义论进化的结果就是契约正义成了绝对主流的正义观。尽管自然法与自然权利学说作为自然公正观的残留在西方近代各种宪政革命曾经发挥了巨大的影响力，但自然法与自然权利更多是为平等的个人权利进行辩护，而非为某种自然的等级制秩序进行辩护，这和前现代社会的正义观是有着根本性差异的。在近代西方社会，基于自然法和自然权利对于正义国家的建构并没有导向一种等级森严的封闭式社会，而是导向了人人皆可以自主追求自由与幸福的开放式社会。因此契约正义论成为了现代国家与现代社会别无选择的正当化模式，并进而在法律制度中体现为普遍公民权利与民主程序。当然，还有边沁与穆勒的功利主义正义观，这种基于成本收益分析的正义观是一种经济正义观，对于整个社会来说，经济正义观很少成为一种整个社会的主流正义观，能够被社会接受的社会正义观都是道德性的，其往往要求并不符合功利主义的理性计算的制度安排，如对弱势群体的特殊社会保障、对老年人的养老保障、对失业者的失业救济、所有人即使缺乏必要的政治知识也享有的平等选举权等等。

尽管以契约正义为现代国家与社会提供了一种无可替代的正当性来源，但正如前文提到的，任何正义观都只是一种"偶然性公式"，其实并不能绝对保证契约正义的结果就必然就是正义的，根据契约来界定正义本身是否正义也是一个待商榷的问题。而契约正义在西方社会的实践也表明，普遍公民权利与民主程序并没有导致理想的社会，在民主社会里，也同样产生了利益

_____

① 《老子》第十八章。

集团对政府的操纵、社会当中日趋恶化的贫富分化，以及对于少数种族的歧视、自私自利的民粹主义等等种种不符合契约正义理想的现象。

基于对上述问题的反思，罗尔斯对契约正义论进行了重大的改造。这种改造既是经验的也是规范的。就经验方面而言，罗尔斯将正义产生的条件归结为这样一种关于人类生活的普遍事实：人类都处于一种资源匮乏而又存在各种利益和目的分歧的社会当中，这种现实的环境形成了对正义的需求，这使得正义不再需要立足于虚构的自然状态。但就规范层面而言，罗尔斯仍然假设了一种类似于早期思想家自然状态的"原初状态"，但原初状态的不同在于，其反映了人类作为自由而平等的理性的有限存在者的本质以及对某些普遍善的追求，也即人类作为理性主体对于正义的选择仍然立足于匮乏和分歧的现实环境当中，因此，原初状态在罗尔斯看来不是纯粹先验的。① 在原初状态中所达到的任何契约都是公平与正义的。在该状态中，选择者作为道德人的平等代表，不知道他在社会中的地位和先天的运气，选择的结果不受偶然性因素和社会力量的相对平衡所左右。在这种状态中，每一个人都是自由和平等的主体，所有人的处境都是相似的，任何人都不可能得到他想要的一切，为了实现所有人之间的和平共处以及实现更好的生活，必须达成所有人能够接受的公平合作条款，也就是罗尔斯所谓的"作为公平的正义"。② 但面对每个人都会持有各自的完备性学说的多元化社会，③ 人们又是如何达成统一性的正义原则呢？对此，罗尔斯是通过"无知之幕"这一概念论证这一点的。在原初状态下，人们都被假定处于无知之幕的背后，人们不知道自己的选择如何影响他们自己的特殊情况，他们只能仅仅"在一般考虑的基础上对原则进行评价"。④ 在无知之幕之下，任何人在实体与程序上都是绝对平等的，"没有人知道他在社会上的地位和他的天赋，因此没有人能够修改原则以适合他自己的利益"。无知之幕使得对某一可长久适用的正义观

---

① 桑德尔的分析，见［美］迈克尔·J. 桑德尔：《自由主义与正义的局限性》，万俊人等译，译林出版社 2011 年版，第 43—55 页。

② ［美］约翰·罗尔斯：《正义论》，何怀宏等译，中国社会科学出版社 1988 年版，第 11—13、118—120 页。

③ ［美］约翰·罗尔斯：《政治自由主义》，万俊人译，译林出版社 2000 年版，导论第 4 页。

④ ［美］约翰·罗尔斯：《正义论》，何怀宏等译，中国社会科学出版社 1988 年版，第 136 页。

的全体一致选择成为可能。① 最终，罗尔斯假定，人们在原初状态与无知之幕下达成了两个基本的正义原则："（1）每一个人对于一种平等的基本自由之完全适当体制都拥有相同的不可剥夺的权利，而这种体制与适于所有人的同样自由体制是相容的；以及（2）社会和经济的不平等应该满足两个条件：第一，它们所从属的公职和职位应该在公平的机会平等条件下对所有人开放；第二，它们应该有利于社会之最不利成员的最大利益（差别原则）"。② 在罗尔斯看来，第一个原则优先于第二个原则，在第二个原则中，机会平等优先于差别原则。因此，罗尔斯仍然坚持了自由主义传统，强调基本自由的优先性，认为不应以任何社会利益和经济利益来对基本自由做出牺牲。为保护社会弱势群体所做出的不平等安排都不应剥夺公民的基本自由权利，因为这些基本的自由是政治正义与社会正义的主要目的。③ 总的来看，罗尔斯的正义观相对于传统的契约正义观有两个变化：一方面，单纯的缔约过程并不能保证公平，为了克服这一点，罗尔斯假定了人与人有着绝对平等的原初状态和无知之幕，并由此出发推导出正义原则；另一方面，为了克服契约正义可能导致不平等的问题，罗尔斯引入差异原则，也即对于社会不利成员进行适当的照顾，但这种照顾不得侵犯基本的自由。罗尔斯的正义论以现代福利国家为背景，因为对于现代政府来说，不可能仅仅保障了基本的政治自由权利与机会平等，就万事大吉了，而必须还对社会竞争中处于不利地位的弱势群体提供实质性保障。但这种不平等的实质性保障又可能侵犯平等的自由，但罗尔斯基于自由主义传统又强调基本自由的优先性与不可妥协性。④

除以上主要正义理论外，现代西方思想界还有一些非常极端的自由主义正义理论，如哈耶克认为社会正义完全是子虚乌有，是威权政府压制个人自

---

① ［美］约翰·罗尔斯：《正义论》，何怀宏等译，中国社会科学出版社 1988 年版，第 138—139 页。

② ［美］约翰·罗尔斯：《作为公平的正义》，姚大志译，中国社会科学出版社 2011 年版，第 56 页。在该书中，罗尔斯对于《正义论》中的正义二原则有所修正。

③ ［美］约翰·罗尔斯：《作为公平的正义》，姚大志译，中国社会科学出版社 2011 年版，第 58—60 页。

④ ［美］约翰·罗尔斯：《作为公平的正义》，姚大志译，中国社会科学出版社 2011 年版，第 127—129 页。

由的借口，唯一的正义就是基于抽象、公开规则上的个人行为的属性。[①] 为了维护个人自由，哈耶克提出了一种高度形式化的正义，这种正义观是否定性的，不会干涉个人自主选择的自由，但这种正义观完全不顾及实践当中所产生的不正义后果，根本无法应付现代福利国家对于消除不平等的迫切需求以及从社会整体的角度进行合理分配的必要性。因此哈耶克的正义理论并不可取。还有诺奇克从所谓的"持有正义"的角度维护公民个人财产权，反对罗尔斯的体现了分配正义的"差别原则"，反对国家与他人的剥夺。与罗尔斯偏向于平等的正义观不同，诺奇克认为，只要符合持有正义，即使不平等也是正义的。[②] 诺奇克的正义理论会推导出大多数人都可能无法接受的结果：不管我多富有，只要我的财产来源是正当的，我就可以不完全不顾那些穷人的死活。这个社会当中有很多弱势群体，没有任何一个社会能够接受让他们自生自灭。

三、西方正义论的反思与超越

西方的正义论有着极为悠久的传统与繁杂的体系，但其演进脉络大致可分为两个方向：第一，从自然正义转向契约正义；第二，从实体正义转向形式正义。

关于前一种转向，我们前面已经有了简略的论证。自然正义向契约正义的转向是现代自由主义兴起的结果，自由主义以平等和自由为核心价值导向，自由主义无法再接受任何自然秩序或神意的命定安排，要求一切社会制度的安排与财富的分配都必须经过人们的理性选择。因此，契约正义就成了现代西方社会最为人们所普遍接受的正义观。尽管霍布斯、洛克、卢梭、罗尔斯等人的正义观仍然带有自然公正的色彩，但他们的自然公正并没有强化等级制，而是以平等、普遍的自然权利的为媒介，使得同意或合意成了社会正义秩序建构无可替代的选择。契约正义实际上转移了国家在保障实体正义上的压力，因为其将选择正确的实体正义的权力从统治阶层转移给了人民，

---

① ［英］弗里德利希·冯·哈耶克：《立法、法律与自由（第二、三卷）》，邓正来译，中国大百科全书出版社 2002 年版，第 49—52 页。

② ［美］罗伯特·诺奇克：《无政府、国家与乌托邦》，姚大志译，中国社会科学出版社 2008 年版，第 179—329 页。

无论最终的选择结果是好是坏，人民只能责任自负。因此，契约正义也只是一种偶然性公式，西方法律制度在维护契约正义的核心理念也即平等与自由的过程中导致了极为不平等与不自由的后果。这就体现为马克思对于欧洲资本主义各种丑恶现实的描述与批判，如由资产阶级与无产阶级构成的极端不平等、工人工资只能维持温饱、生产工作没有任何安全保障、工人失业也没有任何救济、对奴隶的压迫和贸易、对殖民地的掠夺等。因此，马克思认为，资产阶级的自由、平等与博爱是极其虚伪的。很显然，在马克思看来，纯粹的契约正义根本保障不了实体正义，人们无论是在公域还是在私域，虽然人们表面上有通过自由协商达成各种契约的权利，但由于缺乏对于无产阶级平等协商能力的起码保障，无产阶级在面对强大的资本时毫无抵抗的能力，其所达成的契约也只是一种极度不平等的契约。① 马克思对于 19 世纪资本主义社会的诊断也可以被视为是对契约正义观的批判。这种批判在现代社会仍然没有失去其意义，以平等与自由为核心的契约正义观仍然有可能会导致非自由与非平等的后果，这也需要现代国家在契约正义之外某种正义观的指导之下克服这些负面后果。

关于后一种转向，这和社会复杂性的增长密切相关。前现代社会的正义观基本上都是一种实体正义观，都有对社会秩序的一种相对具体的安排，如柏拉图将人分为三六九等，有黄金做的，有白银做的，还有铜和铁做的，每一类人都有自己的天赋与特长，只能从事与自己的品性与能力相对称的职业，有的人可以做统治者，有的人可以护卫者，有的人只能做比较低级的农民和工人。② 在一个社会结构比较简单、价值观比较单一的社会，其能够对社会作出有效的解释以及对于社会的问题形成有效的解决方案，不会引发正义理想与社会现实之间的严重脱节。在前现代社会，由于人们的生活方式比较单一，主要是纯粹的农业或牧业，社会治理也比较简单，某种单一的价值观或正义观就能够适应这种生活方式的需要，如贵族和教士阶层作为正义秩序中的统治者，其所面对的社会问题大多是财产、婚姻、债务、通奸、饥饿、土地等日常生活为多数人所熟悉的事务，这些事务处理起来不会非常困

---

① 《马克思恩格斯全集》第 42 卷，人民出版社 1979 年版，第 93—94 页。

② ［古希腊］柏拉图：《理想国》，郭斌和、张竹明译，商务印书馆 1986 年版，第 128—129 页。

难。但现代社会是一个高度功能分化的社会，人们的生活方式有着极大的多样性，单一的实体正义观就很难保证在不同的实践领域都能够达致正义的结果，如学习过基督教教义的教士就无法再处理经济领域的金融问题、法律领域的知识产权纠纷或科技领域的公式论证了。不仅如此，我们有时也会看到，如果我们将某一领域的正义观强加给其他社会领域，往往会导致适得其反的结果。例如，例如道德领域对于实质平等的要求就可能对经济领域的效率产生危害，最终反过来会妨碍对于平等实现。如西方国家的福利经济实际上提高了失业率。[①] 福利经济使得企业为避免沉重的福利负担而不愿意招聘员工，而员工的优厚福利也使得他们很多时候宁愿选择失业而不愿意工作。基于这样一种现实，我们可以想见任何单一的实体正义观都无法为社会秩序提供整体性的正当化辩护了，这导致了实体正义观的多元化。虽然现代社会还存在等级制，但等级制也已经变得极度的多元化，不同行业根据自己的正义标准形成了各自不同的等级制，如法律领域会根据业务经验与专业素质来安排法官的审判级别，政治领域会根据选举进行政治权力的等级安排，在科学领域根据其学术成果来确定知识权威，等等。但某种单一的等级制并不是对整个社会都是有效的，因此，多元化的实体正义观又会产生一个问题：这些不同的实体正义观又该如何进行协调？这使得社会不得不转向形式正义，形式正义仅以形式上的条件为满足，通过形式上的正当性来谋求结果上的正当性，这样就能够规避在多元化社会达成实质性共识的困难。民主程序就是一种形式正义，但民主程序只是提供了不同的实体正义观协商与博弈的形式化工具，其不能绝对保证某种绝对正义观的胜出，也不能保证程序的结果在事后被认为就是正义的。很多民主理论都认为，民主主要是一种对政治决策而进行正当化的机制，和真理没有必然联系。[②]

鉴于西方正义论的上述问题，并根据中国的特殊国情，本章在契约公正

---

① 张五常：《收入与成本》，中信出版社 2011 年版，第 89—90 页；张五常：《多情应笑我》，中信出版社 2013 年版，第 257—262 页。

② 例如，［美］罗伯特·A. 达尔：《民主及其批评者》，曹海军、佟德志译，吉林人民出版社 2011年版，第 223、409 页；［美］卡尔·科恩：《论民主》，聂崇信、朱秀贤译，商务印书馆 1988 年版，第208—278 页。

与形式正义外着重阐释和揭示另外一种正义观：社会公平。社会公平对于契约正义与形式正义的不足，可以起到两方面的补救作用：第一，社会公平强调的是公平。这一点可以弥补契约正义观的不足。公平和平等并非是相同的概念，契约正义观强调更多的是平等，主要体现为政治权利与自由上的平等，也即对政治程序与公共决策的平等参与权。平等追求的是均等，因此是去社会化与去历史性的。正如拳击赛场上将不同的重量级的选手放在同一个平台上，选一个与各方都不存在利害关系的裁判，遵守同一套比赛规则，这虽然平等，但却不公平。契约正义观所保障的也是这种平等，形式上的平等参与权无法保证实质结果的公平性，因为参与权要实现其应有的效果，还必须实现参与手段的平等，这可能需要财富、话语权、社会地位、声誉、媒体的支持，而这些就会涉及到社会公平的问题。很明显，一个明星的言论的影响力肯定高于无名的百姓。尽管罗尔斯称自己的正义观为"作为公平的正义"，但这种公平仅仅是自然状态与无知之幕下的假设，因为现实当中，没有任何人可以忘记自己的特殊运气和地位，没有任何人可以隔离各种偶然因素的影响。罗尔斯的正义观更多的是一种理论上的假设和论证，尚无法复制到实践当中去。第二，社会公平强调是社会层面上的公平。这一点可以补救形式正义的不足。形式正义是一种抽象的正义，其将社会复杂性的处理浓缩为匿名化的普遍规则或形式化的程序，但任何规则和程序处理社会问题的能力都是非常有限的，如程序正义在被法学界长期以来当成整合多元化社会的根本性机制，[①] 但反观现实，我们发现程序正义很多情况下根本做不到这一点，任何一个国家的程序规范不论多么的复杂，都不可能将所有的政治过程与法律过程都无保留的展示出来，也不可能扫描到政治过程与法律过程的每一个角落，这使得总有不公正的因素可能潜入程序当中。例如，现实中有着各种各样的舆论争议案件，这些案件都无明显的程序问题，但公众总能找到不公正的蛛丝马迹，这表明我们长久以来所信奉的"程序正义是通过看得见的正义来实现看不见的正义"的信条不完全是正确的；而各种司法腐败也能够表明，程序正义很多时候也无法防止秘密的暗箱操作，尽管通过程序能够限制法官不会法庭上胡作非为，但却很难限制法官不会在下班以后蝇营

---

① 季卫东：《法治构图》，法律出版社 2012 年版，第 119—149 页。

狗苟。因此，形式正义并不能完全保证公平，我们必须社会的角度采取措施使得政治过程与公共决策的参与做到真正意义上的公平，这不仅要求公民能够享有形式上的平等参与权利，而且还必须为这种平等参与权利提供实质性的支持。社会公平要求实际考察自由与平等的社会条件情况，并根据社会条件的不足进行实质性的补充与强化。

第二节　社会公平的科学含义

本章所论及的社会公平和罗尔斯的"作为公平的正义"是不同的，罗尔斯的正义观是书桌前的奇思妙想，而真正能够被大多数人接受的正义观必须立足于实际的社会沟通，这种正义观可以略显粗糙，但应有用。在这一节，我们将具体分析社会公平的科学意义。

一、社会公平的科学含义

前文已经提到，公平并不能等同于平等。公平并不要求绝对的均等，其要求的是每一个人根据各自的付出、才能、品质或其他被社会普遍认同的特征能够获得相应的回报，反过来说，如果要获得相应的回报，必须具备能够得到社会普遍认同的相应特征或承担相应的义务。如果借用亚里士多德的说法，公平更接近于几何比例平等。例如，不劳而获或获而不劳，是社会当中非常常见的不公平现象，人们会因此产生不公平感，就会对制度或他人产生愤怒和抱怨，最终人们会对照自己的所得，反思自己的付出和廉洁是否值得。这在实践当中导致的结果就是，如果一个人认为自己的付出与回报不成比例，一方面可能因为付出过多但又得不到回报而消极怠工，另一方面可能因回报非常低导致各种不满和抗议，以谋求更大的回报。在中国社会语境中，我们要求的往往不是人与人之间的绝对均等，这种绝对均等从常识的角度来看是非常荒谬的，我们不会要求饭店服务员的工资应该和厨师一样高，也不会要求一个大学生与一个初中生在入职时的待遇应该整齐划一，我们要求的是一个人的付出与能力和其所得应该成正比。例如，我们在社会舆论常常发现这样一种现象，当有媒体曝光娱乐明星的巨额收入与豪宅时，很多网民就会"愤愤不平"，因为那些籍籍无名但推动国家科技进步的科学家往往收入低得可怜。这背后反映出的问题在于，在人们的普遍直觉感知中一个人的所得和其对社会的贡献往往极不相称。在进行社会资源的分配时，一个人应该获得多少，应该根据社会普遍认可的特征来予以决定。这就体现为社会公平，社会公平不是哲学家在办公室里奇思妙想出来的一种正义标准，而应立足于社会的普遍认可。因此，社会公平的判断往往以社会关系的相互比较为前提，不同个人、不同群体的特征会被人们不自觉地进行各方面的相互比较，然后再判断他们各自的地位、财富与声望是否匹配这些特征。从理论上讲，社会公平是客观平等与主观公正相互融合生成的一种公平，以技术上的等值、等价为基点，以理性上的公平、正义为归宿，通过非平等的政策性平衡来保护弱者，实现底线正义与平均正义、机会公平与结果公平的有机统一。在当下中国语境下，社会公平是起点的机会公平、过程的规则公平和结果的权利公平三者统一的产物。

二、社会公平的法治价值

社会公平对于中国法治的建设是极为重要的。社会公平关系到法律的社会认可度以及公民的守法状况。改革开放以后，我国开始大力地推进法治建设，为了适应社会复杂性的快速增长，我国的法治建设日益强化以形式化、专业化与抽象化为特征的功能逻辑，价值观的多元化与社会高度的功能分化使得法律制度不可能以某种单一的正义观来引导社会纠纷的解决与社会秩序的建构，因为这会产生功能失调的结果，例如法律制度大多数情况尊重当事人之间基于合意达成的合同，如果法官过度深入干涉合同的实质性内容，就可能会产生外行指导内行的情况。因此，法律制度只能基于抽象的规则对不同功能领域的正义观都一视同仁的不再予以考虑，这其实是一种极度的冷漠。只有当法律制度不再考虑各种特殊的正义观时，也就是说只有当法律变得高度抽象与冷漠时，才能减轻自己的功能负担。例如，我国婚姻诉讼从马锡五审判方式向形式化的举证制度的转型就很能够说明这一点。[1] 随着社会纠纷的急剧增多与复杂化，法官已经不可能下乡去调查当事人离婚的经济原

---

① ［美］黄宗智：《过去与现在：中国民事法律实践的探索》，法律出版社 2009 年版，第 125—145 页。

因、家庭原因与邻里原因了，只能根据谁主张谁举证的形式化的举证规则来判断当事人的主张是否成立，至于纠纷所涉及的社会原因则基本不再考虑。但法律制度的形式化与抽象化也带来非常严重的社会后果，法律制度保障的正义变成了纯粹的平等，使得正义失去了社会的维度。这就体现了法律平等与社会公平之间的落差或冲突。虽然我国现有的法律制度基本都能保证平等，但这种平等如果脱离了传统或日常的生活语境，就会变成为一种极度陌生的存在。例如，形式化举证规则在婚姻诉讼中表面上看是法律面前人人平等，这实际上使得家暴的受害者很难证明自己遭遇了家暴。现实当中家暴行为就普遍存在举证难的问题，这使得很多家暴行为无法得到法律的有效制裁，也会使人们对于法律所承诺的公平正义产生极度的怀疑。又如，虽然每一个孩子都有接受教育的平等权利，但实际上由于农村地区师资力量的薄弱以及农民工无时间管教孩子等原因，农村孩子所受教育的质量远比不上城市孩子，以至于很多大学农村学生所占比例与巨量的农村户籍人口极为不相称。因此，形式化的规则并不能导致社会层面上的公平。因此，当前我国的法治建设并不能满足于形式上的平等，还必须从社会公平的角度完善相关法律制度，不仅要保证形式上的平等，而且还必须保证实质意义上的公平。因此，社会公平对于法治建设的要求就是必须具备社会维度，从大多数人对于所处社会关系的认知与期待出发，来充实形式化的规则。例如，诉讼法制度中虽然已经有了社会公平的考虑，如对于没有能力聘请律师的当事人提供法律援助，但这还远远不够，要实现社会公平，关键的是要严厉打击各种权力关系或经济关系对于司法的渗透。现实当中，人们对于法律的不信任往往不是因为法律本身不平等，而是因为法律平等的外衣之下，各种不公平的因素嵌入规则的实际运作当中，从而使得法治秩序变得徒有其表。正如有学者认为，在形式化的法律与"非人化"的官僚制之下，行政人员会产生"逃避自由"与"仪式主义"的倾向，在法律程序之下，各种潜规则、个人利益或关系运作往往会"波澜起伏"与"汹涌澎湃"，[①] 这使得中国法律秩序形成了由外层的法治秩序与内层的关系文化构成的双层交往系统。要实现人们对于法律制度的信任，

---

① 李佳：《实质法治与信任》，载《暨南学报（哲学社会科学版）》2014年第4期。

必须通过严刑峻法严厉制裁各种潜藏的潜规则行为与关系运作，从而实现实质意义上的社会公平。

另一方面，社会公平对于促进公民自觉守法也有着重要的意义。从社会心理学的角度来看，公平感是一种特殊的从众心理，人们对自己的付出与所得是否满意很大程度取决于他人的付出与所得。例如在一个企业内部，人们对于他人报酬的关心程度往往会超过对自己报酬的关心程度。[①] 人们决定是否遵守法律，不是因为对于守法的成本与收益有着清晰的认知与理性的计算，而是取决于他人是否守法。对于个人来说，一部法律能够带来什么样的成本与收益很多情况下是说不清楚的，个人实际上很难基于理性的权衡来决定是否守法。典型的就是税法，尽管我们都知道公民依法纳税的目的在于为政府的公共服务提供资金支持，但每一个人所缴纳的税款是否能够和所享用的公共服务对应起来却远不是一件可以说清楚的事。政府会提供各种公共服务，如免费义务教育、公共道路、打击犯罪、国防、医疗卫生等，这些公共服务多数情况下都只是一些抽象的好处，一个人缴纳的税款越多并不能保证就会有更多的机会享受免费教育带来的公民素质提高带来的和谐生活，也并不能保证警察所打击的犯罪的主要受害人正好就是纳税较多者。又如劳动合同法，该法要求企业必须为员工提供一定的福利保障，在解除劳动合同时必须受到一定的约束，但这些保障和约束对于劳动者个人到底有什么好处实际是非常不确定的，实际上从经济学的角度来看，劳动合同法关于无固定期限劳动合同的规定可能会减少劳动者的就业机会，因为无固定期限劳动合同增加了企业的雇佣成本，因为企业要解雇一个员工更难了，这使得企业在雇佣新人上更加谨慎，从而减少了企业雇佣新人的意愿，降低了就业率。[②] 除税法与劳动法外，很多法律如银行法、证券法、公司法、建筑法、道路交通安全法、土地管理法、食品安全法等，对个人或组织都施加了各种各样的约束和负担，当然也会给人们带来一些总体上的好处，但这些好处对于个人来说到底有多大却基本上不得而知。因此，我们很难说守法是因为公民基于利害权衡基础上的理性计算。那么公民是因为什么动机而守法呢？如果我们将守

---

① ［美］詹姆斯·L. 吉布森等：《组织学：行为、结构与过程》，王常生译，电子工业出版社 2002 年版，第 111 页。

② 张五常：《卖桔者言》，中信出版社 2010 年版，第 284—286 页。

法当成一种公共产品的话，从社会心理学的角度来看，这种为个体施加负担但却有益于整个社会的公共产品的供给往往依赖于从众行为。作为个人，我们为提供这种公共产品所愿意承当的义务大小很大程度上取决于他人所承当的义务的大小。[①] 当我们无法辨别守法的利害时，他人的行为就会成为我们判断的"强大而有用的知识资源"。[②] 他人行为作为一种"知识资源"不仅具有事实意义，也具有规范意义。就事实意义来说，当人们非常无知时，对于外在的信息就会饥不择食，这时他人的行为就成为一种不假思索的行为依据，而不论这种依据在实质上是否正确。就规范意义来说，他人行为实际上提供了一种正确性与正当性的来源，也就是说，我的某种行为是否正确与正当，往往并不取决于自主的判断，而是取决于是否与他人行为相一致。例如，在一个大家都贪污腐败的公务环境中，我对于自己腐败行为也会缺少罪恶感。我们很多情况并不能理性地判断我们为什么要守法，守法的坏处与好处是什么，这时他人是否守法就成了我决定是否守法的重要依据，也就说我是否承担我的那份法律义务往往取决于他人是否对等地承当了其相应的法律义务，而不论这份法律义务对于自己来说是否得不偿失。这就意味着，公平实质上构成了多数人守法的动机。正如在高速公路上装满水果的货车侧翻，很多人会一窝蜂地抢水果，这里的社会心理学原因就在于，在那种法律制裁的风险尚不明确的情况下，我们会不自觉地以他人的行为为参照，他人疯抢水果的行为会不仅会使我们产生法律制裁风险比较低的幻觉，而且我们在对面他人的疯抢行为而无动于衷时会产生吃亏的失衡感。美国社会学家查尔斯·蒂利曾提到一个非常有意思的例子：对欧洲很多国家的调查表明，人们在战争期间服兵役不是因为习惯式顺从、意识形态认同或机会主义顺从，而是因为公平感，"第三方的服从行为对其他人的相似行为会产生极大的影响，并随之有力地影响着每一个人的公平感"[③]。战争时期服兵役对于个人来说是一种高风险低收益的行为，个人不可能基

---

① Nicholas Bardsley & Rupert Sausgrube, Conformity and reciprocity in public good provision, *Journal of Economic Psychology*, 26（2005），pp. 664—681.

② ［美］Timothy D. Wilson、Robin M. Akert：《社会心理学》，侯玉波等译，中国轻工业出版社 2005 年版，第 204 页。

③ ［美］查尔斯·蒂利：《信任与统治》，胡位钧译，上海世纪出版集团 2010 年版，第 22—24 页。

于理性计算来决定服兵役，而是因为相信其他人都愿意服兵役的公平感。因此，社会公平对于公民的自觉守法极为重要，在现实当中，我们很容易看到很多违法事件的背后都弥漫着各种各样的不公平感，例如对于偷税漏税者会显得理直气壮，他们会想：相比于那些动辄受贿几千万的贪官，我偷点税算什么？腐败分子也会这样想：别人都腐败，我洁身自好岂不成了傻瓜？暴力抗法者也可能这样想：警察和城管经常粗暴执法，我暴力抗法又有何不可？要使人们能够自觉守法，建立人人同等守法的社会公平是极为重要的。只有当我们相信他人都会公平守法时，我们才愿意不计较守法的利害得失，自觉遵守成本收益都不甚明确的法律。因此，社会公平是树立法律公信力、促进公民自觉守法的重要基础。

三、社会公平的法理基础

社会公平应成为法律制度的价值目标，只有当法律实现了真正意义上的社会公平，法治才能够得到人们的认同与信任，否则法律秩序就被认为是徒有其表。

第一，社会公平构成了法律正义的社会维度。与现代社会的功能分化相适应，现代法律制度的一个重要特征就是高度的抽象化与专业化，这使得法律制度只能解决自己制造或建构出来的问题。很多纠纷被提交法院后，法官就基于法律规范对纠纷进行高度的简化，将一切和法律无关的因素全部排除出去，虽然法官最终能够对纠纷进行裁决，但却无法解决社会纠纷背后的社会问题。法律会试图解决很多在社会认知中双方力量不对称的纠纷，如公民与政府之间的冲突，开发商与业主之间的冲突，虽然法官认为自己是在依法办事，没有偏袒任何一方，但在中国语境中公众却很难不去想象这其中是不是有官官相护，是不是有官商勾结，而不论这些纠纷中法官是否真的做到了公正公平。法律保障的正义成为了一种脱离日常生活语境与传统道德语境的抽象制度承诺，这种制度承诺抽离了具体的社会语境，将一种很大程度源自西方的舶来品硬生生地植入中国的社会语境当中，从而严重脱离了人们的正义直觉。法律正义已经无法和社会正义贯通起来，以至于公众往往从社会公平的角度来判断法律是否正义。因此，社会公平构成了法律正义的社会维度，也是对法律正义的社会支持，这意味着如果法律不能解决社会公平问题，法律所承诺的正义也是缺乏说服力的。法学理论常常有意无意宣扬一种"法律神圣观"：法律即使在当下的个案会造成不正义的后果，但出于社会整体利益与国家长治久安的考虑，也应被遵守。从常识的角度来看，这实际上是一种非理性和盲目的态度。大多数公众没有受过法律训练，是没有理由坚持这样一种"法律神圣观"的。要使人们接受法律正义，不仅法律制度，其他社会领域的制度建设都必须考虑社会公平。例如，关于死刑废除的争议，有些学者认为死刑不符合人权精神，废除死刑是世界大势所趋，但从社会公平的角度来看，对于那些罪大恶极的暴力犯罪以及毫无道德操守的贪官，废除死刑只会强化不公平感，只会导致社会正义与法律正义更加不协调，法律更加缺乏社会正当性。

第二，社会公平构成了法律程序的价值导向。法律程序作为一种制度性的正当化机制，如果我们将其当成一种目的在于消除外界的各种偶然性因素与不对等的社会力量、达成罗尔斯的"原初状态"与"无知之幕"的机制，那么法律程序对于社会复杂性的吸纳水平必然是极为有限的，因为各种偶然性与社会力量是不可能完全不影响法律程序的运作的。这时法律程序要增加对于社会复杂性的吸纳能力，就必须积极主动地调整与干预外界偶然性因素与社会力量的影响，这就要求法律程序不能满足于形式正义，而必须以社会公平为导向。为了阐明这一点，我们可以借鉴德国学者托伊布纳与中国学者季卫东所倡导的"反身型法"来说明这一点。法律程序并不应仅仅限于形式理性，法律程序在执行形式理性的过程中，也应通过各种优化的表达手段与参与机制吸收大量的实质性考虑。法律程序的这种特征特别地体现在托伊布纳曾提出的"反身型法"当中。反身型法既不同于形式法强调普遍规则的形式理性，也不同于实质法导向实体目的的实质理性，反身型法是一种"反思理性"。"反身型法"通过塑造内在的话语程序以及和其他社会系统相协调的方法来建构或重构半自助的社会系统，其不以权威的方式规定社会整合的方法，而是为分散化的社会整合创造结构性前提，这使其特别"依赖那些对过程、组织、权利与权能的分配予以规制的程序规范"①。

---

① ［德］图依布纳：《现代法中的实质要素与反思要素》，矫波译，载《北大法律评论》，1999 年第 2 卷第 2 辑，第 579—632 页。

"反身型法"的目的既不在于对于社会关系进行实质性指导，也不在于为社会关系制定高度精确的规则体系，而在于通过程序规范使得人们具有一种相对公平的沟通与谈判能力，并使得这种沟通与谈判能够考虑公共责任，以及对社会的种种外部性影响，其实质就是通过程序法机制为社会的沟通以及法律对社会复杂性的吸收提供一种相对公平的机制与手段。基于这种"反身型法"的理论，季卫东也认为，程序的特点既不是形式性也不是实质性的，而是一种"反思合理性"，程序对于议论与决定的反思性整合，一方面可以消除形式法的"功能麻痹"问题，另一方面防止实质法的"开放过度"的弊端。① 但要实现这一点，法律程序并不能仅仅满足于形式正义的要求，其必须提供更广泛的机制来吸收多元化的实体正义观。基于法律程序的反思性特征，社会公平就有了进入法律程序的可能性。例如，对于社会当中反响强烈的涉及贫富、官民、强弱等社会阶层差异的案件，法律程序可以开放出更广泛的公众参与，如可借鉴国外的"法庭之友"制度，② 并基于公众对于社会公平的要求与执着，对阶层较低的当事人予以适当的照顾，或对社会阶层较高的当事人的处罚予以适当的加重，而不能盲目地按照形式平等的理念来专断地要求公众不分青红皂白地认同抽象化的法律程序。只有当法律程序满足了人们对于社会公平的追求与想象，法律才能得到多数人的认可与接受，发生纠纷后才愿意将其提交给法院。

第三，社会公平构成了法律信任的道德支撑。社会公平是人们判断法律是否可靠的重要社会道德指标。我们是否信任法律，其判断的媒介往往不是法律本身所做出的各种制度承诺，如法律自我宣称的外在目的、长远好处，这些是不可计算与不可把握的，要使人们建立对于法律的信任，必须首先实现社会公平，必须使人们相信其他人都享受到了自己的那份应得的法律权利或承当了自己的那份法律义务。社会公平是我们比较容易观察和理解的，例如官员是否有特权，官员在刑事案件中是否得到了轻判、大企业在排污时是否得到政府的照顾，富人是否更有可能打通政府的关系，不同群体的福利待

---

① 季卫东：《法治构图》，法律出版社 2012 年版，第 129—130 页。
② 陈桂明、吴如久：《"法庭之友"制度及其借鉴》，载《河北法学》2009 年第 2 期。

遇是否对等，等等，社会是否公平也很大程度构成了人们是否信任法律的重要依据。现实生活中存在的一些法律信任危机往往就是因为司法审判被关联到某种不公平的社会与政治关系。[①] 我国有一些具有争议性的公共法律案件就能够反映出这一点，这类案件往往会成为公众对法律不信任的爆发点。如在邓玉娇案中，鉴于粗暴官员与弱女子之间的鲜明对比，公众完全不相信当地公安机关能够秉公执法，对当地公安机关的质疑已经到了"不管说什么，都被网民骂死"的地步。[②] 在药家鑫案件中，被害者家属诉讼代理人张显关于药家鑫是官二代、富二代的不实之词能够在微博被网民不假思索地广为传播，激起了人们对药家的普遍仇恨以及对于司法能否公正审判的普遍不信任。[③] 在胡斌飙车案中，关于胡斌是市领导儿子、胡斌替身说等谣言即使在完全缺乏证据的情况也不胫而走。[④] 在李天一案中，关于李天一年龄造假、李家动用关系捞人、以户口、工作和房产与被害人达成和解等谣言也是此起彼伏。[⑤] 这些案件中的舆论与谣言都有一个共同特征：对当地司法机关是否能对社会地位不对等的当事人一视同仁有着不信任，对法官能否超越政治权力的干预与腐败关系的渗透有着疑虑。更深层次的分析会发现，这些案件都关涉到某种不公平的社会关系或者对这种不公平的社会想象，如富人与穷人、恶霸与弱女子、官员与百姓、城市与农村。在中国的社会语境中，不论真正的过错方是谁，这些二元对立关系都会激起人们的不公平感，进而导致公众对司法可能会偏袒强势一方的极度怀疑。与此相应，在那些牵涉不公平的社会与政治关系的案件中，公众最有可能爆发出对法律的不信任。由此我们也就很容易理解为什么执法机关与司法机关的行为即使在实体法与程序法上基本没有瑕疵，也很难赢得公众的信任。其原因就在于，不同社会群体之间的不公平现象同样也会使人们缺乏对于法律超越这种不公

[①] 伍德志：《冲突、迎合与默契：对传媒与司法关系的再审视》，载《交大法学》2016 年第 4 期。

[②] 请参见荆楚网对报纸与网络舆论的集中报道，荆楚网：《揭开邓玉娇案件的迷雾》，http://www.cnhubei.com/xwzt/2009zt/dyg2009/，2017 年 8 月 10 日访问。

[③] 搜狐网：《药家鑫死了，对舆论的反思何时开始？》，http://news.sohu.com/s2011/dianji-684/，2017 年 8 月 14 日访问。

[④] 网易新闻：《杭州"富家子"飙车撞人案》，http://news.163.com/special/00013CEV/dragracing.html，2017 年 8 月 20 日访问。

[⑤] 搜狐网：《李某某强奸罪一审判 10 年》，http://news.sohu.com/s2013/litianyi/，2017 年 8 月 14 日访问。

平的信心，在不少人关于社会状况的认知当中，不公平感无处不在，不仅存在于对富人和穷人、官员与百姓之间关系的认知或想象当中，而且也会渗透到司法过程当中，一旦在司法过程中出现不公平的社会与政治关系，就会成为引燃公众对法律的不信任的导火索。[①] 因此，要建立法律信任，在社会层面上也必须实现公平，人们应能够感受到不同的群体或个人在社会制度上都能够得到公平的对待，否则，即使法律决定本身是公平的，也很难赢得人们对其公平性的信任。

第三节　社会公平的内在构成

社会公平是一种多层面的概念，其包括机会、规则与权利这三个层面，只有实现了这三个层面的公平，我们才能实现整体性的社会公平。因此社会公平具体包括机会公平、规则公平与权利公平。这三种公平之间是一种递进的关系，机会公平强调的是公民公平参与公共决策与社会资源分配的机会，但机会公平则需要规则的公平来保障与落实，但由于规则公平是抽象意义上的公平，这种公平一般不考虑规则背后的社会力量之间是否公平，为了使得公平性的规则能够得以制定与落实，还必须强调权利公平，权利公平构成了规则公平的道德基础与制度前提。

一、机会公平

机会是参与某项活动或获取某项资源的可能性或资格。机会公平就是社会主体实现这种可能性或获得这种资格上的公平性。前文我们已经提到，由于社会资源的有限性，为了防止破坏性的竞争与争夺，我们需要建立机会公平。机会公平是一个很微妙的概念，其仅仅意味着每一个人都参与某项活动或获取某项资源的可能性，但这种可能性最终是否能够变成现实，则不能得到保证。机会公平将人们的心态置于可能与不可能、希望与失望之间，这种

---

① 在国外也有类似的现象，例如在美国弗格森骚乱事件中，白人警察开枪打死黑人更容易引发黑人群体的抗议，但如果白人警察开枪打死白人就不会出现这种现象，原因不难理解，因为前者跟容易引起黑人群体对于历史与现实当中所遭到的不公平的联想。参见于时语：《美国弗格森事件面面观》，载《21 世纪经济报道》2014 年 12 月 1 日。

心态一方面不会使人们安于现状，因为未来还是有希望的，但另一方面也会激发人们的努力，最终的成功和个人的努力密切相关，因为不努力就导致失望。机会公平因此有一种特殊的功能：其能够使人们即使遭遇失望，也不会归责于他人与制度，因为这是个人努力的结果。如果我们考虑到社会资源的有限性，机会公平更大的意义其实不在于为个人的成功进行正当化，而主要是为个人的失败进行正当化。这才是机会公平的核心社会功能。例如，每一个人都有参与高考的公平机会，但并不是每一个人都能够上大学或上好大学，机会公平能够保证高考失利者也会坦然接受自己失败的结果，因为已经给了你机会，但你却没有把握好。

机会公平可从以下三个方面来分析：第一，享有机会的主体。主体的范围应当尽可能是开放性的，不应没有道理地排除某一特殊的个人或群体，即使要排除某些个人或群体，也必须得到社会的普遍认可。例如法官招聘，法官起码应通过法律职业资格考试，因此担任法官这一机会就排除没有通过考试的人，但这种排除是正当的，因为其能够得到大多数人的认可。第二，机会所指向的对象，也即机会所指向的资源。从理论上来说，所有的公共资源都应当是全民共享的，如教育资源、医疗资源、市场资源、土地资源、政府职位、公共道路等等。第三，主体和对象之间的关联程度。机会公平是一种弹性很大的正义观，对于不同的机会，主体获得对象的范围与能力是不一样的。由于这一点，尽管在很多情况下，每一个人表面上都有相同的机会，但实现这种机会的能力可能并不一样。以前面的高考为例，虽然表面上看，每一个人都有参与高考读大学的机会，但由于不同地区的中小学的基础教育水平不一样，不同地区的学生在高考中的表现也会不一样，典型就是农村和城市之间的差异，由于农村地区教育设施落后、师资力量匮乏，以及无人管教的留守儿童现象，对于高考这一机会，农村学生与城市学生的把握能力是不一样的，这就导致了实质上的机会不公平。为了实现真正意义的机会公平，还必须对高考的公平性再进行强化，这就体现为我国为增加农村学生就读大学的机会而制定的农村专项计划，这一计划的目的就在于对农村学生在利用高考机会上的实质不公平做出补救，将大学入学的一定名额拿出来，向农村地区定向招生。只有这样，才能保障人人享有人生出彩的机会，享有梦想成真的机会。

二、规则公平

机会公平需要规则公平来保障，任何公平的机会都需要通过制定规则落实下来。因此规则公平对于机会公平是一种强化。机会公平的实现取决于主体的个人努力，但任何机会公平都需要预先设定一定的选择标准，这个标准对于每一个人都是公平的。在设定选择标准时，就会涉及到规则公平问题。从法学角度来看，规则公平就是法律面前人人平等，任何人在规则面前都享有同等的机会，不应有不合理的区别对待。规则公平在于为每一个人的参与机会与获取社会资源的机会制定公平的规则，以及把机会的具体实现所需的条件用规则固定下来。规则公平一般应包括以下几个方面：

第一，规则应当是一般性的。规则应当是针对不特定的人或群体的，规则应当保证任何符合非歧视性条件的主体都能够公平获得相应的权利以及承当相应的义务。例如，公务员招聘规则，除了工作岗位性质所要求的学历、性别与经验外，不应对招聘对象做任何不合理的特殊要求。有些地方的公务员招考，有时会特别要求本地户口，这就违背了规则公平。还有用人单位不愿意录用女性，特别是那些尚未生育的女性，这也违背了规则公平，不论是男是女，除了那些必须由男性从事的工作外，如某些比较繁重的体力活外，大部分工作机会必须向女性开放。在我国，规则不公平的现象主要见之于城乡二元制。长期以来，我国法律对于农民与城市居民实行差别待遇，农民曾在纳税、养老、医疗、失业、政治权利上享受不到与城市居民一样的国民待遇。如纳税，尽管农民的收入低于城市居民，但农民在以往很长的一段时间内仍然需要缴纳农业税；在养老、医疗、失业方面，农民长期以来没有退休金和医疗保险，失业之后也没有任何国家救济。在选举权方面，我国在2009 年修改选举法之前，选举法中一直存在所谓"四分之一"条款，也即一个农村人大代表所代表的农村人口四倍于城市人口。尽管 21 世纪以来，农民的法律待遇大为改善，但城乡二元制仍然深深根植于中国社会，有待于进一步完善相关法律。

第二，规则应当是公开的。规则公开的目的在于保证所有相关主体都能够根据规则知晓自己应得的机会。规则的公开在大部分情况下都不是问题。对于我国来说，比较成问题的是，公开化的规则往往会遭遇"潜规则"的消解。在日常人际关系，存在着大量的虽然没有明言但大家都心知肚明的潜规则，这些潜规则的效力甚至高于正式的法律规则。潜规则的实施往往又被权力关系、裙带关系、金钱关系所左右，这就使公开性规则的公平性大打折扣。要实现有效规则的公开，必须严厉打击各种潜规则，这要求我国一方面强化各种公务机关与事业单位的信息公开，使得政府的所有权力运作与公共资源分配过程都能够大白于天下，使得公众有机会监督各种暗箱操作，从而保证任何公开化的规则都是行之有效的，而任何非公开化的规则都不会成为实际更有效的"潜规则"。另一方面，要打击市场当中各种不正当的秘密交易，各种秘密的商业贿赂与不正当竞争也会消解合同、招标、销售的公平性。例如，在房地产市场一房难求的情况下，房屋销售者在同等条件下向关系户销售房屋或高价出卖购买指标。这也严重违背了规则公平，使得那些有着刚性需求、但又没有门路的客户难以买到房屋。

　　第三，规则的例外应符合社会公平。任何规则都会存在例外，没有例外的规则反而会导致不公平。规则之所以需要例外，是因为任何规则抽象到一定的程度都会导致社会生活的疏离，规则出于普遍适用的需要，将不会再考虑可能会左右规则实施效果的不对等的社会力量与社会资本，从而导致不公平。因此，规则应当允许例外，但例外的设置应当符合人们的公平感。例如，我们都同意给予儿童、妇女、老人、残疾人很多不平等的照顾或机会，我们会要求公交车应当为老年人或残疾人设置专座、为残疾人建设无障碍通道、为妇女在职场提供很多生育、健康方面的待遇、为少年儿童提供饮食与身心上的保护等。另外，出于过去我们对于农民的制度性歧视的补偿，我国开始从多个方面为农民提供超出城市居民的各种优惠待遇，如高考中的农村专项计划，对农业的补贴，对农村合作医疗保险与农民养老的额外财政投入等等。我们一般不认为这些对于特殊群体的不平等待遇是一种不公平，恰恰相反，如果不对这些群体提供特殊的保障，我们反而认为规则不公平。前文已经提到，公平从来不等同于平等，规则必须对各种必要的例外进行认真总结与考虑。但这些例外必须能够得到社会中大多数人的认同，不能悖离大多数人的公平感。

三、权利公平

从某种意义上来说，权利也是一种机会。但权利公平和机会公平强调的侧重点不一样。机会公平强调的是一种参与某种活动或获取某种资源的可能性，这种可能性并不一定会成为现实，而权利公平强调机会的法律化，要求通过法律来保障这种可能性。当机会公平进入法律领域时，就变成了权利公平。权利公平和规则公平的侧重点也有所不同，权利公平是从主体所得的角度来要求公平，而规则公平既包括主体的所得也包括主体的付出的公平，也就是说规则公平既包括权利公平，也包括义务公平。权利公平是指任何人不论其是何种社会属性或自然属性，都享有同等的基本权利。从这个角度来看，权利公平是机会公平的前提，没有对基本的权利如财产权、自由权、劳动权、受教育权等等的法律保护，更广泛的机会公平也是不可得的。根据经典的三代人权理论，权利公平可以区分为以下几个方面：

第一，公民权利与政治权利的公平。这主要包括生命权利、免受酷刑与奴役的权利、人身自由权、财产权利、公平审判权、平等权、言论自由、出版自由、集会自由、宗教自由、选举权与被选举权等权利的公平。这些权利的公平性在现代民主国家大多不成问题，现代民主国家基本上都能够在法律上有效确认这些基本的公民权利与政治权利，不论何种肤色、何种种族、何种宗教信仰的公民。但在现实之中，二战之前，大部分西方国家其实还做不到这一点，如妇女和无财产者的选举权直到二战之后才在西方得到普及，而在殖民地地区，当地的土著人在很长一段时间内则不享有任何人权，因为其不具备法律上的人格。而且西方社会长期实行奴隶贸易，强制黑人作为长期的免费劳动力。黑人的平等公民权直到美国20世纪60、70年代才通过民权法案与司法判例得到法律化。尽管公民权利与政治权利方面的公平很重要，但在这方面的公平还不足以实现完全意义上的社会公平，例如西方国家在早期对财产权的过分保护往往导致私人工厂主滥用童工、工人的基本生产安全得不到保障、工人休息权被剥夺；纯粹的自由竞争与民主选举在很多情况下也无法防止触目惊心的贫富分化与普遍的道德堕落。因此，为了实现社会公平，第二代人权的公平就极为重要。

第二，经济、社会、文化权利的公平。这主要包括工作权、良好工作环境权、同工同酬权利、健康权、教育权、闲暇权、获得适当生活水准权利、文化生活权利等的公平。这方面的权利公平要求从经济、社会、文化方面来保障权利公平。例如，在第一代人权中，自由市场的竞争与契约往往会导致市场中竞争失败者食不果腹，穷人无力承担子女教育成本、工厂里的工人没有任何安全保障、退休之后也没有任何养老保障，为了克服这种明显的社会不公现象，第二代人权应运而生，第二代人权试图纠正第一代人权过于强调自由与财产权所导致的负面后果，要求为自由市场中的弱势群体提供各种实质性保障，如在工人失业之后提供救济金而不至于衣食无着，要求工厂具备起码的生产安全条件，生病之后会病有所医，退休之后会老有所养，贫困家庭的孩子也有机会入学。第二代人权就弥补了第一代人权的不足，从而能够实现更广泛的社会公平。

第三，发展权与环境权的公平。这方面的权利公平要求不同的国家、群体与个人都能够享有公平的发展机会以及能够公平地享受健康环境的机会。这方面的权利公平和全球化密切相关，全球化要求建立全球性的市场，但在全球性市场中，西方社会主导了基本的发展话语与发展模式，并且通过经济、政治手段强加给发展中国家。西方主导的发展模式主要体现在"华盛顿共识"中，其有两个基本特征：自由化与私有化。这种发展模式要求减少政府干预、实行大规模的私有化，促进贸易与金融的自由化，这一发展模式最终证明在拉美国家都是失败的。而由发展中国家成功进入发达国家或地区行列的"亚洲四小龙"完全不符合这种发展模式：皆是威权政府、政府积极干预市场、制定产业政策、积极参与投资、实施有效经济与金融管理、大力推进基础设施建设等。"亚洲四小龙"的政府发展经济的措施完全和华盛顿共识背道而驰，但却取得了巨大的成功，成为二战之后亚洲少数进入发达经济体的国家或地区。要实现公平的发展权，西方国家就不能凭借着自己强大的话语权和在意识形态上的制高点来任意批评发展中国家也许并不符合所谓的"普世价值"的发展模式，因为任何发展都是有代价的，西方资本主义在发展初期经过种种不符合今天人权标准的丑恶现象，这种种丑恶现象甚至是不可避免的，我们不能要求还在起步阶段的欠发达国家或地区完全符合发展成功后所形成的一个比较理想的标准。因此，为了实现公平的发展权，西方国家不能"过河拆桥"，以所谓的"普世价值"来故意阻断后发性国家的务实发展之路。西方国家甚至需要技术上给予发展中国家必要的协助,以弥补它们在殖民时代对于发展中国所造成的伤害。环境权的公平性也非常重要,但对于发展中国家来说,环境权可能是一个奢侈品,因为发展在很多情况下可能不得不以环境为代价,如中国华北雾霾污染非常严重,但造成污染的钢铁厂、发电厂也不能说关就关,而必须考虑到这些工厂的就业人口,他们正依赖于这些工厂生存,必须给予这一代人以时间,因为他们的年纪已经不可能允许轻易地转型到那些低污染、高科技的行业当中。因此,环境权必须在城市白领和工厂工人之间取得平衡,而不能盲目地要求那些没有技术的工厂工人牺牲自己的生存权去满足那些喝着星巴克、玩着手机与电脑的"小资"。当然,环境权的公平性还存在另外一个问题:我国曾经一度过于强调经济发展,以至于忽视了环境权的重要性,环境破坏的代价已经超出了城市居民和农民居民愿意承受的地步了,这时就必须平衡经济发展与宜居环境之间的冲突。即使某种环境污染目前是不可避免的,但也应对环境污染受害者做出必要的补偿,并积极引导企业用绿色产业替代高污染产业。

第四节　社会公平的外在形式

社会公平在社会各个领域有着一系列的表现与要求,这些不同领域对于公平的追求有着各自不同的侧重点,但在基本理念上是相互贯通的,都要求建立机会、规则与权利上的公平。社会公平的外在形式主要包括经济公平、政治公平、社会公平与生态公平。需要说明的是,在此之外,还包括文化公平。但鉴于文化公平更多地强调文化的公共性、公平性和社会性,离不开社会公平对公共文化体系的公平构建与配置,故而将文化公平置于社会公平之中而不再单独论述。

一、经济公平

经济公平主要是指在市场准入、市场交易与市场竞争方面的公平性,其要求建立能保证不同市场主体能够进行自由交易与自由竞争的公平环境,从而使得资源能够得到最大程度地优化配置。

首先,市场准入的公平性。这要求一个国家的市场经济应当是高度开放的，除了少数从经济效率的角度应由政府垄断经营的行业外，所有行业应向所有有能力、有技术、有资金或其他符合条件的主体开放。使得不同的市场主体都有机会进入各行各业，一方面可以调动各行业的投资，扩大财富生产，另一方面也有利于促进自由竞争，提高行业质量水平。市场准入的公平性是成熟市场经济的前提，其能够防止不必要与不公平的行业垄断，保证各种社会资源都充分地参与到市场竞争当中，从而共享市场交易所产生的盈余。我国目前在这方面存在一些问题，如有的地方存在地方保护主义的问题，地方政府有意地对外地企业实施歧视性待遇，限制外地产品进入本地市场，以及立法层面制定规则公开保护本地企业、在执法层面对外地企业进行选择性执法等，这些都不利于形成全国性的统一市场，也违背了经济公平。有的行业国有企业虽然效率低下，但却仍然拒绝民营企业的进入，如电信、石油、银行、军工等。这要求在保证国家的经济安全的前提下，向民营企业开放出这些行业的准入，这不仅为民营企业创造更多的生存机会，也能够通过扩大竞争提升企业效率。我国目前在军工领域所推行的"军民融合"就是促进经济公平的一项重要努力，通过将军事采购对象扩大至民营企业，不仅可以强化国有企业与民营企业之间在质量和价格上的竞争，节省国家财政资源，扩大军工产品来路，而且还可以刺激民营企业的投资、扩大民营企业产品销路，提升其竞争力。

其次，市场交易的公平性。这要求通过制定相关的法律法规，保证市场交易尽量避免各种不对称社会力量的干扰，从而使得市场主体能够基于对等的谈判能力与信息和知识优势达成相对公平的契约。很多民事法律制度的目的都在于保障这一点。如合同法规定欺诈、胁迫、重大误解、显失公平的合同要么无效、要么可以撤销。这些规定的目的正在于保障交易的公平性。欺诈是一方利用另一方的无知或故意误导另外一方面而获取不正当的利益；胁迫是一方利用自己的优势力量来强迫另一方面接受不公平的条款；重大误解虽然是源于一方当事人的错误信息与知识，但这种误解不应成为另一方当事人获得不正当利益的借口；显失公平则因为一方当事人的无知而导致所签订的合同在事后看来严重违背了该方当事人的利益。对于这些不公平的合同都需要通过合同法来予以纠正。司法也是保障市场交易公平性的一种重要机制，司法应当是廉洁、独立与公正的，能够在全国各地、对于不同的群体或个人严格执行普遍性的规范，这特别要求司法不应出现地方保护主义和腐败的情况，因为这会破坏契约规则在实施上的公平性。另外，还有很多非正式的行政标准也是对交易公平的重要保障，如我国市场管理部门在房地产买卖、工程建设合同、银行贷款等领域制定了大量的标准合同，这些合同的意义就在于避免信息与知识优势一方利用这种不对等的优势获取不公平的利益。

再次，市场竞争的公平。市场竞争的公平性要求建立统一的竞争规则、打破不必要的市场壁垒、禁止不正当的竞争手段。反垄断法与反不正当竞争法的目的都在于保障市场竞争的公平性。垄断是一种不公平的竞争现象，主要包括签订垄断协议、滥用市场支配地位、限制或排除竞争的经营者集中。垄断协议的目的是通过固定价格、限制销售数量、限制开发新技术等方式来限制自由竞争，最终的结果可能会损害整个市场的竞争效率、消费者的个人利益以及社会的公共利益。滥用市场支配地位是指经营者利用自己的市场支配地位低价倾销、拒绝或限制相对人进行交易、附加不合理条件等之类的不正当竞争行为。经营者集中主要是指通过合并、股权与资产转让等方式形成优势性的经营集团，从而达到排除竞争或限制竞争的效果，经营者集中可能会阻碍技术进步、损害消费者与国家利益。从经济学的角度来看，垄断行为会使垄断组织获得以社会整体收益为代价的利益。除了垄断外，很多不正当的竞争行为也会违背竞争公平，如根据反不正当竞争法的规定，假冒他人商标、擅自使用他人知名商品的名称、包装、伪造认证标志与名优标志、公用企业或独占经营者排除其他竞争对手、虚假广告、侵犯商业秘密、低于成本销售产品、从事不正当有奖销售、串通投标等等。在这些不正当竞争行为中，有些可能会使竞争者不正当使用其他市场主体通过长期经营积累下来的声誉，从而误导消费者，有些是为获取垄断地位排除其他竞争者，损害消费者利益与公共利益，有些会导致竞争者获取不正当优势，侵害其他市场主体与广大消费者的合法权益。

二、政治公平

政治公平是指公民参与政治生活、获取政治职位与资源上的公平性。政治公平要求每一个公民都有参与和影响政治决策的权利，以及基于公平的规则竞争获取政治职位与政治资源的权利。其主要包括以下几个方面：

第一，政治参与的公平性。这是政治公平最起码的要求，每一个公民与政治团体都应有机会参与政治活动，通过将自己的主张与意见传达给政治系统，从而最终实现对于政治决策的有效影响。政治参与的公平性包括多个方面，如普遍性的言论自由权，公民应可以就一切公共事务发表自己的意见，不受到粗暴干预；普遍性的选举权与被选举权，任何人不论其何种种族、何种宗教信仰、何种性别、何种身份地位都应当享有基本的选举权与被选举权，从而对国家的重大政治决策以及政治领导人的选拔施加自己的影响；对于立法的参与权，立法交付人大讨论之前应该向公众征求意见；对日常重要行政决策的听证权，对于涉及民生的重大决策应举行听证会，尽可能吸收利益相关者的意见。

第二，政府职位的开放性。任何政府职位，除了那些要求特殊的技能、专业、经验或其他素质的职位外，都应一律向所有人开放。对于政府职位的招录与选举，不应设置不必要的条件限制，如身份、性别、区域等方面的限制。在政府职位的晋升过程中，应实行公开竞聘，任何符合基本条件者应都有机会参与竞聘，防止裙带关系与暗箱操作。

第三，政治竞争的公平性。任何政治竞争不应是无序的，而应当有规则的，这些规则体现在现代宪制以及各种民主程序当中。多党制下的政治竞争往往毫无规则公平可言，充满着谎言、欺诈与无赖。为了赢得选举的胜利，执政党与在野党往往无所不用其极，抹黑对手、制造谎言、承诺不可能实现的目标，各个党派将大量的精力与时间用在无原则、无底线地讨好选民上，而不是花在对于重要公共决策的讨论和思考上。[①] 在一些处于民主化初期的国家或地区，如乌克兰、泰国等，各政党实现自己目标的方式往往不是基于程序规范进行理性的商讨与表决，而是采取非法手段，如占领议会主席台、暴力冲击政府、无止境的游行示威等。所有这些教训都值得深刻吸取。中国共产党领导的多党合作和政治办商制度，既坚持共产党的领导，又确保实现多党合作与民主协商，同西方两党制、多党制存在根本区别，有助于真正实

---

① 郑任汶、王业立：《台湾的地方会议选举与民主治理》，载余逊达、徐斯勤主编：《民主、民主化与治理绩效》，浙江大学出版社2011年版，第323—326页；［美］约翰·哈特·伊利：《民主与不信任》，张卓明译，法律出版社2011年版，第127—128页。

现全过程民主，保障人民当家做主。

三、社会公平

这里的社会公平和本章标题中那种整体意义上的社会公平在内涵上是不同的，在广义的层面上，所有的人类活动都属于社会，但出于区分的必要性，这一部分内容中的社会公平主要是指在经济与政治之外的其他社会关系中的公平。具体而言，社会公平指社会利益分配与社会结构安排上的公平。其主要包括以下几个方面：

第一，基本生存权的公平。这方面的公平对于所有人都应当是毫无例外的，这方面的公平和经济领域中的公平有着显著的差异，经济领域强调公平竞争与优胜劣汰，但在社会领域，这种竞争规则就很难行得通。由于现代人权观念的普及，我们在今天所理解的社会公平已经无法接受"生死由命"式的丛林法则了，而要求保障每一个人最基本的生存权，要给予每一个人起码的基本生活保障。具体说来，国家与法律应为孤儿、孤寡老人、失独老人、丧失劳动能力的残疾人或其他缺乏独立生存能力的个体提供最基本的生活保障，使得任何人不得因任何原因发生基本生存危机。这也是现代文明国家最起码的要求，是社会公平的底线，也是社会稳定的底线。

第二，利益分配的公平。利益分配结构的公平性要求应根据每一个人或群体能够得到社会普遍认可的特征分配各种利益，如多劳多得，有能力者多得，贡献大者多得，有特长者多得，国家基于某些得到普遍认可的历史原因或现实原因给予某些特殊的群体或个人进行资金补贴或给予其他方面政策优待。这方面的公平应保证每一个人或群体的所得不论多少都是其应得。因此，少数官员腐败所得、商人欺诈所得、拉关系走后门所得等之类的现象都属于分配不公平，对低收入者征收更高的税、对历史上长期遭受制度歧视的农民征收农业税、对无住房者施加更多的房屋贷款限制也属于分配不公平。利益分配结构的公平需要从制度上建立公平的分配评价标准，这种评价标准应当能够得到社会的普遍认可。前文已提到，长期以来的城乡二元制使得今天整个社会对于农民工群体抱有高度的同情，在利益分配中对于农民工进行适当倾斜是完全有必要的，例如城市地区某些工作机会可以对没有工作的农民工定向招聘，或者专门建立针对农民工的劳动力市场，为农民工讨要工资配备专门的执法人员，等等。除以上以外，我国还有其他一些领域的分配公平性也急需改善，如基层公务员，这些群体往往和群众直接打交道，也承担了最多的工作任务，但收入却最低。还有乡村教师，农村基础教育质量本来就比较差，而乡村教师待遇之低更使这种情况雪上加霜。科研工作者也非常类似，很多科研工作者实际上将 8 小时工作制之外的时间都投入到科研当中，但固有的科研体制却禁止科研工作者从科研经费中获取个人报酬。上述方面都是目前我国分配结构改革的重要方面。对于利益分配的公平，我们最终要做到的就是使得不同群体、不同个人对自己的所得能够心安理得，对于其他群体与个人的所得也能够宽容对待。

第三，社会保障的公平。弱势群体之所以弱势也许有很多种原因，未必都是因为他人与制度的不公平对待造成的。但如果弱势群体和其他群体之间的差异超过了我们的正义直觉所能够允许的范围，那么这种差异同样也会产生不公平感，特别是弱势群体的"弱势"并非由个人原因导致的就更是如此，如任何人都不可能保证自己一辈子不生病，医疗费用如果昂贵就会导致因病致贫；任何人都会年老，年老就会丧失获得独立收入与照顾自己的能力；失业也不完全是因为个人能力欠缺，很多时候和经济大环境密切相关。除以上以外，还有各种历史原因、地理原因或其他客观原因形成的弱势群体，例如中国的农民、边远地区的山民、自然环境恶劣地区的牧民。对于弱势群体，不论其弱势是出于何种原因，现代社会的公平理念都会要求对于这些弱势群体给予适当的照顾，这就体现为社会保障的公平，从而使得所有人都能够老有所养，病有所医，失业后能够得到一定的救济，或者因历史原因不曾经缴纳过养老金的农民也能获得一定的养老金。这要求我国建立健全社会保障制度，在国家财政能够承受的范围内，对于各类弱势群体提供相对公平的社会保障，对历史上一直欠缺平等国民待遇的农民群体提供高于城市居民的更大财政支持。社会保障很大程度上是对于贫富分化的一种制度纠正，目的在于将社会资源更多地调配给那些急需的人，而不论这些社会资源是否为这些急需的人所创造。

第四，个人发展的公平。这方面的公平要求是每一个人都有公平发展的机会，都有积极实现自己的人生价值与人生理想的制度条件与社会条件。任何人都不能因为其门第、种族、宗教信仰、所在地域而使个人发展受到不必要的阻碍或遭遇不公平的对待。这方面的公平最重要的条件就是教育的公平，在一个起点不公平的社会，教育是改变个人社会地位与社会阶层的最重要手段，教育公平也是纠正起点不公平的重要机制。我国的九年义务教育正是纠正个人发展不公平的重要手段，因为没有免费的九年义务教育，很多贫困乡村与山区的孩子可能永远没有机会进入生存机会更加丰富的城市或进入收入更高的工商业。当然，九年免费义务教育可能远远不够，高中教育与大学教育同样也需要公平，政府同样需要对贫困家庭孩子的高中教育与大学教育进行资助，例如目前国家助学贷款就是实现这种公平的努力。除教育公平外，个人发展的公平性还需其他诸多制度条件和社会条件的支持，如法律应当保证每一个人都有进入公务员系统的机会或在职场竞争中不会受到歧视，或者法律规定政府应该鼓励或兴办不同层次的职业教育，以满足不同层次的人口就业的需要。个人发展的公平性还需整体性的社会环境的支持，政府对不同地区在政策或资源上进行一种合乎公平的安排，不应人为地在某些大城市或核心城市投入过多的资源或实行过于偏颇的政策，从而使得不同地区之间在产业发展与社会发展上严重的不均衡，最终导致不同地区公民之间的发展严重不均衡。我国目前在这方面存在着比较严重的问题，国家的财政资源与政策资源严重向行政级别较高的大城市与核心城市倾斜，使得大城市的教育、医疗与产业和其他城市之间出现了严重的失衡，大城市的发展机会远远多于中小城市。要实现个人发展的公平，就应打破这种格局，在不影响经济效率的情况将财政资源与政策资源适当地向中小城市倾斜，从而保证中小城市的公民也有一个比较公平的人生发展机会。

第五，公共服务与公共设施的公平。由于公共服务与公共设施和公民的日常生活密切相关，国家对于不同居住区域公共服务与公共设施的供给与安排上也应做到适当的均衡。近年来我国各地城市都在大规模的扩张，使得医疗设施、教育设施、体育设施、文化娱乐设施、地铁线路、行政服务中心往往被政府通过行政命令的方式将其集中于城市核心区域，这使得城市内部不同区域公民无法公平地享受到便捷的公共服务与公共设施。实现这方面的公平需要政府在进行城市规划的过程中，不应将所有的公共设施与公共服务都集中于行政中心与商业中心，因根据不同区域居民生活的需要进行适当的均衡。特别是当前我国城市地区的学区房问题则存在严重的不公平问题，学区房大多集中于优质教育资源所在的区位，这使得收入较低者没有能力购买学区房，改善这一状况需要政府将优质教育资源分散至城市不同区域，或者由优质教育机构帮扶较为落后的教育机构。公共服务与公共设施中还有比较重要的一项就是法律服务与法律设施，其是否被多数人所公平使用，对于其他方面的社会公平也是极为重要的，其他方面的社会公平是否能得以实现，最终很大程度上都需要法律的支持。法律服务与法律设施的公平性一方面要降低公众接受法律服务的门槛，例如，实行立案登记制，降低诉讼费、简化法律程序、法庭下乡等。另一方面在法律援助方面要为弱势群体提供更多的帮助，这需要国家设立公职维权律师，不断优化法律公共服务，帮助农民工、无力支付诉讼费的个人或群体维护正当权益或提供法律咨询。

四、生态公平

生态公平是指人类在利用自然的过程中所产生的人与人之间的公平问题。生态环境与生态资源为每一个人所共享，如何利用、如何保护生态环境和每一个人都息息相关，从经济学的角度来看，任何人对于生态环境的利用都会产生各种负面的外部性影响，为了平衡这种负面的外部性影响，需要生态环境与资源的利用者对此补偿、赔偿或修复。这就涉及到生态公平的问题。生态公平一般包括以下几个方面：

第一，代内的生态公平。也就是同一时代人在利用生态环境与资源过程中所产生的公平问题。良好的生态环境是最重要的民生福祉和最公平的公共产品。对于历史上遗留下来、涉及到重要国计民生或承当了大量就业人口的污染企业，应通过技术改进与资金投入逐步消除污染，或者通过转移就业人口来终止相关企业，而对于那些不可修复的环境破坏，则坚决予以关停相关企业。对于那些经济落后但维持其良好生态环境有利于公共利益的地区，应给予一定的财政补贴，以补偿其因维护生态环境而付出的成本。另外，由于我国对于官员政绩考核过于偏向 GDP，这使得环境破坏的成本未能有效地纳入到经济发展的绩效当中，这需要我们要改变唯 GDP 的发展思维与政绩考核模式，将环境保护纳入到官员政绩考核当中，将环境的改善作为一项重要的发展指标。从程序的角度来看，为了从制度上维护代内的生态公平，任何可能涉及到污染项目的行政许可、环境的监测情况、环境的治理情况、突发环境事件、排污费的征收与使用等环境监督信息应向全社会公开，接受公众的监督，必要时举行听证，吸收公众的意见，使得经济的发展不至于承当过大的环境代价。

第二，代际的生态公平。代际的生态公平是指不同时代的人之间在利用生态环境与资源上的公平性。对于生态环境与资源的利用所得的收益以及所产生的成本可能在代际之间分配不公平，当代人为了发展经济大量破坏生态环境和消耗自然资源，其中所产生的收益大部分为当代人所享有，但由此所产生损害及其修复成本却留给了下一代，这是一种应当避免的生态不公现象，因此，对于环境的利用必须考虑代际公平，使得后代子孙也能够享用到优美的生态环境与充足的生态资源。特别是有些生态环境与资源的破坏是不可修复的，这意味着完全剥夺了后世子孙利用生态环境与资源的机会。因此，我国的环境立法应当将代际公平也纳入到考虑当中，必须从长远的视角来制定保护生态环境与资源的措施，在保证生态可持续性的前提下促进经济发展。

第三，发达国家与发展中国家之间的生态公平。这主要是指发达国家与发展中国家在利用生态环境与资源上以及分担保护生态环境与资源的成本上的公平性。当今的全球性污染与变暖是一个需要发达国家与发展中国家共同面对、共同解决的问题。但发展中国家由于资金与技术的有限性，以及为了发展经济而需要利用生态环境，发展中国家与发达国家在利用和保护生态资源与环境上所享有的权利与所承当的义务必然不可能完全是均等的，这里必须考虑到发展中国家的特殊情况以及发达国家在历史上为发展工业所造成的环境破坏。一方面，发展中国家在发展经济过程中需要利用生态环境与资源，甚至对于生态环境与资源造成一定的破坏，这在某种程度上是不可避免的、甚至是必要的。实际上发达国家在其经济发展史中，也曾经造成严重的环境污染与破坏，尽管我们常强调不能走"先污染后治理"的老路，但实际上对于资金和技术都非常欠缺的发展中国家来说，很多情况下是很难做到这一点的。今天发达国家不能完全基于抽象的生态公平，要求发展中国家也承当和发达国家同样的义务，这不仅导致当代性的不正义，也无法弥补历史性的不正义，因为西方发达国家逃避了其因历史上的环境破坏所应付出的代价。因此，在利用生态环境与资源的程度与保护生态环境与资源的义务上，发展中国家的标准要适当低于发达国家。即便发展中国家必须对某些不可逆的环境破坏承当一定的义务，也需要发达国家在经济与技术上对于发展中国家作出一定的补偿，以弥补发展中国为保护环境与转移经济发展模式所承担的成本。为此，国际社会提出的共同但有区别这一生态公平原则具有现实的合理性和实践的紧迫性。但是，对如何在法律规范层面确认与实施这一原则，在发达国家与发展中国家之间依然存在严重分歧，实现全球生态公平依然任重道远。应当以构建人类命运共同体的价值理念重塑生态公平，在根本上谋求全球生态公平的实现之道。

第 六 章

司 法 正 义 论

何为正义（justice）？正如博登海默所指出的，"正义有着一张普罗透斯似的脸（a Protean face）"①，认为正义的面貌随时变换且极不相同。尽管作为人类法律基础价值的正义理念，历经数千年的发展过程，确实已经在众说纷纭中变得难以把握，然而这并不能否定它可以为人类的理性所理解、认识，正义问题"在相当程度上可以进行理性的讨论和公正的思考"②。

那么，作为社会主义法治理论的司法正义观又当如何呢？首先，"司法公正是具体的而不是抽象的"③。司法正义存在于每一个具体的司法案件中，存在于每一个当事人对特定案件的具体感受中，它是一种通过司法个案得以实现的具体的正义、实践的正义。④ 其次，所谓司法正义，即社会正义在司法领域的体现和要求，是社会正义的实现方式和终极保障，反映了人类法治理想与目标的价值追求。

---

① ［美］博登海默：《法理学：法律哲学与法律方法》，邓正来译，中国政法大学出版社 1998 年版，第 252 页。

② ［美］博登海默：《法理学：法律哲学与法律方法》，邓正来译，中国政法大学出版社 1998 年版，第 264 页。

③ 《如何形成守法光荣、违法可耻的社会氛围？》，载《新长征（党建版）》2014 年第 12 期。

④ 习近平总书记在首都各界纪念现行宪法公布施行 30 周年大会上的讲话中指出，要"努力让人民群众在每一个司法案件中都能感受到公平正义，决不能让不公正的审判伤害人民群众感情、损害人民群众权益"（《习近平关于全面依法治国论述摘编》，中央文献出版社 2015 年版，第 67 页）。

第一节　司法正义价值论

马克思的价值论首先是经济学的理论，同时也贯穿于马克思主义哲学的其他组成部分。"'价值'这个普遍的概念是从人们对待满足他们需要的外界物的关系中产生的。"① 由于坚持了实践唯物主义的立场，对我们在哲学和政治学的意义上认识"价值"的概念提供了逻辑通路。张文显教授认为，"价值一般可理解为客体满足主体需要的积极意义或客体的有用性。"② 因此，司法正义的价值就是对人们在社会生活和司法领域的有用性，就是通过司法活动对人们司法需求的满足。

一、价值目标

（一）公平

公平是司法最基本的价值追求。许慎所著《说文解字》有云，"灋，刑也。平之如水，故从水；廌所以触不直而去之，从去。"法在中国自始就具有公平的属性，以之对抗不直。西方法谚亦云，"法律乃善良及公正的艺术（Jus est ars boni et aequi）"。古希腊神话中，代表正义和秩序的女神是忒弥斯，她戴着蒙眼布，手持天平，意味着法律和正义的实现需要执法者不存偏见，不受利诱，公正不阿，不畏权贵。由此可见，无论是我国古代对于司法的认识，抑或是西方法律文化传统对于司法的期待，公平都是司法的最基础和最本质的价值。法平如水，既是我国人民对法律"几千年的价值追求"，在事实上"也是各国法律追求的价值"。③ 在西方的词汇中，正义和司法是同一个词（Justice），司法必须意味着正义，代表着正义。

罗尔斯指出，"正义是社会制度的首要价值"④，随着人类平等意识、权利意识的觉醒，社会公平正义理所应当地成为了现代法治社会价值体系中不

---

① 《马克思恩格斯全集》第 19 卷，人民出版社 1963 年版，第 406 页。
② 张文显：《法学基本范畴研究》，中国政法大学出版社 1993 年版，第 253 页。
③ 王利明：《宪法的基本价值追求：法平如水》，载《环球法律评论》2012 年第 6 期。
④ ［美］约翰·罗尔斯：《正义论》，何怀宏、何包钢、廖申白译，中国社会科学出版社 1988 年版，第 1 页。

可或缺的组成部分，而法治社会建设正是在公正理念广为接受的今天才真正成为可能。近年来，随着改革开放的进一步深化，各地出现了很多新的社会问题，社会矛盾也随之增多。构建中国特色法治社会的生命，就在于通过促进社会公正，化解社会矛盾，维护社会的稳定，克服发展中面对的种种风险与挑战，从而将改革开放的事业继续顺利进行下去，这是由中国的社情国情所决定的，也是立足于解决本国发展中所遇到的一系列问题必然的制度选择。

（二）秩序

司法最早的社会意义在于使不稳定的社会状态恢复秩序，即构建秩序的社会。为建立基本的法治秩序，司法权具有重要的特殊意义，正是因为司法的桥梁和中介作用，为在现实中受到公共权力侵害或者其他威胁的个人、团体或组织，提供了一个能够使其诉诸法律，以表达冤情、对抗不公的有效途径。从而"使得那些为宪法所确立的公民权利能够得到现实的维护"[1]。正义是"高层次伦理规范"[2]，司法正义，就是以司法这一程式化的规范运作，使凝固在法律中的法律正义，通过维持、修正、改变的裁判方式，使得良好的社会秩序得以维持，使得受到损害的社会秩序得以修补，使得期待的社会秩序得以实现，通过对秩序的保障，实现对人权的保护。民事司法处理平等主体之间的秩序平衡，刑事司法负责社会公共秩序的稳定和修复，行政司法则负责区分公权力和私权利的界限。司法并不是构建秩序的唯一途径，却可能是最重要的途径和最关键的节点。社会中的很多问题，特别是其他的解决途径都难以解决的问题，往往最终就变成或者设置为一个司法问题，由司法作为"社会正义的最后一道防线"来保证秩序不被破坏和保障正义的实现。

（三）安全

安全是司法的基本价值目标。司法的安全价值，就是通过司法活动，包括恢复性的以及预防性的影响个人、组织、政府，甚至包括国家的选择和行为，使社会系统形成、维持或者恢复安定状态，使生活在社会中的人（包

---

[1] 陈瑞华：《司法权的性质——以刑事司法为范例的分析》，载《法学研究》2000 年第 5 期。

[2] 周旺生：《论作为高层次伦理规范的正义》，载《法学论坛》2003 年第 4 期。

括自然人和拟制人）的主观体验、认知和评价认可这种状态，并愿意继续遵守和维护现有法律秩序，维持这种安定状态，如果人无法感受到安全，则可能反过来成为影响"社会安全的破坏性力量"[1]。法律主体的安全及安全感对社会的稳定极为重要。安全可以从不同的角度进行划分：从内容上，安全包括人身安全、财产安全、食品安全、信息安全等；从主体上，包括个人安全、家庭安全、集体安全、国家安全、人类安全等；在社会领域中，安全包含了经济、政治、社会、环境、文化等方面。安全是人的基本需求，在马斯洛人类需求体系中，第二层级就是人的安全需求。在过去，法律理论界对安全价值研究得不深，然而，没有安全价值，其他价值就失去了前提和基础，只有在安全的环境和感受下，才可能进一步去追求秩序、自由、公平、平等、效率、人权、人的全面发展等价值和目标。没有安全，其他价值目标无从谈起。刑法是最为明显的主要为保障安全而确立的法律，并通过刑事司法来实现对安全的保障，更是通过刑事司法来实现"安全保障和自由保障"[2]的平衡。民法也保障安全，例如通过确立合同的效力和违约责任等，保障法律主体之间的交易安全。国际社会也通过订立国际公约和条约，来共同对抗恐怖主义、生态环境污染等一系列的危及人类安全的威胁，体现了法律对安全价值的追求。迈入新时代，习近平总书记提出的"总体国家安全观"颠覆了历史上的一切安全价值论，为司法的安全价值分析提供根本的理论指引。

（四）权威

权威是司法的主要价值目标，是指一种令人信任和服从的地位和力量。司法权威来源于法律的权威性，司法公正性和司法终局性。"创制法律的，不是智慧，而是权威"（Aucturitas，non veritas，facit legem）[3]，霍布斯在其最负盛名的著作《利维坦》第 26 章中即详细阐明了这一观点。根据法律命令论，"权力是政治的本质，国家权力等同于权威"[4]。可以说，自国家出现

---

[1]　安东：《论法律的安全价值》，载《法学评论》2012 年第 3 期。

[2]　［法］让·达内：《刑事司法与安全和自由的保障》，陈雪杰译，载《司法》2013 年第 8 辑。

[3]　［英］托马斯·霍布斯：《哲学家与英格兰法律家的对话》，姚中秋译，上海三联书店 2006 年版，第 4 页。本书将 veritas 译为智慧，一般而言，veritas 就是指真理。

[4]　高全喜：《论宪法的权威——一种政治宪法学的思考》，载《政法论坛》2014 年第 1 期。

以来，司法便以权威的地位出现。司法的目的就是以中立的地位，为发生冲突的双方提供解决的途径。审判制度的"首要任务就是纠纷的解决"①。当纠纷无法通过当事人的协商得到妥善处理，当事人寻求处于中立地位的第三方来作出公正的裁断，而这一裁断要获得当事人的信从，则必须满足以下条件：第一，当事人的信任，即当事人真诚的认可，第三方处于完全中立的地位，没有偏见，不偏袒，不存在利益关系；第二，第三方必须有足够的社会阅历、专业知识、技术水平等，并运用其天赋理性，经过深思熟虑后，对双方的争议作出合法、合理、合情的裁断。当裁断获得当事人的信从时，这一裁断便具有了权威。而已经建立起权威的一方作出的裁断，往往能够轻松地获得当事人的遵从。司法天然的具有权威性的基础，但在特定的社会背景和司法实践中却并不必然具有权威性。现代司法的权威是以理性为基础，以正当程序为运行模式，以严格执行为后盾而构建的制度性权威。现代司法的权威可能更多来源于形式的公平而非实质的公平。英美法系国家的"排除合理怀疑"和大陆法系国家的"内心确信"都是对司法形式公正的一种表达。然而，所有这一切都过于形式化和表象化，只有让人民群众在每一个司法案件中都感受到公平正义，才能真正树立起司法权威。

二、价值判断

（一）实体正义与程序正义

中国的古代法律传统历来被看作是"重实体，轻程序"的，因此经常被视为"无法"。这种法律思维对今天中国的法治建设仍然产生着重要的影响。我们在刑事冤假错案案件中所得到的教训和启示是，如果抛开程序正义而单纯的谈论实体正义，让过多非法律因素渗透到法律的实施过程中，导致司法者的专断，反而对实体正义形成严重的威胁，最终受损的是法治。从根本目的上讲，司法就是为了达至实体正义的目的，但实体正义的实现需要借由程序正义的桥梁，"一切形式的司法正义都具有实体性与程序性的双重秉性"②。司法正义要求在特定的时代背景，包括社会条件、历史文化条件、

---

① ［日］棚濑孝雄：《纠纷的解决与审判制度》，王亚新译，中国政法大学出版社1994年版，第1页。

② 江国华：《走向中庸主义的司法偏好》，载《当代法学》2013年第4期。

经济条件等综合背景下，设计一套具有程序正义内涵的司法程序，通过这一套合理的司法程序设计获得相对合理的实体正义的结果。古往今来，概莫能外，这一结论并非妄断。

程序虽然有其独立的价值，但程序最终是为实体服务的，再完整、再严谨的一套程序走下来，如果最终不是为了达至实质正义，那么这套程序设计终将被民众所抛弃。如果将司法正义比作是一棵大树，那么实体公正是根基，程序公正是其强有力的枝干，只有根植于实体公正，司法正义才能最终长成参天大树，长出茂密枝叶，开出正义之花，结出正义之果。习近平总书记在十八届四中全会《决定》的说明中解释强调，"通过法庭审判的程序公正实现案件裁判的实体公正，"① 完善的程序设计，是为了通过严谨的程序，减少权力寻租的机会，使司法权在更公开、透明的情况下运行，并通过这种公开和透明，倒逼行使司法权的人员更加慎权，严格依照法律、政策和公德等予以裁判，并得以产生更为合理、公平、公正的司法结果，从而提高司法公信力。过去重实体轻程序，"屈打成招"，造成了一些重大冤假错案，使得公民权利受到了严重侵犯；而如果出现了重程序轻实体的倾向，走程序就是个过场，而不是将其作为避免造成冤错案件的方式手段，同样容易造成擅断，错误定罪、量刑不当等问题，这同样会造成对公民权利的严重侵害。

（二）实质正义与形式正义

马克斯·韦伯和罗尔斯对形式正义和实质正义有过系统的阐述，而当两者发生冲突时，韦伯和罗尔斯都倾向于选择形式正义，韦伯认为，"无形式的司法为绝对任意专断和主观主义的反复无常提供了机会"②，罗尔斯则认为，"即使在法律和制度不正义的情况下，前后一致地实行它们也还是要比反复无常好一些。"③ 佩雷尔曼的形式正义原则是正义理论研究的突破，他认为形式正义就是"对每个人同样地对待"。形式正义和实质正义之间似乎存在着某种不可调和的矛盾关系，在发生矛盾时，哪种正义进行妥协是正义

---

① 习近平：《关于〈中共中央关于全面推进依法治国若干重大问题的决定〉的说明》，载《人民日报》2014年10月29日第2版。

② ［德］马克斯·韦伯：《经济与社会（下卷）》，林荣远译，商务印书馆1997年版，第142页。

③ ［美］罗尔斯：《正义论》，何怀宏等译，中国社会科学出版社1988年版，第54页。

理念所不能回避的问题。正如正义的多变复杂的面孔一样，实质正义和形式正义的相互关系也是由特定的历史时期、特定的社会背景、特定的人文环境等决定的。一方面，形式正义是法治的基本要求，也是最低要求，为了追求实质正义，抛弃了形式正义的法治则丧失了正义的最根本基础。形式正义得以确立，实质正义才有了坚实的基础和实现的可能；另一方面，形式正义又必须为实质正义服务，脱离实质正义而追求形式正义，形式正义就成了无用的摆设，甚至变成社会的毒瘤，最终成为阻碍正义实现的屏障。只有"将形式正义与实质正义统合起来并存于实质法治之中"①，才是中国特色社会主义法治建设的光明之道。

（三）社会正义与法的正义

"全面依法治国，必须紧紧围绕保障和促进社会公平正义来进行"。② 司法公正能够切实地维护社会公平正义，促进社会和谐稳定，确保社会的长治久安，它是社会公正得以实现的重要保障，能够为我国改革开放进入攻坚期、深水区所面临的一系列重大问题的解决，也将为我国全面依法治国的贯彻实施提供一个不可或缺的良好社会环境。公正司法是社会公平正义的最后一道防线，也是中国特色社会主义法治道路最终实现其公平正义核心价值的重要途径。它为社会公平正义由纸上正义向实践正义的转化提供了可靠的渠道和有力的保障。社会正义与法律正义从目的上方向是一致的，法律正义是社会正义的有机组成部分，但在实践中，社会正义和法律正义之间也会形成相互碰撞、相互冲突的矛盾状态。法的确定性和稳定性，以及立法技术等等原因，使得法律与社会正义和人民期待之间不可避免地存在一些矛盾和错位，在"邓玉娇故意杀人案""许霆盗窃案"等典型案件中，可以说法律规定与社会的常识认知、经验判断以及善恶评价发生了强烈的碰撞，通过司法的能动性，在法律允许的幅度范围内，在法律正义和社会正义中寻找最佳的平衡点，实现了法律效果和社会效果的统一。

---

① 江必新：《严格依法办事：经由形式正义的实质法治观》，载《法学研究》2013 年第 6 期。
② 习近平总书记于 2015 年 2 月 2 日在省部级主要领导干部学习贯彻党的十八届四中全会精神全面推进依法治国专题研讨班上的讲话，载《习近平关于全面依法治国论述摘编》，中央文献出版社 2015 年版，第 3 页。

三、价值实现

（一）审判权独立

西方的司法独立来源于三权分立的权力分配和权力制衡原则，由于深受洛克和孟德斯鸠分权理论的影响，西方各国以三权分立原则构建其权力制衡体系和制度。中国的司法权要在人民代表大会制度的总框架下加以构建与运行，人民法院要向人大负责，受到人大的监督。

党的十八大报告对司法权运行作出了符合中国特色法治发展道路的表述，即"确保审判机关、检察机关依法独立公正行使审判权、检察权。""从社会关系的调整与弥合看，在三权之中，司法权是关键。"[1] 司法权作为判断的权力，决定着公平正义的最终实现。公平正义是司法权的根本原则和基本要求，它的实现要求司法者能够依法独立行使职权。

十八届四中全会《决定》要求："司法机关内部人员不得违反规定干预其他人员正在办理的案件，建立司法机关内部人员过问案件的记录制度和责任追究制度。"[2] 按照十八届四中全会《决定》及配套规定要求，各级领导干部、司法机关内部工作人员应当带头遵守宪法法律，维护司法权威，以实际行动维护和保障司法机关依法独立行使司法职权。同时，实行办案质量终身负责制、错案责任倒查问责制，以促进司法人员自觉增强办案责任感和提高办案质量，促进司法机关、司法机关主动排除干扰，从而使其能够依法独立行使司法权，加强司法公信力，提升司法权威。

（二）司法效率

法谚有云："迟到的正义非正义。"法经济学关于司法效率价值的论断对我国司法产生了深刻的影响。审限制度作为一项诉讼制度，有效地提高了审判效率，既减少了案件积压，又让当事人能够减少讼累。据新加坡《联合早报》2016年4月25日报道，印度目前仅有2.1万名法官，其法律系统运作非

---

[1] 汪习根：《司法权论》，武汉大学出版社2006年版，第16页。
[2] 为贯彻落实党的十八届四中全会《决定》精神，2015年3月，中办、国办和中央政法委分别印发《领导干部干预司法活动、插手具体案件处理的记录、通报和责任追究规定》《司法机关内部人员过问案件的记录和责任追究规定》（简称"两个规定"），最高人民法院、最高人民检察院、司法部均制定了贯彻执行"两个规定"实施办法，并要求各地法院、检察院、司法行政机关抓紧制定实施办法的实施细则。

常缓慢，案件开庭时间可能拖上数年，甚至是数十年，据专家估计，按照这种速度，印度大概需要 30 年才能处理完现在所积压的案件。在中国，由于严格实行审限制度，案件的审判周期要短得多；然而，超审限案件在司法实践中并不少见，而且法官对审限制度也颇有微词。一则，由于审限制度还是没有充分考虑不同案件的特殊性，部分疑难复杂的案件需要更长的审判时间；二则，案多人少的矛盾在很多法院仍然突出，部分省市法官的人均办案数处于较高水平，例如江苏省法院 2014 年一线法官人均受理案件数达 194.07 件，而每年的工作日大约为 273 天，平均 1.4 天要办结一个案子，而办一个案件所需要的工作可能包括且不限于：送达、阅卷、调解、调查、询问/提审当事人、听取代理人意见、开庭、提交合议庭/审委会讨论、撰写裁判文书、裁判文书审批、案件报结、归档等等。过去，部分法院可能已经设置了法官助理或者书记员岗位协助法官办案，而部分法院，由于司法辅助人员缺乏，大量司法辅助工作，包括送达、归档等等都要法官个人独自完成。即使是一个简单的案件，1.4 天的时间都并不觉得宽裕，更何况要考虑复杂案件的存在。而中级人民法院、高级人民法院处理的大部分都不会是法律关系特别简单、当事人容易做思想工作的案件，这个时间肯定不够，这也客观上导致了超审限案件的必然发生。如果仅仅顾及效率，可能会导致公平价值的减损；如果仅仅顾及公平，不管效率的价值要求，又反过来会使公平本身受损。

司法责任制改革，必须兼顾效率和公平。因此，各级人民法院根据审级的不同，根据省市的地域差异，建立符合自身特点的审判团队模式，以提高法官、司法辅助人员的配合程度，提高司法审判的效率。同时，明确规范审委会议事规则，严格限制审委会议事范围，减少案件审判在审委会流程的积压。改革裁判文书签发流程，减少行政化签批模式，改变过去"审者不判，判者不审"的状况。优化审判管理模式，以审判管理的服务理念为指引推进审判流程管理机制和模式的改革，审判管理不仅仅是对法官审判的一种监督方式，更重要的是为法官提供服务、提高审判效率的一种手段和方法。

（三）司法权威

司法权威是司法"外在强制力"和公民"内在服从"的统一。[1] 权威的

---

[1] 卞建林：《我国司法权威的缺失与树立》，载《法学论坛》2010 年第 1 期。

司法，是实现司法效能的必要条件。曾经一个时期，我国司法权威仍遭受着诸多挑战，"信访不信法"困局，"司法官员腐败"现象，"司法执行不力"等问题，导致司法权威缺失，严重影响了社会主义法治社会的构建和发展。要立足于当前"中国语境"，从具体操作层面着手，围绕现实司法实践中的真问题，方能寻找到当前中国司法权威提升的现实进路。

"公生明，廉生威"。司法要具有权威，主要有两点要求："公正""廉洁"。法律要得到人们的尊重和服从，取得司法实效，是司法权威实现的根本前提和有效保证。德国哲学家奥特弗里德·赫费反对霍布斯的"利维坦"，反对国家持有"无限权力"，要求用"用正义的统治形式去反对非正义的统治形式，用道德论证来规范权力日益膨胀的国家"，① 赫费没有反对权威的意义，其反对的是差别获得权威的条件和标准。人们对法律的服从也有可能是出于强制的无奈和对制裁的恐惧，因此，司法的权威性必须有一个"公正"的前提。法律本身是公正的，司法的过程是公正的，司法结果是公正的，法律的执行是公正的，以上四点有机结合起来，最终才能在全民思想理念和社会秩序中构建起司法权威。关于廉洁，在我国，司法权威最大的威胁来源可能就是司法腐败问题。不管是小苍蝇还是大老虎，都对司法权威的树立造成最为严重的冲击和破坏。"执法司法越公开，就越有权威和公信力。"② 通过司法公开和强有力的司法监督，从而让司法人员从"不敢腐"到"不能腐"，最终从思想观念上转变到"不想腐"。

（四）司法信仰

"法律必须被信仰，否则它将形同虚设"。③ 最重要的法律"既不是铭刻在大理石上，也不是铭刻在铜表上，而是铭刻在公民的内心里。"④ 整个社会司法信仰的确立，来源于司法人员以及司法机关在具体案件中的公正司法，而人民群众对在案件中感受到的司法正义有切实的获得感，是司法信仰以及司法公信力得以确立的必要前提。

---

① ［德］奥特弗里德·赫费：《政治的正义性：法和国家的批判哲学之基础》，庞学铨、李张林译，上海译文出版社 2005 年版，第 2 页。

② 《习近平关于全面依法治国论述摘编》，中央文献出版社 2015 年版，第 72—73 页。

③ ［美］伯尔曼：《法律与宗教》，梁治平译，三联书店 1991 年版，第 28 页。

④ ［法］卢梭：《社会契约论》，何兆武译，商务印书馆 2003 年版，第 70 页。

近几年来，特别是立案登记制实施以来，诉讼案件数量的急剧增加，体现了人民群众对于司法的信任，更说明了人民群众对司法公正的期盼。这既是一个挑战，更是一个契机。对于人民群众的合理诉求，"决不能让不公正的审判伤害人民群众感情、损害人民群众权益"①。

古语有云："徒法不足以自行"，再完善的法律也必须通过法的实践来实现其自身的价值。如果在司法环节正义无法有效输送到每个当事人的面前，那么再堂皇的法条也只是一种纸上的正义，无法建立起人民对于法律的信仰。司法途径被人民群众视为畏途的后果，使司法的权利救济、定分止争和制约公权的职能无法正常地发挥，使人民群众在受到侵害时无法理直气壮地通过合法、合理、正当的方式捍卫合法权利，被迫选择隐忍、退让或其他可能影响社会和谐稳定的途径来解决争端。司法公信力的缺失还可能导致整个社会公正价值体系的扭曲。因此，确保法之必行的关键就在于公正司法，目前司法运行中存在着不少突出问题，原因有很多方面，既有司法体制和司法工作机制等亟需解决的制度建设层面的问题，也有对现有法律职业行为规范、职业道德等制度执行方面存在的问题。制度建设层面的问题主要包括：其一，司法行政化的问题较为严重，司法实践中审判分离，判决结果在庭审程序之外形成，以庭审为中心的诉讼制度无法得以贯彻，司法工作人员职业责任边界较为模糊，增加了司法不公出现的概率；其二，司法地方化问题尚待有效解决，只有司法机关人财物能够真正独立于地方，司法活动才能够有效的排除来自外部的干扰；其三，阳光司法机制急需完善，以公开促公正，以透明保廉洁的力度不够，可能导致司法腐败的暗箱操作依然有其存在的空间。制度执行方面的问题主要是因为守法成本高于违法成本，制度对已经发生的违法行为无法有效规制，对潜在的违法行为也无法形成足够的威慑力，从而使制度无法有效地执行。"制度的生命力在执行，有了制度没有严格执行就会形成'破窗效应'"②。司法工作中很多问题并非是由制度规范的缺失而造成的，问题往往出现在不能做到"法之必行"，比如广为人民群众所不满的司法不作为、乱作为，以及"司法掮客"等现象，在立法层面早已有

---

① 习近平总书记于2012年12月4日在首都各界纪念现行宪法公布施行30周年大会上的讲话，载《习近平谈治国理政》，外文出版社2014年版，第141页。

② 《习近平关于全面依法治国论述摘编》，中央文献出版社2015年版，第72页。

所规制，但是由于实施不力，使立法原意无法得到落实。这样的法律制度也就无法为人们所信仰，也无法获得人民的信任。世界上任何一种事业，如果失去了人民的信任都是注定无法成功的。商鞅变法之初，首先就是通过"徙木立信"将"法之必行"的理念付诸实践，以取信于民，从而确立百姓对于其改革事业的公信力基础。民心的向背，推动着历史发展的进程，"水能载舟，亦能覆舟"，促进司法公正以顺应民心，是中国特色社会主义司法的核心内容和生命线所在。

第二节　司法权的性质

一、司法权的本源

法国启蒙思想家卢梭等人对人民主权学说的阐述，使得人民主权原则逐渐深入人心，并为西方各国基本法所采纳。与之在本质上不同，我国现行宪法确立了人民当家做主的基本原则，以确保人民主体地位。宪法同时还规定了人民行使权力的方式是"人民代表大会"，并通过人民代表大会来实现对国家行政权、审判权、检察权的行使和监督。人民主体地位原则实现的最重要途径在于实现对人权的保护。2004年通过宪法修正案，"国家尊重和保障人权"被写进了宪法，体现了中国在民主政治理念上的先进性。2012年《刑事诉讼法》中也加入了同样的内容，再一次向全国人民宣誓了尊重和保障人权的坚定决心。从"人民主权"到"人民主体"再到"人权"的转变，"实现从公权力到私权利的过渡"[①]，体现了我国法治理念的重大变化，"人民主体"体现了集体主义思维的人民导向，而"人权"则从个人权利出发，更加注重个体的权利，注重每一个社会成员的感受和体验，实现从集体到个体的实质性转移。

（一）司法权的执行主体：司法机关

司法权的执行主体是司法机关。我国司法机关，广义上包括审判机关、检察机关、侦查机关、司法行政机关。在狭义上，司法权一般主要指审判

①　汪习根：《司法权论》，武汉大学出版社2006年版，第89页。

权，其行使主体是审判机关，在我国是人民法院。检察机关和审判机关的区别在于，检察机关相对而言，具有相当的主动性，而且检察权并不是完全中立的，特别是在刑事案件中，控方与辩方处于完全对立的两面，控方主动追求对被告人的刑事处罚，行使求刑权。另外，检察机关也拥有一定的判断权，检察机关可以选择对被告人免于起诉。但在大部分的案件中，检察机关并不具有判断权，最终的判断权在审判机关手中。因此，通常认为，"司法权"多指狭义的司法权，即审判权，审判权是司法权的核心权能。在本章中，司法权一般在狭义的意义上使用，司法权的执行主体是作为审判机关的人民法院，但同时也不排除检察机关的司法权执行主体地位。

（二）司法权的权力特征：判断权

审判权本质上是判断权，更准确地说，审判权是宪法法律赋予审判机关及其审判人员（整体意义上）的一种具有终局性的判断权。司法判断是"根据特定的证据（事实）与既定的规则（法律）"[①]，针对诉讼两造的争议，作出肯定或者否定的认定。司法的判断权来源于人民的授权，由国家强制力保证实施。司法是以法官为主体参与的过程，既是法官整体司法智慧的凝聚，又是法官个体司法智慧的展示。这意味着，法官的判断依据来源自法律，判断的权威也来自于法律，法官在法律的原则、规则的规范和约束下进行判断，不得肆意妄为，也不应受其他因素的不当干扰，法官在司法领域内有着绝对的权威。司法的判断属性决定了司法必须具有中立性、独立性、形式正当性、公正性、终局性等特征。

（三）司法权的正义属性：矫正正义

矫正正义与分配正义相对应。亚里士多德在其著作中，将正义划分为普遍正义和个别正义，接下来他又将个别正义分为分配正义和矫正正义。其中分配的正义在于成比例，而矫正的正义性质不同，矫正正义是对在私人交易中出于意愿的和违反意愿的不公正、不平等，通过寻求法官帮助，使之恢复

---

① 孙笑侠：《司法权的本质是判断权——司法权与行政权的十大区别》，载《法学》1998年第8期。

到平等。① 因此，矫正正义意味着社会公正已经遭受了破坏，司法考虑行为造成的损害，法官就是在已经发生的失衡中寻找平衡，在已经遭受的破坏中寻找弥补的途径，在不成比例的分配中寻找新的平衡点。司法只考虑损害的大小，对当事人平等对待，一视同仁。亚里士多德的矫正正义理论是司法正义理论的最早阐述，而如今的司法正义，不仅包含矫正正义所强调的实体正义的结果，而且甚至有人强调"程序正义优先"②。

"司法机关作出的生效裁决，除经司法机关依法改判外，其他任何机关、组织或个人均不得变更或撤销"③。司法权的这一特性使之居于定分止争的上游地位，成为一切纷争解决的最后手段。正是因为如此，习近平总书记曾引用英国哲学家培根的一段名言来强调公正司法作为法治生命线的重要意义："一次不公正的审判，其恶果甚至超过十次犯罪。因为犯罪虽是无视法律——好比污染了水流，而不公正的审判则毁坏法律——好比污染了水源"。

司法机关作出的终局性裁判，内容包括对人身、财产乃至生命权利的处分，并由国家强制力保障执行，即使其间发生任何错漏，也只能通过司法机关启动审判监督程序加以纠正，其他任何个人、组织和机关对生效之裁判均无权变更和撤销，换言之，此时即使蒙受司法不公的侵害，其权利是否能够恢复也将完全依靠并最终随着司法权的公正运行而得到实现，除此之外别无途径。司法权的这些特性使得公正司法成为社会公平正义的最后一道防线，要守住这道防线就必须达到"两个一定"的要求，即"受到侵害的权利一定会得到保护和救济，违法犯罪活动一定要受到制裁和惩罚"，不纵不枉，在"事实认定符合客观真相，办案结果符合实体公正，办案过程符合程序公正"④ 的基础之上，实现社会对于公平正义的期待。

---

① ［古希腊］亚里士多德：《尼各马可伦理学》，廖申白译，商务印书馆 2003 年版，第 126—140 页。

② 郑成良：《法律之内的正义：一个关于司法公正的法律实证主义解读》，法律出版社 2002 年版，第 179 页。

③ 汪习根：《司法权论》，武汉大学出版社 2006 年版，第 80 页。

④ 《中共中央关于全面推进依法治国若干重大问题的决定》，载本书编写组：《〈中共中央关于全面推进依法治国若干重大问题的决定〉辅导读本》，人民出版社 2014 年版，第 23 页。

二、司法权关系论

（一）司法权与立法权的关系

与西方的三权分立不同，作为国家最高权力机关，我国全国人民代表大会行使国家立法权。在我国现行体制下，司法权不是立法权的制衡，司法权是对立法权的实现。人民代表大会制度是我国的根本政治制度，人民代表大会是国家权力机关，司法机关由权力机关产生、对它负责、受它监督。所以，在我国，司法权与立法权并非平行与制衡的关系。一方面，司法权具有在运行机制与具体操作方式上的独立性；另一方面，司法权又始终是在立法权之下的，由立法权所派生和监督。审判的依据是法律，所以司法解释也必须置于法律的框架之下，司法解释需要以法律为依据，符合立法精神。由最高人民法院、最高人民检察院作出的司法解释，在程序上也必须上报全国人民代表大会常务委员会备案。①

另外，《各级人民代表大会常务委员会监督法》第三十二条、三十三条还对全国人民代表大会常务委员会对最高人民法院和最高人民检察院的司法解释是否与法律相抵触的审查方式和处理方法作出了规定。从而确保了对司法解释是否符合立法原意的最终决断权。

（二）司法权与行政权的关系

在美国，司法权有着所谓至上的权威，任何一个政治问题，最终都可以变成司法问题。在法国，司法权不得干涉行政权，法国有两套完全独立的法院系统，包括普通法院系统和行政法院系统，行政法院系统隶属于行政机关。在中国，司法权可以通过行政诉讼对行政权的运行进行监督和制约。法律规定，司法机关可以在行政诉讼中对行政机关制定的规范性文件进行审查，是司法权对行政权的渗透。② 司法机关还可以依法直接变更行政处罚，

---

① 全国人民代表大会常务委员会可以通过决议，授权最高人民法院对属于法院审判工作中具体应用法律、法令的问题进行解释。另外，《中华人民共和国人民法院组织法》和《最高人民法院关于司法解释工作的规定》进一步明确了人民法院对审判工作中具体应用法律的问题进行司法解释的规定。

② 《中华人民共和国行政诉讼法》第五十三条第一款规定，"公民、法人或者其他组织认为行政行为所依据的国务院部门和地方人民政府及其部门制定的规范性文件不合法，在对行政行为提起诉讼时，可以一并请求对该规范性文件进行审查。"

这体现了司法权对行政权的监督。① 但人民法院在行使司法权时，必须保持司法的谦抑性，避免超越行政权，司法权不得超越受理范围干预或代行行政权。② 在当前的环境公益诉讼中，突出强化司法权的作用，要在法治的理念和背景下，在"司法缺位"和"司法越位和错位"③ 之间，寻找新的平衡点，理顺环境公益诉讼中行政权和司法权的关系。

（三）司法权与公民权的关系

列宁指出，"宪法就是一张写着人民权利的纸"④。我国宪法第二章对公民的基本权利作出了相应的规定，其中部分公民权是消极权利，只要公权力或者其他私权利不对其侵害或阻碍，公民便可以自我实现，例如人身自由权等，部分公民权是积极权利，需要公权力的配合方能实现，例如公民在年老、疾病或者丧失劳动能力时获得物质帮助的权利，就需要政府或其他组织的帮助方能实现。在公民权利受到损害时，通过司法过程中司法权的运用，使公民受到损害的权利得到保障，或使之实现，或使其恢复，或进行补偿。

（四）司法权与监督权的关系

由于司法人员在司法过程中客观上存在滥用司法权的可能，因此，对法官的监督和制约就显得尤为重要。"司法不能受权力干扰，不能受金钱、人情、关系干扰，防范这些干扰要有制度保障。"⑤ 司法权的公正行使不能靠一厢情愿，不能单靠理想信念的培养，而必须有监督制度的制约。在我国，司法审判的监督机制包括审判体系的内部监督和审判体系的外部监督。外部监督包括党的监督（含纪律检查委员会监督）、国家权力机关的监督（人大的监督）、监察监督（国家监察委员会的监督）、社会监督（含媒体监督和社会民众监督等）和当事人监督等等。

---

① 《中华人民共和国行政诉讼法》第七十七条第一款规定，"行政处罚明显不当，或者其他行政行为涉及对款额的确定、认定确有错误的，人民法院可以判决变更。"

② 林莉红：《行政权与司法权关系定位之我见——以行政诉讼为视角》，载《现代法学》2000年第2期。

③ 王明远：《论我国环境公益诉讼的发展方向：基于行政权与司法权关系理论的分析》，载《中国法学》2016年第1期。

④ 《列宁全集》第12版，人民出版社1987年版，第50页。

⑤ 《习近平关于全面依法治国论述摘编》，中央文献出版社2015年版，第68页。

三、司法权性质反思

对于司法权的性质，不同的学者有过不同的定义。汪习根教授在吸收中西方学者对司法权性质研究成果之合理成分和精华的基础上，从法理学的角度，对司法权的性质进行重新的定位与反思，[①] 这一均衡主义的思想，对司法权十个属性的定位和反思，与马克思主义哲学中对立统一规律相一致，其中，公正与效率，裁判与服务，独立与制约，职业性与大众性，被动与主动，公开与秘密，交涉性与命令性，中立与倾向，格式与便利，终极性与再启性，一一对应，前者是司法权在当前社会发展和法治发展中的本质属性，后者则是该属性的必要的、有效的、有限制的补充，两者既是矛盾对立的两面，又是相互统一的两面，体现了司法权的某一方面属性在特定发展时期的相互关系，只有将司法权的某一方面属性的两个特性结合起来，有重点也不失之均衡，才能让司法权发挥最大功效，保护人权不受非法侵害，维护司法权威，树立司法公正良好形象。

第三节　从司法独立到审检独立

一、三权分立下的司法独立

西方的司法独立原则有着深厚的历史和文化传统渊源。从柏拉图、亚里士多德始，就阐述了权力制衡的观点；洛克最早详细阐释了分权理论，创造性地提出国家享有三种权力：立法权、执行权和对外权[②]；西方的司法制度深受孟德斯鸠三权分立理论的影响，孟德斯鸠在其最具影响力的著

---

　　① 汪习根教授在《司法权论》一书中对司法权的公正性、裁判性、独立性、职业性、被动性、公开性、交涉性、中立性、格式性、终极性等十个属性进行了深度剖析及反思，包括：1. 公正性反思：以公正性为主，辅之以效率性；2. 裁判性反思：以裁判性为主，辅之以服务性；3. 独立性反思：以独立性为主，辅之以制约性；4. 职业性反思：以职业性为主，辅之以大众性；5. 被动性反思：以被动性为主，辅之以主动性；6. 公开性反思：以公开性为主，辅之以秘密性；7. 交涉性反思：以交涉性为主，辅之以命令性；8. 中立性反思：以中立性为主，辅之以倾向性；9. 格式性反思：以格式性为主，辅之以便利性；10. 终极性反思：以终极性为主，辅之以再启性。参见汪习根：《司法权论》，武汉大学出版社 2006 年版，第 26—85 页。

　　② ［英］洛克：《政府论（下篇）》，叶启芳、瞿菊农译，商务印书馆 1996 年版，第 89 页。

作《论法的精神》中提出,有三种权力是每个国家都拥有的。他将其中第二种权力称为国家的"行政权力",将第三种权力,可以"惩罚犯罪或裁决私人讼争"的权力,称为"司法权力"。① 孟德斯鸠认为,立法权和行政权必须分立,而司法权也必须同立法权、行政权分立,以保证自由的享有,从而明确地提出了关于立法权、行政权、司法权三权分立的原则。英美法系国家和大陆法系国家虽然同受三权分立原则的影响,但三种权力的制衡关系并不相同。在美国,司法具有违宪审查的权力,在司法权和立法权、行政权相互博弈的过程中其权力的地位逐步上升,可以说,在美国,任何一个政治问题,都可以上升为司法问题。法国对三权分立的理解有所不同,法国认为,三权分立意味着司法权不得干预行政权,因此,不能由司法机关对行政机关的行政行为进行评价,否则就是对行政权的干预。在这一理念的引领下,法国建立了两套完全独立的司法体系,包括普通法院系统和行政法院系统,行政法院从性质上看具有司法机关的职能,但体制上看属于行政机关,实际上是隶属于政府的,是行政机关内部的监督和审查机构,行政法院体系构建了具有法国特色的行政法治原则。

近现代西方国家从孟德斯鸠的三权分立原则中发展出司法独立(judicial independence)原则,认为司法独立是"公正司法和人权保障的根本"②。西方国家对司法独立的认识其说不一,甚至有时莫衷一是、混乱不堪。从规范层面看,司法独立在各国宪法中有几种表达方式,第一种是英美法系国家为代表的,其特点为"以三权分立为国家权力框架规定司法权属于法院";第二种方式是以宪法形式确定司法权、法院或法官的独立;第三种除规定法院、法官独立外,还包括检察机关在内的其他相关司法主体的独立。③ 目前,司法独立原则已逐渐为西方现代法治国家所承认,为宪法采纳、确立为宪法性原则后,又进一步成为国际条约、国际文件所遵循的重要

---

① [法]孟德斯鸠:《论法的精神(上册)》,张雁深译,商务印书馆1961年版,第152页。
② 支振锋:《司法独立的制度实践:经验考察与理论在思》,载《法制与社会发展》2013年第5期。
③ 陈光中:《比较法视野下的中国特色司法独立原则》,载《比较法研究》2013年第2期。

法治原则。① 西方司法独立不可能真正彻底独立于党派与资产阶级，无论是法官的遴选与任命，还是审判的价值与倾向，都无一不与政党政治和利益集团密切关联。

二、司法权属性的中国语境

我国《宪法》第一百二十六条确立了司法的独立性原则，② 新一轮司法改革同样也强调了审判权的独立性。③ 但是，与西方"三权分立"权力架构下的"司法独立"所不同的是，我国的"审判独立"和"检察独立"是在党的领导下的独立，也是在人民代表大会监督之下的独立。

尽管我国早在党的十一届三中全会就对"检察机关和司法机关要保持应有的独立性"这一原则性提法作出了明确规定。但中国不可能走西方司法独立的老路。中国的司法制度建设在吸取西方法治国家经验教训和国际通行规则中某些合理成分的基础上，立足于中国国情、社情、实践，构建与中国特色社会主义法治体系相符合的审检独立原则。下文以审判权为重点展开分析。

（一）坚持党的领导与审判权独立行使

坚持党的领导是我国宪法所确立的基本原则之一，④ "深化司法体制改革，是要更好坚持党的领导、更好发挥我国司法制度的特色、更好促进社会公平正义。"⑤ 总的来说，党的领导对审判权独立行使的重大意义主要表现在以下几个方面：（1）领导立法，为审判权独立行使提供法律依据。就其

---

① 《世界人权宣言》《公民权利和政治权利国际公约》都对司法独立进行了规定，国际律师协会第十九届年会通过的《司法独立最低标准》、司法独立第一次世界会议通过的《司法独立国际宣言》、第七届联合预防犯罪和罪犯待遇大会通过的《关于司法机关独立的基本原则》、联合国经济与社会理事会通过的《关于司法独立的基本原则：实施程序》、国家法学家委员会通过的《关于新闻媒体与司法独立关系的基本原则》、第六届亚太地区首席大法官会议通过的《司法机关独立基本原则的声明》等。

② 《中华人民共和国宪法》第一百三十一条规定，"人民法院依照法律规定独立行使审判权，不受行政机关、社会团体和个人的干涉。"

③ 习近平总书记于2012年12月4日在首都各界纪念现行宪法公布施行30周年大会上的讲话中指出，"我们要深化司法体制改革，保证依法独立公正行使审判权、检察权。"（参见《习近平谈治国理政》，外文出版社2014年版，第140页）

④ 《中华人民共和国宪法》第一条规定："中国共产党领导是中国特色社会主义最本质的特征。"

⑤ 习近平总书记于2014年1月7日在中央政法工作会议上的讲话，载《习近平关于全面依法治国论述摘编》，中央文献出版社2015年版，第77页。

本质而言，党的政策反映了我国人民的根本意志，国家的立法活动都应以党的政策作为先导和指引，从而使代表人民意志的党的主张通过法定程序，在具体的立法中成为国家意志。审判权独立行使等司法原则正是通过"党中央对重大立法事项的决定权"，① 上升为国家意志，成为司法活动的法律依据。（2）支持司法，为审判权独立行使提供制度保障。一方面，人民法院依法独立行使审判权离不开中央以及地方各级党政机关在制度层面"支持政法系统各单位依照宪法法律独立负责、协调一致开展工作"②，另一方面，党政机关不能对司法机关职能范围的具体事务管得过多过细，更不能插手和干预具体的司法个案。③（3）带头守法，为审判权独立行使提供优良的司法环境。执政党也必须在宪法法律规定的范围内活动，尊重宪法、法律的权威，尊重人民法院独立行使审判权，为全社会建立良好的司法环境而率先垂范。

（二）人民代表大会制度与审判权独立行使

在我国宪法体制中，国家的行政机关、审判机关、检察机关都由人民代表大会产生，并对它负责，受它监督。④ 所谓司法机关的独立性，必须建立在宪法所确立的人民代表大会制度这一基本框架之下，司法权本质上来源于人民，全国人大和地方人大是人民行使当家做主权力的根本载体，包括司法机关在内的其他国家机关，理应要接受权力机关的监督。这一宪法义务也是人民法院受人大的监督，对人大负责的法律基础。与此同时，人大又反过来支持人民法院依法独立行使审判权，从而使人民法院审判权的正当行使免于行政机关、社会团体和个人的干涉。

（三）司法责任制完善与审判权独立行使

审判权独立行使要求深化司法改革，当前的司法责任制改革旨在回应

---

① 汪习根、宋丁博男：《论党领导立法的实现方式》，载《中共中央党校学报》2016年第2期。

② 习近平总书记于2014年1月7日在中央政法工作会议上的讲话，载中共中央文献研究室编：《习近平关于全面依法治国论述摘编》，中央文献出版社2015年版，第70页。

③ 中共中央办公厅、国务院办公厅于2015年联合出台《领导干部干预司法活动、插手具体案件处理的记录、通报和责任追究规定》，以有效防止领导干部干预司法活动、插手具体案件处理，确保司法机关依法独立行使职责。

④ 《中华人民共和国宪法》第三条第三款规定："国家行政机关、监察机关、审判机关、检察机关都由人民代表大会产生，对它负责，受它监督。"

"让审理者裁判、由裁判者负责"的审判权运行基本规律。"让审理者裁判、由裁判者负责"有两个逻辑层面的含义：谁审理，谁裁判；谁裁判，谁负责。从司法权运行的微观层面考察，法官是审判权的直接行使人，所有的审判活动和法律实施效果均要通过法官的行为来完成和实现。当前司法体制改革中，特别是基层法院的结构上实现从层级化到扁平化的管理模式，减少行政管理层级，是将审判权还权于独任制法官、合议庭的努力之一。唯有实现了审判者自主裁判，才能要求作为裁判者的审判者负责。审判权独立行使与本轮刑事诉讼制度改革中提出的"以审判为中心"[1] 既有区别，也有联系，审判权独立行使主要是针对审判权的内部运行而谈的，在审理者真正掌握审理权和裁判权的基础上要求责任自负；以审判为中心则是针对侦查权、检察权和审判权的相互关系提出的，是对过去刑事诉讼以侦查为中心的纠偏，要求刑事诉讼的一系列活动围绕着审判、围绕着庭审、围绕着证据展开，是司法权本质的回归。[2]

第四节　接近正义与司法为民

一、接近正义理念

《法律之门》的开篇引用了卡夫卡所著的《审判》中的一则寓言[3]，在这一寓言中，乡下人来到了法的门前，请求能去见法，但终其一生始终没有获得守门人的许可，在生命弥留之际，却被告知这个法律之门是专门为他而开的。乡下人虽然站在法的门前，却始终没有获得法的庇护，没能真正地接近正义。罗尔斯在《正义论》一书中提出通过纯粹的程序正义来进行份额的分配，并将刑事审判作为不完善的程序正义的示例。程序公正在司法公正中独立的价值已经得到了公认，但"公正的程序"并不等同于"烦琐的程序"。对于案件事实简单、法律关系简单等的案件，设置"简单的程序"，

---

① 《中共中央关于全面推进依法治国若干重大问题的决定》，载本书编写组：《〈中共中央关于全面推进依法治国若干重大问题的决定〉辅导读本》，人民出版社2014年版，第23页。

② 黄怡：《司法责任制建构的法理基础与路径选择》，武汉大学2018年博士论文，第103页。

③ ［美］博西格诺：《法律之门（第八版）》，邓子滨译，华夏出版社2007年版，第1—8页。

使当事人通过最便捷的方式接近正义，更能达到司法公正的要求和目标。

接近正义（access to justice）[①] 理念植根于英美法中，在 20 世纪中叶之后在接近正义理念的指引下，西方国家在民事司法领域展开了一场声势浩大的接近正义运动，旨在通过这一司法改革行动，应对系列司法危机，例如诉讼过分延迟、诉讼成本过高导致负担过重等等，通过为贫困者提供法律援助，对扩散性、部分性利益进行保护，寻求诉讼外的替代政策等方式，以"充分保障公民利用司法和接近法院的权力"[②]。

接近正义运动的目的不在于定义正义，而是努力的"在接近'正义'的途径上走得更远"[③]。无论是平等的问题，贫困的问题，脱离恐怖的自由的问题，在整个世界的范围内距离正义的实现还相当遥远；而社会性不平等问题，刑讯逼供问题，消费者因垄断而导致消费支出上涨的问题，在多数国家都仍然存在。接近正义运动已经经历了三个阶段，包括第一阶段的法律援助和法律商谈制度；第二阶段强调保护少数民族、残疾人、女性、老年人的权利，以及消费者权益、环境利益；到第三阶段关注整个纠纷处理机构，包括简化实体法，寻求法院、律师、诉讼的替代手段等，将接近正义运动不断推向更深更广的范围，都是西方国家对"接近正义"的有益尝试。但是，在两极分化极为严重、种族与社会不平等加剧的西方世界，所谓的接近正义在实质上只能是富人和掌权者的正义。

二、司法为民理念

中国吸取西方各国的接近正义运动的经验教训，结合"以人为本"法治理念，形成最具有中国时代特色，最系统、最全面的中国现代司法理念："司法为民"理念。

（一）保障人民群众的司法救济途径

"如果群众有了司法需求，需要打官司，一没有钱去打，二没有律师可

---

① 对这一词组的翻译，存在不同理解。有的翻译为接近正义，有的翻译为诉诸司法或者其他。我们的旨趣不在于进行翻译上的考证，而只取其在获得司法保障或救济之类的实意。

② 张进德：《西方的接近正义运动与中国民事诉讼改革——以 2012 年〈民事诉讼法〉的修订为中心》，载《法治研究》2014 年第 5 期。

③ ［意］莫诺·卡佩莱蒂：《福利国家与接近正义》，刘俊祥等译，法律出版社 2000 年版，第 325 页。

以求助，公正司法从何而来呢？"[1]

司法为民首先在于对合法权利的保护和救济，法谚有云："无救济则无权利"，权利的保护固然可以通过制度的设计降低被侵害的几率，然而正如一部严密的刑法无法彻底消灭犯罪一样，对权利的保护的制度安排也无法总能做到防患于未然，因此当权利受到不法侵害之时，如何使权利通过司法途径得到有效的保护和救济，是实现社会公平正义必须考虑的重大问题之一。通常情况下，合法权利的侵害者可能是个人、组织甚至是国家的行政执法机关，它们或者本身就是利益冲突的一方当事人，或者处于较为强势的地位，由其主动纠正错误，在实践中存在着一定的困难；而近年来受到关注的ADR 方式，通过调解等非诉讼模式解决社会矛盾虽然有着降低争端解决成本、减少司法资源浪费等优势，但由于其适用范围有限，加之缺乏国家强制力的支撑，相对于司法的终局性以及执行的力度而言，存在着一定的不足。因此，通过司法机关解决争端、保障权利，依然是当事人通常选择的途径和争端解决的最终手段。

司法为民还体现在充分保障人民群众对于司法活动参与和监督的权利，依靠人民群众推进公正司法，是司法实践中群众工作的又一重要内容，它是司法机关对全心全意为人民服务宗旨的贯彻，也是人民政权由人民群众当家作主的理念在司法实践中的体现。

（二）做好群众工作是司法为民的要义

在人民司法的体制下，"法律不应该是冷冰冰的，司法工作也是做群众工作。要坚持司法为民，改进司法工作作风"。[2] 全心全意为人民服务是党的根本宗旨，也是体现人民政权由人民群众当家作主的应有之义。司法工作中的群众工作主要包括以下几个方面：

1. 在司法活动中认真践行司法为民的理念，使司法公正准确、及时地输送到每一个当事人手中。群众在寻求司法救济的过程中，有时，确有依靠自身努力难以克服的困难，法院不能简单地以一纸法律裁判文书来宣示公平

---

① 习近平总书记于 2013 年 2 月 23 日在十八届中央政治局第四次集体学习时的讲话，载中共中央文献研究室编：《习近平关于全面依法治国论述摘编》，中央文献出版社 2015 年版，第 68 页。

② 习近平总书记于 2013 年 2 月在中央政治局第四次集体学习时的讲话，载《习近平关于全面依法治国论述摘编》，中央文献出版社 2015 年版，第 68—69 页。

正义，而需要以公权力为人民群众提供必要的帮助。随着时代的进步，司法为民的形式将会越来越向多元化发展，其中可能需要在经济上或制度上做出新的安排。就目前司法实践而言，司法为民的措施主要包括：

（1）司法救助制度：司法救助制度体现了社会主义法治社会对于社会成员人文的、民生的关怀，有利于促进社会的和谐稳定，维护司法权威和公信力，从而彰显社会的公平正义。目前这一制度还在不断完善发展之中，有些实践中出现的问题有待于厘清。比如，在诉访分离的制度设计中，涉诉涉法案件当事人由司法机关申请司法救助是否符合司法终局性的要求等问题的思考。

（2）法律援助制度：旨在解决没钱打官司和无法获得律师帮助的问题。法律援助由政府主导，社会力量广泛参与，在公民需要时提供法律援助，如被告人因经济困难以及其他原因没有委托辩护人的公诉案件中，根据人民法院的指定，由法律援助机构对其提供帮助。法律援助制度设立的根本意义在于为当事人提供公平参与诉讼的权利，体现了程序正义的要求，也是公正司法的内在要求。

（3）立案登记制度：2015年2月发布《最高人民法院关于全面深化人民法院改革的意见》，对原有的案件受理制度进行了改革，立案制度由原来的审查制改为登记制。《意见》要求，对于符合法律规定的，应当立案受理的案件，"有案必立、有诉必理"，最大限度地保障当事人诉权。同年4月出台的《关于人民法院推行立案登记制改革的意见》，对立案登记制度的指导思想、登记立案范围、登记立案程序、配套机制、违法滥诉的制裁及立案监督进一步明确，使立案登记制度实现了从原则到规则的转化，实现了从制度到实践的落实，使立案登记制度切实可行，有效实施。同以前实行的立案审查制相比，立案登记制有利于将更多的矛盾、争端纳入司法程序予以解决，使当事人能够充分享有诉的权利，并通过司法程序获得终局性裁判。从短期实践来看，立案制度的改革可能会在一定时期内造成案件受理数量的激增，增加了各级人民法院的工作负担；但从长远来看，社会矛盾能够通过司法程序得到解决，使社会秩序得以恢复，比将之拒之于法律门外，使之长期悬而不决，要更加有利于社会的和谐稳定。

（4）简易程序：罗尔斯在《正义论》一书中提出通过纯粹的程序正义

来进行份额的分配，并将刑事审判作为不完善的程序正义的示例。① 程序公正在司法公正中独立的价值已经得到了公认，但"公正的程序"并不等同于"烦琐的程序"。对于案件事实简单、法律关系简单的案件，设置"简单的程序"，使当事人通过最便捷的方式接近正义，更能达到司法公正的要求和目标。

我国现行刑事及民事诉讼制度中，都有简易程序的设置。② 相较于普通程序，其起诉方式、受理案件的程序、传唤方式简便，审理程序简化，审限较短，可以有效减轻当事人的讼累，并节约有限的司法资源。同立案登记制一样，简易程序的设置也是以不影响司法公正为前提的，尽可能地使当事人能够更加便利地参与诉讼程序，通过司法途径获得公平正义。

2. 充分保障人民群众对于司法活动参与和监督的权利，依靠人民群众推进公正司法，这是司法实践中群众工作的又一重要内容。③ 它是司法机关对全心全意为人民服务宗旨的贯彻，也是人民政权由人民群众当家作主的理念在司法实践中的体现。具体内容包括：

（1）重视并做好司法调解工作，保障人民群众的参与。长期以来，司法调解一直是我国民事诉讼中的一项重要的制度，在人民法院的主持下，双方当事人通过协商来解决争端的一种调解方式。司法调解问题在中国可谓一波三折，其中最关键的两个问题在于，如何对待司法调解，如何把握司法调解的度。调解是实现司法秩序价值的重要方式之一，司法权实现的最基本方式是判决而非调解，因此，调解应当有限度，有节制，"要实现司法调解与非司法调解的对接与融通，将司法调解置于社会矛盾处理大系统中进行科学定位"④，以充分发挥调解的效能。

在调解中，人民法院要充分重视双方当事人的意愿，做好矛盾化解的引

---

① ［美］约翰·罗尔斯：《正义论》，何怀宏、何包钢、廖申白译，中国社会科学出版社 1988 年版，第 79—85 页。

② 在民事诉讼中，简易程序一般适用于事实清楚，权利、义务关系明确，争议不大的简单民事案件。而在刑事诉讼中，对于案件事实清楚、证据充分的；被告人承认自己所犯罪行，对指控的犯罪事实没有异议的；被告人对适用简易程序没有异议等情形下，可以适用简易程序。

③ 党的十八届四中全会《决定》要求："坚持人民司法为人民，依靠人民推进公正司法，通过公正司法维护人民权益。"（本书编写组：《〈中共中央关于全面推进依法治国若干重大问题的决定〉辅导读本》，人民出版社 2014 年版，第 24 页）

④ 汪习根：《化解社会矛盾的法律机制创新》，载《法学评论》2011 年第 2 期。

导者而不仅仅是裁判者。在司法实践中，有不少民转刑案件的发生，都是由于当事人双方在诉讼中矛盾激化而引起的。在司法调解中，如果人民法院能够通过细致的思想工作，引导当事人通过平等协商的方式解开"心结"，从而使矛盾被彻底化解，双方紧张的社会关系也随之恢复稳定的状态，权利在符合法律规定的基础之上由当事人自愿处分，充分体现了社会公正的要求。调解中还可以充分调动各种社会资源，引导人民群众和社会组织参与到司法调解程序中来，在全社会范围内形成化解矛盾、促进和谐的合力。

（2）完善司法听证制度，推进阳光司法。司法听证是将广受人民群众关注的重大案件或者与当事人权利保障息息相关的司法程序，以公开听证方式主动接受社会监督。"执法司法越公开，就越有权威和公信力。"[1]近年来，司法听证制度在各级司法机关的推动下有了很大的进展，听证的适用范围进一步扩大。通过加大司法公开的力度，使公权力置于社会监督之下，对司法机关规范其司法行为，杜绝因暗箱操作引起的司法腐败有着非常重要的促进意义。

（3）涉诉信访案件引入律师代理机制，汇合社会力量参与矛盾化解。涉法涉诉信访案件，由律师协会向信访人推荐律师，或由信访人在涉法涉诉案件库中自愿选择律师代理案件，这些律师地位中立，易于为当事人所接受；对当事人实行专案专人服务，针对性较强，容易准确了解信访人的诉求。在一些涉诉信访案件中，信访人文化水平较低，法律知识较为贫乏，法律意识不强，对司法权运行机制缺乏了解和信任，由法律专业人士为其释法析理、提供专业建议、引导其通过正常途径使案件依法得到公正的处理，从而达到化解矛盾，服判息诉的目的。

（4）完善人民陪审员制度，保障公民参与司法。早在1954年我国宪法就确立了人民陪审员制度，[2]人民陪审员肩负着代表人民群众行使审判权，对审判工作进行监督的神圣职责，既保障人民群众依法对司法的参与以促进司法公正，也有助于提高全民的法律素质和法治意识，形成自觉守法、用法的法治氛围。党的十八届三中、四中全会相继对完善人民陪审员制度的改革

---

① 《习近平关于全面依法治国论述摘编》，中央文献出版社2015年版，第72—73页。

② 1954年《中华人民共和国宪法》第七十五条规定："人民法院审判案件依照法律实行人民陪审员制度"。

作出了相应部署。2015 年 4 月，由最高人民法院、司法部联合印发了《人民陪审员制度改革试点方案》①，此次改革方案的一大亮点是对人民陪审员参审案件的职权范围作出了新的规定，即在探索中实行人民陪审员在案件审理过程中，只独立就案件的事实认定问题发表意见，而不再对法律适用问题进行审理。②

司法正义是司法制度的首要价值，也是社会正义的重要保障。要实现司法正义，既要从观念上、理念上强化司法的正义价值，更要从制度上、机制上保障司法公正的实现和维护；要在全球法治的视角下，以中国特定的社情国情为基本立足点，在当前的司法实践基础上，不断地探索、发现、总结、提炼、归纳，形成司法道路自信和法治制度自信，以全面构建符合中国全体人民利益、彰显中国风格的中国特色社会主义法治体系。

---

① 本轮司法改革中关于人民陪审员制度改革的主要内容包括：人民陪审员的选任条件、人民陪审员的选任程序、人民陪审员的参审范围、人民陪审员的参审案件机制、人民陪审员参审案件的职权改革、人民陪审员的退出和惩戒机制、人民陪审员的履职保障制度。

② 另外，人民陪审员在认定案件事实时，如果存在意见分析，应按照多数人意见作出事实认定。如果法官与人民陪审员多数意见在事实认定时存在分歧，且法官认为人民陪审员的意见违反了证据规则，可能导致法律适用错误或者造成错案的，可以将案件提交院长决定是否由审判委员会讨论。

第　七　章

法治信仰论

党的十八届四中全会通过的《中共中央关于全面推进依法治国若干重大问题的决定》首次以党的重要文件形式提出了一个重要的论断："法律的权威源自人民的内心拥护和真诚信仰。人民权益要靠法律保障，法律权威要靠人民维护。"这一重要论断对于法治中国建设具有里程碑式的意义，法律信仰、法治信仰等观念、概念越来越被学界重视，被人民所接受。"人治信仰论"已经走向终结，法治信仰时代正在到来。越来越多的人认识到，法治信仰是建设法治国家、法治政府、法治社会的内在支撑力量。

第一节　法治信仰

一、法治信仰的概念

法治信仰由"法治"和"信仰"两个词构成。要界定法治信仰，首先要对"法治"和"信仰"两词有一个清晰的认识；其次，还要从法律信仰与法治信仰的关系入手，来进一步厘清法治信仰边界。

在《辞海》中，信仰是"对某种宗教，或对某种主义极度信服和尊重，并以之为行动的准则"①。在《伦理学大辞典》中对"信仰"是人们"从内

---

① 《辞海》（上），上海辞书出版社1997年版，第565页。

心深处对某种理论、思想、学说的尊奉，并以此作为自己行动的指南。"①
社会公众必须有信仰，无信仰之人的内心是空虚。就如恩格斯曾经说过的那
样，人处于自发而信仰缺失的状态，就必然会对真理、理性和大自然大失所
望，就会感到精神空虚，而且这种空虚，对宇宙的永恒事实的不相信，会一
直延续。② 学界从不同的角度对信仰的内涵进行了界定。从哲学角度界定信
仰，有学者认为，"信仰是指特定社会文化群体和生活于该社群文化条件下
的个体，基于一种共同价值目标期待之基础上，所共同分享或选择的价值理
想或价值承诺。"③ 从心理学角度对信仰进行界定，有学者认为，"信仰是指
人们对一定的世界观、人生观、价值观等的信奉和遵循。它居于人的精神世
界的核心地位，与人的知、情、意相联系，并且贯穿于整个意识领域和精神
活动之中。"④ 这些年来，学术界对不同类型的信仰问题作出了相应的研究，
而且对信仰进行了不同的分类。从信仰的主体而言，可分为个人信仰与集体
信仰；从信仰的内容而言，可将其分为物质信仰与精神信仰；从信仰的领域
而言，可将其分为："宗教信仰、政治信仰、社会信仰、道德信仰、人生信
仰与法治信仰"⑤；从信仰的性质而言，可将其分为盲目信仰和科学信仰。
总而言之，信仰的力量是无穷的，属于精神范畴，是人的一种精神状态，是
个体对某种价值理念、某种主张或主义的极度的信服和尊崇。

　　"法治"是相对于"人治"而言的，是一种不同于人治的治国理政的方
略、策略，其英文解释为"rule of law"。"法治"一词在《辞海》中的解释
主要有两种：一种是指中国古代法家以法治国的政治主张，如商鞅、韩非子
所提倡的；另一种是指资产阶级宣扬法治主义的政治主张，提倡法律至上、
三权分立等。⑥ 现代意义上的"法治"来源于西方。"亚里士多德在《政治

---

①　朱贻庭主编：《伦理学大辞典》，上海辞书出版社 2002 年版，第 44 页。

②　《马克思恩格斯全集》第 1 卷，人民出版社 1956 年版，第 254—255 页。

③　万俊人：《信仰危机的"现代性"根源及其文化解释》，载《清华大学学报（哲学社会科学
版）》2001 年第 1 期。

④　李幼穗、张镇：《精神信仰的心理学涵义》，载《天津师范大学学报（社会科学版）》2002 年第
6 期。

⑤　魏长领、宋随军：《全面从严治党与法治信仰的培育》，载《郑州大学学报（哲学社会科学版）》
2017 年第 1 期。

⑥　《辞海》（上），上海辞书出版社 1997 年版，第 2073 页。

学》中指出：'我们应该注意到邦国虽有良法，要是人民不能全部遵循，仍然不能实现法治。法治应当包含两重意义：已成立的法律获得普遍的服从，而大家所服从的法律本身又应该是制定得良好的法律。'"① 从亚里士多德论述中我们可以看出，法治包含良法和法律至上。法治不仅是现代社会的核心价值，还是现代国家治国理政的最基本方式、最鲜明的特征。法治是一种与人治相对立的、与德治相辅相成的，依据法律治理国家和社会的政治主张与施政方式，其强调依法治国、依法行政与依法执政，强调法律权威、法律至上、法律面前一律平等、权利保障与权力制约等的价值、原则与精神，有形式意义上的法治和实质意义上的法治之分。我们所主张的法治是形式法治与实质法治的统一，其应包含两个方面：良法和善治。良法是法治的前提，善治是法治的目的。良法是指那些符合公平正义要求的、能够反映社会发展规律的、能够反映最广大人民群众意愿与利益的法律。只有良法才能够最大限度地得到人民的认同，这样才能充分发挥法治的效力。善治就是要通过法治，切实保障宪法法律赋予人民管理国家与社会各项事务的权力，并通过民主法治化对国家与社会管理事务进行治理。法治的本质在于良法的全部遵循。

卢梭曾经说过："一切法律之中最重要的法律，既不是刻在大理石上，也不是刻在铜表上，而是铭刻在公民的内心里。"② 对于"法治信仰"的内涵，不同的学者给出了不同的界定。有人从信仰和法治的角度将其界定为"是发自内心地、自觉自愿地认同良法、信赖良法，遵守和捍卫良法，维护良法的权威。"③ 有人认为，法治信仰就是"人们对法律极度相信和尊敬，根据法律治理国家，无论立法、行政、司法，行使公权力和私权利，都以法律作为行动榜样和指南"④ 另有人认为法治信仰就是公民的一种情感体验，是指公民崇尚法治的心理体验和态度倾向，是公民在对法的依附积累过程中生成的对法治的依附感与神圣感。⑤ 还有一种观点认为，所谓的法治信仰，

---

① 魏长领、宋随军：《全面从严治党与法治信仰的培育》，载《郑州大学学报（哲学社会科学版）》2017 年第 1 期。

② ［法］卢梭：《社会契约论》，何兆武译，商务印书馆 1980 年版，第 73—74 页。

③ 权麟春：《在文化认同的视域中培育法治信仰》，载《学习论坛》2016 年第 2 期。

④ 黄谋琛：《法治必须被信仰》，载《理论月刊》2017 年第 2 期。

⑤ 周军虎、何祥林：《法治信仰的培育探究》，载《理论月刊》2017 年第 2 期。

是指"法治精神渗透到国家和社会生活的各个方面，全社会的法治观念不断增强，全社会对法律从内心认同、信任、尊重，并通过法律途径解决矛盾，处理问题"①。

通过梳理学界对"法治""信仰"和"法治信仰"的不同界定，我们可以得出，法治信仰主要包含以下内容：首先，法治信仰是一种思想情感寄托；其次，法治信仰是一种社会意识形态；再次，法治信仰是人们基于现实经验的理性选择。因此，我们可以对法治信仰下一个简单的定义：法治信仰就是社会主体在对法治现象理性认识的基础之上，发自内心地信服与认同法治所蕴含的公平、正义、自由、平等等价值理念以及依据良法来治理国家和社会事务这一治国理政方式，并在日常生活中自觉维护良法权威的一种意识形态和行为选择。

在界定法治信仰之后，我们有必要弄清楚法治信仰与法律信仰的关系。关于法治信仰与法律信仰的关系，学界总的来说有两种观点：一是法律信仰等同于法治信仰②；二是法律信仰并不等同于法治信仰，两者之间是既联系又区别的③，法治信仰与法律信仰两者之间是既联系又区别的。其区别在于：首先，从信仰对象上来说，法律信仰的对象是不具备完全正确性的，而法治信仰的对象必然是正义的良法及其所蕴含的价值。其次，从信仰的层次上来说，法律信仰更多的是一种初级的制度上的遵守，而法治信仰则是一种高层次的社会意识形态的表现；再次，法律并不具有被信仰的超然性质，而法治所蕴含的公平、正义、平等、自由、权利等价值理念是值得被信仰的。两者之间的联系在于：社会公众在对法律信仰长期的信仰过程中，随着社会的不断发展和法律体系的不断完善，当公众所信仰的法律成为蕴含公平正义、自由平等等价值理念的良法时，法律信仰就转变成了法治信仰。

法治信仰的本质是对法律的正义维护价值和法治的正义实现功能的一种坚定不移的信任与始终不渝的追求。法治信仰是法治化进程的精神动力，是人们的法律认知、法律情感、法律意志、法治精神、法治信念的凝聚，是法律主体意识的集中体现，涉及人与法的根本价值联系和法律的根本价值走

① 燕华：《全民树立法治信仰的考量》，载《领导科学论坛》2015年第21期。

② 姜明安：《如何让法治成为国民信仰》，载《人民论坛》2013年第18期。

③ 张永和、孟庆涛：《法治信仰形成路径探析》，载《人民论坛》2013年第14期。

向。法治信仰至少包括以下几个方面的内涵：

（一）对法治的认同

任何自觉信仰的前提都是对信仰对象的认同，法治信仰亦是如此。只有当社会成员普遍认识到法治优越于人治，法治社会优越于人治社会，只有在法治社会里，人们的价值和根本利益才能够真正实现，人们才会进一步认识到，只有人人都遵守法律，实现法律面前人人平等，人们的权利和幸福才能得到保障，进而认同法治、尊重法治、维护法治，法治信仰才能获得主体性根基。法律离开人们的价值认同和自觉遵守，就只是外在的强制。

（二）对法治的信赖

信仰首先表现为对所信仰客体的确信无疑或笃信，法治信仰也不例外。法治信仰是公民在懂得法治、认同法治的知识论前提下对法治的信赖，是知识论与价值论的高度统一，是知与信的高度统一。

（三）对法治的敬重

法治信仰是在对法治的认同、信赖的基础上形成的对法治的敬重。信仰并不是一般的相信，它还带有人的强烈的情感，这种强烈的情感就是"敬"。"'敬'包含着'敬仰'、'敬重'、'敬畏'、'崇敬'、'敬爱'等多重含义。如果没有公民对法律、法治发自内心的敬重等情感，法治信仰是不可能真正树立起来的，依法治国也很难全面实现。对法治的敬重首先表现在对宪法的敬重，坚持宪法法律至上，维护宪法法律权威。"[①]

（四）对法治的奉行

法治信仰不仅需要公民对法治的认同、信赖和敬重，更需要将其贯彻于每一个行为选择中，落实到现实生活中。中国要建成法治国家，不仅要有一套完备的法治制度体系，还要有社会公众对法治秩序所内含的伦理价值的信仰，即社会公众对法律、法治精神、法治理念的忠诚信仰，更重要的是把这种认同、信赖、敬重落实到治国理政的过程中，落实到每一个公民的思维方式、生活方式、行为方式和具体行动中。这是法治得以实现的关键和法治精神得以形成的关键，也是法治信仰真正形成的标志。

---

① 魏长领、宋随军：《全面从严治党与法治信仰的培育》，载《郑州大学学报（哲学社会科学版）》2017年第1期。

二、法治信仰的要素

在法治信仰的构成要素上，有一要素说，认为法律信任是形成法治信仰的重要前提和条件[①]；或者，认为法律至上是法治信仰的核心[②]。有三要素说，认为法治信仰的构成要素主要由三部分组成：法治认知、法治情感与法治理性精神。其中，法治认知是形成法治信仰的基础与前提；法治情感是对法治的热爱和信仰，是建设法治国家的内在动力；法治理性精神则是法治信仰中最高层次的组成部分。[③] 也有三要素说认为法治信仰应包含法律知识、法治意识和法治思维。其中，法律知识是法治信仰的基础内容，是衡量公民法治信仰的关键依据；法治意识是公民对法律及其现象的心理、知识、观点和思想的反应形式；法治思维是公民按照法律的规定和法的精神进行思考、分析和解决法律问题的习惯和取向。[④] 关于信仰的问题，无论是宗教信仰，还是政治信仰，任何信仰都要解决共同的问题，那就是：谁信仰、信仰什么与如何信仰。换句话说，也就是信仰主体、信仰客体和信仰实践。有学者也同样指出："法治信仰既包括主体对法律价值的感受与认同，也包括主体的权利意识、理想意识和守法精神。"[⑤] 对于法治信仰的构成要素，我们认为包括三个部分：法治信仰的主体、法治信仰的客体（对象）以及法治信仰的实践活动。

（一）法治信仰的主体

法治信仰的主体尽管归根到底都是人，只有人才能成为信仰的主体。但是，由于政治活动、法治体系涉及由人组成的各级组织、团体等，因此，法治信仰的主体既可以是每一个社会成员，是个人，也可以是从事治国理民的政党、国家机关和政治团体，还可以是企业、社区等各种社会组织。

---

① 顾钧：《建构法律信任是培树法治信仰的前提》，载《人民法治》2017年第2期。
② 杨小军、陈建科：《让法治成为一种信仰》，载《哈尔滨市委党校学报》2015年第1期。
③ 丘丽丹：《论公众法治信仰的培育》，载《广西青年干部学院学报》2014年第3期。
④ 陈满玉、黄新根：《公民法治信仰的价值内涵探析》，载《中共南昌市委党校学报》2016年第1期。
⑤ 毛杰：《论公民法治信仰的培育路径》，载《中州学刊》2016年第10期。

1. 政党

在人类社会的政治发展过程中，伴随着社会经济的发展、资本主义的产生以及阶级斗争的出现，政党开始在世界现代国家中普遍存在，并在社会生活的每个领域中开始发挥起重要的作用。从一般意义上来讲，政党具有利益整合和表达的功能。在发挥这一功能的过程中，社会成员的利益得到不断整合与表达，带来的效果就是社会成员对政党的认同不断强化，社会公众更加主动接受它的价值观念，这时政党的言行就成为了社会公众的风向标与榜样。"政党的首要任务，就是组织本阶级的成员进行阶级斗争。"[1] 我们也可以说，政党在法治信仰方面的任务就是组织本阶级的成员信仰法治，因此政党是法治信仰的当然主体。

在我国，政党制度与西方存在本质区别。政党主要包括两大部分：执政党和参政党。也就是：中国共产党和各民主党派。首先，中国共产党是中国特色社会主义事业的领导核心，代表着最广大人民的根本利益，肩负着中华民族伟大复兴的历史重任。"党能够对社会成员的思想观念产生强大的引导力、约束力和保障力，能够使其成员始终理解、认同、支持法治信仰的实施，并不断转化为个人的自觉行动。"[2] 培育全社会的法治信仰离不开作为执政党的中国共产党的支持和引导，这就需要党将"依宪执政、依法执政"的执政原则与理念贯彻于整个执政过程中，为全社会法治信仰的培育打好头阵，树立起榜样。尤其是广大党员领导干部这一关键少数，更要坚决树立起信仰法治的理想，为全社会发挥模范带头作用。其次，各民主党派作为参政党，是我国社会主义建设中一支重要组成力量，其成员主要是一批优秀的文教科技与工商界人才，他们每一个人都有着一定的社会影响力，都联系着经济、文化、教育、科技、医疗、卫生和港澳台侨等各方面人员，而这些人员又各自联系着某一方面的广大群众。如果各民主党派能够作为法治信仰的主体，一方面是政党作为法治信仰主体在结构系统性上的完善，另一方面各民主党派的党员还可以和中国共产党党员一起为全社会法治信仰的培育共同努力，共同强化全社会对法治信仰的认同并自觉自愿信仰法治。

---

[1]　王沪宁主编：《政治的逻辑：马克思主义政治学原理》，上海人民出版社 2016 年版，第 311 页。

[2]　钱秋月：《国家治理视域下中国特色社会主义法治信仰的培养》，载《宁夏社会科学》2015 年第 3 期。

2. 国家机关

在我国的传统文化中，有"以吏为师""见贤思齐"，也有"上梁不正下梁歪"。由此看见，榜样示范效应在我国社会中的影响作用是重大的。国家机关是行使国家权力、管理国家事务的机关，包括中央和地方的各级行政机关、司法机关、监察机关等权力部门。宪法规定，我国的一切权力属于人民，人民是国家的主人。国家机关及其工作人员只能在人民授权的法定范围内行使国家权力，其各项权力活动代表广大人民群众切身利益。国家机关及其工作人员的一言一行将会成为社会公众效仿的榜样。此外，国家机关的任务和职责就是保证国家各项事业的稳定有序，为人民创建幸福和谐美好的生活。为了实现这一目标，国家机关必须将法治作为自己权力行使的核心，因此，国家机关应主动信仰法治。

作为法治信仰的主体，国家机关信仰法治的行为、对法治的态度以及是否遵守法治，都将会为社会其他组织、社会公众带来示范效应，国家机关的行为、态度将会对其他社会成员对法治的行为、态度产生重要的影响。如果国家机关能够主动信仰法治，懂法守法护法，社会公众就会主动效仿其行为，自觉自愿信任法治、认同法治和维护法治；反之，就会损害法治的权威，破坏社会公众对法治的信仰，甚至会任意践踏法治。只有国家机关信仰法治，全社会成员才会共同遵循法治，推进法治国家、法治政府和法治社会的建设，法治信仰的功能才会发挥出来。

国家机关信仰法治，就是要具备法治意识和法治思维，就是要在国家权力活动中，依据宪法法律和法定程序，作出合法、合程序与科学的决策，确保依法行权、依法用权。此外，英国哲学家培根关于犯罪行为污染水流、不公审判则污染了水源的形象比喻，让我们知道国家工作人员对维护司法公正、司法公信力的极端重要性。如果国家工作人员带头以权谋私、徇私枉法，司法部门不能做到公平、正义，法治精神就会受到摧残，民众的法治信仰不但不能得到强化反而会受到践踏和动摇。[①] 国家机关及其工作人员信仰法治，就是要明确权力法定、用权为民，摆正权力位置，恪守严以用权，时

---

① 黄正平：《让法治信仰落地生根》，中国文明网，http：//www.wenming. cn/wmpl_ pd/yczl/201411/t20141114_ 2291563. shtml. 访问日期：2018 年 9 月 8 日。

刻警惕特权意识、官僚主义等凌驾于法律和人民之上的不良思想腐蚀。

3. 社会组织

党的十八届三中全会指出："正确处理政府和社会关系，加快实施政社分开，推进社会组织明确权责、依法自治、发挥作用。适合由社会组织提供的公共服务和解决的事项，交由社会组织承担。"① 社会组织，是我国进行社会建设、推进国家治理体系和治理能力现代化以及建设法治国家、法治社会、法治政府的重要力量，主要包括各类社会团体、民间组织、非营利组织、非政府组织以及公益慈善组织等。这些组织的存在和发展，壮大了治理国家和社会的力量，是党和政府在治理国家和社会事务力量的一个补充。社会组织信仰法治，一方面可以进一步完善社会组织的依法自治，促使各类社会主体加强自我约束、自我管理，有效发挥社会组织在社会治理中的作用；另一方面，社会组织是社会个体自愿形成的自治组织，对其组织成员的言行具有引导功能，可以整合社会公众分散的不同利益诉求，并向政府传达社会公众的利益诉求。因此，社会组织是否能够对法治形成信仰，直接影响到其组织成员能否形成对法治的信仰，进而影响到全社会法治信仰培育的进程。

4. 公民

社会是由一个个人组成的，公民是社会的主体。同时，在法治中国，公民是法治的主体，因此，公民也是社会法治信仰的主体。在社会日常生活工作中，为了行使自己的合法权利，维护自身合法权益，适应社会的发展，公民必须具备法治信仰，对法治产生信仰，对其法治内心的认同、接受、尊崇，只有这样，才能在生活工作中，善于运用法治思维和法治方式来处理和解决遇到的各种问题，使法治成为我们正确理解和处理人与人、人与社会之间复杂关系的常用方式。此外，人的功利性也要求着个体必须信仰法治。从"经济人"角度而言，人都是逐利的，人们的所有行为都是为了满足自我的需求，都是带有功利性的。而这种具有功利性的行为必然带来竞争，因为实现自我需要的资源是有限和稀缺的。但是这种竞争必须是有序的，因为无序的竞争是无效率可言的。要想竞争是有序的，就必须借助于一定的契约或规则。因此，也就是说，社会公众的这种功利性行为的实现必须借助于契约或

---

① 《中共中央关于全面深化改革若干重大问题的决定》，载《人民日报》2013 年 11 月 16 日。

规则的约束才能实现。而法治就是社会中存在的最具权威的、最值得人们借助的规则。因此，要满足自我需要，社会公众就必须从内心深处自觉自愿地接受、信任、遵守并信仰法治，只有这样，法治才能成为社会公众正当行使权利，维护自身合法权益的工具。

（二）法治信仰的客体

法治信仰的对象首先是法律规范体系本身及其所内含的价值基础，只有被认为是良法才可能成为人们法治信仰的对象，人们不可能去信仰与自己利益和福祉对立的法律即恶法。其次，任何法律规范体系及其价值追求得以贯彻实现，都要求把法律落实到治国理政的各种社会制度和生活秩序之中。无论法律规范体系本身，还是法律制度、法治体系，都必须体现人们所期盼和追求的美好的价值目标，比如公平、正义、自由、权利、人道等。这三个层面（法律规范、法律制度、法治价值）都是法治信仰的对象或客体。

1. 良法

"法律是治国之重器，良法是善治之前提。"法治信仰，首先应该信仰的就是良法，而并非所有的法律。因为在所有的法律之中并不是都体现着法律平等、权利、自由等思想，如刑不上大夫、法西斯国家的法律等，这些都是恶法而不是良法。"立善法于天下，则天下治；立善法于一国，则一国治。"良法，从字面意思来说，就是良好的法律。学界对何为良法的观点大概可以分为两大学派：一派是形式法治派，认为"只要是按照民主程序制定、得到全体国民一致同意的法律就是良法"；另一派是实质法治派，认为"只有体现了民主精神和公平正义价值、维护了人的尊严的法律才是良法，那些反人类、反人道、反民意的法不能叫做良法"。王利明认为，这两种观点都是有一定道理的，但是判断一部法律是否为良法的标准应从其内容的角度进行判断，并指出"良法应当反映最广大人民群众的意志和利益，符合公平正义要求，维护个人的基本权利，反映社会的发展规律。"① 还有学者也从内容的角度指出："所谓良法，是指法律的内容必须是以尊重保障和发展人的基本权利，即'人权'。"②

① 王利明：《法治：良法与善治》，载《中国人民大学学报》2015 年第 2 期。
② 周军虎、何祥林：《法治信仰的培育探究》，载《理论月刊》2017 年第 2 期。

　　我们认为，良法不仅要在内容上反映最广大人民的意志，也要在程序上是正当的。因此良法应具备四个基本特征：首先，良法产生的程序是正当的。其次，良法是基于良善正义的法律，必须是捍卫正义的法律，否则就称不上是良法。"凡正义根本不被追求的地方，凡构成正义之核心的平等在实体法制定过程中有意不被承认的地方，法律不仅仅是'非正确法'，它甚至根本就缺乏法的性质。"① 良法内含正义，才能为社会公众从内心深处自觉自愿地接受、认同并遵守和运用。再次，良法是根据客观规律而创立的。最后，良法是能够反映最广大人民根本利益的，以民为本，体现人民意志的。良法是依法治国、依法执政与依法行政的前提，而立法则是产生良法的重要途径，因此在立法活动中，必须坚持科学民主立法，不仅要注重立法的速度和规模，更要重视立法的质量。

　　2. 良制

　　法治信仰不仅要信仰良法，更要信仰良制。良制，其实就是良好的制度。只有良法还不行，必须有良制作为其必要的补充。制度的问题带有全局性、稳定性与根本性。邓小平曾经说过："制度好可以使坏人无法任意横行，制度不好可以使好人无法充分做好事，甚至会走向反面。"② 良法告诉人们的是"应该怎么办"，属于应然层面；良制告诉人们的是"实际怎么办"，属于实然层面。有了良法，就必然要有良制。法治信仰不仅要信仰良法，还要信仰良制，要从心理和实践中系统地信仰法治。良制具有公开性、透明性、公正性等特征，是在社会公众的发自内心的认同与支持下建立起来的，它体现了制度的平等精神。

　　一项具体制度是否是良制，这有赖于进行系统评估。在制度的评估过程中，要重视制度廉洁性评估。一方面，可以一定程度上堵住制度漏洞，预防腐败的发生，有助于廉洁政府、法治政府的建设；另一方面，也有助于提升政府的合法性、规范性，助推责任政府、法治政府的建设。对制度评估的结果要做到四点：一是对于那些已经过时的、与实际情况不符的法律制度，要及时地废止；二是对于那些运行良好但仍需修改完善的法律制度，要适时进

---

　　① ［德］古斯塔夫·拉德布鲁赫：《法律智慧警句集》，舒国滢译，中国法制出版社2001年版，第171页。

　　② 《邓小平文选》第二卷，人民出版社1994年版，第333页。

行修改完善，使其更加契合社会发展；三是对于那些统领性的、需进一步细化的法律制度，要加快制定相关实施细则的步伐，提升法律制度的执行力；四是增加法律制度的系统性，对于那些需要制定相关配套制度与措施来协助实施执行制度的，要抓紧制定并实施，增加法律制度的系统性，提升制度效能，彰显制度优势。

3. 法治的价值

法治本身所蕴含的价值是法治信仰的第三个信仰客体。如果社会成员只对事物本身信仰，而对其所蕴含的价值不信仰，那这种信仰只是行为上的信仰，而不是内心的信仰。信仰法治，不仅要信仰良法、良制，更要信仰其所蕴含的价值理念，这些价值主要包括：法律至上、法律面前人人平等、权利、自由、公正等。

（1）法律至上。在我国，法律是人民意志的体现，任何组织和个人都必须遵守宪法和法律，任何人的意志都不能凌驾于法律之上。法律具有至高无上的地位和权威，任何组织和个人，包括国家机关在内，都必须在宪法法律允许的范围内进行社会活动，不享有任何特权，如若有超越宪法法律规定范围的行为，就必然要受到法律的制裁，依法追究其相应的法律责任。信仰"法律至上"，才能将法律摆在最高的位置，才能维护宪法和法律的权威，才能真正从内心深处敬畏和信仰法治。

（2）法律面前人人平等。信仰法律面前人人平等，有利于树立法治的权威，有利于公众从内心对法治产生信任与认同，尤其是在社会转型期和改革进入深水区和攻坚期，坚持法律面前人人平等尤为重要。平等是我国社会主义法治的基本属性，只有当人们内心真正信服法律面前人人平等的理念，才能够发自内心自觉维护宪法法律的权威，真正认同和信仰法治，才能将法治精神内化于心、外化于行，营造良好的法治生态，培育全社会的法治信仰。坚持法律面前人人平等，首先，必须维护宪法法律权威，保证宪法法律被切实执行，坚决杜绝任何人以任何借口和方式进行以言代法、以权压法和徇私枉法。其次，加强对权力的制约，使有权必有责、违法必追究、权责统一，消除有法不依、违法不纠、执法不严的行为存在。再次，要坚定社会公众对法治的信心，要信法不信闹、信法不信访、信法不信权、信法不信钱。

（3）权利。作为法律根本价值追求的权利，能够激发民众对法治的热情。在全面推进依法治国和培育法治信仰进程中，社会成员要有权利意识，要信任并运用法律维护其所赋予我们的权利。信仰权利，就要不畏强权而相信法治，主动去依靠法律，运用法治思维和法治方式解决自身遇到的社会不公等问题。

（4）自由。自由是什么？"在一个国家里，即在一个有法可依的社会里，自由仅仅是做他应该做想要做的事和不被强迫做他不应该做、不想做的事。"① 中国当下语境下的自由与西方在本质上不同，它克服了形式意义上的法律自由的局限，坚持以人民为中心，把人民作为法治的最广泛和最深厚的基础，把自由作为社会主义核心价值观和人类共同价值的基本形态之一，强调必须保证人民依法享有广泛的权利和自由。

（5）公正。公正是全社会共同的价值追求。公平正义是社会主义法治理念的基本要求之一，公平是和谐社会的基本特征，正义是和谐社会的最终价值追求。在追求社会的公平正义中，首先法治要是公正的。公正是法治的生命线，法治一旦失去了公正的价值，就不可能为社会公众所信服，更谈不上信仰。公正具有历史性、具体性和相对性三大特征，尤其是相对性，我们必须牢记。因为公正往往是相对于某一不公正事务而言的，社会中并不存在绝对的公正。在社会公正领域中，司法公正是具备引领作用的。司法公正，司法就具有公信力，公众就会信任司法，信任法治，进而对法治产生信仰。

（三）法治信仰的活动

把法治信仰主体和法治信仰客体连接起来的是法治的活动，包括认知和实践。信仰的实践都要经过一个从认知到情感再到实践的过程。同样，法治信仰也要经历一个从认知到情感，最终付诸实践的系统过程。

1. 法律认知

法律认知是法律认同的前提，法律认同是法治信仰的基础。法律认知是对法律规范体系和法治治理体系的把握，特别是对法律知识的把握。法律知识是指公民掌握法律条文内容的多少。一般而言，公民掌握法律条文的内容越多，则法律知识越丰富，法律意识就越强，法治信仰就越坚定。反之，其法律意识就越薄弱，法治信仰就容易产生动摇。法律知识不仅是法治信仰的

---

① ［法］孟德斯鸠：《论法的精神》，许明龙译，商务印书馆 2009 年版，第 165 页。

基础性内容，还是衡量公民法治信仰程度的关键依据所在。法律知识的传播很大程度上依赖于宣传与教育。改革开放以来，我国在法治建设上取得了举世瞩目的成绩，形成了中国特色的社会主义法律体系。同时，在法治宣传教育上，采取法治专题教育和普法活动这两种主要手段，也取得了不错的成绩，使公民法律知识的获取量较之以前有了很大的改观。国家应在这两种传统的宣传教育手段基础之上，利用发挥好新兴媒体的作用，尤其是微博、微信等新兴媒体，将传统法治宣传教育平台与新兴的媒体平台相结合，利用多种手段与途径，丰富民众的法律知识，使公众从内心对法治产生认同、接受、信任与尊崇，最后信仰法治。在认知内容上，应强调三点：一是中华法系传统文化遗产在当代法治体系中的运用，二是红色法治资源的创造性继承与发扬，三是新时代法治规范体系的新思想新理念新知识。

2. 法治信任

信任，是主体与主体之间关系的一种表现，是社会进行整合的最重要的机制之一，是社会主体对基于证据事实对相关事物进行权衡利弊得失之后的一种选择与理性判断。法治信任就是社会公众通过对法治价值的判断以及实际执法活动的评价，当相关评判契合自身利益与价值时，就会对法治产生信任。没有信任，就不会产生信仰。没有信任的信仰，都是空虚的信仰。法治信任是培育法治信仰的前提与基础。同时，法治信任也是法治信仰的表现之一。对于社会公众而言，法治信任体现的是对法治价值的认可、对法治方式的接受、对法治整合过程的拥护；对执法人员而言，对法治的信任，执法者必须内化于内心外化于行动，带头信任法治，带头守法。要使社会公众对法治产生信任，法治必须首先以维护公众权利为核心，内含权利、公平、自由、平等等价值，其次还要保证执法活动的公平性与正当性，尤其是执法人员本身行为，将直接影响到公众对法治的信任程度。

意识是社会公民对社会问题进行思考、分析、解决的基本逻辑起点。公民的法治意识就是公民对现行法律及其现象在心理上、观点上和思想上的反应形式。法治意识在法律认知的过程中形成的对法律的认可，并将其运用到之间的思维和行动选择之中。法治意识增强的同时，有利于社会公众树立权利义务意识、社会责任意识、契约意识以及程序公正意识，有利于社会公众坚定诚实守信、维护公平正义、遵守规则等原则，使其能够满足市场经济条件下对"社会人"的基本要求，做一名具备基本法治素养的合格公民。法治意识是法治能否成为公民信仰的关键。

法治精神是法治意识形态的精髓，是法治信仰的高级体现。在所有的法治实践中，我们都要时刻拥有法治精神。当法治成为精神的一部分时，主体就会在精神的引导下，自觉地对法治产生信仰，信任法治，并在日常工作生活中善于运用法治。法治精神是治理公权、保护民权的精神，也就是崇尚法治、反对特权的精神，其内含有权利、平等、自由、公平、正义等价值理念，是建设法治国家、法治政府、法治社会不可或缺的力量。是否具有法治精神，是衡量法治信仰的一个重要指标。精神的力量是巨大的，我们只有具有了强大的关于法治的精神力量，在这一力量的指导下，才能够制定出良法、良制，为法治信仰的培育打下坚实的基础；才会在执法过程中，严格依据法律来治理国家和社会事务，带头信仰法治；才会遵守法律、信仰法治并运用法治这一有力的维护权益的方式，最终把法治作为一种常态化的生活方式。

3. 法治思维

思维，在《辞海》中的解释有三种：一是考虑、思量；二是指意识或精神；三是指理性认识或理性认识的过程，是人们在社会实践的基础上进行的，是人脑对客观事物能动的、间接的和概括的反应。[①] "法治思维"这一概念首次被明确提出是在 2010 年国务院发布的《关于加强法治建设的意见》中。党的十八届四中全会指出："党员干部是全面推进依法治国的重要组织者、推动者、实践者，要自觉提高运用法治思维和法治方式深化改革、推动发展、化解矛盾、维护稳定能力，高级干部尤其要以身作则、以上率下。"[②] 由此可见，法治思维在我国法治建设的重要性。

法治思维不仅是法治信仰的表现形式，更是形成法治信仰的关键所在。有学者指出，"法治信仰包括用法治思维来分析、了解事物的本质，用法律判断是非、解决问题。"[③] 要形成法治信仰，就必须树立和运用法治思维，养成依法、信法、用法、靠法来解决问题和化解矛盾的思维习惯。

[①] 《辞海（中）》（第六版），上海辞书出版社 2010 年版。
[②] 《中共中央关于全面推进依法治国若干重大问题的决定》，载《人民日报》2014 年 10 月 29 日。
[③] 毛杰：《论公民法治信仰的培育路径》，载《中州学刊》2016 年第 10 期。

4.法治意志

法治意志是否坚定将直接影响法治意识和法治思维的形成，从而影响全社会法治信仰的培育。什么是法治意志？首先我们要理解意志。"意志"在《汉语大词典》中的表述是："决定达到某种目的而产生的心理状态，常以语言或行动表现出来。"① 对于法治意志，有学者指出，"法治意志就是指我们党和国家、社会依照社会主义法治理念，自觉推动'依法治国'，建设法治政党、法治国家、法治政府和法治社会的公共意志。"② 我们认为，法治意志就是社会组织和个人，在心理上对法治的价值、作用坚信不疑，在行为上坚持用法治维护自己合法权益，即使遇到法治不公现象，仍然会相信法治是维护权利、治理国家和社会事务最有力的方式。

法治意志的形成需要多方面的合力作用。首先，党要有坚定的法治意志。中国共产党是中国特色社会主义事业的领导核心，它对法治的意志是否坚定将决定着法治中国建设目标能否顺利完成。党的法治意志坚定，法治建设则顺利进行；反之，法治建设将遭受巨大的困难。其次，政府要有坚定的法治意志。政府要将法治作为整个决策、执行等政府活动的核心依据，并在行政执法活动中充分体现法治的作用。政府不具备法治意志，就无法坚定依法行政的信心，就会使执法不严、违法不纠的现象依然有生存的土壤，就会降低政府的公信力。再次，社会组织要有坚定的法治意志。社会组织，拥有法治意志，就会在社会活动中始终坚信法律是维护自己合法权益的最有力的工具，即使有法治不公正现象的存在，依然会选择法律这一工具，而不是其他人治社会所采用的钱、权等工具。最后，社会公众要有坚定的法治意志。社会公众法治意志坚定，对减少信权、信访、信钱等法治信仰缺失的现象具有明显的推动作用。

第二节　在法治思维方式运用中践行法治信仰

作为实践性的法治思维始终以现实问题为导向。马克思主义哲学思维范

---

① 《汉语大辞典》第七卷，汉语大词典出版社 1991 年版，第 639 页。
② 舒国滢、宋旭光：《推进依法治国，重在执政党形成坚定的法治意志》，载《中国党政干部论坛》2014 年第 8 期。

式强调现实是构成抽象概念的前提。如实地看，思维肯定是发生并存于现实之中的。法治思维的实践必须意味着导向现实问题，即法治的精神，法治理念都用于解决现实问题。当前，在培育法治信仰的过程中，最紧迫的任务就是牢固树立法治思维，善于运用法治思维和法治方式深化改革、促进发展、化解矛盾、维护稳定、应对风险危机，既以法治思维方式维护国家的主权、安全和发展利益，又重视依法处理改革发展中的社会矛盾关系，不断满足人民日益增长的美好生活需求。

一、深化改革中的法治信仰

改革要于法有据，用法治思维和法治方式推动改革深化，确保改革全过程在法治轨道上运行。法治思维和法治方式的确立和运用体现了党的治国理念，凝聚了科学发展的法治共识，顺应了治国理政的需要。[①] 当前我国处于社会主义改革的攻坚阶段，社会矛盾问题复杂，维护社会稳定必须依靠建设社会主义法治国家，在法律框架内办事，以法律方式保障人民权益。总之，以法治思维和法治方式深化改革创新，既要在法治框架内谋划改革，更要在法治轨道上推进改革。

1. 建设法治政府是确保改革始终在法治轨道的前提和基础

我国大多数法律法规都是由政府机关具体执行的，很多改革任务也是由政府机关推动的。政府是制定法律、实践法律的主体，在推动改革深化的过程中，政府机关始终居于主导地位。党的十八大以来，"权力清单、负面清单、责任清单"成了法治政府建设中最能体现法治思维逻辑和法治方式运用的关键词。

（1）权力清单。权力清单制度的目标是将各级政府工作部门行使的各项行政职权、依据，行政主体和对应的责任以清单的方式列出，使得行政职权透明化、公开化，以便于接受社会的监督。权力清单明确了政府机关的权力边界，有利于实现政务透明化，便于公众的监督。中共中央、国务院《关于推行地方各级政府工作部门权力清单制度的指导意见》指出，分门别类全面梳理行政职权，逐项进行合法性、合理性和必要性审查，并公布权力

---

① 张渝田：《试论法治思维与法治方式》，载《天府新论》2013年第3期。

清单。权力清单对于依法治国，建立法治国家具有重要意义。但要想真正发挥实践效益，必须保证权力清单认真贯彻落实，不能将权力清单仅仅停留在公布栏里，致使权力清单的流于形式。

（2）负面清单。一般意义的负面清单多是针对外商投资而言的，是政府规定市场准入的"禁区"，是法治思维和法治方式在建立"公平开放透明的市场规则"方面的具体体现。负面清单规定了哪些经济领域可以在境内开放，哪些禁止开放，限定了经济领域的范围。加快负面清单管理体系建设，建立一套与国际规则和格局相接轨的新制度体系是负面清单的重要内容，有利于我国充分参与构建全球贸易新规则、在国际谈判中处于更有利的地位。随着负面清单制度被全面引入市场监管体系之中，所有的市场主体都必须平等遵守，不得擅自闯入清单所列的禁区，但只要不在清单所列禁区之内，市场主体便享有自由权利，此所谓法不禁止皆可为。负面清单虽然面向的是市场主体，是外来投资者，但是实质上限定的是政府的权力，划定的是政府"可以为"的领域，是对政府权力的限制。

（3）责任清单。责任清单与权力清单相伴而生，是权力清单的延伸，其背后的法治基本思维是权责统一，其中的责任意味是惩罚。责任清单不仅是有效发挥政府机关权责效益的重要手段，也是便民化服务的重要方式。责任清单中明确列出了不同责任部门应该承担的责任，能够很好地避免政府部门之间相互推脱责任的弊端。对于政府部门而言，处于权责范围内的必须管，而且要管出水平。当然责任清单要具备现实的效力，关键还在于执行力。

2. 促进司法公正是确保改革始终在法治轨道运行的关键和保障

促进司法公正，既是司法体制改革的重要内容，同时是全面深化改革的基础保障。在司法改革中树立法治思维，关键在于应当强化理性精神，以包容、和谐、良善与文明的价值引导司法改革；强化程序意识，科学地构建程序法治制度体系，以程序公正促进司法的实质正义；强化人权价值，坚持人民主体地位，保障人民群众合法权益，让广大人民群众在每一个司法案件中都感受到公平正义，为法治信仰奠定牢固的社会基础。

通过落实司法公正，保护好各方面的合法权益。在改革中，社会利益如何分配平衡，新的利益关系如何维护，合法权益谁来保护，都需要司法改革同步。基于我国司法现状，应重点在政府权力清单和责任清单的基础上，树立正确的现代司法理念，推动司法去行政化，严格司法、依法办案。以经济领域为例，围绕使市场在资源配置中的决定作用，基本经济制度、现代市场关系、转变政府职能等规则相继推出。通过在这些方面的创新，把改革相关方的利益平衡好，各类利益纷争解决好，改革才能顺利进行。

二、促进发展中的法治信仰

发展才能自强，发展一直是解决我国主要矛盾的关键。十九大报告指出，"中国特色社会主义进入新时代，我国社会主要矛盾已经转化为人民日益增长的美好生活需要和不平衡不充分的发展之间的矛盾。"[①] 当前，必须把推动发展的着力点转到提高质量和效益上来，实现更健康、更高质量、更可持续的发展。进入新时代，加快发展更离不开法治的保障。全面推进依法治国，决不允许以"发展"为借口，随意突破宪法和法律的框架。

1. 片面发展伤害法治权威，破坏民众法治信仰

改革开放以来，我们始终坚持党在社会主义初级阶段的基本路线，以经济建设为中心，取得了巨大的发展成就。同时，也出现了许多"发展中的问题"。环境破坏严重、经济结构不合理、资源过度开发、发展不平衡等等。其中部分原因，来自于对法治信仰的忽视。比如某些地方出现了"唯GDP"至上，片面追求经济增长速度的问题，把发展简化为增加国内生产总值，一味在增长率上进行攀比，以国内生产总值全国排名比高低。一些人认为，在社会转型时期，发展是主要矛盾或矛盾的主要方面，法治是次要矛盾或矛盾的次要方面；发展是目的，法治只是发展的手段之一。有的人甚至认为依法行政束缚了改革、妨碍了发展。在这种思想的指导下，为了地方发展、地方政绩，有的领导干部知法犯法，明知所采取的手段突破了法律底线，或违背了行政执法程序，依然采取违规的手法推动发展、追求政绩。违规强拆、违法征地、区域封锁等现象都是这种思想的典型表现。还有一些地方保护本地企业，看重企业在利税、就业等方面对本地区的贡献，却对企业

---

① 习近平：《决胜全面建成小康社会，夺取新时代中国特色社会主义伟大胜利——在中国共产党第十九次全国代表大会上的报告》，载《人民日报》2017 年 10 月 28 日。

违法违规行为视而不见，甚至有意庇护。有些政策的初衷是为了给企业创造一个好的经营环境，但是现实的操作中，亦容易被异化为对企业的过度保护甚或对企业的违法庇护。劳动法、环境保护法的执行情况不佳，与此有莫大关系。对此，习近平总书记曾深刻地指出了这种"发展要上，法治要让"的弊端。这种忽略法律要求而片面追求发展的观念，其危害是十分严重的。虽然从表象上看，可能暂时赢得了发展，取得了政绩，但是实际上却破坏了法治，助长了暴力，降低了政府公信力，也增加了培育法治信仰的难度。

2. 将发展纳入到法治的轨道上

法治维护市场交易的效率，更关心交易的平等和公平的市场竞争；法治确立市场竞争和权利保护的规则，也关心发展成果的公平分配与共享。人民在参与发展中获得主体地位和发展收益，实现有尊严的、有质量的生活。法治轨道上的发展，为"市场失灵"和"政府失灵"提供解决路径，以达到全面的、科学的发展状态。

首先发展要遵循公平竞争规则。社会主义市场经济是法治经济，这是依法治国方略下推进发展的基本出发点。如果市场经济不是法治经济，那么它本身也就不可能是真正的市场经济。社会主义市场经济是法治经济，意味着市场经济不可能脱离它自身的规律，如果市场经济脱离了市场经济的规律，或者说，市场规则是一个脱离现实、脱离本身规律的"法治"，这样的经济必然要被碰得头破血流。在这方面，我们有太多的教训。当我们的法律和政策违背经济规律，其结果不是经济发展出了问题，就是法律和政策得不到真正的贯彻执行。最重要的市场规律，就是要有一个公平竞争的市场环境，而公平竞争的市场环境靠法治来建立和维持。具体来说，就是通过法律规则，确立市场主体的独立的法律地位，自主经营、权利平等；确立市场竞争的规则，对于破坏市场公平竞争的行为作出处理，维护竞争秩序；确保财产和权利保护的规则和机制，维护市场主体的合法权益；确立社会保障的规则和机制，维护市场理性、稳定运行。

另外要明晰政府权力边界。政府是市场行为的"裁判员"，企业是市场的"运动员"，两者不能混同。政府与市场的关系，在法治层面，其实质是公权力和私权利的关系。在市场经济当中，政府的作用是不可或缺的，公权力是市场中很重要的一个"砝码"。在市场经济里，公权是法不授权即禁止，而对于私权来说，是法不禁止即自由。因此，私权利的地位，在市场经济中具有优先性，得到了宪法和法律的确认。行政执法和司法的主要目的，就是维护和实现得到宪法和法律确认的权利。处理好政府与市场的关系，让市场在资源配置中起决定性作用，要把权力关进制度的笼子里，要给政府开出一份理性的权力清单，政府只有在权力清单规定的范围内用权才是合法的，超出了权力清单范围的政府行为，都是违法的。

最后，要实现公平正义的核心价值。一个国家、一个社会的发展，并不完全取决于自然资源等天然禀赋，常常取决于社会心智资源及其文明开化的程度，公序良俗、道德伦理、社会秩序决定了一个社会的幸福度和发展能力。公平是中国最重要的政治环境，发展不能一味地追求效率，要在公平和效率之间寻求平衡，让每一个人都公平地享有发展的机会，让每一个人公平地分享发展的成果。缺少公平的发展，注定是脆弱的和长久不了的。这不仅仅是因为注重公平，能够为下一步发展注入新的动力和活力，更因为这是社会正义的必然要求。权利公平、机会公平和规则公平，需要靠法治来确认和实现。因此，推进法治领域的发展，是发展的一部分，更是发展的基础和前提。让法治成为一种生活方式和信仰，更是发展的目标之一。

总之，社会主义市场经济的完善和发展需要公民树立法治信仰。市场经济由市场发挥作用，产品和服务的生产销售由市场竞争规则自主决定。这必然使我国传统"重义轻利"之道德观念和思想遭受重大冲击，致使市场出现不稳定。而政府过多地介入市场，反而会阻碍市场经济的发展。市场经济对权力有着天然的抵触心理。传统的伦理道德观念、国家行政权力或行政命令不能成为主要的调整方式，唯有法治才真正契合市场经济的现实需要。只有培养公民的法治信仰，使其自觉依照法律规定和法治精神从事市场行为，才能推动我国社会主义市场经济的持续、健康的发展。

三、实现和谐中的法治信仰

用法治思维和法治方式化解矛盾，确保社会和谐稳定。马克思主义认为，矛盾无时不在，无处不在，任何社会都会有矛盾，但任何矛盾只是相对而立的，出现矛盾必须要有化解矛盾的策略。在社会主义法治国家里，法律的基本任务之一就是制度化地化解矛盾，切实维护人民权益。正如习近平总书记所指出的，要努力推动形成办事依法，遇事找法，解决问题用法，化解矛盾靠法的良好法治环境，在法治轨道上推动各项工作。

1. 法治思维与法治方式是化解矛盾的最佳途径

当前，我国处于经济高速发展转向高质量发展的时期，同时也是矛盾凸显期，改革进入攻坚期，同时也进入深水区。在这一背景下改革中的矛盾不可避免地增多且复杂。那么，就更需要系统完善的良法予以支撑，鼓励公民善于运用法律途径解决问题。

社会总是充满矛盾与问题，遇到矛盾和问题时用什么样的思维与方法解决？是必须思考的首要问题。通过法治思维与法治方式或许并不能获得行为主体最理想的结果，但肯定是公平正义地解决问题的最佳途径。法治思维与法治方式是解决社会矛盾的最佳途径表现在以下两点。

首先，从法律的起源看，法律的重要功能之一是定分止争。所谓定分止争，就是如何以统一的，具有法律效力的手段合理解决社会矛盾问题，这是人类社会发展的必然产物。为了解决矛盾和减少矛盾的出现，法律作为人类社会的产物，最早被设计出来，就是为了约束人们行为，解决社会中的各种矛盾问题。法律规则简单明了，合法的则应受保护，不合法的则应予否定，并需要承担法律责任。经过历史的沉淀证明，法律是被人类文明证明的最有效地解决问题的方式，也正是由于法律的产生，在很大程度上保障了社会的稳定。

其次，相比人治而言，法治为化解社会矛盾提供了一套缜密而精细的制度安排，具有程序正义的特征。法律相对于道德而言，最大的特点就是公正无私，道德是活的，以人们的主观意志为转移的，而法律是死的，不以人的意志为转移的，所谓执法如山讲的就是法律的公正无私。虽然通过法律手段解决问题的结果未必能让所有人满意，但法定程序包含的程序正义、理性与协商等因素，最大限度地体现了公共利益，有利于形成利益的最大公约数，能够为更多人所接受和认可。

2. 法治思维与法治方式的实践原则

无论是法治思维还是法治方式其重点都在于"合法性"，这也是法律效力的核心所在。由于处理矛盾的过程无外乎思维决策过程、行为实践过程和结果评判过程，以此为依据，我们认为法治思维和法治方式的实践原则应该包括：

行为主体的合法性。法治思维与法治方式首先要求行为主体具有合法性，即获得法律法规授权，同时可以承担相应的法律责任。只有一个人或者企事业单位具备了合法的身份或地位才能在法律范围内办事，其行为实践才能为法律所认可。因此，行为主体的合法性是法治思维和法治途径应用于实践的基础。

决策过程的合法性。所谓决策过程多是指受多种复杂条件影响下，存在于决策者主观意识的，尚未付诸实践的思想形成与决策制定过程。对于不同的个体而言，其思维习惯、知识储备和所处的环境不同，得到的决策结论往往也不同。法治思维要求决策必须讲程序，重视公开、透明、民主和公正。

行为实践的合法性。行为实践的合法性就是要采取法治的方式来处理纠纷，合理解决矛盾问题。具体表现为采取的方法、手段和措施等符合法律法规的规范要求。行为实践的合法性是社会主义法治建设的核心内容与内在要求，重在解决选择什么样的法治方式和怎么解决矛盾纠纷的问题。

行为环境的合法性。行为主体在法治思维的指导作用下通过法治方式解决问题时，势必会借助周围的环境优势，进而涉及一定的权利、义务关系，比如人际关系、社会工具等外界因素，需要考虑这些具体的行为过程是否符合法律规范，这是法治思维和法治方式的内在要求。

行为结果的合法性。行为结果是行为主体、决策过程、行为实践、行为环境综合作用的结果。只有上述几个过程具有合法性，行为结果才具有合法性，而任何一个过程的任何一个环节不满足合法性要求，都不能认为所得到的行为结果具有合法性。

3. 用法治思维与法治方式着力把矛盾化解在萌芽状态

培养法治思维与采取法治方式的目的不仅仅是为了解决矛盾问题，更重要的是怎样最大限度地降低矛盾产生的概率，或者说怎么着力把矛盾化解在萌芽状态。用法治思维与法治方式化解矛盾，除了在法治框架内构建化解矛盾的机制外，将人民调解与信访等化解矛盾方式纳入法治化轨道同样具有十分重要的意义。

利用法治思维与法治方式预防并化解矛盾的方式很多，其中信访就是最为常用的一种。公民及企事业单位通过书信、电子邮件等方式向政府工作部门提出建议、意见和投诉等，使得政府部门能够提前了解问题，充分发挥法治思维的主导作用和法治途径的实践作用，进而把矛盾化解在萌芽状态。在习近平总书记的系列重要讲话中，信访也是他特别重视的化解矛盾的方式。习近平同志指出："要坚持正确处理人民内部矛盾，加强矛盾纠纷的排查调处和信访工作，疏导化解矛盾，把问题解决在基层和萌芽状态"①，并且称这是一个基础性工作。

　　信访既是每个公民的权利，同时也是每个公民的义务，而将信访纳入法治化轨道，提高信访法治化水平，是将矛盾化解在萌芽状态的基础性工作。运用法治思维与法治方式解决信访中的问题，核心是解决"信访不信法"的问题，还原信访本身的民情反映功能。解决信访问题，最重要的是确定信访部门职责，这样可以更加具体地深入实际，直接了解群众所思所想，有效地将矛盾阻却在基层，把矛盾化解在基层。

---

① 习近平：《干在实处　走在前列》，中共中央党校出版社 2016 年版，第 239 页。

第 八 章

法 治 思 维 论

党的十八大报告首次提出了"法治思维和法治方式"[①] 的概念。自此，"提高运用法治思维和法治方式的能力"[②] 成为法治中国建设的重要战略。这决不是凭空而来的，而是基于中国主体法治意识呈现的基本特征及其在法治中的意义而提出的，反映了我国对建设法治国家认识层次的不断深化以及对法治国家发展规律把握水平的不断提升。鉴于法治方式是运用法治思维解决问题的一种方式，所以，在此将重点研究法治思维的理论构建与实践之道。

第一节　法治思维的概念构造

一、法治思维概念之争与科学含义

对于"法治思维"的准确含义，学界历来有不同认识。有的从权力主体和对象的关系角度加以分析，认为所谓法治思维，是指认识和认同公权力来自于

---

① 胡锦涛：《坚定不移沿着中国特色社会主义道路前进　为全面建成小康社会而奋斗》，载《人民日报》2012 年 11 月 18 日。

② 2012 年 12 月，在首都各界纪念现行宪法公布施行 30 周年大会上，习近平总书记提出：提高运用法治思维和法治方式……的能力。2013 年 2 月，在中共中央政治局第四次集体学习时他指出：各级领导机关和领导干部要提高运用法治思维和法治方式的能力。2013 年 10 月，习近平总书记在关于"枫桥经验"的批示中指出：要善于运用法治思维和法治方式解决涉及群众切身利益的矛盾和问题。2014 年 1 月，习近平总书记在中央政法工作会议上强调，善于运用法治思维和法治方式领导政法工作。2014 年党的十八届四中全会通过《中共中央关于全面推进依法治国若干重大问题的决定》，把"提高党员干部法治思维和依法办事能力"作为全面推进依法治国、建设法治中国的重要战略举措。

"人民授权和职权法定"、严守"法律规则和法律程序""尊重保护人权""坚持法律面前人人平等""接受法律的监督和承担法律责任。"① 有的从法治思维本身的运行路径出发指出,"所谓'法治思维'是指公权力执掌者依其法治理念,运用法律规范、法律原则、法律精神和法律逻辑……的思想认识活动与过程。"② 有的从法治思维的法治特征角度归纳法治思维的概念:"受规范和程序约束、指引""限制、约束权力"、保护公平、正义、权利、自由,是一种理性思维。"③ 如此等等,不一而足。综上理论观点,可以看出目前学界有关法治思维的认识集中体现在以下几点:首先,法治思维方式是一种严格区别于人治特征的思维方式;其次,法治思维是一种严格遵循法律规则和程序的思维方式;再次,法治思维方式是一种强调理性逻辑的思维方式;最后,法治思维方式是一种旨在科学分析和处理社会问题的思维方式。上述概念从不同角度不同程度上科学把握了法治思维的基本属性,具有积极的借鉴意义。

我们认为,从法哲学上深层次分析,可以发现现有的界定存在诸多需要改进与优化之处。故将其定义为,所谓"法治思维"是指在法治价值理念导引下,依据法治原则、制度规范和方法观察、分析和解决问题的一种特殊思维。上述概念涵括了三项具体而明确的基本内容:首先,法治价值理念是法治思维的精神来源和根本遵循。法治价值理念是法治的精髓,体现为人权保障、权力制约、法律权威、司法公正诸方面的美好追求和良善价值,它不同于法律价值。有法律不一定有法治,这已经成为共识。不仅要看到法律的价值,更应当在这种思维中融入法治的理念,也就是在实然的价值中立的法律规范体系中涵摄进法治的价值理念。其次,法治思维以法治而非法律原则和规则为依据。不论是具体的法律规则还是抽象的法律原则都是指导人们社会行为的重要依据。依法办事就是依据法律原则和规则办事。但是,法治思维决不只是依靠法律原则和规则办事的思维,而是依据法治的原则与规则进行思考和分析。因为有了法律,不一定就是法治;依据法律原则规则进行思考、决策与行动,也不一定必然得出法治的结论。所以,不能简单地将法治

---

① 袁曙宏:《全面推进依法治国》,载《十八大报告辅导读本》,人民出版社 2012 年版,第221 页。

② 姜明安:《运用法治思维和法治方式治国理政》,载《中国司法》2013 年第 1 期。

③ 陈金钊:《对"法治思维和法治方式"的诠释》,载《国家检察官学院学报》2013 年第 2 期。

思维定义为是一种依据法律原则规则进行的思维。例如，依法办事是一种法律思维，但是如果忽视罪刑法定、无罪推定、法不溯及既往这些法治原则而简单机械地依法办事，那么，便不仅不符合法治，反而与法治思维背道而驰。再次，法治思维以法律手段与法律方法为依托。法律手段与方法，实际上是法律实践理性的反映。不仅着力于实现既有的法律，还致力于正确地发现法律；不仅关注法律的解释，还关注事实的发现与求证；不仅存在于立法执法司法和法律监督之类的专业活动之中，更存在与执政与行政的所有领域；不仅强调法律是分析解决社会各种纠纷的有效手段——即体现为法律的工具理性，而且还强调法律能够确保实现自由、公平、正义、民主及人权等人类社会最根本的价值，以实现治国安邦的长期化、稳定化与正当化。是以，两者的根本差异可以概括为价值属性与工具理性之间的区别。可以说，法治思维是一种蕴含法的价值属性和工具理性于一体的一种特殊的法律意识。因此，法治思维是一种遵循法治精神，依照法治的原则，合乎法定的实体规范和程序规范进行的根本不同于人治的思维方式。其中，必须突出法治理念的基础性以及法治精神、法治原则的根本指导性。

二、中国语境下法治思维的逻辑构造

法治思维在法治中国语境下的基本构造可以分解为：

其一，法治思维的主体要求。尽管一切社会成员，无论是权力执掌者还是权利保有者，都必须形成法治思维，但是，在当下中国的法治背景下，主要强调公权力执掌者即"领导干部"的法治思维。不只是一般的公权力执掌者"干部"要有法治思维，更为重要的是公权力的主要执掌者、决策者即"领导"干部必须具备法治思维。

其二，法治思维的目标指向。法治思维应当转化主体的内在素养即所谓"法治能力"。"能力建设"（capability building）① 是后发达国家或群体获得

---

① 能力建设被国际社会尤其是联合国广泛用于推动发展中国家的发展之中，旨在改变以外部援助为主的发展模式，以促进自主发展的内生动力和自我发展能力的增长。从个人层面上讲，能力建设意味着"知识和技能的构建与增强"，"允许个人参与到学习和适应转变的过程之中"。（参见 United Nations Committee of Experts on Public Administration（2006）. "Definition of basic concepts and terminologies in governance and public administration". *United Nations Economic and Social Council*. E/C. 16/2006/4）

发展能力与手段的治本之策，得到联合国的肯定，产生了一定世界意义。应当把法治能力置于实现国富民强和民族复兴中国梦之根本保障的战略高度来认识，正确处理法治思维能力与国家实力、法治思维能力与治理能力的相互关系。由此我们得出这样两个基本结论：法治思维能力是国家治理能力的必要内容；提升法治思维能力是提升国家实力的重要手段。

其三，法治思维的客体对象。法治思维作为主观意识，是对客观世界的反映、加工与分析，指向的对象是纷繁复杂的社会关系。其中，关键是在改革、发展、稳定与纠纷解决四个领域的社会关系。法治思维在中国全面依法治国背景下的重点目标在于"深化改革、推进发展、维护稳定和化解矛盾"。① 为此，在改革与法治的关系上，应当认识到改革绝不是破除法律的规范约束，而是在法律指引下推进。一切改革要于法有据。在发展与法治的关系上，应当认识到要依靠法治来规范发展中的各种权利义务关系，机会均等、公平分配，让全体人民共享发展成果。在稳定与法治的关系上，应当认识到稳定是法治的基本价值，秩序的安定性是法治价值的基本特征，要树立维稳的前提是维护权利，维稳的基础是社会公平，维稳的出路是依法治理，维稳的目标是民生福祉的实现。只有形成这样的法治思维，维稳才能获得治本之长效。在化解矛盾与法治的关系上，应当坚持依靠法治来解决纠纷，构建审判、调解、行政裁决与复议、仲裁各方面相互衔接相互协调的多元纠纷解决机制。使各种纠纷、矛盾、风险、群体性突发事件、危机等最终通过法治方式加以预防、解决、平息和化解。对此，前一章已有详细论证，在此不再展开分析。

其四，法治思维的内容构成。法治思维在内容上是一个由不同层级的要素构成的系统，归结起来，主要包括：第一，尊法守法思维。即尊重法律、信奉法律、尊重程序、依法依规。"守法律、重程序，这是法治的第一要求"，也是提高法治思维能力的关键之一。第二，权力法定思维。树立法定职责必须为、法无授权不可为的权力观，对权力的渊源、边界、范围、运行

---

① 胡锦涛：《坚定不移沿着中国特色社会主义道路前进，为全面建成小康社会而奋斗》，载《人民日报》2012 年 11 月 18 日。随后，党的十八届四中全会决定指出，"运用法治思维和法治方式化解社会矛盾"；十八届四中全会决定强调指出，"提高运用法治思维和法治方式深化改革、推动发展、化解矛盾、维护稳定能力"；十八届五中全会决定再次突出强调"运用法治思维和法治方式推动发展"。

与规范监督方式具有清晰的认识。第三，人民权利思维。人权是法治的根本价值，法治源自于对人权的保护和专制集权的革命，新时代的法治思维是基于人民主体的思维。法治思维要求"保护人民权益，这是法治的根本"。第四，法治监督思维。依靠法治制度对公权力进行规范、制约、监督，是法治的一条主线，法治之治重在治理"权力"，既控制和监督权力，使其不被滥用，又依法保障权力高效率运行。

可见，法治思维是由主体、客体、内容与目标构成的有机统一整体，共同作用和服务于法治中国建设的伟大实践。这正是法治思维的中国话语属性和独特之处，不仅为阐释和发展法治理论提供了丰富素材与生动经验，而且其本身就是一种理论构建和思想创新。

第二节　法治思维的基本要求

法治思维是以规则和程序为载体而又超越其本身的高级思维，循着思维的内在逻辑，可以发现法治思维的基本要求如下：

一、法治思维是一种规则性思维

尊重法律、信守法律并运用法律是法治思维的基本要求。法治思维作为一种逻辑思维，具有鲜明的规范性、逻辑性。

法治思维是规范性思维。法治以法律规范为基础和前提，所以法治思维首先是一种规范性思维，符合法律规范的一般特征。首先，法治之法是一种行为规范。法律通过建立行为模式对人的行为进行调控，它主要关注人的行为，通过对人的行为的禁止、允许和授权，形成立法者所希望的社会秩序。所以法治思维必须关注对社会关系进行调整与控制的规范性、严谨性、有序性与制度化，反对任意性、主观性与变动不居的思维方式。其次，法律作为一个整体，在国家主权范围内或法律所规定的界限内，具有使一切组织和个人遵守的特殊力量。所以，法治思维必须关注个人与个人组成的集合体之间的利益互动，既考虑个人权益，也应立足国家全局和社会大局，维护共同体的整体利益，不能将地方、部门或个人利益凌驾于国家和社会共同体利益之上。再次，法治思维既是一种权利性思维，也是一种义务性思维，更是一种权利义务相互统一的思维。我们知道，法律具有权利义务性，法律通过规定人们之间权利和义务关系来调控人们的行为。法律对权利义务的规定是双向对等的，即权利为义务设定范围和界限，义务也为权利设定范围和界限。所以法治思维必须以权利义务为内容，透过法律条文和事实，分析其间蕴含着的权利义务关系，既要保护人们的法律权利，也要让人们履行相应的法律义务。最后，法治思维是一种强制性和人本性相互统一的思维。法律和其他社会规范相区别的一个重要特征就是具有国家强制力。但是，法律强制力不等于任意的暴力，法律的强制力必须依法定模式并按照法定的程序运行。法律的强制力具有潜在性和间接性的特点，只有在违法时才会直接明显地体现出来。同时，国家强制力也不是法律实施的唯一保证，法律的实施还需要依靠道德、纪律、舆论等方面的因素。领导干部运用法治思维，就必须思考采用国家强制力的时机、程度和方式，活用激励、引导、教育等柔性手段，慎用强制、惩罚等硬性手段。规范性思维意味着必须强调和坚持"宪法法律至上"。"宪法法律至上"充分体现出法治社会建设中法律的至高权威性。这既是法治的特质，也是法治的必然。总之，"所谓'法治思维和法治方式'，其核心的概念是'法治'……是要将宪法和法律真正置于各项权力之上。"①

同时，法治思维是一种依据法律规范而展开的逻辑性思维。人类是有理性的动物，而法治又是人类活动的产物，所以法治思维无处不体现着理性精神。"受人尊重的法律必须有其理由"，符合逻辑思考规律。② 早在古希腊时期，亚里士多德就把人的理性与法律连为一体，指出"法律恰恰正是免除一切情欲影响的神祇和理智的体现。"③ 人类有非理性的一面，需要用代表理性的法律来规范人类的行为，防止和制裁非理性行为，预防和减少非理性产生的危害。在感性思维下，人的行为和决策往往具有极大的随意性，容易受到个人意志与情绪的影响。由于人治是由个人或少数人进行的统治，所以制定法律和进行决策就容易感情用事。人们常说的"言出法随""拍

① 莫纪宏：《"法治小康"是小康社会的重要标志和保障》，载《新疆师范大学学报（哲学社会科学版）》2013年第1期。

② ［美］鲁格罗·亚狄瑟：《法律的逻辑——法官写给法律人的逻辑指引》（小威廉·J.布兰南所作的序），唐欣伟译，法律出版社2007年版，第2页。

③ ［古希腊］亚里士多德：《政治学》，吴寿彭译，商务印书馆1996年版，第169页。

脑袋决策"就是感性思维的体现。一些立法者和决策者缺乏领导智慧和长远目光，在立法和决策时抱着冲动及侥幸心理，想到一个"好点子"，就头脑一热，不进行充分必要的科学性和可行性论证，结果往往会损害国家和人民利益。

二、法治思维是一种公正性思维

公平正义是人类社会的永恒追求。但至于什么是"公平正义"依旧是一个众说纷纭的概念。从古罗马乌尔比安提出"各得其所正义论"到当代罗尔斯提出的"强调平等自由的社会正义论"，历经几千年的发展始终未形成一个统一性的认识。正如凯尔森指出的："自古以来什么是正义这一问题是永恒存在的。为了正义的问题，……从柏拉图到康德，绞尽脑汁，可是现在和过去一样，问题依然没有解决。"[①]

当代中国抛弃本本主义的概念论之争，在全面依法治国布局中提出了关于正义的一个最基础性的概念——"社会公平"，具体包括机会公平、规则公平以及权利公平三方面的内容。社会公平在法治领域得到广泛运用，其中，法治思维的公平性要求集中体现在：

其一，法治思维应当以公平为核心关切和价值重心。公平正义是社会主义法治理念的基本内涵之一，是法治中国建设的根本目标和价值追求。让改革发展成果公平地惠及全体人民，是以法治思维方式推进改革与发展的首要原则。通过分配正义实现共同富裕、通过矫正正义实现修复的正义、通过规则公平保证机会均等，人人共同参与、共同建设、共同分享文明成果。可见，法治思维是蕴含着关于公平正义的多元多层次的一种结构性思维而不是单向单一思维。

其二，法治思维应当厘清平等与公平的关系。平等是公正的基本要求，但是形式平等不一定会带来实质的公平。平等是一个客观的事实判断，以等值等量为标准；而公平是一个主观的价值判断，以实质合理性为依据。平等既是目的也是手段，具有两面性，当平等对待平等之主体时，便是公平；但

---

① ［奥］凯尔森：《什么是正义》，转引自张文显：《二十世纪西方法哲学思潮研究》，法律出版社1996年版，第575页。

当平等对待不平等的主体时，便难以得到公平的结果。此时，需要以公平的思维方式，强化对后者的倾斜性保护。这是在法治思维中需要着力厘清的一对关系，只有将平等与公平的辩证关系融入法治实践并形成为法治思维，才能确保以公平的法治观塑造领导干部的法治美德。

其三，法治思维应是一种重视为弱势群体提供制度保障的规范性思维。正如习近平总书记在党的十八届一中全会上的讲话中指出的，"多谋民生之利，多解民生之忧。"要"牢固树立正确的政绩观，……不搞劳民伤财的'形象工程'、'政绩工程'"①。为此，必须树立正确的政绩观，以是否具备法治思维能力及其对社会公平的实效作为评价干部政绩的重要依据和标准。

其四，法治思维的公平性要求正确处理公平与效率的关系。就市场经济领域的初次分配而言，效率是主要价值。而对整个社会长远发展而言，法治视野下的思维必定不是效率优先兼顾公平的思维取向②，而应以公平为内核，以效率为保障。同时，从另一个层面看，法治并不否定效率，相反，必须及时高效地实施和执行法律法规。效率原则要求以公平正义为基础和前提，以最短的时间、最小的成本投入、最低的能源消耗实现最大程度的公平。这充分彰显出法治思维是一种讲究效率和高效能、实现公平与效率高度一致的思维。

其五，法治思维的公平性要求严格公正执法司法。"坚持从严治警，坚决反对执法不公、司法腐败，进一步提高执法能力……努力让人民群众在每一个司法案件中都能感受到公平正义。"③ 因为"公平正义是政法工作的生命线"④。可见，形成公正、公平的司法执法思维是法治建设的当务之急。法治中国建设的时代主题无疑对领导干部培养和秉持公平正义的法治精神和大公无私的工作作风提出了迫切要求。

---

① 《习近平谈治国理政》，外文出版社 2014 年版，第 400 页。
② 自明确提出建立和发展社会主义市场经济体制以来，我国收入分配制度经历了以下三个阶段：第一阶段：1993 年，中共中央通过《关于建立社会主义市场经济体制若干问题的决定》提出"效率优先，兼顾公平"的分配原则。第二阶段：2006 年，我国"十一五"规划提出"效率优先，注重公平"。第三阶段："统筹效率与公平"。党的十七大提出收入分配制度改革的目标，认为初次分配和再次分配都要处理好效率与公平的关系，再分配更加注重公平。十八大报告指出，发展成果要实现由人民共享，必须深入分配制度的改革，不再单纯地追求经济增长和发展规模而是更加注重社会分配的公平。
③ 《习近平关于全面依法治国论述摘编》，中央文献出版社 2015 年版，第 95 页。
④ 《习近平谈治国理政》，外文出版社 2014 年版，第 148 页。

三、法治思维是一种主体性思维

人民主体是法治之源。法治思维始终把握人民主体性而非权力主体性，奉行人民为本而非权力本位。坚持人民主体地位原则，坚持以人民为中心的发展，切实保障全体公民享有平等参与平等发展的基本人权，是法治思维的一根主线。

人民主体原则是社会主义民主原则在当今民主法治建设实践中的生动展现。法治以民主为基本前提。法治思维必定立基于民主思维，法治在实质上就是人民之治，由人民依据宪法法律管理国家与社会。任何背弃民意、违背民主的思维方式，都不可能符合法治精神。法哲学告诉我们，法治的主体是人民而非公权力执掌者，相反，公权力应当是法治的客体和制约对象。从历史上分析，民主是现代政治文明的根本特征，但最初是从古希腊各城邦政体的统治者人数的多少比较中抽象出来的。古希腊雅典城邦的民主派领袖伯利克里曾经这样解释民主："我们的制度之所以称之为民主政治，因为政权是在人民手中，而不是少数人手中。"① 这一点反应在词源上尤为明显。从词源上讲，"民主"（democracy）一词源于希腊词"demos"（意为"人民"）与 kratos（意为"权力"和"统治"）的结合。其基本含义就是"人民的权力"或"人民的统治"，包括民主的政治体制、民主权利和民主作风三个面向的内容。民主常表现为两种密不可分的情形：民主选举和多数决议。从现实情形看，民主主要是指由全体公民，或者直接或者间接地自由选出他们的代表进而组成代行权力的政府。民主一般意味着少数对多数的服从，人民拥有超越立法者和政府的最高主权，从而限制了少数者专制独裁的可能性。但是现代意义上的民主并不单纯地强调少数对多数的服从，因为真理并不一定总是掌握在多数人手里，如果机械地坚持少数服从多数的原则，则可能导致另一种极端的情形，即多数人暴政的问题，同样不利于人类真理的掌握和文明的发展。因此，现代意义上的民主国家必须构建一套监督制约机制和自我纠错机制。民主作为一种政治概念，体现在国家政治体制的设计以及具体管

---

① ［古希腊］修昔底德：《伯罗奔尼亚战争史》（Ⅱ），谢德风译，商务印书馆1960年版，第371页。

理活动中就是要求公共参与、公开透明以及多数决策，反对少数决策和个人独裁。

对此，习近平总书记着重指出"要坚持国家一切权力属于人民的宪法理念"，确保人民"成为国家、社会和自己命运的主人"①。

树立和运用法治思维和方式势必要求领导干部必须坚持民主原则，发扬民主作风。这不仅是国家性质的基本要求，也是执政党的根本宗旨之所在，更是法治条件下增强治理能力和保障基本人权的必要途径。为此，领导干部必须做到以下几点基本要求：

首先，牢固树立并长期坚持"人民主体"②的法治价值观。人民是国家的主人意味着国家的一切权力——事实上主要表现为各位领导干部实际掌握的各项政治权力——都来自于人民的信任和授予。有人会说，我们党是执政党，权力掌握执政者手中。这种观点事实并没有看到党执政或者说掌握国家权力是有历史条件的。从历史来看，执政党的领导是一种历史选择、人民的选择。仔细分析可知，是因为在党的奋斗史上，始终把人民的福利和利益诉求放在最突出位置，"反映人民群众的利益与意志，并且努力帮助人民群众组织起来，为自己的利益和意志而斗争"③。如果现实中恣意妄为，滥用权力，贪污腐化，将人民视为草芥，无视乃至践踏人民群众的根本利益诉求，那么对于整个党来讲都将是致命的打击。坚持人民主体地位原则是提高运用法治思维推进依法执政能力的根本准则和基本方向。

其次，始终坚持并真正落实"全心全意为人民服务"的根本宗旨及其要求。"为人民服务"是毛泽东率先提出来，并被确立为党的根本宗旨。然而，在经过一段较长时间的执政之后，这一根本宗旨日益凸显出标签化、形式化、口号化的倾向。实际上，"全心全意为人民服务"的执政宗旨为和平发展年代长期执政提供了合法性基础。武装革命是革命时代夺取政权的前提和保障，而在和平建设年代执政的合法性只能取决于人民群众的认可度，这是法理的根本常识，也是我们党提出树立和运用法治思维和方式的另一种深

---

① 《习近平在首都各界纪念现行宪法公布施行30周年大会上的讲话》，载《人民日报》2012年12月5日。

② 《中共中央关于全面推进依法治国若干重大问题的决定》，载《人民日报》2014年10月29日。

③ 《邓小平文选》第一卷，人民出版社1994年版，第218页。

层次考量。"党的组织、党员、都要永远站在人民一边，同人民在一起，了解他们的要求，倾听他们的呼声，采取各种办法保护和争取他们的利益。"①在当前社会条件下，领导干部坚守法治的人民思维取向、弘扬法治的人民主体性而非权力本位性，对夯实党执政合法性具有特殊意义。

再次，积极、有效地回应人民群众的各种现实性、合理性诉求。在发展民主问题上，仅仅强调"人民民主"以及"为人民服务"之类的观念是不够的，只有在实际的国家、社会治理等具体工作实践中对人民群众诉求作出及时且有效地回应才是根本。对此应当坚持一个朴素的理念，即群众利益无小事。"凡涉及人民群众生活的事情，应当和群众商量"②，反对主观臆断或一意孤行。并且，应当认识到，全面依法治国的时代任务，从根本上来讲，就是"让广大人民群众更好更公平更广泛地共享改革发展成果"③。为此，应当完善党和政府民主化的工作机制，实现人民对民主、法治之类的美好价值需求。

四、法治思维是一种程序性思维

法治思维是程序性思维。程序对于法治不可或缺，"程序是法治的核心，是法治从法律形态到现实形态的必不可少的环节"④。

"法律程序"源于英国法律发展史上的"正当程序"概念和古典"自然正义"论。早在1215年，英国《自由大宪章》就确立了法律的正当程序原则。在西方程序正义论者中，罗尔斯较有代表性地提出和分析了三种程序正义形态："纯粹的程序正义""完善的程序正义"和"不完善的程序正义"⑤，甚至认为"只要这种正当的程序得到人们恰当的遵守和实际的执行，……无论它们可能会是什么样的结果。"⑥ 围绕程序的意义，在西方形成程序工具主义即"结果本位主义"和程序本位主义即罗尔斯所主张的程

---

①　《邓小平年谱（1975—1997）》（上），中央文献出版社2004年版，第685页。

②　《邓小平年谱（1904—1974）》（下），中央文献出版社2009年版，第1473页。

③　刘云山：《加强和改善党对全面深化改革的领导》，载《〈中共中央关于全面深化改革若干重大问题的决定〉辅导读本》，人民出版社2013年版，第13页。

④　[美] 庞德：《通过法律的社会控制》，沈宗灵、董世忠译，商务印书馆1984年版，第22页。

⑤　[美] 约翰·罗尔斯：《正义论》，何怀宏等译，中国社会科学出版社1988年版，第85页。

⑥　[美] 约翰·罗尔斯：《正义论》，何怀宏等译，中国社会科学出版社1988年版，第83页。

序观。该观念将法律程序视为一种独立的事物，具有独立的判断标准和价值倾向，"而不是它在确保好结果得以实现方面的有用性"①。为了如何解读程序的意义，都应当承认，程序具有相对独立于实体的"内在价值"，且对实体问题的解决和实体权利产生重要影响。科学的程序设计能够有效地配置和使用社会资源，降低立法、执法、司法等活动中的人力、物力和财力成本。更重要的是，正当程序意味着对人的尊严和价值的尊重。人人有权参与同自己利益关系重大的程序并充分表达各自的意见是维护个人利益及其价值尊严的具体表现之一。法治下的法律程序性思维就公权力的实际运行而言主要体现在以下四个方面：首先，立法程序性思维。立法程序性是指法定国家机关在依法定职权在认可、创制、修改和废止法律和规范性法律文件的专门性活动中所必须遵循的法定程序和步骤。根据《中华人民共和国全国人民代表大会议事规则》《全国人民代表大会常务委员会议事规则》以及《中华人民共和国立法法》的有关规定，我国已经建立了完整的立法程序制度。但是，在对立法程序的尊重、公众参与立法的程序保障等方面尚待强化。其次，执法程序性思维。不论何种形式的执法，都具有国家代表性、自由裁量性、单方意志性、效力先定性以及国家强制性等十分鲜明的特征，由此决定了，执法活动过程中更加需要注意符合程序性规定，采用一种让人们看得见、看得清、看得懂的方式正确运用手中的职权。"程序一方面可以限制行政官员的裁量权维持法的稳定性与自我完结性；另一方面也容许选择的自由，使法律系统具有更大的可塑性和适应能力。"② 为此任何形式的执法活动都要务必严格遵守合法性的原则。再次，司法程序性思维。在所有的法律实施环节，司法的程序性特征表现得最为明显，且自始至终都至为重要。程序的正当性是司法最为突出的特点之一。司法是遵从严格的程序规则进行运作从而达到实体正义的活动过程。司法程序是法律程序的典型代表和在司法领域的具体体现，其正当与否直接关系到诉讼当事人实体权利的实现。程序性思维要求：确保程序的可及性、可理解性与自治性、确保广泛的参与性、对所有参与者平等对待。③ 最后，执政程序性思维。执政程序性思维是法治条件下针

① 陈瑞华：《程序价值理论的四个模式》，载《中外法学》1996 年第 2 期。
② 季卫东：《法治构图》，法律出版社 2012 年版，第 121 页。
③ 李龙主编：《法理学》，武汉大学出版社 2011 年版，第 218—220 页。

对执政党提出的一种规范化思维要求。社会发展的复杂性及规模性决定了现代社会只能是一种政党政治的社会，人类文明发展必然要求政党政治只能置于法治之下。否则，任何形式的政党政治都不具合法性。现代社会的法治特征决定了，作为掌握国家政治权力的政党不得恣意运用自己手中的政治权力，不得随意配置社会政治资源、更不得违背民意和程序原则专断地做出政治决策。为此，执政党尤其是其中掌握政治权力的领导机构成员势必要善于学习、强化并积极运用执政程序性思维，唯有如此，才能够确保执政党执政行为的合法性。一个成熟、发达、活跃、全面的程序性法治思维是法治中国得以建成的充分必要条件。

五、法治思维是一种控权性思维

依法治国的核心在于依法治"权"。"绝对的权力导致绝对的腐败"这一经典判断反映出人们在权力面前的真实状态。在本质上，权力是一种能够左右甚至强制某些人为或不为一定行为的影响力和支配力。作为一种客观存在物，其本身是价值中立的，正确适当行使权力会造福于人民，而非法滥用权力则会危害于社会。正如对于一位打算穿越旷野的旅客，他脚下的小路究竟能够导向什么样的终点，不是其起点的位置所能左右的——它只取决于旅行者的目的和喜好。同样道理，权力的存在从来都是一把双刃剑，权力运行结果的好坏优劣直接取决于权力的特有属性、运用权力者的综合素养和主观目的以及制度规制力。

权力的实际运用意味着权力的掌握者实际具备了一种对某种利益进行处理与安排的排他性资格，亦即权力的运用体现出一种极强的"垄断性"，在该权力辖域内没有更大的力量足以改变该权力运用所特有的决定或处理结果。进一步讲，此时权力的行使者即使用来维护乃至最大化自己潜在的利益，亦不会遭受到过多的干预或限制，除非存在更大权力介入或干涉之情形。事实上，基于权力的上述垄断性，且由于没有足够的限制或强制性惩罚，也就是说，没有使权力受到足够制约，权力的行使者将会继续通过权力的实际操作以进一步扩大自己的利益渴望得到满足的程度和范围。当权力执掌者滥用权力、尝试性实现一己之私利或喜好而始终没有受到任何外在限制或者痛苦性惩罚时，那么，便会不断强化其滥用权力的欲望。这种观念坚持恣意行使权力为合理与正当，并且在其看来任何外在的限制与约束都是"非法"的。在此等情形下，当权力的适用对象"不堪压迫"而采取抵制措施时，该权力拥有者将会认为这是对其权威的严重挑衅，故其反应往往极为激烈，甚至直接采取暴力手段予以镇压。长此以往便会逐渐形成最大的腐败——独裁。此时一切人都将沦为潜在的受害对象。从这个角度出发，实现权力制约的目的就在于防止专制，杜绝侵权，确保民主的积极实现。

权力不能仅仅停留在理念上，还应当把权力关进制度的笼子。为此，各级领导干部应当形成权力监督制约的法治观。一般来说，关于权力监督制约的法治观主要包括以下要求：

一是敬畏权力的法治思维。权力与权利的关系是法治的主线，规制权力以保障权利是法治的根本要义。既然权力是人民赋予的，那么，对权力的敬畏，就是对人民的尊重。2013 年 8 月 28 日，习近平总书记在辽宁考察时指出：领导干部要讲诚信、懂规矩、守纪律，襟怀坦白、言行一致，心存敬畏、手握戒尺。要做到心有所畏、言有所戒、行有所止，处理好公和私、情和法、利和法的关系。① 如果对权力没有敬畏之心，就会滥用权力、藐视权利。尽管道德约束之于权力制约而言没有什么外在的强制性，但也不可忽视道德之于控权的意义与功能。为此，应当在关于权力的法治思维中注入法治美德，主张掌权者以高尚的伦理素养作为执行权力的基础，强调掌权者个人的综合素养尤其是道德素养在法治构建之中的价值地位。这似乎是人类治理早期阶段的普遍性共识，反映出权力制约观念的朴素性。在历史上，中国春秋时期孔子强调的"圣人之治"、墨子所主张的"贤者之治"，以及古希腊先哲柏拉图所主张的"哲学王之治"，无一不是此种思维模式的具体反映。但由于过分强调道德的地位以及道德本身的模糊性、非强制性而导致其最终沦为"德治"这一古代人治的工具。新时代坚持法治与德治相结合原则，与传统的德治存在本质不同。一方面，法治是治国理政的基本方式，全面推进依法治国、建设法治体系和法治国家，成为治理现代化的主流价值预设和根本途径。另一方面，新时代的德治决不是要也不能回到作为人治手段的古代德治的老路上去，相反，它强调德法互融互通，以道德滋养法治、以法治

① 2015 年 1 月 12 日，习近平总书记在同中央党校第一期县委书记研修班学员进行座谈时的讲话。

践行道德，最终形成良法善治的理想治理格局。

二是严以用权的法治思维。严以用权的要旨在于：严格、严肃、严明地执掌、运行和监督公权力。其一，严格用权。要求严守法律的规格、规范、标准与尺度，养成依法用权的法治思维。"领导干部尤其要弄明白法律规定我们怎么用权，什么事能干、什么事不能干。"① 其二，严肃用权。要"严肃纲纪、疾恶如仇，对一切不正之风敢于亮剑；……正确行使权力，在各种诱惑面前经得起考验。"② 其三，严明用权。要求培育严明法纪、公私分明、出于公心、一心为公、公正行使权力的法治思维。"公权为民，一丝一毫都不能私用。"③ 把律己与律人结合起来，"决不允许以权谋私，决不允许搞特权。对一切违反党纪国法的行为，都必须严惩不贷，决不能手软"④。尤其是行使执法司法权力者，更应当强化权力制约监督的法治思维，"决不允许滥用权力侵犯群众合法权益，决不允许执法犯法造成冤假错案"⑤。总之，只有在价值与规范、德性与理性之间实现有机统一，才能养成严格依法、谨慎、公正用权的法治思维。

三是监督制约的法治思维。规范、制约和监督权力是确保权力之人民本性的关键。关于分权制衡思想大概最早可以追溯到古希腊的亚里士多德关于政治体制的思考。亚里士多德在其《政治学》一书中明确指出"一切政体都要有三个要素，…三者之一为有关城邦一般公务的议事机构（部分）；其二为行政机能部分…其三为审判（司法）机能。"⑥ 上述三种职能共同构建起政体的完整结构体系。古罗马思想家波利比阿在继承上述思想基础上结合罗马的政治实践，将政府分为人民大会、元老院和执政官三大相互分工与制约的部分。近代分权学说最初由洛克提出并加以倡导，并由孟德斯鸠进一步加以发展与完善。所以，在权力监督制约的法治思维培养过程中，应当重点注意以下几点：其一，西方的"三权分立"在本质上不符合我国制度国情，这是一个大前提。其二，不搞三权分立，并不意味着权力不受制约监督，相

① 《习近平谈治国理政》第二卷，外文出版社 2017 年版，第 127 页。
② 《习近平关于全面以严治党论述摘编》，中央文献出版社 2016 年版，第 30 页。
③ 《习近平谈治国理政》，外文出版社 2014 年版，第 394 页。
④ 《习近平谈治国理政》，外文出版社 2014 年版，第 16 页。
⑤ 《习近平谈治国理政》，外文出版社 2014 年版，第 148 页。
⑥ ［古希腊］亚里士多德：《政治学》，吴寿彭译，商务印书馆 2009 年版，第 218 页。

反，必须实行铁面无私的监督制约。其三，形成严密的法治监督体系作为法治体系的一个重要内容和保障措施，是全面依法治国的根本目标之一。其四，中国特色社会主义权力分工与监督制约制度重视依法规范权力、制约权力、监督权力，形成为以党的监督、人民监督、政协监督、政府监督、审计监督、执法监督、司法监督、监察监督、舆论监督、公众监督为内容要素的监督大系统。法治思维理当包含关于监督制约的系统化、制度化、规范化、长效化的内涵和要件。

因此，领导干部在实践中务必严守法律规定的各种权力的界限，严格在法定范围内行使各项职权，时刻注意以宪法法律规定的界限为权力运作的边界，时刻绷紧"用权不越权，越权受处罚"的法律之弦，让权力在阳光下运行，把权力关进制度的笼子，自觉接受制度笼子的约束，最终实现从"不敢腐"的畏惧意识转变到"不能腐"的规矩意识，再进一步质变为"不想腐"的自觉自主意识，构造出权力监督制约之法治思维的理想图景。

第三节　非法治思维及其克服

提升法治思维方式的运用能力，不仅要从正面解读与认识法治思维方式的要求与意义，还应当进一步揭示和澄清同法治相对立或似是而非的非法治思维方式。

一、"父母官"思维

（一）"父母官"思维缘起

"父母官"的称呼在中国的传统文化中由来已久。早在西周时期，《诗经》中就出现了"岂弟君子，民之父母"① 的说法。随后出现"为民父母"②"视民如子"等思想。③ 在实践中甚至流传着"前有召父，后有杜母"

---

① 《大雅·洞酌》。
② 《吕氏春秋·不屈》。
③ 《左传·襄公二十五年》。

的故事。① 此后，清廉爱民的官员越来越频繁地被称为"父母官"。而在封建社会的"君为臣纲""子为父纲"的权力体制和文化观念中，越来越多的官员开始以"父母官"自居，将民众视为需要被监管、被施恩和被训诫的对象。可以说，在皇权至上的封建官僚体制中，"父母官"从百姓的敬称转化为官员的自居具有内在的必然性。从中我们可以发现两种类型的"父母官"思维：第一种与德行相联系，它从朴素的道德情感出发，关切民间疾苦，回应民众诉求；第二种与知识相联系，它从自己的分析判断出发，决定民众的利益及实现方式。前者可以被称为回应型"父母官"思维，后者可以被称为独断型"父母官"思维。

有学者归纳和论述了中国古代的清官现象，对清官的内涵、特点、背景、作用进行了详尽的分析，亲民、爱民、为民、民众拥护正是清官的特征之一。② 人们对于清官的评价也存在两种不同的看法：赞同者认为清官是人民的救星，青天大老爷是古代廉政建设中的突出特征，是中国古代民本思想的结晶等等。比如认为，"清官思想肯定不是真正意义上的民主，却是当前一个时期内，符合中国国情、满足民众政治需求的一种政治文化心理。"③它有助于缓和官民矛盾，增进社会秩序。④ 反对者则认为，清官是中国古代专制社会的悲剧，不能"歌颂甚至炒作为民做主、执政为民的清官。"⑤ 要警惕"清官情结"，理顺公仆与民主的关系。⑥

（二）"父母官"思维的实质与危害

少数领导干部以"父母官"自居，表面上看似乎有一定道理，但它在本质上并不是法治思维，而是人治思维。无论是"爱护"民众的回应型"父母官"思维，还是"监护"民众的独断型"父母官"思维，都是人治的翻版。

一方面，法治思维是"民主"思维。在法治思维中，法治的主体是人

① 《后汉书·杜诗传》。
② 魏琼：《清官论考》，载《中国法学》2008 年第 6 期。
③ 朱义禄：《清官情结与当代中国政治文化心理》，载《探索与争鸣》2001 年第 10 期。
④ 魏胜强：《古代清官的法律人格及其现代转化》，载《江苏警官学院学报》2006 年第 3 期。
⑤ 刘绪贻：《论清官》，载《学术界》2003 年第 6 期。
⑥ 王燕、唐爱芳：《清官情结探析》，载《理论月刊》2003 年第 2 期。

民，客体是权力。坚持人民主体地位原则是法治中国构建的最基本原则之一，意味着一切以人民利益和自由权利为指挥棒和风向标，以人民平等参与和平等发展权利为根本指向。而"父母官"思维则把官员自己当成主体，把民众当成客体，颠倒了法治的主客体关系。从民主的角度来讲，各级领导干部必须牢固树立为人民服务的公仆观，摒弃代民做主的"父母官"思维。

另一方面，法治思维强调法律至上，而"父母官"思维则将权威置于个人魅力之上。马克斯·韦伯把"父权家长制"的行政管理体系视为实质合理性的法律类型①，这种实质合理性的法律类型具有一种反形式的性质，"法律强制和父辈的告诫之间的界限，立法的动机和目的与法律技术手段之间的界限，通通被摧毁的荡然无存"②。与这种实质合理性的法律类型密切相关的就是个人魅力型的统治类型。"父母官""青天大老爷"的称呼和思维明显带有对公平正义的冀求和对个人魅力的崇拜。中国的信访制度在法学界一直有较大争议，"信访不信法"往往被视为人治的体现。"'青天情结'是真正存在于每一个信访者心中的一种信念"③，反映出了现有"纠纷化解制度的某种不足，也表征了人们把对社会纠纷化解和社会正义实现的方式，寄托在了好的'人'而不是好的制度上。青天的司法路径本质上是人治而不是法治的路径。"④

最后，在强调权力制约的法治思维中，两种都可能导向权力的集中和专断，会导致家长制、一言堂，蜕变为个人崇拜，破坏民主的权力配置体制，民众参与也势必形同虚设，沦为空谈。对于第一种"父母官"思维，似乎由于他们在某种程度上能够为民谋得些许利益，民众就对其感恩戴德，在法律惩罚面前为其求情，而这类官员感觉到虽败犹荣，始终无法在深层次进行反省，反过来又助长了个人魅力型统治观念在个别在位官员头脑中滋长。⑤对于第二种"父母官"思维，关键在于"用自我感觉代替群众评价"⑥。所以，领导干部要密切联系群众，了解群众的真正需求，抛弃那种高高在上的

---

① ［德］马克斯·韦伯：《经济与社会》下卷，林荣远译，商务印书馆1997年版，第169页。
② ［德］马克斯·韦伯：《经济与社会》下卷，林荣远译，商务印书馆1997年版，第171页。
③ 薛炜：《民众心中的清官与青天情结辨析》，载《西南政法大学学报》2008年第3期。
④ 杨建军：《好法官的两种形象》，载《法学论坛》2012年第5期。
⑤ 傅达林：《"马屁神曲"，个人魅力不能代替法治途径》，载《法制日报》2011年4月11日。
⑥ 《自我感觉不能代替群众评价》，载《人民日报》2013年10月21日。

"父母官"思维。

二、运动式思维

运动式思维是指在面临特定社会问题时集中力量在特定时期加以快速全面解决的思维。自新中国成立以来,我国进行了多次运动式治理,通过"大民主"和"政治运动"的方式,推进政府治理,追求实现短期目标①。据统计,从1950年到2000年的50年间,在全国范围内开展的运动式治理就有90个,包括了土地改革、镇压反革命、"三反""五反"、扫除文盲、公私合营、"批林批孔""大跃进"、人民公社化、精减城镇人口、工业学大庆、农业学大寨、破"四旧""文化大革命"、知识青年下放等。② 其治理效果也是良莠不齐。

在这种思维惯性下,直到前些年,某些地方依然采取运动式执法方式来处理问题,习惯于在本区域或本行业内发动声势浩大的专项整治活动。③"运动式行政执法具有集中整治、收效快的优势,…具有一定的现实合理性。"④"运动式治理是作为一种政府间的合作机制而产生的。"⑤ 的确,从行政管理的现实困境和要求出发,运动式执法具有一定的必然性。但是,从现象上看,其原因在于平时疏于依法治理,事后大动干戈、严刑峻法;从实质上看,则是为了快速解决问题或者树立良好的政绩形象,不惜扭曲政策、曲解法律,最终必然会无视法律,本质上是人治的表现。

因此,行政管理必须坚持依法行政,必须对运动式执法中可能产生的违法行为和不良后果保持高度警惕。"文化大革命"是我国运动式治理的失败

---

① 冯志峰:《中国政治发展:从运动中的民主到民主中的运动——一项对110次中国运动式治理的研究报告》,载《甘肃理论学刊》2010年第1期。

② 冯志峰:《中国政治发展:从运动中的民主到民主中的运动——一项对110次中国运动式治理的研究报告》,载《甘肃理论学刊》2010年第1期。

③ 刘春彦:《运动式执法应休矣》,载《检察风云》2007年第2期,第58页;陈东升:《温州整治"山寨"急救车被指运动式执法》,载《法制日报》2011年5月30日第4版;周清树:《贵阳查实837学生参与拆违》,载《新京报》2013年10月18日第A19版。

④ 朱晓燕、王怀章:《对运动式行政执法的反思——从劣质奶粉事件说起》,载《青海社会科学》2005年第1期。

⑤ 唐贤兴:《中国治理困境下政策工具的选择——对运动式执法的一种解释》,载《探索与争鸣》2009年第2期。

典型，十一届三中全会《关于建国以来党的若干历史问题的决议》已对此做出了详细评价。各级领导干部应以史为鉴，树立法治思维，加强制度建设，规范执法行为，防止运动式执法，实现从运动式执法向制度性执法的根本转变。

三、指标性思维

指标性思维是指把是否完成工作和考核指标作为工作的出发点和指挥棒的思维。指标是评价领导干部工作能力的客观标准。指标体系设计得科学与否，直接关系到考核结果是否真实有效，能否起到对公务员进行有效的奖惩、升迁、激励、职务调动等作用。指标本身是一个中性词，一个设计合理、运用得当的指标体系，对确保高效公正严格依法行使公权力具有重大促进作用。但如果指标设计不科学、指标导向发生偏差、指标价值不公正，势必会严重影响评价的合理性、客观性甚至有可能因为指标导向而使领导干部的思维方式倒错，偏离法治的方向。

政绩评价应该从经济社会发展、人民生活水平提高、维护司法公正、弥补市场失灵、帮扶弱势群体、维护社会稳定、生态文明建设诸方面全面展开。但是，在以前一个时期，政绩考核指标在操作中过于简单化，以至于片面化，对地方政府领导工作形成某种误导。这一现象的突出表现就是一些地方政府领导对 GDP 指标的迷恋。曾几何时，唯 GDP 成为普遍的现象，导致以 GDP 论英雄。而法治制度建设、法治精神、法治文化、依法监督权力的成效、执法司法守法状况等，被置于相当次要地位，甚至产生法律是经济的绊脚石、抛开法律搞改革的非法治思维。一些地方不计代价、片面追求增长速度，忽视结构、质量、效益，所导致的社会不公、矛盾聚集、环境污染等恶果，不能不说与这种政绩考核导向有着极大关系。[①]

不合理的指标治理模式不只是存在于经济领域。在执法司法领域，个别地方片面设置"罚没款数额""破案率""办案率""调解率""发回重审率""改判率""上访率"等硬性指标。由于指标设置不讲求良法善治，有

---

① 李国友：《论构建和谐社会背景下地方政府领导政绩考核指标体系之建构》，载《社会主义研究》2007 年第 1 期。

些领导干部一味追求高效率、高速度、贪大求全，导致计划赶不上变化，民众负担过重，还有些领导干部甚至为了凑指标而采取违法手段，"忙于拉关系、找人情"①，甚至贿赂统计工作人员，走上犯罪道路。例如，2006—2013年间，在担任国家信访局原副局长许杰，接受贿赂，大肆"修改信访数据"，构成严重犯罪②。当然，这一犯罪行为的根源并不在于指标本身，也与信访制度没有任何必然关系，而是由于其本身法治思维缺失、腐化堕落所致。

要解决指标式思维带来的不良后果，一方面，应当制定科学合理的指标。在内容上，科学把握全面依法治国之中的"全面"二字所蕴含的深刻意义，从经济、政治、社会、文化和生态文明五个维度进行法治保障水平、程度和成效方面的综合评价。在指标上，改变以惩罚性、事后性、金钱性指标为主的思路，从事前制度机制设置、防范预警、规范调控、处置能力诸方面构建符合法治精神的指标体系。另一方面，满足新时代民众对法治的新需求。缩小直至逐步消除指标设置与人民群众的主观评价之间的差距。应当顺应新时代社会主要矛盾转变这一新形势，不失时机地重点解决人民对美好生活的新需求，注重设置"民主、法治、公平、正义、安全、环境"③这六个方面的价值评价标准，以法治思维方式推进更加充分更加平衡的发展。再者，加大法治能力在指标体系中的权重。党的十八届四中全会决定明确指出，"把法治建设成效……纳入政绩考核指标体系。"④法治水平与法治能力是干部政绩考核评价的关键性标准之一，在同等条件下，法治思维能力强的人应该优先得到提拔，而法治思维能力低下甚至违反乱纪、以身试法者则应调离直至依法究责。

四、无为型思维

无为型思维是指少数领导干部在工作中抱着"不求有功，但求无过"

① 王健：《政绩新指标：GDP+SCC》，载《人民论坛》2005年第3期。
② 黄洁：《国家信访局原副局长涉嫌受贿案召开庭前会议》，载《法制日报》2015年7月7日。
③ 习近平：《决胜全面建成小康社会，夺取新时代中国特色社会主义伟大胜利——在中国共产党第十九次全国代表大会上的报告》，载《人民日报》2017年10月28日。
④ 《中共中央关于全面推进依法治国若干重大问题的决定》，载《人民日报》2014年10月29日。

的心态，面对问题时消极回避、不闻不问或者信奉超自然的神秘力量而不信仰法治的思维。

这种思维不同于老庄"无为而治"的道家学说。老子认为"治大国如烹小鲜"，只要让人们自由发展而不横加干涉，天下就会天平无事。所以他既反对儒家的仁政，也反对法家的法治。因为无论是仁政还是法治，都要求治国者积极教化民众或干预人民的生活。一方面，他认为统治者人为地制定出繁多的法律来约束人民是徒劳无益的，并且会遗患无穷。使用严刑峻法必定会激起人民更强烈的反抗。另一方面，他反对人为地去提倡仁义礼智，认为这些都是欺世盗名的工具，人民有了智慧和技巧，就会追求更大的贪欲，就会产生更多的纷争。所以，"以智治国，国之贼；不以智治国，国之福。"① 而他主张的"无为之治"，则要求既不崇尚贤德，也不崇尚法律，而是使人们返璞归真，少私寡欲，这样就可以实现国家安定。庄子继承了老子"大道废，有仁义"的观点，反复说明一切"有为"之治都不会实现真正的长治久安。他认为人心虚伪狡诈，人们会利用一切试图维护国家安定的法律来制造混乱。② 这就是我们熟知的"窃钩者诛，窃国者诸侯"。那些窃取了国家的诸侯仍然高谈仁义，所以他们连仁义也一起窃取了。庄子认为，要实现国家的长治久安，就要废弃一切规章制度、仁义道德和文化知识，让人们不受约束的自由生活。③ 尽管道法自然、天人合一的思想具有一定的合理性，但是，无为而治的哲学思想最终会导向无政府主义和法律虚无主义，与现代法治思想格格不入。

说到无为型思维，让人不得不想到中国近代史上的"六不"（不战、不和、不守、不降、不死、不走）总督叶名琛。叶名琛 1852 年升任两广总督。1857 年 10 月下旬，英法联军 5600 多人集结于港澳地区，准备进犯广州。作为有守土之责的封疆大吏，叶名琛既不备战也不和谈，却每天只在衙门里"扶乩"（请神仙下界出主意），战斗开始后既不投降也不逃跑。他被俘后被

① 《老子》第六十五章。
② 《庄子·胠箧》："为之斗斛以量之，则并与斗斛而窃之；为之权衡以称之，则并与权衡而窃之；为之符玺以信之，则并与符玺而窃之；为之仁义以矫之，则并与仁义而窃之。何以知其然邪？彼窃钩者诛，窃国者为诸侯，诸侯之门而仁义存焉，则是非窃仁义圣知邪？"
③ 《庄子·胠箧》："绝圣弃知，大盗乃止。擿玉毁珠，小盗不起。焚符破玺，而民朴鄙。掊斗折衡，而民不争。殚残天下之圣法，而民始可以论议。"

囚禁在印度加尔各答，后来因为他自己带的粮食用尽，又拒食英国人送来的食物，绝食而死。对于这种无为型官员，没有人会为他拍手称快，后世留给他的也只是讥讽和痛骂。

"无功即有罪"，领导干部光有廉洁不行，还要勤政爱民。如果在其任上，只求自保自全，面对矛盾与斗争，睁只眼闭只眼，打"太极拳"，放任发展机遇的丧失，又畏首畏尾，不敢承担责任，这样的官仍然是不合格的，只能是庸官。党的十八大报告提出要建设职能科学、结构优化、廉洁高效、人民满意的服务型政府。在其位不谋其政的无为型官员显然不符合服务型政府的要求。

不信法律信"鬼神"是消极无为型思维的一个变形。在这种慵政懒政观念的影响下，一些领导干部并不积极学法用法，而是求助于"大师"。有的领导搞项目、做决策、做工程之前甚至不惜重金聘请"大师"算命占卜。"学经不学法""用经不用法""信神不信法"的现象在以前一个时期偶有存在。[①]

"有权必有责"，在政府职能部门的日常工作中引入问责制，问责"庸懒散"，加强对政府部门工作人员的责任约束，使各级政府官员突出公共服务的价值地位，确保向社会公众供给优质、均等、高效、优质的公共服务。各级领导干部应该加强学法用法，而不是把精力放在修身养性和风水迷信上，不仅要修身，更要依法治国、理政、用权。

五、情理型思维

情理型思维是指在管理决策时重情理而不重法律，在现实中主要表现为不重视法律而一味讲求所谓的情和理，是一种"拉关系""走后门"的思维方式。我们无意否认情理之于法治在软法意义上的重要功能，但切切不可将情理置于法治之上之外。天理是指天下公理、一视同仁，体现为公正；人情则讲究亲疏有别、尊卑有序，体现为感情；国法则强调令行禁止，体现为权威。天理、人情、国法三者的相互冲突与融合一直是管理决策中面临的复杂

---

① 苏永通：《2000 余司局官员高校"选课"，"周易"、党史成热门》，载《南方周末》2010 年 4 月 29 日。

问题。情理法三者的协调统一固然美好，但是现实生活的复杂性和人类能力的有限性往往会使三者出现相互冲突和相互背离的情况。所以情理型思维和法治思维的区别并不在于三者的相通性，而在于如何处理三者的冲突。如果情理大于法律，则是人治思维。

古代宗法思维或宗法文化虽然被在根本上否定，但是，在现实生活中的影响并没有完全消除。在古代礼制下，"礼"虽然变成为制度，但其实质就是人情的体现。周公制礼，将划定血缘亲疏远近的"家"和确定身份等级的"国"重叠起来。孔子以周礼为基础发展出了儒家学说，重视"礼"和"德"在治国理政中的作用，对"政""刑"则持消极态度。"在宗法文化中，一切行为规范和道德信条都具有身份属性，先要分清对象是谁，和自己有什么关系，然后才能确定相应的行为标准。"① 这种德主刑辅的思想影响了中国几千年的法律文化，作为国家强制力的法被置于作为人情伦常的礼之后，在中国古代形成了"厌讼"的氛围。②

清末修律的"礼法之争"更明确地体现了情与法的冲突。1902 年至 1911 年，在修律的过程中，爆发了一场以张之洞、劳乃宣为代表的"礼教派"和以沈家本、杨度为代表的"法理派"的争论，双方争论的核心是：应以法律的自由平等作为主要指导思想，还是应以封建礼教为主要指导思想制定新法。张之洞对《大清新刑律草案》进行了逐条签注，认为《草案》违背三纲不合国情。这场斗争最终以礼教派的胜利而告终。

平等原则是现代法治的基石，少数领导干部在管理决策中采取亲疏有别的做法，是徇私枉法的体现。在现代语境中，天理也可以被视为实质正义，而在管理决策中，由于受到时间、资源、知识的制约，基于人治的管理决策很难实现真正的实质正义。为了克服人情和天理对决策的不利影响，法律规定通过一系列的程序性规定赋予了管理决策一定的合法性。比如为了克服人情的影响，法律规定了回避制度，并对徇私行为加以惩罚。为了克服天理的影响，法律通过程序正义弥补了难以实现的实质正义。随着法治建设的稳步推进，目前法治思维已渐入人心，但是重情理轻法律的思想仍然存在，为了

---

① 屈永华：《宗法文化及其对中国近代宪政的制约》，《法商研究》2006 年第 2 期。
② 陈重业：《折狱龟鉴补译注》，北京大学出版社 2006 年版，第 145 页。

个人私情和借口所谓伸张正义而弃法律程序和法律权威不顾的现象应该予以重点防控。

六、维稳型思维

维稳型思维是指片面强调社会秩序而忽视甚至损害其他法治价值的思维。稳定在法律价值上意味着秩序，秩序是人类生活的前提，是人类一切活动的前提。没有秩序，人类社会生活必将陷入混乱、动荡甚至灾难之中。法律的最为基本的功能就是形成、维护、促进一定的社会秩序，保障一定的利益关系和利益格局。在整个法律价值体系中，没有秩序价值的存在，其他价值便无法实现。法律价值分为实质性法律价值和非实质性法律价值，"秩序作为一种法律价值追求是不能单独成立的，它必须与实质性价值相结合，如正义的秩序、自由的秩序、平等的秩序、安全的秩序。"[①] 维稳是在我国国情基础上为了维持社会的稳定、化解社会矛盾、促进经济社会持续发展而采取的重大举措。维稳从来都不是目的，只是实现经济社会快速发展的手段。

2005 年，国务院《信访条例》规定"各级人民政府应当把信访工作绩效纳入公务员考核体系"，各地政府随后陆续推出考核细则，并层层下达指标，个别地区还要求"零信访"。极个别官员曲解"稳定压倒一切"，认为平安就是"不出事"，信奉"摆平就是水平、搞定就是稳定、妥协就是和谐""花钱买平安"的治理方式。这种维稳方式，尽管也能奏一时之效，但治标不治本，而且，如果走上极端，会破坏社会公平正义，导致"信访不信法"。

在维稳型思维下，少数领导干部解决社会问题往往会采取以下方式：一是围追堵截，强制压服。以前一段时期，一些地方群体性事件频发，与少数党政领导干部法律意识淡薄、不善于运用法治思维和法治方式密切相关。维护稳定，决不是动辄使用警力和强制手段，而是要在法治的轨道上解决问题，坚决依法维护群众的合法权利和合理诉求。二是花钱买平安。这依然是一个治标不治本的办法，而且和强制压服的烈度需要不断提高一样，花钱买平安的结果在一定条件下可能会不断刺激当事人提出更高的要求，明显违背

---

① 李龙主编：《法理学》，人民法院出版社、中国社会科学出版社 2003 年版，第 139 页。

了法治的精神。[①] 三是旁敲侧击。在当事人的诉求不合理或不合法，或者由于某些原因无法快速圆满解决当事人的合法合理诉求时，一些领导干部会采取迂回策略，并不直接针对当事人或者直接解决问题，而是通过说服与当事人关系密切的人或为当事人提供其他便利，来达到缓和矛盾的目的。[②] 在维稳型思维下，除了会对民众的权利造成损害外，有时还会造成权力之间的相互干涉，特别体现为党政机关干涉司法的现象。

应当指出的是，上述思维方式与实践做法在全面依法治国大背景下已经得到极大扭转。但是，应当切实认识到其错误的实质，防止死灰复燃。

七、压制型思维

压制型思维是在少数领导干部工作中从自己的利益出发，用权力压制权利。从本质上说，压制型思维是官本位意识或官僚主义思维的典型极端表现。应当说，前面六种思维在某种程度上都具有一定的合理性，"父母官"思维的出发点是为了维护和实现人民利益，运动式思维的出发点是为了快速彻底解决社会问题，指标性思维也有助于实现特定的社会目的和选拔激励，情理型思维可以提高人民群众对管理决策的认可度，维稳型思维也一定程度上维护了社会秩序，这些思维中隐含的某些合理因素只要处在法治的框架内，都可以发挥些许积极的作用。而压制型思维是与法治完全不兼容的，它的出发点完全是私人利益，往往以侵害人民利益为代价。

当前，在全面依法治国的大势下，官本位意识得到极大遏制，人民本位、人民主体的思想深入人心。但受封建思想影响，依然要防止这一思想沉渣泛起。早在 2013 年，习近平总书记将人民群众反映最强烈、损害最严重的干部作风问题归结为"四风"，也就是形式主义、官僚主义、享乐主义和奢靡之风。"四风"问题"由来已久、成因复杂，不是一朝一夕就能彻底解决"。[③] 为此，应当着力在思想意识上解开三个症结：一是认清实质与根源。

---

① 烨泉：《克服手段崇拜才能体现维稳真谛》，《法制日报》2013 年 8 月 7 日。

② 刘一丁：《福建：男教师被停课劝岳母拆迁与妻子离婚保住工作》，新华网，http://news. xinhuanet. com/politics/2013-10/29/c_ 125613077. htm，访问日期：2017 年 10 月 1 日。

③ 王子晖：《十九大后，习近平对"四风"问题再出重拳》，新华网 http://www. xinhuanet. com/politics/2017-12/15/c_ 1122118155. htm，访问日期：2018 年 9 月 8 日。

"作风问题核心是党同人民群众的关系问题"。也就是公权力与私权利、治理的主体与对象之间的关系。在法治的思维中，一直存在一种模糊认识，似乎法治的主体的是官员，被治理的对象是社会大众。其实，尽管法治和治理离不开立法执法司法机关的主导，但是，法治中的治者和被治者明显不同于人治，治者即法治的本源性主体永远是人民，被治的对象则是公权力。只有管好管住了公权力，法治才能彰显活力，人治才没有市场。二是把握始点与归宿。"最广大人民根本利益"是强化作风建设的"出发点和落脚点"，可归结为"为民务实清廉"。① 所谓"为民"，预示着根本的价值指向；所谓"务实"，在于防止沽名钓誉，不搞形象工程和面子工程；反对空话套话，不干实事；严禁报喜不报忧，掩盖矛盾和问题。所谓"清廉"，则是要坚决反对滥用权势、刁难民众，欺上瞒下、以权压人，权力寻租、徇私枉法。以行政审批为例，2013 年，针对国务院各部门行政审批事项尚有 1700 多项的事实，国务院下决心在原有基础上再削减三分之一以上。② 到 2018 年，国务院各部门保留的行政审批事项只剩下 717 项，这无疑是一个巨大的历史性进步。而要使这些取消下放的审批落到实处，让利于民，就必须改变地方领导干部的官本位思维。三是强化理念与实效。"作风问题具有顽固性反复性，必须抓常、抓细、抓长，持续努力、久久为功。"③ 为此，应当坚持群众观点、落实群众路线，把"八项规定""三严三实""四个意识"④ 作为新时代作风建设的基本方策持之以恒地予以贯彻执行。而这正体现了法治的良善价值和约束权力的内在机理，成为培育法治思维的现实要求。

应当指出，这些非法治思维方式并非当今社会的主流，只不过是极个别现象，绝不能代表和反映当代中国的法治发展水平。而之所以要详细列举与深入剖析，关键在于：第一，有助于认清其潜在的危害性，特别是深层次地

---

① 2014 年 6 月 30 日，习近平在中共中央政治局第十六次集体学习时的讲话。

② 李克强：《把错装在政府身上的手换成市场的手》，新华网 http://news.xinhuanet.com/2013lh/2013-03/17/c_ 115053461. htm，访问日期，2018 年 9 月 8 日。

③ 王子晖：《十九大后，习近平对"四风"问题再出重拳》，新华网 http://www.xinhuanet.com/politics/2017-12/15/c_ 1122118155. htm，访问日期：2018 年 9 月 8 日。

④ 2012 年 12 月，中央通过了关于改进工作作风、密切联系群众的八项规定。2014 年 3 月，在十二届全国人大二次会议上，习近平总书记提出了"三严三实"：严以修身、严以用权、严以律己；谋事要实、创业要实、做人要实。2016 年 1 月中共中央政治局会议首次提出"四个意识"即政治意识、大局意识、核心意识、看齐意识。如此等等，关于作风建设的思想塑造与信念教育在当下中国持久地展开。

揭示其法理实质与危害根源；第二，便于树立法治思维的评价标准，分清法治思维与非法治思维的是非曲直；第三，提高公权力执掌者的识别能力与纠错能力，便于从法治感性认识升华为法治的理性思维。

第四节　法治思维的培育之道

培养法治思维方式是一项复杂而系统的社会工程，非一朝一夕的努力即能立竿见影，但至少可以从以下几个方面加以推进。

一、维护法治尊严，尊重法律权威

尊重法治尊严是指法治的尊严得到主体的认识和认同、自觉维护法治权威，树立法治信仰。"法治尊严意味着法律应受到最基本的尊重，意味着法治的庄重性，意味着法治的价值和地位为国家社会个人所认可。"① 在现代法治的语境下，法律往往是民主决策的产物，代表着社会中多数群体意志和利益。在一定意义上，维护法治尊严实质上既是对民主精神的呵护和对法治价值的认同。就法律的运行过程而言，法治的尊严主要集中体现在执法司法护法的具体过程中。然而，现实生活中，曾经出现过诸如"有法官为妻子维权著法官服上访的，有工业园区管委会函告法院'不得一意孤行'的，有地方国土资源部门对法院裁决以'研讨会'方式予以否决、拒不履行义务的，甚至还有省政府办公厅以维稳为名向法院发函施压的"② 等不良情形，一度造成思想混乱。上述恣意干涉司法审判的情形不仅从现实层面上严重损害了宪法法律的权威，更从深层次上解构了当时社会背景下亟待尊重的法治"尊严"。"法治尊严" 不仅体现为遵守宪法法律，还需要建立对亵渎法治尊严、违反法治行为的制裁机制，使领导干部充分认识到任何"无视法治尊严的做法，必将受到法律制裁"③。为此，广大领导干部作为国家法

---

① 杨学科：《十八大报告释读：民生幸福与法治尊严》，载《山西社会主义学院学报》2013年第6期。
② 席盘林：《维护法治尊严是人大监督应有之义》，载《中国人大》2010年8月15日。
③ 杨学科：《十八大报告释读：民生幸福与法治尊严》，载《山西社会主义学院学报》2013年第6期。

律的领导制定者、推动实施者以及带头遵守者更应该树立自觉维护法治尊严、推崇法律权威、尊重法律运行规律、避免干涉司法执法的理念意识。

尊重法律权威，自觉信奉法治，是形成法治思维的基本前提。法律信仰与法治思维互为前提，没有对法治的信奉和认同，就不可能形成真正的法治思维。美国法学家伯尔曼说："法律必须被信仰，否则它将形同虚设，它不仅包含有理性和意志，而且还包含了他的情感，他的直觉和献身，以及他的信仰。"[①] 在中国的传统法律文化以皇权至上和权力本位的价值体系中，法律被放在了次要的地位，这种法律观念潜移默化地渗透在社会生活的各个领域，在人们的思想中根深蒂固。领导干部作为国家权力的执掌者，往往更容易受到权力的吸引和诱惑，更加有轻视法律的倾向。国家机关工作人员尤其是领导干部对公民的法律活动有极大的示范效应："其身正，不令而行；其身不正，虽令不从。"国家机关工作人员尤其是领导干部知法犯法，只会使政府和法律的威信丧失殆尽。因此，各级领导干部要不断加强对法律的学习，在决策和执法活动中要养成自觉运用法律的习惯，让人治的思维惯性让位于法治的思维定式，从对法律的经验和感性认识上升到理性服从的高度。

二、善于法律观察，展开法律评价

法律观察是认识法律的基本途径，通过对法律现象的了解、观察和把握，可以人们会形成对法律的一般理论和法律发展的历史过程以及一个国家和地区现行法律的内容和特点等方面的知识。法律观察的内容包括法律与社会经济、政治和文化之间的互动，法律条文、法律体系、法律机构、法律秩序等法律形式上的特征，立法、执法、司法、守法、法律监督等法律运行过程的状况。领导干部在行使公权力尤其是做出重大决策时，应当进行合法性审查，对决策依据、程序、结果的合法性进行全方位的考量和审查，通过法律观察和分析，来保证行为与结果的合法合理。比如在招商引资时，不能只看着招商引资的规模和效益，还要观察招商引资对象的法律身份是否适格，招商引资在法律上有哪些程序和限制，招商引资会对本地区相关群体的权利义务产生哪些影响。在遇到纠纷时，不能只想着压制掩盖矛盾，而要分析纠

① ［美］哈德罗·J. 伯尔曼：《法律与宗教》，梁治平译，三联书店1991年版，第28页。

纷涉及哪些法律，涉及哪些权利义务，不同的解决方法会有哪些法律后果，能不能从经常发生的纠纷中归纳出一种高效规范的解决措施。"治国理政还是要靠法制，搞法制靠得住一些"。① 在具体的决策和执法中，应当牢固树立"市场经济实质是法治经济"的法治意识，以法为据，做到遇事找法、解决问题用法。

法律评价是人们在法律观察的基础上对法律现象的是非善恶所做的价值判断，其核心是人们对现实的法律制度、法律实践、法律秩序或法律理论的利弊、优劣所持的看法。法律评价包括三个层次：（1）价值判断。价值判断是对法律规范和法律现象进行价值评价和筛选，以抛弃恶法，寻求良法，获得合乎理性的法律结论。法律价值包括了公平、正义、效率、人权、秩序等。通过价值判断，可以得出价值的优劣与否和价值是否冲突的结论。当法律之间出现不一致和矛盾时，执法和司法就会无所适从。此时，就需要从法律的立法初衷与价值精神、价值目标中去探寻法律的要义，通过价值比对和价值优选来发现法律，为法律纠纷的解决提供真正符合公平正义原则的法律规范。（2）规范判断。规范判断是指在分析问题时从法律的结构、文义、效力等视角进行分析的方法，它的分析对象是国家权威机关制定的法律规范。规范判断要求领导干部掌握基本的宪法法律法规知识，明白法律的基本内容、语词含义与效力位阶。只有这样，才能在处理问题时运用正确的法律并正确地运用法律。（3）事实判断。事实判断是法律评价的重要内容。事实是发现法律关系的起点。一切法律实施活动，都是特定的法律主体运用法律工具加工、分析案件事实并进行法律判断的活动。法律事实的性质决定了法律关系的性质和权利义务的内容。例如，到期不偿还债务导致民事法律关系的产生，谋财害命导致刑事法律关系的形成。如果无法确定这些事实，法律的存在和适用便失去了根基。正是通过事实，才有可能寻找法律关系的主体和内容。法律规范产生实际效果的基本理路在于，从关键的法律事实出发探寻法律争议的焦点，进而准确地适用法律规范以确定权利义务及法律责任。我们讲的"以事实为依据，以法律为准绳"，说的就是要正确的寻找和判断事实。事实判断也要求各项工作中遵循客观规律，遵循事物内在的客观

---

① 《邓小平文选》第三卷，人民出版社1993年版，第379页。

法则。比如在进行经济决策时要尊重市场规律，不能滥用行政手段；在社会管理创新中要遵守社会发展规律，科学把握经济社会政治文化与生态五大发展关系，不能脱离地方的实际情况盲目创新。

三、善用法律推理，掌握法律论证

法律推理是指在适用法律过程中，确认法律事实，选择法律规范，通过演绎、类推等逻辑规则获得法律裁判结果的活动。法律推理是一种寻求正当性证明的推理。"法律推理既包括根据法律的推理，表现为从法律规范到裁判结论的演绎推理；又包括法律根据的推理，表现为演绎推理、类比推理等多种推理形式。"① 法律推理的核心就是为行为是否正确或合理提供正当理由。现行法律是法律推理的前提，制约着法律推理。法律推理必须以现行法律体系中的全部法律规范为前提，在缺乏明确的法律规定的情况下，法律原则、政策、法理和习惯都有可能成为法律推理的前提。法律推理可以确保"类似案件类似处理"，又能使社会对某类问题的处理具有大致合理的可预测性，维系社会关系的相对稳定。法律推理的每一个步骤和环节都处于理性的对话和交流之下，可以确保决策在正当理由的支撑下获得合理性与正当性，获得当事人的自觉认同和主动执行。法律推理包括形式推理和实质推理。形式推理是指根据确认的事实，直接援引法律条款而做出具体结论的一种推理，主要适用于有明确的法律规范可以使用的场合。形式推理包括了演绎、归纳和类比三种具体方式。演绎推理是从一般的法律规范推导出个别的法律结论的推理，归纳推理是从多个特殊的具体实例中推导出具有普遍意义的一般结论的推理，类比推理是根据两种情况之间某些相同或相似之处而推知它们另一些属性也相同或相似的推理。实质推理是运用法律价值原则与原理进行的推理，在遇到立法空位、新奇疑案、立法矛盾和立法过时四种情形时，法律推理可以发挥无可替代的作用。它主要通过价值优位、矛盾选择的方法，对具体案件处理的各种可能结果进行分析判断，从而弥补现行法律的冲突和疏漏。领导干部在处理具体问题时，要根据具体的事实情况和相关的法律规定，选择合适的法律推理方法，通过实体法与程序法上的分析，把案

---

① 沈志先主编：《法律方法论》，法律出版社 2012 年版，第 295 页。

件事实与法律规范有机结合起来，增强决策结果的说服力和正当性。

法律论证和法律推理既有联系又有区别，在不同的场合，法律论证发挥着不同的作用。对于立法而言，法律案的提出需要说明制定该法律的必要性和主要内容；根据法律案拟定的法律草案需要提交会议进行审议，既包括立法机关有关专门委员会的审议，又包括立法机关全体会议的审议。这些围绕法律草案的讨论过程就是法律论证的过程。对于执法而言，在行政行为涉及公民权利和义务时，行政机关在应当将相关事实、理由及依据告知当事人，当事人有权进行陈述和申辩。这些围绕行政决定的交涉过程也需要运用法律论证的方法。对于司法而言，无论是刑事诉讼过程中的辩护，还是民事行政诉讼过程中的辩论，以及包括判决、裁定、调解书在内的司法结论等都依赖于法律论证。在寻求决策结果的正当性和合理性的过程中，法律论证需要满足以下条件：第一，参与论证的主体要平等而广泛。程序性规则的约束是确保决策集思广益、符合民意、客观科学的重要保障，为此，必须以严谨的程序设计为前提，让公众实质性地参与决策、表达意见、进行申辩。第二，应当依公平合理的程序有效地组织论证。通过法律来规定论证的基本程序，使参与者对论证内容事先有所了解，还要对发言权在各方之间的分配、每方发言的次数和时间、举证责任的分担方式等做出具体详尽的规定。第三，应做到合规则性与合目的性的统一。在论证中既要合乎法律规则和法律原则，又要将伦理、政治、民意等因素考虑在内，追求正义、人权等基本法律价值。

四、落实法律责任，完善组织监督

在法治国家，权利和义务、职权和职责都是两位一体的，有权利必有义务，有职权必有职责。可归责性是现代法治和治理的基本属性。领导干部在决策和执法过程中运用公权力时必须具有相应的责任观，必须对其权力行使和职责履行行为承担责任后果，要及时纠正违法行为，有效救济受损权利，严厉惩处违法犯罪。要真正做到违法必究，就需要加强对领导干部的监督。"要推进权力运行公开化、规范化，完善党务公开、政务公开、司法公开和各领域办事公开制度，健全质询、问责、经济责任审计、引咎辞职、罢免等制度，加强党内监督、民主监督、法律监督、舆论监督，让人民监督权力，让权力在阳光下运行"①。

除了上述具体技术手段外，在提升运用法治思维方式的能力过程中，尤其应当注意构建与健全两个机制：一是法治思维培育与宣讲机制。包括：建立学习机制，对学习内容、学时、考核加以明确规定；突出宣讲机制，突出主题、有针对性地进行宣讲，采取两种机制即法学家式的宣讲机制和社会动员式的机制；更新媒体机制，在大数据、云媒体和人工智能大背景下，运用全媒体进行立体实时教育。二是考评监督制约与检测机制。包括：完善政绩考核，将法治思维方式方面的实践运用成效有效纳入公权力执掌者的政绩考核指标之中；强化组织监督，实现监督机构健全、监督检查常态化、强效化；实施有效制约，建立健全奖惩制度，追究有关责任人的法律与纪律责任。

---

① 胡锦涛：《坚定不移沿着中国特色社会主义道路前进，为全面建成小康社会而奋斗——在中国共产党第十八次全国代表大会上的报告》，载《人民日报》2012 年 11 月 9 日。

第 九 章

法 治 改 革 论

　　法治与改革是两大时代主题，认识和理解法治与改革的关系不仅是一个重要的理论问题，还是一个重大的实践问题。2013 年，中共十八届三中全会审议通过了《关于全面深化改革若干重大问题的决定》，为全面深化改革做出了战略性安排。2014 年，中共十八届四中全会审议通过了《关于全面推进依法治国若干重大问题的决定》，部署全面推进依法治国。从外在表现形式来看，改革就是破旧创新、突出破和变，法治就是遵循规则、重在立和定。在我国改革开放初期，由于缺乏改革经验、法制体系尚不完备，社会主要矛盾主要表现为经济发展落后引发的各种问题，改革先行、法治为改革让路的政策推进型改革模式的确促进了经济的发展，在当时特定历史条件下有一定的合理性和必要性。但是，随着改革开放的深入、法治建设的发展、人民生活水平的提高，这种改革模式和理念不仅难以适应社会主要矛盾的变化，而且其弊端日益显露，改革与法治的关系也面临着新的难题。早在2012 年，习近平总书记就指出，我国的改革进入了"攻坚期和深水区"，[①]突出表现在政治、经济和社会等方面。利益诉求多元和社会信任度降低使社会难以凝聚改革共识，加大了改革的难度。因此，为了全面深化改革、化解矛盾风险，必须运用"更大的政治勇气和智慧"，[②] 加强顶层设计和总体规

---

① 《习近平关于全面深化改革论述摘编》，中央文献出版社 2014 年版，第 30 页。
② 《习近平谈治国理政》，外文出版社 2014 年版，第 67 页。

划，正确认识、理解、把握和运用改革与法治的关系。

第一节　法治与改革关系的理论误区及其突破

一、理论误区：二律背反

总体而言，对于改革与法治的相辅相成关系，经过长期的理论研究和实践探索，已经形成了基本共识。但是，应当认识到，在改革与法治关系问题上依然存在一些误区，归结起来，主要表现为以下两个方面：

一是改革绝对优先论。这种观点认为，改革就是要破旧立新，打破法律制度条条框框的束缚。他们认为，中国改革开放取得巨大成就的原因就在于敢于冲破法律的禁区，如，"良性违法"借改革之名行违法之实，"先破后立"或所谓的"先上车后买票"忽视法律的规范和引导作用，只注重法律对改革成果的保障作用。这两种做法都严重损害了法律的权威，轻视了公平正义等价值追求，减损了人们对改革的认同和共识，进而使改革难以为继，因此"这两种看法都是不全面的"[①]。

二是法律绝对稳定论。近年来，随着法治建设的发展和法治意识的提升，有一些人打着法治权威的口号，机械、片面宣扬法律的权威性与稳定性，主张法律的权威性仅源自其稳定性，法的权威性与稳定性呈正比，社会变革的程度与法的权威性呈反比，因此反对"变法"。这种观点没有全面掌握法的稳定性与权威性之间的关系，片面强调法律的稳定性，不能及时进行变法改革，必然导致"过时的"法律难以适应社会发展的需求。而法律权威源自法律符合社会发展的客观规律和要求，唯有遵循社会发展规律，实事求是、适时进行法的立改废的活动，才能真正发挥法的作用、维护法的权威。

这两种论点都是仅从表象来认识改革与法治，将二者机械地、片面地对立起来，割裂了二者的本质联系，必然走向形而上的"二律背反"矛盾

---

① 《习近平关于协调推进"四个全面"战略布局论述摘编》，中央文献出版社 2015 年版，第16 页。

之中。

二、破解之道：于法有据

从理论上看，改革和法治是辩证统一的关系。改革为法治提出需求、提供经验，法治为改革提供引领和保障。从实践的角度看，改革与法治相辅相成、相得益彰。在新时代，全面深化改革与全面依法治国有深刻的内在统一性。一是重大改革于法有据，先立后破，有序进行，二是立法决策与改革决策相衔接，立法工作主动适应改革发展需要。二者相辅相成、决策协调、法随时变、同步推进，共同推进全面建设社会主义现代化国家。

（一）相辅相成

改革应突破现有的、不合理的制度规范束缚，而法治则注重维护现行法律秩序的稳定。二者在具体表现上存在以下几个方面的差异：从思维方式的角度看，改革突出表现为敢于打破陈规和勇于创新，要求主体更加主动和活跃，而法治则表现为在法律制度框架内思考和解决问题，要求主体更为审慎和守正。从行为方法的角度看，改革强调方式和方法的创新与突破，而法治则更强调行为的确定性、规范性和可预测性。从价值作用的角度看，改革侧重效率和效益，主要发挥直接促进经济社会发展的作用，而法治则侧重公平、正义等价值追求，直接表现为对经济社会发展的稳定功能。二者在作用形式、价值追求等方面存在差异并不意味着二者的对立，而恰恰正是这些差异使改革与法治实现功能互补、相辅相成。

一方面，改革只能是依法改革。经过 40 多年的不懈努力，中国已建成了较为完备的、中国特色的社会主义法律体系，涵盖了国家和社会生活的各个方面和领域。随着法治体系的形成与发展，我国在立法、执法、司法及守法等方面的水平也显著提升，社会主义法治理念和法治精神获得普遍共识。经济社会的发展、法治水平的提升对全面深化改革的法治方式提出了更高的要求。改革脱离法治轨道不仅有损法治权威，而且会破坏经济社会秩序，进而阻碍、破坏改革。因此，新形势下的全面深化改革对法治提出了更高要求，更应当是在法治之下的改革，是用法治统一改革共识、指导改革方向、规范改革程序、巩固改革成果、化解改革矛盾，确保改革在法治的轨道上全面、有序、渐进、稳步推进。

另一方面，法治的发展和完善以改革为前提和基础，没有改革就没有法治发展。法治的内容和形式是由经济基础来决定的。虽然中国特色社会主义法律体系已经形成，但立法质量低、难以发挥实效等问题依然存在。因此，有必要根据改革发展的新情况和新要求，不断修订、完善现行法律法规，强化法的贯彻和执行。党的十八届三中全会从国家制度建设和治理能力建设两个方面确立了全面深化改革的总目标，从实现路径上都要进行制度化和规范化，从目标结果上都要实现定型化和实践性。法律化、法治化无疑是执行改革任务、实现改革目标的主要方式，深层次、全方位的制度性变革必将带动法律制度的调整与变化。党的十八届四中全会明确了全面依法治国的目标和蓝图，部署了法治改革任务和举措。法治是现代国家治理能力的构成要素，是现代国家治理体系的重要组成部分，同时依法治国本身也是一场深刻的观念和行为方式的革命。因此，新形势下的法治就是在改革之中日渐完善的法治。

总之，全面深化改革是法治建设和社会发展的动力源泉，依法治国是有序、稳定、和谐推进改革和发展的制度保障。两者相辅相成、互为补充、互相促进，共同推进小康社会建设。

（二）决策协调

只有"坚持改革决策和立法决策相统一、相衔接"，[①] 才能使改革与法治良性互动、发挥最大功效。改革开放初期，法制不健全，改革经验不足，改革决策需要"摸着石头过河"。[②] 改革开放 40 多年后，我国已经形成了较完备的社会主义法制，改革决策则需要具备合法性、前瞻性和科学性。要提高改革决策和立法决策的科学性，就必须畅通渠道，真正了解广大人民的真实愿望和需求，关注最广大人民的根本利益，才能保障改革决策和立法决策的有效衔接与调适。

首先，从"四个全面"的战略高度来看，改革决策与立法决策协调统一是"四个全面"的基本环节。改革和法治都是为了全面建设社会主义现代化国家。坚持科学民主立法，应把国家的立法决策与党的改革决策紧密结

---

① 《习近平关于全面依法治国论述摘编》，中央文献出版社 2015 年版，第 52 页。
② 《习近平关于全面深化改革论述摘编》，中央文献出版社 2014 年版，第 35 页。

合起来，通过立法活动及时合理地使党的重大决策合法化。对于改革决策，我们应当坚持依法执政和党的领导的原则，把党有关改革的决策与立法决策紧密结合，在决策形成过程和决策实施阶段，按照政治与法治相统一以及德治与法治相结合的原则，把改革决策纳入法治化轨道。

其次，从立法层面来看，立法决策与改革决策协调统一是保障改革决策合法推进的前提。一是，改革决策上升为国家意志，通过立法活动实现对改革的引导、推动、规范和保障。二是，立改废释并举保障"重大改革于法有据"，[①] 可以通过修改、解释或废止的方式为改革提供法律依据的，应当及时进行法的废改释，合法解决改革过程中遇到的各种问题，确保改革稳步推进。三是，对确实需要突破现行法律规定的领域或地方进行改革试点，采取立法授权的方式先行先试，改革试点工作也应当有合法依据、遵循法定程序和方式。

（三）法随时变

历史唯物主义深刻揭示了法与变革的关系，法随时变既是法律生命力的源泉、也是法律发展的基本规律。一方面，法随时变，是法律生命力的源泉。法律是社会发展到特定阶段的产物，反映了社会的需求。同时，作为上层建筑的重要组成部分，法律反映了生产力与生产关系之间的关系，并维护其赖以存在和发展的社会经济基础。法律制度对实际经济社会生活环境的适应性是其"具有持久生命力的内在原因"。[②] 法的稳定性与社会环境的变动性之间的冲突是法治建设的常态，这一冲突在法治体系内部并非不可调和。相反，法治发展的过程应当是一个致力于不断调整、适应或化解这一冲突的过程，法律是不断发展的。法律不能朝令夕改，一经颁布即要求并呈现出相当的稳定性，但法律的稳定性并不等同于法律的封闭和僵化，相反，法律具有一定的开放性和灵活性。法律制度是"僵硬性"与"弹性"[③] 有机结合，从而才能在变动发展的社会条件下生存和发展。法律首先应当对社会中的最根本性的内容作出规定，以奠定法律制度的基础和框架，这是法律稳定性的前提。在此基础上，法律不应将制度体系封闭化，

---

① 《习近平关于全面依法治国论述摘编》，中央文献出版社 2015 年版，第 47 页。
② 周少华：《适应性：变动社会中的法律命题》，载《法制与社会发展》2010 年第 6 期。
③ 博登海默：《法理学——法律哲学和方法》，上海人民出版社 1992 年版，第 365 页。

更不可能将制度的空间填满，这些空间和留白体现了缓解法治与改革冲突的内在机理。

另一方面，法随时变，是法治建设的规律。从法律的发展过程来看，法律与社会、法治与改革相较总是存在一定的滞后性。面对持续的社会发展和积极的改革举措，法律制度表现出相对的稳定性和保守性。如果我们忽视时代的变化，法律制度将固步自封、墨守成规，并且不可避免地会被历史抛弃。"圣人之为治法也，随时而变义，时移而法亦移。"① 社会发展没有止境，法律发展和完善也没有止境。法治建设应"主动适应改革需要"②，它要求立法者应充分了解改革的需要，制定出尽可能完备的、满足现实需求的法律规范，并对社会生活发展趋势进行合理预测，在法律制度设计中预留适度的空间，使法律本身具有一定程度的灵活性，从而更大程度地满足改革发展的需要。这样的法律既有稳定性，又不失灵活性，能够以自身的明确性维护法的秩序价值，又能够以自身的灵活性满足社会发展的需要，使法的价值在立法阶段得到合理的调试与平衡。法律制度相对于社会变革的滞后性、法治与改革的差异性都是客观存在的，必须正视这种滞后性和差异性，与时俱进，不断总结改革经验、遵循改革规律，把握法的稳定性、滞后性与超前性的关系。我们不能让不符合社会发展要求的法律规范成为改革路上的"绊马索"，要适时作出变革与调整，完善我国法律体系，明确改革目标、规范改革举措、巩固改革成果，以适应并服务于新的社会经济关系，为全面深化改革保驾护航。

（四）同步推进

在改革与法治的关系上，改革优先论主张"改革为主、法治为辅""改革先行、法治跟进"，虽然也承认了法治的作用，但将其置于辅助地位。新时期，不可能再按照改革开放初期先破后立的一贯做法推进改革与法治发展，二者的内在关联性和统一性决定了改革与法治没有先后主次之分，而是应当齐头并进、同步推进。

古今中外历史上实施的"变法""新政"通过改革冲破束缚生产力发展

---

① 《康有为全集（3）》，上海古籍出版社 1992 年版，第 583 页。
② 《习近平关于全面依法治国论述摘编》，中央文献出版社 2015 年版，第 52 页。

的旧制度，同时通过法制建设相应建立起适应社会发展需求的新制度。中国历史上成功的变法、历次盛世，如商鞅变法、文景之治、贞观之治、康乾盛世等，其产生都是改革与法治紧密结合的结果，均彰显了改革与法治并行的对促进社会发展、国家富强的决定作用。国外亦有众多例证，如美国罗斯福新政针对导致严重经济危机的生产过剩、社会矛盾激化等问题，通过出台一系列法律法规保障改革举措的落实，有效缓解了当时严重的经济问题和社会问题。新加坡通过健全、严格法制将一个原本落后、腐败的国家改变成全球第四大金融中心和世界上最清廉的国家之一，其实施改革和法治的举措堪称世界典范。1978年，中国打开了改革开放的大门，同时也开启了恢复法制的进程。经过40多年的奋斗，我国改革进入了一个新的历史阶段，法治也进入了一个新的发展时期。改革和法治如鸟之两翼、车之两轮，"在法治下推进改革，在改革中完善法治"，① 改革与法治同步推进既是我国改革开放和法治建设的经验总结，也是新时期党执政兴国和治国理政的基本方略和方式。

第二节　法治对改革的价值功能

一、法治凝聚改革共识

改革需要打破固有的利益格局，必然会出现争论、分歧甚至对立，当意见难以统一时，通过民主法治的方法把绝大多数人的意见集中起来、上升为法律，避免因意见分歧导致的无效争论而影响改革发展进程。邓小平同志的"不争论"方针，就是一个形象的总结。邓小平认为，改革开放"会有不同意见，但那也是出于好意，一是不习惯，二是怕，怕出问题"②。对此，他认为对改革决策持不同意见"是正常的"，而"不争论"首先"是为了争取时间干"。③ 因为争论会将问题复杂化，而在争论未解决、未达成共识之前，无法采取统一的行动和措施，改革就无从谈起。因此，对于改革要大胆尝

① 《习近平关于全面依法治国论述摘编》，中央文献出版社2015年版，第52页。
② 《邓小平文选》第三卷，人民出版社1993年版，第367页。
③ 《邓小平文选》第三卷，人民出版社1993年版，第374页。

试、勇于创新。其次，"不争论"并非禁止讨论，而是要避免纸上谈兵式的空谈。在民主法治理论上，正如美国学者孙斯坦在《法理推理和政治冲突》中指出的，"在必须达成一致意见的情况下，使一致意见成为可能。"① 而形成一致意志的最佳路径则是民主法治，即通过法定的程序和法定途径将一致意见及时纳入法治轨道；当难以达成一致意见时，也不能因为不同意见的存在而停滞不前，使不同意见成为改革的阻力，而应当尽可能地通过自由、民主、公平的法治精神，尽可能汇聚成为公共意志和大众共识，并按照立法程序上升成为法律，指导改革顺利进行。

改革史称"变法"，就是改变、甚至破除旧事物、旧制度，对旧有的社会关系、利益格局作出调整或变动，即对体制机制的破旧立新。改革是社会发展的强大动力。党的十八大报告中提出，在新时期、新阶段，治国理政一方面要大胆制度创新、激发社会发展活力，一方面要坚持治国理政在法治的框架下进行。因此，法治和改革是辩证统一的关系，改革与法治相不能相互对立。为此，要正确处理好两个关系：一是改革与守法的关系，改革是在根本法和法治原则的框架下对法律规范的废改立，改革不等于抛弃法律。二是改革与违法的关系，改革必须废除陈规陋习，所谓不违法是指不违反法治之"规"与法治之"魂"，改革不等于墨守成规。改革意味着法律制度与体制机制的变革，古人强调以"天变不足畏，祖宗不足法，人言不足恤"② 的改革精神，邓小平同志在 20 多年前就曾告诫改革者"不要怕冒一点风险"③。今天更要"不失时机地推进重要领域和关键环节改革"，④ 使经济、政治、文化、社会、生态各个领域的改革创新持续推进。在经济体制改革中，我们将继续完善社会主义市场经济体制，加快落后经济发展方式的转变，积极发展非公有制经济，确保各种市场经济主体公平参与、平等竞争、共同发展。在政治体制改革中，我们将继续发展社会主义民主制度，坚持党的领导、人民民主、依法治国的有机统一，加强对权力的制约和监督，促进公民权利的

① ［美］凯斯·R. 孙斯坦：《法理推理与政治冲突》，金朝武等译，法律出版社 2004 年版，第 7 页。
② 《二十五史（卷三二七）·宋史（列传第八六）·王安石传》。
③ 《邓小平文选》第三卷，人民出版社 1993 年版，第 364 页。
④ 胡锦涛：《在庆祝中国共产党成立 90 周年大会上的讲话》，人民出版社 2011 年版，第 19 页。

充分实现。在社会体制改革上，创新社会管理体制，保障公众参与，完善教育、就业、收入分配、社会保障、公共卫生、户籍制度改革等。在文化领域的改革中，必须推进公共文化事业和文化产业体制的改革，增强文化自觉、文化自信。在生态领域改革上，健全生态环境资源能源的开发、利用、保护体制机制，特别强调生态环境和资源能源的持续性与整体性。

所有这些改革，无一不与法治建设息息相关，无一不需要依靠法治来加以确认、规范与保障，从而凝聚成中华民族复兴的共识。其内在机理在于，没有制度保障的改革必然是没有生命的，而不提炼成法治共识、不提升到法治境界，任何改革便可能会流于形式。正如邓小平同志所言，"还是要靠法制。搞法制靠得住些"。① 法治有助于正确处理变革与守法、改革与违法、破旧与立新的关系。法治蕴含着公平、理性、福利、权利价值，与改革所欲达到的目标完全一致。总之，法治能最好地凝聚改革共识、引导改革方向、助推改革发展。这些共识包括价值共识和规范共识：

一是价值共识。法治为改革供给价值目标与价值评判标准。一方面是外在的精神标准：公平、正义、人权保护与权力制约等。只要符合这些基本精神的改革就是进步的合乎规律的。另一方面是内在的美德标准：逻辑严谨、结构合理、内在统一、思维科学。富勒教授在《法律的道德性》一书中把法治视为法律内在之德，提出了法治八原则：法律的一般性、公布或公开、不溯及既往、明确、无内在矛盾、可遵守性、稳定性、官方行为与法律的一致性。马克思主义法学强调法律是明确、肯定、普遍的规范，在本质上是人民意志的反映，是客观规律的记载和表述。可见，法治要求法律与制度规范应当实现形式理性与实质理性的高度统一，既要有美好的愿景和价值，又要有合理的形式与程序。如果一项改革措施明显违反法不溯及既往和职权法定、权利推定原则，就背离了法治原理，不应该得到支持。

二是规范共识。改革绝不是革除一切法律的命，改革不能以牺牲法治为代价。但它必然涉及废除或修改现有规范性法律文件。那么，变革有没有底线？如果有，这条底线究竟在哪里？法治思维告诉我们，变革的底线就是作为根本大法的宪法和基本法律。地方性的改革不能违反上位法，全局性的变

---

① 《邓小平文选》第三卷，人民出版社1993年版，第379页。

革不能违反宪法，对宪法的修正不能违反宪法原则，① 而对宪法原则的完善不能违反法治精神。绝不能抛弃法治搞改革，而只要不违反法治精神和宪法原则，任何改革都是可以尝试的。

二、法治导引改革方向

法律不只是治患于已燃，更能防患于未然。法律的超前引导和事后惩罚功能相得益彰、相辅相成，保证改革的正确方向以及改革的合宪性、合法性、科学性、可持续性。为此，在实践中，应当科学把握和善于发挥法律的双重功能即"护航"和"导航"功能。所谓护航是指法律在事中和事后为保护改革顺利进行而对妨碍与破坏改革行为采取的强制制裁措施；而导航则是为了引领改革方向而在改革活动进行之前对改革的目标、方案、行为与结果加以科学地预测与规范，使改革在一开始就得到法律的强有效地保护。对这两种作用方式，应当同时并用、不可偏废其一。特别是要改变"法律不过是事后诸葛亮"的传统观点，养成用法律导航的法治思维、掌握靠法律导航的艺术和方法。

改革开放的历史经验证明，法律导航是最有效、最保险、最安全的导航。法治下的改革最能经得住历史的检验，符合又快又好地发展的目标。我国起初在对外开放和经济改革中的重大举措，不少就是直接以法律进行超前导向的，如三资企业法的实施对推动外向型经济改革起到了重要作用；后来的中小企业促进法、就业促进法、清洁生产促进法等对企业体制、就业体制和生产方式转型与改革起到了一定作用。

在中国，法律体现人民的意志，中国共产党代表了最广大人民的根本利益。因此，中国特色社会主义法律是人民意志、党的主张、国家意志的有机统一。通过立法引领改革，就是公民通过法定的途径和方式，将自己的意愿和诉求合理表达出来，通过选举、提出意见、建议、参加听证等方式将当前

---

① 这里存在一种例外，即良性违宪问题。良性违宪就是推动人类社会进步的违宪事件。如 1988 年以前，深圳等经济特区突破 1982 年宪法关于土地不得买卖、出租的规定，决定将土地使用权出租。又如林肯总统平叛释奴的法令。19 世纪 60 年代美国内战爆发，原美国宪法规定的一套复杂的立法程序不能适应平叛战争时期的紧急情势的需要。因此林肯提出，宁愿由总统在有限的范围内违反一条法律，也不愿因无法镇压叛乱而使政府崩溃，以致全部法律均无法执行。

自己最关心的问题集中在一起，形成共同的意愿和意志，进而影响立法，引导改革朝着有利于人民利益的方向推进。以立法引领改革，就是执政党在充分、全面了解群众需求的基础上形成改革决策，依照法定程序使改革目标和举措上升为国家意志，通过法律的施行从实现其执政主张。从改革开放以来的法治实践来看，有不少立法先行、引领改革的宝贵经验。立法引领改革极为重要，但如何发挥立法的引领作用更为重要。立足国情实际、把握发展规律、提高立法质量，确保立法的民主性、科学性、及时性和针对性，是突破发展瓶颈必须解决的首要问题，也是全面深化改革、全面依法治国的新要求。

三、以法治规范改革程序

改革必须严格按照法治的程序循序渐进地进行，法治程序是防止"乱改革""瞎折腾"的关键。改革与法治是相辅相成的关系，要依照法律推进改革，运用法治思维和法治方式，规范改革程序。一个理性的改革，在实体上必然会打破现有的利益格局，而在程序上却不能背离法治的公开、民主、有序精神。具体来说，改革的法定程序主要包括：依法征求和吸收改革民意、改革民主决策、改革立法先行先试、总结改革经验、授权立法、依法推进、固化改革成果。如果改革的措施完全背离民意、不与民众协商、不倾听人民意见，势必会因一意孤行而归于失败；相反，只有符合民意、社会发展规律的改革，才能推动改革的持续和深入。为此，应当具备民主科学决策的法治思维，并懂得运用调查研究、听证、辩论、论证、建章立制的法治方式。如果改革过程中法治思维缺失，就会导致权力意识膨胀、滋生特权思想，使改革失去动力；如果法治方式缺位，就会导致违法现象滋生和蔓延，使改革失去保障。因此，运用法治思维和法治方式来规范改革程序是新时期国家治理的基本要求。

一是以法治思维和法治方式协调各方利益。改革导致价值冲突加剧和价值多元化发展，社会主体的利益冲突和矛盾日益加剧。协调各方利益、化解改革矛盾不仅仅是目的，更需要一套行之有效的方法和程序。能够保障社会主体平等表达诉求、改革凝聚共识，需要遵守法律规范和法律程序，用法律的方式来协调各方利益，并通过法律程序进行对话和沟通，如征求意见、专家论证、合法性审查、集体讨论决定等，以充分保障民主，进而达成共识。二是以法治思维和法治方式维持改革秩序。改革意味着摆脱旧的制度，但改革的决策和行动仍然必须在正当、合法的空间中进行。必须根据法律程序确立改革决策，并且与立法紧密结合。改革行为必须严格依照法定程序进行，改变以往的惯性思维。以法定程序规范改革可能需要更长的时间，但从长远角度而言有利于改革的稳定和持续推进。三是以法治思维和法治方式维护改革权威。法治建设为改革提供规则和规范，使改革能够依法有序展开，而且法治思维和法治方式保证了改革的合法性，使改革成果得以固化和发展。全面深化改革是国家顶层设计，要充分发挥党的领导作用、市场的配置作用和政府的管理服务作用，必须更加重视法治对这些领域的规范作用，在法治轨道上推进改革，确保法治对改革决策、改革执行、改革监督全方位的规范，让各项改革沿着法治轨道推进，提高改革的公信力，使改革得到广大人民群众的广泛支持。通过法律程序规范改革，消减了不确定性和任意性，增强了民众对法治推进改革的信心。

四、以法治保障改革成果

改革不仅要靠法律指引方向，更需要用法来夯实基础、确认成果、深化进程。40多年的改革历程向人们昭示，用法律和制度确认和巩固改革成果是一条颠扑不破的真理，是我国改革取得成功的一个奥秘。联产承包责任制、土地转让制度、市场经济体制等的确立，无一不以体制突破为起点而最终回归到了宪法法律的轨道。从"计划经济"到"有计划的商品经济"，再到举国上下进行的"市场经济"改革运动，改革的成功经验和成果最终都是通过市场经济法律体系的确立而得到巩固与加强的。今天，中国特色社会主义法律体系已经形成，包括公法、私法、社会法三大部分、宪法、行政法、经济法、刑法、诉讼与非诉讼程序法、民商法、社会法七大法律部门，为改革提供有力保障。但我们已经进入改革的深水区，需要打攻坚战，在诸如社会保障体系、社会管理体制、文化体制、经济结构与增长方式转变等方面的改革，面临着一系列挑战。中国的改革进入了新的时期，要触及更深层的、更复杂的利益关系堡垒，改革难度之大前所未有。但是，改革的进程不能停滞，因为继续推进全面深化改革"关乎国家的命运、民族的前途"。① 一旦这个攻坚战打下来了，就应当步步为营，加紧立法，及时确认战果。

另一方面，要以法治消除改革阻力。改革是破旧立新的过程，当改革发展到一定阶段时，需要用制度的形成将其固化和定型，使之成为可重复的、更加稳定的、具有刚性的行为规范体系，因此，"法治是各项改革制度的升华"②。善于运用法治的方法协调改革中出现的各种矛盾，打击破坏改革的各种违法犯罪活动，消除改革的阻力。无论是破除妨碍改革发展的体制机制弊端，还是构建新的体制机制，都始终离不开法治的作用。党的十八大报告指出了中国改革发展的方向和路径选择上的特点，即法治共识的形成。法治不仅是所有领域改革的外在制度保障，更是深化改革的内生要求。

将成熟的改革经验和改革措施纳入为国家立法范畴，是改革开放40多年来以改革推进法治的成功经验。法治保障改革成果并不是通过立法对改革成果作简单记录、确认或重复，而是通过科学民主立法升华改革法治认识、凝聚改革共识、完善相关制度。改革开放和恢复法治建设以来，我国以法律制度的形式反映、固定、确认了改革开放的成果，使其宪法化、法律化、定型化，不仅促进了法律制度本身的不断发展和完善，还在维护和巩固改革成果方面发挥了作用。

五、以法治化解改革矛盾

改革在实质上是就是对利益关系的重新构造，必然会带来新旧利益的摩擦甚至对立、冲突。作为利益关系最有效最合理的调节者，法治在利益矛盾的化解中发挥着无可替代的作用。以法治化解改革中的各种矛盾，必须形成一下理论共识：

第一，法治是化解矛盾的根本方式。一切社会矛盾与纷争在实质上都是利益之争。偏私、不公、非理性的利益配置必然会引发矛盾，而对利益格局进行改革的不理解、不认同，也必然会导致各种矛盾。法治作为国家治理的

---

① 李克强：《改革中触动利益比触及灵魂还难 但别无选择》，国务院总理李克强于2013年3月17日在会见采访十二届全国人大一次会议的中外记者时表示。http：//www.chinadaily.com.cn/hqgj/jryw/2013-03-17/content_ 8518709.html，最后访问时间：2018年10月7日。

② 马怀德：《法治是未来改革发展的最大共识》，载《法制资讯》2012年第11期。

基本形式，有助于合理配置利益资源、畅通利益诉求通道、整合多元利益需求、化解利益矛盾冲突。所谓"立法就是在矛盾的焦点上砍一刀"①，而执法司法就是通过矫正的正义恢复被损害的正常的利益关系。

第二，依法表达民意是化解改革矛盾的基本前提。利益的协调首先要有通畅的利益诉求表达渠道。表达权是宪法规定的一项基本权利，应当建立互动、互信，协商、协调，对话、对接的利益表达制度，让不同利益群体都有公平的机会和正常的渠道充分表达自身的利益诉求、及时释放自己的利益主张甚至不满情绪，主要有两种路径、四种形式。两种路径：一是"请进来"，让老百姓直接参与决策进行"听证"。二是"走出去"，变"上访"为"下访"。四种形式是选举民主、协商民主、谈判民主、自治民主，它们是现代民主的基本形式，是公众表达意见、意志与利益，行使民主权利的主要方式。现在的问题是，应当在实践中防止流于形式和在理论上提高思想认识。

第三，司法是矛盾化解的最权威方式。应当将司法作为矛盾终结机制的权威制度与最终方法，维护司法尊严、权威和公正。一切利益冲突和社会矛盾，最终都可以通过法律来协调和化解，而一经司法终局裁判，就具有无上权威。为此，要解决好两方面的问题：司法应被尊重和值得尊重。一方面，应当坚持和维护正式的司法程序及生效裁判的权威性和终局性，区分依法监督与司法独立的关系，不能再通过其他任何方式去随意改变，不能损害司法的权威性、公正性、终极性。"如果法院是法律帝国的首都，那么，法官则是法律帝国的王侯。"②一旦遇到矛盾纠纷尤其是重大社会冲突，首先应当树立严格依法、及时用法的价值观，养成选择司法途径和尊重司法裁判的思维，当通过司法程序进行终局裁判后，必须无条件地服从和执行司法裁判。另一方面，服从绝不是简单盲目的强制服从，而必须实现司法的外在权威与内在权威的统一，即外部强制与内在真诚信仰的统一。为此，应当做到公平公开公正、实现实体公正与程序合法的结合，"努力让人民群众在每一个司法案件中都能感受到公平正义"。③

---

① 《习近平关于全面依法治国论述摘编》，中央文献出版社 2015 年版，第 44 页。
② ［美］德沃金：《法律帝国》，李常青译，中国大百科全书出版社 1996 年版，第 361 页。
③ 《习近平谈治国理政》，外文出版社 2014 年版，第 141 页。

　　第四，多元法治模式是矛盾调处化解的根本出路。法治解决矛盾的方式绝不是单一单薄而是多元联动的复合体系，为了克服对矛盾纠纷普遍存在的"基层躲、上下推、部门拖、化解难"现象，在实践中，已经探索出形式多样、内容丰富的矛盾调处机制。当然，还存在各自为政、认识不明的问题。根本是要"畅通和规范群众诉求表达、利益协调、权益保障渠道"① 以化解人民内部矛盾。为此，可以从以下三个方面完善这一制度，构建全面覆盖、相互协调、高效运行的"大联动"体系，即"三位一体"的联动调处化解模式：一是综合联动——公检法司调联动机制。在实践中，存在两个重要问题需要解决：在理论认识上，程序正义的实现要一改法律机关之间重分工轻配合、重对抗轻协调的做法，转变为分工协作、相互配合的新思路。在实践上中，要解决法律规定的抽象性与具体要求的准确性的矛盾关系。二是"三调"联动——人民调解、行政调解、司法调解联动机制。在实践中的一个突出问题是，要区分和界定不同性质的调解，根据案件实际情况选调解方式，以真正化解矛盾为目的。我们认为，应当坚持一个总原则，即非司法调解应无度、司法调解应适度。充分发挥非司法调解的作用，做好调判结合、调判衔接、节约司法资源、维护司法权威。三是行政联动——政府的各职能部门之间的联动，重点是强化城管、公安、工商、信访等矛盾纠纷多发易发、相对集中的部门之间的联动。

　　第五，社会公平是社会稳定的基础。改革导致利益关系的剧烈变化利益格局的重大调整，利益分化较为突出，从而带来社会的不稳定与动荡。只有缩小并逐步消除两极分化，实现社会公平，才能在根本上实现稳定。公平并不是简单的数量上的相等、形式上的平等、均等，更不是回到平均主义的老路，而是机会公平、程序公平、规则公平与结果公平的统一体。机会公平是起点，程序公平是中介，结果公平是理想，而规则公平则是保障。为了保障公平，对任何人，不能因为出身、职业、性别、财富之类的附加条件而被区别对待。因为人们对权利的认识与要求，逐步从生存层面转向发展层面，越来越关注户籍制度、劳动合同、城乡人口选举比例、教育机会均等、征地拆

　　① 胡锦涛：《坚定不移沿着中国特色社会主义道路前进，为全面建成小康社会而奋斗——在中国共产党第十八次全国代表大会上的报告》，人民出版社2012年版，第38页。

迁补偿信息公开与知情权、平等参与权与平等发展权。市场自由竞争形成对财富的第一次分配，很可能为了效率而难以顾及公平；而法治则通过第二次分配改变自发无序的自由分配带来的不公平不合理现象。公平正义是法治的第一要义。法律既拥有分配正义的法宝，又手握矫正正义的利器。正是基于对社会公平的追求，法治与社会稳定便有机统一起来了。所以，必须消除特权、打破"潜规则"，建立起符合法治精神和人民意志的社会公平保障体系，惟其如此，才能建立起人民群众对党和政府的信任，这才是稳定的本质所在。

第六，维稳的前提是依法维权。稳定不等于社会表层的风平浪静，更不仅仅是百姓言听计从、百依百顺，而是让人民群众在内心深处找到归宿感和认同感。关键是要赋予人民当家作主的法律地位和实际权利。如果说稳定是外壳，那么在这个壳子里面所装的应该是人民的权利和利益，只有每一个人都能有尊严地活着、幸福地活着，才会真正将个人置身于社会大家庭之中，从而齐心协力地去呵护她、关爱她。相反，在一个轻视或无视人民真实心愿与利益的社会，不可能实现长治久安。权利是法治的逻辑起点和最终归宿，权利与法治与生俱来。运用法治来维护稳定，必然要求一切维稳工作都应当以关心人、尊重人为最根本宗旨。把握住了维权这个关键，就抓住了维稳的牛鼻子。当前，与维稳直接关联的主要是影响民众切身利益的土地、房屋、食品、环境、医疗、教育等等方面的权利，应当给予重点保护。

第三节　改革对法治的意义释放

一、穿透功能

全面深化改革，就是全面变法，"增强改革的穿透力"[1] 不仅要穿透法治的客体，还要穿透法治的本体。

（一）改革穿透法治客体

全面深化改革的目标包括制度建设和治理状态两个方面，与法治的内涵

---

[1] 《习近平关于全面依法治国论述摘编》，中央文献出版社 2015 年版，第 52 页。

高度契合，即"良法善治"，从根本上说，"善治"所指就是法治的客体，法治的主客体之间是一种动态的关系，"善治"即治理主体与治理对象之间形成一种和谐有序、良性互动的状态和治理关系。十八届三中全会提出的关于全面深化改革的"六个紧紧围绕"要求突破固化的利益关系藩篱，塑造新的权利义务关系格局。

经济体制改革要求坚持市场在资源配置中的决定性作用，完善中国特色社会主义市场经济体系，其核心是把握好、处理好政府与市场的关系。政府既要简政放权还要发挥有效监管的作用，市场既要放宽准入还要保证公平效率，政府、市场及其他市场经济主体的权利义务关系因此发生变化，市场主体法、市场行为法、市场调节法和市场监管法必须随着改革的深入而进行全方位的改革完善。

政治体制改革要求坚持党的领导、人民当家作主、依法治国的有机统一，从传统的政府、公民对立甚至对抗的关系转变为融合型的政民关系。政府与公民的良性互动是促进国家和社会健康有序发展的基础和前提。国家、政府与公民的关系从来都是法治的核心，也是宪法、行政法等部门法的基础。

文化体制改革要求坚持和发展社会主义核心价值观、建设社会主义文化强国，需要以政府为主导、以公共财政为支撑，从"办文化"转变为"公共文化服务"，大力发展文化事业，同时要遵循市场规律，推动企业转型改制，激发市场活力，繁荣文化产业。政府职能的转变、文化市场的繁荣使文化领域法律主体的权利义务关系也随之发生改变。

社会体制改革坚持"以人为本"，以保障和改善民生为基础、以实现社会公平正义为己任、以实现共同富裕为目的，建设既充满活力又和谐有序的社会主义社会。社会体制改革要求协调各种社会关系、化解社会矛盾、维护社会秩序。德治、法治与自治是社会治理的三个维度，与德治和自治相比，法治具有明确性、强制性等优势。法治社会是全面建设社会主义现代化国家的重要标志，社会体制改革与法治社会建设可以看作是一枚硬币的两面。

生态文明体制改革以美丽中国为目标，建设资源节约型、环境友好型社会，推动形成人与自然和谐发展的新格局。生态文明体制改革不仅关系到经济与社会的发展，还影响到政治与社会的关系，必须将其融入经济、政治、文化、社会建设和发展的全过程，平衡发展与保护的关系。生态文明体制改革要求法治建设一改过去片面化、碎片化、应急化的模式，把生态文明建设理念纳入中国特色社会主义法治体系。

党的建设制度改革以提高执政水平为立足点，通过依法执政推进友爱型党民关系、党政关系、党际关系的建设。党的建设制度改革不仅要求执政党改变传统的党直接干预经济、司法、社会等领域的做法，要严格按照法律程序通过政府实施发展规划和政策，还要求摒弃传统的人治模式，完善党内法规建设，使党的组织活动都依据党内法规制度规范进行，以维持党的领导的法理型合法性基础。党的建设制度改革归根结底就是要确保依法执政与依规治党，反映了党的执政方式适应社会发展的客观需要。

（二）改革穿透法治本体

近代以来，在"师夷长技以制夷"思想指导下，我国的法治建设以西方法治话语为中心的，恢复法制建设的过程是学习西方先进法治理念和制度的过程，同时也形成了对西方法治理念和法治制度的依赖，而面对诸如"中国法治是什么？中国法治该往何处去？"此类问题，我们应该立足中国法治传统与现实国情、用中国法治话语对中国法治实践问题进行解读和解答。西方法治理念与制度固然有其适应性，但它是产生于西方资本主义社会的发展历程之中。中国法治与西方法治并非时间或空间上的序列渐进关系，中国法治的历史与传统是延续的，置身于中国社会发展的环境和背景下。马克思主义法律观告诉我们，法治并非是形而上的超验的真理，而是立足于国家、社会和民族，解决社会实际问题的经验。如果对西方法治的过度依赖，就会造成我们习惯通过西方来看中国，这不仅难以消解中国改革与发展中的矛盾，还会加深对中国法治的误读。全面深化改革立足中国实际，用中国智慧和中国方式解决中国发展问题，其中也有人类社会发展的共通经验，但更重要的是摆脱西方的桎梏，走中国特色社会主义发展道路。全面深化改革，增强我们的文化自觉、文化自信，让我们不仅从西方看中国，还从中国看西方、从今天看过去、从历史看今天，从中国的本土资源和历史传统中寻找解决中国问题的经验和答案。这样才能摆脱对西方法治路径的依赖，超越"西方中心主义"法治本体论，消解西方法治理论与中国法治实践的矛盾，我们要用历史的、唯物的方法来构建和发展中国特色社会主义法治体系，让法治中国话语成为世界多元法治文明中最具魅力的理论与规则体系。

二、构建功能

改革史称变法，为新时代的法治构建鸣锣开道。改革以思维和方式的变革与创新为前提，改革本身的复杂性决定了要坚持以法治思维和法治方式来加以推进。从改革的角度理解全面依法治国和中国特色社会主义法治道路建设，显示出改革在方法、主体、内容上对法治的构成性功能。

（一）改革依赖"法治思维和法治方式"①

虽然全面深化改革需要突破制度束缚，但仍然依赖法治思维和法治方式。建设中国特色社会主义、全面建设社会主义现代化国家、全面深化改革，都必然有其实现路径和方式。如果说改革激发了我们对西方法治本体论的反思和批判，那么改革对法治方法论的作用则表现为法治思维和法治方式的构建。过去，由于法制不完备，我们习惯于政策主导的改革发展模式，并且也取得了巨大的成就，但由于政策的不确定性等使得政策主导的发展过程产生和积累了许多社会矛盾，政策自身难以有效应对。

法治思维是以法治为内容和形式的思维方式，法治方式是由法治思维指引的行为方式，两者都与法治的本体密切相关。法治思维和法治方式都强调从法律方法论的角度探究法治与改革的实践，但并非脱离或偏离其政治需求。法治意识形态与法治方法是两个既有区别又有联系的方面。法治思维和法治方式的确认可以看作是中国共产党领导中国人民进行社会主义建设过程中的政治决断。

作为一种思维方式，法治思维首先是一种以法律规范为逻辑前提的理性化思考方式，要求人们将法治的精神贯穿于认识、理解、分析、处理问题的整个过程。法治思维不同于法律思维，虽然二者都以法律规范为推理判断的逻辑前提，但是法治思维还蕴含着丰富的价值诉求，如正义、平等、自由、人权等，可以为所有社会主体或成员掌握和运用，体现为法治意识。同时，法治思维要求不仅考量规则运行的法律效果，还要考虑其社会效果，更重注问题的宏观性和整体性，故其多在治国理政的语境下使用，突出强调统治者

---

① 《习近平关于全面深化改革论述摘编》，中央文献出版社 2014 年版，第 153 页。

和管理者具备该思维能力。而法律思维侧重于强调法律专业化思维方式，多表现为具体法律问题中的运用，一般为法律职业者专门掌握。法治方式是根据法治的要求而衍生的，由法治思维决定和引导的治理方式。在整个改革过程中，法治思维和法治方式是实现法治和推进改革的前提和基础，改革对法治思维和法治意识的需求从根本上促进了社会法治思维的培养和法治方式的创新。

（二）改革构建法治内容

党的十八大提出了"五位一体"总体布局，经济、政治、文化、社会、生态文明五大建设领域涵摄了全面深化改革的六大领域，体现了新时期社会主义现代化建设的新要求。发展和完善中国特色社会主义制度是发展和改革的总目标，而"法治是治国理政的基本方式"，[①] 是国家治理能力和治理体系现代化行为规范体系、制度实施体系、制度监督保障体系等有机联系的统一整体。因此，推进国家建设和改革就是推进国家治理的法治化，五大建设、六大领域确立了新时代法治的原则、观念、价值及权力、权利和义务之间的关系场域与构架。

全面深化改革要坚持党的领导、实事求是、人民主体、正确处理改革发展稳定关系，这也是中国特色社会主义法治的基本精神。全面依法治国是与全面深化改革紧密联系在一起的，全面依法治国本质上属于改革的范畴。"五位一体"、六大领域是辩证统一的关系，有各自的内容和规律。在政治改革上，深化政治体制改革就要"加快推进社会主义民主政治制度化、规范化、程序化"。[②] 立法体制改革、行政体制改革、司法体制改革、监察制度改革、党的建设和制度改革等都属于政治体制改革，而法治化是政治体制改革的基本方式和根本保障。政治体制改革本质上就是实现从人治到法治的转变。因此，政治体制改革与法治有着高度的内在统一性，法治建设贯穿于我国政治体制改革全过程。在经济改革中，把握新发展阶段，贯彻新发展理念，构建新发展格局，实现高质量发展，迫切需要通过全方位的法治改革来加以及时地确认、规范、引导与保障。完善市场经济体制和转变经济发展方

---

① 肖冬松：《治国理政现代化》，人民出版社 2017 年版，第 10 页。
② 何毅亭：《学习习近平总书记重要讲话》，人民出版社 2013 年版，第 49 页。

式是新时期经济改革的主要内容，"鼓励、支持、引导非公有制经济发展"要确保各经济主体获得市场地位、公平参与市场竞争、平等享有市场经济发展成果，都需要法治的规范和保障。中国特色社会主义市场经济的发展，离不开中国特色社会主义法治体系的规范和保障。在社会改革上，社会转型不仅激发了社会活力，同时也产生了许多新的社会矛盾，具体社会制度的改革不仅需要创新社会治理体制，还需要法治保障。因此，推进法治社会建设不仅是社会治理体制改革的途径，也是社会治理体制改革的目标。在文化改革领域，文化改革发展对文化法治建设提出了更高的要求。随着文化事业、文化产业的繁荣发展，文化领域的立法工作也稳步推进，法治在文化体制改革过程中得到生动体现。党的十八大以来，基本公共文化服务标准化、文化市场综合执法改革、促进文化消费等具有引领性、支柱性的重要改革依托相关法律法规相继推进，逐步搭建起文化艺术领域改革的主体框架。在生态文明体制改革中，建立和完善生态文明制度体系是全面依法治国的重要内容。生态文明体制改革是一个全局性、系统性、协调性的工程，需要国家从立法层面予以引导和保障，建立、健全自然资源资产产权制度、国土空间开发保护制度、空间规划体系、资源总量管理和全面节约制度、资源有偿使用和生态补偿制度、环境治理体系、环境治理和生态保护市场体系、生态文明绩效评价考核和责任追究制度等制度。构建归属清晰、权责明确、监管有效的生态环境开发和保护制度，促进生态文明体制改革，满足人民对美好生活向往的要求，既是实践新发展理念的核心部分，又是全面依法治国的重要内容。

（三）改革促进法治主体"角色构建"

何为法治主体一直以来就是争论的焦点，有人认为法治即"以法之治"，法乃法治的主体，而人是法治的对象。这种法治主体观将法与人置于主客体对立的关系中，法作为外在于人的力量，本质上依然是法律工具主义。要实现实质法治就要将法回归于人，要将法内化为人的主体性力量，使法从人的外部性存在变为人的内在质素。全面深化改革从根本上讲是以人的解放和发展为目的的，自由和全面发展正是人的主体性的体现。因此，全面深化改革促进人的自由的实现，促使法治回归人本，以体现和实现人的意识及价值，对人进行法治主体的角色构建。法治主体的角色构建具体表现为增强人的"法治自觉、法治自信和法治自立及法治自强"。①

首先，法治自觉是指人主动、自觉地认可、接受法治的精神和理念，将其内化为自己的意识内容。改革开放促使人们脱离传统的"熟人社会"，进而需求一种理性的制度规范。人们意识到法律制度是一种理性的制度，法治是一种理想的治国理念和方式，因此将法治作为社会主义核心价值观的重要内容。其次，法治自信是指人们对国家的、民族的、先进的法治理论及法治实践的自信。改革开放的巨大成就证明了中国特色社会主义制度的先进性和优越性。立足中国实际，中国特色社会主义法治建设以马克思主义法治理论为理论基础，借鉴、吸收西方先进法治理论和制度合理成分，是对我国法治建设进行经验总结和理论制度创新的结晶。全面深化改革促进了民主法治建设的进程，促使人们主动参与法治建设、主动运用法治思维与法治方式处理和解决问题。再次，法治自立是指作为法治主体的人具备一定的法治思维、拥有运用法治方式处理和解决问题的能力。法治主体意识的内化最终要依赖主体的外在行为表现出来，而能否展现出法治精神有赖于主体的能力。改革使人作为法治主体首先获得了法治意识的觉醒，然后塑造法治能力，成为一个全面发展的、真正自由的人，将法治常态化为人的日常思维方式、行为模式。最后，法治自强是指不仅将法治视为治国方略，还将法治作为强国方式。强国是改革的目的，"法治强国"要求社会主义法治体系真正体现和维护人民的意志和最广大人民的根本利益，尊重和保障人权，使社会主义法治建设水平和制度创新能力不断提高，使每一个公民的合法权益都能得到有效的保障和充分的实现。人是现实的、历史的、社会的和实践的人，② 改革解放和发展社会生产力，人作为社会发展的实践主体、作为社会生产力发展的决定性力量，在全面深化改革过程中获得了法治意识和法治能力、为实现自身的发展提供规范保障，这既是改革的目的也是改革的动力。

三、优化功能

党的十九大报告指出，中国特色社会主义进入新时期、新阶段，我国社

① 汪习根：《论法治中国的科学含义》，载《中国法学》2014年第2期。
② 张艳涛：《马克思主义哲学视阈中的"中国问题"》，中国社会科学出版社2010年版，第130页。

会主要矛盾发生历史性深刻变化，党和国家的事业发生历史性变革，改革形势更加迫切。从改革领域范畴看，片面追求 GDP 的改革思路已经发生了转变，改革从经济领域全面扩展到国家政治经济社会生活的各个方面和领域；从改革进程阶段看，改革进入"攻坚期"和"深水区"，要触动更深层的利益，从"治标"转化为"治本"；从改革的思维路径看，"过去强调放权、授权的阶段已经过去"，① 要强化权力的监督和制约，从根本上规范权力运行，让社会的归社会、市场的归市场。因此，全面深化改革促进了法治认识、法治效能、法治环境的优化。

（一）升华法治认知

全面深化改革要求全面规范改革程序、保障改革成果，"科学立法、严格执法、公正司法、全民守法"② 是其实现路径。从法律大国到法治强国，既是全面建成小康社会的现实目标，也是中国特色社会主义发展的历史使命。法治不仅是立国、救国之术，还是强国之路，从大国走向强国，法治是必经之路。强国梦想是人民美好生活愿望的集中体现，法治唯有与强国梦结合在一起才能称之为"良法之治"，才能获得普遍的服从，进而形成强大的动力。法治的中国道路实质就是一条法治强国之路。改革实践经验证明，一个国家强大与否，不仅要看经济、政治与文化，还要有赖于法治。全面建成小康社会首先是满足物质生活需求，当人的物质需求得到充分满足后，人们对民主、法治等方面产生一定的需求。由此可见，法治不仅是强国之路、强国之基，也是强国的核心内容和重要标志。法治与强国在经验和逻辑上是高度统一的有机体，国家富强离不开法治建设。改革沿着法治轨道推进，改革的巨大进步促进了经济社会的全面发展，强国目标与法治标准、强国梦想与法治精神体现出高度的内在契合性。

一个国家能否实现长治久安、繁荣富强关键在于是否有有效的、可持续的国家治理能力。从人类社会发展的角度看，人治走向法治是人类文明发展的历史轨迹，法治强国是历史经验的总结。从法治立国到法治稳国，再到法治

---

① 霍小光、张晓松、罗争光、胡浩、林晖：《以习近平同志为核心的党中央全面深化改革启示录》，载《人民日报》2018 年 2 月 22 日。

② 习近平：《决胜全面建成小康社会，夺取新时代中国特色社会主义伟大胜利——在中国共产党第十九次全国代表大会上的报告》，人民出版社 2017 年版，第 10 页。

救国，直至法治强国，是法治与国家关系发展、演进的一般过程。[①] 法治要求社会生活的方方面面都体现一种良好的秩序或状态，其作用机理是制度性、体系性、全局性的规范运作。因此，法治并不能完全通过强制力量进行治理而达到立竿见影的效果，它是在所有的领域通过内在力量的驱动与外部强制的合力，将理想的秩序和状态固化在各个层面。改革的经验证明，法治相较于其他治理方式，其对于国家发展的推动力是渐进的、有序的、刚性的。随着改革不断深入发展，对法律制度创新、法治政府建设、司法体制改革等都提出了新的要求。党的十八大报告确定了全面小康社会的法治标准，包括依法治国基本方略、法治政府、司法公信力、人权的促进和实现等要素，法治水平成为衡量一个国家实力的重要标准。随着人们需求的丰富和扩展，全面小康社会不再仅仅是一个经济概念，而是一个包括法治要素的综合概念。因此，从法治的角度看，全面小康社会就是法治社会，法治不仅仅是改革的工具，还是全面深化改革的目标之一。

（二）强化法治效能

无论是规范社会行为、调节社会关系，还是统筹改革的社会力量、平衡各种利益关系，都需要在法律框架内、法治轨道上推进。全面深化改革、全面推进依法治国的战略部署相继确定，就是强调要在法治轨道上推进全面深化改革，在全面深化改革总体框架内推进法治建设，推进法治国家、法治政府、法治社会一体化建设，丰富中国特色社会主义法治的内涵，强化法治建设的效能。

法治是国家实力的重要内容，法治水平体现着一国的发展水平，法治的目标选择及其实现程度即法治效能反映了法治方略的实效性和正确性。近现代资本主义国家，法治一词总是与自由主义相结合，法治的目的便是为了实现所谓的个人自由。中国特色社会主义法治的提出不仅表明实现法治有着不同的途径，同样也说明不同国家、不同政体的法治有着不同的目的。从党的十一届三中全会到党的十八届四中全会以来，逐步确认了国家富强、民族复兴的法治目标。不同于西方自由主义法治效能的衡量标准，中国特色社会主义法治道路是为了实现国家富强和民族复兴的伟大中国梦，在中国共产党的

[①]　胡建淼：《走向法治强国》，载《国家行政学院学报》2012 年第 1 期。

领导下，建设法治中国，实现全面发展和全体人民共同富裕，保障人人共享美好幸福生活。因此，中国法治效能首先考量的是中国共产党的执政能力，包括政府的行政能力，及其他机关的权力能力。全面深化改革中的党的建设与制度改革、国家行政体制改革、国家司法体制改革、国家监察体制改革等均是从权力运行的制度层面着手，保障权力运行的效率和效能。其次，中国法治效能还考量社会发展水平。全面深化改革要求实现社会全面和可持续的发展，法治社会是社会发展水平的基本标志和核心内容。最后，中国法治效能评价将公民权利的实现作为终极标准。权力制度的改革即表明了改革的权利本位立场，科学民主立法、合理高效执法、公平公正司法不仅仅是口号和原则，而是通过具体的制度改革和实践作用于每一个公民，使每一个人真正感受到民主与公平，享受到改革与发展的丰硕成果，规范个人行为、形成法治意识、树立法治信仰，最终实现人的全面发展。

当然，目前中国的改革进入关键时期，改革面临的风险和挑战前所未有，如果我们不及时以法治思维和法治方式减少、化解矛盾，就会累积矛盾，并引发新的冲突。因此，在法治的引领下推进改革，以法治思维和法治方式规范改革，提升改革的法治效能，是推进全面深化改革的基本保证。

（三）优化法治环境

民主政治、市场经济、理性文化是法治实现不可或缺的条件，对法治的发展起着促进、维护和巩固的作用。全面深化改革极大地促进了我国民主政治发展、市场经济建设和理性文化的形成与繁荣，为中国特色社会主义法治建设提供了坚实的基础和充分的条件，美化了法治环境。

民主政治是法治建设的政治基础和推动力。政治体制改革是全面深化改革的核心和基础，发展社会主义民主政治，坚持中国共产党的领导、坚持人民当家作主、坚持全面依法治国，是实现中国梦的内在要求和重要保障。党的十九大报告中指出，我们要坚持和发展中国特色社会主义民主政治，坚持推进政治体制改革，推进社会主义民主政治规范化和法治化，充分发挥社会主义民主的优势。政治体制改革能够引领其他领域的改革事宜，民主政治是实现和谐社会的重要条件，是改革的应有之义。和谐社会就是法治社会，法治社会既是和谐社会的目标，也是手段。因此，民主政治是法治建设的基础，坚持人民主体地位，强化对权力的制约和监督，切实促进和保障公民权利的实现，从根本上消除法治的制度障碍，才能保证法治建设的顺利推进。

市场经济是法治建设的物质基础。改革开放的经验教训告诉我们，只有和法治相结合，市场才能克服计划经济的消极性和市场经济的盲目性。首先，社会主义市场经济是社会主义法治的先决条件。作为一种治国方略，法治属于上层建筑的范畴，应适应并服务于经济基础。全面依法治国进程应与社会主义市场经济发展水平相适应，并为市场经济发展提供保障和支持。随着市场经济的发展和全面深化改革的推进，势必会出现各种各样新的问题，需要为解决相关问题提供法律依据，进而促进相关立法、执法和司法活动的发展和完善。其次，市场经济的发展为法治建设提供物质保障。依法治国作为治国方略和强国目标，不是凭空出现的，也不可能轻而易举地实现，法治体系的建立和完善、法治强国目标的实现需要强大的物质基础支持。我国社会主义市场经济发展创造了巨大的物质财富，为中国特色社会主义法治建设提供了坚实保障。例如非公有制经济的发展促进了产权制度的改革，现代信息技术的发展为司法体制改革中的司法公开和智慧司法提供了强大的技术支持等。因此，市场经济就是法治经济。

理性文化是法治建设所需要的文化环境和文化基础。全面依法治国是一项宏大的工程，不仅需要民主政治、物质经济条件支撑，还需要理性文化的滋养。理性文化是与民主政治和市场经济相适应的主流文化，代表着社会主义先进文化发展方向，如科学精神、市场观念、规则意识、权利义务观念、法律意识等。只有理性文化中包含的要素转化为法治意识、法治信仰时，法治才能从理想状态转化为现实状态。全面深化改革的进程中，各种价值观念和社会思潮纷繁复杂。发展和完善中国特色社会主义法治体系，推进全面深化改革，就必须解决好中西、古今价值观较量、思想意识多元化发展的问题，提升人们的法治意识和法治价值观念，引导人们坚定不移地走中国特色社会主义法治道路。社会主义核心价值观是中国特色先进文化的集中体现和表述，具有强大的凝聚力和感召力，为法治建设提供了正确的思想引领和价值导向，也是我国法治建设的灵魂指引和精神命脉。

第四节 法治改革的路径选择

改革需要法治的引导、规范和保障,在具体的实践路径和方式上,习近平总书记指出,要把成熟有效的改革经验和改革举措"上升为法律",对事关重大但争议较大的立法事项"加快推动和协调",对部分有条件试行但全面实践条件尚不成熟的进行立法授权,不适应现状的法律法规"要及时修改或废止"。①

一、立法上升

立法上升即根据经济社会的发展趋势和客观规律,对已经出现和即将出现的新的经济社会关系进行分析研究,制定出法律,将已经出现和即将出现的重要社会关系纳入法治的轨道。常见的立法上升可称为立法跟进,就是在全国范围内或地方已经出现了新的经济生活关系,根据实践经验制定相关政策或措施,对新生社会关系进行非法律方式的调整,实践一段时间后,对这些实践效果进行评估,总结经验后在地方或国家层面进行立法。立法跟进是对政策、规章等其他规范性文件的探索和过渡,既是一个积累实践经验的过程,也是一个形成广泛共识的过程。地方立法跟进可以为国家立法跟进创造条件、积累经验。

当然,我国的改革立法并非只有立法跟进这一种模式,"摸着石头过河"说明我们在改革的过程中并非完全有经验可借鉴或遵循,改革会催生大量的新生事物、引发广泛的社会关系的变革,如果一味地跟随改革的脚步、只针对已出现的事物立法,会造成立法滞后,因此,更需要把握改革发展的客观规律、预测改革发展的趋向,对即将出现的社会关系先行立法、而后推进,充分发挥构成性法律规范的超前引领功能。从我国改革开放与法治建设的实践看,我国立法超前的例子有不少,如审计制度的确立、中外合资经营企业法、专利法的颁行等,在此之前我国并没有相关制度或实践,根据其他国家的相关经验和我国改革发展的趋势,大胆预测改革发展的需求变

---

① 《习近平关于全面依法治国论述摘编》,中央文献出版社 2015 年版,第 52 页。

化，进行超前立法，为改革预留空间。

立法上升，尤其是超前立法生动地展现了法治引导改革方向的作用和功能。法律是社会关系的调整手段，经法律调整后，社会关系便上升成为法律关系。法律规范相对于法律关系而言是超前的、既定的。在我国改革进一步深入的新形势下，许多新生事物和社会关系都需要不断探索、研究，对各个领域都要求国家层面的立法是不可能实现的。因此，要处理好立法跟进和立法超前的关系，使法律制度建立在实践和成熟经验的基础上，更科学地反映社会关系，保障改革的有效性。因此，立法上升有利于法对社会的改造和对改革的引领。

二、立法协调

立法上升需要普遍的社会共识、充分的实践经验和全面的制度支持，对于重要但争议巨大的事项并不适宜进行国家层面的统一立法规制，因此，在确定中国特色社会主义法治基本原则的同时，保持法律机制必要的灵活性，为改革和法治实践探索保留一定的空间。我国实行统一的、多层次立法体制，在坚持国家法制统一的前提下，全面发挥法律、行政法规、地方性法规、规章等多种规范的相互关联和有机协调作用。

一是，国家立法与地方立法的协调。国家立法往往具有宏观性和全面性，而地方立法通常立足本地发展需求具有明显的地域性和特殊性。全面深化改革要求我们要克服绝对的国家大包大揽式的立法，同时也要杜绝地方立法保护主义，科学理解和把握整体与部分的辩证关系，发挥国家立法的统筹性和地方立法的主观能动性，兼顾国家与地方的利益。二是，区域地方立法之间的协调。区域地方立法协调是我国改革开放中区域经济社会一体化而产生的一个新问题、新方法。从理论上讲，区域经济社会发展离不开区域法律治理。经济一体化发展要求有效整合一定区域内的资源，促进社会一体化发展，进而要求法律治理一体化。尤其是随着生态文明体制改革的深入，生态系统的整体性特征要求建立跨部门、跨行政区划的利益协调、信息共享、联动执行的生态环境保护协作机制。从实践上看，区域立法协调实践已经收到一定成效，如东北三省区域性政府立法协作、京津冀地区人大立法协同、长三角区域立法协同等。在我国，区域地方立法协调体现为区域地方之间对某一共同事务的共同立法，即协调合作立法，地方立法合作是区域地方立法协调的高级形式。① 三是，部门法之间的协调。部门法是一个法学概念，在现实的制度中并不存在与部门法对应的法规或法典。部门法之间因调整对象不同而具有相对的独立性，但彼此之间又不是截然分立的。部门法对于各自明确的调整范围要考虑内在的逻辑衔接，对于新生的、跨部门的调整对象要考虑与其他部门法的衔接与配合，以协同为主导，防止规范失灵、规范冲突和规范重复。四是，一般法与特别法之间的协调。属同一部门法的一般法与特别法之间的协调应遵循以下原则，即在肯定特别法属于一般法的组成部分的前提下，明晰两者的内在逻辑，把握具体制度之间的异同。在意旨上，一般法通过界定调整对象、规定基本原则和阐释价值理念对特别法进行涵摄和指引。在体例上，明确二者独立构建和逻辑自洽的实质差异。在条文设计上，一般法要有宏观的涵摄性、宜粗不宜细，而特别法或专门立法应凸显微观的可选择性、宜细不宜粗。当务之急是妥善处理好部门立法、地方立法的体制机制障碍问题，以辩证思维和系统思维科学地厘清立法权的本质与归属，构建立法协调的法治格局。

三、立法授权

改革虽要求突破和创新，但既不能是"法外之地"，更不能是"法律禁地"。对全面立法实践条件尚不成熟、但有需要并且有条件先行改革的地区或领域，要依照法定程序作出授权，既不允许随意突破既有法律规范，进行所谓的"良性违法"，也不允许以现行法律法规没有依据为由，否定改革或迟滞改革。党的十八大之后，立法授权日益成为一项重要的立法方式和改革方式。如上海、天津等地的自由贸易区建设，"三块地"改革试点，人民法院陪审员制度改革试点，都是经党中央批准后，由全国人大常委会授权，调整某些法律条款的实施，允许试点地区先行先试，以形成能复制、可推广的经验，然后再依据经验修改法律，在全国范围内进行推广和改革。为向有需求、有条件的局部地区或者领域先行改革提供必要的法律依据，全国人大常委会进行立法授权，更好地体现了法治精神。

---

① 陈光：《"大立法"思维下区域地方立法协调的困境与反思》，载《湖湘论坛》2017 年第 3 期。

立法授权包括但不限于行政立法授权。在奉行三权分立的资本主义国家，立法授权即等于行政立法授权。我国改革实践要求，授权立法不仅仅是行政立法，立法权还可以授予其他机构。立法授权是指享有立法权的机关依法将其部分立法权限授予另一个国家机关或组织，另一个国家机关或组织只能根据授予的立法权限进行的立法活动。从程序上看，立法授权则是指授权主体对受权主体进行授权，受权主体根据授权制定规范性法律文件的活动。从结果上看，授权立法是指原来无立法权的主体依据授权主体的授权而享有一定的立法权限，并据此制定规范性法律文件。立法授权有下列特征：第一，从属性或派生性，即授权立法是由职权立法派生出来的，《立法法》第十三条明确规定，全国人民代表大会及其常务委员会有权根据改革需要进行立法授权。第二，有限性，即立法授权不仅受到宪法和立法法的规范限制，还受授权机关的监督和制约。第三，灵活性，立法授权是一种临时性、过渡性措施，是在维护宪法稳定、法制统一权威与适应社会变化、应对改革需求之间的一种平衡。

实行立法授权有严格的条件限制，一是，全面立法尚且缺乏充足的实践经验和其他必要的条件；二是，授权立法内容单一或地域特征明显，可以授权立法，如最高人民检察院公益诉讼试点、经济特区建设相关立法授权；三是，立法时间不够且授权其他主体立法并无不妥时，为加快立法步伐可授权立法，立法是一个相对复杂的过程，而且法律实施的效果显现周期性较长，而授权立法相对简单，并且可以在短时间内积累一定的实践经验，以供评估和总结；四是，立法授权应遵循"合宪性控制路径"。[①] 如果说前三条是对立法授权的实质性要求，那么授权主体界定、授权形式规范、授权内容限制则体现为对立法授权形式方面的要求。

立法授权方式在我国改革开放过程中发挥了巨大的推进作用，但同时还存在一些问题，要充分发挥立法授权的效用，应通过完善相关立法，明确授权主体、对象、事项范围、方式、程序及监督，以保证授权立法的合法性和有效性。

[①] 江国华、梅扬、曹格：《授权立法决定的性质及其合宪性审查基准》，载《学习与实践》2018年第5期。

四、立法废改

虽然中国特色社会主义法律体系基本建成，但仍有相当一部分领域的法律法规还不够完善，立法质量不高已成为推进全面依法治国与全面深化改革的瓶颈。立法空白、立法层级低需要通过制定法律来弥补，而立法缺乏可操作性、缺乏有效性等问题则应该通过法律的修改、解释，甚至废止来解决。"立改废释并举"① 是行使国家立法权、提升立法质量、建设社会主义法治体系、促进和保障全面深化改革的重要举措。囿于法律产生的滞后性和法律语言的有限性，法律制度中的某些条款并非一直都能契合社会发展和改革的需求。一些保守的、过时的法律条款不仅不能促进或保障改革，反而成为改革的"拦路虎"和"绊马索"。对于这些不适应改革要求的现行法律法规，应当及时修改或废止。党的十八大以来，我国对现行法律法规进行了大规模清理，修改、废止了大批不合时宜的法律法规，有力配合了全面深化改革和全面依法治国的持续推进。

立法解释要求立法机关根据立法原意对具体法律条文的含义或者法律概念、术语等作出进一步说明，以更准确地理解和适用法律。首先，法律作为一种抽象的社会行为规范，其概念或术语的抽象性、原则性、专业性使得在具体操作或适用时有不同的理解。而通过对法律的解释，可以充分阐明法律条文的意义，明确概念的内涵及外延，将原则性的规范具体化，增强法律规范的可操作性。其次，立法的时空局限性使法律在新的社会条件下有些可能存有遗漏，有的可能过时，通过法律解释，对原有概念进行扩充或缩限解释，使有遗漏的法律规范得以周全，使过时的法律规范具有时代性，而不用正式修改法律，使之适应形势发展的需要。虽然不能混淆法律解释和法律修订，但在这一层面，可以认为，立法解释同样也发挥着补充甚至修改法律的作用，为推进全面深化改革清除了障碍。值得重视的是，在法治改革中，以民法典为范例的立法活动为人类法治改革树立了典范。当然，应当注意处理好法典化与单行法之间的关系，厘清法典与法律解释的科学关系，既不能只看到法典的系统性而忽视法律解释的必要性，也不可过度扩大解释功能，造

---

① 《习近平关于全面依法治国论述摘编》，中央文献出版社 2015 年版，第 49 页。

成法律实施上的混乱。

坚持立法废改解释与制定并举，关键是"增强法律法规的及时性"。①增强及时性就是缩短改革实践需要与法律制度运行之间的"时间差"，及时评估和总结实践经验、修改和完善法律制度，防止和克服立法迟滞。

在理解和把握改革与法治的关系时，我们要高举习近平新时代中国特色社会主义思想的伟大旗帜，坚持社会主义制度，坚持中国共产党的领导，加快全面依法治国的进程，推进全面深化改革。在全面依法治国和全面深化改革的有机统一中，正确理性地处理好改革与变法、守正与创新、依法与修法之间的辩证统一关系。

---

① 《习近平关于全面依法治国论述摘编》，中央文献出版社 2015 年版，第 50 页。

第　十　章

法 治 话 语 论

　　2015 年 12 月 11 日，在全国党校工作会议上习近平总书记指出："落后就要挨打，贫穷就要挨饿，失语就要挨骂。形象地讲，长期以来，我们党带领人民就是要不断解决'挨打'、'挨饿'、'挨骂'这三大问题。经过几代人不懈奋斗，前两个问题基本得到解决，但'挨骂'问题还没有得到根本解决。争取国际话语权是我们必须解决好的一个重大问题"。①

　　中华人民共和国成立以来，尤其是改革开放以后，中国的法治建设取得了重大成就，对于促进中国经济发展，维护政治稳定和保障人民福祉起到了积极作用。中国的法治建设以中国国情为基础，创造性地吸收中国传统法律文化和借鉴西方法治文明，走出了一条不同于西方国家的法治道路。但是由于国际社会长期受到西方话语霸权的影响，中国的法治成就在国际上并未得到充分阐述和正确评价。一些国家不仅不承认中国是法治国家，而且还不断对中国的国内立法、司法等活动进行指责。这不仅影响了中国法治经验在国际社会中的传播和借鉴，而且对中国参与国际规则的制定也产生了不良影响。为此，必须在解构西方法治话语霸权的基础上，不断构建和完善中国的法治话语体系。

---

　　①　习近平：《在全国党校工作会议上的讲话》，人民出版社 2016 年版，第 20 页。

第一节　法治话语的内涵

一、话语

通俗来说，话语就是人们通过口头或书面的方式传达和表达所思所想。但从语言哲学的角度来看，话语的内涵更加丰富。福柯认为人们在各种不同的意义上使用以致滥用了"话语"的概念。人们"曾把话语理解为事实上是从符号的整体产生出来的（可能是全部的）东西"，"也曾把它理解为表达行为整体、一系列的句子或者命题"①。费尔克拉夫也认为"话语是个棘手的概念，存在诸多的相互冲突和重叠的定义。一方面，话语在语言学中时而用来指书面语言，时而用来指口头语言。……另一方面，话语又被广泛地运用到社会理论和分析中，……涉及用来建构知识领域和社会实践领域的不同方式"。②

具体来讲，语言哲学中的话语理论涉及以下三个方面：第一，静态的话语形式，涉及语种、词汇、语法、语句等；第二，动态的话语互动，涉及话语主体之间的互动模式及话语意义的阐释；第三，隐含的话语关系，涉及隐藏在话语形式和话语过程之后的权力关系。

索绪尔把"语言划分为三个方面：言语活动（langage）、作为形式结构的语言（langue），以及个体的言语行为——言说（parole）"③。作为形式结构的语言和个体的言说构成了言语活动。在索绪尔看来，言语活动同时横跨物理、生理和心理等领域，既属于个人领域，也属于社会领域。它是无序而驳杂的，很难把它归入任何一个人文事实范畴。只有作为形式结构的语言系统（即语音、语法、词汇等语言形式系统）才具有同一性和客观性，保证了社会的话语秩序和不同个体之间的相互理解。

---

①　[法] 米歇尔·福柯：《知识考古学》，谢强、马月译，生活·读书·新知三联书店2003年版，第117—118页。

②　Fairclough. *Language and Power*. London：Longman，1989，p. 3.

③　[苏] 沃洛希诺夫：《马克思主义与语言哲学》，载许宝强、袁伟选编：《语言与翻译的政治》，中央编译出版社2001年版，第46页。

与关注抽象的语言形式不同，有些学者将语言哲学的重点放在话语主体上。对话语主体的关注又分为两个方向。其中一个方向关注的是个体的话语活动。它认为形式结构的语言系统是僵化的，束缚了语言的活力。"对于福斯勒来说，语言的基本表现、本质并不是一个沿袭下来直接可用的现成形式（语音、语法及其他）系统，而是个体的创造性言语行为"。① 另一个方向关注的是话语主体之间的话语互动。沃洛希诺夫认为"离开和具体情境的联系，言语交流就无法理解、无从解释。正是在具体的言语交流里，而不是在语言形式的抽象语言系统里，也不是在说话者个人的内心世界里，语言才获得生命，才历史性地发展演化"。②

对话语形式的研究旨在构建一套逻辑严密和圆融自洽的语言系统，对于话语互动的研究旨在发现话语在不同情境中的真实意义。但是福柯对话语理论的研究并未止于此处，他进一步探究了隐藏在话语形式和话语互动背后的权力关系。福柯认为，"每个话语都具有言非所言和包含多层意义的能力"③，我们应当寻求在话语中"所包含着没说出的东西，以及寓于它们之中的思维、形象或者幻想的丰富性"④。在此基础上，福柯提出了"话语即权力"的命题。

从实践的角度来看，话语主体、话语形式、话语互动及话语权力等内容都是相互交织在一起的。费尔克拉夫认为，"话语作为社会实践的语言，具有三个方面：语篇、话语实践和社会实践。话语的这一性质要求话语分析也必须从三个方面进行：对语篇进行描述，对语篇与话语实践之间的关系做出阐释，对话语实践与社会实践之间的关系进行解释"。⑤ 如果把法治话语作为一种社会实践来看待，对法治话语的研究就必须超越法治话语的外在表现形式，还要关注公民个人的法治思维和法治行为，关注公民之间、公民和国

① ［苏］沃洛希诺夫：《马克思主义与语言哲学》，载许宝强、袁伟选编：《语言与翻译的政治》，中央编译出版社 2001 年版，第 38 页。
② ［苏］沃洛希诺夫：《马克思主义与语言哲学》，载许宝强、袁伟选编：《语言与翻译的政治》，中央编译出版社 2001 年版，第 93 页。
③ ［法］米歇尔·福柯：《知识考古学》，谢强、马月译，生活·读书·新知三联书店 2003 年版，第 131 页。
④ ［法］米歇尔·福柯：《知识考古学》，谢强、马月译，生活·读书·新知三联书店 2003 年版，第 121 页。
⑤ Fairclough. *Discourse and Social Change*. Oxford：Blackwell，1992，p. 73

家之间的话语互动，关注国际层面的话语权斗争。

二、法治话语

法治话语作为话语类型的一种，既可以用一般的话语理论来进行分析，同时也具有一定的独特性。和经济话语、艺术话语、医疗话语等话语体系相比，法治话语是以法律文本和法治实践为核心形成的一套话语体系。

从学科角度看，不同的学科的话语风格和话语体系都具有差异性。尽管"法治话语"在学界已经使用较多，但其概念仍未得到准确界定。在有些地方，法治话语等同于法治理论。顾培东认为法治话语体系是"有关法治的思想、理论、知识、文化甚至语言及思维的总体概括"①。石东坡则认为法治话语"是在法律话语的实存之中，符合和趋向于法治的目标原则和体制机制，与法治相吻合、相契合，在内容与方式上有利于法治实现的话语表达"，是"在法律话语之中体现法治追求和正确方向的积极成分与有益部分"②。对法治话语进行精确的定义较为困难，但是我们可以从话语要素的角度更好地理解法治话语的含义。

从话语主体而言，法治话语的主体应当是人民。法治与民主相伴而生，在专制政体下不可能存在严格意义上的法治。在法治国家，人民作为一个集合概念既包含了法律专业人员，也包括普通公众。尽管法治话语的形成和完善离不开法律专业人员的专业知识，但是法治话语绝不是由法律专业人员所垄断或独有的。依法治国不是专家治国，需要广大人民群众的积极参与。法治话语应当来源于人民群众的实践，服务于人民群众的利益。人民是法治话语的生产和制造者，法律专业人员是这种法治话语的表述和修饰者。法律专业人员不能将自己的团体利益凌驾于人民利益之上，不能利用掌握的专业法律知识损害人民利益。

从话语形式来看，法治话语应当兼具专业性和通俗性。法治话语的专业性使法治话语与其他类型的话语和日常话语区别开来。法治话语建立在法律术语和法律逻辑的基础之上并由此展开。由于法治话语的主体是人民，所以

---

① 顾培东：《当代中国法治话语体系的构建》，载《法学研究》2012 年第 3 期。
② 石东坡：《作为法治文化的言说与表达：法治话语体系初论》，载《甘肃理论学刊》2014 年第 5 期。

法治话语必须易于为人民所理解和使用。法律专业人员就肩负着平衡法治话语的专业性和通俗性的任务。法治话语不同于"法言法语"。法言法语的"实质就是法律的专业术语"①，既包括了无因管理、犯罪构成、除权判决等专业词汇，也包括特殊的句式等内容。法言法语是法律职业群体区别其他社会群体的重要标志，能够为法律职业群体节省交流成本，提升法律职业水平。法言法语强调理性，对"丧心病狂""狗急跳墙"等情绪化表达持拒斥态度。尽管方便了法律职业共同体的内部沟通交流，但是法言法语在法律专业人员和非法律专业人员之间构筑了一道壁垒，妨碍了法律职业共同体与外部的交流。在司法过程中，专业性和理性化的法言法语虽然在某些情况下能够促使当事人接受判决，但有时也会适得其反。因为受社会分工和知识专门化的影响，"司法规则系统内部的自我逻辑演绎已经独立于作为法律初始来源的生活世界的逻辑"，法言法语和法律逻辑"都开始与生活世界的行事方式和价值观念相脱离，呈现出所谓'抽象化'的面相"②，导致普通公众难以理解和接受司法判决。要弥合法言法语与公众之间的鸿沟，不仅需要持之以恒的普法活动来提高公众的法律知识，也需要法官在判决中强化说理功能。

从话语内容来看，法治话语以法治为核心。法治以法律为基础，但是法治又不同于法律。法治的内容和价值必须通过法律的形式得到展现和落实，但专业化的法律术语和法律逻辑可以服务于不同的目标。在专制国家，精巧细致的法律术语可以被统治阶级用于愚弄和压迫人民；在法治国家，具备良好形式特征的法律既可以服务于资本主义法治目标，也可以服务于社会主义法治目标。最通常意义上的法治至少包含了法律至上、人权保护和限制权力三个内容，所以法治话语也应当体现这些内容。中国在魏晋时期，关注法律术语和法律解释的律学就开始有了较快的发展。唐朝时的《唐律疏议》更是在总结以往朝代的立法和司法经验的基础上实现了系统化和周密化，内容周详，条目简明，解释确当。但是，在这种严谨的法律形式之下维护的是封建伦理和君主权力，所以以《唐律疏议》为基础的话语很难被称为现代法

---

① 孙光宁：《法言法语的修辞功能——基于司法立场的考察》，载《法律方法》2011 年第 1 期。
② 孙光宁：《法言法语的修辞功能——基于司法立场的考察》，载《法律方法》2011 年第 1 期。

治话语。尽管在改革开放以后，中国的法治建设取得了极大成就，但是一些非法治思维和非法治方式仍然存在。这些非法治思维表现在话语方面，就是在日常生活以辱骂、威胁、掏票子、找关系、自称领导或公职人员等话语或行为解决问题。这种话语模式将金钱、权力或暴力置于法律之前，极大损害了法律权威，是法治话语所反对的。法治话语的内容应当体现对人权的尊重。在正式的法律文件中，一般禁止使用具有歧视性或侮辱性的表述。新华社和中国妇女报等一些新闻媒体也公布了一批禁用词，比如不使用瞎子、聋子、傻子、弱智等词语称呼有身体伤疾的人士，不使用妓女、卖淫女、泼妇、母老虎等歧视女性的词语、短语，不使用老光棍、娘炮、阴阳人、女里女气等歧视男性的词语。

第二节　中国法治话语的演进与现状

一、中国法治话语的历史演进

中国法治话语从产生到扩展经历了一个相当长的过程。中国的法律文化源远流长，但是由于长期处在封建专制社会中，所以在古代并没有真正意义上的法治话语体系。然而，中国法治话语产生之前有关法律及法律实践的话语对中国当下的法治话语仍然产生着双重影响：在消极方面，中国社会中数千年来有关法律及法律实践的非法治化话语仍然具有一定的历史惯性，对法治话语形成了一定的侵蚀；在积极方面，中国历史中契合法治精神的一些法律话语使中国的法治话语具备了区别于其他国家法治话语的特性。所以简要回顾中国法治话语产生之前的话语状况仍然非常必要。

在炎帝黄帝之前的三皇时代，人的数量较少，人类社会面临的主要矛盾是人与自然的矛盾，即如何从自然中获取更多的资源和应对自然带来的危险。部落的首领（如神农氏和燧人氏）通过自己的技能和道德赢得人们的尊重和服从，无需借助强制性的法律。这个时期"行政不用而治，甲兵不起而王"，所以也并不会出现与法律有关的话语。随着人口的增长，自然资源的贫乏性开始显现，为了争夺资源，人类社会中出现了战争。战争凸显了人性的邪恶，受这种邪恶和残暴的影响，在三苗部落中出现了用以维护社会秩序的"五虐之刑"。后来黄帝打败了三苗，"灭其族而用其刑"，作为制裁手段的法在中国历史上逐渐延续下来。随着天命观的盛行，战争开始在"天之罚"的名义下进行。大禹讨伐三苗、夏启讨伐有扈氏、商汤讨伐夏桀都会发布战争誓言，强调不遵守命令就会"孥戮汝"。这种依靠暴力来维持秩序的模式到西周发生了变化。周公提出了"皇天无亲、惟德是辅"的观点，强调礼乐的教化功能，淡化了法律的惩罚功能，并在此基础上确立了一套君君臣臣父父子子的礼治话语体系，维护了西周数百年的稳定。

春秋时期生产力的发展改变了奴隶制的经济基础，最终造成了政治上的"礼崩乐坏"。以孔子为代表的儒家提倡仁政，希望通过克己复礼重返西周时代。儒家所构建的话语体系强调"非礼勿视，非礼勿听，非礼勿言，非礼勿动"。但是法家在"礼崩乐坏"之后则选择了政刑手段，主张"不别亲疏，不殊贵贱，一断于法"。法家把话语标准从"礼"转向了"法"。商鞅提出"言不中法者，不听也；行不中法者，不高也；事不中法者，不为也"。韩非子也提出"言行而不轨于法令者必禁"。韩非子认为儒学是"乱国之俗""愚诬之学"，不足以实现国家的稳定和强大。为了使"法"成为社会的话语标尺，韩非子进一步提出了"以法为教，以吏为师"。秦始皇统一六国后，通过焚书坑儒的方式实现了"以法为教"。但由于法家的"法治"完全是为了加强君权，对官吏和民众过于严苛，所以导致秦朝二世而亡。西汉建立以后，鉴于秦朝法制严苛的教训，采取了约法省刑的黄老之术，极大促进了经济的恢复和发展。到了汉武帝时期，董仲舒又罢黜百家、独尊儒术，使礼治话语重新取得了在政治社会生活中的主导地位。到唐朝时期，《唐律疏议》明确提出"德礼为政教之本，刑罚为政教之用"，以三纲五常为核心的礼治话语体系已经完全融入人们的日常话语之中。

鸦片战争之后，随着西学东渐，加上变法修律等一系列事件，"法治"话语开始在中国学术领域和政治领域流行，礼治话语的主导地位逐渐削弱。在19世纪中后期，随着国门洞开，"议会""共和国""立宪政体"等新词汇开始传入中国。1902年，梁启超多次在《新民丛报》上发表使用"法治"话语的文论。这一时期"法治"的言论和倡议主要在学界、官场和法政学堂中广为传播。① 1905 年，梁启超指出"法治主义，为今日救时惟一之主义"②。梁启超认为"治国之立法以国家及大多数人之福利为目的"③，"人人皆为制者，同时人人皆为被治者"④。这种"法治主义"话语已经具备了民主和平等的内涵，在当时具有积极意义。但是由于封建礼治无论在政治还是社会中都还占据着统治地位，这种先进的法治主义话语并未得到社会的广泛认同。梁启超等人所主张的君主立宪制也逐渐被统治阶级的礼治话语所利用。为了实现"皇位永固"，清政府打着"仿行宪政"的招牌开始了预备立宪。预备立宪从一开始就确定了"大权统于朝廷，庶政公诸舆论"的专制集权思路，但清政府并不满足于此，又以"民智未开"为由将立宪预备期延长到九年，以"预备立宪"之名行"拖延立宪"之实。这套立宪话语在一定程度上骗取了立宪派的信任，缓和了清政府面临的革命压力。但是1911 年公布责任内阁名单后，清政府立宪话语背后的阴谋暴露无遗。在 13名国务大臣组成的新内阁中，皇族占 7 人，汉族官员只有 4 人，成为名副其实的"皇族内阁"。清政府在"宪政"话语下维持君权的行为引起了立宪派和革命派的激烈反抗，直接促进了辛亥革命的爆发。

辛亥革命之后，"民主""法治""宪政"等话语在全国范围内得到广泛传播。但是由于对"民主""法治"的内涵缺乏深入认识，这些话语在民众中并没有得到真正的认同与拥护。民主、自由、权利等法治话语成为各个政治派别谋取政治利益的宣传辞藻，所以袁世凯又悍然称帝，孙中山领导的数次革命也败多胜少，资本主义民主法治话语在中国行不通。以陈独秀为代表的先进知识分子认识到民主和法治话语仅仅停留在政党政治层面是不够的，它需要扎根于人民之中才能得到真正的话语力量，所以他们发起了一场针对国人思想的"新文化"运动。陈独秀在《旧思想与国体问题》中指出："中国多数国民口里虽然是不反对共和，脑子里实在装满了帝制时代的旧思想，欧美社会国家的文明制度，连影儿也没有"⑤。李大钊也呼吁"仁人君

---

① 程燎原：《清末的"法治"话语》，载《中西法律传统》，中国政法大学 2002 年版，第 262 页。

② 梁启超：《中国法理学发达史论》，载吴松等：《饮冰室文集点校》第一集，云南教育出版社2001 年版，第 340 页。

③ 《箴立法家》，载《饮冰室文集》之二十八，中华书局 1989 年影印版。

④ 梁启超：《饮冰室合集》之一，中华书局 1989 年影印版，第 94 页。

⑤ 《陈独秀文集》第一卷，人民出版社 2013 年版，第 232 页。

子，奋其奔走革命之精神，出其争夺政权之魄力，以从事于国民教育"①。"新文化"运动试图从人们的思想中祛除封建专制的遗毒，让法治话语从民众的口头深入到大脑。

新文化运动使民主、科学与法治相契合的话语深入人心。随着俄国十月革命的胜利，社会主义的法治观念也开始传入中国。中国共产党的早期领导人开始运用社会主义的法治话语来批判资本主义的法治话语。李大钊认为，"西洋文明之精神，对内则恃集中的资本主义以掠夺劳动阶级，对外则恃国民的暴力主义以掠夺他国土地。"② 陈独秀也指出，法国大革命后建立起的资本主义法治秩序不过是使"政治之不平等，一变而为社会之不平等；君主贵族之专制，一变而为资本家之压制"③。针对有些人利用"德谟克拉西"和"自由"等口头禅来反对无产阶级专政的现象，陈独秀反问道："大多数的无产劳动者困苦不自由，是不是合于'德谟克拉西'"?④ 李大钊也指出"德谟克拉西为资产阶级沿用坏了"，所以应该用"伊尔革图克拉西（工人政治）"来代替资本主义的"德谟克拉西"⑤。马克思主义的传入为中国带来了一种全新的法治话语。随着中国共产党的成立并逐步投身到工农运动中，"劳工权利""男女平等""保护童工""结社、集会、言论、出版自由"等社会主义性质的法治话语不断扩大了在工农群众中的影响。但是由于中国共产党成立之后的主要任务是夺取政权，所以以摧毁旧秩序为主的革命话语在整体上压倒了以维护社会秩序为主的法治话语。在从中国共产党成立到新中国成立这段时间内，尽管中国共产党领导下的政权在法制建设方面取得了丰富的成绩和经验，但是总体上仍然是为革命服务的。

新中国在成立后掀起了第一波社会主义性质的立法浪潮，宪法等一系列重要的法律相继颁布，对改变全国人民的法律思维和法律话语起到了重要的促进作用。但是新中国成立后的法治建设并不是一帆风顺，在不同的时期也有不同风格的法治话语。有人认为新中国成立后出现过六种法治话语，即：

---

① 《李大钊全集》第一卷，人民出版社 2006 年版，第 43 页。
② 《李大钊全集》第二卷，人民出版社 2006 年版，第 106 页。
③ 《陈独秀文集》第一卷，人民出版社 2013 年版，第 99 页。
④ 《陈独秀文集》第二卷，人民出版社 2013 年版，第 75 页。
⑤ 《李大钊全集》第四卷，人民出版社 2006 年版，第 5 页。

1949 年，为了与旧制度决裂并建立全新的秩序，号召树立革命的法治精神，建立人民民主专政的法律制度。1962 年，在冷战背景下批判了美式"法治"的虚伪性。1975 年"文革"末期，批判儒家的礼治，主张法家的法治，号召阶级斗争和夺权。1980 年前后，批判儒家的人治，要求以法治取代人治。1999 年，区别法治与法制，主张从法制到法治。2006 年，提倡社会主义法治理念。① 但是这种论点仅仅是依据《人民日报》上有关法治的文章，只有区区十余篇，因此结论难免有失偏颇，不能体现中国当时整体的法治话语状况。

顾培东研究了新中国成立后域外法治话语对中国的影响，并将之分为两个阶段。一个阶段是 20 世纪 50 年代开始的"全面苏化"，另一个阶段是 20 世纪 80 年代延续至今对西方法治话语的隐形趋从。② 中国法治意识形态的"全面苏化"表现为全面译介苏联的各种法学著述，在法学教育中主要使用苏联法学教材或专家讲义，派遣留学生到苏联学习法律。苏联法治话语虽然推动了中国法治向社会主义方向前进，但是它的国家与法权理论充满了残酷的阶级斗争和党内政治斗争，缺乏对公民权利的基本尊重和对国家权力的必要限制。它过于强调法律的政治面向而忽视了法律的社会面向，对阶级斗争和阶级专政的强调使中国重回到革命话语中，"法治""人权"等话语再次被贴上资本主义标签并被弃之不用。"文化大革命"的惨痛经历使党和人民开始反思法制的重要性，"以阶级斗争为纲"的政治话语开始淡出。但是随着改革开放的加快，西方法治话语在中国法治领域中开始出现且在一个时期其影响不断强化。顾培东认为自由主义的法治理论包括以下论点：第一，法律在社会中具有至高无上的权威；第二，只要法律得到实施，法律中蕴含的自由、民主、平等、公正等价值就可以得到较好地实现；第三，法律是一种普遍性规范，它逻辑一致、表意明确、概念明确，不存在认识或理解上的分歧；第四，以三权分立和司法独立为基础；第五，所有的社会争议和纠纷都应当并且可以通过司法手段解决；第六，司法是一个自洽的封闭过程，审判就如同"自动售货机"一样。③ 西方自由主义法治话语具有一般法治话语的

---

① 喻中：《新中国成立 60 年来中国法治话语之演进》，载《新疆社会科学》2009 年第 5 期。
② 顾培东：《当代中国法治话语体系的构建》，载《法学研究》2012 年第 3 期。
③ 顾培东：《当代中国法治话语体系的构建》，载《法学研究》2012 年第 3 期。

共有内容，也是值得我们学习借鉴的某些因素。但是西方自由主义法治话语所搭载的"普世价值观"和三权分立的政治架构却应当引起我们的高度警惕，以防西方势力借此推行其整体意识形态。

顾培东认为，"近几十年来，在我国法治意识形态领域中影响最大亦最为深刻的西方法治思想文化是自由主义法治理论"①。但实际上，西方自由主义法治理论对中国的法治话语影响是有限度的。因为中国自改革开放以来所开辟的法治道路具有明显的中国特色，它因对社会主义认识的不断深化而不同于经典的社会主义法治理论，也不同于欧美的资本主义法治理论。邓小平在党的十二大开幕词中提出要"走自己的路，建设有中国特色的社会主义"。党的十二大报告也指出党中央一方面系统清理了"无产阶级专政下继续革命"的错误理论，另一方面也提出要批评和制止资产阶级自由倾向。党的十三大系统阐述了社会主义初级阶段的法治理论，提出健全社会主义法制的重要性，否定破坏国家法制和社会安定的"大民主"，抵制照搬西方"三权分立"和多党轮流执政的思想。党的十四大提出了建立社会主义市场体制，明确提出要"抓紧制订与完善保障改革开放、加强宏观经济管理、规范微观经济行为的法律和法规"，将社会主义法治建设的重点转向经济领域。党的十五大提出，社会主义法治国家的建设方略，确定依法治国是党领导人民治理国家的基本方略；党的十六大提出，把坚持党的领导、人民当家做主和依法治国有机统一起来；党的十八大提出"法治是治国理政的基本方式"这一重要命题。党的十八届四中全会又进一步提出了"中国特色社会主义法治道路"这一概念，并确认这一道路是建设社会主义法治国家的唯一的正确选择。可以说，党和政府自改革开放以来对资本主义"西化"中国的企图一直抱有高度警惕，不断探索符合中国国情的法治道路，对欧美国家有益的法治思想的借鉴并不能视为对自由主义法治理论的"隐性趋从"。

二、中国法治话语的现状

改革开放以来，中国的法治建设不断完善。从 1986 年第一个五年普法

---

① 顾培东：《当代中国法治话语体系的构建》，载《法学研究》2012 年第 3 期。

规划开始，中国的普法活动至今已经进行了三十多年，法治观念已经开始深入人心。从治国理政的高度来看，要法治不要人治早已成为全体人民的共识。但是在日常生活中，一些非法治话语仍然存在。《中共中央关于全面推进依法治国若干重大问题的决定》指出："部分社会成员尊法信法守法用法、依法维权意识不强，一些国家工作人员特别是领导干部依法办事观念不强、能力不足，知法犯法、以言代法、以权压法、徇私枉法现象依然存在。"

法治建设是一个渐进的过程，不可能一蹴而就。中国数千年的传统法律文化在现代社会中仍然影响着人们的法治话语。无论是封建专制社会里重礼轻法还是新中国成立后相当长一段时期内对法律的工具性应用，都削弱了法律在人们心目中的权威。中国古代向来有轻讼厌讼的风气。孔子曾说："听讼也，吾犹人也，必也使无讼乎"。中国古代在面临矛盾纠纷时，往往运用风俗习惯进行解决，而并不优先使用正式的法律。在现代社会中尤其是一些农村地区中，曾经有一个时期风俗习惯的影响力甚至大于法律。这些"民间法""习惯法"尽管对维护社会稳定和减少社会纠纷有一定作用，但是有些情况下却消解了法律的权威。长期以来在社会上流传着"衙门八字朝南开，有理无钱莫进来""大盖帽，两头翘，吃了原告吃被告"等话语，加之正式的法律纠纷解决机制成本较高，人们在权利受到侵犯时往往采取"大事化小、小事化了"的态度。这种话语以损害当事人权利为代价来消弭矛盾，有些当事人迫于经济或社会压力接受"私了"方案，这并不符合法治话语中的平等和权利保护精神。如果在一些行政和刑事案件中选择"私了"，对法律权威的影响就更大。

除了这些轻讼厌讼的话语外，当案件进入诉讼程序之后，一些当事人仍然选择"信钱不信法""信权不信法"，托关系或花钱找门路来获得于己有利的判决。一些有钱人、有权人"花钱捞人、花钱买命、提钱出狱"，这些话语在一定范围内流传，不但破坏了司法权威，而且还会诱使一些人用钱、权去干预司法。当一些人的诉求不被法律所保护或正式的法律途径没有发挥效果时，他们就采取"闹"的方式来解决问题。"大闹大解决、小闹小解决、不闹不解决"成了一些人在面临问题时的口头禅。正是在这种非法治话语的影响下，各种各样的"医闹"等现象层出不穷，严重干扰了社会秩序。

　　在纪念现行宪法公布施行30周年大会上，习近平总书记指出："各级领导干部要提高运用法治思维和法治方式深化改革、推动发展、化解矛盾、维护稳定的能力，努力推动形成办事依法、遇事找法、解决问题用法、化解矛盾靠法的良好法治环境，在法治轨道上推动各项工作。"① 长期在中国社会中流传的一些非法治话语不仅影响了一般群众，也影响了一些领导干部。领导干部的言行对普通群众有着模范引导作用，如果领导干部的言行都不符合法治精神，那么要求普通群众尊法守法就难以实现。但是，"一些党员、干部仍然存在人治思想和长官意识，认为依法办事条条框框多、束缚手脚，凡事都要自己说了算，根本不知道有法律存在，大搞以言代法、以权压法"。② 一些领导干部并没有树立起"人民公仆"的意识，没有把自己的权力用来为人民服务，反而把权力当做谋求私利的特权。近年来新闻屡屡曝光一些领导干部在违法现场，比如交通违章被查处时，不仅不配合执法，反而高呼"我是某某领导"等话语来彰显自身的特权地位。这些话语都反映了一些领导干部或公职人员法治意识淡薄。

　　党和国家针对以言代法、以权压法等滥用职权的行为采取了一系列措施，要求"把权力关进制度的笼子里"，"'苍蝇'、'老虎'一起打"，通过建立权力清单和责任清单不断压缩滥用权力的空间。但是一些领导干部面对这种高强度的治权和反腐态势，丧失了应有的担当。"不求有功、但求无过"，"多干多出事、少干少出事、不干不出事"等慵政懒政思想又开始出现。这套不作为的话语明显与法治话语相悖，不符合"有权必有责"的法治精神。"尸位素餐本身就是腐败，不作为的'懒政'也是腐败！"③ 为了使领导干部更好地行使权力，约束自己的言行，国家一方面不断扎紧制度的笼子，党也通过推进"三严三实""两学一做""不忘初心，牢记使命"以及党史学习教育等活动不断提高领导干部的思想觉悟和法治自觉。

　　随着中国改革开放的逐步深入，中国越来越多地参与到国际事务中，在

　　① 《十八大以来重要文献选编（上）》，中央文献出版社2014年版，第92页。
　　② 习近平：《加快建设社会主义法治国家》，载《求是》2015年第1期。
　　③ 《李克强：不作为的"懒政"也是腐败》，新华网：http://news.xinhuanet.com/politics/2014-10/09/c_1112750366.htm，访问时期：2018年8月9日。

国际法治领域也开始发挥作用。中国自鸦片战争之后被迫打开国门，被卷入到资本主义的全球政治经济体系中。对于西方国家来说，清政府的法律体系是野蛮落后的。正如载泽在 1906 年奏请清政府宣布立宪的密折中所说："今日外人之侮我，虽由我国势之弱，亦由我政体之殊，故谓为专制，谓为半开化，而不以同等之国相待。"① 借口保护本国人免受清政府的司法不公正和严酷刑罚，英美等国先后取得了在中国的领事裁判权。清朝海关总税务司赫德的主要助手马士就认为，"中国法律与司法制度的落后是外国人要求领事裁判权的主要原因，而外国人放弃这种司法特权的前提，就是中国法律与司法制度的完善"②。作为一个半殖民地国家，清政府在国际法治话语体系中尚不能维护自身的主权权力，更遑论对国际法治产生影响了。在清政府被推翻后，中华民国虽然建立了资本主义性质的法律体系和司法制度，但是英美等国并不愿放弃它们在中国的司法特权。第一次世界大战后，中国作为战胜国，在巴黎和会上却被鼓吹自由、平等、人权的英美等国出卖，连自己的领土主权都不能维护。中国维护自身合法利益的话语在国际话语体系中被无视，这引起了中国人民的强烈不满，从而引发了以"外争国权、内惩国贼"为主要目的的五四运动。资本主义在自由、法治等话语下对殖民地的剥削和压迫通过巴黎和会暴露无遗。因此，中国先进的知识分子开始抛弃资本主义的法治话语方式，转向探寻并尝试构建中国的马克思主义法治话语体系。

中国共产党成立不久之后就加入共产国际，参与到世界范围内的民族解放运动和无产阶级革命运动的洪流之中。中国共产党在国内不断抨击资本主义法治和国民党政府的反动统治，在国际上与其他殖民地半殖民地的民族解放斗争相互声援，要求打破帝国主义控制下的国际政治经济秩序。但是由于中国共产党的主要任务是实现国内革命，所以并未对国际法治话语有过多关注，影响也极为有限。新中国成立后，党和国家将工作重心从军事斗争转向经济建设，这时营造有利于中国经济发展的和平的国际环境就极为重要。在建国初期，新中国遭到西方资本主义国家的敌视和封锁，从而采取了与苏联结盟的政策。在美苏对抗的背景下，中国在国际法律秩序中的话语主张具有

---

① 《宪政初纲》，商务印书馆 1906 年版，第 5 页。
② 公丕祥：《司法主权与领事裁判权》，载《法律科学（西北政法大学学报）》2012 年第 3 期。

"亲苏反美"的特点。到了 20 世纪 50 年代中期，中国开始采取有别于苏联的外交政策，提出了和平共处五项原则。和平共处五项原则是中国对国际法治秩序作出的重要贡献。中国在和平共处五项原则的指导下与许多周边国家和亚非拉国家建立了友好的外交关系。中国关于国际秩序的话语得到了亚非拉国家的支持和拥护，中国的国际地位进一步强化。1971 年，中国在联合国的一切权利得到恢复。这是中国在国际上发挥法治话语影响力的标志性事件，它为中国在国际上发声并影响国际法治秩序提供了正当性基础。随着中美、中日建立正式外交关系，中国与西方国家的法治话语斗争开始缓和。同时中国基于自身的发展中国家和第三世界国家定位，积极发展与第三世界国家的关系，为谋求适合第三世界国家经济发展的国际政治经济秩序不断发出自己的声音。

　　改革开放以后，中国确定了不结盟原则，坚持独立自主、和平共处的外交方针。冷战结束后，中国为了集中力量发展国内经济，在国际事务上采取了"韬光养晦、决不当头、有所作为"的外交策略。邓小平在 1990 年 12 月强调："我们千万不要当头，这是一个根本国策。这个头我们当不起，自己力量也不够。当了绝无好处，许多主动都失掉了。中国永远站在第三世界一边，中国永远不称霸，中国也永远不当头。"① 1992 年 4 月，邓小平同志曾讲道："我们再韬光养晦地干些年，才能真正形成一个较大的政治力量，中国在国际上发言的分量就会不同。"② 邓小平认识到在国际上要有话语影响力，就必须以雄厚的国家实力做支撑。在没有相应的国家实力做保障前，对既有的国际法治秩序进行改造不仅不会有效果，而且还会受到打击。在"韬光养晦"思想的指导下，对国际法治秩序，除非在涉及国家核心利益的议题上，中国都尽量采取回避态度。中国没有反对而是积极利用既有的国际法治秩序搞对外开放，在世界贸易组织、国际货币基金组织和世界银行的框架下不断从经济全球化中受益。

　　但是全球化的本质是资本主义的全球化，它以新自由主义的市场原则为指导思想，宣扬保护私有财产，反对国家对经济的调控。"纵观欧美历史的

---

　　① 《邓小平文选》第三卷，人民出版社 1993 年版，第 363 页。
　　② 《邓小平年谱（1975—1997）》下卷，中央文献出版社 2004 年版，第 1346 页。

整个过程，法律通常都是被霸权国家或其他强权主体用于论证掠夺的正当性与合法性的。而今天的法律，如世界贸易组织协议、国际货币基金组织和世界银行贷款条件以及种族中心主义的法律其实在本质上皆为一种使得掠夺合法化的法治话语"①。中国的"韬光养晦"虽然极大促进了经济的发展，但是国际社会对中国的法治话语权却不断提出挑战。"长期以来，由于国家利益、意识形态、文化差异等原因，中国的法治话语权受到一些西方国家的压制，西方国家发达的经济实力也使得他们的法治话语权随之强大，国内一部分人形成了盲目崇拜西方法治的心态"②。甚至运用西方的法治标准来衡量中国的法治现状，将中国国内的法治不完善、贪污腐败等现象归结于社会主义法治。在国际经济领域，欧美等资本主义国家也利用世界贸易组织等由它们所制定和控制的规则来打压中国，不断发起反倾销调查并进行各种经济反制，将中国塑造成一个自私的"搭便车者"。在国际政治领域，欧美等国家不断操纵和涉入中国领土争端议题，宣扬所谓的"中国威胁论"。在国际人权领域，西方国家把中国对"藏独""港独""台独""疆独"等分裂势力的合法打击曲解为侵犯民主。就算分裂势力在中国发动恐怖袭击，不少西方国家和媒体第一时间的宣传反应也是中国政府"压制""残害"少数民族，将恐怖分子塑造成"民族独立"和"争取自由"的英雄。

尽管西方国家不断丑化中国的国内和国际法治形象，不断将中国塑造成"规则破坏者"，但是随着国际事务的日益复杂和中国的日益强大，欧美等发达国家在面临国际环境保护、反恐、经济等议题时已无力独立解决，也呼吁中国承担更多的责任。但是根据权责一致的法治原则，承担更多的责任就应当获得更多的权力。现有的许多国际问题都是由欧美等发达国家主导下的国际政治经济秩序造成的。在这种国际政治经济秩序中，欧美等发达国家主导着话语权并从中受益。如果不改革现有的国际政治经济秩序，提升发展中国家的话语权，而只是要求发展中国家承担更多的责任，就明显违反了权责一致的原则。

随着经济实力的提升，中国也开始积极主动承担起解决国际问题的责任，

① 魏磊杰：《全球化时代的法律帝国主义与法治话语霸权》，载《环球法律评论》2013年第5期。
② 倪恒虎：《构建法治话语权要有所为有所不为》，载《人民法治》2015年第1期。

展现了中国的大国风范。习近平主席曾说："中国是联合国安理会常任理事国，这不仅是权力，更是一份沉甸甸的责任。中国有这个担当。中国将继续大力推动和平解决国际争端，支持联合国推进千年发展目标，愿同各方一道努力，共同应对气候变化等问题，为世界和平、人类进步作出更大贡献"①。习近平主席从人类共同发展的高度提出了"人类命运共同体"的概念，开始为人类和平和世界发展提供中国方案，实现了中国外交策略从"韬光养晦"向"大国责任"的转变，越来越多地融入国际事务并发出自己的声音。

在国际货币基金组织的改革中，中国积极为发展中国家争取话语权，推动了国际货币基金组织超过6%的投票权从发达国家转向新兴经济体和发展中国家。中国提出的"一带一路"倡议吸引了100多个国家和国际组织参与进来，为解决当前世界和区域经济面临的问题寻找新的方案。中国发起成立亚洲基础设施投资银行，有效解决了亚洲国家基础设施建设融资问题，促使国际货币基金组织和世界银行进行进一步改革。到2017年6月16日，亚投行的成员总数增至80个。中国通过与其他金砖国家合作，就全球经济治理和国际和平安全达成广泛共识，成为世界力量格局发展变化的重要动因，为提高新兴国家和发展中国家的代表性和发言权，促进世界经济增长提供了新的动力。

一些西方国家和媒体从自身的殖民历史出发，认为中国经济实力和军事实力的发展会走上争夺霸权的道路。在中国与其他国家发生纠纷时，西方国家和媒体总是会渲染中国违反国际法，以强凌弱。在南海争端中，美国以航行自由为借口进入中国岛礁12公里以内，菲越等国不断强化非法侵占岛屿的军事部署，而中国在自己控制岛屿上的建设却被宣传为威胁航行自由，破坏区域稳定。菲律宾在美国的支持下单方面向没有管辖权的仲裁庭提起仲裁，企图以所谓的"国际法治"来正当化其非法侵占行为。中国发布了《关于应菲律宾共和国请求建立的南海仲裁案仲裁庭所作裁决的声明》，揭露了南海仲裁案的程序违法性，在各种场合向国际社会宣传中国立场，赢得了国际社会的广泛支持。菲律宾也在一年后将仲裁裁决搁置。在中印洞朗地区的对峙冲，印度军队非法进入中国领土，严重违反国际法对国家主权的保护。但是印度却宣称洞朗地区是所谓的"争议地区"，是为了帮助弱小的不

①《习近平谈治国理政》，外文出版社2014年版，第250页。

丹来抗衡中国"压力"。印度利用西方国家对中国的敌视，杜撰了一套"中国威胁"的说辞来为自己的行动辩解。中国政府从历史、法理和现实角度说明了洞朗地区属于中国领土，不存在争议。中国在自己领土上从事的建设是合法行为，印军侵入中国领土才是对国际法的严重挑衅。通过中国的密集宣传，没有一个国家公开发表支持印度的言论，印度最终无条件从中国领土撤退。在南海仲裁案和洞朗对峙事件中，中国始终坚持从国际法和证据出发讲事实摆道理，证明并树立了中国是国际法的维护者而非破坏者的形象，表明中国在国际上的法治话语影响力正在逐渐提高。

中国的法治话语在国内已经成为主流，但是从全面推进依法治国、建设法治国家的美好蓝图来看，法治话语的完善和巩固还有提升空间。在国际上，中国的形象虽然正在从搭便车者和规则破坏者向国际法治维护者转变，但是在国际法治话语权总体由西方话语霸权控制的背景下，中国在国际规则制定和议程设置上的话语影响力仍然相对不足，需要较大提升。

第三节　提升中国的法治话语权

党的十八届四中全会提出建设中国特色社会主义法治体系、建设社会主义法治国家的总目标。在全球治理体系正在发生变革之际，中国应当积极参与国际规则体系的制定与完善，实现从"法治大国"向"法治强国"的转变。提升中国在国际上的法治话语权，不仅有利于保护中国自身的合法权利，创造有利于自身发展的国际环境，而且也能为全球法治提供中国智慧。

一、法治话语权的含义

以前，话语作为一种日常生活现象并没有被赋予过多的政治意涵。但随着从话语的表面刺透进隐藏在其下的社会关系，话语的权力属性开始得到广泛关注。话语虽然是由符号构成，但是"话语所做的，不只是使用这些符号以确指事物"①。话语不仅仅是对社会现状的客观描述和记录，"亦存在为

---

① ［法］米歇尔·福柯：《知识考古学》，谢强、马月译，生活·读书·新知三联书店2003年版，第53页。

了话语及用话语而进行的斗争，因而话语乃是必须控制的力量"①。正是由此，话语实现了从话语向话语权的转变。"话语是一种权力关系。它意味着谁有发言权，谁无发言权。一些人得保持沉默（至少某些场合下），或者他们的话语被认为不值得关注。语言系统在情感和思想层面上产生压制；尽管它是一种隐蔽的、表面上无行为人的控制系统，然而它在社会中是一种真实的权力"②。

但"权"这个字在现代汉语中具有多重含义。它既可以是"权利"，也可以是"权力"，也可以是"权重"。中国学界对话语权的理解也包括以上三种含义：权利意义上的话语权意味着言论自由；权力意义上的话语权意味着强制与服从，比如话语霸权；权重意义上的话语权意味着话语影响力的大小。郑杭生认为，学术话语权就是"在学术领域中，说话权利和说话权力的统一，话语资格和话语权威的统一"③。学术话语的权利概念更趋向强调话语主体的话语自由，而学术话语的权力则强调话语主体的话语权威性和影响力。韩庆祥认为，无论国际上的话语权还是国际上的话语权，都是话语体系的在国内和国际上的"影响力、传播力、解释力和主导力"。④

法治话语权是话语权的一个类别，同样也可以从上述三个层面进行理解。权利意义上的法治话语权是指任何人可以自由发表符合法治的言论并且受到保护。言论自由是法治国家的根基和最直观表现。合乎法律的话语不应当受到压制和惩罚。法治话语作为具有积极价值的话语，更应当受到鼓励和支持。中国宪法规定了公民对国家工作人员的违法失职行为有申诉、控告或检举的权利。建设法治国家，不仅要求国家不阻碍公民合法的申诉、控告和检举，更要采取各种措施为公民行使申诉、控告和检举提供便利。

权力意义上的法治话语权则意味着国家应当正确履行维护法治的权力，违反法律的话语应当受到制裁。法治比法律具有更高的价值诉求，所以有些

---

① ［法］米歇尔·福柯：《话语的秩序》，载徐宝强、袁伟选编：《语言与翻译的政治》，中央编译出版社 2001 年版，第 3 页。

② ［英］约翰·斯道雷：《文化理论与通俗文化导论》，杨竹山等译，南京大学出版社 2001 年版，第 10 页。

③ 郑杭生：《学术话语权与中国社会学发展》，载《中国社会科学》2011 年第 2 期。

④ 韩庆祥：《全球化背景下"中国话语体系"建设与"中国话语权"》，载《中共中央党校学报》2014 年第 5 期。

话语尽管违反了法治精神，但没有违背法律的禁止性要求，从而导致形式法治与实质法治的背离。此时，就必须及时修改法律，重塑法的正当性和权威性，彰显法治话语权力的合法性和强制性。对于那些违反法律的话语则必须受到追究和惩罚，否则法律的权威将难以确立，法治也就无法实现。国家对于违反法律的言行决不能姑息放纵。

权重意义上的法治话语权是指法治话语在社会上的影响力大小。通过公民运用法治话语权利对违法言行进行控告，国家运用法治话语权力对违法言行进行惩处，那么违反法律的言行将减少，符合法律的言行将增多。公民积极发表符合法治的言论，国家为此提供必要的便利和支持，法治话语就会真正融入社会和人民生活。

在国际层面，国家作为国际法的主体，同样享有在国际社会上发言的权利。但是在国际上并不存在一个类似于国内最高立法者的机构，也缺少专门的执法机构来强制执行国际法。所以很难说在国际层面有哪个主体享有法律意义上的话语权力来制裁和惩罚其他国家。但是西方国家运用其享有的军事和经济实力推行自身的话语体系，并对不符合其话语体系的国家进行压制和打击，从而形成了事实上的"话语霸权"。这种话语霸权不符合国际法上国家平等原则，并不具有合法性。

有学者从发展权的角度论证了一个国家选择何种法治道路来发展自己属于国家发展权的应有之意。这种自我选择法治道路的权利不仅不能被其他国家所剥夺，而且这种自我选择也有权利进行外在展示，得到自我表达。"在法理上，话语权是一种消极权，也是一种积极权。法治话语权不仅赋予主体自己支配自己的自由权利，还让其享有积极作为以对外界进行干预、调整与控制的能力。"① 从国家发展权这个更高的层次来理解法治话语权，法治话语权就是一种工具性权利，通过不断提高自身法治话语在国际社会上的影响力来实现国家发展目标。

习近平总书记在使用"话语权"一词时，强调统筹推进国内法治和涉外法治，并特别强调在国际层面上使用。2013 年 8 月 19 日，习近平总书记在全国宣传思想工作会议上指出：中国要"加强话语体系建设，着力打造

---

① 汪习根：《论法治中国的科学含义》，载《中国法学》2014 年第 2 期。

融通中外的新概念新范畴新表述，讲好中国故事，传播好中国声音，增强在国际上的话语权"①。2013 年，十八届中央政治局第十二次集体学习时，习近平总书记指出："提高国家文化软实力，要努力提高国际话语权。"② 2015年 10 月 29 日，习近平总书记在党的十八届五中全会第二次全体会议上指出：中国对国际经贸摩擦、争取国际经济话语权的能力还比较弱，运用国际经贸规则的本领也不够强。十八届五中全会公报提及要"积极参与全球经济治理和公共产品供给，提高我国在全球经济治理中的制度性话语权"。

中国在国际上法治话语权的提高，应当从国内和国际两个层面入手。如果国内的法治建设搞不好，那么在国际上提出的法治方案就不会得到其他国家的支持和认同。只有国内的法治建设搞好了，才能为国际社会提供借鉴，这时就需要加大对外宣传，不断提炼、凝聚法治话语，并在言词话语、规则话语、权力话语三大层面释放强大的国际影响力。

二、加强国内法治建设，夯实国内法治话语基础

"事实胜于雄辩"。无论中国在国际上对中国法治做出了多么好的宣传或者对国际法治提出了多么好的建议，如果中国自身的法治建设没有取得良好的效果，没有形成"言行轨于法"的法治风气，那么中国的宣传和建议就不会得到信服，也就遑论影响力了。提升中国法治话语权，首先需要练好内功。中国应当加强法治建设，为提升法治话语权奠定基础。

第一，加强科学立法。良好的法律体系是法治话语昌盛的前提。首先，立法要尽量完备。法律是为了解决社会问题而存在的。只有社会上的问题能够从法律中寻找到解决方案，人们才会有运用法律的动力。如果法律体系不完备，不能有效地解决人们面临的社会问题，那么人们就会转而寻求其他非法律的途径。所以，为了扩大法治话语的适用范围，法律就应当及时回应社会问题，为矛盾纠纷的解决提供法律依据和法律途径。其次，立法要符合民意。立法如果不符合人民群众的利益，再完备的法律体系也有可能会被弃而不用。为了让法律能够真正体现人民群众的利益，就需要不断扩大立法的民

---

① 《习近平关于全面深化改革论述摘编》，中央文献出版社 2014 年版，第 85 页。
② 《习近平谈治国理政》，外文出版社 2014 年版，第 162 页。

主参与，通过公开征求立法建议和立法听证等途径让人民群众广泛参与到立法过程中来。立法符合民意才能得到人民群众的信守，并内化于心、外化于行、溢于言表，做到法治话语与日常话语、官方话语与民间话语的有机统一。最后，立法要兼顾通俗。立法是一个专业性极强的活动。在奴隶社会和封建社会，统治阶级为了垄断法律知识，让立法语言变得晦涩难懂。随着民主法治的确立，立法的语言在专业性的基础上，开始注重法律对公众的可理解性。"精确定义的、明确的术语只有当它们嵌入语言的生活时才能生存并起交往的作用"①。如果法律语言过于专业难懂，那么它在向法治话语转化的过程中就会面临较大的障碍。法治话语要在社会中广泛使用，就应该在立法之时就尽量做到通俗易懂。

第二，提高领导干部运用法治思维和法治方式解决问题的能力。法律通过执法活动实现从文本向生活的融入。如果执法者不能用法治思维解决社会问题，言行不符合法律，那么人民群众也就不可能形成对法律的拥护和认同。只有执法者坚持依法办事，抵制钱权交易，人民群众才会真正相信法律能够维护自己而不是特权者的利益。执法者尤其是领导干部要发挥模范作用，"确立法律红线不能触碰、法律底线不能逾越的观念，不要去行使依法不该由自己行使的权力，也不要去干预依法自己不能干预的事情，更不能以言代法、以权压法、徇私枉法，做到法律面前不为私心所扰、不为人情所困、不为关系所累、不为利益所惑。"② 为此，首先要加强对领导干部的法治教育，建立常态化的领导干部学法制度，使领导干部能够知法懂法用法。其次，要建立领导干部的法治考核制度，把是否依法办事和遵守法律作为政绩考核评价的重要条件。通过法治考核激发领导干部学法的动力。再次，严厉查处领导干部违法法治精神的言行。有些领导干部在公开或不公开场合发表违背社会主义法治的言论，贬低法律，彰显特权；有些领导干部阳奉阴违，嘴上说着遵纪守法、廉洁奉公，背地里却违法乱纪、贪污腐败。这些行为都消解了法律权威，使法治话语沦为表面装饰，因此必须严加惩处。

第三，提高人民对司法的满意度。司法是社会正义的最后一道防线。司

---

① ［德］伽达默尔：《哲学解释学》，夏振平、宋建平译，上海译文出版社 2004 年版，第 88 页。
② 《习近平关于党风廉政建设和反腐败斗争论述摘编》，中央文献出版社、中国方正出版社 2015 年版，第 123 页。

法公正对维护法治话语的社会影响力起着最后的保障作用。只有人民群众能够从司法中感受到公平正义，才会抛弃传统的轻讼、厌讼观念，形成遇事找法、解决问题用法的观念。提高人民对司法的满意度，首先就需要降低诉讼成本。如果诉讼成本过高，会将人民群众阻挡在诉讼程序之外。如果社会矛盾不能通过诉讼等合法途径得到解决，那么就很有可能通过非法途径去宣泄。近年来，国家通过减交、缓交、免交诉讼费等方式降低诉讼成本，解决了一些生活困难的群众的诉讼需求。此外，许多地方试点推行各种法律援助项目，降低当事人聘请律师的成本，为当事人获得廉价优质的诉讼服务提供了便利。2017 年 3 月 30 日，最高人民法院决定在全国 7 个高级人民法院和 7 个中级人民法院开展跨域立案诉讼服务试点工作，当事人可以在试点法院范围内就近或任意选择某个法院办理立案、庭审、执行等多项诉讼事务，不必去异地法院奔波，从而提高了诉讼的便民水平。2017 年 8 月 18 日，全国首家互联网法院"杭州互联网法院"成立。互联网法院的诉讼从起诉、立案、举证、开庭、送达、判决、执行全部在网上完成，当事人打官司更加便捷。这些试点措施仍然需要进一步总结经验，为在全国推行打下基础。其次，要加强裁判文书的说理功能。相当一部分的诉讼案件是由于当事人对法律的理解不同导致的，因此判决书的语言对阐释法律文本有重要作用。判决书不同于法律文本，可以用更加通俗易懂和形象生动的语言来解释专业性的法律术语和法律问题。因此，司法应当发挥从专业的法律语言向通俗的法治话语的转换作用，推动法治话语在社会上的广泛使用。

第四，创新法治宣传形式。到目前为止，中国已经进行到了第八个五年普法规划实施阶段。党的十八届四中全会决定将法治教育纳入国民教育体系，这对推动法治话语的传播和使用有重大意义。根据这一要求，学校要在中小学设立法治知识课程，要编写适合中小学生阅读和理解的法治教育教材和读本，让公民从小就养成熟悉和使用法治语言的习惯。法治宣传应当以满足群众不断增长的法治需求为出发点和落脚点。在以前，部分普法流于形式，通过发放普法资料、悬挂宣传横幅等方式去普法，而不关注人民群众真正的普法需求。有些机构从自身的执法权威出发，主要宣传公民应当遵守哪些法律，违反之后会有什么后果，而不去宣传公民享有的权利。这种"重义务、轻权利"的普法具有浓厚的官本位色彩，难以引起人民群众的真正共鸣，效果也不好。法治宣传教育应当以群众喜闻乐见、易于接受的方式进行。普法的话语方式应当作出适当调整，从"一味注重政治宣传的话语言说方式转向注重政治、学理、大众相统一的话语言说方式，由疏离人的心灵的话语言说方式转向具有人性化的话语言说方式，由一味注重宏大叙事的话语言说方式转向也注重具体且可感知的话语言说方式，由'权力傲慢'的生硬式的话语言说方式转向注重平等对话交流式的话语言说方式"。①

三、扩大国际事务参与度，提高国际法治话语权

国内法治建设和国际法治话语权之间相互关联，但是却遵循不同的发展进路。法治话语在国内被人民广泛信奉和使用并不必然意味着国家在国际法治中就占据话语优势。在国内，法治话语需要克服的是非法治话语的影响。在国际上，法治话语权则意味着不同类型法治话语之间的竞争。中国目前在国际法治领域的话语权相对弱小，不仅自身的国内法治成就未得到充分展示，而且也未能在国际规则制定中发挥与自身实力相匹配的作用。中国提升在国际上的法治话语权涉及"法治中国的世界表达"与"国际法治的中国表达"两个方面，前者涉及"中国将一个崇尚法治、践行法治的形象展示和传递给全世界"，后者则"重在展示中国对于国际法治的态度和行动"②。"国际法治是国家之间彼此妥协而构建的体系，及各个国家持续体验和不断改造着的环境"③。要在这种互动性而非单向度的国际法治中发挥影响力，就应当以合作的态度参与国际法治实践。

（一）加强国际合作，抵制话语霸权

国际合作是一种国际范围内的政策协调行为，该行为的扩展需要从行为主体，行为对象，行为方式三个方面出发。首先，随着全球化程度的不断加深，参与全球治理的主体趋向多元化。二战后，世界政治经济秩序以战胜国的利益为中心建立，主要战胜国取得了强大的国际地位和经济优势，在战后秩序的建立中占有绝对的话语权。随后世界格局呈现美苏两大阵营对峙的局

---

① 韩庆祥：《全球化背景下"中国话语体系"建设与"中国话语权"》，载《中共中央党校学报》2014年第5期。

② 何志鹏：《国际法治的中国表达》，载《中国社会科学》2015年第10期。

③ 何志鹏：《国际法治的中国表达》，载《中国社会科学》2015年第10期。

面，两极格局不久就被打破，苏联解体，美国开始主导国际秩序，以美国为代表的资本主义经济模式和价值观念开始向世界范围渗透。但是进入 21 世纪以来，资本主义经济模式的弊端不断涌现，日本、东亚相继出现金融危机，美国的次贷危机更是激化了此类矛盾，全球经济不可避免地走向衰退。此种情况的出现也为新兴经济体的发展创造了机会，当单一主体被迫静默，多元发展便成为了趋势。G20 国际领导人峰会正扮演着比 G8 峰会更重要的角色，东盟 10+3 领导人峰会逐渐弱化了亚太经合组织的功能，金砖领导人会晤吸引了全球的眼球，世界经济格局的变迁在悄然发生。新兴经济体已成为世界经济稳定发展的新来源，发展中国家在全球经济发展中的作用已不可忽视，并逐渐掌握了一定的话语权，未来也将展示出更加强劲的潜力。与此同时，我们也关注到发展中国家在全球经济发展中的局限性，想要具有持续不断的发展动力，需进一步扩大行为主体的范围，特别是要提高欠发达地区的话语能力。亚非拉地区国家是我国"一带一路"区域经济合作政策的重要关注区域，我们在全球经济格局重构中贡献出中国智慧，积极推进多边合作机制，实施新的开放政策，谋求欠发达地区能为未来世界的发展提供源源不断的动力。

其次，随着区域性合作组织的发展，特别是发展中国家的经济组织的建立，多数国家越来越意识到扩展国际合作的交流面是抵制话语霸权的根本途径。从经济层面看，国际合作是为了生产要素的跨区域流动，生产要素的时代变迁就是所谓的国际经济合作行为的对象的变化。过去很长的一段时间里，生产要素的优化配置在各个国家或地区范围内进行，内容也主要体现在基本的生产和生活所需，随着互联网的飞速发展，全球资源配置进入新的阶段，跨区域的基本生产和生活产品流动已经成为快捷且普遍的现象，国际间的经济合作更加关注智力类要素和互联网及大数据要素的流动。从政治层面看，多个一体化组织的建立，促进了政治的交流。例如中非合作论坛的建立，针对中非国际和平与安全问题，中国提出了建设性的安排，帮助非洲实现可持续发展。从文化层面看，丰富多彩的中国文化走向世界，不仅提升了中国语言文化在国际上的影响力，还促进了多元文化的交流。发展中国家通过传播传统文化理念，抵制国际文化霸权，以文化为新的话语方式，增强弱势文化的吸引力，促进全球多元化合作进程。

最后，从国际组织到领导人峰会、全球智库的建立，从传统的官方会议到多种形式的民间交流活动，国际合作不断出现新的行为模式。全球金融危机后，发达国家在不断地寻找与发展中国家的新的对话机制，以促进国际经济合作。金砖国家领导人会晤引起了国际社会高度关注，中方举办了新兴市场国家与发展中国家对话会，向全球发出合作的声音。在全球智库峰会上，与会专家们一致认同当前世界经济的重心在亚太地区，更具体地说是在亚洲，在全球经济发展中亚洲逐渐增大主动权。经济的主动权是抵制话语霸权的基础，在经济发展的过程中完善制度建设，才能真正具有话语能力。

综上，在保护主义、单边主义和霸权主义的严重威胁下，中国在国际上的法治话语权仍然相对弱小。在话语霸权的压力之下，要寻找合作伙伴，加强与发展中国家的合作。中国与发展中国家都是西方话语霸权的受害者，而且在发展中面临的问题具有相似性。在发展中国家法治话语权弱小的情况下，应该加强相互联合，求同存异。此外，还应加强区域合作，在区域中占领法治话语权高地。建立以中国为主导的区域性国际组织，渐次提高中国法治话语权的影响力，比如上海合作组织、金砖国家集团等。

（二）参与国际法治实践，熟悉国际规则

西方国家一直主导着国际制度安排，特别是区域性机构多数由西方发达国家操控。这其中美国拥有着绝对的优势，虽然在 IMF 中欧洲国家的投票权相较美国大，但是毕竟是分散在各个国家手中，并没有形成合力，或者说美国的优势更集中，对国际经济秩序更具有实际操纵的可能。虽然我国占有联合国安理会常任理事国、世贸组织成员等资源，但是在西方的规则体系下，很难发挥实际的效用。据此，应当以国际法律规则为重心，着力增强国际法治实践能力。

1. 增加中国元素于国际法治话语建设

"国际话语权是指通过话语传播影响舆论，塑造国家形象和主导国际事务的能力"。[①] 中国通过推进全球金融治理改革，发挥自身优势倡导建立新型国际金融机构，提高新兴经济体在当前国际经济秩序中的话语权，试图通过建立新的国际金融发展模式，使发展中国家的货币金融体系与世界接轨，增

---

① 张国祚：《中文化软实力报告研究》，社会科学文献出版社 2011 年版，第 164 页。

强中国及广大发展中国家在 IMF 中的发言权，推动区域性货币组织的发展。①

中国国际法学话语体系的构建，在不影响国际法和国内法的"相对独立和权威性的前提下，力求在中国立法、行政和司法领域的中国国际法学话语体系的构建与国际法学的一般话语体系相一致"②。"中国国际法学话语体系的当代构建必须准确、充分反映国际法的核心价值、各国共同关切的重大议题和全人类的共同利益"③，如和平共处、平等互利、民主、人权、法治、反恐、气候、跨国犯罪、外太空利用等，做负责任的政治大国。"一个国家的国际法学话语体系的当代构建，在科学地体现当代国际法所致力的国家间共同利益和全人类共同利益的同时，必然要符合本国利益尤其是本国核心利益的需要，否则国际法学的话语体系就失去了国别特色"④。

2. 转型规则建构模式，符合国际标准

西方国家以武力和资本为后盾在世界范围内扩张，在国际话语上逐渐取得垄断地位，强迫其他国家加入所谓的"自由与民主"的话语体系。中国的日益强大为提高话语权奠定了基础，但是在日益激烈的国际竞争中，中国过去一直奉行韬光养晦的策略，除了涉及中国核心利益的问题，在其他国际问题上发声较少。对很多国际组织的游戏规则不够了解，更谈不上参与制定。在国际人权准则和人道主义干预、气候变化、汇率争端、金融体系改革等领域，都面临着话语权的竞争。中国要更好地维护自身权利，创造有利于自身发展的国际环境，充分掌握国际规则、运用国际规则、参与优化与创制国际规则。

3. 提升中国在国际法治议题上的设置能力

习近平总书记建设性地提出人类命运共同体的理念，这意味着各国应当互相尊重、和而不同、共同繁荣、共同进步，公平公正的参与、处理国际事务成为未来世界多极化发展的总趋势。2017 年 2 月 10 日，构建人类命运共同体的新型理念写入联合国决议，次月载入安理会决议、联合国人权理事会

① 盛斌、黎峰：《"一带一路"倡议的国际政治经济分析》，载《南开学报（哲学社会科学版）》2016 年第 1 期。

② 曾令良：《中国国际法学话语体系的当代构建》，载《中国社会科学》2011 年第 2 期。

③ 曾令良：《中国国际法学话语体系的当代构建》，载《中国社会科学》2011 年第 2 期。

④ 曾令良：《中国国际法学话语体系的当代构建》，载《中国社会科学》2011 年第 2 期。

决议，为全球法治注入中国元素和中国智慧。中国在国际社会的发声得到了广泛的认同，包容的全球法治思想已成为国际关系的重要拐点，为亚非拉欠发达地区法治思想的融入带来了新的契机和可能。

国际法治话语的建立，需要有正确的路径指导。我们建议"立足现实、开发传统、借鉴国外、创造特色"①。即提升具有自身特色的话语能力，夯实法治话语的理论自觉度，改变过去长期对欧美国家法治思维的崇拜，拒绝照抄照搬西方的法治观念和法治概念，树立中国的法治理念自信，建立符合中国现实的国际法治话语体系，积极在国际会议、国际组织中发声，帮助和引导发展中国家推进法治建设，在"一带一路"经济带发展过程中，注入中国法治理念，尊重合作地区和国家的法治特色成果，寻求各地区和国家的共治共享。

国际法治多极化发展，是地方性价值与共同价值平衡的结果。发挥我国的地方性价值，特别是近些年来在经济发展领域的新理念，进而影响国际文化理念、国际政治理念的发展，是寻求价值平衡的正确道路。应当从全人类发展的角度出发，主动承担与权利相适应的义务，贡献有益的公共产品包括法治公共产品。

（三）找准新兴领域，在热点问题上发声

后金融危机时代，世界经济的增长点集中在新兴经济领域，新兴领域的发展又集中在技术创新和模式创新上。要在国际社会发出强有力的声音就应当找准领域和方向。全球互联网科技迅猛发展，各个经济体都始料未及，特别是中国在互联网和智能技术中的表现更是引得世界的瞩目。与此同时，帮助和支持广大发展中国家和亚非拉等欠发达地区的互联网和智能技术发展。目前，我国正在实施"互联网+"行动计划，推动"数字中国"建设，向各个地区分享发展经验，帮助欠发达地区信息基础设施的建设，利用"一带一路"，拓宽沿线国家的固网和移动互联网的平均带宽，打造实现全球的互联互通。再者，国际金融体系的动荡为金砖国家在全球治理中发挥作用提供了机会，中国积极推进金砖开发银行的建立，向世界展现出中国金融的力量，以国际金融发展为契机，发出中国的政治声音，引领新兴经济体参与建

---

① 郑杭生：《学术话语权与中国社会学发展》，载《中国社会科学》2011 年第 2 期。

构安全、稳定、创新的全球金融秩序，并逐渐掌握新秩序的规则制定权，贡献更多中国智慧和力量。

2030 可持续发展议程的发布倒逼中国加快产业的转型，为环保产业的发展带来新的契机。现今，我国面临着巨大的资源短缺、环境污染问题，区域合作"绿色化"已经成为区域经济发展的重要理念。习近平总书记"保护生态环境就是保护生产力、改善生态环境就是发展生产力的理念"逐渐深入人心。中国坚持贯行绿色发展理念受到国际社会的认可，绿色发展理念已经是中国生态文明建设的标志性成果，助推中国可持续发展建设迈向新的阶段。国际可再生能源署总干事阿丹·阿明也借用习近平总书记的话，认为"可再生能源也是金山银山"，中国对可再生能源的发展和全球能源转型作出重要贡献，同时中国在"一带一路"建设框架内对可再生能源的投资会改变地区能源不足的现状。法治话语权构建的当务之急不仅在于加快促进上述新兴领域的技术发展，更在于不失时机地加快构建国际通用的标准、规则，并尽可能上升到国际软法乃至硬法的高度，牢牢把握规则制定权。

（四）加强国际宣传，促进相互了解

中国式理论话语或科学话语形成之后，需要一个国际推广和普及的过程，通过这一过程才能形成该话语的国际影响力和社会共识。中国话语需彰显自身特色，用国际能动的方式进行宣传。首先，通过在国际组织的实际行动，注重宣传话语方式、国际交流规则，尊重各国的风俗习惯，深入了解各国的民俗特色后再制订详细的宣传计划。其次，注意宣传过程中的姿态，严格区分"主体性"与"主体间性"的不同，避免在国际宣传当中使用强行灌输、被迫接受的"主体性"方式，应当通过"主体间性"的方式以公平的姿态尊重每一个参与主体，通过平等交流、深入理解获得解决问题的方法，最终获得一致的行动方式和目标。如果我们在国际交流和宣传中运用"主体性"的方式，就会同西方发达国家的对外话语霸权方式无异，我们抵制话语霸权，必然要避免使用话语不当带来的自我形象毁损。[1] 再次，我们应注意在国际宣传中积极话语的运用，避免任何引起歧义的话语方式。国际

---

① 杨生平：《话语理论与中国特色社会主义话语体系构建》，载《中国特色社会主义研究》2015 年第 6 期。

话语的推广是一个十分繁杂的过程，若方法不当，不仅达不到初衷，反而会增加不良的社会影响，在国际社会产生负面形象。话语的宣传过程应当引经据典，讲好中国故事，彰显中国文化，以强大的中国式吸引力为主要方式，不强制、逼迫任何组织和个人作出非自愿的选择。最后，话语的建设是一个长期的过程，不能急功近利，急于求成，要有打持久战的准备，坚决不能以牺牲当前利益为手段，达到话语植入的目的。这样的国际话语体系建构方式必然会在未来崩塌，失去中国的大国形象与地位。

第七篇

实践构建篇

第　一　章

法治道路的实践模式

中国特色社会主义法治道路的实践模式可以概括为包容型法治实施模式。包容型法治实施模式是从中国实际出发，立足于中国法治建设实践，并在比较和吸收外国法律实施模式、中华法系的混合法法律实施模式，以及当代理念型法治实施模式和规范型法治实施模式的基础上构建的符合中国国情的法治实施模式。

第一节　传统法律实施模式的回顾与反思

不同国家和地区因生产方式和生活方式的差异，所形成的法律体系不同，经过长期的积累和发展，形成不同的法律传统、法律思维和法律方式。因法律文化上的相近或相似，从比较法角度大致可以分为英美法系、大陆法系、中华法系和伊斯兰法系。不同法系的法律实施路径不同，形成具有显著特征的法律实施模式，这些模式反过来又会影响法律实施的有效性。

英美法系国家以判例法为中心、大陆法系国家以制定法为中心、中华法系以制定法和判例法相结合的混合法为中心。判例法与制定法的法律实施模式具有显著差异。[①] 上述模式讨论的法律实施模式指的是司法适用模式。

---

① 冉昊：《两大法系法律实施系统比较——财产法律的视角》，载《中国社会科学》2006 年第 1 期。

由于司法适用的模式具有典范性，是法律实施模式成熟的重要标志。中华法系以律、令、格、式、典、敕等制定法样式为主，辅之以比附援引的判例法样式，将制定法与判例法结合起来，形成了既不同于判例法传统，也不同于制定法传统的混合法法律实施模式。自秦汉至清末，中华法系的混合法法律实施模式始终没有发生根本性改变，对我国法律实施产生了深远影响。

一、判例法模式

判例法模式是以法官造法为显著特征的法律实施模式。这种模式与英美法系国家的法律传统、法律思维和法律方法密不可分。

（一）判例法模式的构成

判例法模式是在长期的法律实践过程中以自我进化为主要方式的一种法律实施模式。由于这种法律实施模式与罗马法之间有着错综复杂的关系，长期以来并没有在理论上进行系统化提炼。19 世纪末 20 世纪初，在霍姆斯、卡多佐和庞德等美国法学家的努力下，判例法模式才建立起自己的理论化体系。判例法理论体系是由关系范畴、经验主义、实质主义、遵循先例和法官造法等核心概念构成的法律实施解释体系。在判例法模式的构成要素中，我们重点探讨关系范畴、经验主义和实质主义的内容。遵循先例和法官造法的内容将放到判例法模式的运行中进行讨论。

无论是大陆法系、英美法系，还是中华法系，严格法最早的形式都是判例法。大陆法系国家最早的严格法也是判例法。但随着判例的增多，人们——特别是法学家对判例进行理论化提炼，从而形成了制定法。沃森认为，法典化之前的大陆法系是判例法。[①] 中国古代最早的法律样式也是判例法。但自春秋战国至清末，中国都是以制定法为主，以判例法为补充的混合法国家。[②]

① ［美］艾伦·沃森：《民法法系的演变及形式》，李静冰、姚新华译，中国政法大学出版社 1992 年版，第 55 页。
② ［美］小奥利弗·温德尔·霍姆斯：《普通法》，冉昊、姚中秋译，中国政法大学出版社 2006 年版，第 31—32 页。

为何同受罗马法影响①的大陆法系国家和英美法系国家最终发展出了不同风格的法律样式和不同特征的法律实施模式? 除了特定的社会生活条件以外,我们还需要从法律思维方式方面作出说明。

判例法模式最基本的范畴是关系,即有关当事人的相互关系。② 而关系的观念源于日耳曼制度的独特性。③ 大陆法系国家继承了罗马的法律行为观念,与大陆法系传统不同,④ 英美法系国家从日耳曼人那里继承了关系观念,从罗马法那里继承了个人主义观念。⑤ 大陆法系国家突出法律行为的中心地位,追求法律的客观秩序,英美法系国家突出主体之间的相互关系,追求通过法律界分的主体之间的权利和义务关系。⑥ 这种模式在农耕时代具有适应性,在资本主义早期以个体为经营主体的社会也具有适应性,但当人与人联合起来从事经营活动或者社会政治活动时,阶级、集团等人的组织就必须获得不低于个体的法律地位,⑦ 因而必须进行法律改革。实际上,从 19世纪后期开始,承认法人和社会组织的法律地位便是英美法系国家法律改革的方向。

西方哲学按照方法论可以分为经验主义和理性主义。英美法系国家信奉经验主义的方法论,他们不相信包罗万象的社会事实都可以转化为法律规范,也就是说,他们对形式理性主义缺乏信念。但直到霍姆斯之前,英美法

---

① 霍姆斯认为英美法系有两个源头,一个是罗马法,一个是日耳曼法。([美] 小奥利弗·温德尔·霍姆斯:《普通法》,冉昊、姚中秋译,中国政法大学出版社 2006 年版,第 30 页) 这与庞德的研究是一致的。([美] 罗斯科·庞德:《普通法的精神》,唐前宏、廖湘文、高雪原译,法律出版社 2001 年版,第 14 页)

② [美] 罗斯科·庞德:《普通法的精神》,唐前宏、廖湘文、高雪原译,法律出版社 2001 年版,第 15 页。

③ [美] 罗斯科·庞德:《普通法的精神》,唐前宏、廖湘文、高雪原译,法律出版社 2001 年版,第 18 页。

④ [美] 罗斯科·庞德:《普通法的精神》,唐前宏、廖湘文、高雪原译,法律出版社 2001 年版,第 14 页。

⑤ [美] 罗斯科·庞德:《普通法的精神》,唐前宏、廖湘文、高雪原译,法律出版社 2001 年版,第 13 页。

⑥ [美] 罗斯科·庞德:《普通法的精神》,唐前宏、廖湘文、高雪原译,法律出版社 2001 年版,第 21 页。

⑦ [美] 罗斯科·庞德:《普通法的精神》,唐前宏、廖湘文、高雪原译,法律出版社 2001 年版,第 21 页。

系国家对自己的经验主义取向仍然是无意识的。① 霍姆斯运用实用主义哲学对英美法系国家的经验主义取向进行了系统的理论研究。他认为："法律的生命不是逻辑，而是经验。"② 通过法律实施活动将不断发展着的社会事实纳入法律框架正是英美法系国家法律发展的根本途径。

自柏拉图提出法治观念以来，西方就有柏拉图的实质主义法治和亚里士多德的形式主义法治之分，这两种区分方式源于柏拉图的理念论和亚里士多德的形式与质料范畴。柏拉图考察理念与摹本之间的关系，认为理念是不变的真理，摹本是流变的现实，所有的摹本都是理念的存在方式，不变与流变是世界的存在方式。③ 亚里士多德则认为，形式是对质料的抽象，所有的质料都可以抽象为一种形式。④ 在柏拉图的哲学观念中，寻找摹本与理念之间的关系就是法律的任务。而在亚里士多德的哲学观念中，从质料中抽象出形式是法律的任务。两种不同的思维方式发展出了经验主义和理性主义两个哲学分支，也催生了对法律的形式和内容不同角度的思考。霍姆斯认为，法律实施不应该为了三段论的逻辑而牺牲掉解决实际问题的智慧，法律发展必须适应时代的需要逐渐获得新的内容，并最终获得新的形式。⑤ 将社会发展的新内容不断通过法律实施纳入到法律的规则体系之中，并不断充实法律的规则体系，正是英美法系所遵循的实质主义法律发展路径。

（二）判例法模式的运行

判例法的运行方式有四种：第一种是宪法和法律有明确规定时适用宪法和法律的规定，这种运行方式与制定法模式没有差异。第二种是宪法和法律规定不明确时，需要遵循先例进行法律解释获得规则。第三种是宪法和法律没有规定，但案件与先例相近或相似，按照类似问题类似处理原则遵循先例

---

① ［美］小奥利弗·温德尔·霍姆斯：《普通法》，冉昊、姚中秋译，中国政法大学出版社 2006 年版，第 31—32 页。
② ［美］小奥利弗·温德尔·霍姆斯：《普通法》，冉昊、姚中秋译，中国政法大学出版社 2006 年版，第 1 页。
③ ［美］乔治·萨拜因：《政治学说史》上卷，［美］托马斯·索尔森修订，邓正来译，上海人民出版社 2010 年版，第 99—100 页。
④ ［英］罗素：《西方哲学史》上册，何兆武，李约瑟译，商务印书馆 2011 年版，第 210—211 页。
⑤ ［美］小奥利弗·温德尔·霍姆斯：《普通法》，冉昊、姚中秋译，中国政法大学出版社 2006 年版，第 32 页。

进行审判。第四种是既无宪法和法律规定，也无先例可以遵循，通过"法官造法"方式审理案件。

判例法并不排斥宪法和制定法，相反，宪法和制定法具有法源上的优先性。只有在宪法和制定法的规定不明确需要解释，或者宪法和制定法没有规定时，法官才需要从普通法中寻找适合案件的规则。[1] 法官对于宪法和制定法规定的不明确之处予以明确，属于法律解释活动，所以，法律在本质上是一种解释体系。在宪法和法律没有规定时，从普通法中寻找适合的规则被称之为"法官造法"。

在宪法和法律解释方面，成文法和判例法的解释原理不同。成文法根据法律规范进行形式逻辑推理，而判例法致力于从经验中提炼出具体规则。[2] 制定法的司法解释依赖于逻辑，而判例法的法律解释依赖于经验。判例法的法律解释所依赖的经验实际上是隐藏在先例背后的司法概念和社会条件。[3] 由于法律是一种普遍的规范体系，始终存在不确定的法律概念，因此，大量的法律规范需要法官在审判过程中予以解释，这与制定法系国家主要依赖于立法机关的解释和法官的自由裁量权存在很大差别。在庞德看来，依赖于立法解释具有武断的性质，会脱离生活的实际，[4] 不利于法律自身的进化。

在宪法和法律没有规定的情形下，制定法国家通常会驳回诉讼请求，或者通过非司法方式解决纠纷。但在判例法国家，法官会遵循先例判案，或者通过"法官造法"方式审判案件。[5] 如果并无与案件相似或相近的先例，法官既要为本案件制作法律，也要为其他人制作法律，[6] 这些制作的法律成为后面法官判案的先例。但先例并不是不可挑战的终极性权威，也不是不能逾越的真理，而是一种试验性材料。[7] 当这些先例经过反复试验被证明反映了社会生活时，才会被提炼为普遍性的规范，成为制定法。

---

① ［美］本杰明·卡多佐：《司法过程的性质》，苏力译，商务印书馆1998年版，第7页。
② ［美］罗斯科·庞德：《普通法的精神》，唐前宏、廖湘文、高雪原译，法律出版社2001年版，第128页。
③ ［美］本杰明·卡多佐：《司法过程的性质》，苏力译，商务印书馆1998年版，第8页。
④ ［美］罗斯科·庞德：《普通法的精神》，唐前宏、廖湘文、高雪原译，法律出版社2001年版，第128页。
⑤ ［美］本杰明·卡多佐：《司法过程的性质》，苏力译，商务印书馆1998年版，第8页。
⑥ ［美］本杰明·卡多佐：《司法过程的性质》，苏力译，商务印书馆1998年版，第9页。
⑦ ［美］本杰明·卡多佐：《司法过程的性质》，苏力译，商务印书馆1998年版，第10页。

判例法的运行与社会生活之间保持着一种动态的关系，显示出巨大的进化力。① 在判例法看来，不存在一个现行假设的正义性存在，而只有个案中双方都能接受的正义性标准。

（三）判例法模式的反思

判例法是以法官为中心的法律体系，撇开法官受政治力量对比关系的影响和法官腐败这些外在因素不谈，判例法的健康运行依赖于法官的司法智慧和对案件情境的把握能力。

对于当事人而言，可估量性和稳定性是其正当预期。一般情况下，制定法在可估量性和稳定性方面优越于判例法。法官的司法智慧可以通过职业训练和职业经历去弥补，但对案件情景的把握则是判例法始终不得不面对的难题。卢埃林认为，判例法的本质就是从特定案件情境中抽象出一般性的结论。② 他认为，解决案件情景与"法律"之间的冲突，既不能求助于形式理性或社会学粗浅结论的宏大推理，也不能求助于法官个人的直觉感受，而必须将与案件情景交织在一起的生活事实进行类型化，并从类型中发现解决案件的规则。③ 这种方法源于亚里士多德关于形式与质料的划分。形式与质料是"这类"与"这个"的关系，为了找到解决"这个"的方法，必须在"这类"中去寻找。因为"这个"是一个孤立的事物，本身没有可公度的规则存在，只有在"这个"与"这个"的关系中类型化提炼出"这类"中才存在可公度的规则。将从"这类"中提炼出来的规则应用于解决"这个"案件，既是可能的，也是公平的。但将法律所追求的公平正义仅仅交给法官，既需要法官卓越的法律智慧，也需要全社会对法官的尊重。这在有悠久法治传统的国家容易做到，而在法治不发达的国家则难以做到。

二、制定法模式

制定法模式是以制定法的适用为显著特征的法律实施模式。这种模式与

---

① ［美］罗斯科·庞德：《普通法的精神》，唐前宏、廖湘文、高雪原译，法律出版社2001年版，第128页。

② ［美］卡尔·N. 卢埃林：《普通法传统》，陈绪刚、史大晓、全宗景译，中国政法大学出版社2002年版，第5页。

③ ［美］卡尔·N. 卢埃林：《普通法传统》，陈绪刚、史大晓、全宗景译，中国政法大学出版社2002年版，第516—520页。

大陆法系国家的法律传统、法律思维和法律方法密不可分。

（一）制定法模式的构成

制定法模式由客观法和主观法两部分构成。人们将具体的现行法律规范称之为客观意义上的法，而将具有内在逻辑联系的客观法律规范称之为法律制度，法律制度通过国家机关的权力保证其被遵循就成为有效的客观法。[①]法律主体按照客观法所保护的利益请求国家保护其合法权益被称之为主观法。[②]制定法模式的重心在客观法方面，主要指立法。其实施是客观法的执行、适用或遵守。

制定法模式是以逻辑性形式理性为基础构建的法律制度体系。[③]制定法模式的这种特征与其法律发展史和法学家的作用密不可分，也与法律理念观、法律秩序观和法律关系等范畴密不可分。

从制定法的逻辑结构角度分析，制定法是按照法律理念、法律秩序和法律关系的逻辑顺序构建起来的法律制度体系。

法律理念是制定法的基础，它源于柏拉图的理念论，并在黑格尔的法哲学中得到系统阐述。[④]基于理念真理观的推演，黑格尔认为："法的基地一般来说是精神的东西，它的确定的地位和出发点是意志。"[⑤]按照考夫曼的定义，法律理念是法律的最高价值。[⑥]因此，法律理念有主客观两个方面的内容。[⑦]法律理念并不是纯粹的意志活动，而是人的意识对客观事物的反映。法律理念与正义具有等值性。[⑧]一般说来，现代法律理念包括平等、法律目的和法律的安定性三个方面的内容。[⑨]平等反映了法律的人本前提，法律目的反映了社会正义的要求，法律的安定性反映了法律自身的持续性。

---

① ［德］魏德士：《法理学》，丁晓春译，法律出版社 2005 年版，第 32 页。

② ［德］魏德士：《法理学》，丁晓春译，法律出版社 2005 年版，第 33 页。

③ 转引自［美］艾伦·沃森：《民法法系的演变及形式》，李静冰、姚新华译，中国政法大学出版社 1992 年版，第 32 页。

④ ［德］黑格尔：《小逻辑》，贺麟译，商务印书馆 1980 年版，第 397—398 页。

⑤ ［德］黑格尔：《法哲学原理》，范扬、张启泰译，商务印书馆 1961 年版，第 10 页。

⑥ ［德］考夫曼：《法律哲学》，刘幸义等译，法律出版社 2004 年版，第 228 页。

⑦ 《马克思恩格斯选集》第 3 卷，人民出版社 2012 年版，第 260—261 页。

⑧ ［德］G. 拉德布鲁赫：《法哲学》，王朴译，法律出版社 2005 年版，第 32 页。

⑨ ［德］考夫曼：《法律哲学》，刘幸义等译，法律出版社 2004 年版，第 231 页。

　　法律理念是通过法律概念进行表达的。① 通过概念化方式反映法律理念是制定法最基本的法律思维方式。法律秩序是由法律规范构成的、内外和谐的法律体系。② 如果说法律理念反映了制定法的实质合理性的内容，那么，法律秩序则主要反映的是制定法的形式合理性的内容。从法律秩序角度考察，制定法是一个以法律概念为中心的逻辑体系和解释体系。

　　法律关系是通过法律规范调整的社会规范。法律理念和法律秩序是从宏观角度对制定法进行的分析，法律关系是从微观角度对制定法进行的分析。法律关系主要由两类法律规范构成：一类是法律规范规定的权利义务关系，另一类是法律规范规定的法律行为模式。考夫曼认为，制定法传统最核心的法律关系是法律权利，即由法律保护的利益。根据调整对象和调整方式的不同，可以分为公法法律关系、私法法律关系和社会法法律关系，与此相对应的核心法律关系是公法上的权利、私法上的权利和社会法上的权利。③ 庞德则认为，"关系"观念是英美法的核心法律关系，法律行为则是罗马法的核心法律关系。④ 法律行为是旨在产生特定法律效果的意思表示，且法律秩序通过认可该意思来判断意思表示旨在进行的法律形成在法律世界中的实现。⑤ 实际上，权利义务关系是从客观法角度进行的规定，法律行为模式是从主观法角度进行的规定。法律行为是权利义务关系最基本的实现方式。

（二）制定法模式的运行

　　制定法法律实施模式可以从法律实施传统、法律实施体系、法律实施方式和法律实施方法等方面进行分析。

　　从法律实施传统角度分析，制定法法律实施模式是从判例法方式演化过来的法律实施模式。判例法是所有法律发展过程中都出现过的法律实施模式。但非法典化之前大陆法国家的判例法模式与英美法国家的判例法模式不同。其主要特征是：第一，案件事实的记述没有英美法那样详细，细节问题

① ［德］弗里德里希·卡尔·冯·萨维尼：《论立法与法学的当代使命》，许章润译，中国法制出版社2001年版，第9—10页。
② ［德］魏德士：《法理学》丁晓春、吴越译，法律出版社2005年版，第65页。
③ ［德］考夫曼：《法律哲学》，刘幸义等译，法律出版社2004年版，第158—160页。
④ ［美］罗斯科·庞德：《普通法的精神》，唐前宏等译，法律出版社2001年版，第14—15页。
⑤ ［德］维尔纳·弗卢梅：《法律行为论》，迟颖译，法律出版社2013年版，第26页。

被认为没有法律意义。第二，判决主要是对法学原理和其他判例深思熟虑所得出的结论，目的在于抽象出一套法学理论体系、形成一套系统的法律框架。第三，记录者的主要目的在于通过记述阐明法律原则和法律规范。[①] 制定法之前判例法实施的形式理性化方式对制定法法律实施模式产生了深远影响。

从法律实施体系角度分析，现代制定法法律实施模式是建立在权力分立理论和法权理论基础上的法律实施模式。法律实施是实施主体依据客观法的要求进行的法律实践。具体而言，就是行政机关对法律的执行，司法机关对法律的适用，守法主体对法律的遵守，法律监督机关对法律实施的监督。

从法律实施方式角度分析，法律实施是将客观法的法律规范通过主观法的法律行为作用于社会生活，引起法律效果的过程。[②] 制定法的法律实施模式可以从客观的法与主观的法、应然法与实然法、权利法与行为法之间的关系等不同侧面进行分析。从抽象到具体是制定法实施最基本的思维方式。

从法律实施方法角度分析，法律实施是按照演绎方法进行的法律判断或按照解释方法进行的法律推理。按照演绎方法进行的法律判断是将法律规范应用于法律事实的分析，按照法律规范涵摄的范围将法律事实纳入其中，法律规范作为大前提、法律事实作为小前提，法律规范规定的法律效果作为判断的结论。有时，法律规范本身并不是都具备法律要件，或者法律规范的类型并不能清楚地涵摄法律事实，在这种情况下，就需要通过法律解释的方法揭示隐含的法律要件或者明确法律规范与法律事实之间的关系。

（三）制定法模式的反思

制定法实施模式所遇到的问题包括三个方面：一是法律的社会适应性问题，二是正当法律程序问题，三是实质正义问题。

法律的社会适应性问题是制定法自身的固有问题。按照制定法的法律思维方式，法律是从社会事实中提炼出制度事实，再按照法律理念的要求建构和实施法律规范体系的过程。法律的稳定性是法律理念的重要内容，它通过

---

① ［美］艾伦·沃森：《民法法系的演变及形式》，李静冰、姚新华译，中国政法大学出版社1992年版，第67—68页。

② ［德］京特·雅科布斯：《规范·人格体·社会：法哲学前思》，冯军译，法律出版社2001年版，第55页。

法律规范体系予以确定，法律实施必须依法进行。法律的稳定性是法律秩序的基础，是法律实施的依据。这种法律类型被称为"自治型法"。① 在社会关系比较简单、社会交往比较稳定的条件下，法律的稳定性较强，法律的社会适应性也不是法律实施的重要问题。但当社会关系高度复杂化、社会交往越来越繁复的条件下，法律的社会适应性就成为一个重要难题。按照制定法的逻辑，法律的适应性是一个立法问题，而不是一个法律实施问题。法律的社会适应性只是一个与法律实施有关联的问题。在法律实施过程中，法律的社会适应性问题是通过法律解释或判例法方式解决的。

制定法的实施是通过法律程序将法律规范应用于个案审理的过程。所有制定法国家都建立了相应的程序法体系。② "重实体、轻程序"是制定法国家法律实施的一个常态现象。③ 在法律实施过程中，行政机关和司法机关被假设为理解制定法的组织，主导法律实施过程，法律程序容易演变为法律程式，当事人在法律程序中的交涉与合意往往不充分，程序的正当化功能不能得到充分发挥。尤其是在"诉讼爆发"的背景下，程式化取向更为明显。改变这一局面必须充分尊重当事人交涉与合意的程序权利，增强法律程序的正当化功能。至于"诉讼爆发"等问题则必须通过法律实施的体制和机制改革解决。

实体正义问题是制定法自身逻辑的必然结果。由于制定法是从既有社会事实中提炼出的抽象法律规范，其能覆盖的社会事实和行为类型具有有限性，而社会是不断发展的，法律规范往往不能将未来的社会事实和行为类型都涵摄其中，也就出现了如果严格按照依法办事的原则实施法律规范，会对特定个体不公正的问题。④ 实体正义问题通常是按照特殊程序要求，以裁量权的方式予以解决的。

---

① ［美］P. 诺内特、［奥地利］P. 塞尔兹尼克：《转变中的法律与社会：迈向回应型法》，中国政法大学出版社 2004 年版，第 60 页。

② 转引自季卫东：《法律程序的意义——对中国法制建设的另一种思考》，中国法制出版社 2004 年版，第 27 页。

③ ［美］艾伦·沃森：《民法法系的演变及形式》，李静冰、姚新华译，中国政法大学出版社 1992 年版，第 33 页。

④ *Plato*：*The Statesman*，transl. J. B. Skemp，New York，1957，294b.

三、混合法模式

混合法实施模式是制定法与判例法相结合的一种法律实施模式，是传统中国法律实施的一种独特模式。

（一）混合法模式的构成

武树臣认为中华法系是一种混合法模式，混合法模式是以制定法为主，以判例法为补充，制定法与判例法相结合的一种法律实施模式。[①] 从混合法的样式来看，它本身不是一种立法模式，而是一种法律实施模式。制定法和判例法都是混合法的法源。

根据武树臣的描述，中国传统社会的法律不仅存在制定法与判例法并用的混合特征，而且制定法和判例法体系内也混合了各种法律样式，形成一种多元和多重混合的局面。第一，对"法"的文字表述的多样性。有强调法的神圣性的"法""礼""辟"；有强调法的客观性的"律""则"；有强调法的强制性的"刑""范""制"；有强调法的具体性的"中""事""成"。第二，法统（法律价值观）的二元结构。礼法合治传统是混合法的典型表现，也是中华法系最根本的特征。第三，"人"与"法"相结合的法体设计。既重视"法"的整体控制作用，又重视"人"的微观调节作用。第四，法律规范的多层结构。法律体系由成文法典、法令、判例法组成，各具功能。第五，综合实施的执法措施。[②] 混合法实施模式最最重要的功能是适应了大一统国家结构中的复杂社会现实。

（二）混合法模式的运行

混合法模式本身是一种法律实施模式，突出社会适应性和法律实效性。混合法是如何运行的，传统理论阐释较少，也没有形成比较规范的理论体系。当代研究比较典型的理论有四种：瞿同祖的适应性理论、滋贺秀三的价值共享理论、寺田浩明的"拥挤列车"理论和吕思勉的法俗理论。

瞿同祖认为，先秦倡导德治，德治以后，秦汉时期的法律是纯粹的法家体系，没有儒家"礼"的成分，以法治国，法律样式较为单一。但自汉代

[①]　武树臣：《中国古代法律样式的理论阐释》，载《中国社会科学》1997 年第 1 期。

[②]　武树臣：《中国"混合法"引论》，载《河北法学》2010 年第 2 期。

始，儒家便开始了以"礼"入法。① "引经决狱"是在法律实施过程中，通过解释学的方法而不是立法学的方法进入法律体系之中的。后经魏晋儒家化运动，到唐代便完成了中国法律的儒家化。"礼"不仅从法律实施的边缘性法源进入到法律制定领域，而且成为法律理念主导立法思想和立法原则。儒家的法律化和法律的儒家化的双向运动是传统中国形成混合法实施模式的主线。滋贺秀三认为，传统中国的社会结构是等质性的，尽管也存在社会等差，但这种等差不具备异质性特征。家族在中国传统社会具有基础性构造地位。清末变法派主张以"国家主义"代替"家族主义"，启蒙运动将确立个体与整体关系、树立个体之人作为文化建设的首要任务，似乎也可以作为家族价值共享理论的反面例证。因此，以家族法为基础构造国家的法律体系是混合法形成的社会基础。寺田浩明认为，传统中国的法律秩序不是从确定性的权利或权力出发构建的法律体系，而是一种主观性的利益主张相互平衡的动态机制。法律秩序的公正与不公正是不确定的。② 由于没有一个确定性的权利或权力基础，法律秩序是通过不确定的法律观念在实践中运行的，从而出现混合的法律实施机制。吕思勉认为，中国传统法律体系由有形的法律制度（成文法）和无形的法俗组成。③ 法俗理论揭示了中国混合法传统中法律与风俗不可解构的密切关系。

（三）混合法模式的反思

混合法并不是具有法律构造论地位的一种法律模式，而是一种法律实施模式。即当成文法缺漏时，为了解决纠纷的需要，国家允许判例法作为法源适用。故混合法认知图式本质上是一种司法适用意义上的多法源考察方式。在混合法结构中，成文法具有客观法地位，而判例法只具有主观法地位。如果扭曲了成文法和判例法在法律体系中的地位，颠倒了成文法和判例法适用的顺序，不仅会出现法律体系的混乱，而且会突出法律实施者的地位，为法律实施者选择性适用法律洞开方便之门，以至破坏法律秩序。

随着社会的高度复杂化，多元化纠纷解决机制能够提高法律治理能力，

---

① 瞿同祖：《中国法律与中国社会》，中华书局 2003 年版，第 373—374 页。
② ［日］寺田浩明：《权利与冤抑：寺田浩明中国法史论集》，王亚新等译，清华大学出版社 2012 年版，第 414—423 页。
③ 吕思勉：《先秦史》，上海古籍出版社 2005 年版，第 4 页。

司法机关也推行指导性案例制度，混合法概念能够提供某些思想资源，但现代法治与中国传统社会所形成的混合法的背景和目的完全不同，沿用混合法的法律思维方式不仅不能去除我国法律中的蒙昧主义特征，还会损害法治建设的目的。任何法治国家，尽管有解释体系的不同，但严格遵循法律规则主义的法治价值高于多法源实施法律的法治价值。制定法以外的多法源适用必须接受制定法体系所展示的法治理念和法治价值的支配，并受到法律程序的严格限制。

第二节　修辞学法治实施模式的回顾与反思

在西方国家的法治观念中，并没有明确提出法治实施概念。在宏观层面，英美法系国家讨论的是法治，即，法律的统治，与政治的统治相对应；大陆法系国家讨论的是法治国家，即法律秩序，与警察的统治相对应。英美法系国家在解决政治性案件过程中由普通法院以判例法方式发展出一系列司法审查原则。如基于主权的政治问题不可审查原则、基于实用主义的政策论证原则、基于权利本位论的权利论证原则、基于平等保护的正当程序原则等。大陆法系国家在解决政治性案件过程中由宪法法院和行政法院以判例法方式发展出一系列司法审查原则。如基于人的尊严的人权原则，基于福利国家的社会权保障原则、基于国家和公民关系的比例原则、基于国家治理的职权法定原则等。在微观层面，无论是英美法系国家，还是大陆法系国家，在解决超出法律实施概念范围内的法律问题时，走的都是以司法为取向的道路。以司法为取向，在英美法系国家主要发展了法律原则和裁量规则概念，在大陆法系国家主要发展了不确定性法律概念和"法外空间"概念。

由于西方国家没有提出具有构造论地位的法治实施概念，而是通过发展司法原则和司法技术克服法律实施概念的局限，故可以称之为修辞学法治实施模式。因大陆法系国家和英美法系国家法治实施模式不同，修辞的重点存在差别，故大陆法系国家形成一种理念型法治实施模式，英美法系国家形成一种规范型法治实施模式。值得注意的是，由于修辞学法治实施模式是对相对应的法律实施模式的补充甚至矫正，故在司法技术上两大法系相互借鉴的趋势明显。如法律原则是大陆法系国家的基本范畴，但英美法系国家在发展修辞学法治实施模式时转化成了一个基础概念。解决不确定性法律概念和"法外空间"的法律论证理论是英美法系的一种法律思维方式，但大陆法系国家在发展修辞学法治实施模式时转化为一个理论体系。出现这种趋势的根本原因是修辞学法治实施模式是对法律实施模式的补充甚至矫正，需要形成的是一种反思性平衡关系。

一、理念型模式

理念型模式是以制定法法律实施模式为基础，在充分运用法律解释学方法和法律论证理论的同时发展出的一种法治实施模式。

（一）理念型模式的构成

理念型法治实施模式的基本范畴是法律理念、法律概念和法律价值。首先，法律理念不仅是法律实施的基础概念，也是法治实施不能超越的法律概念。法治实施在于通过法律解释方法或者法律论证理论阐明法律理念的内涵。理念论源于柏拉图的理念观，它在黑格尔的哲学中得到了系统阐释。[①]在黑格尔看来，理念与真理是等值的，法律理念是法律真理性的集中表现。[②] 法治实施就是法律理念在法律实践过程中的对象化、具体化和现实化过程。其次，理念型法治实施模式的关键性分析工具是表现法律理念的法律概念。规范论认为法律概念是一种行为模式的规则表达方式，理念论则认为法律概念是法律理念的一种价值表达方式。[③] 阐明不确定性法律概念的内涵是理念型法治实施模式最基本的法律方法。再次，理念型法治实施模式的精神实质是表现法律理念的法律价值。规范论认为法律是通过行为模式调整社会关系的规范体系，其核心是法律规则，法律行为之外不存在法律关系。理念论则认为，法律不可能为人们提供具体行动的规则体系，法律只能提供一个法律价值体系作为人们行动的预设前提。人们只需要根据法律价值的谱系行动就能形成良好的法律秩序。因此，法律行为只能理解为一种依据法律价值的认识图式和行为方式。法治实施是建立在人们对法律价值规范性理解基

---

① ［德］黑格尔：《小逻辑》，贺麟译，商务印书馆 1980 年版，第 397—398 页。
② ［德］黑格尔：《法哲学原理》，范扬、张启泰译，商务印书馆 1961 年版，第 10 页。
③ ［德］G. 拉德布鲁赫：《法哲学》，王朴译，法律出版社 2005 年版，第 31 页。

础上的。① 个体在作出法律行为时通过对法律价值的规范性理解不仅使行为本身获得了合法性，而且进一步认识到法律理念的重要性，从而自觉地使个人的自然欲望转化为理性的个人追求，最终实现法律秩序目标。

（二）理念型模式的运行

由于社会的多元化，一个完整的法律体系必然包含多项法律价值，当法治实践必须解决多项法律价值的冲突时，抽象的法律理念必须转化为法治实施的原则。法治实施的原则有两种类型：一类是价值优先原则，另一类是公共共识原则。

亚里士多德和康德都坚持价值优先原则。亚里士多德认为幸福是最高的善，法治是人们过幸福生活的制度保证。他的伦理学和正义论都是建立在幸福论基础上的，故称之为目的论的伦理学和正义论。康德认为人永远只能是目的而不能作为手段，这是一项绝对的道德律令，是任何制度都不能超越的最高伦理界限，人的尊严是一切法律的终极判准。不仅国家负有保障人的尊严的义务，个体也不得放弃人的尊严。美国是一个自由优先的社会，但绝对的自由优先原则也引起原子化个人主义和贫富悬殊等一系列社会问题。② 自由与平等并非价值等值，而是存在分量差异。③ 自由与平等是一种反思性平衡关系，通过作为公平的正义维护社会的动态平衡关系。

除了守法这一消极方式外，普通公民如何直接参与法治实施过程是现代法治的一个重要问题。哈贝马斯从法律的有效性角度应用商谈论辩原则论证普通公民直接参与法治实施过程的正当性与合法性。在他看来，商谈论辩原则不是一种实践理性而是一种交往理性。④ 运用商谈论辩原则使普通公民直接参与到法治实施过程之中，不仅能形成了相互理解的公共共识，而且能形成共同遵守的责任，从而有利于提高法律的有效性。

商谈论辩原则在法律中的应用是一种反对法律精英主义独占话语权的主

---

① ［德］京特·雅科布斯：《规范·人格体·社会：法哲学前思》，冯军译，法律出版社 2001 年版，第 55 页。

② ［美］约翰·罗尔斯：《正义论》，何怀宏等译，中国社会科学出版社 1988 年版，第 60—61 页。

③ ［美］约翰·罗尔斯：《正义论》，何怀宏等译，中国社会科学出版社 1988 年版，第 61—62 页。

④ ［德］哈贝马斯：《在事实与规范之间：关于法律和民主法治国的商谈理论》，童世骏译，生活·读书·新知三联书店 2003 年版，第 4—5 页。

张。它所提供的解决方案是将各种各样的法律精英主义话语与普通公民的话语权利相结合的机制，它使法律成为普通公民具有话语权的法哲学。商谈论辩原则的重要功能是淡化精英的话语权力而突出了普通公民直接参与法治实施过程的话语权利，使普通公民在法治实施过程中能充分分享公共话语权利。

哈贝马斯认为，在法治实施过程中所有参与主体都会存在对法律价值的不同理解，由于对法律价值理解的差异，有的参与者取向于自己在法律范围内获得成功，有的参与者取向于对法律的理解，不同的取向在法治实施过程会出现冲突，应允许参与者之间进行策略性互动。[①] 如何将法律的规定与参与主体的个人要求结合起来是法治实施过程中必须解决的问题，在策略性互动过程中，通过规范性理解和共识的达成，法律的强制和参与者的自由就能结合起来。在商谈论辩原则中，哈贝马斯实际上是吸收了英美法系国家司法抗辩模式的基本原理，并将其转化为法治实施过程中的核心概念。

（三）理念型模式的反思

价值优先原则所需要的目的论前提如果是功利主义的，它就会使得法治实践强制性地符合功利主义的要求，从而限制个人依法选择的权利。德沃金认为："功利主义是一个以目标为基础的理论；康德的绝对范畴构成了一个以义务为基础的理论。"[②] 超越日常生活的功利主义目的和美德并不是法律能够调整的范围，如果通过法律实施方式强制性地确立功利主义优越于个人利益或者通过法律实施方式优先保护美德，则会导致压制与专断。经由立法筛选的法益应该受到平等保护，同时，法律所能满足的是普通公民日常生活的价值准则，而不是消费美德的机器。

在《政治自由主义》一书中，罗尔斯修正了他先前所倡导的自由价值优先理论，主张把自由价值优先理论与共识理论结合起来。[③] 在这里，罗尔斯将自由价值优先原则确立为一项理想状态下的应然原则，本身是一项有前

---

① ［德］哈贝马斯：《在事实与规范之间：关于法律和民主法治国的商谈理论》，童世骏译，生活·读书·新知三联书店 2003 年版，第 32—33 页。

② ［美］罗纳德·德沃金：《认真对待权利》，信春鹰、吴玉章译，中国大百科全书出版社 1998 年版，第 228 页。

③ ［美］约翰·罗尔斯：《政治自由主义》，万俊人译，译林出版社 2000 年版，第 315 页。

提条件的优先原则，而在实际生活中，共识也许不是自由优先的，而是所有利益相关人达成的"重叠共识"。

哈贝马斯将形成法律共识的立法商谈理论应用于法治实施过程突出了参与者话语权利，但参与者除了要遵循法律的规定外是否还需要一般性共识？在哈贝马斯商谈论辩原则基础上，考夫曼提出了以内容为基础的正义程序理论。他认为，一般性共识必须建立在人的基础上。而考夫曼所理解的人性规范化基础不是积极福祉，而是反面福利。[①] 他认为，无论是个人的最大幸福还是最大多数人的最大幸福都是不可证实的，都不可能作为法律的基础。只有最大限度避免个人和人类的痛苦才是可以证实的，法律应建立在最大限度避免个人和人类的痛苦基础上。在法治实施过程中，不管个人和国家有何种向度的要求，最大限度地避免痛苦这一根本法律理念不能被商谈所虚置或篡改。

二、规范型模式

规范型模式是以判例法法律实施模式为基础，在充分运用法律原则和裁量规则的同时发展出的一种法治实施模式。

（一）规范型模式的构成

规范论的哲学基础是经验主义和实证主义，法律规范论始于边沁。边沁致力于建立科学的立法原理，但建立起完整的规范论体系的是奥斯丁。奥斯丁认为科学的法理学应该建立在实在法基础之上，而不能建立在超验的或者隐喻意义的法律基础上。[②] 根据奥斯丁的观点，法学家应该把注意力放在研究构建科学的法律体系上，而不是放在探究法律规则背后的各种社会关系上。本质上，规范论希望建立一个以法律规范效力等级为基础的法律体系，目的是为了法律实施。法规规则的实效性是规范论的核心问题。[③] 在凯尔森看来，建立法律的目的就是为了实施。

---

① ［德］考夫曼：《法律哲学》，刘幸义译，法律出版社 2004 年版，第 475—476 页。
② ［英］约翰·奥斯丁：《法理学的范围》，刘星译，中国法制出版社 2002 年版，第 2—3 页。
③ ［奥］凯尔森：《法与国家的一般理论》，沈宗灵译，中国大百科全书出版社 1996 年版，第 191 页。

（二）规范型模式的运行

奥斯丁的规范论在于透过统治者的主权突出法律规则的权威，凯尔森的规范论在于形成一个效力等级不同的法律规范体系。当国家与民间社会的二元对立观念让位于国家与民间社会的合作观念时，奥斯丁的规范论就必须将民间社会的共识整合到法律规则体系之中。当现代社会变得越来越复杂，需要更多的纠纷解决方式促进社会和谐时，法律规则体系金字塔式效力等级的线性思维方式就必须回应多元选择的要求，也就是说，排除法治实施概念已经不能满足法治发展的需要。

在这样的背景下，哈特提出了最低限度的自然法的承认规则概念。① 尽管哈特通过最终承认规则概念软化了法律规则与社会现实的冲突，但规范论规则主义本质没有改变。

（三）规范型模式的反思

规范论不承认具有独立构造论地位的法治实施模式。在规范论看来，法治实施不过是法律实施的适应性方式。在高度复杂化的现代社会，法律规则主义采用外部方案和内部方案矫正社会适应性不足问题。

德沃金是外部方案的提供者。外部方案就是在法律规则之外发现法律原则的规范价值。② 他认为应该将"法条书"式的法律规则主义置于法律原则中进行理解。但在哈特看来，德沃金的法律原则理论只是法律规则主义的补充物，③ 并没有构造功能。

拉兹和贝勒斯提供了内部方案。拉兹的方案是把社会规范内化为法治实施过程中的裁判规则，贝勒斯的方案是在个案中确立"一个"法律原则作为裁判的大前提。拉兹在凯尔森的宪法规范和哈特的次级规范的基础上提出了社会规范概念。当承认社会规范的法律作用时，它就转化为裁判规则，而是否适用裁判规则取决于裁判者的态度。④ 当然，裁判规则本质上属于法治实施过程中的法律修辞学技术，具有机会主义特征。贝勒斯认为法律原则在

---

① ［英］哈特：《法律的概念》，张文显等译，中国大百科全书出版社 1996 年版，第 111 页。

② ［美］罗纳德·德沃金：《原则问题》，张国清译，江苏人民出版社 2005 年版，第 5—10 页。

③ 沈宗灵：《评介哈特的〈法律的概念〉一书的"附录"——哈特与德沃金在法学理论上的主要分歧》，载《法学》1998 年第 10 期。

④ ［英］约瑟夫·拉兹：《法律的权威：法律与道德文集》，朱峰译，法律出版社 2005 年版，第 88—89 页。

法律适用过程中既可能有效，也可能无效，哪一个法律原则有效是需要证明的。常用的因果解释或历史解释由于脱离案件的具体情景，并不能有效证明哪一个法律原则的个案有效性，因此，在裁判过程中挑选"一个"法律原则是必要的。① 法律原则的挑选克服了裁判中的法律机会主义。

第三节　包容型法治实施模式的内涵和构造

包容型法治实施模式是根据我国社会发展实际，立足中国法治实践，并在借鉴判例法法律实施模式、大陆法系国家的制定法法律实施模式、中华法系的混合法法律实施模式以及当代理念型法治实施模式和规范型法治实施模式的基础上构建的符合中国国情的法治实施模式。包容型模式是在大规模、深层次社会变革产生强烈的法治需求，而法治传统尚未成熟定型，但法治实践丰富多彩，为适应常规法治建设和非常规法治改革的条件下，以法律建构主义为基础，由政府主导的法治实施模式。

一、包容型模式的选择依据

包容型模式是由我国社会发展和法治发展的实际决定的。深刻的全面社会变革和中国特色社会主义法治理论是我国选择包容型法治模式的实践依据和理论依据。

（一）包容型模式的实践依据

法律源于社会实践，社会发展是法治发展的根本动力。② 尤其是生产、分配、交换之反复重复的规则最终变成了大家共同遵守的法律。③ 社会发展的变化必然引起法治发展的变化，决定法治实施的模式选择。在社会发展比较缓慢、社会结构比较稳定、社会关系比较单一、社会行为比较单纯的条件下，法律的安定性与法律的适应性之间的关系容易协调，法律实施与法律规范体系之间容易形成一致性，法律实施可以选择适合法律传统的法律实施模

---

① ［美］迈克尔·D. 贝勒斯：《法律的原则——一个规范分析》，张文显等译，中国大百科全书出版社1996年版，第3、13页。
② 《马克思恩格斯全集》第25卷，人民出版社1995年版，第894页。
③ 《马克思恩格斯选集》第3卷，人民出版社2012年版，第260页。

式。在社会快速发展、社会结构调整频繁、社会关系复杂程度加深、社会行为网络化加速的条件下，法律规范体系并不能全部覆盖社会关系网络，完全满足社会发展的需要，但矛盾纠纷必须及时解决。

在法治文化深厚，司法文明程度高的国家和地区，国家和公民偏好通过司法途径解决矛盾纠纷。在此背景下，英美法系国家秉持司法能动主义态度，将法律原则和裁判规则纳入司法裁判之中，形成了规范型法治实施模式。大陆法系国家秉持法律功能主义态度，将不确定性法律概念和"法外空间"纳入司法裁判之中，形成了理念型法治实施模式。无论是规范型法治实施模式还是理念型法治实施模式，基本前提都是法治传统历史悠久，法律文化比较发达，法律权威比较牢固的国家和地区，通过渐进式法治发展道路基本上能够处理好社会变迁与法治发展的不协调问题。因此，无论是规范型法治实施模式还是理念型法治实施模式都是法律实施模式的补充方式，并不具有法律构造论地位，不会引起变革意义上的法律变迁。

我国的法治发展必须与大规模、深层次的社会变革相适应，渐进式法治发展途径无法与我国社会发展的现实要求相适应，只能选择建构主义法治途径加快推进法治发展。关于这一判断的认识，我们可以从法治实施的条件和法治实施的运行方式两个方面进行分析。

在法治实施的条件方面，第一，我国改革开放的范围和深度前所未有，社会发展的规模和速度前所未有，迫切需要法治的引领和规范。第二，我国法治发展的历史不长，法律文化还不发达，法律权威还没有完全树立，法律信仰还没有完全建立，渐进型法治发展道路无法适应社会快速发展的需要。第三，新中国建立以来，特别是改革开放以后，我国的法治实践，特别是地方法治实践丰富多彩。第四，中国法治建设的重心已转到法律实施方面，迫切需要一个构建性的法治概念指明法治发展的方向。第五，我国的法治建设不是建立在自治型法基础上的法律自运行方式，而是牵涉到复杂的政法体制和法律机制问题，法治实施概念必须具有构建性的整合功能。

在法治实施的运行方式方面，第一，中国法治建设的中心转入法治实施。以依宪治国为统帅的法治实施引领着我国法治建设的方向。第二，高度复杂化的现代社会必须建立在稳定的法律秩序基础之上，严格执法是建立稳定的法律秩序最重要的方式，行政执法成为法治实施最主要的途径。且由于越来越多的社会事务必须纳入行政管理的范围，也随着政府行政管理能力的增强，行政管理成为法治实施的主要途径。第三，随着司法体制改革的深入，也随着司法制度的完善，人们对司法的公平正义充满期待，极大地推动了司法发展。第四，在高度复杂化的现代社会，立法、执法、司法和法律监督并不能始终适应复杂的人际交往网络，守法在法治实施中的作用越来越重要，成为法治实施最基础的途径。[①] 我国法治实施的模式必须根据我国法治思维和法治方式的特点进行选择。

（二）包容型模式的依据

如何在实践中坚定不移地走中国特色社会主义法治道路，保证其不变形、不走样、不异化，需要从历史和现实两个方面把握其依据。

从历史角度分析，中国特色社会主义法治实践必须坚持"古为今用""洋为中用"的方法论，但必须进行创造性转化，通过去粗取精、去伪存真、由表及里的方式转化为中国特色社会主义法治体系的一部分，才能应用于中国法治实践。在吸收中华法律文化和借鉴外国法治经验过程中，绝不能任意选择，也不能生搬硬套。

从现实角度分析，中国特色社会主义法治实践包含广义、狭义和最狭义三个层次：第一个层次是中国特色社会主义法治建设都是中国特色社会主义制度的实践方式。中国特色社会主义法治的实践既包括法治的思想实践、法治的规范实践和法治的应用实践。[②] 第二个层次是将中国特色社会主义法治理论和法律规范体系在实践中予以实现。这是按照理论与实践的二分法进行的阐述。第三个层次是选择何种模式建立理论与实践的有机联系。具体而言，就是选择符合我国国情的中介，以实现"形成高效的法治实施体系"这一目标。

二、包容型模式的内涵

从规范角度分析，包容型模式是我国法治发展所呈现的一种定型化形态。从理论角度分析，包容型模式是人们对法治经验进行提炼和升华所形成

---

① 刘作翔：《中国法治国家建设战略转移：法律实施及其问题》，载《中国社会科学院研究生院学报》2011 年第 2 期。

② 姚建宗：《中国语境中的法律实践概念》，载《中国社会科学》2014 年第 6 期。

的定型化的认知图式。

（一）包容型模式的规范内涵

包容型法治实施模式是我国法治实施体系高效运行的基本方式。我国在中国特色社会主义法治体系中为何要突出法治实施体系的"高效性"而不是"公正性"呢？究其原因，第一，公正性应由"科学立法"予以保证，通过"完备的法律规范体系"具体规定。法治实施过程中的公正性源于"完备的法律规范体系"所确定的公正性，而不是一般意义上的社会正义。从这个角度来说，法治实施的"高效性"就是通过法律实施体系高效地实现法律正义。第二，在法律规范体系已经建成的条件下，我国法治建设已转向法治实施，法律正义必须通过法治的高效实施转化为法律公正。第三，法治实施除需要满足法律自身运行的内在条件外，还需要体制和机制的支持，而现行体制和机制并不能完全满足法治实施的要求，因此，只有改革法治实施的体制和机制，法治才能高效实施。第四，大规模的社会变革和社会的正义期待具有紧迫性，迫切要求以高效的法治实施方式满足社会变革和社会正义的要求。也就是说，法律规范体系的建成和大规模社会变革的迫切需要相结合使得我国的法治实施必须以高效方式进行。

（二）包容型模式的理论内涵

国外并没有法治实施这一概念，党的十八届四中全会首次提出"法治实施体系"概念，至今只有2年多时间，理论上对"法治实施体系"概念的研究仍然处于初始阶段。截至目前，以"法治实施体系"为篇名，从中国知网上能够检索到的论文仅20篇，其中学术论文只有13篇，且主要是对专题会议发言的整理。自2014年11月开始，中国行为法学会举行过4次专题会议，对法治实施概念的理论内涵进行探索性研讨。主要内容包括：对"形成高效的法治实施体系"的重要性进行了理论阐释，对法治实施体系的构成进行了理论归纳，对法治实施体系的辩证关系进行了理论概括，对法治实施与社会发展的辩证关系进行了理论提炼。总体来讲，13篇学术论文以学术活动发言为主，属于话语阐释，叙事宏大，相关性"外部问题"诸多，审慎的内部性学理性解释不足。学术活动对"形成高效的法治实施体系"的重要性高度重视，对"形成高效的法治实施体系"各相关要素的辩证关系进行了系统阐述，为从"内部"进行学术研究铺平了道路。但法治实施与法律实施、法治实施模式与法律实施模式的关系，为何中国特色的法治实施体系要以"高效"为核心、"高效的法治实施体系"在学术上如何命名、哪些观念会损害法治实施等法治体系的"内部问题"并没有充分阐述或澄清。

我们认为，在上述理论成果的基础上，法治理论还需要研究下列问题：第一，必须将法治实施概念作为法治理论体系"家族"的一个"内部问题"进行了横向和纵向比较研究。第二，必须在解释法治实施与法律实施观念的联系和差异，借鉴域外法治实施模式的发展轨迹和差异的同时，以中国法治实际为立足点，从理论上解释我国法治实施体系为何以"高效"为目标的内在根据；必须解释将"高效的法治实施体系"命名为"包容型法治实施模式"的妥当性；必须论证"形成高效的法治实施体系"为何必须防范政治还原主义、道德民粹主义和法律道德主义的原因。

三、包容型模式的构造

包容型法治实施模式是以适应大规模社会变革为背景，以高效实施为目的法治运行方式。

（一）包容型模式的构造原理

党的十八届四中全会将法治提升到了前所未有的高度，明确提出将建设中国特色社会主义法治体系和建设社会主义法治国家作为全面推进依法治国的总目标，这就与国外提及的法治的内涵不同。

英美法系国家法治的含义是法的统治。法的统治有内外两个维度。在内在维度上，法治被认为是法律的优良品质，是法律的形式理性和法律的实质理性相结合的完美形态。[①] 因此，法治实施并不是一个独立的过程，本身并没有构造论地位，法律原则和裁量规则的适用只是为了解决纠纷，而不是为了从总体上构造法律秩序。在外在维度上，法治相对于政治统治而言，突出政治权力服从法律的统治。戴雪认为，法律主治的三个根本属性是：一是武断权力的不存在，一切尽在法律之下，无一人在法律之上，法律至上与武断

---

① ［英］约瑟夫·拉兹：《法律的权威：法律与道德论文集》，朱峰译，法律出版社 2005 年版，第 196 页。

的权力相悖。二是普通法律与普通法院居优势，在法律面前人人平等，人人受法律平等保护。三是宪法的通则形成于普通法院的判决，宪法规范是普通法院保障个人权利的结果。[①] 由于英国的宪法规范没有高于普通法律规范的效力，即使宪法规范也没有构造法律规范体系的功能。为适应社会和解决纠纷的裁量原则和裁量规则也只具有法源地位。法治实施只不过是为了解决纠纷的法源合法性选择问题。

大陆法系国家法治的含义是法治国家。法治国家有内外两个维度。在内在维度上，法治国家被认为是由法律体系建构的法律秩序。在大陆法系国家，法律秩序就是客观上的法和主观上的法构成的法律体系，是由法律理念、法律价值、法律规范、法律实施构成的法律体系。法律体系的基本框架与法律秩序具有等值性。在外在维度上，法治国家相对于国家权力而言，突出国家权力的合法性来源，特别是人权和人的尊严成为国家权力的合法性来源。因此，法治实施也不是一个独立的过程，本身并没有构造论地位，不确定性法律概念和"法外空间"原则的适用只是为了解释法律体系的漏洞或者为了解决纠纷的解释性概念，也不是为了从总体上构造法律体系。在大陆法系国家，法治国家是建立在宪法规范基础上的法律规范体系，法治实施过程是承载法律理念的宪法规范的解释和推理过程。

法律的生命力在于实施，法律的权威也在于实施。包容型模式是以适应大规模社会变革为背景，以高效实施为目的的法治运行方式。由于法治实践大于法治理论，法治实施的事实大于法律实施的规范。因此，一方面，裁量原则和裁量规则的适用必须保证法治实施过程不能还原为现实生活中的原始力量对比关系。如果听任裁量原则和裁量规则的适用带入这种关系，强势者的权力会被强化，弱势者的权利会被"合法"剥夺，法治实施过程会走向法治的反面。另一方面，由于社会急剧变化，要求每一次社会变化都作出相应的规范调整既是不现实的，也是不必要的。因此，法治实施过程中裁量原则和裁量规则的适用必须置于宪法规范、正当法律程序和法律论证理论的严格约束之下，非此，不能杜绝人治之残余，不能弘扬法治之精神，不能促进法治之进化，不能达致法治之目的。

---

① ［英］戴雪：《英宪精义》，雷宾南译，中国法制出版社 2001 年版，第 231—245 页。

（二）包容型模式的基本构成

法治实施的制度前提是法律规范体系，如果没有形成相对完备的法律规范体系，不仅法律实施无法可依，法治实施也没有存在的依据。在中国特色社会主义法律体系已经建成的条件下，我国法治建设的重心已转到法治实施方面。法治实施以"高效"为目标，但这里所说的"高效"不是一个纯粹的效率概念，而是附属于正义观念下的效率概念。"高效"的实质条件是法律规范体系体现的正义性。如果法律规范体系缺乏正义性，"高效"只会离正义越来越远，与法治精神背道而驰。根据我国社会发展和法治发展的实际，借鉴古今中外法治实施的有益经验，我国适宜选择包容性法治实施路径。包容型模式用以描述系统实施、多元实施、有效实施的法治实施路径。

系统实施是指有计划、有组织、分步骤、依程序实施法治。除了有序实施的程序化要求外，系统实施必须巩固法治实施的根本、抓住法治实施的重点、补足法治实施的短板，把法治实施的形式要求与实质要求有机结合起来。多元实施是指运用法治思维和法治方式动员多元主体、通过多种途径、使用多种方法提高法治实施实效的过程。首先，由于社会的高度复杂化，法律规范体系越来越复杂，完全依赖法律职业共同体推进法治实施也不现实，因此，法治实施需要包容与法律不抵触的社会规范，以便拓展法治实施的范围和功能。其次，法治实施必须以法律职业共同体为主体，有序推进法治实施，但法治实施也需要普通公民的参与与配合。只有把法律职业共同体的法治实践与普通公民的法治实践结合起来，才能实现高效实施目的。再次，我国实施法治的历史不长，处于法治发展的初级阶段，法治实施技术比较落后，仍有借鉴法治发达国家法治实施技术的必要。最后，充分利用传统资源有利于提高法治实施的实效。有效实施是指根据法治发展不平衡的实际，通过协调法治实施体制、创新法治实施机制，优化法治实施方法，按照轻重缓急的要求有效推进法治实施的过程。

上面讨论的是我国法治实施模式的形式要素。包容型模式的实质要求是人权。当然，在法治实施过程还必须始终警惕各种形式的政治还原主义、道德民粹主义和法律道德主义，防止它们成为强势者剥夺弱势者权利的工具。我国的法治实施应采用规范论进路，而不应采用理念论进路，即使疑难法律问题的处理需要采用理念论的方法，也必须经过宪法规范的严格限制和正当法律程序的严格筛选，并将裁量原则和裁量规则的适用置于法律论证理论的严密化论证之中。

第　二　章

法治道路的运行机理

第一节　中国特色社会主义法治道路的
平衡机理与自我调适

一、法治平衡的机理

（一）法治平衡的原理

法治平衡的原理是有关什么是法治平衡以及法治进程中促进平衡的各要素之间相互联系、相互作用的机理。十八届四中全会专题讨论了全面依法治国的问题，通过了《中共中央关于全面推进依法治国若干重大问题的决定》，当中提出要"坚定不移走中国特色社会主义法治道路"。当前中国正处于深化改革阶段和社会转型时期，一方面，进一步改革需要打破利益藩篱，释放更多的改革红利，以此全面改善社会民众的生活面貌；另一方面，转型期间各个主体之间的矛盾日益突出，多元利益之间出现快速分化与冲突。要处理好这两方面的问题，必须走国家治理体系和治理能力现代化的道路。而法治具备了以制度规则限制权力、保障权利的特性，相比起人治的治理方式更有理性和稳定性，即推进国家治理体系和治理能力现代化需要法治的支撑。

从不同的角度出发，对法治可以有不同的理解和定义。但无论怎样定义，法治意味着介入生活的广泛性和正当性。在法治的运作过程中，限制权力与保障权利应当是亘古不变的规律，这两者之间处于一个合理的均衡状态。权力受到制约，确保权力不被滥用，避免侵犯权利；权利受到保障，同时施以义务要求，避免权利与权利之间的冲突。虽然法治在推进国家治理体系和治理能力现代化中能够发挥积极有效的作用，但是法治不能只是制约权力或者保障权利，也应该要保持权力与权利之间良性的均衡，各种类型的机制进行互动，而且法治所追求的目标是一种和谐的社会秩序和社会结构，秩序的形成离不开活性的肌理。法制是静态的，而法治的基础之一是具备健全的法制，在法制的基础上发展出多元化的机制，使得权力与权利保持动态的均衡，平衡公权与私权。由此可见，法治自身需要平衡。正确处理社会的矛盾和冲突，必须坚持和适用法治平衡原则，协调不同利益群体和个体的利益。[①] 法治平衡，就是指在依法治国的过程中，要保持权力与权利相统一、权利与义务相统一的关系，通过法治的协调与修复使得权力与权利之间处于合理的均衡状态。因为法治的核心价值是自由，基础价值是秩序。自由表明需要法律来限制国家权力，避免人们遭受权力的独断专行，充分实现人们的权利与自由。而秩序表明国家统治阶级需要通过行使权力来确保社会的正常生活状态，为实现公共利益，需要限制一定的个人利益，塑造稳定的社会结构。人们享有自由而需要遵循秩序，正常的社会生活秩序又是自由得以施展的环境。也就是说，自由与秩序是对立统一的。自由总是对现有秩序的否定，而现有秩序则始终是对自由的束缚，秩序和自由所能达到的统一只能是一种动态的和谐统一，是无法在静态中达成一致的。[②] 在自由与秩序的对立统一之中，最为根本的还是权力与权利之间的较量。所以，法治平衡既要调整权力与权利之间的对立，又要在两者之间取得统一的均衡状态，其不能是静止不变的，而应该是一种动态的平衡，通过权力与权利之间的不断互动，在保证人们自由以及引导个人利益发展的同时促进社会秩序的形成，满足权力所追求的公共利益，进而取得社会进步。否则，静态的法治平衡将会固化权力与权利，无法推动社会各个方面的有益发展，难以解决深化改革与社会转型时期所面临的社会矛盾与权力控制问题。

---

① 姜明安：《法治平衡矫正拆迁异化》，载《人民论坛》2011 年第 3 期。

② 陈福胜：《法治的实质：自由与秩序的动态平衡》，载《求是学刊》2004 年第 5 期。

法治的动态平衡，是为了达成权力与权利互相动态平衡的相互关系，是法治在运作的动态中达成平衡的方式。维持前述的相互关系，依赖于法治之动态平衡的要素。动态平衡是事物受到外界刺激而触发内在自我调节，全部要素进行运动而产生的结果。法治的要义在于保障人权、制约权力，其动态平衡所包括的要素应该是充分体现权力与权利相处的本质，促进自由与形成秩序，以增强法治的调节能力。换言之，基于动态平衡的本质是处理好权力与权利、公共利益与个人利益的关系问题，该动态平衡至少包括下列几个要素：一是权力制约机制。权力有着摆脱法律制约的天然属性，权力一旦被滥用，失控于法律规则的轨道，对于动态平衡的破坏是极大的。现代行政法学主张建构"服务型政府"的理念，从根本上有别于"管制型政府"。如此，在平衡思维的指导下，政府治理不能只体现"管控"，更为重要的是体现"服务、指导与激励"。将政府权力向社会公共治理转移，缩减不必要的权力和健全权力监督制度，是维持动态平衡的必然要求。二是权利保障机制。权力需要制约，权力得到制约，这都不意味着权利是有所保障的。因为制约的权力也总有它自身行使的范围，权力在其所制约的范围内使用不当，同样可能会侵犯到公民的权利。基于此，动态平衡有必要独立具备一个权利保障机制的要素。权利保障机制在进一步制约权力的同时，还可以调整法治环境中人与人之间的权利关系。在现代社会，每个人都难以脱离集体而生存，都需要进行人与人之间的交流实现生活目标。然而权利也有使人产生恶行的倾向，这就要求人与人之间不可互相侵犯权利，人在享有权利之时，也就具有了不侵犯他人权利的义务。可以说，权利保障机制还可以确保私权之间的和谐共处。三是自我调节机制。动态平衡的变化是随着外部环境的变化而不断循环、改进的。当一些机制失灵的时候，动态平衡为了继续保持正常的平衡状态，必须通过自身的优化和适应能力加以实现。即当法律制度出现了缺陷，滞后于社会环境的变化之时，就要求这个动态平衡自觉进行改良，使得权力与权利相互适应，优化法治的具体构造。

（二）法治平衡理论基础

法治平衡所确立的是一种自由与秩序形态的法治，在这个动态的平衡内，政府权力与公民权利达成统一，个人利益在公共利益的实现下得到引导，这对于我国政治、经济、文化与社会诸方面改革有着深刻意义。

　　其一，法治平衡能够助推政治生态的净化，营造公开、理性的政治权力运行环境。改革开放以来，国家取得了令世人更为瞩目的成就，但权力的运行也附随着诸多不良风气，官民关系不甚理想。当今推进法治建设，尤其需要真正贯彻"把权力关进制度的笼子里"的理念，防止行政权力恣意运行。法治平衡要求权力与权利达成统一，以权力促进权利、以公共利益引导个人利益，这与政治生态的净化需求是相谋合的。权力过分强大，会导致社会失衡，动态的平衡遭到破坏。十八届六中全会以"全面从严治党"为讨论专题，要求净化政治生态，法治平衡的理念则是其中的关键。法治平衡思维下的权力必须恪守为人民服务的宗旨，政府必须具备权力体系内外均衡的机制，使得权力正当运行。

　　其二，法治平衡有利于解决市场经济的盲目性和市场失灵，激发市场活力。市场经济不能自发地维护公平正义，市场主体大多是以谋取利润为目的的。消费者相对于掌控市场经济生产资源的主体而言，获悉的市场经济信息极为有限，这就很容易导致因主体之间权利的不平衡而使得消费者权益没有保障，甚至扰乱市场经济秩序的现象。法治平衡强调了权力和权利之间的平衡，在这种平衡思维下的法治，能够通过政府权力对市场进行合法且适度的干预，弥补市场调节的缺陷，强制要求商业权力的享有者披露相关市场信息、承担相应的赔偿责任、遵守财政与货币政策等，抑制市场经济的非理性，使商业权力与市民权益得到合理的相处状态。另外，鉴于现代政府的理念从"管理"向"服务"转移、公权力向社会组织治理转移，政府的权力转移首先要激发市场经济活力，在平衡的理念指导下，政府通过购买公共服务、采取优惠政策、培育社会组织，更进一步释放社会治理与市场经济的活力。可以说，法治平衡不是要将市场的所有经济行为都以权力法律化的理由进行管制，而是注重公权力与私权利之间的正当合作、相互促进，从而维护良好的经济生态环境。

　　其三，法治平衡能够培养公民的法治意识，加快建设法治社会。在以前，法治还没有出现或者尚未完全形成之际，公民的心中只有"潜规则""找关系""道理在权力之中"等错误观念，不知"人人平等""制约权力""遵守规则"。而今正处于全面依法治国的新时代，法治社会是全面推进依法治国的社会基础，法治不只是通过法律治理公民，让公民通过法律手段与政府沟通，还包括了促使权力行使合法化，公民的法治意识取代过去的错误意识，权力的终极目的是为权利服务等内容。在法治建设的初级阶段，人民的权力意识并不能及时地转变过来，"信访不信法""遇事找关系""权力总是正确"等错误观念在一定范围内还"深在人心"，这显然不利于全面推进依法治国。法治平衡与"法治国家、法治政府、法治社会一体建设"的理念是相符合的。一个法治国家的关键在于法治政府，而广泛的基础则在于法治社会。在法治的平衡思维指导下，公民能够清楚认识到自己所享有的权利，认识到权利不应该承受权力的无理压制，个人利益也并非总是应该让步于公共利益。如此，公民就会加强自身的法治素养，主动地为权利辩护，努力地与权力保持均衡的状态。概言之，法治平衡所涵养的权力与权利相平衡之义，能够解放公民的思想，优化社会形态，让公民更加主动地参与到全面依法治国之中，形成健全的法治社会。

（三）法治平衡的历史与现实

在古代西方，先哲亚里士多德认为法治包含两重含义：一是已经成立的法律获得普遍的服从，二是所服从的法律应该本身是制订良好的法律。① 随后的思想家、哲学家都从不同的角度去定义法治。比如，英国法学家戴西从个人权利和国家权力去界定法治的概念，美国学者富勒从规则属性定义法治的概念。② 法治并非仅是西方的治理基因。法治意识在中国也具有悠久的历史文化传统，从古代的儒法合流到近代法制的建设，法治意识都起着重要作用。在"五四运动"和第一次国内革命战争时期，新文化运动倡导的"民主"与"科学"，"五四"青年和先进知识分子传播的民主启蒙思想，是当时文学革命的显著烙印。③ 这些先进知识分子及其宣传的民主启蒙思想回击了封建主义文化，动摇了封建阶级的统治力量，而且他们在批判封建文化，捍卫"民主"与"科学"旗帜的同时，在一定程度上促进了法治意识向前发展。像"反对专制，提倡民主""主张平等自由和个性解放"这样的口号，推动了近代法治意识的形成。新中国成立以后，从起着临时宪法作用的《中国人民政治协商会议共同纲领》到 1954 年中国第一部社会主义类型的

① ［古希腊］亚里士多德：《政治学》，吴寿彭译，商务印书馆 1981 年版，第 169 页。
② 胡水君：《内圣外王——法治的人文道路》，华东师范大学出版社 2013 年版，第 57—59 页。
③ 党秀臣：《中国现当代文学》，高等教育出版社 1994 年版，第 2 页。

《宪法》，都是法治意识发展的事实体现，法治意识自上到下，抑或自下到上，都有值得称赞的丰硕发展成果。"文化大革命"时期，法治意识遭到打击，发展滞后，其表现为社会抛弃了法治。

法治意识在经历了曲折后从泥潭中站立起来，得到了新的飞跃，被赋予了新的时代意义。到了今天，法治意识在中国已经渗透到各个阶层，尊法学法守法用法渐渐地成为一种潮流，无论是国家、政府，还是普通单位、个人，对法治都有了更深的理解和更严格的遵守。

中国的法治建设，必须立足于本国的体制和国情，吸收传统治理文化的精华，绝不能走上照抄照搬西方法治模式的道路。没有一个法治模式是普世适用的，即使是西方法治模式，也有多种多样的法治建设途径和实施法律治理的方案。只有符合本国实情的法治，才能真正实现法治平衡。而法治平衡又是一种动态的平衡，这意味着建设法治不是东拼西凑、随意堆积而成的，而是需要根据实际情况持续建设、维护和更新。中国的法治建设要遵循主客观相一致的原则，在主观上，由于儒家思想是我国古代的正统思想，中国古代的法治理论体系尚未完整构造起来。在客观上，法治建设需要处理好不同国家权力的关系，这就要求优化相关政治制度以克服现有体制的弊端。在建设法治过程中，法治意识的培养与形成是推动法治前进的重要主观力量，如果没有"法治意识"，那么极有可能只是一种法治假象，是"假法治"，法治的平衡本质上并没有循环、运动，权力不过是形式上受制约，随时可能被滥用而侵害公民权益。十八届四中全会系统部署了全面推进依法治国战略，政党、国家、政府、社会都要坚守和捍卫法治。就中国未来的法治建设，可以从科学立法、严格执法、公正司法、全民守法这四个领域进行完善，使得法治的每个环节紧密相连、互相促动改善。

在立法方面，立法是对社会资源的第一次分配，立法权是国家最重要、最核心的权力。法治的权威首先得益于科学民主的立法。在以往的立法当中主要存在立法权限不清晰、立法地方保护主义、立法责任推诿的问题。正因为立法是构建权威法治的第一道关口，所以必须发挥立法机关的主导作用，提高立法质量。"合抱之木，生于毫末；九层之台，起于累土；千里之行，始于足下"，法治之架，起于立法。立法是构建法治的重要基础。为了巩固法治的基础，应该发挥立法的引领作用，让权力的行使都有法可依；应该明确立法权的主体，防止各部门争夺或轻视立法权，使立法带来的效益达到最大化；应该在宪法法律的范围之内，进行有质量、有群众基础的立法，不陷入群众质疑法律、法律成为地方谋取利益的工具的困境。

在执法方面，执法关乎着每个人的日常社会生活，也有着最直接侵害人们权益的危险。执法当中的行政裁量权是需要特别关注的问题。执法要有合法性与合理性，这是最基本的要求。如果没有严格和细致的程序性要求，在执法过程中便难以把握行政裁量权，引发官民冲突。因此，确有必要建立裁量基准制，把行政裁量的规则进一步具体化，认真评估其实践操作情况，提高行政效率。可以说这是加快建设法治政府的内在要求，也是改善官民关系、不断提升人们对政府的信赖的必要内容。现代法治的精义在于控制权力，行政权要有内部与外部的制约机制和可行的裁量规则。

在司法方面，司法是公民权利救济的最后一道防线，司法的不公会给社会造成极大的负面影响。习近平总书记所讲的100-1＝0，就蕴含着十分深刻的司法辩证法。因为一次不公正的判决会摧毁九十九次公正判决所累积起来的良好形象。司法权力与其他公权力及社会主体之间的关系模式应当得到不断的优化，不仅应构建司法权与立法权、行政权之间的良性互动关系，还应熟谙情理法的科学平衡之术。

在守法方面，法治在有了良好的法律制度体系之后，守法是万万不可缺失的。现今守法的重要工作在于引导人们相信法律，信赖法律治理社会的成效。换句话来说，我们的立法、司法和行政人员都要守法。国家的权力主体漠视法律，再完善的法律都是一纸空文，人们内心就会产生"破窗效应"，同样置法律于不顾，我行我素。为了在最后一个方位实现法治，必须积极地在人民之中培养法治意识，普及法律知识，做好法治宣传教育。应重视抓住领导干部这一关键少数，提升法治思维能力。

二、法治平衡的要素

法治的建设不是一蹴而就的，而是多种元素互动平衡的漫长过程。中国特色社会主义法治道路是根据中国自身的国情和社情所规划的，同时也适当吸收了国际发展经验。法治平衡的精髓在于权力与权利的平衡，也在于法律规则与其他规则的平衡。因此，要结合中国传统法律文化、近代社会结构变迁和当代社会事务发展状况，确定法治平衡应当具备的要素。

（一）权力与权利之间的平衡

权力的扩张可能会带来权力滥用的问题，而权力的缩减可能会带来行政效率低下的问题。权力的正确配置是有效发挥权力作用的首要条件。权力与权利从传统的对立逐渐走向统一，因为随着经济发展和公民法治意识的增强，权力和权利互相渗透，两者出现了合作式的相互作用。在古代，权力至高无上，特别是一国之君，其权力永无边界，公民的权利几乎被皇权所驾驭。但是权利也有盲目的、非理性的一面，在"文化大革命"时期，公民的权利存在着极大的释放空间，可是却因为权利行使不当、无序，造成了灾乱，享有权利的主体互相侵害，严重阻碍了社会发展。反过来，如果权利在规范上被缩减，限制性制度与保障性制度不成比例，权力势必会呈现出膨胀的趋向。法治的自由与秩序价值需要权力能够在正当的轨道上运行，指引公民权利理性行使，同时也让公民权利约束权力。保持权力与权利之间的平衡，要扩大权利的生存空间，压缩日益膨胀的权力，以防权力对权利的吞噬最终造成权力合法性的基础崩塌而影响到政权的稳定。①

（二）权利与权利之间的平衡

权利与权利之间有时出现紧张和冲突。如今中国正处于实现全面建设社会主义现代化国家新征程，新一轮的改革措施应时而生。中国地域广阔、人口众多，加上现在社会主体多元化，利益关系也就更加复杂。这是法治建设的大时代，为了实现预期目标和施行改革措施，亟须法治保驾护航。而在新时代背景下的法治建设过程，要兼顾到不同利益和权利诉求，缓解权利主体之间就权利的享有和行使而产生的摩擦。在多元化利益面前，要解决权利之间的矛盾，不能够"减此增彼"或者"增此减彼"。由于利益的繁杂和权利诉求的差异，不能"一刀切"，以一致的标准确认权利的优先性，简单粗暴的方式反而会加剧权利之间的冲突，造成权利与权利之间的失衡。法治的动态平衡是合法、合理的，在维持权利之间的平衡方面，应该允许权利主体在法律规则和程序范围内实现权利的最大化，并适应社会发展实际，以确立不同利益和权利诉求之间平衡相处的制度架构。

---

① 郎灿：《公权力与私权利的冲突与平衡》，载《合作经济与科技》2009年第4期。

（三）权利与义务之间的平衡

马克思说："没有无义务的权利，也没有无权利的义务。"这是对权利与义务之间对立统一之客观事实的诠释。权利与义务两者具有各自独特的价值，公民在享受权利的时候，需要承担一定的义务，否则会形成权利或者义务上的倾斜。这是权利与义务的内在有机联系的必然结果。权利与义务之间取得平衡，有利于推动依法治国和创造人民福祉。权利与义务失衡有两种极端表现，分别是"重义务，轻权利，以义务为本位"和"重权利，轻义务，以权利为本位"。无论是哪一种极端表现，都无助于社会秩序的和谐构建。两种极端表现在中国曾经都出现过，今天要全面推进依法治国，需要将权利与义务的平衡观念渗透到法治的每个环节，灌输于法治国家、法治政府和法治社会。此外，权利义务关系与社会关系的正确走向有着密切关系，社会关系的和谐意味着权利和义务的平衡，这种平衡要求公民享有权利的同时，也应履行应尽的义务。在权利义务相平衡之下，法治的建设方能有坚固的社会基础，以形成有序的法治社会反作用于法治建设。

（四）法律规则与其他规则之间的平衡

中国的传统规则是以"管制"或者是"统治"为核心，与现代之"治理"有着根本性的区别。法律规范与中国传统文化有着不可割裂的联系。春秋战国时期，儒家礼治与法家法治在学术思辨之下延伸了不同层次的治理内涵，对各诸侯国维护统治秩序都有过重要的指导作用。儒家强调的是"礼"，以"礼"为法，以"礼"从正面积极地规范人们的言行；法家则强调法律规范的普遍性和严肃性，"以法治国""明法重刑"。直到现代，依法治国与以德治国的基本原则仍然体现出强烈的传统治理思想烙印。以德辅法，应该是法律规则与道德规则达成平衡的最优选择，法律不是万能的，法律不可能调整所有的社会关系，处理社会纠纷矛盾还应该参照其他规则，如道德规范、风俗习惯、宗教规范等。法治的平衡需要法律规范与其他规范和睦相处，而且立法、司法、执法、守法这四大环节无不应考虑到法律以外的规则效果，特别是司法审判，除了追求既定或者预期的法律效果，还不能忽视由此导致的社会效果，为此，应当充分发挥其他规范对法律规范的补充效果，促使规范的活性互动。

三、法治平衡的功能

（一）优化社会主义政治生态

中国法治化是从新中国成立以来才正式起步的，由于中国特有的社会结构、文化环境与经济体制，国外并没有类似国家的成功案例可直接作为参考。习近平总书记多次提到"政治生态"这个词，良好的政治生态主要指权力受到制约和监督、权力为公、权力与权利处于良性互动的和谐运行状态。法治，尤其平衡的良法之治，是规范和限制政治权力的必要手段。对于政治生态的不良状况，法律和司法的被动效力和单方效力太有局限性了。因此，我们必须要打破这种桎梏，突破这种局限。法治平衡作为一个完善的政治生态系统，可以优化整个政治生态现状。法治的突出特点就是把政治权力规制在法律的规范之下，防止政治权力的滥用，因此，从本质上来说，法治就是政治权力及其与公民权利关系的法律化，而法治平衡就是这一关系相互协调的法律化进程。政治生态分内部环境和外部环境，上述的国家权力的内部规制属于内部环境，外部环境的突出表现在于，政府权力和公民的权利作为政治生态天平的两端，无论哪端强弱都会带来政治环境的失衡。正在重塑政治生态的当下中国，法治是必然选择的目标，这个目标将会为我国各项权力的行使提供真正意义上的法律依据，而唯有法治平衡的道路才能实现这一目标。只有遵循法治平衡，我们才能在这场政治生态的重塑过程中规避许多不必要的权力冲突，减少各种利益之间的碰撞与摩擦，以一种平稳的有序的方式过渡到法治的理想彼岸。

党的十八大以来，党中央采取了一系列从严治党的措施，如强调抓好领导干部这一关键少数，加强对领导权力的监督力度；坚持公平公正的选拔领导干部制度；提出"八项规定"作为党规党纪的红线，坚持思想建党和制度治党的有机统一；加强党内监督，坚决惩治腐败，"苍蝇""老虎"都要打的精神。在这一高压反腐的过程中，我们确实清除了许多党内毒瘤，让人们感受到中国政治清明的新希望。

（二）促进经济生态环境发展

运用法治思维和法治方式，是推动经济社会发展的现实需要。当前中国的经济社会发展，已经不同于历史上的情形，因为我们所面对的经济是市场经济，所面对的社会是现代社会。市场经济和现代社会从不同方面提出了运用法治思维和法治方式的要求。

在马克思主义哲学的观点中，经济基础决定上层建筑，上层建筑反作用于经济基础，这在今日之中国可谓体现得淋漓尽致。十八大以来，中央所作出的一系列关于全面推进依法治国的决定和重大战略部署都是源于我国经济社会发展所遇到的机遇与挑战。当经济体量达到全球第二的规模以后，我们会发现要再前进一步都显得特别困难，其中掣肘的因素既有百年未有之大变局带来的冲击，也包括立法的不完善、行政的不作为和行政的乱作为等，这使得市场主体不能充分发挥自己本身所具有的积极性和创造性。要打破瓶颈继续向上，就必须依法治国，从立法、执法、司法各个方面为市场主体创造各方面的条件，从各个方向释放红利，共同助其突破。具体来说包括以下几个方面：一是市场经济由法律来确认。经济体制是一国经济运行的总的制度概况，一个国家，尤其是中国这种从计划经济向市场经济转变而来的国家，要发展自己的市场经济，更应给予市场经济以明确的法律地位。我国经历了漫长的试错过程，终于在宪法和一系列有关法律中确认了市场经济的主体性地位，这是值得肯定的。对此，习近平总书记反复强调市场经济实质上是法治经济。我们在以后的立法中于这一方面不可有半点偏废，要继续贯彻。二是市场经济中最重要的是市场。换言之，是一种公民之间的自由意志，只有让公民间的自由意志得到最大的贯彻，成为最重要的原则，才能让公民的积极性和创造性充分发挥出来，因此我们在立法中要尽量地将规制经济的行政许可项目缩减，能不管的坚决交由市场决定，将国家的权力下放到民众之间，以权利保护取代权力干预来激发市场的积极作用。三是对于一些必须由法律规制的市场行为，必须制定严格的法律加以调控，因为再发达的市场也必有其缺陷，国家必须为市场提供一套完备的行为规范来引导市场经济中人们的行为，以规避系统性的市场风险，为市场经济的发展提供良好的法治环境。具体落实规制的机关要严格依法行政，保证有漏洞时坚决不缺位，修复漏洞时坚决不错位。四是用法治维护市场经济的成果，尤其是要完善我国的产权制度。市场经济的发展必然会取得一系列重大成就，这些成就一旦获得就必须得到法律的保障，不能让产权者无权可言，因此必须要对这些产权予以最高程度上的法律的肯定，为其继续发展提供新的基础。市场经济必须是成果法治化的经济，对合法获取的权利予以保护，是法治在市场经济中的最为重要的使命。

（三）对构建社会主义和谐社会的制度作用

和谐社会的基本特征就是民主法治、公平正义、诚实友爱、充满活力、安定有序、人与自然和谐相处。其中最重要的就是民主法治，其在和谐社会中发挥着总揽全局的作用，而法治平衡是实现民主法治的最基本道路。民主是指民众的权利得到充分的实现，其最重要的一点是协调国家权力与公民权利，而法治平衡之道可以妥善解决它们之间的矛盾。法治指的是国家的各项权力都在法律的轨道上运行，其实质是一种权力之间的协调，法治平衡亦能很好地解决这之间的矛盾。综上，实现民主法治必须走法治平衡之道。当然，必须强调的是，这里的法治平衡一定是在坚持党对法治的统一领导下的国家权力及其与公民权利的平衡，而不是西式三权鼎立下的所谓"绝对"的制衡。

首先，法治平衡有利于协调各方利益。在以往一个时期，国家、集体与个人的利益以及中央与地方利益在一定程度上失调，这与我国人均收入追不上我国总体经济发展水平，造成明显的贫富差距有关。社会发展不平衡，造成社会矛盾激增，不加以缓和，必将阻碍社会发展。习近平总书记在十九大报告中明确指出，坚决打好防范化解重大风险、精准脱贫、污染防治的攻坚战，使全面建成小康社会得到人民认可，经得起历史检验。法治平衡的内在要义中包括权利平等，即坚持规则面前人人平等，拒绝特权，保障每个社会成员都有一个平等竞争的社会环境，保护弱势群体，优先使用公共财税解决低收入阶层困境，让发展成果公平惠及全民。

其次，法治平衡有利于保障诚信社会的建立。诚实守信是一个社会最低的道德规范要求，中国自古以诚实守信为美，诚实守信同时也属于法治范畴。目前，我国社会同样也遇到诚信缺失的困境，人与人交往信任缺失，政府失信于民的现象也偶有发生。法治平衡有利于打造诚信政府，提升政府威信，加大政府公开力度，强化民主监督，打击权力腐败，并且有利于构建新的社会信用体系，增强人们对法律的信任。

最后，法治平衡有利于保障生态平衡，保障人与自然和谐相处。自然生态是人类赖以生存的基础和前提，实现人与自然的和谐共处是建设社会主义

和谐社会的应有之义。从工业革命以来，任何国家的经济发展都伴随着自然
生态的破坏。21 世纪以来，自然灾害频发，物种持续灭绝，全球气候变暖，
生态问题突出。为了维护生态平衡，保护自然环境，我国先后制定了《环
境保护法》《水污染防治法》《野生动物保护法》等数十部环境资源保护法。
不同于西方的"先发展，后治理"的老路，我国在发展过程进入到黄金高
峰时期便格外重视对环境的保护。十八大报告中，便提出了"五位一体"
总体布局，而后又有一系列治理污染的环境立法，极大地促进了我国环境的
改善和生态的平衡，让人与自然和谐相处不再只是一纸空谈。

第二节　中国特色社会主义法治道路的调整机制与功能优化

一、对法治动力机制的优化

如同经济的发展需要法治社会的推动，政府的改革动力也来自社会治理
的需求。我国社会治理由多方面的动力推动，包括中国特有国情的推动、法
治社会自身建设的推动以及国际大环境的推动。如何将这些来自四面八方的
压力更好地转化为动力，就是我们接下来的要讨论的问题。

通过研究新时期党的改革路线、政策、方针及改革的实践经验，可以得
出有以下四个关键因素推动着中国的法制改革：第一，正确的政治目标，即
健全社会主义法制，实现社会主义民主。1976 年之前的十年中，中国经历
了动荡的"文革"岁月，而在 1976 年之后到十一届三中全会召开之前，我
们的工作一直处于徘徊的状态，直到 1978 年 12 月会议召开以后，我们才真
正开始确立解放思想、实事求是，团结一致向前看的指导方针，开始全面、
认真地纠正"文化大革命"以及以前的"左"倾错误，重新审查党的历史
上一些重大冤假错案，梳理了一些重要领导人的功过是非问题。同时，作出
了把工作重点转移到社会主义现代化建设上来的战略决策，不再使用与社会
主义相违背的"以阶级斗争为纲"的口号，提出了健全社会主义民主和加
强社会主义法制的任务；之所以说十一届三中全会是党和国家伟大的转折

点，是因为会议以及会议后遵循建设民主法制的目标，制定和实施了一系列路线、政策、方针，为拨乱反正，解决新中国成立以来的许多历史遗留问题和实际问题提供了根本方向和具体方法。第二，经济体制的改革，成为推动中国法制发展的决定性力量。经济体制的改革与法制的创新是相互促进的，经济体制改革推动法制的创新，相应地，法制的创新也为经济体制的改革提供了保障。例如，1984 年十二届三中全会提出的"计划经济为主，市场调节为辅"方针，1992 年十四大提出的建立"社会主义市场经济"体制，2002 年提出的知识经济全球化和 2003 年提出的"市场经济要为和谐社会服务"，这些经济政策都影响着当时法制的发展，2013 年提出推进国家治理体系和治理能力现代化，要求通过全面依法治国保障经济社会的平稳发展。由此看来，经济领域的重大变革无一例外地带来了法律观念、法律制度、法律规范和法治方式的创新。第三，经济与公共事务全球化。随着时代的发展，目前世界各国已经步入"地球村"的时代，在这个时代，无论是发达国家还是发展中国家，大陆法系国家还是英美法系国家，资本主义法治国家还是社会主义法治国家，都面临着国内外的规则趋同和应对解决各类全球性问题的法律挑战。我国在制定民商法、反垄断法、知识产权法、对外贸易法等一系列法律的过程中，广泛学习借鉴国外的立法经验，结合自身实际情况吸收世界法制文明成果，对形成中国特色法律体系具有重要意义，并且对我国发展"异而趋同，同而存异"的法治文明格局，最终实现公平正义、可持续发展的法律全球格局具有极大的助益作用。第四，人民日益增长的民主、法治、公平、正义、安全、环境等要求，是促进中国法治发展的内在动力。邓小平同志曾多次强调，改革要坚持"两手抓，两手都要硬"的方针。"两手抓"，抓的是社会主义初级阶段经济和法制两方面的矛盾。当今时代，社会主要矛盾已转变为人民日益增长的美好生活需要和不平衡不充分的发展之间的矛盾。人民的需要不断向民主、法治、公平、正义、安全、环境等方面延展，这无疑为夯实和拓宽法治道路提供了强大的内生动力。法治动力与优化主要包括以下几个方面：

（一）中国复杂国情的动力与优化

中华法系绵延不断的优秀法治文化遗产为当今时代的法治构建提供了极为有益的滋养。当然，封建人治和专制传统的某些影响也不可完全忽视。

一方面，面对权力的不平衡，我们选择了限制，尤其是十八大以来，限制政府权力的趋势愈加明显，"政府权力清单"试点开始陆续推行，十八届四中全会还提出完善违宪监督和审查机制，保证各级党组织和各级政府尊重和遵守宪法。反腐力度空前强化，"苍蝇""老虎"全都要打。另一方面，我国强调"法治"的同时也强调"德治"，这也是对我国几千年传统文化全面扬弃与回应的必然选择。我国早在春秋战国时期就存在"人治"和"法治"的讨论，但终究是在以封建统治为前提的治理手段问题的争论，如今不同的是，以江泽民同志为核心的党中央第三代领导集体在我国社会经济步入新的发展时期时提出了"以德治国"的重要治国方略。进入新时代，习近平法治思想在人类法治文明史上创造性地继承优秀法治文化传统，创新性地揭示了法治与德治的关系，集中体现在党的十八届四中全会正式提出了全面推进依法治国的基本原则，专门强调要坚持依法治国和以德治国相结合的原则。从而实现了对传统德治文化的历史性超越，真正科学地把握住了法治和德治的逻辑关系。

（二）来自国际环境的动力与优化

随着生产力的发展，交通、通信、网络等技术的飞跃，世界各国更加紧密地联系在一起，面对全球化的不断发展，各国在文化、经济上不断通过"地球村"形成一个利益共同体，与此同时，联系得更加紧密意味着信息壁垒不复存在，哪国落后将一览无遗，竞争和挑战前所未有。我国改革开放以来，在国际经济大环境中，制度和观念受到冲击，综合实力竞争加剧，这对于我国的法治建设而言，不仅是一种压力，更是一种动力。全球化的压力更多来自于制度的压力，1978年十一届三中全会以来，我们积极参与全球治理，主动缔结国际公约和双边条约，成为许多国际组织成员，相应地也承担了更多的国际责任。为此，应当统筹国内法治与涉外法治，加强我国的涉外法、外国法和国际法的研究工作，不断提升中国法治的国际影响力，反对单边主义、保护主义和霸权主义。

（三）来自法治建设本身的动力与优化

我国法治建设本身也产生了相应的动力，比如社会民众法治意识的普遍形成，社会法治实践的不断强化，人们对法治要求的提高。但也产生了法治的快速发展与法治人才的紧缺，农村等偏远地区法治化等问题。总体而言，就是法治的需求与法治供应紧缺的矛盾所产生的一系列问题。

面对这些问题，我们总结出了如下几个相应的优化方案：首先，提升民众的法律技能，强化法治宣传教育，为法治提供群众基础，任何法治社会的建设都以公民较高的法律意识为社会意识的基础。其次，提升法学教育与法律人才的培养。提高公检法等机关准入门槛，对已经进入法检系统的公职人员，应完善在岗考核机制和绩效评价机制，对不达标的予以淘汰。对法律人才进行实践化和理论化的区分，提升我国法律队伍的法律素质，优化法律人才知识结构，更加注重法律人才的职业伦理与道德修养。最后，农村地区占了我国较大的国土面积，拥有较多的人口，我们也必须清醒地认识到，农村法治建设问题得不到解决，中国的整体法治水平永远得不到真正的提升。农村法治建设应融入乡村振兴总体战略，既要服务于乡村振兴的全局，又要聚集于解决农村面临的经济发展、环境改善、民生福祉以及"空心化""老龄化"等一系列问题。

二、对法治平衡机制的协调

构建中国特色社会主义法治体系是依法治国和中国特色社会主义法治道路建设关键的一步。中国特色社会主义法治体系主要由法律规范体系、法治实施体系、法治监督体系、法治保障体系和党内法规体系组成，他们的相互配合反映了我国的法治运行状态，形成全新的法治体系。

（一）完善对各级立法冲突的协调

立法的直接目的是让制定的法由应然变为实然，进而实现调整和规范社会关系、维护社会和谐稳定、促进社会健康运行的最终目的。这就需要立法的和谐运转，立法不周全可能直接造成法治系统内部的不和谐，这种不和谐主要表现在不同效力位阶的法律、行政法规、地方性法规和部委规章之间的冲突与矛盾，可能带来我国行政执法资源浪费、司法无章可循、地方保护主义合法化等不良后果，进而影响我国法的价值的实现，阻碍中国特色社会主义法治建设。此类情形的产生大多在于地方各级立法目的不当，立法主体观念滞后，技术缺乏，相应的国家机关履行监督义务不当。中国特色社会主义法治体系的建设，有利于端正立法目的，更新陈旧的立法观念，强化各级立法的专业性，提高立法人员总体素质，明确地方立法依据，强化立法监督机关责任，更加有利于各级立法系统的运作。

（二）政府管理与行业协会自治相协调

良好的行业协会自治更加有利于社会稳定，配合政府工作，协调社会发展。目前各国承担市场经济管理职能的既可能是政府，也可能是民间组织。当代社会行业协会已经普遍得到认可，在我国也正在迅速地发展壮大。行业协会自治是行业管理法律制度的重要组成部分，其所制定的自治规范对于维护行业经济秩序，促进经济发展，协调社会运作起到了越来越重要的作用。政府的能力有限，无法涵盖市场监管的方方面面，行业协会作为政府与企业的中间桥梁，也弥补了政府监管的不足。随着市场经济不断发展，各种经济社会问题频发，法治系统的建设要求在寻求化解危机处理方法的同时探索一种更为行之有效的监管模式，提高政府监管能力，发挥行业自律和监管作用，实现政府监督和行业自治的合理优化配置。

（三）司法体制现代化中各方关系的协调

十八届三中全会所提出的全面深化改革的总目标中，推动国家治理体系和治理能力现代化，为我国司法体制改革的未来奠定了基础。推动司法体制改革，要以现有的制度为基础：首先，要建立以审判为中心的司法体系，坚持法院、检察院和公安机关之间"分工负责，相互配合，相互制约"的原则。优化司法职权配置，健全司法权力分工负责、互相配合、互相制约机制，确保侦查、审查起诉的案件事实经得起法律的检验。其次，正确处理司法机关与党的关系，为了使司法机关独立行使职权，十八届四中全会要求法院、检察院要依法独立公正行使职权，各级党政机关和领导干部都不得干涉司法机关的决定和活动。最后，推动司法体制去行政化和地方化的改革。十八届三中全会和四中全会作出相应的重大决策，推动省级以下地方法院、检察院人财物统一管理，设立巡回法庭，跨行政区划审理重大的刑事、民事、行政案件等等都体现出了我国司法体制现代化的前进方向。

（四）社会主义道德与社会主义法律法规相协调

要实现建设中国特色社会主义法治体系的目标，就要坚持依法治国和以德治国相结合的原则，这就要求坚持社会主义道德与社会主义法律法规相协调，两者相互渗透，相互促进。法律与道德是不同属性的行为规范，但是道德和法律都是构建法治社会的重要组成部分。法律是道德最低限度的要求，道德则是法律的价值基础。法律是成文的道德，道德是内心的法律。作为有着以德治国悠久历史的国家，如果全盘将道德从法律中剥离，将使得人们一时间无所适从，只有在坚守道德的前提下慢慢灌输法律知识并逐步形成法律信仰，把社会主义核心价值观融入到法治体系，实现道德与法律的无缝衔接，中国的法治才算走上正确的道路。

第三节　中国特色社会主义法治道路的制度整合与自我完善

一、法治适应性与适宜性

适应性（adaptation）是属于生态学领域的术语，指的是通过遗传组成赋予某种生物生存潜力，以决定该物种在自然选择压力下的性能。虽然适应性是生态学术语，但对一个国家的成长与发展亦是适用的。

制度适应性之于一个国家是相当重要的，可以说，一个国家的生存发展系于其制度的适应性。

法治适宜性主要是指法治如何适应在中国的发展。以经济建设为中心的改革开放到今天已经走过了 40 多年的风雨，在这个新时代，中国作为世界上最强大的发展中国家，无论是经济、政治还是社会与文化，各方面都发生了巨大的变化。虽然我国的法治建设起步较晚，并且发展的道路曲折、步履维艰，但我们尽享后发优势。目前，我国法治建设的发展速度赶超了世界上许多国家，取得了一系列法治改革的成就，形成了具有中国特色的法治建设的主线和模式特征，法治在中国是完全适宜的，其奥妙在于选择了中国特色社会主义主义法治道路。

法治发展与法治道路适宜性体现在三个阶段。[①]

第一阶段：1978—1996 年是中国特色社会主义法治建设的起始阶段，以 1982 年《宪法》的制定和《民法通则》《刑法》的颁布为标志。这一阶

---

① 冯玉军：《中国法治的发展阶段和模式特征》，载《浙江大学学报（人文社会科学版）》2016 年第 3 期。

段的主要特征是在经历了多轮民主与法制的变革后，制定了一系列重要的法律以构建中国特色社会主义法律体系的基础框架，保障基本人权和民主；重建社会管理秩序，以确定的战略取向建立社会主义市场经济法律体系，实现法治化和制度化的社会治理。邓小平同志曾说过：为了保障人民民主，必须加强法治，这就意味着必须把民主制度化和法律化，使其不因领导人的变更而改变，不因领导人想法的改变而改变，这才能使得制度和法律具有稳定性、连续性和权威性。"文革"结束后，国家最重要的任务之一就是要保障人民民主，加强法制建设，切实做到"有法可依、有法必依、执法必严、违法必究"。为了完成这个任务，党在 1981 年召开的第十一届六中全会通过了《关于建国以来的党的若干历史问题的决议》，特别强调了要吸取和反思"文革"的惨痛教训，将高度民主的社会主义政治制度的建设作为社会主义革命的基本任务之一，要求根据民主集中制的原则加强各级国家机关的建设，增强各级人民代表大会及其常设机构的权威性，在基层逐步实现人民的直接民主政治权利，完善国家的宪法和法律使之具有权威性，让公民自觉、严格遵守，这样社会主义法制才可以成为维护人民权利的武器，维护生产秩序、工作秩序、生活秩序和惩罚犯罪。

第二阶段：1997—2011 年是中国特色社会主义法治建设迅猛发展的阶段。在这个阶段，法治的地位和作用获得了国家和人民的高度重视，集中体现在 1997 年党的十五大第一次正式提出，依法治国，建设社会主义法治国家。到 2011 年，中国特色社会主义法律体系正式形成，我国法治建设的根基已经稳健建立。中国特色社会主义法治建设的迅猛发展以确立依法治国、建设社会主义法治国家基本方略和加入世界贸易组织为标志，在全球化的时代开启了新一轮的法治改革。这一阶段的主要特点是：以"依法治国，建设社会主义法治国家"为基本战略；在中国加入世贸组织后，加快国际相关领域的立法和法律清理，全面促进中国法律改革，使其符合国际通用规则；推进司法改革，实现庭审制度等改革；全面落实依法行政，打造责任政府。在这个阶段，法律价值已成为民族精神和国家形象的重要组成部分。法律的权威性逐渐得到了执政党和国家机关的维护和尊重，保护人权、限制公权力、程序正义等法治原则体现在法治建设中，实现了从法制向法治的第二次飞跃。

　　第三阶段：2012 年至今是中国特色社会主义法治建设的发展和完善阶段。在这个阶段，实现了中国特色社会主义法治建设史上的第三次重大突破。党的十八大对之前历次大会所提出的依法治国方针以及实施情况进行总结，加大建设力度，提出了"全面推进依法治国"的战略部署，开创了中国法治建设的新局面。2013 年 11 月，党的十八届三中全会明确了全面深化改革的总目标，即完善和发展中国特色社会主义制度，推进国家治理体系和治理能力现代化。紧接着，2014 年 10 月十八届四中全会召开，正式确立了"建设中国特色社会主义法治体系，建设社会主义法治国家"的战略目标，并且对全面推进依法治国的基本原则、工作布局和重点任务进行了科学、系统的列明。十八届四中全会对法治建设的布局是由线到面，由面到体的，这使得中国法治建设更上一层，并由此揭开了中国法治建设的新篇章。党的十八大召开后，习近平总书记就中国法治建设发表了一系列重要讲话，阐述了一系列新的科学观点、命题和论断，内容主要包括弘扬宪法法律权威、加强法律实施、发挥人民在法治建设中的主体作用等。

　　将建设"法治中国"作为法治建设的最高目标是党在十八届三中全会通过的《关于全面深化改革若干重大问题的决定》中提出的。这一全新的提法既与现实国情和民意相联系，又符合法治发展的普遍规律。它是法治的一般原则与中国法治实践紧密结合后，在法治道路、法治理论和法治体系上的创造性变革的产物。这将有助于构建中国的法治格局，探索中国的法治道路，振兴中国精神，打开中国法治建设新局面。《关于全面深化改革若干重大问题的决定》在法律的制定、修改、清理和废除方面提出了 60 项措施，以推进全面深化改革。全面深化改革的过程，实际上就是全面推进法治改革、推进依法治国建设的过程。这包括了两个方面：一方面，是法治的"自我改革"，即按照社会现代化的发展趋势和客观规律，对法治体制、法治机制和法治方法进行改革和创新；另一方面，是法治的"配套改革"，意味着采取对法律立、改、废的方式对法制进行改革，确保法律体系可以与不断变化的经济社会生态等领域的改革相适应、相协调，使得法律体系具有兼容性和协调性。在建党 93 年，也是新中国成立 65 年时，中共第一次以"全面推进依法治国"为会议主题召开中共十八届四中全会，会议通过的《关于全面推进依法治国若干重大问题的决定》在总结中国特色社会主义法治建设的成功经验和深刻教训的基础上，确立了全面依法治国的战略目标，提出了 180 多项重要法治举措。《关于全面推进依法治国若干重大问题的决定》提出的一系列创新法治建设的思路和观点，不仅是对过去法治文明经验的高度总结概括，也是推进法治中国建设的实际行动指南。中国人民为实现民主法治理想作出了近百年的不懈努力，而如今，中国仅仅花了三十年就实现了从法制到法治的跨越，若说法治在中国不具有适宜性，是不符合现实的。①

二、法治改革与治理革命

全面推进依法治国是一个系统工程，需要付出长期的艰苦努力，这是《全面推进依法治国若干重大问题的决定》中提出来的要求。同时，以习近平同志为核心的党中央作出了全面依法治国是国家治理领域一场广泛而深刻的革命的重要论断，我们很有必要对此进行研究和分析，解读出其真正的内涵。革命会引起社会动荡的根本性变革，正如美国著名政治学家塞缪尔·亨廷顿所认为的，国内革命的根本性、暴力性会导致占据社会主导地位的价值及其相应的政治制度发生翻天覆地的变化，而所谓"改革"则只是国家主动推行的一种制度或机制渐进式的革新，更准确点来说是社会政治革新。在这个范畴和领域内革命和改革可谓是泾渭分明，截然不同的两个概念。

但革命亦有广义和狭义之分。狭义上的革命专指社会革命或者政治革命，例如我国的新民主主义革命。从广义上说，改革也是一种革命，革命泛指一切事物的根本性的改变，从这个意义上来说，只要是量变积累到一定程度所实现的根本性变革都可以称之为"革命"，如一系列的科技革命、信息技术革命。因此，只要我们的改革能够引起社会领域任何一种根本性的变化，我们便可以称之为"革命"。

从广义出发理解革命，我们就很容易理解邓小平所提出的"改革是中国的第二次革命"的含义了。因为改革或者说成功的改革都是能够引起体制在一定程度上的根本性变化，其不可能仅仅是对原有体制的一些小范围的

---

① 冯玉军：《中国法治的发展阶段和模式特征》，载《浙江大学学报（人文社会科学版）》2016 年第 3 期。

修补。邓小平话语中的"第二次革命"实际上就是指改革开放。改革开放40多年来,我国从计划经济转变为市场经济,这是经济制度的根本变革,这是一场改革,也是一种革命。从改革开放的成果来看,改革促进了生产力的发展,对社会生活、经济生活和政治生活产生了深刻的影响。改革,使得国家在某一领域或多个领域发生了革命性的根本变革,这种变革可以使社会主义制度自我完善。改革是社会主义制度的自我完善,体现的是一种量变,但当我们在改革过程中的成果即"量变"累积到一定的成果产生质变时,又何尝不是一场革命。

　　改革作为社会制度的自我完善方式之一,便是部分成果由量变发展成为质变。例如,新中国成立以来的多次改革使中国特色社会主义制度得以完善,我国在经济方面从计划经济转变为市场经济,在政治方面从集权转变为民主,在国家治理方面从人治转变成法治,在政党方面中国共产党从"革命党"转变为"执政党",这些都是当代中国极为深刻的社会变革和制度变迁。由此可知,在当代中国,"革命"应当从广义理解,经济领域和政治领域中的重大变革以革命论,并无不妥。而在我国当今经济倒逼政治改革形势下,政治改革势在必行,其中对我们产生最深远影响的当属全面推进依法治国,即法治改革。

　　法治改革,在今日之中国用直接的话语来表达就是全面推进依法治国,用更加贴近其实际内涵意义的话来说就是一场从人治向法治转变的革命。这一场革命的总目标是建设中国特色社会主义法治体系,建设社会主义法治国家。由于需要彻底地转变我们国家的治理模式,我们要明白这一转变的艰巨性和持久性,因为从人治到法治的这一转变过程不可能一蹴而就,每个西方发达国家都经历了持续几百年的一系列的改革和革命才成就现代法治,所以我们要牢记,要建成法治中国就需要在国家治理领域发起一场广泛而深刻的革命。而推行法治改革,是一个循序渐进发展的过程,需要一步步积累从量变最终成就质变。迄今为止,党在正式文件中明确称之为"革命"的只有两件事。一是改革开放,在党的十七大报告中改革开放被认为是党在新的时代条件下带领人民进行的新的伟大革命;二便是依法治国,党的十八届四中全会明确了全面推进依法治国,这是国家治理领域的一场革命。实际上,改革开放和依法治国这两场革命在十一届三中全会之后就已经如火如荼地进行着。依法治国，是顺应改革开放以来经济基础的变化在政治上层建筑领域的伟大变革，这场变革要以法治为依托，推进国家治理的现代化，以建设法治中国为根本奋斗目标。

三、法治规制与主动校验

规制，一般是指政府对经济行为进行管理或制约的一种国家管理模式。具体而言，是指在市场经济体制下，以矫正市场失灵等市场机制内的问题为目的，政府对经济主体进行干预，设置一定的限制或者制约管理行为，这种行为包容了所有政府克服市场失灵的法律制度以及以法律为基础的对微观经济活动进行干预、限制或约束的行为。规制的正当性主要包括垄断与自然垄断的出现、没有任何基础的意外的收益、信息不对称性和保证服务的连续性。规制是一系列的政治制度，亦是一个完整的行政过程，应该包括行政立法、组织设立和具体的行政规制行为，包括一系列的事实判断和价值选择。现今社会的规制主要包括两个大方面的内容：一是经济性规制，主要体现在企业和消费者之间以及消费者与消费者之间的关系规制。二是社会性规制，包括安全与健康、环境保护、消费者保护等领域的规制。由于政府权力的强势性，以至于政府规制的力量极大，几乎所有领域的规制都立竿见影，且"疗效显著"，所以政府规制本身也应纳入监管范畴。对当下建设社会主义法治国家的中国而言，就是把规制纳入法治的轨道，实现一种法治的规制。

正如所有的法律都是一种利益权衡之下的取舍，规制亦是如此。纳入法治轨道之内的规制更应该权衡规制本身的成本与收益，使规制具有其内在价值。规制的成本构成主要包括立法成本、执法成本和守法成本；规制的收益主要体现在社会整体福利水平的提升，两相权衡，便能找出其是否具有内在价值。这是我们进行法治规制的首要出发点。对规制进行"规范"应该成为我们建设社会主义法治国家的应有之义。法治规制应该主要包括以下两个方面：一是依法出台规制性规范，法治规制指的是政府在出台一系列规制性规范时应该依照《立法法》的规定进行，不能随意妄为，应该谨慎且合法，所有的行政性规制措施都要依据一定的程序，从开始立项到最后出台公示都应该严格按照国家权力机关制定的法律进行，不可有任何偏废。二是科学执行规制，由于规制最终还是要落于执行，所以执行这个关卡必须得牢牢守住，如果不能科学执行规制、规制低效率、规制权力寻租，就会造成整个行政的低效率以及行政官僚化，对政治生态造成恶劣的影响。解决之道当然不能是推翻整个官僚系统，必须从规制本身着手，科学完善规制之内的监督权体系，让所有规制权力都处于一种规制的状态之中，对政府的规制执行者进行科学的管理和业务的综合考核，对规制者既正向赋权又反向监控，带动整个规制的科学化执行。

（一）法治主动校验的机理

校验，是数学学科的术语，是指数据传送时采用的一种校正数据错误的方式。在法治领域内，法治的校验指的是法治监督体系，通过法治监督体系对法治进行校正和测试检验。法治监督体系，是法治运行的矫正器，保证法治的运行往设定的方向前进。[①] 在中国，法治监督体系是中国特色社会主义法治体系的重要组成部分，以宪法监督为核心，由执法监督体系、司法监督体系和社会监督体系等子体系共同构成一个完整而周密的监督体系。[②] 法治的校验是主动的校验，可以称之为法治的主动校验。为什么法治的主动校验是出于主动的？第一，法治的平衡是一种动态的平衡，重点是控制权力以达成平衡。每当有新的权力产生，就必须有相应的监督，这是由权力的天性所决定的。权力的无节制滥用会使得权利失去呼吸的空间和自由，必须要通过事前的监督从源头上制止权力的冲动。事前监督明显是主动性的监督措施，在权力将要实体化的时候加以检验、测评，论证权力的合法性和合理性，以及配以相应的机制，审查其给社会公共利益带来的效果和个人利益带来的限制，让受到控制的权力适应法治平衡环境。第二，法律文本不是摆件，不是制定出了体系化的法律文本就能实现法治。要发挥法律文本的功能作用，就应当根据法律文本的要求落实每一项制度、严格执行法律文本。以立法为例，立法的直接结果就是制定法律文本，但该法律文本并不是具有天然的合法性，此时就必须依据《宪法》建构的违宪审查、合规性审查、立法评估等机制检验该法律文本，防止产生或者增加"恶法"。如果法治校验不是出

---

① 《严密法治监督体系　校准依法治国航向》，载中国法院网：http：//www.chinacourt.org/article/detail/2014/11/id/1485345.shtml，访问时间，2020 年 6 月 21 日。

② 罗洪洋、殷祎哲：《社会主义法治监督体系的逻辑构成及其定位》，载《政法论丛》2017 年第1 期。

于一种主动，那么在错误的法律文本之下发生公民权益不当受损的时候，法治的修复就显得非常被动，也会产生巨大的国家赔偿成本和信任成本。第三，法治的具体实现，对人自身有很大的依赖性，但是人性的险恶是不能加以完全消除的，这就要求法治的校验处于主动位置，主动健全法治监督体系。法治监督体系必须制度化，减少对人的依赖，以防法治的主动校验被主动校验的人所毁坏。以司法审判为例，法官有着裁判的自由裁量权，是法治正义的代表，为了减少冤假错案的发生，对审判权要事先设置冤假错案防纠机制和法官责任威慑机制，主动过滤司法审判的非理性因素。

规制是政府行使权力对社会事务和经济活动的管理或者制约，一般情况下，是因为社会事务出现问题需要政府处理、经济活动失去理智需要政府引导而出现的。与法治的校验相比，规制应该是在市场或其他规则功能失灵下的一种较为被动的举措。规制更多的是运用在行政法治的领域，行政权力虽然不可能涵摄社会事务的方方面面，但是其是人民授权给政府享有和行使的，当社会发展出现停滞或者遭遇阻力时，行政权力就要发挥规制的作用，解决社会问题。

（二）法治规制与法治的主动校验对法治的意义

规制是手段，是政府的一个职能。法治规制，就是要把规制纳入法治化运行环境，促进规制法律化和制度化，同时也是控权的要求。目前中国的政府规制存在过度规制经济和公民权利、公民权益保障方面规制不足等问题。法治建设的理论依据之一是控制权力，法治平衡亦需要收缩权力与权利达成平衡。现代行政法学强调政府从管制向服务转变，服务型政府也并不是要放弃规制手段，"服务理念"的贯穿则是强化了规制的最终目标——为人民服务。实现服务的目的，规制还是必要的手段。法治政府是法治中连接法治国家与法治社会的介质，法治规制将政府规制法治化，对法治建设无疑有着关键的作用。其一，缩小政府规制的范围，政府权力与社会权力互相制衡。市场经济的失灵会打破经济秩序，可是经济活动有着自身的客观发展规律，政府规制过多会导致盲目干预，忽略了"看不见的手"的自我调节能力。让规制回归法律，有助于解释政府规制的合理性。其二，转变规制理念，完善规制体系。规制是政府调控社会的必要手段，法治化要求其理念随着政府职能的转变而转变，坚持服务权利的原则。政府规制缺陷的表现包括该规制的不规制、该规制好的没有规制好。规制法治化是让规制体系在理念转变的前置要件下进一步完善，根本上是要促进规制独立性、专业性和先进性。独立性是各级政府依法规制，各自在职责范围内规制，不受来自本政府之外的权力干预；专业性是政府的规制要有针对性和严谨性，正确认识权力与其他权力的相处之道，将需要规制的事务科学规制；先进性是政府规制的具体措施应该与时俱进，创新行政法治能力。这些都有利于在法治建设中探索治理体系和治理能力现代化。

法治的主动校验是指当法治出现问题的时候，法治自身的校验系统主动地排斥不符合法治的事物和行为，确保法治优良运作、维持动态的平衡。生态系统是通过能量流动和物质交换形成动态平衡，生态系统具有一定的测试和检验机制，筛选系统所需要的物质能量，保证自身系统的正常运转。如同生态系统一样，法治的动态平衡也需要有评估自我的能力，即依靠主动校验不断优化法治内部结构，使法治更好地作用于外部环境。概言之，法治的主动校验对法治有以下两大作用：其一，保证作用。法治是为了兴国利、进民福，需要的是良法之治。法治的主动校验可以保证法治的组成元素具备合法性与正当性。如前所述，法治不消除人性的丑陋，只要是人操作法治，法治的各个环节都可能出现假法治、假民主、变相滥用权力、损害公民权益的情况。主动校验中的审查机制和追究机制有着预防的功能，保证法治组成元素渗透到各领域之前的合法性。其二，改进作用。主动校验的改进作用是法治建设过程中及时纠偏的关键，在发现影响法治平衡的消极因素或者评估法治建设得出负面评价后，能够将信息反馈于法治系统。即在法治具备足够的经验之后，充实法治主动校验的机制，让我们更加明晰法治是什么、法治的作用、影响法治建设的因素等内容。经过主动校验的成熟发挥，国家、政府和社会能够对法治提出更切实可行的建议，采取相应的行动优化法治路径，进行有效的法治实践，取得良好的法治效果。

四、外部调整与自我修复

（一）法治的外部调整

外部调整是指法律与法律之外事物之间的相互作用，既指法律对外部事物，包括经济、政治、文化等各个重要事物的调整，也指经济、政治、文化等方面对法律的一种调整。这是一种互相促进、共同上升的过程。其中经济对法律及我国法治道路的选择有决定性作用，而法治道路对经济等方面更多的体现的是一种反向促进作用。按照马克思的观点，法律，包括法治道路的选择属于上层建筑，应该由经济基础决定，是故我们国家法治道路的选择亦应遵循经济发展规律，因势而动。我们党现在所面临的经济大势是，我国经济高质量发展势不可挡，世界第二大经济体的大国地位已经确立。但是，仍然处于社会主义初级阶段，还属于经济不发达的状态。改革开放至今，各种初始红利已处于消耗殆尽的边缘，改革不再只是经济层面的问题，还已经深化到了政治领域。国际经济形势复杂多变，应着力避免掉入"中等收入陷阱"。因此改革发展稳定任务之重前所未有，这意味着我国接下来将面临更大的风险和挑战。在这样的新形势下，我们要抓住发展的重要战略机遇，统筹国内外大局，使我国在深刻社会变革中始终保持经济发展的生机勃勃之势，在成功迈向全面小康之后，为社会主义现代化强国建设打下坚实基础。我国必须更好地发挥法治的引领和规范作用，并在这一过程中不断调整我国法治道路的方向，使我国的法治不断适应着经济发展需求。当我们党在谈到法治道路的选择时，不能忽略的一点是政治，作为政治的题中之意，法治道路的选择必然要遵循政治发展的规律，将法治道路纳入到中国特色社会主义政治发展道路之中。同时，法治又对政治起到有力的保障作用。"文化大革命"之后，全党都在反思，得出的原因在于制度不够完善，使得权力不能受到约束。对此，党明确把依法治国确定为党领导人民治理国家的基本方针，要求必须加强民主与法治，而把民主落到实处的方法就是通过制度化和法律化将其固定下来，推动法治建设。因此政治是对法治道路的选择和调整产生重要影响的一个外部因素。至于法律对经济和政治等方面的影响和促进作用主要在于制度保障作用，使我党和我国的一切改革和社会主义各项事业有制度支撑，于法有据。

（二）法治的自我修复

自我修复是生物界在长期进化过程中获得的自我防御机制之一，其目的是为了自我保护，延长自己所存在的时间。法治道路的自我修复主要是从法治道路本身出发，在实践中检验现行法律的优劣，在立法、执法、司法、守法等方面进行法治自我的完善。法治并非全能的，在法治之下，人性的丑陋也不能被消灭或者遏止。不管多么完美的社会制度，难免有人存在私心，利用法律手段打擦边球，计算着个人私利。法治也离不开具体的人来施行，这就可能产生利用法律漏洞谋取私心鼓动下的诉求。当法治达到高度发达的阶段时，仍然要求法治具备自我修复的能力。所以，在建设法治的初步阶段，就应该重视增强法治的自我修复能力，所谓"千里之堤毁于蚁穴"，法治一旦出现巨大的漏洞或失灵，就无从修复了。在立法方面，由于立法是利益初次分配的活动，包含着形形色色的利益主体，为了让立法者的权力得到控制以及日后得以纠正，需要健全立法监督与审查机制，坚持"立改废释并行"的方针。特别是以《宪法》为依据，逐渐建立起真实有效的合宪性审查机制和合规性审查机制，提防某些利益主体通过立法谋取不当利益，侵犯公民权益。在执法方面，执法是行政权力与公民权益最为贴近的行政行为，往往具有更大的强制性。就此，在严格规范公正文明执法的前提下，应该构建行政执法监督机制、行政执法责任追究机制、行政执法资格清理机制等系列行政执法机制，进而形成成熟的行政执法修复系统，保证法治大环境中权力与权利的和谐关系。在司法方面，法官作为纠纷解决的裁判者，除了根据法律法规判决案件，还需借助自由心证使得案件的裁判结果更为合理。而当中的自由裁量权是由法官个人发挥和把握的，稍有不慎就可能酿成冤假错案。司法审判领域应该不断完善审判责任制度，并将审判与行政的界限厘清，杜绝行政干预审判、审而不判、审判边缘化等现象。在守法方面，主要的表现是公民服从权力管理、服从法律，以及公民之间友好相处、依法而为。法治的自我修复在这当中的体现，应该是通过维持公民权利之间的平衡而体现出来的。综上所述，法治的自我修复，究其根本还是防止借法治名义实行人治，借法律手段"合法地"取得私益，到最终成了"假法治"。法治肌理的自我修复能力，也取决于法治对外部环境刺激所作出的反应及积极主动地进行制度改善。没有什么制度是没有缺点的，就算是再怎样符合预设目标的制度，也需要随着社会环境的改变而不断优化，获得自我修复的机会。

中国特色社会主义国家制度和治理体系具有鲜明的显著优势。其中，坚持全面依法治国，建设社会主义法治国家，切实保障社会公平正义和人民权利的显著优势在整个制度体系中具有重大价值功能。如何更大限度地彰显优势、激发活力？这是在法治轨道上推进国家治理体系和治理能力现代化必须解决的根本问题。为此，应当健全保证宪法全面实施的体制机制，完善立法体制机制，健全社会公平正义法治保障制度，加强对法律实施的监督，进而不断增强法治的良性内循环及其与外部系统协调的能力，确保全面依法治国和法治中国建设始终行进在正确的道路上。

第　三　章

权威主导的法治道路实施路径

　　按照占主导地位的法治实施主体划分法治实施路径，可以分为立法机关占主导地位的法治实施路径、行政机关占主导地位的法治实施路径和司法机关占主导地位的法治实施路径。我国的法治建设实行党的集中统一领导，法治是在党的集中统一领导下实施的。西方的法治理论和我国传统法学理论都不能解释和指导我国的当代法治实施进程。我国的法治实施理论必须把马克思主义法学的基本原理与中国当代法治实际相结合。

　　我国现阶段的最大特点是人民日益增长的美好生活需要和不平衡不充分发展之间的矛盾。不平衡不充分发展表现为国家还不富裕、地区差异较大，政治文明程度还不高，民主和法治的社会基础还不牢固，要在这样一个国家全面推进依法治国，必须要有一个能代表社会整体利益和社会发展方向，并能通过民主法治方式组织各种社会力量的权威来主导法治实施进程。

第一节　权威主导法治实施的理论基础

　　政治权力与法治权威的关系问题是现代政治的核心问题，也是现代法治的逻辑起点问题。在西方，通过政治权力的法治化途径形成了政治权威理论，在此基础上，形成了认为政治权力必须服从法治权威的评价和检验的英国式法治理论，认为合法化的政治权威能协调法治实施进程的德国式法治国家理论。无论是资产阶级的法治理论还是法治国家理论，本质上都撇开了政

治权力的资产阶级性质和资本主义本质，无法解释当代中国的社会主义法治
实践。

中国传统政治哲学没有现代意义上的"权力"和"权威"概念，比较
接近的是"霸道"和"王道"概念。"霸道"以"力"服人，"王道"以
"理"服人。不同历史时期，"王道"之"理"或为道德，或为法律。以道
德为服人之"理"，则为"以德治国"，或称"德治"；以法律为服人之
"理"，则为"以法治国"，或称"法治"。统治阶级常将"以德治国"和
"以法治国"结合起来，形成了礼法合治传统。[①] 礼法合治传统在全面推进
依法治国过程中可以进行创造性转化，但也不能支撑全面推进依法治国这一
宏大工程。我国的权威理论和法治理论是马克思主义。习近平法治思想是
21 世纪马克思主义法治思想，是用以指导法治中国道路实施路径选择的科
学理论。

一、西方权威理论

权威理论的核心是政治权力的合法性问题。政治权威的合法性包活民主
的合法性与法治的合法性。民主的合法性是政治合法性的本源，集中体现在
宪法之中，法治的合法性是政治合法性的制度要求，集中体现在依宪行使执
政权中。[②] 权威理论对政治权力的文明化提出了制度化的要求。

政治权威与政治权力既有联系也有差异。政治权威是政治权力的制度化
文明形态。政治权力突出支配的有效性，突出的是政治力量的原始对比关
系，能在政治力量对比中处于支配地位，就获得了政治权力，而不必考虑处
于被支配一方的意见。政治权威兼顾支配的合法性，尽管处于支配地位的一
方获得了政治支配地位，但仍然会考虑被支配一方的同意和自身的责任。政
治权力不考虑责任维度的问题，事实上的力量对比关系是政治权力的中心，
重在单向度的支配力。政治权威考虑责任维度的问题，兼顾支配的合法性，
注重构建统治与服从的合法性制度框架，重在建立稳定的、双向度的制度性

---

①　程关松：《礼法合治传统的两种法学范式——以管商为例证的现代解释》，载《法律科学》2017
年第 5 期。

②　[法] 让—马克·夸克：《合法性与政治》，佟心平、王远飞译，中央编译出版社 2002 年版，
"中译本序"第 1 页。

关系。政治权力向政治权威转化的过程主要是法治不断进入政治权力结构的过程，也是政治权力文明化的过程，故现代政治权威与法治密不可分。西方政治权威理论从古希腊开始就存在学术上的形态，但全面实现则是资产阶级争取领导权和掌握政治领导权以后形成的系统化政法理论。

（一）西方传统权威理论

西方权威理论源于古希腊的政治哲学。古希腊政治哲学源于对雅典民主制和斯巴达集权制的总结和反思。不管是柏拉图，还是亚里士多德，都致力于引进一种价值的观念用以调和雅典民主制与斯巴达集权制的关系，希望建立一种基于一种价值的王权理论。柏拉图倾向于构建一种基于真知的有效的王权理论，亚里士多德倾向于构建一种基于至善的王权理论。围绕王权何以可能的命题，柏拉图首先寄希望于真理化身的"哲学王"或理性化身的"政治家"，后期才转向理性化的法律。泰勒认为柏拉图在《法律篇》中发现了一项关于划分统治权的伟大政治学原则。[①] 萨拜因认为，柏拉图在国家权力中嵌入了一条金质的法律纽带，把君主政体同民主政体结合起来，从而默认了在现实国家中不能忽视大众的同意和参与的政法哲学。[②] 也就是说，自柏拉图开始，希腊人就开始思考政治权力通过法律纽带转化为政治权威的可能性和实现途径问题。

亚里士多德在柏拉图的基础上进一步思考政治权力转化为政治权威的可能性和实现途径问题。亚里士多德发现柏拉图在贤人之治与依法之治之间作替代选择的观点本身存在关联上的脆弱性，无法将法律作为国家至善不可或缺的根本条件。[③] 为了增强法律与政治权力关联上的紧密性和制度性，他将柏拉图的法律概念转化为法治范畴，给法律结构注入了良善性，从而在政治的正义性与法律的正当性之间找到了善的生活的共享价值。[④] 在他看来，不仅被统治者应该服从法治，统治者也应该服从法治，即"法律是最优良的

---

① ［英］泰勒：《柏拉图生平及其著作》，谢随之等译，济南：山东人民出版社 2004 年版，第 659—670 页。

② ［美］乔治·萨拜因：《政治学说史》上卷，［美］托马斯·索尔森修订，邓正来译，上海：上海人民出版社 2010 年版，第 107—109 页。

③ ［美］乔治·萨拜因：《政治学说史》上卷，［美］托马斯·索尔森修订，邓正来译，上海：上海人民出版社 2010 年版，第 130—131 页。

④ ［古希腊］亚里士多德：《政治学》，吴寿彭译，商务印书馆 1965 年版，第 199 页。

统治者"①。不仅如此，他认为统治者与被统治者并不是一成不变的，在法治条件下，只有通过民主选举轮流做统治者才是合乎正义的。他认为，"法治应优于一人之治。"② 亚里士多德不仅将法治注入政治权力结构之中，使政治权力转化为政治权威，而且将法治化的民主作为统治者与被统治者相互转化的制度装置嵌入政治权威结构之中，从而改变了政治权威的内在结构和单向性行为逻辑。也就是说，亚里士多德不仅关注政治权力转化为政治权威的法律合法性问题，也关注政治权威本身的合法性问题，还关注了法律自身的合法性问题。

罗马人将希腊的政治权威思想变为现实，从而对西方的政治权威理论和政治实践产生了深远影响。罗马人在共和国时期建立了元老院、民众大会和高级官吏组成的共和政体，形成了极为复杂的权力制衡机制。随着罗马共和国的扩展，当法律不能维持正义和秩序时，为应付内乱和对外战争，罗马共和国时期开始出现了独裁官制度。罗马共和国最初坚持提名独裁官时程序的合法性，以维持政治权威最低限度的合法性。③ 随着罗马共和国向帝国转变，共和国的政治权威退化为政治权力，由皇帝垄断。罗马帝国时期政治权威退化为政治权力的必然结果是法律的日益工具化，法律的工具化成为巩固皇帝权力和统治人民的手段。

中世纪时期，政治权力的合法性问题在宗教权力和世俗权力的角逐中全面展开。④ 在中世纪，合法性仍然是政治权威的中心，对于神权而言，王权是神权的奴婢，对于世俗权力而言，王权是世俗社会的主宰，⑤ 统治集团之间权力的法定约束只是彼此权力的边界，并不是对被统治者的制度性义务，统治权也不是被统治者同意的结果，统治集团基于神法和自然法的自我约束对于被统治者不过是恩赐。

---

① ［古希腊］亚里士多德：《政治学》，吴寿彭译，商务印书馆 1965 年版，第 171 页。

② ［古希腊］亚里士多德：《政治学》，吴寿彭译，商务印书馆 1965 年版，第 167—168 页。

③ ［美］哈维·C. 曼斯菲尔德：《驯化君主》，冯克利译，南京：译林出版社 2005 年版，第 97 页。

④ ［美］乔治·萨拜因：《政治学说史》上卷，［美］托马斯·索尔森修订，邓正来译，上海：上海人民出版社 2010 年版，第 276 页。

⑤ 程关松：《宪法失序与对行政权剩余的规制——以执行权的变迁为视角》，载《法律科学》2009年第 4 期。

（二）西方现代权威理论

西方现代权威理论源于文艺复兴、宗教改革和资产阶级的兴起，核心思想是自然权利学说以及与之相配合的人民主权理论和权力分立制衡理论，这一理论在美国宪法中的落户标志着它的成熟定型，随之在西方世界广泛传播，至今仍是西方政治权威理论的正统理论，为西方政治生活提供了合法性。

在文艺复兴时期，人们不满于神权的统治和神学的解释，致力于在世俗世界中找到政治权威的理解图式。马基雅维利拨开政治权力的宗教迷雾，恢复了权力的世俗本质，使人们从世俗角度重新思考权力的本质问题。① 把政治与宗教问题分开进行研究，有利于建立独立的政治科学，但政治权力转化为政治权威的合法性问题仍然值得探究。

霍布斯以自然权利为基础，将马基雅维利的君主改造成了主权者，使主权者的合法性问题普遍化，但他没有解决主权的结构性问题。洛克的自然权利学说将主权者置于自然权利之下，确立了政治权力的自然权利标准。孟德斯鸠的三权分立学说对政治权力进行分立，目的在于通过权力分立制衡保障法律下的自由。潘恩则明确阐明政治权力在法律之下的主张。② 文艺复兴和启蒙运动时期的思想最早在美国宪法中得到体现，并对西方世界的政治权威理论产生了深远影响，为西方政治权威的建立奠定了理论基础。

西方现代政治权威理论最核心的是自然权利学说。③ 自然权利学说通过为反抗提供正当性和为统治提供合法性的双重功能服务于资产阶级的革命和政治建设。④ 在自然权利理论中，生命、财产、自由和追求幸福的权利被认为是最基本的自然权利，任何侵犯个人生命、财产、自由和追求幸福的权利的政府都应该被推翻，任何保障个人生命、财产、自由和追求幸福的权利的政府都具有正当性。

美国的《独立宣言》和独立战争正是根据自然权利的观念认为英国的

① 《马克思恩格斯全集》第3卷，人民出版社1956年版，第368页。
② 《潘恩选集》，马青槐等译，商务印书馆1981年版，第35—36页。
③ ［法］路易·阿尔都塞：《马基雅维利的孤独》，载［意］安东尼奥·葛兰西：《现代君主论》，陈越译，上海人民出版社2006年版，第112页。
④ ［英］彼得·斯坦、约翰·香德：《西方社会的法律价值》，王献平译，中国法制出版社2004年版，第21页。

殖民主义统治违反自然权利，所以应该被推翻，美国人民为了争取自然权利，推翻英国殖民主义统治也就有了正当性。① 在推翻了英国的殖民主义统治以后，美国宪法最初并没有确立自然权利，这遭到了杰斐逊等民主共和党人的严厉批评，其后，美国通过《人权法案》，以此作为宪法正当性的基础。

人权法案不仅捍卫了自然权利观念，而且确认了美国政府的正当性，成为美国宪法发展最广泛、最深刻的部分，对世界各国的基本权利理论和制度产生了深远影响。②《人权法案》的确立为美国宪法奠定了正当性基础，200多年以来在西方世界广泛传播，成为政治权威最深厚的价值基础。这一价值与法治传统结合在一起，为西方政治权威奠定了合法性基础。其中，影响最大的是戴雪的宪法理论和韦伯的合法性理论。

戴雪认为，英国宪法政治有三个主要特征，即议会至上、法治和宪法。③ 议会至上是现代国家的基石。无论是行政机关还是司法机关，都必须服从议会的意志。法治即法律主治，第一，任何武断的权力都与国家法律相违背，任何独裁、特权和裁夺权力都应当摒弃；第二，人民在法律面前一律平等，任何组织与个人都不得有超越国家法律的特权，所有人都是法律之下平等的人民；第三，法治的根本目的是保障个人权利。④ 英国的宪法包括成文的宪法与不成文的宪典。宪法规定了国家机关的权力和职责，人民的权利。宪典是一种政治道德体系，国家机关也必须服从。⑤ 国家机关不仅要服从议会制定的宪法，而且要服从政治道德体系，这就给国家机关提出了更高的政治文明要求。戴雪的宪法政治之议会至上、法治和宪法三原则是相辅相成、相互促进的，贯穿其中的根本原则是人民主权原则。即，只有建立在人民同意基础上，并由人民的意志的表现形式——宪法和法律约束的权力才是合法的政治权力，只有这种政治权力才能转化为合法的政治权威。戴雪的宪法政治理论在英美法系国家产生了广泛而深远的影响。

---

① 《杰斐逊文选集》，朱曾汶译，商务印书馆1999年版，第48页。

② ［美］路易斯·亨金、阿尔伯特·J.罗森塔尔主编：《宪政与权利》，郑戈等译，三联书店1998年版，第2—3页。

③ ［英］戴雪：《英宪精义》，雷宾南译，中国法制出版社2001年版，第1页。

④ ［英］戴雪：《英宪精义》，雷宾南译，中国法制出版社2001年版，第244—245页。

⑤ ［英］戴雪：《英宪精义》，雷宾南译，中国法制出版社2001年版，第422—424页。

韦伯将统治分为"非法"型统治与合法型统治。"非法"型统治是基于政治权力的统治，被统治者的同意不是它的构成要素。合法型统治是基于一定程度的被统治者的同意的统治，被统治者的同意是它的构成要素。[①]"任何统治都企图唤起并维持对他的'合法性'的信仰。"[②]在对统治历史研究的基础上，韦伯归纳出三种纯粹的合法统治类型，即魅力型的统治、传统型的统治与合理型的统治。[③]他认为，合法型统治的最纯粹的类型是借助于官僚体制的行政管理班子进行的合理型统治。这种类型的统治按照非人格的准则、等级、纪律、技术等要素照章办事。[④]即通常所称的官僚制体系依法办事的统治。韦伯的官僚制统治理论在全世界范围都产生了深远影响。

二、中国权威理论

中国的权威理论经过了神圣权威理论、道德权威理论、传统法律权威理论、民主权威理论、法治权威理论和马克思主义权威理论的发展过程。传统社会的道德权威理论与法律权威理论实际上是附属于皇权权威理论的，属于皇权权威理论的制度化思想体系。中国的民主权威理论和法治权威理论一开始就与政党权威理论密不可分，实际上突出的是政党权威的地位问题。在法治领域中，最核心、最根本的思想是党领导法治中国建设的思想。

（一）中国传统权威理论

我国的传统权威理论包括神圣权威理论、道德权威理论和传统法律权威理论。这三种权威理论并非泾渭分明的线性发展过程，而是一直缠绕在一起，形成了"道法自然"与"人定胜天""和而不同"与"大一统""神圣皇权"与"以民为本""以德治国"与"以法治国"等范畴，最终集中于"神圣皇权"下的"礼法合治"传统。

中国传统社会从来没有形成体系化的政治神学思想，也就不可能形成神学统治的精神世界与王权统治的世俗世界的二元政治权威思想和现实的政治

---

① ［德］马克斯·韦伯：《经济与社会》上卷，林荣远译，商务印书馆1997年版，第238页。
② ［德］马克斯·韦伯：《经济与社会》上卷，林荣远译，商务印书馆1997年版，第239页。
③ ［德］马克斯·韦伯：《经济与社会》上卷，林荣远译，商务印书馆1997年版，第241页。
④ ［德］马克斯·韦伯：《经济与社会》上卷，林荣远译，商务印书馆1997年版，第244—245页。

权威结构。中国的"神圣皇权"思想与西方的"君权神授"思想有很大的差异。

西方的"君权神授"思想突出的是"神权"的本源性与"君权"的两面性。相对于"神权"而言，"君权"是"神权"的附庸，源于"神权"，由"神权"产生、被"神权"支配、受"神权"监督、为"神权"服务。相对于世俗社会而言，"君权"源于"神权"，具有至高无上的神圣性，世俗社会必须服从"君权"的统治。① 在"君权神授"思想中，"君权"没有进行世俗化合法性建构的理论负担，而是一种信仰化的神圣存在。

中国的"神圣皇权"思想的"神圣性"不是体系化的神学，而是以"皇权"的合法性建构为中心的观念整合，都是围绕"皇权"的合法性所建构的思想体系。② 因此，自秦始皇建立了皇帝制度到清朝灭亡，中国的"神圣皇权"理论都是围绕"皇权"的合法性与神圣性而建构的思想体系。这一思想体系的意识形态成分多于理论上的阐明。

"神圣皇权"的政治合法性时而与"以德治国"方略相结合，时而与"以法治国"方略相结合，但大部分时期是与礼法合治相结合，形成了"神圣皇权"下的现实化和制度化权威。从"天人合一""天人感应""皇权神圣"到"神圣皇权"，传统政治哲学完成了人格化"皇权"在观念上的建构，但"神圣皇权"必须转化为制度性权威才具有稳定性和连续性。礼法合治的思想源于先秦的儒家思想和法家思想，但制度形态发端于两汉。这一思想在从"皇权神圣"转化为"神圣皇权"的过程中起着至关重要的作用。③ 在"神圣皇权"下，"皇帝"既是最高道德的化身，也是最高的立法者，礼法合治的最高制度形态就是制度化的"皇权"。可以说，中国传统的权威理论始终是围绕"皇权"的神圣化与制度化而展开的理论，"皇权"既是神圣化的中心，也是制度化的中心。

（二）中国现代权威理论

中国现代权威理论是在封建皇权权威瓦解后，在内忧外患的条件下，围

---

① 程关松：《宪法失序与对行政权剩余的规制——以执行权的变迁为视角》，载《法律科学》2009年第4期。

② ［德］黑格尔：《历史哲学》，王造时译，上海人民出版社2001年版，第131页。

③ 张晋藩：《中国法律的传统与近代转型》，法律出版社2005年版，第26页。

绕"权力"与"共和"、"启蒙"与"救亡"、"民主"与"科学"等不同主题展开的，一直到1949年中华人民共和国成立，中国的现代政治权威都处于未完全确立的状态，成为一种未完全定性化的过渡形态的权威状态。当"神圣皇权"瓦解后，中国的传统权威便崩溃了。以天子为象征的皇权权威及其制度的崩溃对中国社会产生了深刻影响，① 中国在内忧外患中进入到现代政治权威的重构之中。在中国政治权威的重构过程中，始终面临"古今中西"的问题。

从"古为中用"角度考察，除了代内"皇权"的神圣性与制度化观念体系外，由于王朝更替的代际权威性问题也必须得到正当性证明，从而出现了阐明另一种"皇权"权威的思想体系，即"革命"的权威理论。传统的"革命论"源于"殷革夏命"，汉代彰显，其后少有阐释，到了晚清，传统"革命论"勃兴。② 按照传统"革命论"的解释，由于前朝没有顺天应民，其统治的合法性就丧失了，新王朝因顺天应民，就获得了统治的合法性和民众服从的权威。清朝灭亡后，"神圣皇权"崩溃了，但其赖以存在的政治基础和社会基础并没有从根本上改变，政治革命和社会革命的任务仍没有完成，在此条件下，传统"革命论"与西方革命论合流，形成强大的革命潮流。

从"洋为中用"角度考察，为了推翻清朝的统治，也为了推翻"神圣皇权"赖以存在的政治基础和社会基础，一大批仁人志士引进了西方的革命理论，竭力建立一个以民主为核心的共和国。民主权威理论以西方的人民主权理论和政党理论为样板，试图通过政党的动员能力推翻封建制度赖以建立的政治基础和社会基础。但自孙中山逝世以后，国民党的反动派与封建制度形成联盟，不仅没有完成政治革命和社会革命的目标，使国家独立，人民民主，反而背弃了革命，走到了人民的反面，丧失了统治的合法性，最终被中国共产党领导的人民推翻。

从现实角度考察，清朝灭亡以后，中国仍然面临内忧外患、亡国灭种的严峻考验，半封建半殖民地的社会状况没有改变，国家不独立、社会无秩

① 林毓生：《热烈与冷静》，上海文艺出版社1998年版，第23页。
② 刘小枫：《儒家革命精神源流考》，上海三联书店2000年版，第17页。

序，人民政治无权、经济贫困、文化落后、生活于水深火热之中，成为革命的力量之源。中国共产党以马克思列宁主义为思想指导和行动指南，领导人民经过艰苦卓绝的革命斗争，推翻了反动统治，建立了中华人民共和国，为实现人民当家作主奠定了政治基础。

（三）马克思主义权威理论

中国共产党自成立起就以马克思列宁主义为指导思想和行动指南，在长期的革命和建设过程中，中国共产党把马克思主义的基本原理与中国的实际相结合，在解决中国从"站起来""富起来"到"强起来"的过程中，实现了马克思主义中国化的三次历史性飞跃。在这三次历史性飞跃过程中，经过历史的选择和人民的选择，中国共产党形成了以党的领导为根本的马克思主义权威理论，集中反映在党的领导、人民当家作主、依法治国有机统一这一根本原则上。

马克思主义权威理论是在对人类社会发展规律深刻把握基础上得出的科学结论。权威是人的本质的一部分，是人类社会发展的必然，人的实践活动、人的经济活动、革命活动和建设事业都离不开权威。

从人的本质角度考察，自然属性是人的基础，社会属性是人的本质。人不是一个精神的自我存在物，也不是一个孤立的个体存在物，而是一个社会存在物。社会活动是建立在个体基础上的社会协调过程，而社会协调需要权威的领导和管理。马克思指出："人的本质不是单个人所固有的抽象物，在其现实性上，它是一切社会关系的总和。"[1] 在与他人发生关系的过程中，必然会出现认识上的差异和能力上的差异，因而需要一定程度的协作和协调，协作和协调需要个人服从共同意志，从而产生了权威的需要。

从人的实践活动角度考察，人的社会生活在本质上是实践的。[2] 只有人能够自觉地把人的本质力量通过实践活动对象化到认识世界和改造世界的社会活动之中，从而更好地满足人的需要，推动社会进步和人类文明的发展。在人的本质力量通过实践活动对象化到改造世界的活动中时，也需要权威进行协调才能推动社会进步与人类文明程度的提高。

---

[1]　《马克思恩格斯选集》第 1 卷，人民出版社 2012 年版，第 139 页。
[2]　《马克思恩格斯选集》第 1 卷，人民出版社 2012 年版，第 139 页。

从人的经济活动角度考察，随着生产的发展，人口会出现增长，生产本身就成为个人彼此之间的交往，相互交往的关系需要进行分工，而建立在分工基础上的经济活动则需要协调。① 在协调生产的过程中，个别人的意志必须服从绝大多数人的共同意志，而确立个人意志服从共同意志的原则就是权威。恩格斯指出，随着现代化大生产的出现，现代生产需要更有力的权威对整个生产过程进行越来越精细化的组织和协调，即使无产阶级取得了政权，实现了生产资料的公有制，也仍然需要对生产过程进行组织和协调，执行这种组织和协调任务仍然需要贯彻共同意志的权威。② 社会主义战胜资本主义的根本原因就是它能够通过更权威更高效的管理方式提高生产力，以满足人民过更好生活的需要。

从社会革命角度考察，社会革命就是动员组织一切革命力量与旧的统治秩序和社会秩序作斗争。要把一切革命力量动员起来，组织起来，形成一致的行动，必须要有维护铁的纪律的权威。权威是无产阶级革命的强大武器。马克思、恩格斯特别注重无产阶级权威的历史地位和重要作用。在揭示权威的历史根据的同时，他们总结了巴黎公社因权威不够的失败经验，彻底批判了巴枯宁只要自治，不要权威的无政府主义谬论。③ 要实现社会主义的目标，就必须运用权威的力量把工人阶级组织起来。④ 共产党是无产阶级的先锋队，代表整个无产阶级的利益和方向，担负人类解放的历史使命。马克思主义极为重视共产党在领导社会革命、形成共同意志、组织革命斗争中的权威地位和权威作用，极为重视用民主集中制原则加强党的建设、统一党的意志、指挥党的行动，极为重视树立和维护党中央的权威。

从社会建设角度考察，当无产阶级取得了社会革命的胜利，建立了无产阶级的统治以后，首要的任务就是改造不适应生产力发展的社会关系，满足人民美好生活的需要。由于现代社会的高度复杂性，要在这样的条件下领导人民实现对美好生活的需要，更需要维护党的权威。运用党的权威，通过民主制度和法律制度把一切建设力量组织起来，以更为有效的举措满足人民日

① 《马克思恩格斯选集》第1卷，人民出版社2012年版，第146—147页。
② 《马克思恩格斯选集》第3卷，人民出版社2012年版，第274—276页。
③ 《马克思恩格斯选集》第3卷，人民出版社2012年版，第340—342页。
④ 《马克思恩格斯选集》第3卷，人民出版社2012年版，第277页。

益增长的对美好生活的需要，实现中华民族的伟大复兴。

第二节　权威主导的法治实施模式

中国的法治实施模式既不同于西方的理念型法治实施模式和规范型法治实施模式，也不同于传统中国的混合型法律实施模式，而是在党的领导下发展的包容型法治实施模式。① 包容型法治实施模式以党的领导权威保证宪法法律权威的实现，是一种权威主导的法治实施模式。

一、权威主导法治实施的总体论

权威主导法治实施的总体论在于科学阐述党的领导在全面推进依法治国和法治中国建设中的根本地位和决定性作用。中国特色社会主义法治实施模式不同于西方的法治实施模式，也不同于传统中国的法律实施模式，而是在中国共产党领导下全面实施依法治国的过程。党的领导是中国特色社会主义法治之魂，是中国特色社会主义法治不同于西方法治的根本区别。在法治实施过程中，党不仅要总揽全局，而且要把党的领导贯彻落实到依法治国全过程和各方面，并通过党的组织形式进行具体落实。

（一）总体论的理论基础

党的十五大报告在党的历史上首次全面阐述了依法治国的含义。经过17 年实施依法治国的实践，我国的法治建设取得了巨大成就，但也出现了一些偏差，影响全面推进依法治国。为此，党的十八届四中全会对党领导全面依法治国作出了进一步的系统阐述和更为周密的总体安排。

现代政治的核心是政党政治，政党与法治的关系是政治建设的重心，也是法治建设的中心。习近平总书记指出："党和法治的关系是法治建设的核心问题。"② 党与法的关系的不同宪制安排决定了不同法治道路和不同法治实施模式的选择。③ 坚持党的领导是中国特色社会主义法治的根本所在，关

---

① 程关松：《当代法治实施模式及中国选择》，载《江西社会科学》2017 年第 1 期。
② 《习近平关于全面依法治国论述摘编》，中央文献出版社 2015 年版，第 22 页。
③ 《习近平关于全面依法治国论述摘编》，中央文献出版社 2015 年版，第 34 页。

键所在。①

　　针对党的领导权威与法治权威的关系问题，有人提出了"党大还是法大"的问题。习近平总书记指出："'党大还是法大'是一个政治陷阱，是一个伪命题。"② 一是党的领导是中国特色社会主义法治的一个不能还原的总体论问题。"党大还是法大"问题把中国特色社会主义法治的总体论问题还原为结构论问题，犯了还原论的逻辑错误。二是党必须在宪法法律范围内活动的结构论问题不能上升为"党大还是法大"的总体论问题。结构论问题只是总体论问题的一部分，部分不能上升为总体。"党大还是法大"问题把中国特色社会主义法治的结构论问题上升为总体论问题，犯了形而上学以偏概全的逻辑错误。

（二）总体论的制度安排

　　坚持党的领导不是一种象征性的领导，而是一种实质性的领导，不是一种形式性的领导，而是一种制度化的领导。把党的领导贯彻落实到依法治国的全过程和各个方面，必须在组织上、制度上、行动上予以贯彻落实。

　　依法治国方略提出以后，党的地方组织基本上都建立了依法治理工作的领导小组，领导区域内进行依法治理的重大决策和重大举措等全局性、战略性、系统性和方向性工作，地方法治取得了巨大成就。党的十九大以习近平新时代中国特色社会主义思想为指导，决定成立中央全面依法治国委员会。全面依法治国是国家治理的一场深刻革命，任务繁重，触及到各方重大利益，要在大范围、全覆盖、多层次、广纵深的领域全面推进依法治国，必须在中央层面建立集中统一的领导组织，强化顶层设计，实现统筹规划，落实法治举措，遏制违法行为。中央全面依法治国领导小组的成立从组织上保证了党中央集中统一领导法治中国建设的全过程和各方面。

　　在依法治国的全过程和各方面贯彻落实党的领导必须建立相应的制度和工作机制。这些制度和工作机制包括：法治机关必须服从党的领导，党必须健全领导法治工作的机制，必须长期坚持党对法治工作的组织化领导。首先，法治机关必须服从党的领导。立法机关、行政机关和司法机关及其重大

---

① 《习近平关于全面依法治国论述摘编》，中央文献出版社 2015 年版，第 27 页。
② 《习近平关于全面依法治国论述摘编》，中央文献出版社 2015 年版，第 34 页。

立法活动、执法活动、司法活动必须服从党的领导。其次，党必须健全领导法治的工作机制和工作程序。再次，必须长期坚持党对法治工作的组织化领导。依法治国方略提出以后，各级党组织都建立了依法治理工作的领导小组，负责对辖区内依法治理的重大决策问题和体制问题进行领导和协调。总结实践经验，根据法治中国建设的需要，必须解决法治机关的职能分工和相互协调的体制性问题。中央全面依法治国委员会、地方依法治理工作领导小组、各级政法委员会之间的关系必须厘清，必须形成高效协调的体制机制和工作机制。总的基调是中央全面依法治国领导小组和地方党组织依法治理工作领导小组根据管辖范围管大政方针和体制建设，各级政法委员会管总体落实，各职能部门管具体实施。

二、权威主导法治实施的构造论

坚持党对全面依法治国的集中统一领导不是要取消法治职能部门依宪依法行使法定权责，也不是削弱法治职能部门依宪依法履行法定权责，而是为了保证法治职能部门依宪依法正确履行法定职权。

（一）构造论的理论基础

中国的现代化事业取得了巨大成就，迈向了一个新时代。在新的历史时代，机遇与风险并存，一方面，法治中国建设必须按照新时代的要求全面推进，适应伟大斗争、伟大工程和伟大事业的新要求、新期待。另一方面，中国的现代化事业也必须发挥法治的引领和规范作用。[①]

坚持党的领导是中国特色社会主义法治的根本，任何时候都不能动摇。但坚持党的集中统一领导并不是由党包办一切，党的领导是政治性、程序性、职责性的整体把握，[②] 是为了保证法治职能部门依宪依法正确履行职权。全面依法治国必须做好分工合作的结构性体制安排，使法治职能部门能更好地各司其职，各负其责。

全面依法治国必须坚持党的集中统一领导，这是一个不能还原为结构论的根本命题，但全面依法治国又必须通过法治职能部门的活动实现。因此，

---

① 《习近平关于全面依法治国论述摘编》，中央文献出版社 2015 年版，第 4 页。
② 《习近平关于全面依法治国论述摘编》，中央文献出版社 2015 年版，第 37 页。

在全面依法治国过程中，党必须带头维护宪法法律权威，保证法治职能部门依宪依法正确履行职权。同时，每个党的组织和党员处于结构性之中，并没有总体性地位，必须服从宪法和法律，在宪法和法律范围内活动。① 党的执政地位和领导地位是以整体的方式总体性起作用的，具有非人格性特征。如果在结构中还原为人格化的权力，就会出现党的权威与宪法法律权威的冲突。这不仅从逻辑上科学回答了长期以来党和法、党的领导和依法治国的关系问题，而且从历史角度回答了党和法、党的领导和依法治国的关系问题。② 彻底澄清有人借"党大还是法大"的伪命题掩盖"权大还是法大"真命题的本质，为坚持党的领导扫清了思想障碍，为揭穿以言代法、以权压法、逐利违法、徇私枉法的"挡箭牌"提供了强大的思想武器，为依宪依法依规全面从严治党开辟了新的道路。

"党大还是法大"的问题、"权大还是法大"的问题是一直困扰法治中国建设的两个根本问题，这两个问题常常与"法治与人治""法治与德治"的争论纠缠在一起，长期以来得不到科学回答，既制约了中国特色社会主义法治理论的发展，也造成了法治实践上的混乱。习近平总书记科学回答了长期困扰法治中国建设的这两个根本问题，使党和法的关系、党的领导和依法治国的关系实现了历史与逻辑的有机统一，既是一项重大理论创新，也解决了困扰法治实施的现实问题。

（二）构造论的制度安排

权威主导的法治实施模式在构造论上的制度安排包括组织关系的制度安排与法治事项的制度安排。构造论上的制度安排具有实质性、过程性、程序性特征，目的在于巩固党的执政地位和领导地位以及提高党的依法执政能力和依法领导能力。

在组织关系的制度安排方面，中央把坚持党的集中统一领导作为一条根本的政治规矩和最高原则。制度方面的安排包括两个方面的内容：一是党对法治部门全局性工作的集中统一领导，二是党对法治部门重要人事安排的集中统一领导。

---

① 《习近平关于全面依法治国论述摘编》，中央文献出版社 2015 年版，第 37 页。
② 《习近平关于全面依法治国论述摘编》，中央文献出版社 2015 年版，第 37—38 页。

党对法治部门的集中统一领导坚持保证和监督相结合的原则。为了更好实现保证和监督相结合的原则，党的十九大在政法委员会体制的基础上决定建立中央全面依法治国领导委员会。中央全面依法治国委员会将与中央政法委员会相互分工、相互协调、相互配合以加强党对全面依法治国的集中统一领导。所谓保证就是党发挥总揽全局，协同各方的能力，保证法治机关依法履行职权。所谓监督就是党通过建立党组和定期汇报工作的方式加强对法治机关的领导。具体而言，党中央要求在法治机关设立的党组必须定期向党中央汇报工作，接受党中央的集中统一领导。与此同时，党中央也支持法治机关依法履行职权。党的十九届中央政治局第一次会议要求党的政治局成员要坚持每年向党中央和总书记书面述职。基于党的执政地位和领导地位，按照宪法惯例，全国人大常委会委员长、国务院总理、全国政协主席由政治局委员兼任，这种双重身份有利于进一步贯彻落实党的集中统一领导，有利于维护以习近平同志为核心的党中央的权威。一般情况下，中央全面依法治国委员会和中央政法委员会的领导人由政治局委员兼任，向党中央和总书记书面述职，也有利于加强党对全面依法治国的集中统一领导。在党对法治机关人事安排的集中统一领导方面，党中央在全国人大常委会、国务院、最高人民法院、最高人民检察院必须享有推荐关键领导职位的推荐权，使其在任职后通过宪制体制和党的体制形成党集中统一领导法治机关的全国性网络。

法治事项的制度安排集中于党领导立法、保证执法、支持司法、带头守法四个方面。根据法治事项的性质和地位，党对这四个方面的领导方式做出了不同的制度安排。

党对全面依法治国的集中统一领导首先表现在领导立法上，这是由我国的基本政治制度决定的。法律是治国之重器，良法是善治之前提，建设中国特色社会主义法治体系，必须坚持立法先行。从宪制角度考察，我国坚持议行合一的宪制原则，立法机关居于我国宪制体系的核心地位，具有维护宪法权威、维护法律统一、监督实施机关的宪制职权，其履行宪制责任的质量决定法治发展的逻辑起点和法治实施的水平。党加强对立法工作的领导就是要保证立法机关正确履行职权。从实质法治角度考察，人民代表大会制度是我国的根本政治制度，是人民主权原则的宪法形式。立法是人民代表大会的基本职责和中心工作。立法就是把党的主张和人民的意志通过法定程序转化为国家意志，并通过法律形式确定下来。因此，立法是党的领导的集中反映。从立法重点角度考察，法治国家立法事项众多、技术和程序复杂，党领导立法不可能事无巨细，而是进行政治性、战略性、整体性、系统性领导，以便突出重点、抓住关键、把握方向。

党对立法的领导必须纳入制度化、法律化、程序化轨道。必须明确党领导立法的实现路径与基本方式，健全党领导立法的工作机制与基本程序，将党对立法的领导纳入法治轨道。首先，必须依法确立党的重大立法事项决定权，明确其法定界限、调控对象及运行程序。其次，必须依法完善党的修宪建议权，明确修宪建议程序的启动原则、启动主体和参与主体，创设修宪建议程序机制，细化党行使修宪建议权的法定环节与步骤。再次，必须依法固定党的听取立法报告权，确定报告主体、界定报告权限、明确报告内容、设定报告方式。最后，必须构建党领导立法的法治规范体系，既要从宪法法律和党内法规两个层面分别对此予以规定，又要注重国法与党规之间的衔接与协调。通过制定一部《中国共产党领导国家立法工作规程》，完善党领导立法的法律规范体系建设，[①] 使党内法规与宪法法律协调一致，才能更好地实现党对领导的立法。

党对执法机关的集中统一领导是保证执法。中国特色社会主义法律体系已经建成，中心问题是通过执法维护公共利益，形成法治秩序，保障社会发展。党保证执法包括两个方面的内容：一是执法体制的保证，二是执法工作的保证。在执法体制保证方面，党必须通过建立完整的执法体制保证严格执法。执法是一个整体，必须按照现代行政组织法和行为法的要求建立完整的执法体系。只有建立了完整的执法体制和执法组织，执法工作才有组织保证。在严格执法方面，执法既是实施法律的过程，也是维护公共利益，形成法治秩序的过程。由于我国正处于并将长期处于社会主义初级阶段，法治文明程度还不高，对执法主体和执法对象都要严格要求。一方面，如果有了法律而不执行，就会有法不依、执法不严、违法不究，法律就形同虚设；另一方面，执法主体必须依法正确履行职责。[②] 只有把两方面结合起来，严格执

① 汪习根、宋丁博男：《论党领导立法的实现方式》，载《中共中央党校学报》2016 年第 4 期。
② 《习近平关于全面依法治国论述摘编》，中央文献出版社 2015 年版，第 57 页。

法才能实现。

行政执法的本质是依法维护公共利益，但在社会主义初级阶段，自私自利的现象还无法消除，在市场经济的条件下还很突出，这就使得执法过程必然会出现公共利益与自私自利行为之间的冲突，如果不能对行政执法给予支持，长久下去就会伤害执法主体的积极性，[①] 必须把严格要求和切实保护结合起来，只有这样，才能建立良好的法治秩序。

由于司法的专业性、程序性和严密性，保证其独立性至关重要，故宪法确立独立审判权与独立检察权，基于司法之独立性与司法权的脆弱性，党对司法机关的领导定位于保护司法，既是对司法规律的深刻把握，也是对我国现实问题的积极回应。

第一，党支持司法缘于司法专业性、程序性和严密性的本质属性。司法活动需要具备专业化的知识，遵循严格的司法程序，进行严密化论证，做出事实认定和法律判断，是一项专业性、微观性、细致性的工作。领导干部的主要工作是把握大局，进行全局性、整体性、战略性思考，关注司法体制和司法政策的大方向，其思维方式和工作方式与司法思维方式和司法工作方式存在较大差异。[②] 如果领导干部以自己的政治判断标准代替司法人员的法律判断标准，就容易在具体案件中出现偏差，就会导致人心不服，司法责任制也落实不好。因此，党保证司法机关独立公正行使职权不仅是司法规律的要求，也是我国历史发展过程中必须深刻铭记的历史教训。[③] 保证司法不是削弱党的领导，而是加强党的领导的基本途径，让专业的人干专业的事，能够更好地贯彻落实党的司法主张和司法政策。

第二，党支持司法缘于宪法的规定，是依宪执政、依法执政的具体体现。宪法是党领导人民制定的，是党的主张与人民意志的有机统一。宪法保证司法机关依法独立行使审判权和检察权，支持司法机关独立行使审判权和检察权，是党的一贯主张。司法机关依法履行独立审判和检察职能，形成司法公信力，减少社会纠纷冲突矛盾，使社会公正能够最后托底，是对改革发展稳定大局的最好支持。

---

① 《习近平关于全面依法治国论述摘编》，中央文献出版社 2015 年版，第 59 页。
② 《习近平关于全面依法治国论述摘编》，中央文献出版社 2015 年版，第 111 页。
③ 《习近平关于全面依法治国论述摘编》，中央文献出版社 2015 年版，第 69—70 页。

第三，党支持司法缘于司法权自身的脆弱性。相对于立法权和行政权而言，司法权是最脆弱的权力，容易受到其他权力的侵犯，一旦被侵犯，司法机关就不能正确履行宪法赋予自己的职能，就会偏离分工合作的宪制体系。党通过自身的执政地位和领导地位支持司法，就能防止宪制权力体系发生偏离。党的各级领导机关和领导干部如果不支持司法，宪制权力体系在运行过程中的偏离就不可避免；党的各级领导机关和领导干部如果插手具体案件，宪制权力体系在运行过程中的偏离就会加剧，司法将毫无尊严可言，也就不能承担相应的宪制任务；党的各级领导机关和领导干部如果以权压法、以言代法、徇私枉法，司法公正将荡然无存，法治的最后一道防线就会崩溃，人民就会不相信政法机关，从而也不相信党和政府，① 因此，必须严厉查处非法干预司法的行为。

第四，党支持司法源于案件属地性与司法权的矛盾。司法权属于中央事权，司法审判事务和司法行政管理事务理论上应该直属中央。但由于案件在全国范围内广泛分布，具有属地性特征，因此必须建立司法体制。现行司法体制与地方政府之间具有很强的政治关系和人财物联系，一些地方政府把司法机关的司法事务转变成了地方事务，将其视为地方政府的一部分，从而使得司法活动容易受制于地方政府。要改变这样的局面，最好的办法是在健全禁止地方政府非法支配司法机关和插手具体案件的防范制度的同时，将司法审判事务与司法行政管理事务统收中央管理和保障。考虑到现实情况，目前可以把司法机关的人财物等司法行政管理事项委托给省一级机关进行统一管理和保障。② 同时，在审判事务方面，建立跨行政区域的审判机关和检察机关，防止案件审判受到地方干扰。当然，案件属地性与司法权的矛盾属于司法权的基本矛盾，不是建立了基本制度后就能完全消除，因此，党的各级组织和领导干部对其支持必须形成稳定的动态机制，进行经常性约束。

第五，党支持司法缘于司法的终局性与司法裁量权的矛盾。司法公正是法治的最后一道防线，人民追求公正的最后希望，因此，人民对司法纯洁性的要求高于对其他权力的要求。如果司法公正的堤防崩溃，人民就会陷于绝

① 《习近平关于全面依法治国论述摘编》，中央文献出版社2015年版，第71页。
② 《习近平关于全面依法治国论述摘编》，中央文献出版社2015年版，第78页。

望，对党和国家丧失信心，就会对党和国家的形象造成严重损害。由于法律
是普遍性规范，不可能对每一个案件都做出具体规定，而具体案件又丰富多
样，这就决定了国家不得不赋予司法人员一定程度的裁量权。司法裁量权虽
然可以用于实现个案正义，但也容易滋生腐败。故必须建立严格的司法责任
制度，防止破窗效应，① 做到警钟长鸣，制度常在。另外，基于对独立审判
的尊重，宪法规定的审判体制之间是一种指导关系而不是领导关系。为应对
指导关系的缺陷，上级法院更多使用了"领导"的权力，出现一种行政化
趋势，这又威胁到宪法体制。比较好的方法是通过建立巡回法院的方式分离
出一部分案件，使最高人民法院有时间和精力专注贯彻落实党的司法政策、
进行司法解释，审理具有典范性作用的案件，② 筛选具有典型意义的指导性
案例，通过"示范"作用更好地发挥上级法院的指导作用。

党领导立法、保证执法、支持司法的前提是党要带头守法。要实现建设
社会主义法治国家的目标，党必须尊法学法守法。带头守法是高标准、严要
求、重制度、讲惩处的积极守法要求，不是不违法的最低限度的消极守法要
求。而提高法治思维和法治方式的高标准、严要求，必须从路线、思想、组
织、制度等方面贯彻落实带头守法的要求。

第一，党领导人民建设社会主义法治国家，党必须在宪法和法律范围内
活动，③ 党的领导是社会主义法治的根本所在，只有党带头守法，法治的尊
严和威信才能树立。可以说，党集中统一领导全面依法治国是社会主义法治
的根本所在，党带头守法也是社会主义法治的根本所在，如果党带头践踏法
治，法治将荡然无存。因此，党领导全面依法治国是一项根本的宪法权力，
党带头守法也是一项根本的宪法责任。

第二，党带头守法必须解决思想和认识上的问题。学法懂法是守法用法
的前提，不学法懂法就容易出现瞎指挥。习近平总书记指出："尊崇法治、
敬畏法治，是领导干部必须具备的基本素质。"④ 领导干部是带头守法的关
键，解决领导干部学法懂法守法是党带头守法的基本要求。在全面推进依法

① 《习近平关于全面依法治国论述摘编》，中央文献出版社 2015 年版，第 69—70 页。
② 《习近平关于全面依法治国论述摘编》，中央文献出版社 2015 年版，第 79 页。
③ 《习近平关于全面依法治国论述摘编》，中央文献出版社 2015 年版，第 109 页。
④ 《习近平关于全面依法治国论述摘编》，中央文献出版社 2015 年版，第 121 页。

治国过程中，应当把善于运用法治思维和法治方式作为不断提高依法执政能力，不断推进各项治国理政的活动的基本方法。

第三，带头守法必须在组织上进行保证。党领导全面依法治国不是抽象的领导，而是通过一定的组织形式进行领导。一方面，党领导立法机关、执法机关、司法机关依法履行职责；另一方面，党通过中央全面依法治国领导委员会、政法委员会、国家监察委员会、纪律检查委员会等组织形式领导全面依法治国工作。加强党组织对党员尤其是领导干部守法的监督，是带头守法的组织保证。

第四，带头守法必须通过制度予以保证。党员，特别是党的领导干部带头守法，进行常规性的学习宣传教育是必要的，但关键是建立制度。应通过宪法宣誓制度、重大法治事项向党组（党委）报告制度、法治考核制度、法律顾问制度、责任追究制度等制度的贯彻落实，通过画红线、设底线、立规矩、严惩处的方式，保证党的领导干部带头守法。

第五，把带头守法与党内法规制度体系有机结合起来。全面依法治国，建设社会主义法治国家关键在党。党的领导既是宪法权力，又是宪法责任。党的建设是社会主义法治的根本保障，而党的建设关键在于从严治党，从严治党的关键在于加强党内法规制度建设。

第　四　章

公众参与的法治实施路径

　　中国特色的社会主义法治应该是一种共享型的法治，而共享的核心不仅在于从制度层面确保公众参与法治建设的各项权利，也在于从实践层面真正让这些权利落到实处。在这个意义上，本章所讨论的公众参与，不仅仅是制度建设层面的公众参与，更是权利实践层面的公众参与，两者之间相辅相成，共同构成公众参与的法治实施路径的主要内容。也正是在这个意义上，本章对公众参与的法治实施路径的讨论有别于注重规范的法学传统研究方法，而是力图以法社会学的视角深入中西传统和现代社会的语境之中，分析公众参与活动，并通过对促进或阻碍这些活动的因素的深入剖析，为当前中国法治建设过程中更好地完善公众参与提供借鉴和参考。

第一节　法社会学视角下的公众参与

　　法社会学视角和公众参与是本章的两个关键词。其中，"法社会学视角"强调的是一种有别于传统法学规范分析的研究路径；而"公众参与"，作为现代国家公民的一项重要政治权利和衡量一国法治建设水平的重要依据，则指明了本章通过法社会学方法研究权利问题的根本关切。接下来，我们将进一步阐明这两个概念的基本内涵，以及它们对本章研究的重要意义。

一、作为研究方法的法社会学

法社会学，顾名思义，有两种解释。一种是在研究对象上聚焦于法律和社会的关系；一种是在方法论上强调用社会学的方法研究法律问题。[①] 本章是在后一种意义上使用这一概念，从而区别于法学界主流的规范分析方法。法社会学研究方法的重要意义在于将我们研究的法律规范置于特定的社会文化情景之中，分析两者之间的互动关系，从而找出法律规范赖以发挥作用或者难以发挥作用的社会文化基础，进而在这个基础上修正和完善这一规范，以使之与特定的社会文化基础更好地契合。这一研究方法对研究当下中国的法治建设具有重要意义。

第一，法社会学强调在理解中国"本土资源"[②] 的基础上研究中国的法治建设。毕竟法律不仅是各种概念和规范的集合，还是解决实际社会问题的重要手段。因此，法律的最终评价标准就不能是普适的，而必须立足于中国的社会文化基础。[③]

第二，法社会学理解的法是一个开放的、动态的体系。[④] "本土资源"论虽然对法学研究的规范传统进行了强有力的挑战，但这些研究大都以上世纪九十年代的中国乡土社会作为研究对象，而并没有深入探讨社会转型过程中那些"乡土气"并没有那么浓厚的法律现象。[⑤] 在这个意义上，法社会学研究必须更加开放，既不能拘泥于西方的经验，也不能徘徊于乡土社会的崎岖小路上，而是要关注到中国当下转型过程中的社会文化变化，以及其对法治建设提出的新要求。

第三，法社会学研究的重点不是法律规范本身，而是其社会文化基础以及基于其上的法律实践过程。而要让这一研究方法可操作，必须进一步阐明其研究的对象和内容。概括而言，法社会学主要有如下五类研究，即法意识和法文化研究、法行为和法关系研究、法组织和法结构研究、法职业和法专

---

① 侯猛：《社科法学的传统与挑战》，载《法商研究》2014 年第 5 期。
② 苏力：《法治及其本土资源》，中国政法大学出版社 1996 年版，第 3—23 页。
③ 强世功：《中国法律社会学的困境和出路》，载《文化纵横》2013 年第 5 期。
④ 张文显：《法律社会学的法概念》，载《社会学研究》1989 年第 2 期。
⑤ 刘思达：《中国法律社会学的历史与反思》，载《法律与社会科学》2010 年第 7 卷。

家研究以及法功能和法运作研究。① 其中，法的社会文化基础，以及法的功能和运作与本章所讨论的公众参与直接相关，因此将成为研究的重点内容。所谓法的社会文化基础是指我们必须将法律规范放在特定的情景②中予以考察，关注特定情景中的政治、社会、文化和历史环境等各种因素对法律规范及其实践的塑造。③ 而对特定情景的了解，进而又会成为我们真正理解法的功能和运作的重要抓手。

第四，法社会学研究强调通过深度田野调查和定性研究揭示法的社会文化基础对法律实践产生的影响。法社会学研究更应该关注真实的人、鲜活的事例和真切的历史，而不是一堆冷冰的统计数据和数理模型。因为只有这样，我们才能通过细致入微的观察了解一个地方究竟发生了什么，是如何发生的，其中又蕴含了怎样的机制和逻辑。④ 可以说，当下中国处在转型而未定型的特殊历史阶段，如何理解这个社会既存的历史文化传统，如何理解正在发生的复杂经验，都将决定我们所制定的法律是否能够承继历史，反映现实，并最终有效指导当下的法治建设。在这个意义上，法社会学研究方法将成为我们解开困惑的有用钥匙。

二、作为研究内容的公众参与

法社会学研究方法只是为研究公众参与提供了明确的方向，要具体展开这一研究，还需要对公众参与的概念做进一步界定。公众参与就是让人们有途径参加那些影响他们生活的公共决策，并通过自身的参与行动对这些决策施加影响。公众参与有狭义和广义之分。狭义的公众参与不包括选举这类制度化的政治参与，也不包括抗争、维权这类非制度化的政治参与，而主要是对立法、公共政策制定、公共事务决策以及公共治理的参与。⑤ 此外，狭义

---

① 赵震江、季卫东、齐海滨：《论法律社会学的意义与研究框架》，载《社会学研究》1988 年第 3 期。

② 侯猛：《社科法学的传统与挑战》，载《法商研究》2014 年第 5 期。

③ 刘思达、侯猛、陈柏峰：《社科法学三人谈：国际视野与本土经验》，载《交大法学》2016 年第 1 期。

④ 刘思达、侯猛、陈柏峰：《社科法学三人谈：国际视野与本土经验》，载《交大法学》2016 年第 1 期；刘思达：《中国法律社会学的历史与反思》，载《法律与社会科学》2010 年第 7 卷。

⑤ 蔡定剑：《公众参与及其在中国的发展》，载《团结》2009 年第 4 期。

的定义认为基于个人利益的行动,[①] 以及被动参与（比如经过动员的参与）[②]
也不属于公众参与的范畴。与之相对,广义的公众参与既包括制度化的政治
参与,也包括非制度化的抗争维权,而无论参与者是主动还是被动,抑或基
于私利还是公益。

　　本研究采用广义的公众参与概念主要基于以下原因：第一,公众参与是
一个动态的、不断发展的概念[③]。这一概念在内容上经历了从参与政治投票
和政治领导人选举过程,到参与公共和社会事务管理,影响相关立法和政策
走向的发展过程。而在参与者的介入程度上,这一概念则经历了从以公民权
利为重到公民权利和责任并重的转变。[④] 因此,对公众参与进行广义的理解
将有助于我们更好地纳入其在不同地区（比如西方和中国）的不同历史时
期（比如传统和现代社会）的不同内容及其嬗变,并对其展开比较分析,
从而为当下中国公众参与的发展和改善提供借鉴。

　　第二,行动者既可以基于公益也可以基于私利进行公共参与。权利,作
为现代性的核心语词,源于一场调动个人利益为公益服务的试验。在启蒙思
想家看来,将德性、节制、责任置于权利之前的传统方式既严苛又无效用,
且与人性相悖；而引导人们承认和尊重他人的权利,并在这个基础上实现彼
此的合作共赢则是一个虽缺少理想色彩但根基牢靠的制度设计。这种以现实
姿态而非理想情操观察人类生活的理念为现代自由民主制度奠定了坚实的基
础。[⑤] 在这个意义上,公众参与既可以基于公益也可以基于私利,将两者分
开既难以操作,又与现实不符。

　　第三,行动者既可以被动地也可以主动地进行公众参与。所谓被动的公
众参与是指参与过程往往受到外力的影响和塑造,比如政府的号召和动员。
这种情况在中国并不鲜见。因此,我们无法简单忽视这种现象,先入为主地

---

　　① 武小川：《论公众参与社会治理的法治化》,武汉大学博士学位论文,2014年,第44页。

　　② 中央编译局比较政治与经济研究中心、北京大学中国政府创新研究中心：《公共参与手册—参与
改变命运》,社会科学文献出版社2009年版,第4页。

　　③ 武小川：《论公众参与社会治理的法治化》,武汉大学博士学位论文,2014年,第43页。

　　④ 张善根、李峰：《法治视野下公民公共参与意识的多因素分析：基于上海数据的实证研究》,载
《北方法学》2015年第2期。

　　⑤ Alan Bloom, *The Closing of The American Mind：How Higher Education Has Failed Democracy and Im-
poverished the Souls of Today's Students*, Penguin Books, 1987, p.166.

认为此类参与无法反映参与者的真实意愿，并因此没有效果。实际上，无论在历史上，还是新中国初期，很多源于动员的公众参与都发挥了一定的积极作用。因此，我们不应忽视这类经验可能具有的积极价值。

第四，公众参与既可以是制度化的也可以是非制度化的。在公众参与的历史发展过程中，很多现在看来是制度化的参与形式，在早期都是源于非制度化的参与行动的推动（比如西方的民权运动）。类似的例子在中国亦不鲜见，比如上访和抗拆过程中不断出现的官民冲突，就成为中央一再规范化和制度化政府相关行动的推动力量。① 因此，非制度化的公众参与对于推动公众参与的制度化具有重要的意义，如果将之排除在研究视野之外，将无法把握公众参与的动态发展过程。

综上所述，我们主张对公众参与进行广义的理解。这种参与的内容应该是可变的而不是按照某种标准被预设好的；参与其中的行动者既可以是基于公益也可以是基于私利；既可能是被动员进来的，也可能是主动加入的；其行为既可能是制度所允许的，也可能是暂时处于制度框架之外的。这种广义的公众参与可以帮助我们更好地在研究中纳入古今中西的各种公众参与的历史和现实经验，从而更好地贯彻法社会学的研究方法，并更好地思考公众参与在当下中国何以可能以及如何完善。

第二节　西方国家公众参与的历史变迁分析

公众参与并不是一蹴而就的，其有效运作离不开相应的社会文化基础。基于这一目的，我们将在接下来的章节中陆续分析中西历史和现代经验中的公众参与，探究支撑或阻碍公众参与发展的各种要素，并在最后给出完善当下中国公众参与法治化进程的建议。更具体地说，通过对历史经验的分析，我们认为公共参与的有效运作依赖于一套从文化理念到社会基础再到制度建构的完整系统，这一系统中三个要素之间的相互契合和良性互动是决定一个国家公众参与是否有效运作的关键。接下来，我们将逐一展开这一分析。

① Gui Xiaowei, "How Local Authorities Handle Nail-like Petitions and Why Concessions Are Made", *Chinese Sociological Review*, 2017, vol. 49, issue. 2, p. 172.

一、古典时期的直接式公众参与

我们这里讨论的古典式参与是雅典式的，而不包括其他类型。① 雅典式的公众参与也被称为城邦民主，主要出现在古希腊时期，是一种直接式的政治参与，其形成和维系原因主要有以下三个方面。

第一，在社会基础层面，直接式参与符合历史的需要。当时的希腊小国林立，最大的两个城邦雅典和斯巴达的人口规模也只有30万—40万人左右。同时，城邦的生存环境险恶，不仅强大的波斯对整个希腊虎视眈眈，希腊各城邦之间也是战争频繁。此外，因为城邦公民与奴隶之间的悬殊比例（比如情况较好的雅典这一比例也只有可怜的1∶9），各城邦内部也是矛盾重重。② 这些内忧外患使城邦犹如被置于火山口上，随时有覆灭的危机。为了凝聚公民的力量，对奴隶进行统治，抵御外敌捍卫城邦，一种特殊的政治制度——城邦民主制应运而生。③

第二，在制度层面，城邦民主主要依靠四个机构运转。一个是作为行政首长的执政官，一个是负责政务的议事会，一个是所有公民都可以参与城邦事务讨论的公民大会，最后一个是作为司法机构的陪审团。④ 虽然后世对雅典伯里克利时代的公众参与多有溢美之词，但这种直接式的参与亦有不足之处，比如这种参与是有限制的，不仅奴隶无权参与，女性公民也被排除在外；另外，这种参与效率低下，政治家们常常心怀叵测相互诋毁，而民意也在这种频繁上演的政治戏剧中被不断利用和操纵。⑤

第三，在价值理念层面，这种参与将德性置于权利之前。这一理念认为公民若要成为真正意义上的人，实现幸福生活，必须进入公共领域（城邦），参加政治生活。对此，亚里士多德做了很好的论述。在他看来，公民

---

① 根据学者研究，20世纪之前的民主可以分为四种古典模式：雅典式的、共和主义的、自由主义的和马克思主义的直接民主。参见陈晓律：《从古典民主到大众民主：兼评理查德伯拉米的〈重新思考自由主义〉》，载《南京大学学报》2004年第2期。

② 钱乘旦：《西方"民主"的历史和现实》，载《历史教学》2016年第23期。

③ 钱乘旦：《西方"民主"的历史和现实》，载《历史教学》2016年第23期。

④ 钱乘旦：《西方"民主"的历史和现实》，载《历史教学》2016年第23期。

⑤ Henderson, J. "Comic Hero versus Political Elite" pp. 307–319, in Sommerstein, A. H.; S. Halliwell, J. Henderson, B. Zimmerman (ed). *Tragedy, Comedy and the Polis*. Bari: Levante Editori. 1993.

参与政治本身是一种善，而不仅仅是为了实现某种善的工具。① 这是因为人在本性上是一种政治动物，而且可以通过语言表达和意见交换辨别是非善恶以实现正义。② 正是人有别于动物的这种特殊禀赋可以让他们从依靠强制和暴力解决分歧的困境中解脱出来，而通过理性协商建立一个自由的世界。③ 在这个意义上，城邦共同体为人们提供了一个言论代替血腥、决策行动代替复仇行动的场所，公民通过积极投身公共事务，积极讨论公共决策，可以培养自由平等的价值观和公共精神，从而实现公民之间的和谐共处。④ 当然，这种美好的理念离不开制度的规范和支撑，只不过亚里士多德在此强调的法律是具有德性目的的，旨在促进正义和美德，它和我们今天所讲的相对较薄的、基于权利的法律在道德上有很大的区别。⑤

古典时期的这种直接式公众参与在雅典的伯里克利时代达到顶峰。当时，每个公民不论贫富贵贱都可以通过抽签而非选举的方式直接履行公务，一年一换，机会均等。与之相对，斯巴达的公众参与制度比较精英化，普通公民只能参加公民大会，而只有贵族出生的人才能直接执行公务。然而雅典民主的优越性随着雅典与斯巴达之间的伯罗奔尼撒战争的失败开始受到质疑。在此之后，古典时期的直接民主传统就此结束，并再未恢复，其历史跨度不足 200 年。⑥

二、现代时期的间接式公众参与

现代时期的间接式公众参与是民族国家和工业化兴起之后的产物。

第一，从社会基础来看，西欧中世纪封建制带来的国家分裂导致了社会的贫困落后，是专制王权的兴起才完成了社会的整合。以英国为例，其民族

---

① ［英］波考克：《古典时期以降的公民理想》，载许纪霖主编：《共和、社群与公民》，江苏人民出版社 2004 年版，第 36 页。

② ［古希腊］亚里士多德：《政治学》，吴寿彭译，商务印书馆 2007 年版，第 7—8 页。

③ ［德］汉娜·阿伦特：《公共领域和私人领域》，载汪晖、陈燕京主编：《文化与公共性》，三联书店 1998 年版，第 60—64 页。

④ ［英］波考克：《古典时期以降的公民理想》，载许纪霖主编：《共和、社群与公民》，江苏人民出版社 2004 年版，第 32 页。

⑤ ［古希腊］亚里士多德：《政治学》，吴寿彭译，商务印书馆 2007 年版，第 141 页。

⑥ 钱乘旦：《西方"民主"的历史和现实》，载《历史教学》2016 年第 23 期。

国家的兴起依靠的是专制王权，而非民主。之后的光荣革命，缔造了君主立宪的政体，将国家权力由君主之手扩展到君主与贵族共享，即从一个人的统治变为多数人的统治。这个时候并没有所谓的公众参与。而光荣革命之后的150年，随着工业化的快速发展，资产阶级开始崛起，与此同时，深受剥削和压迫的工人阶级也积聚了大量的不满。尖锐的阶级矛盾迫使英国走向政治体制改革以进一步扩大公众参与的范围，这一过程历经100多年，最终在1928年，英国才实现了不分性别、贫富、职业、种族和信仰的平等选举权。[1] 不过，此时的公众参与已经不再是古典式的直接参与，而是一种代议制的间接参与。这种参与形式不仅源于阶级结构改变带来的压力，还与人口数量的激增和国家规模有关。[2] 而将代议制与民主结合起来则可以较好地解决大国内公众参与何以可能的问题。[3]

　　第二，在价值理念层面，这种间接式的公众参与源于自由主义的权利理论。这一理论主张每个人都平等地拥有一些与生俱来的、不可剥夺的自然权利（比如生命、财产和自由），而每个人在拥有这些权利的基础上，都可以运用理性并通过个人努力实现美好生活。[4] 进而，这一理论有两个基本预设和一个最终目标。第一个预设是国家和社会的二元对立。这一原则是从欧洲近代早期市民阶层反抗专制主义的斗争中发展起来的，其目的在于通过一系列公民权利和政治权利为个人划定国家不可随意侵犯的私人领域，从而限制政府权力的范围和运行方式。[5] 第二个预设是个人理性。这一理论认为必须克制个人私欲方能使政治有效运转的传统理解与人性相悖，于是将人天然倾向的自由放在其需要自律才能实现的德性之前，并据此调动个人的利益来实现公益的目标，这种改革的希望在于人具有理性，并且能够妥善的运用理性行使权利，从而实现美好生活。在这个意义上，这一理论的最终目标是实现

① 钱乘旦：《西方"民主"的历史和现实》，载《历史教学》2016年第23期。
② 对此，孟德斯鸠和卢梭从不同角度有过广泛的论证，参见［法］孟德斯鸠：《论法的精神》（上册），张雁深译，商务印书馆1963年版，第147—148页；［法］卢梭：《社会契约论》，何兆武译，商务印书馆1980年版，第60—61页。
③ ［英］密尔：《代议制政府》，汪瑄译，商务印书馆1982年版，第55页；［美］潘恩：《潘恩选集》，马清槐译，商务印书馆1981年版，第244—246页。
④ 很多启蒙思想家都有相关论述，对此的一个系统分析参见桂晓伟：《美好生活何以可能：关于个人自主和发展的社会文化分析》，世界图书出版公司2016年版，第7—22、39—61页。
⑤ 唐士其：《被嵌入的民主》，载《国际政治研究》2016年第1期。

美好生活而不仅是享有权利。然而，幸福必须经由德性对激情的限制方能获得，而现实中并不是每个人都具有践行权利实现幸福的智慧。① 据此，柏克区分了"权利拥有"和"权利行使"，并认为恰当理解的权利，必然指向"真正的天然贵族"的统治，因为个体虽然可以通过情感感知痛苦，但解决痛苦的动力却不是来自情感，而是人的理性和远大理想，而且常常是那种普通人无法体会的掺杂了各种复杂情况的殚精竭虑，而这些内容是很多人都不曾经历和体会的。② 与柏克相同，密尔也认为民众的意愿不应该总是依据字面含义来理解。这种声音必须经过注释，或者由代表代为表达，因为人民不是他们幸福的最佳判断者。③ 这一观点和密尔对幸福的质（灵魂与精神的快乐）与量（肉体的快乐）的区别有关。④ 密尔对幸福的质的强调拉近了他与精英政治的态度。柏克和密尔的论述为间接式的公众参与（即代议制）打下了理论基础。这种参与方式认为，由公众选出精英，再由精英代替公众做出公共决策是一种比直接民主更为审慎和可行的参与方式，而代议制和自由主义的权利理论就这样在幸福的名义下结合在了一起。

　　第三，在制度层面，这种间接式的公众参与只是一种选举民主，而不同于雅典时期的直接式的公众参与。在雅典的民主实践中，不仅每个公民都可以直接参与立法，他们还可以通过抽签或轮流的方式，担任诸如法院主席这样的公职。这样做的目的在于防止政客对民众的蛊惑。而代议制的拥护者显然不认同这一观点，在他们看来，大多数民众的无知、短视和善变会影响民主的效能，因此其制度设计的目的就在于让政治权力最终掌握在精英的手中。这样一来，间接式公众参与中的参与功能就被大大弱化了，而更多转变为对权力的监督。这种监督的另一个设计是立法、行政和司法之间的分权。但是后两者对立法权的平衡，也未必是民意的体现。最后，任期制也是弱化公众参与程度的一种制度设计。虽然它一定程度上也可以保证公众对官员的监督，但其更多的考量在于确保当选的官员能够不受民意干扰和控制地履行

---

① Leo Strauss, *Natural Right and History*, The University of Chicago Press, 1953, p. 304.

② Leo Strauss, *Natural Right and History*, The University of Chicago Press, 1953, p. 298.

③ See JS McClelland, *A History of Western Political Thought*, Routledge, 1996, p. 509.

④ See Leo Strauss, Joseph Cropsey (ed.), *History of political philosophy*, Rand McNally, 1972, p. 938.

公职，以致让公众参与大打折扣。①

如上所述，现代时期这种源自自由主义的间接式公众参与一直处于一系列的矛盾之中。一方面，它是资产阶级精英为了改变君主和贵族垄断权力而联合公众不断斗争的结果，但它又在目的达成之后，试图巩固精英阶层的特权；另一方面，它倡导个人的理性和自由，但又对个人是否有能力践行它们抱有怀疑，并对或肆意或激进的民意深怀忧虑。上述矛盾使得这种间接式公众参与带有强烈的精英政治的色彩，虽然在某种程度上，这是一种对政治的审慎考量的结果（比如避免多数人的暴政），但它同时也使这种参与偏离了民主的初衷，而一定程度上巩固了精英主导的利益格局。

三、当代的参与民主式的公众参与

自由主义主导的间接式公众参与由于其内在的矛盾而引发了一系列社会问题，进而在 20 世纪中后期引发了更为激进的民主运动，这其中较有代表性的便是参与式民主运动。这一民主延续了古典民主的精神和理念，对间接式的公众参与形成了有力的挑战和冲击，从而为公众参与指出了不同的路径。

第一，在社会基础上，随着西方国家经济增速的减缓，一些之前被掩盖的社会矛盾开始在 20 世纪 60 年代集中爆发。然而，面对社会的道德滑坡、个人主义的盛行、政治经济领域的不平等以及种族间的不断冲突，自由主义的间接式公众参与并没有提供合适的解决方案。相反，由于其内在的保守性和封闭性而导致的公众参与不畅，反而更加激化了已有的矛盾。在民众大规模反对体制内精英的背景下，参与民主的倡导者看到了依靠民众，革除现有民主弊端，从而回归民主本质的希望。② 而他们的努力和民众的抗议进而拉开了这场运动的帷幕。

第二，在价值理念上，参与式民主主张回归古典民主的传统，通过强调政治的道德目标，倡导公民的积极参与，强化个人的社会责任感，进而在推

---

① 唐士其：《被嵌入的民主》，载《国际政治研究》2016 年第 1 期。

② 郑慧：《参与民主与协商民主之辩》，载《华中师范大学学报（人文社会科学版）》2012 年第 6 期。

进公共事务发展的同时完善个人的美德。① 这种主张带有明显的亚里士多德民主的色彩，同时也能在卢梭、密尔和阿伦特等思想家那里找到佐证。比如卢梭就非常强调参与的教育功能，而密尔也认为公民善良品格的形成离不开其对公共生活的参与，而阿伦特更是坚信没有对公共生活的参与和分享，就无所谓自由和幸福。② 除了强调参与的德性价值，参与式民主还对鼓励个人欲望的、以追求财富为目标的权利观念进行了反思，并认为只要一个社会以建立无限制的财产累积的权利观念为动机，这个社会必然会因为个人能力的差异而使绝大多数资源集中于少数精英之手，而这进而会否定多数人选择劳动方式的权利。③ 在这个意义上，看似形式上平等的选举权，并无法抵制因为社会、经济、教育、文化等方面的差距而导致的实质意义上的不平等。④ 因此，要打破精英的统治，需要进一步推进公民的政治参与，因为没有参与就无法实现实质意义上的平等，而没有这样的平等，参与也就失去了其应该具有的意涵。⑤

第三，在制度安排上，为了更好地贯彻上述理念，参与式民主主张通过切实的制度设计确保公民可以参与到广泛的政策制定过程中来，通过这一过程培养他们对公共问题的关注和协商能力，矫正他们的政治冷漠和培养他们的政治责任感，并最终促进整个国家政治领域的民主化发展。⑥ 具体来说，参与民主并不拘泥于定期的选举，而是在制度安排上更重视常态的参与，并在与公众生活密切相关的基层政府、工厂、社区和学校等有限环境内实行公民直接参与和民主决策。⑦ 同时，为了更好地促进实质平等，参与式民主主张公共政策过程应该向所有受该决策影响的公众开放，并通过舆论压力、政

① ［美］卡罗尔·佩特曼：《参与和民主理论》，陈尧译，上海人民出版社2006年版，第9页；［美］本杰明·巴伯：《强势民主》，吴润洲译，吉林人民出版社2011年版，第8页。
② 袁建军、金太军：《参与民主理论核心要素解读及启示》，载《马克思主义研究》2011年第5期。
③ C. B. Macpherson, *Democratic Theory: Essays in Retrieval*, Oxford: Clarendon Press, 1973, p. 17.
④ 郑慧：《参与民主与协商民主之辩》，载《华中师范大学学报（人文社会科学版）》2012年第6期。
⑤ 于海青：《当代西方参与民主理论评析》，载《国外社会科学》2009年第4期。
⑥ ［美］卡罗尔·佩特曼：《参与和民主理论》，陈尧译，上海人民出版社2006年版，第9页。
⑦ 于海青：《当代西方参与民主理论评析》，载《国外社会科学》2009年第4期。

策咨询，甚至社会运动等方式将平等协商的结果传递给正式的决策过程。①

如上所述，参与式民主以一种自下而上的、更为激进的直接民主对精英把持的间接民主提出了有力的挑战。它建基于公众角色的觉醒和任职，而非简单回归古典民主的乌托邦幻想，它强调普通公众的平等参与，而非精英的统治霸权，它主张发展有限环境内的政治参与，以补充和改造而非取代代议政治。这些特点使其成为西方民主发展的一条新路径。②

至此，本节从社会基础、价值理念和制度安排三个方面分析了西方国家公众参与的历史变迁分析。这三个角度可以帮助我们更好地理解西方国家在公众参与的历史发展过程中所面临的挑战与回应。概括来说，公众参与制度在西方经历了古典时期的直接式公众参与、现代时期的间接式公众参与和当代的参与式民主三个主要阶段。古典时期的直接式民主强调每个公民平等的政治参与权，这种制度设计旨在更好地团结城邦公民以抵御当时所面临的各种内忧外患。同时，有限的国家规模和相对简单的公共事务也为实施直接式的公众参与创造了基本的社会条件。而这种政治参与在理念上追求个人对公共责任的体认和公共参与能力的培育，并期望通过公共生活使个人最终能够在城邦中完善自我的德性并实现美好的生活。

现代时期的间接式公众参与是一种以公民选举权为核心的有限的政治参与。这种制度安排同样是为了回应当时急剧变化的社会现实，尤其是资产阶级和广大劳动人民随着工业化和现代化的进程而迫切希望打破君主和贵族对权力的垄断。同时，国家规模的急剧扩大、公共事务的日渐烦琐和专业程度的不断提高，也使代议制而非直接民主更具有可操作性。而在理念上，古典时期的德性和责任为现代意义上的强调个人自由并合理化个人欲望的权利观念所取代，后者相信凭借个人的理性，可以通过调动个人满足其利益的欲望而为公益服务。此外，基于对公众认知能力和判断能力的担忧，尤其是对多数人暴政的恐惧，这种理论虽然承认公众追求幸福的权利，但又主张这种权利的践行应该交由政治精英来行使，从而为代议制民主的合理性提供了理论依据。

---

① 郑慧：《参与民主与协商民主之辩》，载《华中师范大学学报（人文社会科学版）》2012年第6期。

② 于海青：《当代西方参与民主理论评析》，载《国外社会科学》2009年第4期。

当代的参与民主实践既是对自由主义这种间接式民主的反思又是对古典时期直接式民主的某种程度的回归。一方面，随着精英对权力和资源的掌控，西方社会在 20 世纪 60、70 年代爆发了风起云涌的民主运动，以争取更为平等和广泛的政治参与权。参与式民主因此应运而生，其致力于通过更为直接的政治参与矫正公众的政治冷漠，实现他们的常态政治参与和自我治理。另一方面，这种直接式的公众参与虽然秉承了古典政治参与的精神，但受限于国家规模和现代政治的复杂性，其直接参与主要是在有限环境内展开，并将之作为代议制选举民主的一种补充，而非完全的替代。这种参与在理念上，主张通过公共生活矫正公众的政治冷漠，培养他们的公共责任感，从而使其在拥有权利的同时，能够习得认真对待和实践权利的能力。

通过上述分析不难发现，西方的公众参与，作为一种民主形式，一直处于历史的发展过程之中，其阶段性的变化既是对其所处的社会事实的反应，也一定程度上受制于这一社会现实，比如间接式的民主参与致力于打破君主和贵族对权力的垄断，但当资产阶级精英终于挤进权力俱乐部之后，却又开始通过论证代议制的优越性维系其特权和统治；再比如参与式民主虽然对代议制构成了一定的挑战，但其激进的倾向随即遭到打压，最终只能将自己定位为一种对公众参与的有益补充，并在近年来趋于落寂。①

上述分析的第二点启发在于揭示了权利意涵的复杂性。很难说古典时期的直接参与中没有权利的因子，因为普遍而平等的公众参与本身便是一项非常重要的权利。但是，在古典政治中这一权利的目的指向的是公民德性的完善。这种德性先于权利的理解在代议制民主那里遭到了颠覆，权利而非德性成为美好生活何以可能的基石，获得自由的个人被寄望通过理性指引自己在实现个人利益的同时也关注公益。然而，缺少了德性范导的自由就像无根的浮萍，我们无法知道其最终将演变成什么模样。这进而促使参与民主的理论家们重新回到古典，并从中为公共生活的意义和公民责任的价值找到依据。上述发现揭示了权利和德性之间相辅相成的关系。唯有达到两者的适当平衡，拥有权利的个人才能更好地参与公共生活，并在这一过程中更好地培养

---

① 郑慧：《参与民主与协商民主之辩》，载《华中师范大学学报（人文社会科学版）》2012 年第6 期。

实践权利的能力，并最终通过个人的完善实现美好的生活。

上述两点启示对于我们进一步分析中国公共参与的历史变迁具有重要的价值，它让我们可以以一种开放而非既定的思维来客观分析中国历史上的公众参与，并进而深入探讨塑造这些参与实践的价值理念、制度安排和社会事实。

第三节　中国公众参与的历史变迁分析

现代意义上的公众参与是源自西方的产物，在理念上这种公众参与遵循的是一套基于权利的法治理念，它肯定了个人的自由和欲望，并以一系列的公民权利和政治权利为核心，为个人自由划定了牢不可破的堡垒。在此基础上，它期望个人能够运用理性，通过个人的努力实现可欲生活的同时，促进整个社会的良序发展。这一理念的产生离不开西方历史上多元共存的权力格局（比如君权、贵族权力和新兴资产阶级的权力）和这一格局下强调协商妥协的政治文化。[①] 但同时，这一过程也塑造了西方国家对权力之恶的根深蒂固的防范心理。因此，公众参与在社会层面的基本预设是国家和社会的两分，既强调法律对国家权力的严格限制，也强调市民社会对国家权力的监督。[②]

如果按照法治、有限政府和市民社会这些西方国家公众参与的基本特征来衡量中国，那么中国历史上确实不存在西方意义上的公众参与。但是正如上文分析所展示的，我们对公众参与的分析采用的是历史的、开放的态度。这种思维可以帮助我们更好地看到中国公众参与的历史发展过程，了解在不同的历史阶段，究竟是怎样的社会情境、价值观念和制度安排塑造了当时的公众参与，从而在更好地理解中国经验和传统的基础上为我们在新的历史时期推进中国的公众参与提供借鉴。具体来说，中国的公众参与可以大致分为传统儒家时期，新中国初期和依法治国时期三个阶段。接下来，我们将逐一对这些阶段公众参与的价值理念，社会现实和制度安排进行分析。

---

① 施治生、郭方：《古代民主与共和制度》，中国社会科学出版社 1998 年版，第 438 页。

② 袁曙宏、韩春晖：《社会转型时期的法治发展规律研究》，载《法学研究》2006 年第 4 期。

一、传统儒家时期的公众参与

如果公众参与意味着参与公共事务治理的人数从一人到少数人再到更多数人的不断扩展，那么至少在西方参与式民主所谓的有限空间内（比如乡村社会内），仍然存在着一定程度的公众参与。

第一，在社会基础上，传统儒家时期这种带有公众参与色彩的基层治理源于当时的社会历史条件。具体来说，当时的帝制中国虽然幅员辽阔，但却是一个以农业为主的农耕国家，这决定了其经济的匮乏和国家能力的有限。相比现代国家，当时的国家渗透到基层社会贯彻其意志的"基础性权力"[1]存在明显的不足。因此，历代王朝多奉行休养生息的政策，以期望维持其政权的长治久安。毕竟，要推行各种雄才大略的政治构想（比如开疆辟土、筑城修河），要供养一个庞大的官僚集团来具体执行这些构想，往往意味着更多的税赋，而更多的税赋往往会带来更多的官民冲突。[2] 此外，为了坚持世袭制集权，统治者也希望将其统治内在的分裂最小化，这也带来了简化政府机构的意愿。在这个意义上，无为而治以及由此而来的简约治理或半正式行政的政治实践便成为一种维系整个体系高效率但低成本运行的理想选择。[3]

第二，在价值理念上，无为而治的良性运转，依赖的是儒家的一套为人处世哲学。具体来说，儒家的礼治理想便是按照家庭的伦理关系建构国家，从而形成家国一体，都按照纲常伦理来确定人与人之间社会关系和名分的共同体。[4] 在这样一个伦理本位的社会里，政府就好像父母，而被统治的人民就好像子女。政府治理的理想是塑造一个近乎自我管理的道德社会。官员们希望通过树立道德楷模来治理社会，而每个人必须通过修身养性、克己复礼

---

① 迈克尔·曼恩（Michael Mann）区分了两种不同的国家能力：一种是国家的"专断性权力"（despotic power），即国家精英在不与市民社会进行制度化商谈前提下的自行配置资源的权力；一种是国家的"基础性权力"（infrastructural power），即国家渗透市民社会并贯彻其决策的制度化能力。更多讨论参见 Michael Mann, The Sources of Social Power. Vol. 2, *The Rise of Classes and Nation States*, *1760-1914*, Cambridge：Cambridge University Press, 1993, p. 59.

② 费孝通：《乡土中国》，生活·读书·新知三联书店 1985 年版，第 60—64 页。

③ 黄宗智：《集权的简约治理：中国以准官员和纠纷解决为主的半正式基层行政》，载《开放时代》2008 年第 2 期。

④ 杨景凡、俞荣根：《孔子法律思想》，群众出版社 1984 年版，第 106 页。

来达到修齐治平的人生成就。① 在这样的社会中，权利没有善显得重要，而个人只需要做好自己的人生任务，就可以获得社会的认可，从而获得相应的资格（即权利）。② 在这样一个伦理本位的社会，无讼是被宣扬和称赞的，因为知书达理之人应该是以讼为耻、羞与人争、讲求忍让的，而不懂规矩的粗鄙之人决不是德性良好之人。通过树立道德楷模和惩戒越轨者，儒家伦理得以在村民之间产生示范和警示效应，从而维系和再生产村庄的价值系统，并通过这种价值系统的良性运转，起到维持村庄秩序和教化民众的作用。而这种教化的一个重要目的是实现社会的长幼有序、定分止争，从而以最经济的方式（即由社会消化大多数的纠纷矛盾，而国家仅在迫不得已时介入）完成公共治理的目标。③

第三，在制度安排上，传统社会的这种公共参与可以用"集权的简约治理"④ 来描述。具体来说，不同于西方经验中的国家与社会的二元对立，传统中国的治理经验可能更适合通过一个三分的制度框架来解释，即在国家和社会之间存在一个国家和社会都参与其中的"第三领域"。⑤ 第三领域不同于国家—社会二元框架下的公共领域，后者是市民社会在反对专制国家的民主进程中的一种扩展，有着更为独立的自我运作逻辑。与之相对，第三领域既反映了社会的力量也体现了国家的控制，这里的社会既不是完全独立于国家的，也不是与国家相对立的，而是在国家放权和把握总体方向基础上的一种双方的合作。比如在一些公共行动中，国家的典型做法是依靠不领俸禄的准官吏（比如乡保）来扩展其控制范围并渗透进乡村社会。这些准官吏不仅帮助国家收税、调解纠纷、维持公共治安，还协调各种公益事业。由于国家没有独立从事这些工作所必需的基础结构，县级政府往往需要向社区领

---

① 费孝通：《乡土中国》，生活·读书·新知三联书店 1985 年版，第 48—53 页。

② Henry Rosemont, "Rights-Bearing Individuals and Role-Bearing Persons", Mary Bockover（ed），Rules, *Rituals and Responsibility：Essays Dedicated to Herbert Fingarette*，Chicago：Open Court Publishing Company，1991，pp. 71–101.

③ 费孝通：《乡土中国》，生活·读书·新知三联书店 1985 年版，第 54—59 页。

④ 黄宗智：《集权的简约治理：中国以准官员和纠纷解决为主的半正式基层行政》，载《开放时代》2008 年第 2 期。

⑤ 黄宗智：《中国的"公共领域"与"市民社会"？——国家与社会间的第三领域》，载黄宗智：《经验与理论：中国社会、经济与法律的实践历史研究》，中国人民大学出版社 2007 年版，第 167 页。

导人求助，同时，乡土社会也没有足够的资源和组织实施大规模的公共活动，从而也需要国家的领导和介入。因此，国家和社会就在很多公共事务上联结到了一起，两者相互重叠，协力运作。[①] 在这里，国家和乡村社会之间，既是一种领导和被领导的关系，也是一种相互配合的关系，而对于多数生活在基层社会的人来说，第三领域也是他们参与公共事务和与国家互动的主要空间。

二、新中国初期的公众参与

中国历史上这种由国家发起并结合了地方精英参与的治理模式产生了深远而持续的影响。新中国初期的一些治国实践便带有这一治理模式的印记。不过，在展开进一步分析之前，我们首先需要阐明新中国初期的简约治理在社会情境和价值理念上与传统儒家时期的不同，这些不同并没有在根本上消除两者治理方式上的共性，而这恰恰也说明了这种简约治理模式下的公众参与的顽强生命力和重要价值。

第一，在社会基础上，新中国初期与传统中国完全不同。新中国的成立让中国共产党成为领导中国和平发展并屹立于世界民族之林的中坚力量。面对复杂的国际国内形势，新中国不仅要强化国防建设，还要尽快实现工业现代化。这决定了共产党必须充分发挥其核心领导作用，统揽全局，统一政令，团结各派力量，调动各方资源，唯有如此，才能充分发挥每个人的积极性，完成国家富强、民族独立和现代化建设的艰巨任务。同时，面对国际社会的封锁，新中国的现代化之路从一开始就无法走向外扩张的道路，而必须在国家内部完成工业化的原始积累。而要在一穷二白的基础上完成这一任务，新中国就不可能像历代王朝那样走消极无为的道路，而是必须采取积极进取的策略。这也意味着新中国必须改变帝制国家那种基础性权力羸弱的局面，通过打破基层社会以家族区分为依据的基层政治生态，将各个农户直接吸纳到国家的治理体系之中，以便强化国家对乡村社会的再造，从而为汲取

---

① 黄宗智：《中国的"公共领域"与"市民社会"？——国家与社会间的第三领域》，载黄宗智：《经验与理论：中国社会、经济与法律的实践历史研究》，中国人民大学出版社2007年版，第168—169页。

现代国家建设所必需的人力以及物力资源创造条件。① 因此，相比帝制中国强专断性权力弱基础性权力的局面，中国共产党领导的新中国不仅拥有集中的中央权力，而且拥有强大的基础性权力。这种双强的权力结构有效地保证了新中国可以在各项公共事务中充分贯彻自己的意志。

第二，在价值理念上，新中国也完全不同于帝制中国。新中国的政治理想是消除压迫和剥削，实现人类的解放。② 在中国，这种理想具体体现在通过现代化建设，使"物质产品、精神财富都极为丰富和人们的共产主义觉悟极大提高"。③ 在这种理想下，国家需要的是任劳任怨的四有新人。④ 而当他们出现犹豫和动摇的时候，党必须义无反顾地对他们"实行正确的有远见的领导"。⑤ 在这种社会环境中，每个人首先被要求成为革命建设工作中的螺丝钉，要随时做好准备为了党和国家的事业牺牲小我，成全大我，这意味着善仍然是优先于权利的。善优先于权利在此意味着，为了完成现代化建设的宏伟目标，党既要提升群众的物质生活，也要重塑他们的觉悟，让他们能够超越个人私利而与国家整体和长远利益保持一致。这种理念为党领导人民群众，调动他们的积极性来完成各项工作提供了依据。

第三，在制度安排上，新中国初期仍然延续了一定程度的简约治理。新中国强大的渗透社会的基础性权力，加上它的革命理想共同将这一时期的社会塑造成了一个动员型社会。⑥ 不可否认，此时的社会，与传统中国相比，其力量是较弱的，自主性也是较低的，其对公共事务的参与，更多地是在一种被动员的前提下完成的，主要是为了配合国家的各项中心工作。然而，这并不意味着此时的社会完全失去了自主发挥的空间。在一些公共事务领域，传统的简约治理的方式仍然得到了延续，并体现在一系列制度安排上。比如"文革"时期广泛建立的村办小学就是在中央指导和制定的蓝图下，由村集

---

① 申端锋：《乡村治权与分类治理》，载《开放时代》2010 年第 6 期。

② 《马克思恩格斯选集》第 1 卷，人民出版社 1995 年版，第 285—294 页。

③ 龚育之、逄先知、石仲泉：《毛泽东的读书生活》，生活·读书·新知三联书店 1986 年版，第 140 页。

④ 《邓小平文选》第二卷，人民出版社 1994 年版，第 91 页。

⑤ 刘少奇：《论党》，人民出版社 1980 年版，第 33 页。

⑥ 桂晓伟：《重新理解"政治"：对信访治理困境的政治社会学解读》，载《思想战线》2017 年第 2 期。

体出资建立的，是村庄在国家简约主义治理下积极参与和推动的产物。① 实际上，新中国初期的乡村治理具有相当强烈的反官僚主义治理传统，当时的国家通过动员群众的参与成功地提供了免费的教育、卫生服务和高度的公共安全。在这种参与过程中，一个非常重要的制度安排便是群众路线。群众路线主张党作为工人阶级先锋队，既要联系和服务群众，也要在他们思想出现问题的时候进行及时的批评和教育。而国家的各项工作，只有在党的卓有远见的领导、不失时机地进行群众动员和教育以及群众的广泛参与的辩证统一的基础上才能更好地完成。② 群众路线的思想和工作方法在其中发挥了重要的协调作用，它既帮助克服了官僚化所可能产生的拖沓程式化的工作作风，保持了党对公共事务的总体方向和原则的把握，又帮助动员和教育了群众，使他们能够以饱满的热情和忘我的工作作风积极投身到公共事务中去。

三、改革开放以来的公众参与

改革开放以来的公众参与受到了依法治国的重要影响。

第一，在价值理念上，当前的执政理念同时糅合了多种价值观。具体来说，在反思前三十年执政经验的基础上，当前的中国政府选择从三个层面来夯实其执政基础。首先是深化体制改革，推进依法治国，以提升国家的规范合法性；其次是不断提升政府的服务质量，努力改善民生，以增强其政绩合法性；最后是在上述两者的基础上继续高举中国特色的社会主义旗帜，通过这一价值体系的优越性和吸引力，强化其意识形态合法性。③ 上述三个维度的合法性的同时构建，进一步凸显了社会主义制度的优越性。比如依法治国通过一系列制度建设，进一步明确国家权力的边界，以抵御权力的恣意妄为，为公民生活带来确定性和安全感，从而极大提升了政府的形象；同时，中国政府并不同于西方民主选举下的政党轮替的政府，后者常常可以在执政

---

① 黄宗智：《集权的简约治理：中国以准官员和纠纷解决为主的半正式基层行政》，载《开放时代》2008 年第 2 期。

② 冯仕政：《国家政权建设与新中国信访制度的形成及演变》，载《社会学研究》2012 年第 4 期。

③ Zhao Dingxin，"The Mandate of Heaven and Performance Legitimation in Historical and Contemporary China"，*American Behavioral Scientist*，vol. 53，no. 3，2009，pp. 416−33；Elizabeth Perry，"Chinese Conceptions of Rights：From Mencius to Mao-and Now"，*Perspectives on Politics*，vol. 6，no. 1，2008，pp. 37−50.

之后不兑现选举时许下的承诺，而中国共产党领导的政府并没有这样可以逃避责任的选择，而是必须一如既往地承担起建设国家改善民生的重担。换句话说，中国社会的所有问题，最后都需要中国政府来兜底，而这种将社会问题和执政基础绑定的关系，也促使中国政府必须义无反顾地改善其政绩。最后，更好的制度化建设水平和更好的民生政绩的结合，又反过来进一步凸显了社会主义民主的优越性和意识形态的吸引力。

第二，在社会基础上，上述三个维度的互嵌产生了彼此掣肘的局面。具体来说，在新中国初期，由于浓厚的阶级斗争意识形态和落后的法治建设水平，国家可以较为容易地突破合法性障碍来运用各种社会治理手段实现自己的意图。但是，随着对法治的重视，国家无法再带有歧视性的区分先进和落后分子，并对后者进行教育，因为这与人人平等的法律价值相悖。国家也丧失了通过控制人身自由的劳教制度和收容遣送制度来治理群众的手段，因为他们同样违背了法治和人权的基本精神。此外，将土地长久地承包给个人以及取消农业税也都是基于权利的改革逻辑的产物，这两项改革使政府失去了与农民进行博弈的"物质掌控权"。① 政府上述权力的弱化导致其无法像新中国初期那样有效地渗透进基层社会，与群众打成一片，并充分调动他们的参与热情。有学者因此将今天的基层政府形象地描绘为"悬浮型政权"。②

基层政权的"悬浮"对当前的公众参与环境带来了一系列影响。首先，政府的运行方式虽然更加规范，但也因此缺少了动员能力。新中国初期的基层政府运作远不如今天的基层政府规范化和科层化。政府运行方式的规范化当然是一件好事，但这种规范化也一定程度上捆绑住了基层的手脚，让他们无法通过老办法与群众互动。结果，在国家与社会接触最为密切的基层，我们的党和人民之间的联系就出现了脱节：群众既缺少组织的制度环境，同时我们的政府也没有动员组织群众的有效手段。其次，这种衔接上的断裂为政

---

① 我在田野中多次听到信访官员强调基层政府治理资源缺失对信访治理的影响。比如一位官员曾经很无奈地说："在可以收税和调地的时候，他们还会权衡一下利弊得失，但现在我们已经没有了这样的砝码"（案例来源：根据笔者2011年10月对一位村主任的访谈整理）。更有甚者，一些钉子户到了北京之后，甚至还主动给信访官员打电话，让他们过来报销火车票，搞得对方哭笑不得（案例来源：根据笔者2012年7月对一位村支书的访谈整理）。

② 周飞舟：《从汲取型政权到"悬浮型"政权：税费改革对国家与农民关系之影响》，载《社会学研究》2006年第3期。

府职能从汲取型向服务型的转变带来了障碍。由于没法有效地动员群众参与公共事务，今天的基层政府更像是一个上令下达的中转站和发放补贴的福利店。其为群众提供服务的方式更像是扁担挑子一头热，作为服务对象的另一方，群众并没有充分参与到这个互动中来，而更多是被动地等、靠、要。然而，一些服务性工作（比如农田水利的翻修和村庄垃圾污染的治理）仅靠政府一方无法完成，而必须充分调动群众的参与热情。结果，政府与民众之间的这种单向度的"服务—接受"方式不仅让政府背上了沉重的负担，也塑造群众的政治冷漠。最后，这一切还发生在国家在意识形态领域淡化道德理想而强调权利观念的背景下。当前的政府在价值上更加中立，而群众也有了更多的选择生活方式和价值观的自由。在缺少公共生活的情况下，这种自由常常导致自利甚至"无公德个人"的出现。① 而在权利优先的价值理念下，国家已经无法再像从前那样强制人们接受并信奉某种基于公益而非私利的道德理想，这使其更加无力应对个人的去理想化和政治冷漠。

第三，在制度安排上，当前中国的公共参与遵循的是一套基于权利的思路。具体来说，这些制度安排主要包括以下四个方面。② 首先是立法层面的公众参与。这类参与的第一种是通过立法规划的方式进行的，比如近年来国务院和全国人大关于民生立法的规划在逐渐增多；③ 再比如近年来地方各级政府和人大也开始"开门立法"，向社会广泛征集立法项目建议。立法参与的第二种是在立法制定过程中引入公众参与环节，比如很多省市都规定立法机关应当通过座谈会、论证会和听证会等形式加强公众参与。④ 第三种立法参与是法律审查，最有代表性的例子是孙志刚事件。其次是行政层面的公共

① 阎云翔：《私人生活的变革：一个中国村庄里的爱情、家庭和亲密关系 1949—1999》，上海书店出版社 2006 年版，第 261 页。

② 本段列举的四类参与形式来自武小川博士的研究，笔者仅在具体表述内容上有所删减。详细论述参见武小川：《论公众参与社会治理的法治化》，武汉大学博士学位论文，2014 年，第 95～123 页。

③ 比如 2017 年国务院有 22 个立法规划项目，其中保障和改善民生，以及促进社会和谐稳定的规划就有 9 项。参见《国务院办公厅关于印发国务院 2017 年立法工作计划的通知》，中国政府网，http：//www.gov.cn/zhengce/content/2017-03/20/content_ 5178909.htm，最后访问日期：2018 年 3 月 28 日。

④ 关于这一问题的例子很多，大同小异，为避免重复，仅举湖北省政府一例。参见《湖北省人民政府办公厅关于加强和改进政府立法工作的通知》，湖北省人民政府网，http：//www.hubei.gov.cn/auto5472/auto5473/201312/t20131206_ 481631.html，最后访问日期：2018 年 3 月 28 日。

参与。这类参与的第一种是在行政决策的过程中推进公众参与，其主要方式仍然是听证会，内容涉及各类对民生有重大影响的事项（比如环境问题、公共品价格问题、棚户区改造问题等）；这类参与的第二种是在行政执法过程中推进公共参与，这类参与往往与维护社会环境安全，举报违法犯罪活动有关，其中最为我们耳熟能详的便是"朝阳群众"的举报。再次是司法层面的公众参与。这类参与主要包括人民法院引入的人民陪审员制度和人民检察院引入的人民监督员制度。① 此外，近年来公益诉讼也不断增多，从而成为另一种重要的司法层面的公众参与。最后是社会自治层面的公众参与。这类参与主要包括基层群众自治组织（比如村委会和街道办）、各类民间调整机构（比如行业协会、妇联、老人协会等）以及各类 NGO 和志愿者服务。

除了上述制度内的公众参与，各种非制度化的公众参与也在近年来开始兴起。既有研究常常忽略非制度化的公众参与，但恰如上文所述，西方民主化进程的发展一直都伴随着各类非制度化的社会运动，正是它们促使很多公众参与从制度外转为制度内。中国虽然没有大规模的社会运动，但被下岗的职工、生存环境受到威胁的移民、没有得到妥善安置的退伍军人以及在征地拆迁中没有获得足够补偿的人们也都在通过各种各样的集体行动表达着他们的不满。② 在他们的努力下，很多公共政策得以改善。实际上，制度内和制度外的公众参与之间存在一种辩证的转换关系，制度内的参与，如果仅仅停留在纸面上，那么它完全可能在某个节点引发制度外的公众参与；同理，制度外的公众参与如果能够推动公共决策的改善，那么它也可以顺利被体制吸纳。在这个意义上，我们必须动态地理解公众参与，而不是仅仅将视野局限在静态的制度文本。

第四节　中西方公众参与的演进逻辑

以史为鉴，可以知兴衰。对于公众参与而言，这个道理同样适用。通过

---

①　对人民陪审员和人民监督员的职能和成效，既有研究有很多讨论，兹不赘述。其中一个简要的总结参见武小川：《论公共参与与社会治理的法治化》，武汉大学博士学位论文，2014 年，第 106—108 页。

②　Gui Xiaowei, "A Theoretical Framework on the Role of the State", *Rural China: An International Journal of History and Social Science*, 2017, vol. 14, p. 174.

对中西方公众参与历史进程的分析，可以帮助我们更好地理解其由来和发展，这进而可以帮助我们更好地看清当下中国公众参与面临的挑战和改进的方向。

一、西方公众参与的演进逻辑

具体来说，公众参与在西方的历史发展主要经历了三个阶段，即古典时期的直接式参与、近代以降的间接式参与，以及当代的有限空间内的参与式民主。

第一，在价值理念上，德性和权利一直是指引西方公众参与的两大支柱。古典时期的公众参与将德性置于权利之前，公众参与政治生活是因为政治本身是一种善，它可以充分彰显人不同于动物的秉性。因此参与政治生活首先是一种责任和义务，是人实现自我完善的一项基本要求，其次才是一种限定资格的权利（比如城邦男性公民）。德性先于权利的理念随着现代民族国家的兴起而遭到颠覆，启蒙思想家认为这种预设既严苛也无用，于是将人类天性中的自由置于自我克制的德性之前。康德进一步夯实了权利的根基，在他看来，个人自由才是人之为人的关键。[1] 在这个意义上，是否参与政治便成为一项可以选择的自由，而不再是某种强制性的义务和责任。虽然，现代公民的政治冷漠一定程度上源于对精英政治的失望，但权利优先于善的观念转变无疑也是一个重要原因。因为这一观念的树立意味着自由主义出现了软化，它开始专注关心个人的利益问题，而不是那些充满争议的价值表述。[2] 既然对利益的关注成为参与政治的主要动力，而精英对政治的主导又注定了既有利益格局难以被撼动，公民对政治的冷漠也就因此变得顺理成章了。当代的参与式民主便是在这种背景下应运而生的。这种公众参与虽然试图借助古典政治的资源以唤醒人们对政治参与的责任感，但其并不可能动摇建构于权利基础之上的整个现代政治体系。在这个意义上，是否参与政治仍

---

[1]　Immanuel Kant, "Groundwork of The Metaphysics of Morals," Mary J. Gregor (trans & ed), *Practical Philosophy*, Cambridge University Press, 1999, p. 63; Immanuel Kant, "Perpetual Peace," H. S. Reiss (ed), *Kant's Political Writings*, Cambridge University Press, 1970, p. 125.

[2]　桂晓伟：《美好生活何以可能？——关于个人自主和发展的社会文化分析》，世纪图书出版集团2016年版，第62页。

然只是一种个人选择，其可能为有识之士所津津乐道，但对执意冷漠者却是无能为力的。

第二，在社会基础上，国家与社会以及精英与大众之间的关系是塑造西方公共参与的重要因素。在古典时期的城邦之中，国家与社会之间并没有明显的区隔，而政治则被融入公民的生活之中。城邦既是公民的政治生活场域，也是其日常生活空间。同时，虽然在古典时期也有精英和大众之别，但直接式的公众参与很大程度上稀释了精英对权力的掌控，因此提升了大众实质性参与政治的机会。国家与社会之间的对立随着现代化进程的深入开始变得明显。贵族、新兴资产阶级再到普通大众依次开始挑战既有的权力利益结构，而这一结构也从君主专制，不断扩展为更多利益主体参与其中的民主协商。源于对国家和精英权力的担忧和防范，社会成为公民抵御国家权力的重要堡垒。不过此时的公众参与主要是间接式的代议制民主，代议制不仅赋予了公众选择精英的权利，更赋予了后者不受干扰地实践政治的权力。因此，精英和大众的对立并没有因为社会的自治而得到有效抑制。国家和社会的对立，以及精英和大众的冲突，成为这一时期公众参与的重要社会背景。上述状况在当代的参与式民主那里也没有得到有效缓解。究其根源，参与式民主只是对代议制民主的一种补充，而非颠覆，两者共享着一套基于权利的现代政治准则。

第三，在制度安排上，公众参与的程度和范围是区分三种参与类型的主要指标。古典时期的直接式参与几乎没有对公众参与政治的程度作出限制，每个公民，无论贫富贵贱都可以直接履行公务。但是这种参与却对参与人的资格作了限定，妇女和奴隶被禁止参与政治。近代以降的间接式参与扩大了公众参与政治的范围，无论性别出身，公民只要达到一定年龄都具有参与政治的资格。不过这种间接式参与却限制了公众参与政治的程度。普通公众的参与权利很多时候仅仅被限制在选举自己的代言人，而后者，作为精英，才是政治参与活动的实际操作者。当代的参与式民主试图改变这一现状，但其实际上无法从根本上改变代议制对公众参与程度的限制，因此只能在代议制统摄范围之外的有限空间内（比如工厂、学校）扩展民主参与的程度。除了公众参与程度和范围的变化，另一个观察西方公众参与的重要制度安排是公民权利和国家权力关系。在古典时期，因为每个男性公民都可以直接参与政治，因此他们可以通过直接行使权利而左右国家权力的运作，因此两者之间并没有太多隔阂。而近代以降，随着国家权力边界的不断扩展和对私人生活领域的不断干预，基于权利的各项制度安排开始变得重要，其目的在于设定国家权力的边界，并为社会的自主提供制度保护。这在一定程度上造成了多元化的权力格局。尽管资本和精英的掌控让这种多元化越来越名存实亡，但在各种权利尤其是公民和政治权利的保障下，公众仍然享有广泛的反对精英的体制内以及体制外（比如社会抗争）的权利。

二、中国公众参与的演进逻辑

以西方经验观之，中国的公众参与，无论在历史还是当下，都有一些不同于西方的独特之处。

第一，在价值理念上，传统中国和新中国初期都奉行一种德性高于权利的目的论政治理想。具体来说，传统中国的政治理想是建立"家国同构"的和谐的政治共同体，这一理想要求个人将修身齐家而非欲望利益置于首要位置。① 新中国的政治理想是物质文明和精神文明并重的"四个现代化"建设，② 以实现人的全面发展的共产主义愿景。③ 这一理想进而要求个体成为"又红又专"的四有新人，④ 而非关注自身小幸福的原子化个人。改革开放之后，上述善优先于权利的政治理想遭到了西方权利话语的挑战。随着依法治国的不断推进，各种基于权利的制度安排开始在公众生活中扮演越来越重要的作用。⑤ 相应的，个人化和自由化的观念也开始在人们生活中普及开来。然而，总体上，当下中国并没有彻底拥抱权利优先于善的现代西方政治理念，而是仍然试图在意识形态上倡导某种善（比如社会主义核心价值观）的优先性。这种转型而未定型的状态为进一步的改革预留了空间。

第二，在社会基础上，与西方现代政治所预设的国家和社会的二元对立

---

① 杨景凡、俞荣根：《孔子法律思想》，群众出版社1984年版，第106页。

② 龚育之、逄先知、石仲泉：《毛泽东的读书生活》，生活·读书·新知三联书店1986年版，第140页。

③ 《马克思恩格斯选集》第1卷，人民出版社1995年版，第285—294页。

④ 《邓小平文选》第二卷，人民出版社1994年版，第91页。

⑤ 董磊明、陈柏峰、聂良波：《结构混乱与迎法下乡：河南宋村法律实践的解读》，载《中国社会科学》2008年第5期。

不同，无论是传统中国还是新中国初期都非常强调在国家主导和社会合作的基础上，通过调动社会的自主性进行简约治理的公众参与实践。换句话说，在国家和社会相互衔接的地方一直存在着一个"第三领域"，它不像西方的公共领域那样遵循国家和社会的两分，而是强调国家主导下的社会治理，并在公共事务上通过公众参与发挥重要的治理作用。改革开放之后，随着依法治国的推进，有限政府的理念也开始进入中国，这在一定程度上弱化了基层政府的治理能力，尤其是其调动各种资源以寻求社会配合治理公共事务的能力。而同时，当前的依法治国也并没有全然如西方那样给予社会充分的自主权，让其像西方公民社会那样自我组织和发展。可以说，当下中国的国家社会关系仍然处于转型而未定型之际。

第三，在制度安排上，当下中国的公众参与同时受到中国自身的简约治理传统和移植自西方的依法治国传统的影响。一方面，中国政府仍然试图通过对群众工作的强调，延续党和群众之间密切合作的鱼水关系；另一方面，中国政府又不断通过制度化改革，在约束政府权力的同时，赋予社会和个人更多自主行动的权利。换句话说，我们当前的制度安排同样没有彻底倒向西方经验——通过严格约束政府权力和充分赋权公民社会来让社会引导公众参与和公共事务治理，而是希望在国家引导和社会参与同时强调的基础上，实现社会治理的创新。

第五节　当前中国公众参与的法治化对策

一、公众参与的中国特色

通过法社会学的分析方法，本章讨论了公共参与的法治实施路径在中西方各自语境中的发展过程和演进逻辑。西方国家的公共参与从古希腊到现代民族国家再到当代民主运动的整个发展过程中，经历了从直接式民主到代议制民主再到有限空间内的参与式民主三个主要的公众参与阶段。这其中，公众参与的核心理念经历了从德性先于权利，权利重于德性，再到权利优先前提下的权利与德性融合三个阶段，并最终在国家和社会二元对立的结构下，确立了基于权利的一系列公共参与制度，借助一个自主和自治的市民社会，期望为公民参与公共事务提供一个良好的平台。然而，在权利优先于善的基本原则下，公民最终是否选择参与政治首先是个人的自由。同时，公众参与是否能够打破精英主导的权力利益格局也仍在未知之中。近年来，在全球兴起的民粹主义运动便是对这种不满的反应。① 可以说，公众参与在西方虽然有良好的制度环境，但也面临一系列障碍。如何改变公民的政治冷漠，如何改善精英垄断的权力结构，甚至如何更积极地发挥国家在公众参与中的作用都值得进一步反思。

中国的公众参与走了一条与西方不同的发展道路。这其中最主要的区别有两个：一个是在价值理念上，并没有彻底拥抱权利优先于善的现代西方经验，而是延续了中国一直以来的注重德性的传统。这种传统在儒家伦理中是一套循礼守义的为人处世伦理，在新中国初期是做"四有"新人的革命理想，而在今天则是一套社会主义核心价值观。不同之处在于，传统中国和新中国初期是德性优先于权利的价值观念，而当下中国却在强调社会主义价值观的同时还引入了权利理念。另一个区别是在制度设计上并没有彻底倒向国家和社会的二元对立，而是一直试图在国家的主导下释放社会参与公共事务的活力。这样的制度实践在传统社会主要发生在国家和社会交接的"第三领域"之中。在这一领域中，国家只是在原则上把握方向，而将具体的公共事务的处理交由宗族来完成。新中国初期一定程度上延续了这种简约治理的传统，虽然随着国家任务的改变，国家更深入地渗透进基础社会，但总体上，新中国初期的传统仍然是倾向于简约的，在基层治理中将一些工作交由社会自己来完成。② 中国政府的科层化和制度化过程是在当下中国完成的，其主要推动力量是一套基于权利的制度安排。相应地，基层政府原有的一套非正式的动员社会的方法，因为与这套制度化安排相悖而被废止。这一现象一方面约束了政府的行动空间，同时也为公众参与政治打开了很多制度通道。

---

① Gui Xiaowei, "Which Path the World Might Take：When Trump Asserts America First but Xi Advocates Global Cooperation", *Chinese Sociological Dialogue*, 2017（forthcoming）.

② 黄宗智：《集权的简约治理：中国以准官员和纠纷解决为主的半正式基层行政》，载《开放时代》2008 年第 2 期。

二、中国公众参与的完善之道

综上所述，当下中国的公众参与仍处在转型而未定型之际，既有机遇，亦有挑战，而这种现状也为进一步的改革带来了希望。具体来说，我们主张在如下三个层面进一步深化公共参与。

第一，在理念层面，必须认识到两种政治互嵌的必要性。恰如上文所述，传统中国和新中国初期的政治理想都带有明显的目的论色彩，强调某种道德先于权利的重要性，而西方现代政治则带有明显的道义论色彩，主张权利的重要性优先于其他道德说教。包括中国在内，几乎每一个现代国家的建设过程都无法避免源于权利的"道义论"政治。不过，正如上文所阐述的，自由主义国家的权利优先、国家中立、规范化治理，在侧重实现个人利益问题的同时，也无法阻止个人道德虚无主义的蔓延。这从而会为现代国家的治理带来危机。而中国政治传统中强调目的和实效的治理虽然有效，但又可能导致强制，损害个人发展所需要的权利。据此，如何保持中国自主性的同时又借鉴西方的治理理念和经验，在两种的相互嵌入中达到平衡就显得非常重要。"互嵌"是指在保留彼此自主性基础上达到一种相互糅合的状态。[①] 具体到本章讨论就是在中西传统和现代之间找到一条中道。对此，我们必须坚定信心。

第二，在制度层面上，必须既强调群众路线，又推进法治建设和公众参与。当前中国公众参与的改革方向，很大程度上是依照法治化的路径来设计的。这本身并没有问题，也是现代政治运行的主要方向，而且从目前来看，中国政府在立法、行政、司法以及基层自治等领域的公众参与制度建设也确实取得了长足的进步。不过，制度化建设只是公众参与何以可能的形式化要

[①] "嵌入"（embeddedness）是一个社会学和政治学广泛使用的概念。这一概念最初为波兰尼和格兰诺维特所使用。随后，一些关于新制度社会学、多民族社区建构、中央与地方关系，以及政府和社会互动的研究也开始使用这一概念。这些研究都沿用了"互嵌"这一概念最核心的意涵，即在保留彼此自主性基础上达到一种相互糅合的状态。相关研究参见符平：《"嵌入性"两种取向及其分歧》，载《社会学研究》2009 年第 2 期；张军、王邦虎：《从对立到互嵌：制度与行动者关系的新拓展》，载《江淮论坛》2010 年第 3 期；郝亚明：《民族互嵌式社会结构：现实背景、理论内涵及实践路径分析》，载《西南民族大学学报（人文社会科学版）》2015 年第 3 期；何艳玲：《嵌入式自治：国家—地方互嵌关系下的地方治理》，载《武汉大学学报（哲学社会科学版）》2009 年第 4 期；韩福国：《作为嵌入性治理资源的协商民主：现代城市治理中的政府与社会互动规则》，载《复旦学报（社会科学版）》2013 年第 3 期。

件，要确保公众参与的质量，及其实质性要件，还需要依靠群众路线的工作方法。群众路线是中国共产党在长期的革命斗争和国家建设经验中发展出来的一套行之有效的工作方法，其兼具斗争和调适两面。① 一方面，党代表人民，必须耐心对待他们的利益诉求；另一方面，党领导群众，必须不失时机地对其进行教育和督促。② 在这个意义上，如果能够更好地发挥群众路线工作方法的斗争性和调和性，恰可以在当前解决一些地方存在的基层政权"悬浮"、群众难以动员所导致的基层治理涣散和公共事务难以推进的现象。换句话说，群众路线的两面性可以成为一个有效的抓手，它既可以让党把握公共参与的基本方向，也可以让党深入到群众当中去动员和帮助他们参与公共事务，并在这个基础上培养群众的自我组织和自我管理能力。

第三，在具体的规定上，为了更好地实现上述目标，需要采取以下做法。首先，要在广度和深度上推进公众参与的制度化建设。比如在立法参与过程中，还需要将参与主体从官员、学者专家进一步向普通公众扩展；在行政参与过程中，还需要进一步完善公众参与听证的形式和实质要件，避免走过场现象的出现；而在司法参与过程中，也需要进一步通过制度设计发挥人民陪审员和监督员的作用。其次，要不断完善和发扬政治的教育作用。教育在此首先是法治理念的植入，即国家和大众的行为必须依据法律。同时，此处的教育还强调运用多种渠道宣讲社会主义核心价值观。最后，要进一步挖掘和激发群众参与社会治理的热情。这可以通过政策问询、法律救助、民间调解等手段来实现。在这个过程中，要注意放权激励和宣传引导的平衡，从而才能充分调动群众积极性，使他们的参与成为一种可延续的、自发的行为。

---

① 冯仕政：《国家政权建设与新中国信访制度的形成及演变》，载《社会学研究》2012 年第 4 期。
② 刘少奇：《论党》，人民出版社 1980 年版，第 33 页。

第　五　章

上下联动的法治实施道路

　　"上下联动"在中共党内的最早出处可以追溯到 1987 年彭真委员长在全国人大常委会审议村民委员会组织法草案时的讲话。在这次讲话中，彭真委员长将完善基层民主的有效路径概括为"上下结合"："上面，全国人大和地方各级人大认真执行宪法赋予的职责，发展社会主义民主，健全社会主义法制。下面，基层实现直接民主，凡是关系群众利益的，由群众自己当家，自己做主，自己决定。上下结合就会加快社会主义民主的进程。"① 时至今日，这种"上下结合"，或者说"上下联动"的方式，仍然是我国健全社会主义法制，发展社会主义民主的有效途径。究其根源，这首先是由中国共产党领导的具有中国特色的社会主义道路及其合法性构成决定的。这条道路既不同于那些故步自封的中国传统王朝，也不同于那些急进地融入西方民主洪流的前社会主义国家，而是基于中国历史文化传统和政治经济现实的独特的民主法治之路。其次，中国特色的社会主义道路及其合法性构成使得当下中国具有与众不同的国家性质和国家任务，这种差异性进而使得当下中国的法治实施路径必须在坚持中国共产党的领导下，走一条"上下联动"的特色之路。最后，在当前社会转型的具体背景下，这条"上下联动"的法治实施路径又必须根据现实情境做出若干具体的规定和部署，从而更好地达致既定的目标。接下来，本章将依次展开上述三个方面的论述，以层层递进

---

　　① 虞崇胜、吴雨欣：《上下联动：破解中国基层民主困局的应然路径》，载《学习与实践》2010 年第 2 期。

的方式阐明当下中国为何要实施"上下联动"的法治路径，以及具体应该如何实施这一路径。

第一节 国家合法性与国家性质的比较分析

要想更好地理解中国社会主义道路的特殊性，我们需要找到一个合适的理论视角。这一视角必须能够使我们准确地理解当下中国的国家性质和国家任务，在这个基础上，我们也就可以进一步理解当下中国的社会主义道路为什么是特殊的以及特殊在哪里。而要理解国家性质和国家任务，国家合法性是一个合适的视角。[①] 这是因为任何国家都必须通过建构合法性证成自己的统治，合法性因此就成为洞悉一个国家政治生态的贴切视角。同时，任何国家，基于其特殊的历史社会文化经济情境，必然展现出不同的合法性建构的过程。因此，合法性同时也是洞悉一个国家政治生态区别于其他国家的关键所在。在这个意义上，从国家合法性入手，可以帮助我们更好地理解当下中国的国家性质和国家任务，尤其是其不同于古今中外其他国家形态的区别所在，而在这个基础上，我们便可以更好地理解当下中国的国家社会互动形态，以及上下联动的法治实施路径。

一、作为理论视角的国家合法性

韦伯对合法性研究做出了重要的贡献。在他看来，民众服从权威主要源于三种支配关系：基于神圣血缘的传统、基于理性的法制和基于禀赋的卡里斯马。[②] 韦伯的分类分析了合法性从"客观"（比如血缘）到"主观"（比如同意）的变化趋势，从而可以帮助我们认识影响合法性的历史因素。[③] 然

① Zhao Dingxin, "Authoritarian State and Contentious Politics", in *Handbook of Politics：State and Society in Global Perspective*, ed. by K. T. Leicht and J. C. Jenkins, Springer, 2010, p. 468-471.

② ［德］马克斯·韦伯：《经济与历史：支配的类型》，康乐、吴乃德、简惠美、张炎宪、胡昌智译，广西师范大学出版社 2004 年版，第 303 页。

③ 亚里士多德最早区分了合法性的主、客观基础：前者是指被统治者的自愿认可，而后者是指政治社会发展应当遵循的某种至善目的。两者之间此消彼长的紧张关系构成了历史性地理解合法性理论发展的一条主要线索。参见周濂：《现代政治的正当性基础》，生活·读书·新知三联书店 2008 年版，第 8—9 页。

而，韦伯虽然分析了国家权力的产生，但却忽略了其功效。[①] 此一"缺失"[②]对认识古代社会的合法性并无不妥，因为当权力的根基足够坚固时，它对功效的依赖并不显著。但是，在以认同作为建构合法性重要根基的现代国家，韦伯对合法性分析的这一不足便不得不引起我们的重视了。[③]

基于上述原因，赵鼎新关于"绩效合法性"的讨论便显得颇为及时了。他将合法性划分为程序、意识形态、绩效三个维度，分别对应形式、价值、工具理性。[④] 然而，赵鼎新的分类主要基于抽象的理性演绎，而不是对合法性历史变迁的经验归纳，这使他的概念在描述历史事实时不如韦伯精确。总而言之，韦伯和赵鼎新关于合法性的讨论各有千秋，如果可以将两者结合起来将更有利于我们分析合法性对国家行动能力的影响。在这个意义上，我们强调从"合法性的主观和客观基础"以及"权力的来源和效用"两个维度分析国家合法性的构成及其对国家行动的影响。[⑤] 区分上述维度的优势在于特定历史条件的变化往往会导致合法性的主观和客观基础的改变，而这种改变又会对国家权力的产生方式以及其对功效的依赖产生影响。这些改变最后都体现在国家的制度安排和运作之中。所以，借助这两个维度，我们便可以更好地理解国家合法性的改变及其对国家行动的影响。

二、传统中国的合法性构成与国家性质

传统中国社会的合法性主要建立在统治者的血统而非大众的同意之上，这是一种强调客观而非主观性的模式，它的客观性，即血统论的正当性，又

---

① 施密茨区分了两种合法化国家的方式：一种是注重权力之来源的"发生的证成"，一种是强调权力之效用的"目的的证成"。以此为标准，韦伯的合法性类型的确更多关注了前者，而忽略了后者。对施密茨这一分类的具体评述，参见周濂：《现代政治的正当性基础》，生活·读书·新知三联书店 2008 年版，第 30—32 页。

② 从韦伯的论述中，很难认为他没有注意到权力的效用这一维度。只是在韦伯看来，物质、情感和理想等动机不足以构成支配的坚实基础。参见 [德] 马克斯·韦伯：《经济与历史：支配的类型》，康乐、吴乃德、简惠美、张炎宪、胡昌智译，广西师范大学出版社 2004 年版，第 298—299 页。

③ 桂晓伟：《美好生活何以可能？——关于个人自主和发展的社会文化分析》，世纪图书出版集团 2016 年版，第 39—46 页。

④ 赵鼎新：《国家合法性和国家社会关系》，载《学术月刊》2016 年第 8 期。

⑤ 桂晓伟：《合法性构成的调整与上访治理逻辑的演变：一个历史社会学的考察》，载《华中科技大学学报（社会科学版）》2018 年第 1 期。

来自于儒家的"天命观"以及"礼治理想"的论证。儒家的礼治理想便是按照家庭的伦理关系建构国家，从而形成家国一体，都按照纲常伦理来确定人与人之间社会关系和名分的共同体。① 在这样的社会里，个人致力于通过修身养性、克己复礼来达到修齐治平的人生成就。② 这种价值观为那些因为各种禀赋（包括血统）可能更能够实现上述理性的人成为统治者提供了理论支持。除了血统和天赋，要与天命相称，君主还应该成为道德上的模范。这实际上说明虽然权力可以世袭，但唯有有德者才能身居高位。进而，儒家认为君主推行仁政，以德治国，才能真正获得民心，江山永固。③ 最终，通过以天命制衡君权的方式，传统中国建立了合法性主观（即大众同意）和客观（即血缘继承）面向之间的沟通机制，不过这种机制主要依赖约定俗成而非自由选择。④

　　上述价值观使传统中国在合法性问题上并不迫切需要绩效和程序的支持。其原因有二：一方面，传统社会承继天命的前提依旧是血统，那么如何依据这一原则保持国家权力的顺利转接而非给老百姓更多权利便成为制度安排的重心；另一方面，传统社会的价值观为重视克己复礼的德治而非基于自由的法治提供了理论依托。每个人只要按照这套价值完成自己的人生规划，自然就可以获得相应的资格，而不是先有这些资格，作为人生发展的前提。⑤ 最终，礼治和天命成为传统社会合法性的基石，这相当于弱化了绩效在合法性建构中的重要性。

　　上述的合法性安排进而显著影响了中国传统社会的国家行动逻辑。首先，传统中国政治是一种较少关注底层的精英政治。在传统中国，君权的合法性主要源自神圣传统（即天命和血缘），这一客观现实让君主并不迫切需要绩效合法性，虽然他们也会通过对民众疾苦的关切，来强化其承继天命的

---

①　瞿同祖：《中国法律与中国社会》，中华书局 1981 年版，第 326 页。

②　梁漱溟：《中国文化要义》，上海人民出版社 2005 年版，第 70—84 页。

③　夏勇：《民本与民权：中国权利话语的历史基础》，载《中国社会科学》2004 年第 5 期。

④　传统中国与现代中国一个显著的不同便是今天已然祛魅的那些神话和宗教仍然具有令人信服的力量。相应的，古人认为权力归于天命是理所当然的事情。参见屈永刚：《儒家政治正当性观念发展研究》，香港浸会大学博士学位论文，2014 年，第 152 页。

⑤　Henry Rosemont, "Rights-Bearing Individuals and Role-Bearing Persons", in Mary Bockover eds, *Rules，Rituals and Responsibility：Essays Dedicated to Herbert Fingarette*. Chicago：Open Court Publishing Company，1991，pp. 71-102.

德政仁政，但这种对民意的重视，相对于神圣传统，更多是一种补充性而非根源性的权力证成方式。这也意味着，回应底层的呼声和利益，并不是传统中国政治的主要任务。其次，传统中国政治是一种较多强调德性的目的政治。儒家的礼治理想为精英政治的合法性提供了理论资源，而要巩固并延续这套礼治理想，必然需要在意识形态层面构造一种"目的"（即道德）而非"道义"（即权利）优先的价值观。唯有如此，才能保持儒家伦理在意识形态上的主导地位，也唯有如此，才能为精英统治的合法性提供理论支撑。综上所述，传统中国政治是一种精英主导的德性优先的保守主义政治，这种政治既缺少改变既定利益格局的动力，也缺少改善底层民生的进取心，而其对德性的强调，在这种政治氛围中，反倒经常成为统治者借以维系既定统治之合法性的理论资源。

三、新中国初期的合法性构成与国家性质

合法性构成在不同的历史时期具有不同的形态，通过对比传统中国和当前中国便可以看出这种变化。两者的相似之处主要表现在价值理念上，即都以某种政治理想作为支撑。这种相似，作为某种客观事实，奠定了合法性的坚实基础。而两者的不同则在于，从西方现代性以降漂洋过海而来的民主思潮已经开始影响到新中国合法性的建构。这种主观认识，随着民主思潮的不断澎湃，也成为越来越重要的一个支持合法性的关键支点。[1] 在这个意义上，如何认识这些差异便成为洞悉当下中国合法性构成的关键所在。

如何重塑民众的认同，动员他们，团结一致抵御外敌是共产党成立的一个重要宗旨。而带有较强号召力和革命性的马克思，在这样的历史时期，因为更契合于共产党的历史使命，得以脱颖而出，并最终帮助中国人民摆脱了西方列强的侵略，成功站了起来。[2] 在此之后，党的历史使命便开始转变成为如何将中国从积贫积弱的状态建设成为强大富足的状态，并在这个过程中

---

[1] 随着启蒙运动的发展和个人理性的彰显，那些以自然或上帝作为终极依据的合法性理论不再令人信服。与之相应，依据理性的形式原则开始获得了独立的正当化的力量，从而成为现代国家合法化自身所难以回避的问题。参见周濂：《现代政治的正当性基础》，生活·读书·新知三联书店2008年版，第34—39页。

[2] 冯仕政：《中国国家运动的形成与变异：基于政体的整体性解释》，载《开放时代》2011年第1期。

逐步提高老百姓的精神和物质水准，从而进一步获得他们对党和国家的认同、爱戴和全力支持。① 在这种情况下，"革命精神"和"历史成绩"，作为不容否认的客观现实，共同奠定了合法性的基础，而党在这一历史过程中展现的果决和卓越的领导决策能力也加固了国人对党的信心。② 结果，新中国实际上在主观和客观两个面向上同时建立起了合法性相互促进和强化的联动机制。这其中，与传统时期最大的不同在于，这时的主观基础主要来自人民对党的信任，而非传统时代老百姓对帝王统治的不假思索的承认和依赖。也正是在这个意义上，我们也可以说，这个时期的合法性变得不再像传统社会那么牢固，因为这种信任是需要共产党通过不断创造一个又一个辉煌、一个又一个奇迹来精心呵护的。

　　这样的历史事实使绩效和程序这两个维度在新中国的合法性构成中具有了不一样的定位和重要性。具体来说，此时的中国更加需要良好的政绩表现以夯实其合法性的基础，但现实当中由于种种原因又往往面临手段不够的现象，这迫使国家不得不突破原有的规划和部署而灵活机动地采取补充性措施，来更加及时有效地解决实际中的问题，消弭各种分歧，形成共同的合力，从而更快更好地推进社会主义革命和建设的各项事业。③ 在这一过程中，为了获得广大人民群众的支持和拥护，党还需要通过各种宣传和教育，不断扭转和再造他们的思想觉悟认识，让他们在党的富有远见卓识的方针政策引领下，④ 顺利地成长为社会主义革命和建设事业的主人翁和接班人。⑤ 这进而预示着，上述环境可能更为看重制度的调适性和灵活性，而非其必须尊重某种法理程序的刚性和绝对性；同样的道理，在这种社会和制度环境下成长起来的每个人，决定他们是否合格称职的首要标准也变成能否认清自己的职责，任劳任怨做好本职工作，而不是个性和权利能否自由彰显。不过在

---

① 龚育之、逄先知、石仲泉：《毛泽东的读书生活》，生活·读书·新知三联书店 1986 年版，第140 页。

② 冯仕政：《中国国家运动的形成与变异：基于政体的整体性解释》，载《开放时代》2011 年第1 期。

③ 冯仕政：《中国国家运动的形成与变异：基于政体的整体性解释》，载《开放时代》2011 年第1 期。

④ 刘少奇：《论党》，人民出版社 1980 年版，第 33 页。

⑤ 《邓小平文选》第二卷，人民出版社 1994 年版，第 91 页。

这个时候，历史记忆还没有完全远去，这意味着群众仍然清楚地记得共产党在历史功绩中展现出来的卓越能力，并仍然为其深深折服，并甘愿追随。而这让党通过政绩来不断强化合法性的压力得到了相当程度上的舒缓。

上述合法性组成进而显著塑造了新中国成立初期的国家性质及其行动逻辑。首先，新中国政治是一种更多关注底层的人民民主政治。随着古典时代那些神圣传统的祛魅，新中国必须更多依靠合法性的主观面向（即民众的认同）来建构自身的合法性。这意味着新中国更加需要来自绩效的合法性，而这绩效之中最重要的部分在于改善大多数底层民众的生活状况，以获取他们的支持。其次，新中国政治是一种有着更宏大理想的目的论政治。这个目的就是带领中国人民在一穷二白的基础上尽快实现工业化和民族的独立富强，同时建立一个更加平等自由，让每个人都能充分实现个人发展的新世界。这显然与传统中国的政治理想有着显著的区别，而且在过程上也不可能一蹴而就，而要分阶段完成。这进而决定了中国共产党在这一伟大事业中必须担当领导重任，既要团结动员广大群众投身这一事业，也要批评教育其中的落后分子，让他们在思想和行动上不能掉队。最后，在革命情怀占据首要地位而历史成就又赋予了党巨大的权威来完成上述目标的前提下，新中国初期形成了一种"革命教化政体"。[1] 在这一政体下，国家的中心任务就是调动一切积极因素完成现代化建设，而社会和个人在这一目标之下，更多成为被控制和规训的对象。[2]

四、当下中国的合法性构成与国家性质

与新中国成立初期相比，当前中国如何建构其合法性面临着更艰巨的困难。首先，伴随着时间的流转，共产党在战争年代取得的历史功绩开始在人们的记忆中消退，而歌舞升平的祥和环境也让曾经豪迈的革命话语不再令人热血沸腾。其次，随着经济市场化改革的不断深化，自由、理性日渐走进大众生活，并为他们广泛认可。如果说民众的健忘还只是让曾经牢固的历史功

---

[1]　冯仕政：《中国国家运动的形成与变异：基于政体的整体性解释》，载《开放时代》2011 年第 1 期。

[2]　渠敬东、周飞舟、应星：《从总体支配到技术治理——基于中国 30 年改革经验的社会学分析》，载《中国社会科学》2009 年第 6 期。

绩加革命理想的合法性客观基础出现松动的话，上述日常生活的巨大变化无疑加剧了国家建构合法性主观面向的挑战。

为了应付这样充满压力的局面，国家必须再次调整其合法性构成。在这一过程中，始终居于首要和核心地位的仍然是毫不动摇地坚持党的领导。只不过，源于对以往经验教训的深入反思和总结，国家开始意识到法治的重要性。换句话说，坚持党的领导必须同依法治国进行紧密且有机的结合，通过这样的方式，来为权力的有效运行确立一个清晰明确且不容随意突破和舍弃的边界和底线。① 同时，小康社会这一更加务实和更加具有可实现性的目标也开始取代了此前更为理想主义的共产主义愿景。这样的改变带来的最显著的变化在于，政府的中心工作开始更加重视和强调人民群众的安康和幸福，并紧紧围绕国家的现代化建设事业有序展开。这里还有一点必须强调，虽然现代社会的几乎所有国家都声称自己关注其国家人民的幸福，因为这是现代国家合法性建构的重要基础，但这种宣称在中国共产党和中国政府这里具有十分不同的意义。它不仅仅只是一个承诺，还是党所开创和领导的社会主义制度的优越性的必要体现。基于这样的原因，对中国共产党来说，提升人们的福祉并带领他们实现小康生活，是其必须完成的不容回避和无法推卸的历史责任和担当，而不是西方民主国家里可以在执政后不去兑现的仅仅是在周期性选举中用来获取选票的竞选口号。

在这个意义上，当前中国的意识形态是一种软性的目的论，它的核心是通过党领导的依法治国实现小康社会的建设，只不过它不再强调通过革命的硬手段而是通过法律治理的软手段来达致这一目标。同时，党在上述目标中加入了更具体的对人民利益的实现和保护，以更有效地夯实其合法性的主观面向。这种软化的价值形态进而决定了绩效与程序在其合法性组成中的重要性。首先，它为中国实现"程序合法性"起到了积极引导作用，而这意味着大众有了更多的机会和可能来实现他们的权利。其次，这套价值阐述强调通过具体的成就来不断强化历史的功绩，但后者是一个既成事实，而前者却要不断创造，这便构成了永远无法停止并且只能更好的压力，而国家又在这个过程中给予了大众更多监督其工作的权利，这些因素的叠加造成了当前中

---

① 莫纪宏：《坚持党的领导与依法治国》，载《法学研究》2014 年第 6 期。

国的"绩效合法性"压力。

这种合法性的组成从而显著影响了当前中国的国家性质及其行动目标。首先，当下中国政治，相比新中国初期，更强调民主法治，也更注重民众权益。这是因为随着民众对党的历史功绩的淡忘，国家必须依靠更为规范的制度和更加现实的绩效来获得民众的支持，从而巩固其合法性的主观面向。其次，当下中国政治又是一种糅合了道义论和目的论的混合政治。这一政治的道义论特征体现在对社会主义法治建设的强调，其目标在于构建一种对所有个人都一视同仁的程序正义；而这一政治的目的论特征体现在对中国特色的社会主义理想的坚持，这种理想不仅仅追求程序正义，更希望在此基础上对每个公民的自由发展和幸福生活提供实质性的保障。最终，当下中国的国家任务也就变得比传统中国和当下西方都更加宏大和艰巨，它尝试通过党的领导走出一条不仅注重法治，也注重群众疾苦，不仅重视个体权利，也重视社会理想的独特道路。

第二节　国家性质与国家社会互动方式的比较分析

特定的国家性质往往决定了特定的国家与社会的互动方式。正是在这个意义上，上文从国家合法性这一最适合理解国家性质的视角入手，分析比较了传统中国，新中国初期和当下中国三个阶段的国家性质。这一分析构成本章接下来分析上述三个时期的国家与社会互动方式的基础。

如表 1 所示，传统中国的合法性构成是"世袭制+天命观+礼治理想"，这决定了传统中国是一个儒化的礼治国家，其国家与社会的互动方式是"儒化国家+自足型社会+识礼的个人"，而其治理的类型则是一种"简约治理"。[①] 新中国初期的合法性构成是"党的领导+历史成就+建设理想"，这决定了新中国初期是一种"革命教化政体"，[②] 其国家与社会的互动方式是"革命建设国家+动员型社会+社会主义新人"，而其治理的类型则是一种

---

① 黄宗智：《集权的简约治理：中国以准官员和纠纷解决为主的半正式基层行政》，载《开放时代》2008 年第 2 期。

② 冯仕政：《中国国家运动的形成与变异：基于政体的整体性解释》，载《开放时代》2011 年第 1 期。

"支配治理"。① 当下中国的合法性构成是"党的领导+法治国家+小康社会",这决定了当下中国是一种糅合了道义论和目的论政治的具有自身特色的民主政体,② 其国家与社会的互动方式是"发展型国家+转变型社会+自主的个人",而其治理的类型则是一种"联动治理"。

表1　不同历史时期的国家性质与国家社会互动方式

	合法性构成	国家社会互动方式	治理类型
传统中国	世袭制+天命观+礼治理想	儒化国家+自足型社会+识礼的个人	简约型
新中国初期	党的领导+历史成就+建设理想	社会建设国家+动员型社会+四有新人	支配型
当下中国	党的领导+法治国家+小康社会	发展型国家+转变型社会+自主的个人	联动型

接下来,我们将逐一展开上述论述,以更好地理解当下中国的国家社会关系及其历史由来。

一、传统中国的国家社会关系和治理模式

传统中国的合法性构成对当时的国家社会关系产生了深刻的影响。恰如前文所述,传统中国的合法性构成是"世袭制+天命观+礼治理想",这是一种主要建基于合法性客观面向上的合法性构成,其倾向于从客观的神圣传统而非主观的民意认可出发建构国家的合法性。这意味着当合法性的客观基础足够稳固的时候,国家通过民意寻求合法性的意愿并不是非常强烈。虽然中国历代王朝不乏各种重视民意的论说,③ 但这些论说更多停留在字面上,而较少转化为具体的实践,这不能不说和当时的政府对合法性的上述需求有直接的关系。另外,受困于农耕时代的匮乏经济,当时的政府在国家能力建设

---

① 渠敬东、周飞舟、应星:《从总体支配到技术治理——基于中国30年改革经验的社会学分析》,载《中国社会科学》2009年第6期。

② 桂晓伟:《重新理解"政治":对信访治理困境的政治社会学解读》,载《思想战线》2017年第2期。

③ 持此类观点的论述很多,较有代表性的请参见 Zhao, Dingxin, "The Mandate of Heaven and Performance Legitimation in Historical and Contemporary China," *American Behavioral Scientist*, 2009, 53 (3): 416-433;夏勇:《民本与民权:中国权利话语的历史基础》,载《中国社会科学》2004年第5期。

上也乏善可陈。^① 上述因素最终导致了"简约式"的国家治理社会模式。

具体来说，简约治理首先契合于当时的社会基础。如上文所说，传统王朝多是幅员辽阔的农耕国家，这导致了其经济的匮乏和国家能力的有限。^②这样的社会基础自然更适合休养生息而非积极进取的国策。此外，要有所作为，往往还意味着要供养并激励一个庞大且高效的官僚集团，这又是一笔巨大的开支。所有这些成本最后都会摊在民众身上，而这又会加剧官民之间的冲突。因此，传统中国的社会基础更适合无为而治的简约治理或半正式行政。^③ 其次，简约治理契合于儒家的无为而治理想。可以说，无为而治的儒家理想能够脱颖而出，本身也是当时社会情境选择的结果。然而，儒家的无为并非放任自流，而是强调为政以德，同时领导者虽不需事必躬亲，但务必要做好示范和表率。^④ 换言之，儒家希望通过树立道德楷模和惩戒越轨者，来维系社会价值和社会秩序的再生产，并使身处其中的人们内化这些价值，实现自我的管理，并进而帮助国家完成社会治理的目标。^⑤ 最终，简约治理在制度实践中体现为国家和社会在"第三领域"^⑥ 中的共同治理。这种共同治理既反映了社会的力量，也体现了国家的控制，这里的社会既不是完全独立于国家的，也不是与国家相对立的，而是在国家放权和把握总体方向基础上的一种双方的合作。^⑦

综上所述，传统中国侧重客观的血缘而非主观的同意的合法性组合，加

---

① 费孝通：《乡土中国》，生活·读书·新知三联书店1985年版，第60—64页。
② 迈克尔·曼恩（Michael Mann）区分了两种不同的国家能力：一种是国家的"专断性权力"（despotic power），即国家精英在不与市民社会进行制度化商谈前提下的自行配置资源的权力；另一种是国家的"基础性权力"（infrastructural power），即国家渗透市民社会并贯彻其决策的制度化能力。更多讨论参见 Michael Mann, *The Sources of Social Power. Vol. 2, The Rise of Classes and Nation States*, 1760-1914, Cambridge: Cambridge University Press, 1993, p. 59.
③ 黄宗智：《集权的简约治理：中国以准官员和纠纷解决为主的半正式基层行政》，载《开放时代》2008年第2期。
④ 费孝通：《乡土中国》，生活·读书·新知三联书店1985年版，第48—53页。
⑤ 费孝通：《乡土中国》，生活·读书·新知三联书店1985年版，第54—59页。
⑥ 黄宗智：《中国的"公共领域"与"市民社会"？——国家与社会间的第三领域》，载黄宗智：《经验与理论：中国社会、经济与法律的实践历史研究》，中国人民大学出版社2007年版，第167页。
⑦ 黄宗智：《中国的"公共领域"与"市民社会"？——国家与社会间的第三领域》，载黄宗智：《经验与理论：中国社会、经济与法律的实践历史研究》，中国人民大学出版社2007年版，第168—169页。

上当时比较羸弱的国家能力，共同导致了"简约式"的国家治理社会模式，这种模式契合于儒家的无为而治理想，并在实践中体现为国家把握总体原则和方向下的社会的自治，从而最终形成了"儒化国家+自足型社会+识礼的个人"的国家社会互动模式。

二、新中国初期的国家社会关系和治理模式

新中国初期的合法性构成同样对当时的国家社会关系产生了深刻的影响。恰如上文所述，新中国初期的合法性构成是"党的领导+历史功绩+革命理想"。相比传统中国，新中国初期的合法性构成更加强调主观的民意认可，但同时也带有强烈的客观目的论色彩。这意味着国家既有足够的权威动员民众参与现代化建设，同时也必须更加重视这一建设本身对民众生活的提升。同时，新中国拥有比传统中国远为强大的国家能力，这使其既有意愿也有能力完成既定的国家建设。上述因素最终塑造了"支配型"[①]的国家治理社会模式。

具体来说，支配型治理首先是由当时的社会基础决定的。当时的中国百废待兴，还要在一穷二白的基础上尽快完成工业化的原始积累。这意味着传统中国那种消极无为的思想观念已然落伍，受形势所迫，新中国必须采取更加进取有为的发展战略。这进而意味着国家必须打破地方各自为政的权力结构，尽可能将每一个人都纳入到国家现代化建设中来，以动员和利用一切的人力物力资源。[②] 这是支配型治理模式得以产生的最主要驱动力。其次，支配型治理在当时的历史条件下也更契合于共产党的执政地位和执政理想。中国当时这种向内汲取的现代化发展模式，必然意味着一部分人要为国家发展暂时牺牲自己的权益，而当时共产党拥有巨大威望的历史地位决定了其有足够的能力感召人们为之奉献和牺牲。更加重要的是，四化建设和共产主义理想的崇高目标，为这种牺牲和奉献提供了很好的思想动员，再加上党作为先锋队的表率作用，很多人因此满怀热情地投入到国家建设中来，并自觉地以

① 渠敬东、周飞舟、应星：《从总体支配到技术治理——基于中国 30 年改革经验的社会学分析》，载《中国社会科学》2009 年第 6 期。
② 申端锋：《乡村治权与分类治理》，载《开放时代》2010 年第 6 期。

"四有新人"的标准严格要求自己。① 这可以看作是支配型治理模式的大众心理基础。最终，在上述基础之上，一整套从乡村延伸到城市的计划统筹经济体制得以顺利地建立起来，这套体制在权力关系上保持了国家对社会的有效支配，并在治理绩效上保证了国家各项中心工作的有效开展。需要强调的是，当时这种支配关系并不是通过现代意义上的官僚体制来完成的，而是通过党的群众路线这种相对来说仍然是简约的治理方式来实现的。②

综上所述，新中国初期共产党所具有的巨大威望和对超常绩效的渴求（即现代化），使其采用了"支配型"的国家治理社会模式。这种模式与当时的革命意识形态相得益彰，并在实践中通过改造人们的思想和行动，较好地完成了既定的国家建设任务，从而最终形成了"革命建设国家+动员型社会+社会主义新人"的国家社会互动模式。

三、当下中国的国家社会关系和治理模式

当前中国的合法性组合还显著影响了现实的国家社会关系。目前中国的合法性组合是"党的领导+依法治国+小康社会"。相比新中国成立初期，此时的合法性构成更加重视主观的民意认可，但同时也依然坚持党的领导这一客观事实，并将之与依法治国有机结合起来。因此，当下中国的合法性构成是一种软化了的目的论，即在坚持共产党领导的同时，强调通过法治建设实现更加务实的小康愿景，全面建成小康社会后，则转化为全面建设社会主义现代化国家。目的论的软化同时意味着国家开始放弃之前的支配式的治理社会的方式，寻求在法治框架内，通过划定国家和社会双方的权力、利益和互动边界，寻求双方合作的可能和空间。上述因素最终塑造了"联动型"的国家治理社会模式。

具体来说，联动型治理首先契合于当前社会转型的需要。经过 40 多年的改革开放，我们已经初步建成了市场经济体系，这意味着市场和社会开始在国家建设过程中发挥越来越重要的作用。同时，市场经济改革也在潜移默

---

① 《邓小平文选》第二卷，人民出版社 1994 年版，第 91 页。
② 黄宗智：《集权的简约治理：中国以准官员和纠纷解决为主的半正式基层行政》，载《开放时代》2008 年第 2 期；冯仕政：《国家政权建设与新中国信访制度的形成及演变》，载《社会学研究》2012 年第 4 期。

化地改变着人们的思想观念，使他们从被支配束缚的状态中解放出来，开始变得越来越独立和自由。这些都为寻求更加民主的国家社会互动方式提供了前提基础。其次，联动型治理也符合现代国家的治理价值理念。目前国际社会公认的"善治"必须具备"共识导向、参与、负责人、透明、反应快捷、有效率和有效能、平等和包容以及法治"① 八个特征。不难看出，这其中的关键在于寻求法治路径下的国家和社会共同参与协作的治理。这种理念已经不同于更加强调程序正义的自由主义式的治理模式，而是试图兼容程序和实体两种正义，强调国家在这一过程中的主导而非放任作用，同时也强调国家的行动必须在制度框架内运行，而且需要来自社会的积极配合，唯有如此，才能实现治理的高效率和高效能。可以说，当前我国的治理体系现代化所力图实现的正是这样一种互动模式。最后，联动型治理最终还必须落实为一系列可以操作的具体制度。对此，下文将有更详细的论述，此处不再赘述。需要强调的是，这种制度实验必须充分考虑到中国的传统和国情，那就是一直以来的国家主导的社会发展，这是从传统到现代中国一以贯之的实践。另外，这种制度实验还必须充分调动社会的自主性，让社会更好地从支配状态中解放出来，获得更好的成长。唯有如此，处于这一社会中的个人才能获得更大的发展空间，才能在自由全面发展的基础上，真正发挥出自我的潜能，从而与国家一起上下联动地完成治理的任务。

综上所述，转型中国的社会基础和价值观念都呼唤一种更加法治化和民主化的国家治理社会方式。在这个基础上，国家也必须调整之前的支配型模式，转而实施上下联动的国家社会互动方式。这种方式给予了社会更大的空间和自由度，希望其能够更好地成长为国家治理可以依靠的力量，同时，也希望个人在这样的社会中更自由的成长，以适应现代国家建设的需要。上述转变最终塑造了"转型国家+成长型社会+自由的个人"的国家社会关系。

第三节　当下中国的上下联动法治实施道路

上文依次分析了国家的合法性构成对国家性质的影响以及对国家社会关

---

① 汪习根：《法治对治理的功能释放机制》，载《法制与社会发展》2014 年第 5 期。

系的塑造。简要来说，传统中国的合法性主要建立在神圣的客观传统之上，是一个"儒化的礼治国家"①。这种国家的最重要使命在于维系支撑其合法性的儒家正统价值体系，而且有限的国力也决定了它不可能将统治的触角伸到社会的每个角落。因此，传统国家的基层治理主要依靠社会自主完成，只要这种治理不是削弱而是巩固了儒家正统的价值理念。新中国初期的合法性构成虽然仍然强调客观的目的论（即共产主义愿景），但也同时强调主观的民意认可，这使国家最终选择依靠党的巨大威望来实现超常的绩效。此时的国家带有很强的"革命教化"②色彩，不仅在物质生活还在精神生活上对社会进行了有效的动员和控制。相应的，这时的社会更多是在国家的支配下，配合国家中心工作的需要来完成自己的分内工作。当下中国的合法性构成一定程度上仍然延续了目的论理想（即在党的领导下实现国家现代化），但同时更加强调主观的民意认可的重要性。这进而促使国家有意识地开始吸收现代治理的重要经验，强调通过法治和参与等形式约束国家行为并同时激发社会活力。这些努力为建构上下联动的国家社会互动模式提供了重要的制度环境。

通过上述分析，我们不难看出随着时代的发展，中国政府一直试图根据国内国际环境的变化与时俱进地改善自身的治理模式。同时在这一过程中，中国政府也一直没有轻易放弃基于自身历史文化传统的主体性，而是试图在融合古今中外各种治国理政重要思想的基础上走出一条具有中国特色的法治化道路。具体到当下中国，我们采用的是一种中国特色的社会主义民主法治模式。这一模式从原则、具体内容到实践方式上都体现了中国的上下联动的法治实施道路的独特性。接下来，我们将逐一展开这些分析。

一、上下联动的法治实施道路的基本原则

国家和社会的上下联动的治理模式并不是中国的独特创造。可以说，每一个现代民主国家都试图建立类似的国家社会沟通方式。然而，通过上文的

---

① 桂晓伟：《重新理解"政治"：对信访治理困境的政治社会学解读》，载《思想战线》2017 年第 2 期。

② 冯仕政：《中国国家运动的形成与变异：基于政体的整体性解释》，载《开放时代》2011 年第 1 期。

历史分析，我们不难发现，中国的上下联动的法治实施道路与其他国家相比既有共性亦有其特殊性。

首先，中国的上下联动的法治实施道路糅合了现代政治的道义论和目的论理想。① 恰如上文所述，中国政治从古到今一直都有一种明显的目的论色彩。这种色彩在传统中国体现为儒家勾画的家国同构的伦理共同体和身处其中的循礼守义的个人；而到了新中国，这种目的论体现为现代化愿景以及身处其中的个人的全面自由的发展。在当代自由主义已经淡化了对个人的道德范导，而仅仅聚焦于个体利益满足的今天，这种目的论政治的存在显得尤为可贵。② 同时，今天世界的主流政治安排是一种基于权利的侧重程序正义的安排，它意味着国家行为必须被置于法治化的框架内。这一点同样为当下中国所重视，并在近年来不断地将其吸纳进自身的制度改革之中。如何在不断变动调整中找到两种政治的融合之路，将决定中国是否可以找到一条与西方不同但可能更为适合自身社会治理的发展模式。

其次，中国的上下联动的法治实施道路强调党的领导和依法治国的有机结合。中国政治从古至今的传统都表明了一个强有力的中央权力存在的必要性，这一权力是否存在以及是否有所作为，往往是国家是否能够稳定有序发展的必要前提。而在今天，保持这一权力之存在的根本便在于共产党的领导。党的领导不仅是在复杂艰苦的斗争环境中逐步确立的，也是在不断地国家建设过程中逐步完善和巩固的。此外，党的领导也不仅仅是历史形成的那么简单，它还是中国政治转型是否可能走出不同于西方自由民主政治的关键所在。因为，后者的基本原则就是多党竞争，轮流执政。这种模式较好地从程序上解决了权力交接的问题，然而，其潜藏的危机在于，轮番上台的执政党也可以借此推卸回避自身的承诺和责任。与之不同，共产党则没有类似的卸载责任的机制，而其维系自身统治合法性的压力反倒可以形成一种倒逼其自身不断完善的压力机制。新中国发展至今的经验表明，这种压力倒逼机制一直在发挥着积极的作用。而在目前，基于对之前种种失误的反思，中国政

---

① 桂晓伟：《重新理解"政治"：对信访治理困境的政治社会学解读》，载《思想战线》2017 年第 2 期。

② 桂晓伟：《美好生活何以可能？——关于个人自主和发展的社会文化分析》，世纪图书出版集团 2016 年版，第 39—46 页。

府又将党的领导和依法治国有机结合了起来，党作为整体仍然需要领导国家的法治建设和其他各项工作，但党员作为个体则必须遵守国家的法律，从而较好地解决了两者之间的矛盾。① 这些内容都表明，中国政府既有决心，也有智慧不断地调试和解决制度转型过程中出现的问题。

最后，中国的上下联动的法治实施道路还是多元和开放的。西方民主国家法治最核心的要义有两点：一是形式主义（或程序主义）法治。② 这种法治强调形式而非价值的优先地位，奉行权利优先于善的理念；③ 但其过于强调程序的优先地位，有可能使法律由价值中立滑向价值虚无甚至为恶法服务。④ 此外，西方民主国家法治往往与政党轮替和官僚制结合在一起，后两者也是强调对程序而非对实体结果负责的制度安排，而这种设置可能为执政党推脱自己的责任提供机会。与之相对，目前中国的带有德性色彩的法治和党领导下的责任制就具有积极的意义。可以说，上述特点一直是中国政治的独特之处。而随着中国政府对当代政治文明理念，尤其是程序主义法治的引入，又为更好地融合两种价值，并进而充分发挥中国政治的优势提供了有利的条件。在这个意义上，我国目前的法治实施道路就必须是"开放"和"多元"的，⑤ 既不能僵化地遵循西方的普遍主义原则，又不能无视现代政治文明的有益经验，而是要走出一条兼容彼此优势的道路来。

综上所述，上下联动的法治实施道路有三条具有中国特色的基本原则。它首先必须是糅合了道义论政治和目的论政治的，它既要尊重权利和程序正义，也要保证更宏大的复兴国家民族和提升个人德性的目标；而要确保这一艰巨任务的实现，它还必须要坚持党的领导和依法治国的有机结合。党的领导意味着党要在上述目标的实现过程中起到中流砥柱的作用，要勇于承担历史赋予的使命，因此不能像西方民主国家那样，奉行道德中立原则，并将执政重心主要放在民众利益诉求的满足上，甚至为了换取短期内的民意支持，

---

① 莫纪宏：《坚持党的领导与依法治国》，载《法学研究》2014 年第 6 期。

② See J. Raz, *The Authority of Law：Essay's on Law and Morality（2nd Edition）*, Oxford University Press, 1999, pp. 214-218.

③ See J. Rawls, *A Theory of Justice（Revised Edition）*, Harvard University Press, 1999, p. 206.

④ 张文显：《法治与国家治理现代化》，载《中国法学》2014 年第 4 期。

⑤ 汪习根：《论法治中国的科学含义》，载《中国法学》2014 年第 2 期。

不惜调整已有成效的政策。① 最终，这一实施道路因为尚在摸索和建设之中，它还必须是多元和开放的，既不能故步自封，也不能不思进取。正是在这个意义上，当下中国的上下联动的法治实施道路在制度安排和实践方式上必须要有自己的创新，而不能简单地照搬西方民主国家的国家社会互动模式。

二、上下联动的法治实施道路的主要内容

这种创新的产生、调适，再到最终定型必然是一个漫长的过程。中国改革开放的总设计师邓小平就曾经高瞻远瞩地看到了这一点，他因此强调"恐怕再有三十年的时间，我们才会在各方面形成一整套更加成熟、更加定型的制度"。② 为了更好地落实这一规划，党的十八届三中全会开始将"推进国家治理体系和治理能力现代化"作为全面深化改革的总体目标。③ 可以说，经过了数十年的准备，我们今天已经开始具备了进一步深化国家治理能力改革的条件，而如何在这一改革过程中，实现国家和社会齐心协力的上下联动，则是决定"法治中国"④ 实施道路能否成功的关键所在。更具体地说，上下联动的法治实施道路能否走通的关键就在于是否能够在保持党的领导的同时更好地约束国家权力的运行，并且在保证国家对社会的有效治理的同时，激发出社会自身的活力。而这不仅需要国家治理体系和治理能力的法治化，也需要社会自我组织和自我管理能力的制度化，更需要国家和社会之间沟通衔接机制的规范化。接下来，我们将逐步展开分析。

第一，国家治理能力和治理体系的现代化和法治化。概括地说，国家治理体系的法治化就是要建构包括党的法规体系、政策体系和宪法统摄下的国家法律体系在内的一整套制度。⑤ 而国家治理能力法治化就是要实现党和国家各项工作治理的制度化、程序化和规范化，从而做到科学执政、民主执政

① 对此的一个典型例子是美国大选前后川普对其前任的奥巴马颇有成效的医改政策的批评，See Gui Xiaowei, "Which Path the World Might Take: When Trump Assert America First, but Xi Advocates Global Cooperation", *Chinese Sociological Dialogue*, 2017, 2 (1), p. 5.

② 《邓小平文选》第三卷，人民出版社 1993 年版，第 372 页。

③ 《中共中央关于全面深化改革若干重大问题的决定》，人民出版社 2013 年版，第 3 页。

④ 汪习根：《论法治中国的科学含义》，载《中国法学》2014 年第 2 期。

⑤ 张文显：《法治与国家治理现代化》，载《中国法学》2014 年第 4 期。

和依法执政。^① 而更具体地落实上述两项要求则又包括如下三项内容：

首先，党的法规体系的完善。党的法规体系包括党的组织制度、领导制度、自身建设制度和监督保障制度。其中，组织法规制度主要用于规范党的各级各类组织的产生和职责，领导法规制度主要用于加强和改进党对各项工作的领导，自身建设制度主要用于加强党的作风思想建设，而监督保障制度主要用于监督、考核、奖惩、保障党组织工作和党员行为。^② 上述制度在中国共产党 100 年的探索和发展过程中发挥了不可替代的作用，同时也积累了一系列宝贵经验。而在新的历史时期，我们有必要充分运用现代法治的原理和规律进一步推进党内法规的建设，促进以党章为核心的党内法规制度体系的进一步完善。^③ 此外，在这一制度完善过程中，国外政党严明党纪的一些作法也值得我们学习和借鉴。这当中，最重要的是将以德治党和以规治党结合，并同时拓宽党纪监督渠道。^④ 我们必须清醒地认识到，党内法规制度体系的完善关系到党的领导这一根本性的问题，它因此也是国家治理体系法治化得以实现的首要问题。

其次，党的政策制度体系的完善。党的政策制度体系是以党的基本路线为统领的一系列路线方针政策，它包括党的思想、政治、组织路线和各项方针政策。其中，思想路线是党认识、分析、解决问题的根本指导原则，其核心在于理论联系实际和实事求是；^⑤ 政治路线的要义在于"一个中心，两个基本点"，它是总揽全局并为党的全部工作引领航向的指针；而组织路线则是党根据政治路线而确定的关于组织工作的方针和准则，比如决策上的民主集中制，任用干部时的德才兼备原则，以及实践中的密切联系群众的工作方法。^⑥ 除此之外，党的政策制度体系还包括党在特定历史时期，根据国家建

① 张文显：《法治与国家治理现代化》，载《中国法学》2014 年第 4 期。

② 《中共中央印发〈关于加强党内法规制度建设的意见〉》，中国政府网，http://www.gov.cn/zhengce/2017-06/25/content_5205377.html，最后访问日期：2018 年 8 月 20 日。

③ 周叶中：《关于中国共产党党内法规建设的思考》，载《法学论坛》2011 年第 4 期。

④ 刘朋：《国外政党严明党纪的主要做法与启示》，载《中共天津市委党校学报》2016 年第 4 期。

⑤ 《党的思想路线是什么?》，人民网，http://cpc.people.com.cn/GB/64162/78862/78866/5431633.html，最后访问日期：2017 年 8 月 20 日。

⑥ 《党的组织路线是什么?》，人民网，http://cpc.people.com.cn/GB/64162/78862/78866/5431632.html，最后访问日期：2018 年 8 月 20 日。

设的需要而有所侧重的各项具体的方针政策，比如当前针对党员干部的从严治党基本方针，针对贫困人口的扶贫政策等。这些方针政策必须以思想路线作为指导，要符合政治路线的大局，同时还要通过组织路线贯彻下去落实到位，从而最终形成四位一体的政策制度体系。可以说，这是中国政治中，因为坚持党的领导和依法治国的有机结合的需要，而出现的特色制度安排。它的存在并不是要创造法外之地，而恰恰是要在制度框架内充分发挥党的领导在法治事业中的引领作用。

最后，国家法律制度体系的完善。上述党内法规和路线方针在治国理政的实践中磨炼成熟之后，都需要通过立法程序上升为宪法或法律。唯有如此，这些具有根本性和全局性的制度才能获得最高的法律效力。这种方式的另一个好处在于从效力位阶上理顺了法律和党内法规以及国家政策之间的关系。严格遵循法治是实现国家治理现代化的必由之路，但转型中国政治自有其特殊性（比如党的领导和中国特色社会主义），这就决定了中国无法照搬西方民主国家的法治，而必须将党的规章、政策等内容也纳入其制度体系之内。但同时，政出多门往往容易造成党与法之间关系的混乱。因此，通过这种逐步摸索成熟最终再赋予法律效力的方式，既符合中国特色社会主义民主的现实，也使每个组织和个人都在宪法和法律规定的框架内运行，从而维护了法律的至上权威。① 此外，国家法律体系的完善还包括立法制度、司法制度以及行政执法制度的完善。对此，需要提高运用法治思维和法治方式的能力，而摒弃那种通过"摆平术"② 取得一时的稳定，但却长远地牺牲法治的权威和国家的公信力的情况。

第二，社会自我组织和自我管理能力的制度化。若要使上下联动的法治实施道路成为可能，除了实现国家治理体系和治理能力的法治化，同样重要的是实现社会自我组织和自我管理能力的制度化。这种制度化既不是简单地国家控制社会的制度化，也不是西方民主国家那种"小国家、大社会"的制度化，而是在两者之间保持某种平衡，而这种平衡的存在恰恰是中国特色的上下联动的法治实施道路的关键所在。具体来说，这一论述可以从如下三

① 俞可平：《沿着民主法治的轨道推进国家治理现代化》，载《求是》2014 年第 8 期。
② 应星：《大河移民上访的故事：从"讨个说法"到"摆平理顺"》，生活·读书·新知三联书店2001 年版，第 324—327 页。

个方面展开：

首先，避免社会管理创新沦为对社会的控制。恰如前文所述，传统中国采用的是一种"简约"式的治理方式，身处其中的社会组织（即亲族）被赋予了很大的自由度来治理社会，而国家仅仅是在意识形态上对这种治理进行把关。这种治理模式在当时无疑是成功的，因为它用很低的成本实现了国家的治理目标。新中国初期在一些民事纠纷调解领域中继续沿用了这一治理模式，[①] 但在更多政治和经济领域则基于当时的国家中心工作的需要，对社会进行了较为严密的控制。这种"支配"型治理无疑压抑了社会的活力。改革开放之后，国家逐步放松了对社会的管理，而改为更为宽松自由的治理。治理的优势在于扩大了公民组织的话语权和参与度，通过对话、沟通、协商等方式协调不同群体之间的利益关系。毫无疑问，这是一种令人欣喜的进步，但是就目前的情况来看，一些部门和干部仍然有着强烈的人治思维。这也意味着，要彻底扭转人治思维和行动倾向还有很长的路要走。对此，必须在顶层设计中进一步深化相关制度建设，同时也需要在日常实践中加强对相关执法和基层治理人员的思想教育。

其次，避免社会管理创新沦为对社会的放任。中国政治一直存在一种"一收就死，一放就乱"的怪相，这在很大程度上与自上而下的集权体制有关。[②] 也正是在这个意义上，当下的社会管理创新寻求给社会放权，从而调动社会的自主性和积极性。不过，对社会放权绝不意味着对社会放任。首先，在政治上，中国与强调国家在道德上中立的西方民主国家不同，中国有自己的社会主义核心价值观，这意味着其必须在一定程度上发挥价值主导和宣传作用；其次，在经济上，过分放任的自由市场经济的失灵问题也一再提醒人们，如果任由资本和市场对经济主宰，将带来严重的贫困和社会不公问题。[③] 最后，在法律上，也必须警惕过分强调形式主义和程序正义所可能带

---

① 黄宗智：《集权的简约治理：中国以准官员和纠纷解决为主的半正式基层行政》，载《开放时代》2008 年第 2 期。

② 《中国改革如何解决官僚体制激励问题》，新浪网，http://finance.sina.com.cn/roll/2016-12-12/doc-ifxypipt0958743.shtml，最后访问日期：2018 年 8 月 20 日。

③ 近年来，美国民粹的兴起便与之有很大关系，参见 Gui Xiaowei, "Which Path the World Might Take: When Trump Assert America First, but Xi Advocates Global Cooperation", *Chinese Sociological Dialogue*, 2017, 2 (1), pp. 3-4.

来的不良后果。程序正义固然是约束公权力作恶的重要手段，但它同时也可能成为国家公职人员逃避责任的借口。[1] 与之相对，信访制度这种对实体负责的制度设计，却可以迫使基层官员花费更大力气去解决社会矛盾。某种程度上，这是对法律不足的有益补充，而并非对法治的破坏。[2]

最后，社会自我组织和管理能力的培育必须在"管"和"放"之间寻求平衡。通过上述分析，我们不难看出，当前中国的社会管理创新既不能过分强调国家的"管"，也不能像一些西方民主国家那样过分弱化国家的干预，而是应该区分问题，进行有针对性的改革。比如，在总的原则上，要充分确保法律的权威，并以此划分国家权力的边界和社会可以自我组织和管理的空间。这一点要坚定不移的完善和推进下去。同时，对于一些具体事项，则可以区别对待。比如，在脱贫攻坚问题上，就需要国家充分发挥协调和资源调动作用；再比如，在核心价值观的确立上，仅仅依靠社会也无法达成。此外，在一些可以更多依靠社会力量的问题上，则又要采取让社会放手去试的管理模式，比如在民事纠纷调解中就可以充分发挥各类民间机构和志愿者的力量。[3] 总而言之，对社会管理创新，我们的制度安排要有足够的弹性，这是由前面所分析的中国特殊的国家合法性构成和国家性质所决定的，中国既不应该为了达成既定的治理目标而对社会过分"管"，但也没有必要通过对比西方民主国家而妄自菲薄，而是要坚定不移地摸索出一条独特的道路来。

第三，国家和社会之间沟通衔接机制的规范化。实现上下联动的法治实施道路，除了要以法治化的方式规范国家权力的运作，要以制度化的方式培育社会的自我组织和自我管理，还需要建构沟通国家和社会良性互动的衔接机制。更具体地说，这一衔接机制主要通过进一步完善立法、司法、行政的制度化以及进一步挖掘更具活力的非正式治理措施来实现。

首先，进一步完善立法过程中的公众参与。这一工作首先可以通过立法

---

① 最近发生在美国的章莹颖案就是一个很好的例子。对此的论述很多，兹不列举。

② 有学者将于法无据，但却确实情有可原的问题称为法律剩余问题，在中国剧烈转型的今天，这类问题需要引起重视。参见桂华：《论法治剩余的行政吸纳——关于"外嫁女"上访的体制解释》，载《开放时代》2017年第2期。

③ 桂晓伟：《新时期信访工作的实践机制及其改进》，载《云南大学学报（社会科学版）》2016年第5期。

规划的方式进行。比如近年来全国人大和国务院都在增加有关民生的立法规划；① 再比如地方人大和各级政府近年来也开始向社会广泛征集立法建议项目。同时，在法律制定过程中也可以引入公众的参与，目前很多省市的立法机关都开始尝试通过座谈会、论证会和听证会等形式加强与社会各界的沟通。② 此外，法律审查也是一种手段，这方面代表性的例子是孙志刚事件。然而，目前公众参与立法的范围仍然有限，主要是一些社会各界的精英，接下来应该进一步尝试拓宽社会各界人士，尤其是底层民众的立法参与渠道。

其次，进一步促进司法改革以提升司法公信力。近年来，国家推行了一系列改革旨在进一步深化司法改革，以更好地解决民众的各类利益纠纷。其中一项就是旨在使法院、检察院系统内的办案人员精英化的员额制改革。其目的是让入员额的办案人员真正到办案一线去，利用他们良好的专业素养更好地办理案件，同时给予他们更好的待遇，并要求他们承担更大的责任。虽然这一改革在目前阶段难免会受到利益相关者的阻挠，而在实践中出现一些事与愿违的乱象。但从更长远的角度考量，这一改革终将利大于弊，而当前最需要的是改革者的魄力，以及相关配套制度（比如法官助理制度）的完善。③ 同时，对陪审机制的改革也可以增加公众的参与，从而更好地建立国家和社会的互动。就目前来看，这种改革主要包括人民法院引入的人民陪审员制度和人民检察院引入的人民监督员制度。④ 此外，建立鼓励和保证公益诉讼有效开展的制度也可以改善公众对司法体系的信任度和参与度；最后，司法体系的有效运作还必须更好地杜绝外在的不当干扰。对此，目前正在部

---

① 比如 2017 年国务院有 22 个立法规划项目，其中保障和改善民生，以及促进社会和谐稳定的规划就有 9 项。参见《国务院办公厅关于印发国务院 2017 年立法工作计划的通知》，中国政府网，http://www.gov.cn/zhengce/content/2017-03/20/content_5178909.html，最后访问日期：2018 年 3 月 28 日。

② 关于这一问题的例子很多，大同小异，为避免重复，仅举湖北省政府一例。参见《湖北省人民政府办公厅关于加强和改进政府立法工作的通知》，湖北省人民政府网，http://www.hubei.gov.cn/auto5472/auto5473/201312/t20131206_481631.html，最后访问日期：2018 年 3 月 28 日。

③ 有关这一改革的讨论较多，在此仅举最近发表的两例：宋远升：《精英化与专业化的迷失——法官员额制的困境与出路》，载《政法论坛》2017 年第 2 期；刘练军：《法官助理制度的法理分析》，载《法律科学》2017 年第 4 期。

④ 对人民陪审员和人民监督员的职能和成效，既有研究有很多讨论，兹不赘述。其中一个简要的总结参见武小川：《论公共参与与社会治理的法治化》，武汉大学博士论文，2014 年，第 106—108 页。

分地区试行的省以下法院检察院人财物统管体制值得期待。这一改革将有助于检法两家摆脱对同级行政机关的依赖，从而减少地方对司法活动的不正当干预，确保审判权、检察权依法独立行使，提升司法公信力。①

再次，进一步深化行政改革以更好回应民众诉求。这方面，一项重要的制度改革就是基层管理的扁平化。它通过压缩管理层级、减少管理部门、整合管理职责，从而提高管理效率。这一改革至少从两个方面改善了国家和社会的互动。一是扁平化管理更接近市民和具体的管理事物，也更便于及时了解和适应基层社会的复杂情况，从而能够更迅速有效地发现和处理问题；二是扁平化管理通过压缩管理层级和减少管理部门，能够将原来分散在不同部门的权力和职责集中起来，从而实现了服务的便捷化和高效化。② 另外，近年来推行的网格化管理也是一项集合治安、防控、调解和服务为一体的制度创新。它以网格（一般是以街道、社区为单位）为区域范围，以事件为管理内容，以处置单位为责任人，通过网格化信息管理平台和网格管理员，实现市区联动和资源共享，从而做到主动发现并及时解决问题。③

最后，进一步挖掘非正式治理措施的潜力以更好服务群众。不可否认，规范化和制度化是建设上下联动的法治实施道路的关键所在。然而，我们也应该看到，当下中国社会仍然处于转型之中，这意味着有很多问题是先于规则制定而存在的，是于法无据但情有可原的"法治剩余"④ 问题。如何妥善处理这些问题将直接关系到社会稳定和民众对政府的认同。对此，在相对僵硬的法治途径之外，还应该预留相对灵活的非正式治理渠道。这其中，秉承群众路线的信访制度就是一个合适的缓解社会压力的"解压阀"。近年来，随着领导接访、带案下访和上级督访等制度创新的推广，信访工作也正在取

①　《司法改革亮点：探索省以下法院检察院人财物统管体制》，中华人民共和国最高人民检察院网，http://www.spp.gov.cn/zdgz/201507/t20150731_102283.shtml，最后访问日期：2018 年 8 月 20 日。

②　《推进管理扁平化创新社会管理体制》，新浪网，http://news.sina.com.cn/pl/2011-09-19/095323178520.shtml，最后访问日期：2018 年 8 月 20 日。

③　汪习根：《论社会管理创新的法律价值定位——基于"宜昌经验"的实证分析》，载《法学杂志》2013 年第 3 期。

④　桂华：《论法治剩余的行政吸纳——关于"外嫁女"上访的体制解释》，载《开放时代》2017年第 2 期。

得良好的成效。① 此外，一些地区也在探索"人大代表联络站或工作站"制度，由政协、人大以及党代表在固定地点轮流值班，以接待当地群众反映问题。② 这其实是群众路线在新时代的另一种体现。在这个意义上，如何在新时期用好用活群众工作是我们能够不断摸索出接地气、有成效的非正式治理手段的关键所在。

三、上下联动的法治实施道路的实践机制

上下联动的法治实施道路能否走通，除了国家治理体系和治理能力的法治化以及社会自我组织和自我管理能力的制度化，还需要建构国家和社会之间良性互动的衔接机制，以同时做到上情下达和下情上达。我们将此衔接机制称为上下联动的法治实施道路的实践机制，其目标在于实现"上治决策，下治执行"。③ 而要完成这一任务，这一实践机制又可以具体化为决策制定机制、决策修正机制、决策监督机制和上下沟通协商机制。

首先，决策制定机制的完善。决策制定本身是否科学很大程度上取决于是否有一套科学的决策标准。对此，先应在决策前进行科学论证、多方听证和民主协商。其中，科学论证可以是小规模的，主要集中于专家和相关决策者之间，而多方听证则应该纳入尽可能多元的普通的利益相关方。上述过程可以重复多次，以确保决策充分听取各方建议并兼顾各方利益。此外，在决策过程中各方争执不下时，作为主导决策的部门要有当机立断的权力，但是这一权力的行使必须以"全局统筹"和"前瞻性"为依据，④ 并且要为自己决策的后果承担相应的责任。

其次，决策修正机制的完善。决策修正是指在经过了充分论证制定了决策之后，通过试点或样本选择、实施信息反馈、决策修正、再次试错，最后到决策定型和推广的整个过程。具体来说，选择试点和样本是我国政策实施

---

① 桂晓伟：《新时期信访工作的实践机制及其改进》，载《云南大学学报（社会科学版）》2016 年第 5 期。

② 俞可平：《沿着民主法治的轨道推进国家治理现代化》，中国共产党新闻网，http://theory. people. com. cn/n/2014/0416/c83846-24901735. html，最后访问日期：2018 年 8 月 20 日。

③ 刘旭涛：《决策执行要上下联动，做到上治决策，下治执行》，光明网，http://theory. gmw. cn/2015-08/14/content_ 16668926. htm，最后访问日期：2018 年 8 月 20 日。

④ 俞可平：《推进国家治理体系和治理能力现代化》，载《前线》2014 年第 1 期。

过程中十分常见的做法，其优势在于可以尽可能降低政策不当所带来的实施成本，并为最终上升为全国性政策提供考察和缓冲期。这些试点可以是上级部门指定，也可以是地方先取得成绩之后被上级部门追认。允许自主试点一直是中国制度创新的重要驱动力。① 在试点实施政策之后，相关信息要被及时地反馈给有关部门。这项工作不应该仅仅由政策实施部门自己反馈，因为作为利益相关方，其难免不会有所褊狭。因此，对于信息反馈还应该增加上级部门的调查以及普通民众的反馈两个环节。在此之后就是决策修正阶段，和上一个阶段类似，这种修正也绝对不能是自我修正，而是应该尽可能多的将利益相关方纳入进来。再之后就是进一步试错、修正，直到最后发展出比较成熟的政策。

再次，决策监督机制的完善。决策监督的一个重要前提是推进权力和责任清单编制工作，这是打造责任政府和服务政府的重要抓手。② 在清单中，应该将权责事项、权责依据、权责履行内容、权责履行方式以及追责情形等主要内容一一表述清楚，以便利操作。同时，权力清单不应该仅仅在部门内部，或者上下级部门之间传达，而是应该作为信息公开的一项重要内容，向全社会公开，接受后者的监督。唯有如此，才能让暗箱操作难以进行，也才能让权力不再任性。③ 此外，对决策的监督内容不仅应该包括对相关决策的乱作为，也应该包括对相关决策的消极不作为。就前者来说，比较容易界定，因此权力清单可以作为一种有效的监督手段。对后者来说，常常十分模糊，难以界定，它往往和决策执行者的消极心态有关，而要解决这一问题，就要更为科学合理地制定考核标准。而这需要更人性化的评估绩效的方法，不能仅仅以结果（比如结案率）作为唯一重要的标准，而是要兼顾决策执行者在这一过程中投入的工作，以及该工作在事中和事后取得的执行效果和由此衍生的社会效果。同时，也要确保任务目标、行动方案、人员和资金保障的具体化和可操作化，不能因为一些不合理的目标设定，对相关当事人进行惩处，从而打消后者的积极性或者逼着他们采取灰色手段

---

① 俞可平：《推进国家治理体系和治理能力现代化》，载《前线》2014 年第 1 期。
② 杜玥昀：《权力清单制度的定位与调适》，载《南京政治学院学报》2017 年第 3 期。
③ 张斌：《推行"权力清单"制度　让"小微权力"不再任性》，载《中国领导科学》2017 年第 7 期。

解决问题。

最后，上下沟通协商机制的完善。良性的上下联动机制一定是"官民共治"[①] 的机制，是双方消除芥蒂、通力协作、互补有无的机制。在信息化时代，良好的沟通首先离不开对政府门户网站、政务微博、微信平台等新媒体的使用。除了这些新兴手段，更为传统的"与群众打成一片"的方法更应该受到足够的重视。近年来，一个令人遗憾的现象就是我们的党员干部很难像以前一样深入群众，而是更多通过技术化的治理手段，把自己与群众隔离开来。沟通绝不仅仅只是信息上的互通，更是价值和情感上的沟通。就前者来说，今天官方和民间在意识形态上出现了一些错位现象，有关部门倡导的一些价值在群众中间往往难以获得呼应。虽说这其中有官方价值论说仍需进一步完善的原因，但更重要的恐怕是今天的领导干部无法再像以前的领导干部那样深入到田间地头，想群众之所想，思群众之所思，以他们喜闻乐见的方式宣传党的意识形态。在这个意义上，做好当前的价值宣讲工作仍然离不开共产党的法宝，即群众路线的工作方法。仅仅只是蜻蜓点水地到群众中做做样子，播放几部普法宣传片，发放若干宣传书籍，其实是舍本逐末的做法。而就情感沟通而言，前提是真正了解群众的难处，并且真正从群众的角度出发，帮助他们解决问题。这其中的一些细致入微的工作，也是仅仅依靠法律确定的权力/利益关系所无法实现的。上述这些都是我们在深化法治建设，强调理性治理过程中需要注意的问题。不能因为追求所谓的现代进步的治理，就丢掉了自身的传统和特色。

综上所述，若要促成国家与社会的良性互动，从而实现上下联动的法治实施道路，我们还需要建构有效衔接国家和社会的实践机制。这既包括决策制定机制、修正机制和监督机制的完善，也包括国家和社会上下沟通协商机制的完善。这种衔接机制既是制度化的旨在界定彼此权力/利益的机制，同时也是非制度化的旨在促进彼此在价值和情感上达成共识的机制。唯有如此，才能真正实现国家和社会齐心协力共建中国特色社会主义法治道路的局面。

---

① 俞可平：《重构社会秩序，走向官民共治》，载《国家行政学院学报》2012 年第 4 期。

四、讨论和结论

行文至此，本章从三个方面讨论了上下联动的法治实施道路在当下中国应当如何实现的问题。上下联动本身是一个国家和社会应该如何互动的问题。根据现代国家的法治经验，这个问题似乎已有预设的答案。然而，中国之所以为中国，就在于其特殊的历史文化传统以及国家建设任务，这决定了既有的理论解释并不能照搬照套中国的实际情况。正是在这个意义上，本章首先从国家的合法性构成的视角出发，试图理解今天的中国是一个什么样的国家。很显然，当下中国是一个在保持共产党领导的前提下试图兼容目的论和道义论理想的国家。这使其在国家性质和国家任务上显著区别于西方现代的民主国家。而认清了当下中国的国家性质，又将帮助我们更好地理解今日中国的国家和社会之间究竟应该如何互动。这种互动同样无法像西方民主国家那样遵循"小国家、大社会"的原则，而是必须在党的领导下，既重视制度建设，同时也发挥党在思想和组织上的宏观指导。最后，在前两部分的基础上，我们又具体分析了这种互动的基本原则，主要内容和实现方式。正是这些内容界定了当下中国法治建设的共性和个性，也正是这些内容塑造了"法治中国"的科学属性。[①] 从建设法治国家到建设法治中国，不只是概念上的升级，更是对党和国家而言更为重大的历史责任和挑战。法治中国建设也绝不仅仅只是单纯的制度化建设，还是文化和意识形态的建设。[②] 在这个意义上，我们的工作虽充满希望，但也任重而道远。

---

① 汪习根：《论法治中国的科学含义》，载《中国法学》2014 年第 2 期。
② 张文显：《法治与国家治理现代化》，载《中国法学》2014 年第 4 期。

参 考 文 献

一、经 典 文 献

1. 《马克思恩格斯全集》（第 1 卷），人民出版社 2002 年版。

2. 《马克思恩格斯全集》（第 2 卷），人民出版社 2002 年版。

3. 《马克思恩格斯全集》（第 3 卷），人民出版社 2002 年版。

4. 《马克思恩格斯全集》（第 6 卷），人民出版社 1996 年版。

5. 《马克思恩格斯全集》（第 25 卷）（上），人民出版社 1995 年版。

6. 《马克思恩格斯全集》（第 36 卷），人民出版社 1975 年版。

7. 《马克思恩格斯全集》（第 42 卷），人民出版社 1979 年版。

8. 《马克思恩格斯选集》（第 3 卷），人民出版社 1995 年版。

9. 《马克思恩格斯选集》（第 1、3、4 卷），人民出版社 2012 年版。

10. 《马克思恩格斯文集》（第 1 卷），人民出版社 2009 年版。

11. 《列宁全集》（第 13 卷），人民出版社 1959 年版。

12. 《列宁全集》（第 3、12、31 卷），人民出版社 1984 年版。

13. 《列宁全集》（第 12 卷），人民出版社 1987 年版。

14. 《列宁全集》（第 14 卷），人民出版社 1988 年版。

15. 《列宁选集》（第 1 卷），人民出版社 1995 年版。

16. 《列宁选集》（第 2、3、4 卷），人民出版社 2012 年版。

17. 中共中央马克思恩格斯列宁斯大林著作编译局：《论马克思恩格斯及马克思主义》，人民出版社 1963 年版。

18. 中共中央马克思恩格斯列宁斯大林著作编译局：《斯大林文选（1934—1952）》，人民出版社 1962 年版。

19. 中共中央马克思列宁恩格斯斯大林编译局：《马克思恩格斯论中国》，人民出版社 2015 年版。

20.《毛泽东法律思想论集》，中国检察出版社 1993 年版。

21.《毛泽东年谱（1893—1949）》（上册），中央文献出版社 2013 年版。

22.《毛泽东书信选集》，人民出版社 1983 年版。

23.《毛泽东选集》（第一至四卷），人民出版社 1991 年版。

24.《毛泽东文集》（第五卷），人民出版社 1997 年版。

25.《毛泽东文集》（第一卷），人民出版社 1993 年版。

26.《毛泽东文集》（第三卷），人民出版社 1996 年版。

27.《毛泽东文集》（第六至八卷），人民出版社 1999 年版。

28.《毛泽东早期文稿（1912.6—1920.11）》，湖南人民出版社 2008 年版。

29.《新中国成立以来毛泽东文稿》（第四册），中央文献出版社 1990 年版。

30.《毛泽东著作选读》（下册），人民出版社 1986 年版。

31.《毛泽东民族工作文选》，中央文献出版社、民族出版社 2014 年版。

32.《周恩来选集》，人民出版社 1980 年版。

33.《周恩来选集》（下卷），人民出版社 1984 年版。

34.《周恩来统一战线文选》，人民出版社 1984 年版。

35.《刘少奇选集》（上卷），人民出版社 1981 年版。

36.《刘少奇选集》（下卷），人民出版社 1985 年版。

37.《刘少奇年谱 1898—1969》（下），中央文献出版社 1996 年版。

38. 董必武：《论社会主义民主和法制》，人民出版社 1979 年版。

39. 董必武：《董必武政治法律文集》，法律出版社 1986 年版。

40. 董必武：《董必武法学文集》，法律出版社 2001 年版。

41. 董必武：《董必武选集》，人民出版社 1985 年版。

42.《邓小平年谱（1975—1997）》，中央文献出版社 2004 年版。

43. 《邓小平文选》（第一至三卷），人民出版社 1994 年版。

44. 《江泽民论有中国特色社会主义》，中央文献出版社 2002 年版。

45. 《江泽民文选》（第一至三卷），人民出版社 2006 年版。

46. 《胡锦涛文选》（第二卷），人民出版社 2016 年版。

47. 胡锦涛：《高举中国特色社会主义伟大旗帜，为夺取全面建设小康社会新胜利而奋斗——在中国共产党第十七次全国代表大会上的报告》，人民出版社 2007 年版。

48. 胡锦涛：《坚定不移沿着中国特色社会主义道路前进　为全面建成小康社会而奋斗——在中国共产党第十八次全国代表大会上的报告（2012 年 11 月 8 日）》，人民出版社 2012 年版。

49. 习近平：《摆脱贫困》，福建人民出版社 1992 年版。

50. 习近平：《干在实处　走在前列——推进浙江新发展的思考与实践》，中共中央党校出版社 2006 年版。

51. 《习近平谈治国理政》，外文出版社 2014 年版。

52. 《习近平总书记系列重要讲话读本》，学习出版社、人民出版社 2016 年版。

53. 《习近平关于党的群众路线教育活动论述摘编》，党建读物出版社、中央文献出版社 2014 年版。

54. 习近平：《在庆祝中国共产党成立 95 周年大会上的讲话》，人民出版社 2016 年版。

55. 《习近平谈治国理政》（第二卷），外文出版社 2017 年版。

56. 《习近平关于全面深化改革论述摘编》，中央文献出版社 2014 年版。

57. 《习近平关于全面依法治国论述摘编》，中央文献出版社 2015 年版。

58. 《习近平关于协调推进"四个全面"战略布局论述摘编》，中央文献出版社 2015 年版。

59. 《习近平关于全面从严治党论述摘编》，中央文献出版社 2016 年版。

60. 《习近平关于全面建成小康社会论述摘编》，中央文献出版社 2016

年版。

61. 《习近平关于严明党的纪律和规矩论述摘编》，中央文献出版社、中国方正出版社 2016 年版。

62. 《习近平关于社会主义政治建设论述摘编》，中央文献出版社 2017 年版。

63. 《习近平新时代中共特色社会主义思想三十讲》，学习出版社 2018 年版。

64. 习近平：《论全面依法治国》，中央文献出版社 2020 年版。

65. 《中共中央关于全面深化改革若干重大问题的决定》，人民出版社 2013 年版。

66. 《中共中央关于全面推进依法治国若干问题的重大决定》，人民出版社 2014 年版。

67. 《十七大报告辅导读本》，人民出版社 2007 年版。

68. 《十八大报告辅导读本》，人民出版社 2012 年版。

69. 《党的十九大报告辅导读本》，人民出版社 2017 年版。

70. 《十二届全国人大二次会议〈政府工作报告〉辅导读本》，人民出版社 2014 年版。

71. 《〈中共中央关于全面深化改革若干重大问题的决定〉辅导读本》，人民出版社 2013 年版。

72. 《〈中共中央关于全面推进依法治国若干重大问题的决定〉辅导读本》，人民出版社 2014 年版。

73. 《党的十八届四中全会〈决定〉学习辅导百问》，党建读物出版社、学习出版社 2014 年版。

74. 中央文献研究室编：《三中全会以来》（上、下），人民出版社 1982 年版。

75. 《共和国走过的路——建国以来重要文献专题选集（1949—1952）》，中央文献出版社 1991 年版。

76. 《建党以来重要文献选编（1921—1949）》，中央文献出版社 2011 年版。

77. 《十二大以来重要文献选编》（下），人民出版社 2011 年版。

78.《十四大以来重要文献选编》（上），人民出版社 1996 年版。

79.《中国共产党第九届全国人大二次会议文件汇编》，人民出版社 2009 年版。

80.《十一届三中全会以来重要文献简编送审本》，人民出版社 1983 年版。

81.《十一届三中全会以来重要文献选读》（上），人民出版社 1987 年版。

82.《中国共产党第十二次全国代表大会文件汇编》，人民出版社 1982 年版。

83.《中国共产党第十三次全国代表大会文件选编》，北京文汇报编辑部 1987 年版。

84.《中国共产党第十八次全国代表大会文件汇编》，人民出版社 2012 年版。

85.《十八大以来重要文献选编》，中央文献出版社 2016 年版。

86.《"十三五"国家级专项规划汇编》，人民出版社 2017 年版。

87.《政府文件选编》（第一辑），档案出版社 1986 年版。

88.《政府文件选编》（第三辑），档案出版社 1987 年版。

89.《政府文件选编》（第八辑），档案出版社 1988 年版。

90.《中共中央文件选集（1921—1925）》（第一册），中共中央党校出版社 1989 年版。

91.《中共中央文件选集（1927）》（第三册），人民出版社 2013 年版。

92.《中共中央文件选集》（第六册），中共中央党校出版社 1989 年版。

93.《中共中央文件选集（1949）》，中共中央党校出版社 1992 年版。

94.《中共中央文件选集》（第一、四、七、十一册），中共中央党校出版社 1991 年版。

95.《中共中央文件选集》（第二十六册），人民出版社 2013 年版。

96. 中华人民共和国国务院新闻办公室：《中国的民族政策与各民族共同繁荣发展》，人民出版社 2009 年版。

97.《西藏发展道路的历史选择》，人民出版社 2015 年版。

98.《关于加强社会主义协商民主建设的意见》，人民出版社 2015

年版。

99.《中共中央国务院关于全面加强生态环境保护坚决打好污染防治攻坚战的意见》，人民出版社 2018 年版。

二、中 文 著 作

1. 梁漱溟:《中国文化要义》，上海人民出版社 2005 年版。

2.《胡绳全书》（第三卷）（上），人民出版社 1998 年版。

3.《韩德培文选》，武汉大学出版社 1996 年版。

4. 沈宗灵:《比较宪法——对八国宪法的比较研究》，北京大学出版社 2002 年版。

5. 瞿同祖:《中国法律与中国社会》，中华书局 2003 年版。

6.《李泽厚哲学文存》，安徽文艺出版社 1999 年版。

7. 吴敬琏:《当代中国经济改革战略与实施》，上海远东出版社 1999 年版。

8. 张文显:《法学基本范畴研究》，中国政法大学出版社 1993 年版。

9. 张文显:《二十世纪西方法哲学思潮研究》，法律出版社 1996 年版。

10. 张文显:《法理学》，高等教育出版社等 1999 年版。

11. 张文显:《法哲学范畴研究》，中国政法大学出版社 2001 年版。

12. 张文显:《法哲学通论》，辽宁人民出版社 2009 年版。

13. 徐显明:《人权法原理》，中国政法大学出版社 2008 年版。

14. 徐显明:《人民立宪思想探原：毛泽东早期法律观研究》，山东大学出版社 1999 年版。

15. 李龙:《良法论》，武汉大学出版社 2005 年版。

16. 李龙:《新中国法制建设的回顾与反思》，中国社会科学出版社 2004 年版。

17. 李龙、汪习根:《法理学》，武汉大学出版社 2011 年版。

18. 李龙:《中国特色社会主义法治理论体系纲要》，武汉大学出版社 2012 年版。

19. 李龙：《邓小平法制思想研究》，江西人民出版社 1998 年版。

20. 李龙：《宪法基础理论》，武汉大学出版社 1999 年版。

21. 李林：《中国的法治道路》，中国社会科学出版社 2016 年版。

22. 沈国明：《探索中的法治道路》，上海人民出版社 2019 年版。

23. 公丕祥：《当代中国的法律革命》，法律出版社 1999 年版。

24. 公丕祥：《中国的法制现代化》，中国政法大学出版社 2004 年版。

25. 公丕祥：《社会主义核心价值观法治篇》，江苏人民出版社 2015 年版。

26. 徐勇：《中国农村村民自治》，华中师范大学出版社 1997 年版。

27. 韩大元：《外国宪法（第二版）》，中国人民大学出版社 2000 年版。

28. 周叶中：《宪法》，高等教育出版社、北京大学出版社 2000 年版。

29. 季卫东：《法律程序的意义——对中国法制建设的另一种思考》，中国法制出版社 2004 年版。

30. 季卫东：《法治构图》，法律出版社 2012 年版。

31. 苏力：《法治及其本土资源》，北京大学出版社 2015 年版。

32. 俞可平：《依法治国与依法治党》，中央编译出版社 2007 年版。

33. 俞可平：《政治学教程》，高等教育出版社 2010 年版。

34. 俞可平：《论国家治理的现代化》，社会科学文献出版社 2014 年版。

35. 邓正来：《中国法学向何处去——构建"中国法律理想图景"时代的论纲》，商务印书馆 2006 年版。

36. 范忠信、陈景良：《中国法制史》，北京大学出版社 2007 年版。

37. 范忠信编：《梁启超法学文集》，中国政法大学出版社 2000 年版。

38. 左卫民、周长军：《变迁与改革——法院制度现代化研究》，法律出版社 2000 年版。

39. 汪习根：《法治社会的基本人权——发展权法律制度研究》，中国人民公安大学出版社 2002 年版。

40. 汪习根：《治国重器——全面依法治国的法理释讲》，湖北人民出版社 2017 年版。

41. 汪习根：《权力的法治规约——政治文明法治化研究》，武汉大学出版社 2009 年版。

42. 汪习根：《司法权论》，武汉大学出版社 2006 年版。

43. 周其仁：《产权与制度变迁——中国改革的经验研究》，北京大学出版社 2004 年版。

44. 俞敏声：《中国法制化的历史进程》，安徽人民出版社 1997 年版。

45. 周雪光：《中国国家治理的制度逻辑——一个组织学研究》，生活·读书·新知三联书店 2017 年版。

46. 周濂：《现代政治的正当性基础》，生活·读书·新知三联书店 2008 年版。

47. 中央编译局比较政治与经济研究中心、北京大学中国政府创新研究中心：《公共参与手册——参与改变命运》，社会科学文献出版社 2009 年版。

48.《法治与人治问题讨论集》，群众出版社 1980 年版。

49. 王人博：《中国特色社会主义法治理论研究》，中国政法大学出版社 2016 年版。

三、中 文 古 籍

1.《春秋繁露·为人者天》。

2.《春秋繁露·玉杯》。

3.《大戴礼记·礼察》。

4.《管子·法法》。

5.《管子·任法》。

6.《管子·枢言》。

7.《韩非·外储说右下》。

8.《韩非子·定法》。

9.《韩非子·奸劫弑臣》。

10.《韩非子·六反》。

11.《韩非子·难三》。

12.《韩非子·难势》。

13.《韩非子·人主》。

14.《韩非子·饰邪》。

15. 《韩非子·外储说下》。

16. 《韩非子·亡征》。

17. 《韩非子·五蠹》。

18. 《韩非子·显学》。

19. 《韩非子·用人》。

20. 《韩非子·有度》。

21. 《汉书·贾谊传》。

22. 《汉书·武帝本纪》。

23. 《汉书·元帝纪》。

24. 《礼记·大学》。

25. 《礼记·曲礼》。

26. 《论语》。

27. 《论语·八佾》。

28. 《论语·季氏》。

29. 《论语·里仁》。

30. 《论语·泰伯》。

31. 《论语·为政》。

32. 《论语·先进》。

33. 《论语·学而第二》。

34. 《论语·颜渊》。

35. 《论语·尧曰》。

36. 《论语·子路》。

37. 《孟子·告子章句下》。

38. 《孟子·尽心上》。

39. 《孟子·尽心下》。

40. 《孟子·尽心章句上》。

41. 《孟子·尽心章句下》。

42. 《孟子·离娄章句上》。

43. 《孟子·梁惠王上》。

44. 《孟子·梁惠王章句上》。

45. 《孟子·滕文公章句上》。

46. 《孟子·万章章句下》。

47. 《商君书·错法》。

48. 《商君书·定分》。

49. 《商君书·更法》。

50. 《商君书·画策》。

51. 《商君书·靳令》。

52. 《商君书·君臣》。

53. 《商君书·开塞》。

54. 《商君书·弱民》。

55. 《商君书·算地》。

56. 《尚书·多方》。

57. 《尚书·多士》。

58. 《尚书·甘誓》。

59. 《尚书·皋陶谟》。

60. 《尚书·洪范》。

61. 《尚书·酒诰》。

62. 《尚书·君奭》。

63. 《尚书·康诰》。

64. 《尚书·牧誓》。

65. 《尚书·汤誓》。

66. 《尚书·无逸》。

67. 《尚书·召诰》。

68. 《慎子·君人》。

69. 《诗经·大雅·大明》。

70. 《诗经·大雅·文王》。

71. 《史记·酷吏列传》。

72. 《史记·郦生陆贾列传》。

73. 《史记·孟子荀卿列传》。

74. 《史记·儒林列传》。

75.《史记·商君列传》。

76.《史记·孙子吴起列传》。

77.《史记·太史公自序》。

78.《说文解字·卷一·王部》。

79.《荀子·富国》。

80.《荀子·解蔽篇》。

81.《荀子·君道》。

82.《荀子·强国》。

83.《荀子·王霸》。

84.《荀子·王制》。

85.《盐铁论·非鞅》。

86.《中庸》。

87.《资治通鉴．卷五十三》。

88.《左传·昭公六年》。

89.《左传·昭公十八年》。

90.《左传·召公二十年》。

91. 班固：《汉书·地理志》。

92. 贾谊：《过秦论》。

93. 刘勰：《文心雕龙》。

94. 吕思勉：《先秦史》，上海古籍出版社 2005 年版。

95. 张居正：《辛未会试程策》。

96. 朱熹：《孟子集注·公孙丑上》。

97. 朱熹：《四书集注·孟子万章注》。

98.《光绪朝东华录》第四册，中华书局 1958 年版。

四、中文译著

1. ［古希腊］色诺芬：《回忆苏格拉底》，吴永泉译，商务印书馆 1984 年版。

2. ［古希腊］柏拉图：《理想国》，郭斌和、张竹明译，商务印书馆 1996 年版。

3. ［古希腊］柏拉图：《法律篇》，张智仁、何勤华译，上海人民出版社 2001 年版。

4. ［古希腊］修昔底德：《伯罗奔尼亚战争史》（Ⅱ），谢德风译，商务印书馆 1960 年版。

5. ［古希腊］亚里士多德：《尼各马可伦理学》，廖申白译，商务印书馆 2003 年版。

6. ［古希腊］亚里士多德：《政治学》，吴寿彭译，商务印书馆 2009 年版。

7. ［古罗马］奥古斯丁：《忏悔录》，周士良译，商务印书馆 1963 年版。

8. ［古罗马］查士丁尼：《法学总论：法学阶梯》，张企泰译，商务印书馆 1989 年版。

9. ［古罗马］西塞罗：《国家篇·法律篇》，沈叔平译，商务印书馆 1999 年版。

10. ［古罗马］西塞罗：《论共和国》，王焕生译，上海人民出版社 2006 年版。

11. ［德］黑格尔：《法哲学批判》，范扬等译，商务印书馆 1979 年版。

12. ［德］黑格尔：《法哲学原理》，范扬、张企泰译，商务印书馆 1982 年版。

13. ［德］黑格尔：《历史哲学》，王造时译，上海人民出版社 2001 年版。

14. ［德］黑格尔：《小逻辑》，贺麟译，商务印书馆 1980 年版。

15. ［德］康德：《道德形而上学原理》，苗力田译，上海人民出版社 2005 年版。

16. ［德］康德：《法的形而上学原理——权利的科学》，沈叔平译，商务印书馆 1991 年版。

17. ［法］孟德斯鸠：《论法的精神》，张雁深译，商务印书馆 1976 年版。

18. ［美］施特劳斯：《苏格拉底问题》，丁耘等译，华夏出版社 2005 年版。

19. ［美］施特劳斯：《自然权利与历史》，彭刚译，生活读书新知三联书店 2006 年版。

20. ［英］罗素：《西方哲学史》，何兆武，李约瑟译，商务印书馆 2011 年版。

21. ［英］洛克：《政府论》（上篇），瞿菊农、叶启芳译，商务印书馆 1982 年版。

22. ［英］洛克：《政府论》（下篇），叶启芳、瞿菊农译，商务印书馆 1983 年版。

23. ［英］密尔：《代议制政府》，汪瑄译，商务印书馆 1982 年版。

24. ［英］休谟：《人性论》（下），关文运译，商务印书馆 1980 年版。

25. ［英］休谟：《休谟政治论文选》，张若衡译，商务印书馆 1993 年版。

26. ［英］约翰·奥斯丁：《法理学的范围》，刘星译，中国法制出版社 2002 年版。

27. ［英］约瑟夫·拉兹：《法律的权威：法律与道德文集》，朱峰译，法律出版社 2005 年版。

28. ［英］约瑟夫·拉兹：《实践理性与规范》，朱学平译，中国法制出版社 2011 年版。

29. ［德］古斯塔夫·拉德布鲁赫：《法哲学》，王朴译，法律出版社 2013 年版。

30. ［德］弗里德里希·卡尔·冯·萨维尼：《论立法与法学的当代使命》，许章润译，中国法制出版社 2001 年版。

31. ［德］哈贝马斯：《合法化危机》，刘北成、曹卫东译，上海人民出版社 2000 年版。

32. ［德］哈贝马斯：《在事实与规范之间：关于法律和民主法治国的商谈理论》，童世骏译，三联书店 2003 年版。

33. ［德］尤尔根·哈贝马斯：《包容他者》，曹卫东译，上海人民出版社 2002 年版。

34. ［德］汉娜·阿伦特：《公共领域和私人领域》，载汪晖、陈燕京主编：《文化与公共性》，三联书店 1998 年版。

35. ［德］马克思·韦伯：《经济与社会》，林荣远译，商务印书馆 1997 年版。

36. ［德］马克斯·韦伯：《经济与历史：支配的类型》，康乐、吴乃德、简惠美、张炎宪、胡昌智译，广西师范大学出版社 2004 年版。

37. ［德］马克斯·韦伯：《经济与社会》（第一卷），阎克文译，上海人民出版社 2010 年版。

38. ［德］马克斯·韦伯：《新教伦理与资本主义精神》，黄晓京、彭强译，四川师范大学出版社 1986 年版。

39. ［法］米歇尔·福柯：《治理术》，赵晓力、李猛译，未刊稿。

40. ［法］米歇尔·福柯：《规训与惩罚》，刘北成、杨远婴译，上海三联书店 2012 年版。

41. ［法］米歇尔·福柯：《知识考古学》，谢强、马月译，生活·读书·新知三联书店 2003 年版。

42. ［美］保罗·A. 萨缪尔森、威廉·D. 诺德豪斯：《经济学》，中国发展出版社 1992 年版。

43. ［美］波斯纳：《超越法律》，苏力译，中国政法大学出版社 2001 年版。

44. ［美］波斯纳：《并非自杀的契约：紧急状态时期的宪法》，苏力译，北京大学出版社 2009 年版。

45. ［美］理查德·A. 波斯纳：《法律的经济分析》，蒋兆康译，中国大百科全书出版社 1997 年版。

46. ［美］博登海默：《法理学——法哲学及其方法》，邓正来等译，华夏出版社 1987 年版。

47. ［美］道格拉斯·C. 诺斯：《制度、制度变迁与经济绩效》，杭行译、韦森译审，格致出版社 2008 年版。

48. ［美］道格拉斯·C. 诺斯：《经济史中的结构和变迁》，陈郁、罗华平译，上海三联书店、上海人民出版社 1994 年版。

49. ［美］德沃金：《法律帝国》，李常青译，中国大百科全书出版社

1996 年版。

50. ［美］德沃金：《原则问题》，张国清译，江苏人民出版社 2008年版。

51. ［美］罗纳德·德沃金：《认真对待权利》，信春鹰、吴玉章译，中国大百科全书出版社 1998 年版。

52. ［美］方纳：《给我自由》（上），王希译，商务印书馆 2012 年版。

53. ［美］方纳：《给我自由》（下），王希译，商务印书馆 2012 年版。

54. ［美］弗朗西斯·福山：《历史的终结与最后之人》，黄胜强等译，中国社会科学出版社 2003 年版。

55. ［美］塞缪尔·亨廷顿：《变动社会中的政治秩序》，王冠华等译，三联书店 1996 年版。

56. ［美］约翰·罗尔斯：《作为公平的正义——正义新论》，姚大志译，中国社会科学出版社 2011 年版。

57. ［美］约翰·罗尔斯：《正义论》，何怀宏等译，中国社会科学出版社 1988 年版。

58. ［美］约翰·罗尔斯：《政治自由主义》，万俊人译，译林出版社2000 年版。

59. ［美］罗斯科·庞德：《普通法的精神》，唐前宏、廖湘文、高雪原译，法律出版社 2001 年版。

60. ［美］罗斯科·庞德：《法律与道德》，陈林林译，商务印书馆 2015年版。

61. ［美］罗斯科·庞德：《通过法律的社会控制》，沈宗灵、董世忠译，商务印书馆 1984 年版。

62. ［美］塞缪尔·亨廷顿：《第三波——20 世纪后期民主化浪潮》，欧阳景根译，中国人民大学出版社 2013 年版。

63. ［美］塞缪尔·亨廷顿：《变化社会中的政治秩序》，王冠华等译，上海人民出版社 2008 年版。

64. ［美］塞缪尔·亨廷顿、劳伦斯·哈里森：《文化的重要作用》，程克雄译，新华出版社 2002 年版。

65. ［美］塞缪尔·亨廷顿：《文明的冲突与世界秩序的重建》，周琪等译，新华出版社 1998 年版。

66. ［美］托克维尔：《论美国的民主》，张晓明译，北京出版社 2012 年版。

67. ［美］托马斯·库恩：《科学革命的结构》，金吾伦、胡新和译，北京大学出版社 2003 年版。

68. ［日］寺田浩明：《权利与冤抑：寺田浩明中国法史论集》，王亚新等译，清华大学出版社 2012 年版。

69. ［日］西田太一郎：《中国刑法史研究》，段秋关译，北京大学出版社 1985 年版。

70. ［日］滋贺秀三：《中国家族法原理》，张建国、李力译，商务印书馆 2013 年版。

71. ［意］托马斯·阿奎那：《阿奎那政治著作选》，马清槐译，商务印书馆 1964 年版。

72. ［英］戴雪：《英宪精义》，雷宾南译，中国法制出版社 2001 年版。

73. ［英］弗雷德里希·冯·哈耶克：《自由宪章》，杨玉生、冯兴元、陈茅等译，中国社会科学出版社 1998 年版。

74. ［英］弗雷德里希·冯·哈耶克：《法律、立法与自由》，邓正来、张守东、李静冰译，中国大百科全书出版社 2000 年版。

75. ［英］弗雷德里希·冯·哈耶克：《通往奴役之路》，王明毅、冯兴元等译，中国社会科学出版社 1997 年版。

76. ［英］弗雷德里希·冯·哈耶克：《致命的自负》，冯克利、胡晋华等译，中国社会科学出版社 2012 年版。

77. ［英］哈特：《法律的概念》，张文显等译，中国大百科全书出版社 1996 年版。

78. ［英］哈特：《法律、自由与道德》，支振锋译，法律出版社 2006 年版。

79. ［英］托马斯·霍布斯：《利维坦》，黎思复，黎廷弼译，商务印书馆 2009 年版。

80. ［英］托马斯·霍布斯：《哲学家与英格兰法律家的对话》，姚中秋译，上海三联书店 2006 年版。

81. ［英］《潘恩选集》，马青槐等译，商务印书馆 1981 年版。

82. ［奥］凯尔森：《法与国家的一般理论》，沈宗灵译，中国大百科全书出版社 1996 年版。

83. ［奥］路德维西·冯·米瑟斯：《社会主义：经济与社会学的分析》，王建民、冯克利、崔树义译，中国社会科学出版社 2012 年版。

84. ［澳］芬斯顿：《东南亚政府与政治》，张锡镇等译，北京大学出版社 2007 年版。

85. ［澳］何包钢：《协商民主：理论、方法和实践》，中国社会科学出版社 2008 年版。

86. ［澳］约翰·芬斯顿：《东南亚政府与政治》，张锡镇等译，北京大学出版社 2007 年版。

87. ［德］K. 茨威格特、H. 克茨：《比较法总论》，盘汉典等译，法律出版社 2003 年版。

88. ［德］阿多尔诺：《否定的辩证法》，张峰译，重庆出版社 1993 年版。

89. ［德］奥托·迈耶著：《德国的行政法》，刘飞译，商务印书馆 2002 年版。

90. ［德］伯恩·魏德士：《法理学》，丁晓春、吴越译，法律出版社 2013 年版。

91. ［德］京特·雅科布斯：《规范·人格体·社会：法哲学前思》，冯军译，法律出版社 2001 年版。

92. ［德］卡尔·施米特：《政治的概念》，刘宗坤译，上海人民出版社 2004 年版。

93. ［德］卡尔·施密特：《论法学思维的三种模式》，苏慧捷译，中国法制出版社 2012 年版。

94. ［德］考夫曼：《法律哲学》，刘幸义等译，法律出版社 2004 年版。

95. ［德］克里斯托夫·默勒斯：《德国基本法：历史与内容》，赵真译，中国法制出版社 2014 年版。

96. ［德］尼采：《查拉斯图拉如是说》，尹溟译，文化艺术出版社 2003 年版。

97. ［德］维尔纳·弗卢梅：《法律行为论》，迟颖译，法律出版社 2013 年版。

98. ［俄］C. 罗宁：《第一个苏维埃宪法：1918 年苏俄宪法制定史述要》，白林译，中国人民大学出版社 1956 年版。

99. ［法］阿尔都塞：《保卫马克思》，顾良译，商务印书馆 1984 年版。

100. ［法］弗朗索瓦·傅勒：《思考法国大革命》，孟明译，生活·读书·新知三联书店 2005 年版。

101. ［法］伏尔泰：《路易十四时代》，吴模信、沈怀洁、梁守锵译，商务印书馆 1982 年版。

102. ［法］伏尔泰：《哲学通信》，高达观等译，世纪出版集团、上海人民出版社 2005 年版。

103. ［法］莱昂·狄骥：《公法的变迁·法律与国家》，郑戈、冷静译，辽海出版社/春风文艺出版社 1999 年版。

104. ［法］卢梭：《论人类不平等的起源和基础》，李常山译，商务印书馆 1962 年版。

105. ［法］卢梭：《社会契约论》，何兆武译，商务印书馆 1980 年版。

106. ［法］米涅：《法国革命史》，北京编译社译，商务印书馆 1981 年版。

107. ［法］莫里斯·奥里乌：《行政法与公法精要（上册)》，龚觅等译，辽海出版社/春风文艺出版社 1999 年版。

108. ［法］皮埃尔·勒鲁：《论平等》，王允道译，商务印书馆 1988 年版。

109. ［法］皮埃尔·特鲁仕：《法国司法制度》，丁伟译，北京大学出版社 2012 年版。

110. ［法］皮埃尔·卡兰默：《破碎的民主——试论治理的革命》，上海人民出版社 2004 年版。

111. ［法］乔治·帕热斯：《旧制度时期的君主政体》，巴黎 1932 年版。

112. ［法］让·布隆代尔、［意］毛里奇奥·科塔：《政党政府的性质——一种比较性的欧洲视角》，曾森、林德山译，北京大学出版社 2006

年版。

113. [法] 让·马克·夸克:《合法性与政治》,佟心平、王远飞译,中央编译出版社2002年版。

114. [法] 托克维尔:《旧制度与大革命》,冯棠译,商务出版社1997年版。

115. [法] 托克维尔:《论美国的民主》(上、下卷),董果良译,商务印书馆1991年版。

116. [法] 西耶斯:《论特权·第三等级是什么?》,张芝联、冯棠译,商务印书馆1990年版。

117. [美] P. 诺内特、[奥地利] P. 塞尔兹尼克:《转变中的法律与社会:迈向回应型法》,中国政法大学出版社2004年版。

118. [美] 阿克曼:《我们人民:转型》,田雷译,中国政法大学出版社2014年版。

119. [美] 阿奇博尔德·考克斯:《法院与宪法》,田雷译,北京大学出版社2006年版。

120. [美] 埃德加·斯诺:《西行漫记》,董乐山译,三联书店1979年版。

121. [美] 艾伦·布坎南:《伦理学、效率与市场》,廖申白、谢大京译,中国社会科学出版社1991年版。

122. [美] 艾伦·沃森:《民法法系的演变及形式》,李静冰、姚新华译,中国政法大学出版社1992年版。

123. [美] 巴里·海格:《法治:决策者概念指南》,曼斯菲尔德太平洋事务中心译,中国政法大学出版社2005年版。

124. [美] 本杰明·巴伯:《强势民主》,吴润洲译,吉林人民出版社2011年版。

125. [美] 本杰明·卡多佐:《司法过程的性质》,苏力译,商务印书馆1998年版。

126. [美] 伯尔曼:《法律与宗教》,梁治平译,中国政法大学出版社2000年版。

127. [美] 博西格诺:《法律之门(第八版)》,邓子滨译,华夏出版社

2007 年版。

128. ［美］布坎南：《自由、市场与国家》，上海三联书店 1989 年版。

129. ［美］布雷恩·Z. 塔玛拉哈：《论法治——历史、政治和理论》，李桂林译，武汉大学出版社 2010 年版。

130. ［美］大卫·莱昂斯：《伦理学与法治》，葛四友译，商务印书馆 2016 年版。

131. ［美］丹尼尔·B. 贝克：《权力语录》，江苏人民出版社 2008 年版。

132. ［美］丹尼斯·朗：《权力论》，陆震纶、郑明哲译，中国社会科学出版社 2001 年版。

133. ［美］道格拉斯·拉米斯：《激进民主》，中国人民大学出版社 2002 年版。

134. ［美］杜赞奇：《文化、权力与国家：1900—1942 年的华北农村》，王福明译，江苏人民出版社 1994 年版。

135. ［美］费正清主编：《剑桥中华民国史》，中国社会科学出版社 1992 年版。

136. ［美］弗兰克·古德诺：《政治与行政》，王元译，北京大学出版社 2012 年版。

137. ［美］富勒：《法律的道德性》，郑戈译，商务印书馆 2005 年版。

138. ［美］哥伦比斯·J. H. 沃尔夫：《权力与正义》，白希译，华夏出版社 1998 年版。

139. ［美］哈罗德·J. 伯尔曼：《法律与宗教》，梁治平译，中国政法大学出版社 2003 年版。

140. ［美］哈维·C. 曼斯菲尔德：《驯化君主》，冯克利译，南京：译林出版社 2005 年版。

141. ［美］汉密尔顿、杰伊、麦迪逊：《联邦党人文集》，程逢如等译，商务印书馆 2009 年版。

142. ［美］汉娜·阿伦特：《论革命》，陈周旺译，译林出版社 2007 年版。

143. ［美］赫尔德：《民主的模式》，燕继荣等译，中央编译出版社

1998 年版。

144. ［美］卡尔·N. 卢埃林：《普通法传统》，陈绪刚、史大晓、全宗景译，中国政法大学出版社 2002 年版。

145. ［美］卡罗尔·佩特曼：《参与和民主理论》，陈尧译，上海人民出版社 2006 年版。

146. ［美］科恩：《论民主》，聂崇信、朱秀贤译，商务印书馆 2004 年版。

147. ［美］科斯：《企业、市场和法律》，盛洪、陈郁译，三联书店 1990 年版。

148. ［美］克里斯蒂娜·科尔斯戈德：《规范性的来源》，杨顺利译，上海译文出版社 2010 年版。

149. ［美］莱斯利里普森：《政治学的重大问题——政治学导论》刘晓等译，华夏出版社 2001 年版。

150. ［美］历山大·M. 比克尔：《最小危险部门：政治法庭上的最高法院》，张中秋译，北京大学出版社 2007 年版。

151. ［美］鲁格罗·亚狄瑟：《法律的逻辑——法官写给法律人的逻辑指引》，唐欣伟译，法律出版社 2007 年版。

152. ［美］路易斯·亨金、阿尔伯特·J. 罗森塔尔主编：《宪政与权利》，郑戈等译，三联书店 1998 年版。

153. ［美］路易斯·凯尔萨、帕特里西亚·凯尔萨：《民主与经济力量》，赵曙明译，南京大学出版社 1996 年版。

154. ［美］罗伯特·达尔：《论民主》，李柏光等译，商务印书馆 1999 年版。

155. ［美］罗伯特·K. 默顿：《社会理论和社会结构》，唐少杰等译，译林出版社 2006 年版。

156. ［美］罗伯特·诺奇克：《无政府、国家与乌托邦》，姚大志译，中国社会科学出版社 2008 年版。

157. ［美］络德睦：《法律东方主义：中国、美国与现代法》，魏磊杰译，中国政法大学出版社 2016 年版。

158. ［美］马克·吐温：《镀金时代》，李宜燮、张秉礼译，上海译文出版社 1979 年版。

159. ［美］迈克尔·D. 贝勒斯：《法律的原则——一个规范分析》，张文显等译，中国大百科全书出版社 1996 年版。

160. ［美］迈克尔·J. 桑德尔：《自由主义与正义的局限性》，万俊人等译，译林出版社 2011 年版。

161. ［美］麦克洛斯基：《美国最高法院》，任东来等译，中国政法大学 2005 年版。

162. ［美］毛里西奥·帕瑟林·登特里维斯：《作为公共协商的民主：新的视角》，王英津等译，中央编译出版社 2006 年版。

163. ［美］米尔斯：《权力精英》，王崑、许荣译，南京大学出版社 2004 年版。

164. ［美］莫舍：《民主与公共服务》，牛津大学出版社 1968 年版。

165. ［美］诺齐克：《无政府、国家和乌托邦》，何怀宏译，中国社会科学出版社 1990 年版。

166. ［美］乔·萨托利：《民主新论》，冯克利等译，东方出版社 1993 年版。

167. ［美］乔治·达伊：《市场驱动战略：价值创造过程》，牛海鹏等译，华夏出版社 2005 年版。

168. ［美］乔治·霍兰·萨拜因：《政治学说史》，盛葵阳、崔妙因译，商务印书馆 1985 年版。

169. ［美］乔治·萨拜因：《政治学说史》，［美］托马斯·索尔森修订，邓正来译，上海人民出版社 2010 年版。

170. ［美］施克莱：《守法主义》，彭亚楠译，中国政法大学出版社 2006 年版。

171. ［美］史扶邻：《孙中山与中国革命》，中国社会科学出版社 1981 年版。

172. ［美］斯蒂芬·L. 埃尔金等：《新宪政论——为美好社会设计政治制度》，周叶谦译，三联书店 1997 年版。

173. ［美］苏珊·罗斯·艾克曼：《腐败与政府》，王江、程文浩译，新华出版社 2000 年版。

174.〔美〕托马斯·C. 帕特森：《卡尔·马克思，人类学家》，何国强译，云南大学出版社 2013 年版。

175.〔美〕威尔逊：《行政之研究》，载〔美〕弗兰克·古德诺著：《政治与行政》，王元译，北京大学出版社 2012 年版。

176.〔美〕希拉里·普特兰：《事实与价值二分法的崩溃》，应奇译，东方出版社 2006 年版。

177.〔美〕小奥利弗·温德尔·霍姆斯：《普通法》，冉昊、姚中秋译，中国政法大学出版社 2006 年版。

178.〔美〕约·埃尔斯特：《协商民主：挑战与反思》，周艳辉译，中央编译出版社 2009 年版。

179.〔美〕约翰·亨利·梅利曼：《大陆法系》，顾培东等译，法律出版社 2004 年版。

180.〔美〕约翰·麦·赞恩：《法律的故事》，刘昕、胡凝译，江苏人民出版社 1998 年版。

181.〔美〕约翰·菲尼斯：《自然法与自然权利》，董娇娇等译，中国政法大学出版社 2005 年版。

182.〔美〕约翰哈特伊利：《民主与不信任——关于司法审查的理论》，张卓明译，法律出版社 2003 年版。

183.〔美〕詹姆斯·S. 菲什金：《协商民主》，陈家刚译，上海三联书店 2004 年版。

184.〔美〕詹姆斯·博曼：《公共协商：多元主义、复杂性与民主》，黄湘怀译，中央编译出版社 2006 年版。

185.〔美〕詹姆斯·博曼等：《协商民主：论理性与政治》，陈家刚等译，中央编译出版社 2006 年版。

186.〔美〕珍妮特·V. 登哈特、罗伯特·B. 登哈特：《新公共服务：服务，而不是掌舵》，丁煌译，中国人民大学出版社 2004 年版。

187.〔美〕朱尔斯·L. 科尔曼：《原则的实践——为法律理论的实用主义方法辩论》，法律出版社 2006 年版。

188.〔美〕《杰斐逊文选集》，朱曾汶译，商务印书馆 1999 年版。

189.〔南非〕毛里西奥·帕瑟林·登特里格斯：《作为公共协商的民

主：新的视角》，王英津等译，中央编译出版社 2006 年版。

190.［日］佐藤功：《比较政治制度》，刘庆林、张光博译，法律出版社 1984 年版。

191.［苏］A. E. 罗琴斯卡娅：《法国史纲：十七世纪—十九世纪》，生活·读书、新知三联书店 1962 年版。

192.［苏］杰尼索夫：《苏维埃宪法及其发展史》，中央人民政府法制委员会编译室译，人民出版社 1953 年版。

193.［苏］维辛斯基：《苏联公民的基本权利和义务》，沈大硅译，商务印书馆 1950 年版。

194.［苏］亚·德·柳勃林斯卡娅等：《法国史纲》，北京编译社译，生活·读书·新知三联书店 1978 年版。

195.［新加坡］冯清莲：《新加坡人民行动党》，苏宛蓉译，上海人民出版社 1975 年版。

196.［新加坡］李光耀：《经济腾飞路：李光耀回忆录》，外文出版社 2001 年版。

197.［新加坡］李光耀：《李光耀 40 年政论选》，现代出版社 1994 年版。

198.［新加坡］李光耀：《风雨独立路——李光耀回忆录》，外文出版社 1998 年版。

199.［意］贝卡利亚：《论犯罪与刑罚》，黄风译，中国方正出版社 2004 年版。

200.［意］莱奥尼：《法律与自由》，秋风译，吉林人民出版社 2004 年版。

201.［意］莫诺·卡佩莱蒂：《福利国家与接近正义》，刘俊祥等译，法律出版社 2000 年版。

202.［意］诺伯托·博比奥：《权利的时代》，沙志利译，西北大学出版社 2016 年版。

203.［意］安东尼奥·葛兰西：《现代君主论》，陈越译，上海人民出版社 2006 年版。

204.［英］H. L. A 哈特：《法律的概念》，许家馨、李冠宜译，法律出版社 2006 年版。

205. ［英］M. J. C 维尔：《宪政与分权》，苏力译，三联书店 1997 年版。

206. ［英］R. A. W. 罗茨：《新治理：没有政府的管理》，杨雪冬译，载《政治学研究》1996 年第 154 期。

207. ［英］安德鲁·海伍德：《政治学的思维方式》，张立鹏译，中国人民大学出版社 2014 年版。

208. ［英］彼得·斯坦、约翰·香德：《西方社会的法律价值》，王献平译，中国法制出版社 2004 年版。

209. ［英］戴维·M．沃克：《牛津法律大辞典》，李双元译，法律出版社 2003 年版。

210. ［英］戴维·郝尔德：《民主与全球秩序：从现代国家到世界主义治理》，胡伟等译，上海人民出版社 2003 年版。

211. ［英］戴维·米勒等：《布莱克维尔政治学百科全书》，邓正来译，中国政法大学出版社 2002 年版。

212. ［英］格里·斯托克：《作为理论的治理：五个论点》，华夏风译，载《国际社会科学杂志：中文版》1999 年第 1 期。

213. ［英］哈·弗·皮尔逊：《新加坡史》，《新加坡史》翻译小组译，福建人民出版社 1972 年版。

214. ［英］罗德里克·马丁：《权力社会学》，丰子义、张宁译，上海三联书店 1992 年版。

215. ［英］马林诺夫斯基：《原始社会的犯罪与习俗》，原江译，法律出版社 2007 年修订译版。

216. ［英］梅特兰等：《欧陆法律史概览：事件、渊源、人物及运动》，曲文生等译，上海人民出版社 2008 年版。

217. ［英］泰勒：《柏拉图生平及其著作》，谢随之等译，山东人民出版社 2004 年版。

218. ［英］威廉·韦德：《行政法》，徐炳等译，中国大百科全书出版社 1997 年版。

219. ［英］约翰·斯道雷：《文化理论与通俗文化导论》，杨竹山等译，南京大学出版社 2001 年版。

220. ［英］詹宁斯:《法与宪法》,龚祥瑞、侯健译,生活·读书·新知三联书店 1997 年版。

221. ［苏］布雷恩·Z. 塔玛纳哈:《论法治——历史、政治和理论》,武汉大学出版社 2010 年版。

五、中 文 论 文

1. 张文显:《习近平法治思想研究（上）——习近平法治思想的鲜明特征》,载《法制与社会发展》2016 年第 2 期。

2. 张文显:《习近平法治思想研究（中）——习近平法治思想的一般理论》,载《法制与社会发展》2016 年第 3 期。

3. 张文显:《习近平法治思想研究（下）——习近平全面依法治国的核心观点》,载《法制与社会发展》2016 年第 4 期。

4. 张文显:《法律社会学的法概念》,载《社会学研究》1989 年第 2 期。

5. 张文显:《法治宣言法学文献——十七大报告的法学解读》,载《法制与社会发展》2007 年第 6 期。

6. 张文显:《法治与国家治理现代化》,载《中国法学》2014 年第 4 期。

7. 张文显:《关于权利和义务的思考》,载《当代法学》1988 年第 3 期。

8. 张文显:《建设中国特色社会主义法治体系》,载《法学研究》2014 年第 6 期。

9. 张文显:《论中国特色社会主义法治道路》,载《中国法学》2009 年第 6 期。

10. 张文显:《全面推进法制改革,加快法治中国建设——十八届三中全会精神的法学解读》,载《法制与社会发展》2014 年第 1 期。

11. 张文显:《全面推进依法治国的伟大纲领——对十八届四中全会精

神的认知与解读》，载《法制与社会发展》2015 年第 1 期。

12．许崇德：《中国共产党指引宪法与时俱进》，载《中国法学》2006 年第 6 期。

13．李龙、张文显、吕世伦、公丕祥：《"以人为本"的法哲学解读——"以人为本"四人谈》，载《金陵法律评论》2004 年秋季卷。

14．李龙：《法治模式论》，载《中国法学》1991 年第 6 期。

15．李龙：《构建法治体系是推进国家治理现代化的基础工程》，载《现代法学》2014 年第 3 期。

16．李龙：《人本法律观简论》，载《社会科学战线》2004 年第 6 期。

17．李龙、任颖：《"治理"一词的沿革考略——以语义分析与语用分析为方法》，载《法制与社会发展》2014 年第 4 期。

18．李步云、黎青：《从"法制"到"法治"二十年改一字》，载《法学》1999 年第 7 期。

19．徐显明：《构建法律职业共同体》，载《人民日报》2014 年 9 月 23 日第 5 版。

20．徐显明：《坚定不移走中国特色社会主义法治道路》，载《法学研究》2014 年第 6 期。

21．徐显明：《人权的普遍性与人权文化之解析》，载《法学评论》1999 年第 6 期。

22．公丕祥：《司法主权与领事裁判权》，载《法律科学（西北政法大学学报）》2012 年第 3 期。

23．公丕祥：《习近平法治思想述要》，载《法律科学（西北政法大学学报）》2015 年第 5 期。

24．公丕祥：《中国特色社会主义法治道路的时代进程》，载《中国法学》2015 年第 5 期。

25．王利明：《法治：良法与善治》，载《中国人民大学学报》2015 年第 2 期。

26．王利明：《宪法的基本价值追求：法平如水》，载《环球法律评论》2012 年第 6 期。

27．江必新：《法治思维——社会转型时期治国理政的应然向度》，载

《法学评论》2013 年第 5 期。

28．江必新：《坚定不移走中国特色社会主义法治道路》，载《法学杂志》2015 年第 3 期。

29．江必新：《严格依法办事：经由形式正义的实质法治观》，载《法学研究》2013 年第 6 期。

30．张恒山：《坚持党领导下的依法行政》，载《辽宁日报》2014 年 11 月 4 日，第 7 版。

31．张恒山：《十八大以来习近平法治思想梳理与阐释》，载《人民论坛》2014 年第 29 期。

32．张恒山：《怎样建设法治政府和服务型政府？——八谈深入学习贯彻十八届三中全会精神》，载《光明日报》2013 年 12 月 8 日。

33．乔晓阳：《社会主义法治建设取得的历史性成就》，载《人民日报》2014 年 11 月 19 日。

34．周叶中、胡爱斌：《中国特色的"权力分工协调"论》，载《南京社会科学》2018 年第 6 期。

35．赵震江、季卫东、齐海滨：《论法律社会学的意义与研究框架》，载《社会学研究》1988 年第 3 期。

36．何勤华：《论中国特色社会主义法治道路》，载《法制与社会发展》2015 年第 3 期。

37．林尚立：《协商民主：中国特色现代政治得以成长的基础》，载《湖北社会科学》2015 年第 7 期。

38．林尚立：《协商政治：对中国民主政治发展的一种思考》，载《学术月刊》2003 年第 4 期。

39．林尚立：《有效性与合法性：政治发展的两种路径》，载《复旦学报（社会科学版）》2009 年第 2 期。

40．曾令良：《中国国际法学话语体系的当代构建》，载《中国社会科学》2011 年第 2 期。

41．夏勇：《民本与民权：中国权利话语的历史基础》，载《中国社会科学》2004 年第 5 期。

42．付子堂、崔燕：《作为法哲学范畴的"幸福"：关于"幸福"在法

学理论"学术地形图"中的定位问题之思考》，载《河北法学》2012 年第
10 期。

43．付子堂、朱林方：《中国特色社会主义法治理论的基本构成》，载
《法制与社会发展》2015 年第 3 期。

44．付子堂：《法治体系内的党内法规探析》，载《中共中央党校学报》
2015 年第 3 期。

45．蔡枢衡：《中国法学及法学教育》，载《清华法学》第四辑，清华
大学出版社 2004 年版。

46．俞吾金：《马克思对现代性的诊断及其启示》，载《中国社会科学》
2005 年第 1 期。

47．郑杭生：《学术话语权与中国社会学发展》，载《中国社会科学》
2011 年第 2 期。

48．李适时：《完善以宪法为核心的中国特色社会主义法律体系》，载
《求是》2017 年第 12 期。

49．乔晓阳：《十八大以来立法工作的新突破》，载《求是》2017 年第
11 期。

50．孙谦：《走中国特色社会主义道路》，载《求是》2013 年第 6 期。

51．孙谦：《走中国特色社会主义法治道路》，载《求是》2013 年第
6 期。

52．袁曙宏：《党的十八大以来全面依法治国的重大成就和基本经验》，
载《求是》2017 年第 11 期。

53．李林：《习近平全面依法治国思想的理论逻辑与创新发展》，载
《法学研究》2016 年第 2 期。

54．李林：《依法治国与推进国家治理现代化》，载《法学研究》2014
年第 5 期。

55．季卫东：《论法制的权威》，载《中国法学》2013 年第 1 期。

56．姜明安：《软法的兴起与软法之治》，载《中国法学》2006 年第
2 期。

57．姜明安：《如何让法治成为国民信仰》，载《人民论坛》2013 第
18 期。

58．姜明安：《习近平依法治党战略思想》，载《人民论坛》2014 年第 1 期。

59．郑成良：《党的领导权与法治原则相互兼容的可能性及其制度条件》，载《法制与社会发展》2015 年第 5 期。

60．周叶中：《关于中国共产党党内法规建设的思考》，载《法学论坛》2011 年第 4 期。

61．周叶中等：《"党的领导"的宪法学思考》，载《法学论坛》2018 年第 5 期。

62．周叶中、庞远福：《论党领导法治中国建设的必然性与必要性》，载《法制与社会发展》2016 年第 1 期。

63．莫纪宏：《坚持党的领导与依法治国》，载《法学研究》2014 年第 6 期。

64．莫纪宏：《党法关系是根本问题》，载《人民日报》2018 年 8 月 31 日第 7 版。

65．俞可平：《权力与权威：新的解释》，载《中国人民大学学报》2016 年第 3 期。

66．俞可平：《推进国家治理体系和治理能力现代化》，载《前线》2014 年第 1 期。

67．俞可平：《重构社会秩序，走向官民共治》，载《国家行政学院学报》2012 年第 4 期。

68．俞可平：《沿着民主法治的轨道推进国家治理现代化》，载《求是》2014 年第 8 期。

69．杨宗科：《中共十八大以来法治理论的十个创新》，载《论衡》2014 年第 1 期。

70．李树忠：《迈向"实质法治"——历史进程中的十八届四中全会〈决定〉》，载《当代法学》2015 年第 1 期。

71．王振民：《党内法规制度体系建设的基本理论问题》，载《中国高校社会科学》2013 年第 2 期。

72．霍存福：《法家重刑思想的逻辑分析》，载《法制与社会发展》2005 年第 6 期。

73．韩大元：《"五四宪法"的历史地位与时代精神》，载《中国法学》2014 年第 4 期。

74．韩大元：《论 1949 年〈共同纲领〉的制定权》，载《中国法学》2010 年第 5 期。

75．韩大元：《论宪法权威》，载《法学》2013 年第 5 期。

76．韩大元：《宪法文本中"公共利益"的规范分析》，载《法学论坛》2005 年第 1 期。

77．高鸿钧：《先秦和秦朝法治的现代省思》，载《中国法学》2003 年第 5 期。

78．王明远：《论我国环境公益诉讼的发展方向：基于行政权与司法权关系理论的分析》，载《中国法学》2016 年第 1 期。

79．何家弘：《司法公正论》，载《中国法学》1999 年 4 月刊。

80．顾培东：《当代中国法治话语体系的构建》，载《法学研究》2012 年第 3 期。

81．顾培东：《中国法治的自主型进路》，载《法学研究》2010 年第 1 期。

82．孙笑侠：《法律家的技能与伦理》，载《法学研究》2001 年第 6 期。

83．高全喜：《论宪法的权威——一种政治宪法学的思考》，载《政法论坛》2014 年第 1 期。

84．刘作翔：《中国法治国家建设战略转移：法律实施及其问题》，载《中国社会科学院研究生院学报》2011 年第 2 期。

85．刘作翔：《关于社会治理法治化的几点思考："新法治十六字方针"对社会治理法治化的意义》，载《河北法学》2016 年第 5 期。

86．范愉：《法律信仰批判》，载《现代法学》2008 年第 1 期。

87．舒国滢、程春明：《西方法治的文化社会学解释框架》，载《政法论坛》（中国政法大学学报）2001 年第 4 期。

88．舒国滢：《中国法治的建构：历史语境及其面临的问题》，载《社会科学战线》1996 年第 6 期。

89．舒国滢：《中国法治建构的历史语境及其面临的问题》，载刘海年等主编：《依法治国建设社会主义法治国家》，中国法制出版社 1996 年版。

90．周永坤：《〈晋书・刑法志〉中的司法形式主义之辩》，载《华东政法大学学报》2017 年第 6 期。

91．张德淼：《邓小平法制思想是建设社会主义法治国家的指南》，载《法商研究》1997 年第 6 期。

92．张中秋：《西方个人本位法变迁述论》，载《江苏警官学院学报》2005 年第 3 期。

93．张永和、孟庆涛：《法治信仰形成路径探析》，载《人民论坛》2013 第 14 期。

94．张永和：《法律不能被信仰的理由》，载《政法论坛》2006 年第 3 期。

95．戴小明、盛义龙：《自治机关自治权配置的科学化研究》，载《中南民族大学学报（人文社会科学版)》2016 年第 1 期。

96．戴晓明、冉艳辉：《论国家结构形式与民族区域自治》，载《中南民族大学学报（人文社会科学版)》2014 年第 5 期。

97．周佑勇：《监察委员会权力配置的模式选择与边界》，载《政治与法律》2017 年第 11 期。

98．姚建宗：《新时代中国社会主要矛盾的法学意涵》，载《法学论坛》2019 年第 1 期。

99．姚建宗：《中国语境中的法律实践概念》，载《中国社会科学》2014 年第 6 期。

100．黄文艺：《民主法治建设的新纲领——对十八大报告政治法律思想的解读》，载《法制与社会发展》2013 年第 1 期。

101．周少华：《适应性：变动社会中的法律命题》，载《法制与社会发展》2010 年第 6 期。

102．陈金钊：《论法律信仰——法治社会的精神要素》，载《法制与社会发展》1997 年第 3 期。

103．冯玉军：《中国法治改革三十年述评》，载《甘肃政法学院学报》2010 年第 1 期。

104．蒋立山：《中国法制现代化建设的特征分析》，载《中外法学》1995 年第 4 期。

105．蒋立山：《中国法治道路初探》（上），载《中外法学》1998 年第 3 期。

106．蒋立山：《中国法治道路初探》（下），载《中外法学》1993 年第 4 期。

107．武树臣：《中国古代法律样式的理论阐释》，载《中国社会科学》1997 年第 1 期。

108．应飞虎：《权利倾斜性配置研究》，载《中国社会科学》2006 年第 3 期。

109．渠敬东、周飞舟、应星：《从总体支配到技术治理——基于中国 30 年改革经验的社会学分析》，载《中国社会科学》2009 年第 6 期。

110．汪习根：《法治中国的科学含义》，载《中国法学》2014 年第 2 期。

111．汪习根：《法治对治理的功能释放机制》，载《法制与社会发展》2014 年第 5 期。

112．汪习根、钱侃侃：《网格化管理背景下的制度创新研究：以全国社会管理创新试点城市宜昌为样本》，载《湖北社会科学》2013 年第 3 期。

113．汪习根、宋丁博男：《论党领导立法的实现方式》，载《中共中央党校学报》2016 年第 4 期。

114．汪习根、朱林：《新常态下发展权实现的新思路》，载《理论探索》2016 年第 1 期。

115．汪习根：《发展权视角下的法律移植方法新探》，载《武汉大学学报（哲学社会科学版）》2005 年第 2 期。

116．汪习根：《法治中国的道路选择——党的十九大全面依法治国思想解读》，载《法学杂志》2018 年第 1 期。

117．汪习根：《国家治理体系的三个维度》，载《改革》2014 年第 9 期。

118．汪习根：《化解社会矛盾的法律机制创新》，载《法学评论》2011 年第 2 期。

119．汪习根：《坚定不移走中国特色社会主义法治道路》，载《人民日报》2014 年 11 月 6 日。

120．汪习根：《科学发展观是实现发展权的根本指针》，载《人民日报》2007 年 6 月 13 日。

121．汪习根：《论免于贫困的权利及其法律保障机制》，载《法学研究》2012 年第 2 期。

122．汪习根：《论社会管理创新的法律价值定位——基于"宜昌经验"的实证分析》，载《法学杂志》2013 年第 3 期。

123．陈柏峰：《中国法治社会的结构及其运行机制》，载《中国社会科学》2019 年第 1 期。

124．陈柏峰：《缠讼、信访与新中国法律传统》，载《中外法学》2004 年第 2 期。

125．陈柏峰：《党政体制如何塑造基层执法》，《法学研究》2017 年第 4 期。

126．陈柏峰：《无理上访与基层法治》，载《中外法学》2011 年第 2 期。

127．陈雅丽、潘传表：《德法合治——中国传统法律文化的瑰宝》，载《中国社会科学报》2017 年 5 月 31 日。

128．崔智友：《中国村民自治的法学思考》，载《中国社会科学》2001 年第 3 期。

129．董磊明、陈柏峰、聂良波：《结构混乱与迎法下乡：河南宋村法律实践的解读》，载《中国社会科学》2008 年第 5 期。

130．郭贵春、赵晓聊：《规范性问题的语义转向语用进路》，载《中国社会科学》2014 年第 8 期。

131．冉昊：《两大法系法律实施系统比较——财产法律的视角》，载《中国社会科学》2006 年第 1 期。

132．孙立平、王汉生、王思斌、林彬、杨善华：《改革以来中国社会结构的变迁》，载《中国社会科学》1994 年第 2 期。

133．周濂：《后形而上学视阈下的西方权利理论》，载《中国社会科学》2012 年第 6 期。

134．邹诗鹏：《马克思主义中国化与中国现代性的建构》，载《中国社会科学》2005 年第 1 期。

135．石凤刚：《村民自治权的性质研究综述》，载《法制与社会》2016年第6期。

136．王旭：《"法治中国"命题的理论逻辑及其展开》，载《中国法学》2016年第1期。

137．徐靖：《论法律视域下社会公权力的内涵、构成及价值》，载《中国法学》2014年第1期。

138．虞政平：《中国特色社会主义司法制度的"特色"研究》，载《中国法学》2010年第5期。

139．朱福慧：《"五四宪法"与国家机构体系的形成与创新》，载《中国法学》2014年第4期。

140．陈福胜：《法治的实质：自由与秩序的动态平衡》，载《求是学刊》2004年第5期。

141．王传志：《民主集中制：我国政治制度的核心机制》，载《求是》2013年第10期。

142．王三运：《奋力做好新形势下民族工作——深入学习贯彻习近平总书记在中央民族工作会议上的重要讲话》，载《求是》2015年第8期。

143．支振锋：《司法独立的制度实践：经验考察与理论在思》，载《法制与社会发展》2013年第5期。

144．张庆黎：《新时代人民政协工作的行动指南——学习习近平总书记关于加强和改进人民政协工作的重要思想》，载《求是》2019年第5期。

145．韩毓海：《马克思、毛泽东与中国道路》，载《经济导刊》2017年第1期。

146．梁松林、晏涌涛：《略论毛泽东的法学思想》，载《湖南师范大学社会科学学报》1992年第1期。

147．邱守娟：《毛泽东〈论十大关系〉对如何建设社会主义的提示》，载《北京行政学院学报》2002年第4期。

148．王智军、桑玉成：《中国当代党政关系史研究初探》，载《毛泽东邓小平理论研究》2016年第10期。

149．廖奕：《转型中国司法改革顶层设计的均衡模型》，载《法制与社会发展》2014年第4期。

150．廖奕：《和谐世界的法学型构及其中国资源》，载《哲学与文化》（台湾）2016年第2期。

151．刘小平：《法治中国需要一个包容性法治框架：多元现代性与法治中国》，载《法制与社会发展》2015年第5期。

152．王宝治：《社会权力概念、属性及其作用的辩证思考：基于国家、社会、个人的三元架构》，载《法制与社会发展》2011年第4期。

153．卞文：《商品经济、民主政治的发展——法学基本范畴研讨会纪实》，载《当代法学》1988年第3期。

154．安东：《论法律的安全价值》，载《法学评论》2012年第3期。

155．陈寒非：《断裂与延续：新旧法统"决裂论"辨正——以"废除六法全书"与"司法改革运动"为中心》，载《财经法学》2016年第3期。

156．陈鲁直：《〈斯大林宪法〉与前苏联法学界冤案》，载《太平洋学报》2004年第9期。

157．陈瑞华：《程序价值理论的四个模式》，载《中外法学》1996年第2期。

158．陈瑞华：《司法权的性质——以刑事司法为范例的分析》，载《法学研究》2000年第5期。

159．程关松：《礼法合治传统的两种法学范式——以管商为例证的现代解释》，载《法律科学》2017年第5期。

160．侯猛：《社科法学的传统与挑战》，载《法商研究》2014年第5期。

161．黄韬：《法院真的推动了法治进程吗？——中国法院审理金融行政案件引发的制度性反思》，载《行政法学研究》2011年第2期。

162．兰荣杰：《人民调解：复兴还是转型?》，载《清华法学》2018年第4期。

163．李滨：《法国违宪审查制度探析》，载《北方法学》2008年第3期。

164．李桂林：《拉兹的法律权威论》，载《华东政法学院学报》2003年第5期。

165．李晓兵：《法国法治发展的多维考察："法之国"的法治之路》，载《交大法学》2014 年第 4 期。

166．廖奕：《中国特色社会主义法学话语研究反思：以"党内法规"为例》，载《法学家》2018 年第 5 期。

167．林来梵、骆正言：《宪法上的人格权》，载《法学家》2008 年第 5 期。

168．林莉红：《行政权与司法权关系定位之我见——以行政诉讼为视角》，载《现代法学》2000 年第 2 期。

169．凌斌：《法治的两条道路》，载《中外法学》2007 年第 1 期。

170．刘思达、侯猛、陈柏峰：《社科法学三人谈：国际视野与本土经验》，载《交大法学》2016 年第 1 期。

171．漆多俊：《论权力》，载《法学研究》2001 年第 1 期。

172．钱鸿猷：《西方法治精神和中国法治之路》，载《中外法学》1995 年第 6 期。

173．沈寿文：《重新认识民族区域自治权的性质：从〈民族区域自治法〉文本角度的分析》，载《云南大学学报（法学版）》2011 年第 6 期。

174．沈宗灵：《评介哈特的〈法律的概念〉一书的"附录"——哈特与德沃金在法学理论上的主要分歧》，载《法学》1998 年第 10 期。

175．王芳蕾：《论法国的违宪审查程序》，载《财经法学》2017 年第 4 期。

176．王太高：《权力清单："政府法治论"的一个实践》，载《法学论坛》2017 年度 2 期。

177．王振标：《论作为社会公权力的基层自治权之本源》，载《北方法学》2018 年第 6 期。

178．谢超：《我国社区矫正现状及立法建议》，载《法学杂志》2017 年第 11 期。

179．徐进：《商鞅法治理论的缺失——再论法家思想与秦亡的关系》，载《法学研究》1997 年第 6 期。

180．杨建广：《法治系统工程 20 年》（上），载《现代法学》1999 年第 5 期。

181．杨联华：《新加坡法初探》，载《现代法学》1993 年第 3 期。

182．杨平：《村民自治中权利的司法救济》，载《甘肃政法学院学报》2007年第5期。

183．吴天昊：《论法国违宪审查制度的政治平衡功能》，载《法学》2006第10期。

184．袁曙宏、韩春晖：《社会转型时期的法治发展规律研究》，载《法学研究》2006年第4期。

185．张善根、李峰：《法治视野下公民公共参与意识的多因素分析：基于上海数据的实证研究》，载《北方法学》2015年第2期。

186．张伟仁：《中国传统的司法和法学》，载《现代法学》2006年第5期。

187．张翔：《基本权利的双重性质》，载《法学研究》2005年第3期。

188．张友渔：《关于法制史研究的几个问题》，载《法学研究》1981年第5期。

189．赵钢、王杏飞：《新的法律虚无主义之批判》，载《现代法学》2012年第4期。

190．本刊编辑部：《在党的创新理论伟大旗帜下阔步前进》，载《党的建设》2017年第7期。

191．卞辉：《农村社会治理的本土资源初探——从乡规民约的法经济学和法社会学价值出发》，载《社会科学家》2012年第3期。

192．蔡定剑：《公众参与及其在中国的发展》，载《团结》2009年第4期。

193．蔡放波：《论政府责任体系的构建》，载《新华文摘》2004年第12期。

194．蔡禾：《国家治理的有效性与合法性——对周雪光、冯仕政二文的再思考》，载《开放时代》2012年第2期。

195．蔡小慎、牟春雪：《我国地方政府权力清单制度实施现状与改进对策：基于30个省级行政区权力清单分析》，载《学习与探索》2017年第1期。

196．曹丽琴：《韩国的政治改革和肃贪倡廉风暴》，载《东北亚论坛》1993年第4期。

197．曹胜：《以基层组织力提升社区治理发展：新时代基础性政治建设的角度》，载《新视野》2018 年第 6 期。

198．曾志云：《党政关系的新视角：党的领导、政府的管理》，载《长春工程学院学报（自然科学版）》2011 年第 3 期。

199．常翔、张锡镇：《新宪法出台与泰国政治走向分析》，载《东南亚研究》2017 年第 3 期。

200．陈碧笙：《关于暹罗 1932 年政变的性质问题》，载《厦门大学学报》1983 年第 3 期。

201．陈光中：《比较法视野下的中国特色司法独立原则》，载《比较法研究》2013 年第 2 期。

202．陈红太：《从党政关系历史变迁看中国政治体制变革阶段特征》，载《浙江学刊》2003 年第 6 期。

203．陈宏光：《新时期法治思想的创新与发展——十七大报告蕴含的法治思想》，载《安徽大学法律评论》2008 年第 2 期。

204．陈华森：《我国民族区域自治制度的内在机理及其现实价值》，载《政治学研究》2013 年第 3 期。

205．陈建民：《论泰国 1932 年政变的性质》，载《世界历史》1986 年第 4 期。

206．陈金钊：《在深化改革中拓展法治——统合意义上的"法治改革"论》，载《法律科学》2017 年第 5 期。

207．陈俊：《依法立法的理念与制度设计》，载《政治与法律》2018 年12 期。

208．陈黎：《人大协商研究综述》，载《人大研究》2018 年第 4 期。

209．陈林林：《从自然法到自然权利——历史视野的西方人权》，载《浙江大学学报（人文社会科学版）》2003 年第 2 期。

210．陈蒙：《民族区域自治法序言中"少数民族管理本民族内部事务权利"的法理分析》，载《青海社会科学》2019 年第 1 期。

211．陈剩勇：《协商民主理论与中国》，载《浙江社会科学》2005 年第 1 期。

212．陈淑娟：《保证党的领导、人民当家作主有机统一于法律和依法治国的实践》，载《人大研究》2016 年第 2 期。

213．陈水生：《公共服务需求管理：服务型政府建设的新议程》，载《江苏行政学院学报》2017 年第 1 期。

214．陈卫民：《论依法治国的现实基础及其内涵》，载《江西社会科学》1998 年第 9 期。

215．陈祥、石开忠、周真刚：《新时代和谐民族关系研究》，载《贵州民族研究》2018 年第 11 期。

216．陈祥等：《新时代和谐民族关系研究》，载《贵州民族研究》2018 年第 11 期。

217．陈晓枫、赵志虎：《社会转型期少数民族习惯法与国家制定法的互补融合研究》，载《贵州民族研究》2018 年第 12 期。

218．陈晓律：《从古典民主到大众民主：兼评理查德伯拉米的〈重新思考自由主义〉》，载《南京大学学报》2004 年第 2 期。

219．陈新岗：《两汉诸子论风俗》，载《民俗研究》2005 年第 5 期。

220．陈宇翔、余文华：《准确理解马克思主义暴力革命学说》，载《湖南师范大学社会科学学报》2016 年第 5 期。

221．陈云龙：《科学发展观的法治价值》，载《国家检察官学院学报》2006 年第 2 期。

222．陈云霞：《民族地区生态保护立法的理念与路径选择》，载《西南民族大学学报（人文社科版）》2018 年第 1 期。

223．陈周旺：《金大中政治思想与韩国政党政治的转型》，载《当代亚太》2000 年第 8 期。

224．程关松：《当代法治实施模式及中国选择》，载《新华文摘》2017 年第 11 期。

225．程关松：《党的领导、人民当家作主、依法治国有机统一的内在机制》，载《江西社会科学》2008 年第 11 期。

226．程关松：《嵌入理论视域中的法治和德治结合形态》，载《江西师范大学学报》2017 年第 4 期。

227．程关松：《宪法失序与对行政权剩余的规制——以执行权的变迁为视角》，载《法律科学》2009 年第 4 期。

228．程汉大：《法治的英国经验》，载《中国政法大学学报》2008 年第 1 期。

229．程竹汝、李熠：《论新时代"加强党的集中统一领导"的战略意义》，载《探索》2018 年第 4 期。

230．炽亚：《国际法律学家会议发表德里宣言》，载《现代外国哲学社会科学文摘》1960 年第 1 期。

231．储建国：《经济共和主义——"人民共和国"的经济政治学》，载《探索与争鸣》2010 年第 3 期。

232．崔敏：《坚持和实行依法治国建设社会主义法治国家——学习党的十五大江泽民报告心得体会》，载《公安大学学报》1997 年第 6 期。

233．戴长征：《当代中国基层政治二元权力结构分析》，载《江苏行政学院学报》2009 年第 3 期。

234．单一良：《以"制度铁笼"持久束权治吏——党的十八届六中全会的法治思考》，载《理论参考》2016 年第 11 期。

235．邓仕仑：《执政能力建设与党政关系的调适》，载《中共福建省委党校学报》2005 年第 9 期。

236．邓野：《王揖唐的"社会主义"演说和"问题与主义"论战的缘起》，载《近代史研究》1985 年第 6 期。

237．邸灿：《公权力与私权利的冲突与平衡》，载《合作经济与科技》2009 年第 4 期。

238．丁隆：《埃及穆斯林兄弟会的崛起及其影响》，载《国际政治研究》2011 年第 4 期。

239．董强 等：《坚持和完善民族区域自治制度要做到"两个结合"》，载《黑龙江民族丛刊》2017 年第 6 期。

240．董树彬：《习近平社会主义协商民主思想的理论架构》，载《高校马克思主义理论研究》2017 年第 1 期。

241．杜玥昀：《权力清单制度的定位与调适》，载《南京政治学院学报》2017 年第 3 期。

242．段凡：《建国以来公权力及其体制的历史变化与现实启示》，载《上海交通大学学报（哲学社会科学版)》2016 年第 6 期。

243．段瑞群：《法治中国建设与我国人权理论体系完善——以"党的领导、人民当家做主、依法治国有机统一"为视角》，载《人权》2016 年第 4 期。

244．樊宪雷：《再谈〈坚持四项基本原则〉的历史意义》，载《邓小平研究》2016 年第 5 期。

245．范进学：《论民主的实现形式——直接民主与间接民主比较》，载《文史哲》2002 年第 1 期。

246．范毅：《"修宪建议"与共产党执政》，载《南京财经大学学报》2004 年第 2 期。

247．范忠信：《律令关系、礼刑关系与律令制法律体系演进——中华法系特征的法律渊源角度考察》，载《法律科学》2014 年第 4 期。

248．冯仕政：《国家政权建设与新中国信访制度的形成及演变》，载《社会学研究》2012 年第 4 期。

249．冯仕政：《中国国家运动的形成与变异：基于政体的整体性解释》，载《开放时代》2011 年第 1 期。

250．冯玉军：《中国法治的发展阶段和模式特征》，载《浙江大学学报（人文社会科学版）》2016 年第 3 期。

251．符平：《"嵌入性"两种取向及其分歧》，载《社会学研究》2009 年第 2 期。

252．傅思明：《领导立法带头守法保证执法——依法执政的根本要求》，《党建》2004 年第 12 期。

253．高建：《两种不同的协商民主》，载《山东社会科学》2014 年第 2 期。

254．高奇琦，张佳威：《试论政党制度化与政治发展的关系：以泰国为例》，载《南洋问题研究》2015 年第 4 期。

255．高云虹：《十六大对依法治国理论的新贡献》，载《唯实》2003 年第 8、9 期。

256．葛志强：《十八大以来党内法规体系建设的成就、特点及意义》，载《廉政文化研究》2016 年第 3 期。

257．龚梦川、龚荫：《略伦古代边疆民族政策》，载《贵州民族研究》

1648　中国特色社会主义法治道路的理论创新与实践探索

2018 年第 6 期。

258．巩建青、乔耀章：《全面治理：习近平新时代治国理政的理论新命题》，载《行政论坛》2018 年第 5 期。

259．顾华详：《论贯彻落实科学发展观与加强法治》，载《重庆大学学报（社会科学版）》2008 年第 3 期。

260．顾钧：《建构法律信任是培树法治信仰的前提》，载《人民法治》2017 年第 2 期。

261．关于大众法律态度的重要性及其与精英法律观的不同，参见廖奕：《也论"普通人的法律态度"》，载《北大法律评论》2014 年第 2 期。

262．桂华：《论法治剩余的行政吸纳——关于"外嫁女"上访的体制解释》，载《开放时代》2017 年第 2 期。

263．桂晓伟：《合法性构成的调整与上访治理逻辑的演变：一个历史社会学的考察》，载《华中科技大学学报（社会科学版）》2018 年第 1 期。

264．桂晓伟：《权宜式信访治理的塑造机制和社会后果》，载《法律与社会科学》2017 年第 1 辑。

265．桂晓伟：《新时期信访工作的实践机制及其改进》，载《云南大学学报（社会科学版）》2016 年第 5 期。

266．桂晓伟：《重新理解"政治"：对信访治理困境的政治社会学解读》，载《思想战线》2017 年第 2 期。

267．郭学德：《试论中国的"政府推进型"法治道路》，载《中共中央党校学报》2001 年第 2 期。

268．郭学德：《试论中国的"政府推进型"法治道路及其实践中存在的问题》，载《郑州大学学报（哲学社会科学版）》2001 年第 1 期。

269．韩福国：《作为嵌入性治理资源的协商民主：现代城市治理中的政府与社会互动规则》，载《复旦学报（社会科学版）》2013 年第 3 期。

270．韩光辉：《民国时期北平市人口初析》，载《人口研究》1986 年第 6 期。

271．韩强：《程序民主与政治文明》，载《山东师范大学学报》2003 年第 1 期。

272．韩庆祥：《从马克思主义哲学角度深刻认识民主集中制》，载《党建》2019 年第 3 期。

273．韩庆祥：《习近平治国理政思想的四大基础》，载《中国特色社会主义研究》2016 年第 2 期。

274．郝亚明：《民族互嵌式社会结构：现实背景、理论内涵及实践路径分析》，载《西南民族大学学报（人文社会科学版)》2015 年第 3 期。

275．何精华：《构建乡镇"惠农型政府"：机遇、挑战与路径选择》，载《探索与争鸣》2007 年第 2 期。

276．何艳玲：《嵌入式自治：国家—地方互嵌关系下的地方治理》，载《武汉大学学报（哲学社会科学版)》2009 年第 4 期。

277．贺圣达：《沙立—他侬的统治与泰国的现代化进程——当代泰国史研究之一》，载《云南社会科学》1993 年第 5 期。

278．洪彦霖：《改进乡政府工作之我见》，载《解放日报》1942 年 8 月3 日。

279．侯惠勤：《意识形态的变革与话语权——再论马克思主义在当代的话语权》，载《马克思主义研究》2006 年第 1 期。

280．侯强：《抗日革命根据地科技法制建设述论》，载《西华大学学报（哲学社会科学版)》2009 年第 5 期。

281．胡灿伟：《新加坡现代化中的马来人》，载《东南亚》2001 年第4 期。

282．胡红霞：《中国社会组织管理体制变革：从双重管控到制度重构：一项基于深化改革背景下的政策设计》载《学术探索》2017 年第 11 期。

283．胡建淼：《十八届三中全会的法治亮点》，载《学习时报》2013 年11 月 25 日。

284．胡庆亮：《推进国家治理体系现代化的逻辑与理路：从党政二元一体到主体多元共治》，载《求实》2015 年第 9 期。

285．胡位钧：《20 世纪 90 年代后期以来城市基层自治制度的变革与反思》，载《武汉大学学报（哲学社会科学版)》2005 年第 3 期。

286．华正学：《民主党派加强"五种釉能力"建设的四大逻辑》，载《中央社会主义学院学报》2016 年第 2 期。

287．黄浩明：《建立自治法治德治的基层社会治理模式》，载《行政管理改革》2018 年第 3 期。

288．黄坤明：《建设总揽全局协调各方的党的领导体系》，载《思想政治工作研究》2018 年第 4 期。

289．黄丽萍、赵戎斐：《中西方政党协商民主契合与差异：制度架构与路径选择》，载《中央社会主义学院学报》2016 年第 4 期。

290．黄琪瑞，刀书林：《泰国历次政变简介》，载《国际研究参考》1991 年第 4 期。

291．黄松赞：《简论"新加坡特色"》，载《东南亚研究》1992 年第 3—4 期。

292．黄韬：《中国共产党领导与法治》，载《依法治国，建设社会主义法治国家》，中国法制出版社 1996 年版。

293．黄铁苗：《重视家教家风建设的思考》，载《岭南学刊》2016 年第 2 期。

294．黄宗智：《集权的简约治理：中国以准官员和纠纷解决为主的半正式基层行政》，载《开放时代》2008 年第 2 期。

295．霍伟岸：《洛克与现代民主理论》，载《中国人民大学学报》2011 年第 1 期。

296．姬新龙：《金融丑闻震动韩政坛》，载《瞭望》1997 年第 13 期。

297．贾孔会：《试论北洋政府的经济立法活动》，载《安徽史学》2000 年第 3 期。

298．姜莉：《浅析我国民族自治地方的经济自治权及其行使的法律保障》，载《黑龙江民族丛刊》2009 年第 2 期。

299．姜明安：《法治平衡矫正拆迁异化》，载《人民论坛》2011 年第 3 期。

300．姜明安：《论中国共产党党内法规的性质与作用》，载《北京大学学报（哲学社会科学版）》2012 年第 3 期。

301．蒋传光：《公民身份与公民参与：法治中国建设的关键要素——以社会组织培育为例》，载《浙江社会科学》2014 年第 6 期。

302．蒋传光：《马克思主义法律思想的中国化及其在当代中国的新发展》，载《上海师范大学学报（哲学社会科学版）》2007 年第 4 期。

303．金成波、张源：《试论党内法规体系的完善》，载《科学社会主义》2015 年第 6 期。

304．金东日：《韩国"三流政治"的一种解读：革命与意识形态视角》，载《学海》2011 年第 1 期。

305．靳环宇：《论国家治理中他治、自治、互治、善治及其关系》，载《西部学刊》2014 年第 5 期。

306．井建斌：《为党和国家各项事业发展提供坚强政治保证》，载《求知》2017 年第 10 期。

307．雷明昊：《发展型自治——中国民族区域自治的特色与优势》，载《广西民族研究》2018 年第 2 期。

308．漓源：《金泳三后院起火，爱子锒铛入狱》，载《经济世界》1997 年第 8 期。

309．李大龙：《关于中国古代治边政策的几点思考——以"羁縻"为中心》，载《史学集刊》2014 年第 4 期。

310．李旦：《戴高乐主义与第五共和政体——法国政治"不能承受的轻和重"?》，载《欧洲研究》2017 年第 4 期。

311．李贵连、李启成：《近代中国法治思潮批判》，载《清华法治论衡》2006 年第 2 期。

312．李贵敏：《从政策到法律：中国共产党执政依据的转型》，载《河南师范大学学报》2005 年第 5 期。

313．李建鸣：《"人民"的定义与美国早期的国家构建》，载《历史研究》2009 年第 1 期。

314．李剑：《轮新形势下涉及民族因素矛盾纠纷的解决思路——兼论对"两少一宽"政策的反思》，载《国家行政学院学报》2016 年第 5 期。

315．李景治：《依法执政是依法治国的关键》，载《社会科学研究》2015 年第 2 期。

316．李静杰：《苏共二十八大》，载《东欧问题研究》1990 年第 5 期。

317．李路曲、赵莉：《论新加坡法制社会建立的途径和原因》，载《山西大学学报（哲学社会科学版)》2004 年第 6 期。

318．李启成：《治吏：中国历代法律的"宗旨"——读〈法治是什么：

从贵族法治到民主法治〉》，载《政法论坛》2017 年第 6 期。

319．李强：《坚守法治精神建设法治政府》，载《人民论坛》2014 年 3 月（上）。

320．李少葵：《法律的生命在于实施》，载《人民法院报》2011 年 8 月 20 日，第 2 版。

321．李世安：《试论英国大宪章人权思想的产生、发展及其世界影响》，载《河南师范大学学报（哲学社会科学版)》2001 年第 5 期。

322．李伟东：《论列宁民主集中制思想在苏联的历史演变及其现实启示》，载《社会主义研究》2010 年第 2 期。

323．李晓兵：《法国宪法委员会 1971 年"结社自由案"评析——法国的"马伯里诉麦迪逊案"乎?》，载《厦门大学法律评论》（第十八辑），厦门大学出版社 2010 年版。

324．李英伟：《民族地区立法自治权的反思与重构》，载《广西民族研究》2019 年第 1 期。

325．李庄：《关于理顺党政关系的理论思考》，载《求实》2006 年第 9 期。

326．李资源：《西方多民族国家的自治立法与中国民族法制建设研究》，载《贵州民族研究》2006 年第 5 期。

327．梁锋：《学习贯彻十七大精神全面落实依法治国方略》，载《福建省社会主义学院学报》2008 年第 2 期。

328．梁丽萍：《关于提高政党协商实效性的思考》，载《山西社会主义学院学报》2015 年第 4 期。

329．梁平：《基层治理的践行困境及法治路径》，载《山东社会科学》2016 年第 10 期。

330．廖健：《法治视阈下新加坡社会治理模式及启示》，载《理论视野》2015 年第 4 期。

331．廖奕：《法治如何破解幸福密码?》，载《法制日报》2014 年 8 月 6 日。

332．廖奕：《法治中国的顶层设计》，载《学习时报》2013 年 11 月 26 日。

333．林鸿潮：《坚持党的领导和建成法治政府：前提和目标约束下的党政关系》，载《社会主义研究》2015 年第 1 期。

334．刘宏宇：《少数民族习惯法与国家法的融合及现代转型》，载《贵州民族研究》2015 年第 10 期。

335．刘继同：《由静态管理到动态管理：中国社会管理模式的战略转变》，载《管理世界》2002 年第 10 期。

336．刘杰：《党政关系的历史变迁与国家治理逻辑的变革》，载《社会科学》2011 年第 12 期。

337．刘军平：《中国法治进程中的立法理念刍论》，载《政法论坛》2005 年第 3 期。

338．刘览霄：《公共治理视角下的提升公民参与问题研究：基于博克斯公民模式理论》，载《广西科技师范学院学报》2018 年第 2 期。

339．刘练军：《法官助理制度的法理分析》，载《法律科学》2017 年第 4 期。

340．刘吕红：《论坚持和加强党的全面领导》，载《湖湘论坛》2018 年第 4 期。

341．刘朋：《国外政党严明党纪的主要做法与启示》，载《中共天津市委党校学报》2016 年第 4 期。

342．刘尚华：《论依法治国理论在十六大报告中的发展进程》，载《政法论丛》2003 年第 3 期。

343．刘淑君：《李永忠解读：王岐山首次明确论述中共合法性》，载《同舟共济》2015 年第 12 期。

344．刘思达：《中国法律社会学的历史与反思》，载《法律与社会科学》2010 年第 7 卷。

345．刘文立：《法国革命前的三个等级》，载《中山大学学报（社会科学版)》1999 年第 6 期。

346．刘武俊：《全面推进依法治国的法治宣言（下）——党的十八大报告所蕴含的法治精神》，载《求知》2013 年第 3 期。

347．刘显忠：《戈尔巴乔夫改革前苏联的政治、经济及社会状况》，载《当代世界社会主义问题》2016 年第 2 期。

348．刘义强：《村民自治发展的历程、经验与机制探讨》，载《华中师范大学学报（人文社会科学版）》2008 年第 6 期。

349．刘义强：《构建农民需求导向的公共产品供给制度：基于一项全国农村公共产品需求问卷调查的分析》，载《华中师范大学学报（人文社会科学版）》2006 年第 2 期。

350．刘中民、张卫婷：《"阿拉伯之春"后的埃及》，载《社会观察》2011 年第 6 期。

351．龙晟：《泰国国王宪政地位的流变》，载《东南亚研究》2010 年第 1 期。

352．娄义鹏：《少数民族纠纷解决机制与国家法的冲突与互补——基于对贵州民族地区的考察》，载《政法论坛》2017 年第 3 期。

353．陆鹏：《统一多民族国家民族事务治理体系创新——中央民民族自治区互动关系的主题阐释》，载《广西民族研究》2017 年第 4 期。

354．罗洪洋、殷祎哲：《社会主义法治监督体系的逻辑构成及其定位》，载《政法论丛》2017 年第 1 期。

355．罗珉：《价值星系：理论解释与价值创造机制的构建》，载《中国工业经济》2006 年第 1 期。

356．罗亚苍：《权力清单制度的理论与实践——张力、本质局限及其克服》，《中国行政管理》2015 年第 6 期。

357．罗铮：《埃及政局的恶性循环》，载《南风窗》2013 年第 9 期。

358．吕德文：《基层治理中的国家与农民的关系：一个文献综述》，载《南京农业大学学报（社会科学版）》2010 年第 3 期。

359．吕继东：《宪法：权利和权力》，载《人民法院报》2002 年 11 月 25 日。

360．吕鹏：《"权力精英"五十年：缘起、争论及再出发》，载《开放时代》2006 年第 3 期。

361．马敬仁：《转型期中国政府、企业与社会管理：中国管理情结解析》，载《中国行政管理》1996 年第 1 期。

362．马岭：《我国党政关系浅析》，载《金陵法律评论》2011 年春季卷。

363．马忠：《中国特色社会主义法治道路的独特性及内在根据》，载《武汉大学学报（哲学社会科学版）》2017 年第 2 期。

364．毛公宁、董武：《习近平关于民族法治的重要论述及其意义初探》，载《广西民族研究》2019 年第 1 期。

365．孟凤英：《我国政党协商民主保障机制的内在特质与价值性探析》，载《广西社会主义学院学报》2016 年第 4 期。

366．孟燕、方雷：《政党协商与民主监督的逻辑衔接及协同共进》，载《中共中央党校（国家行政学院）学报》2019 年第 1 期。

367．牟军：《香港特别行政区"自治"与民族区域"自治"的比较研究》，载《西南民族学院学报（哲学社会科学版）》1999 年第 5 期。

368．穆敏：《党的十八大以来依法治国的理论与实践探索》，载《理论学刊》2014 年第 12 期。

369．倪恒虎：《构建法治话语权要有所为有所不为》，载《人民法治》2015 年第 1 期。

370．聂露：《从人民主权理论到自由主义民主观念：法国现代共和政体原理的形成》，载《教学与研究》2015 年第 10 期。

371．聂月岩、侯辰龙：《习近平关于中国特色社会主义政党协商的重要论述》，载《治理现代化研究》2018 年第 6 期。

372．牛林杰：《韩国亲信政治的深层原因》，载《人民论坛》2016 年12 月（中）。

373．潘丹：《"自由"与"专政"的思想谱系：法国大革命前后政治——社会学说的转变》，载《社会》2015 年第 2 期。

374．潘红祥：《民族自治地方自治权行使的阻却因素与调适对策——基于系统理论的分析》，载《中南民族大学学报（人文社会科学版）》2014 年第 6 期。

375．潘同人：《党政结构：中国党政关系的新视角》，载《中共成都市委党校学报》2011 年第 1 期。

376．潘志平：《正确认识"民族自决"与"高度自治"论》，载《理论与改革》2018 年第 1 期。

377．彭真：《关于社会主义法制的几个问题的讲话》，载《红旗》1979

年第 11 期。

378．齐晓娟、刘国华：《试论戈尔巴乔夫对苏共民主集中制的破坏》，载《广西青年干部学院学报》2014 年第 4 期。

379．钱乘旦：《西方"民主"的历史和现实》，载《历史教学》2016年第 23 期。

380．钱学森：《钱学森统治论法治系统工程与方法》，载《科技管理研究》1981 年第 4 期。

381．强世功：《"法治中国"的道路选择——从法律帝国到多元主义法治共和国》，载《文化纵横》2014 年第 4 期。

382．强世功：《党章与宪法：多元一体共和国的建构》，载《文化纵横》2015 年第 8 期。

383．强世功：《革命与法治：中国道路的理解》，载《文化纵横》2011年第 3 期。

384．强世功：《中国法律社会学的困境和出路》，载《文化纵横》2013年第 5 期。

385．秦刚：《中国特色社会主义道路的价值取向》，载《中国特色社会主义研究》2016 年第 5 期。

386．邱慧青、郑曙村：《发展中国家的"民主化失灵"表现、原因及教训》，载《当代世界与社会主义》2012 年第 2 期。

387．邱家军：《选举民主与协商民主：技术路线的沿革及协同》，载《人大研究》2008 年第 3 期。

388．屈永华：《宗法文化及其对中国近代宪政的制约》，载《法商研究》2006 年第 2 期。

389．瞿秋白：《法统说的由来原来在此》（1926 年），载《瞿秋白文集：政治理论编》，人民出版社 2013 年版。

390．全李彬：《泰国民主化历程及其特点》，载《延边党校学报》2010年第 5 期。

391．任世红：《改革开放 40 年多党合作制度建设的三重境界》，载《上海市社会主义学院学报》2019 年第 1 期。

392．任新民、邓玉函：《权利还是权力：民族区域自治研究中一个难解的课题》，载《中南民族大学学报（人文社会科学版）》2012 年第 4 期。

393．任新民、沈寿文：《我国民族区域自治"自治权"与国际社会"地方自治权"研究》，载《云南民族大学学报（哲学社会科学版）》2010 年第 2 期。

394．商爱玲、周振超：《执政党与政府关系的比较分析》，载《云南行政学院学报》2008 年第 4 期。

395．邵光学、刘娟：《从"社会管理"到"社会治理"：浅谈中国共产党执政理念的新变化》，载《学术论坛》2014 年第 2 期。

396．申端锋：《乡村治权与分类治理：农民上访研究的范式转换》，载《开放时代》2010 年第 6 期。

397．申端锋：《乡村治权与分类治理》，载《开放时代》2010 年第 6 期。

398．沈广明：《论立法规划制度的必要性》，载《人大研究》2014 年第 10 期。

399．沈寿文：《自治机关"自治权"与非"自治权"关系之解读》，载《湖北民族学院学报（哲学社会科学版）》2013 年第 3 期。

400．沈宗武：《苏联（俄罗斯）修改宪法的漫漫征程论析》，载《学术探索》2004 年第 5 期。

401．盛辉、顾文斌：《少数民族习惯法的国家法功能调试价值探析——基于非正式制度视阈》，载《广西民族研究》2017 年第 2 期。

402．施成：《19 世纪晚期法国共和政体最终确立的原因》，载《历史教学》2003 年第 7 期。

403．施惟达：《民族文化的价值及其经济化》，载《思想战线》2004 年第 3 期。

404．施新州：《中国共产党党内法规体系的内涵、特征与功能论析》，载《中共中央党校学报》2015 年第 3 期。

405．石冠彬：《新时代中国特色社会主义法治理论的宏观解读——以十九大报告文本为中心》，载《云南社会科学》2018 年第 2 期。

406．时立荣、张巍婷：《"阳光信访"模式构建初探：基于信访工作实践的思考》，载《中州学刊》2015 年第 7 期。

407．史兆琨：《全面依法治国与全面从严治党相得益彰》，载《检察日报》2016 年 11 月 1 日。

408．舒林：《压力与诉求：国家与市民社会相互关系的讨论》，载《兰州学刊》2013 年第 2 期。

409．斯君、王娜娜：《情系虎头山——访大寨村党支部书记郭凤莲》，载《领导科学》2000 年第 1 期。

410．宋俭：《论人民政协民主监督的主体、客体和中介》，载《统一战线学研究》2018 年第 2 期。

411．宋丽弘：《人权理论视角下我国民族区域自治制度的完善》，载《贵州民族研究》2014 年第 12 期。

412．宋雄伟：《政府协商的逻辑起点、基本内涵与完善路径》，载《江汉论坛》2016 年第 6 期。

413．宋远升：《精英化与专业化的迷失——法官员额制的困境与出路》，载《政法论坛》2017 年第 2 期。

414．苏少之：《"一化"滞后、"三改"超前原因简析》，载《中共党史研究》1997 年第 1 期。

415．孙代尧：《从暴力革命到"和平过渡"——马克思恩格斯革命策略思想演进之探讨》，《武汉大学学报（人文科学版）》2007 年第 6 期。

416．孙季萍、徐承凤：《韩非子的权力制约思想》，载《烟台大学学报（哲学社会科学版）》2004 年第 3 期。

417．孙婧毅：《亚里士多德的财产伦理观》，载《湖北大学学报》（哲学社会科学版）2013 年第 1 期。

418．孙来斌：《确保党始终总揽全局、协调各方》，载《经济日报》2018 年 3 月 10 日。

419．孙晓翔、刘金源：《韩国现代化进程中的腐败问题》，载《东北亚论坛》2010 年第 1 期。

420．孙玉刚：《当代泰国国王的政治作用及其形成原因浅析》，载《东南亚纵横》1997 年第 1 期。

421．覃福晓：《农民平等选举权对提高我国政治文明程度具有重要意义》，载《学术论坛》2005 年第 2 期。

422．谭彦德：《不断提高党的建设质量》，载《学习时报》2019 年 1 月 21 日第 1 版。

423．谭志满、谭玮一：《博弈与互惠：苗族民间习惯法与国家法的互动机制》，载《西南民族大学学报（人文社会科学版）》2016 年第 3 期。

424．唐鸣：《民族矛盾的根本原因和一般原因》，载《社会主义研究》2001 年第 4 期。

425．唐士其：《被嵌入的民主》，载《国际政治研究》2016 年第 1 期。

426．唐士其等：《热话题与冷思考——关于政治现代化的对话》，载《当代世界与社会主义》2003 年第 5 期。

427．唐亚林：《论民主集中制向民主集中负责制的转型》，载《新疆师范大学学报（哲学社会科学版）》2015 年第 2 期。

428．唐颖侠、史虹生：《从赫斯特案看英国人权保障机制的演进》，载《南开学报（哲学社会科学版）》2014 年第 5 期。

429．唐勇：《论新时代我国宪法民族关系原则》，载《社会科学战线》2019 年第 3 期。

430．田雷：《释宪者林肯：在美国早期宪法史的叙事中"找回林肯"》，载《华东政法大学学报》2015 年第 3 期。

431．田孟清：《从修宪看社会主义民族关系的新发展与新特征》，载《中南民族大学学报（人文社会科学版）》2018 年第 4 期。

432．田毅鹏：《城市社会管理网格化模式的定位及其未来》，载《学习与探索》2012 年第 1 期。

433．童庆平：《当代中国政党协商民主政治价值论》，载《上海市社会主义学院学报》2007 年第 4 期。

434．万俊人：《信仰危机的"现代性"根源及其文化解释》，载《清华大学学报（哲学社会科学版）》2001 年第 1 期。

435．万全：《比"权力清单"更重要的是"责任清单"》，载《人大建设》2006 年第 10 期。

436．汪火良：《以"三严三实"提升领导干部法治素养和能力》，载《前线》2016 年第 2 期。

437．汪杰贵：《我国农民自组织公共参与制度的系统改进》，载《马克思主义与现实》2018 年第 2 期。

438．汪仕凯：《政治体制的能力、民主集中制与中国国家治理》，载《探索》2018 年第 4 期。

439．汪卫华：《群众动员与动员式治理——理解中国国家治理风格的新视角》，载《上海交通大学学报（哲学社会科学版）》2014 年第 5 期。

440．汪洋、黄大熹、莫桑梓：《推进国家层面协商民主法治化管理的原则与进路》，载《华侨大学学报（哲学社会科学版）》2016 年第 3 期。

441．汪玉田：《行政执法能力建设的几点思考》，载《新闻世界》2015 年第 3 期。

442．王保民：《法治的局限——从频繁出现的"泛法治"倾向谈起》，载《唯实》2009 年第 6 期。

443．王公义：《我国司法行政体制的历史沿革》，载《中国司法》2004 年第 1 期。

444．王海明：《权利配置原则论》，载《湖南师范大学社会科学学报》2001 年第 6 期。

445．王洪树、李敏：《国外关于协商民主理论的研究综述》，载《云南行政学院学报》2009 年第 5 期。

446．王洪叶：《论习近平法治思想体系中的几大关系》，载《遵义师范学院学报》2015 年第 4 期。

447．王会军、李婧：《社会主义法治理念的理论溯源——对马克思主义经典作家法治思想的认识与思考》，载《思想理论研究》2013 年第 11 期。

448．王建华：《坚持依法执政，重在领导立法》，载《理论探讨》2011 年第 5 期。

449．王杰：《少数民族经济发展法律的现状、不足及完善》，载《湖北民族学院学报（哲学社会科学版）》2017 年第 5 期。

450．王进：《试论人本主义由个人本位到集体本位的转化——社会主义必然性的一种新证明》，载《改革》1989 年第 6 期。

451．王猛：《后威权时代的埃及民主政治建构：回顾、反思与展望》，载《西亚非洲》2013 年第 3 期。

452．王名、孙伟林：《社会组织管理体制：内在逻辑与发展趋势》，载

《中国行政管理》2011 年第 7 期。

453．王若磊：《政党权威与法治构建——基于法治中国道路可能性的考察》，载《环球法律评论》2015 年第 5 期。

454．王庭大：《按照党总揽全局、协调各方的原则改革和完善党的领导方式》，载《党建研究》2004 年第 11 期。

455．王威海：《西方合作主义理论述评》，载《上海经济研究》2007 年第 3 期。

456．王小平：《全面贯彻落实十八届五中全会精神为全市经济社会发展营造良好的法治环境》，载《新乡日报》2015 年 12 月 4 日。

457．王旭：《论全面推进依法治国的几个基本关系》，载《中国高校社会科学》2018 年第 2 期。

458．王英津：《我国单一制形式的制度选择与价值取向》，载《新视野》2004 年第 1 期。

459．王英津：《自决与自治关系的理论解读》，载《教学与研究》2009 年第 12 期。

460．王勇：《农村治理中的农民与国家》，载《读书》2017 年第 12 期。

461．王章辉：《英国和法国工业革命比较》，载《史学理论研究》1994 年第 2 期。

462．王振娟：《论中国政党协商民主的基本经验》，载《上海市社会主义学院学报》2017 年第 2 期。

463．王振琴：《穆巴拉克时期美国对埃及的援助、特点及影响》，载《牡丹江大学学报》2013 年第 12 期。

464．王震、杨荣：《个案管理应用于信访社会工作的实践与研究》，载《社会工作与管理》2016 年第 3 期。

465．王志民：《韩国政治改革基本走势预判》，载《人民论坛》2016 年 12 月（中）。

466．王紫零：《从"依法治国"到"法治中国"——党的十八届三中全会的法治解读》，载《新疆社科论坛》2014 年第 2 期。

467．卫兴华：《社会主义市场经济与法治》，载《经济研究》2015 年第 1 期。

468．魏磊杰：《全球化时代的法律帝国主义与法治话语霸权》，载《环球法律评论》2013 年第 5 期。

469．魏礼群：《坚定走中国特色社会主义社会治理之路：改革开放 40 年社会治理成就及其宝贵经验》，载《中国经济报告》2018 年第 8 期。

470．魏长领、宋随军：《全面从严治党与法治信仰的培育——学习党的十八届六中全会精神》，载《郑州大学学报（哲学社会科学版)》2017 年第 1 期。

471．魏治勋：《从法律体系到法治体系——论党的十八大对中国特色社会主义法治体系的基本建构》，载《北京行政学院学报》2013 年第 1 期。

472．翁淮南：《"党的领导是社会主义法治最根本的保证"十人谈》，载《党建》2014 年第 12 期。

473．吴承明：《中国资本主义的发展述略》，载《中华学术论文集》，中华书局 1981 年版。

474．吴芳、潘云华：《论公民自治权的实现》，载《云南行政学院学报》2012 年第 4 期。

475．吴家清：《法治中国建设的战略构想》，载《江西社会科学》2014 年第 8 期。

476．吴克坚：《论陕甘宁边区施政纲领》，载《新华日报》1941 年 6 月 8 日。

477．吴世宦：《法治系统工程研究在中国》，载《系统工程》1991 年第 3 期。

478．吴天昊：《从事先审查到事后审查：法国违宪审查的改革与实践》，载《比较法研究》2013 年第 2 期。

479．吴天昊：《法国违宪审查制度的特殊经验及其启示》，载《法国研究》2007 年第 1 期。

480．吴学成：《苏共二十八大浅析》，载《苏联研究》1990 年第 2 期。

481．吴子凡：《论狄骥的公共服务理论与中国经济法的发展》，载《绥化学院学报》2014 年第 8 期。

482．夏宁：《提高主席会议质量力求协商民主实效》，载《江苏政协》2013 年第 6 期。

483．向鹏等：《论国家刑法在民族地区实施的变通规定》，载《贵州民族研究》2019 年第 2 期。

484．肖存良：《中国特色政党监督的体系结构及其内在逻辑》，载《中央社会主义学院学报》2019 年第 1 期。

485．肖贵清、田桥：《政党治理引领国家治理：中国共产党治国理政的逻辑理路》，载《山东社会科学》2017 年第 7 期。

486．肖贵清等：《全面从严治党的时代意义及基本途径》，载《山东社会科学》2015 年第 7 期。

487．萧功秦：《新加坡的"选举权威主义"及其启示——兼论中国民主发展的基本路径》，载《战略与管理》2003 年第 1 期。

488．谢晖：《当代中国的乡民社会、乡规民约及其遭遇》，载《东岳论丛》2004 年第 4 期。

489．谢乾丰：《关于健全"三治结合"乡村治理体系的若干思考》，载《社会科学动态》2018 年第 4 期。

490．辛向阳：《习近平民主集中制思想的科学内涵》，载《前线》2015 年第 3 期。

491．信春鹰：《中国国情与社会主义法治建设》，载《法制日报》2008 年 6 月 29 日。

492．熊易寒：《人民调解的社会化与再组织——对上海市杨柏寿工作室的个案分析》，载《社会》2006 年第 6 期。

493．徐炳：《世界法治文明史上的华章——英国法治文明史》，载《环球法律评论》2009 年第 2 期。

494．徐黎丽、杨丽云：《论民族区域自治中民族因素与区域因素相结合》，载《烟台大学学报（哲学社会科学版)》2018 年第 1 期。

495．徐奇堂：《试论商鞅的愚民思想》，载《广州大学学报（社科版)》2002 年第 9 期。

496．许洁明：《论近代英国政党制度的形成与特征》，载《历史研究》1997 年第 4 期。

497．许耀桐：《党政关系的论点与新说》，载《领导科学》2012 年 6 月。

498．许奕锋、张彩云：《政党协商的内在逻辑和发展方向》，载《观察与思考》2018 年第 10 期。

499．许奕锋：《政党协商的文本研究考察》，载《湖南省社会主义学院学报》2018 年第 6 期。

500．许章润：《立宪共和主义族群政治进路》，载《原道》第 17 辑。

501．薛广洲：《权威特征和功能的哲学论证》，载《浙江大学学报（社会科学版）》1998 年第 3 期。

502．薛全忠：《刍议少数民族习惯法与国家法的调适》，载《河北师范大学学报（哲学社会科学版）》2011 年第 1 期。

503．薛子燕：《平等：新文化运动时期不同社会主义思潮的共同追求与相互竞争》，载《武汉大学学报（人文科学版）》2015 年第 5 期。

504．颜晓峰：《为实现新时代党的历史使命提供坚强组织保证》，载《天津日报》2018 年 7 月 16 日，第 9 版。

505．燕继荣：《民主政治与经济自由——论现代民主对市场的依赖关系》，载《经济社会体制比较》1994 年第 1 期。

506．杨光斌、乔哲青：《论作为"中国模式"的民主集中制政体》，载《政治学研究》2015 年第 6 期。

507．杨光斌：《国制度优势：权威民主法治的有机统一》，载《学习时报》2017 年 6 月 14 日，第 2 版。

508．杨华：《县域治理中的党政体制：结构与功能》，载《政治学研究》2018 年第 5 期。

509．杨君武：《论当前中国政党协商中一致性与多样性关系的确当处理》，载《中央社会主义学院学报》2016 年第 4 期。

510．杨湘容：《辛亥革命前十年间民变研究》，湖南师范大学博士论文，2010 年。

511．杨叶红：《论我国政府推进型法治中的权力规范问题》，载《湖南省社会主义学院学报》2004 年第 6 期。

512．杨志军：《中和而非分合：当代中国政治与行政关系的新解读》，载《学习与实践》2012 年第 6 期。

513．姚柏林：《十条基本经验的鲜明特色》，载《中国党政干部论坛》

2002 年第 12 期。

514．姚大志：《善治与合法性》，载《中国人民大学学报》2015 年第 1 期。

515．姚桓：《中国共产党依法治国的历程及思考》，载《新视野》2015 年第 2 期。

516．叶传星：《论法治的人性基础》，载《天津社会科学》1997 年第 2 期。

517．伊士国、尚海龙：《由"法律体系"到"法治体系"》，载《政法论丛》2014 年第 4 期。

518．易小明、周忠华：《和谐社会的三个层次》，载《社会科学战线》2006 年第 4 期。

519．殷罡：《埃及宪政发展及穆兄会的与时俱进》，载《当代世界》2012 第 10 期。

520．於兴中：《"法治"是否仍然可以作为一个有效的分析概念?》，载《人大法律评论》2014 年第 2 期。

521．于海青：《当代西方参与民主理论评析》，载《国外社会科学》2009 年第 4 期。

522．余建华：《宪法公投对后穆巴拉克时代埃及社会政治的影响》，载《阿拉伯世界研究》2013 年第 2 期。

523．虞崇胜、吴雨欣：《上下联动：破解中国基层民主困局的应然路径》，载《学习与实践》2010 年第 2 期。

524．虞崇胜、周理：《"政治协商会议"名称的六次转变》，载《中共中央党校学报》2016 年第 2 期。

525．郁建兴、任杰：《中国基层社会治理中的自治、法治与德治》，载《学术月刊》2018 年第 12 期。

526．郁建兴、任泽涛：《当代中国社会建设中的协同治理：一个分析框架》，载《学术月刊》2012 年第 8 期。

527．袁建军、金太军：《参与民主理论核心要素解读及启示》，载《马克思主义研究》2011 年第 5 期。

528．袁杰：《马克思恩格斯对资本主义社会和谐虚伪性的批判》，载

《马克思主义研究》2008 年第 10 期。

529．张斌：《推行"权力清单"制度让"小微权力"不再任性》，载《中国领导科学》2017 年第 7 期。

530．张彩云、许奕锋：《政党协商的实践探索与制度建构——基于问卷调查的统计分析》，载《天津市社会主义学院学报》2018 年第 4 期。

531．张等文、陈佳：《城乡二元结构下农民的权利贫困及其救济策略》，载《东北师大学报（哲学社会科学版）》2014 年第 3 期。

532．张殿军、崔慧姝：《民族区域自治地方法律变通的价值蕴涵》，载《青海民族研究》2011 年第 4 期。

533．张方华：《协商民主与公共利益的困境》，载《理论探讨》2009 年第 1 期。

534．张桂琳：《规范党政关系的新视角》，载《探索与争鸣》2010 年第 5 期。

535．张海波、童星、倪娟：《网络信访：概念辨析、实践演进与治理创新》，载《行政论坛》2016 年第 2 期。

536．张建华：《对苏维埃联盟的成立和苏联宪法的历史分析》，载《中共天津市委党校学报》2003 年第 1 期。

537．张江海：《从汲取到服务：乡镇政府职能变的新趋势》，载《福建行政学院福建经济管理干部学院学报》2007 年第 4 期。

538．张景岳：《北洋政府时期的人口变动与社会经济》，载《近代中国》1993 年第 3 期。

539．张菊梅：《公共治理转型中的公民参与：现实检视与未来政策趋势》，载《广州大学学报（社会科学版）》2018 年第 3 期。

540．张军、王邦虎：《从对立到互嵌：制度与行动者关系的新拓展》，载《江淮论坛》2010 年第 3 期。

541．张军浩、王盼盼：《转型社会中公共政策的非制度性公民参与》，载《行政论坛》2012 年第 4 期。

542．张君良：《构建"分合有度"的新型党政关系》，载《科学社会主义》2006 年第 4 期。

543．张康之、张乾友：《现代民主理论的兴起及其演进历程——从人民主权到表达民主再到协商民主》，载《中国人民大学学报》2011年第5期。

544．张丽：《试论法国宪法委员会的司法性》，载赵海峰主编：《欧洲法通讯》（第一辑），法律出版社2001年版。

545．张琳、周斌：《弘扬传统家训文化培育当代优秀家风："中国传统家训文化与优秀家风建设"国际学术研讨会纪要》，载《道德与文明》2015年第3期。

546．张懋：《第四届全国司法工作会议的来龙去脉及其严重影响》，载《刑事诉讼与证据运用》（第一卷），中国人民公安大学出版社2005年版。

547．张千帆：《走向执政模式的法治化》，载《中国经济时报》2007年7月31日。

548．张佺仁、曾明浩：《试论陕甘宁边区抗日民主政权人民民主法制的特点和经验》，载《西北史地》1999年第3期。

549．张荣臣：《准确把握"党政分工"概念》，载《北京日报》2017年4月10日。

550．张山新、刘凡：《抗日战争时期革命根据地军事法制的特点》，载《西安政治学院学报》2000年第8期。

551．张尚兵：《习近平党建思想内涵缕析》，载《河海大学学报（哲学社会科学版）》2015年第3期。

552．张绍明：《大力弘扬法治精神加快建设法治政府》，载《湖北日报》2017年4月6日，第11版。

553．张书勤：《加强党对司法工作的领导和支持》，载《人民法院报》2018年12月18日。

554．张淑娟：《多维视野下中国特色政党协商制度析论》，载《理论导刊》2017年第10期。

555．张希坡：《革命根据地的人民民主法制》，载《人民法院报》2011年7月1日。

556．张锡镇：《他信政府的危机及启示》，载《东南亚研究》2006年第5期。

557．张锡镇：《泰国军事政变和军人政权的发展及其特点》，载《东南亚纵横》1992年第1期。

558．张献生、吴茜：《试论中国社会主义协商民主制度》，载《政治学研究》2014 年第 1 期。

559．张晓燕：《新时代党内法规制度建设的顶层设计》，载《中国党政干部论坛》2018 年第 3 期。

560．张长东：《党政关系现状分析》，载《战略与管理》2013 年第 3/4 期合编本。

561．赵鼎新：《国家合法性和国家社会关系》，载《学术月刊》2016 年第 8 期。

562．赵建春：《〈论十大关系〉与"中国道路"的探索》，载《学术论坛》2016 年第 6 期。

563．赵建明：《穆斯林兄弟会与埃及政治变局》，载《现代国际关系》2011 年第 6 期。

564．赵立波：《统筹型大部制改革：党政协同与优化高效》，载《行政论坛》2018 年第 3 期。

565．赵晓峰、冯润兵：《村民自治研究三十年：回顾与前瞻》，载《长白学刊》2017 年第 6 期。

566．赵秀玲：《中国基层协同治理的路径选择》，载《新视野》2016 年第 2 期。

567．郑慧：《参与民主与协商民主之辩》，载《华中师范大学学报（人文社会科学版)》2012 年第 6 期。

568．郑慧：《中国的协商民主》，载《社会科学研究》2012 年第 1 期。

569．郑建新：《苏共二十八大：最后一届党代会》，载《领导文萃》2013 年第 7 期。

570．郑庆杰、刘欢：《乡村振兴视野下的流动精英与公共参与：基于 H 省 R 县河村的分析》，载《山东社会科学》2018 年第 11 期。

571．钟敬文：《民俗文化的性质与功能》，载《哲学动态》1995 年第 1 期。

572．周安平：《善治与法治关系的辨析》，载《法商研究》2015 年第 4 期。

573．周飞舟：《从汲取型政权到"悬浮型"政权：税费改革对国家与农民关系之影响》，载《社会学研究》2006 年第 3 期。

574．周红云：《中国社会组织管理体制改革：基于治理与善治的视角》，载《马克思主义与现实》2010 年第 5 期。

575．周亮亮：《指导思想"多元化"与苏联亡党亡国》，载《湖北省社会主义学院学报》2017 年第 3 期。

576．周尚君：《"法律面前人人平等"的由来》，载《学习时报》2014 年 2 月 25 日。

577．周义顺：《把握和落实党"总揽全局、协调各方"之原则的困境与思考》，载《湖南师范大学社会科学学报》2009 年第 5 期。

578．周颖：《各级党委贯彻民主集中制的现状、问题及对策》，载《红旗文稿》2018 年第 3 期。

579．朱光磊：《"党政关系规范化"与党的执政能力建设》，载《中国党政干部论坛》2005 年第 1 期。

580．朱国斌：《法国的宪法监督与宪法诉讼制度：法国宪法第七章解析》，载《比较法研究》1996 年第 3 期。

581．朱继东：《苏联亡党亡国过程中的几次法治改革陷阱及警示》，载《红旗文稿》2015 年第 10 期。

582．朱伦：《自治与共治：民族政治理论新思考》，载《民族研究》2003 年版第 2 期。

583．朱学磊：《从"政治司法化"到"司法政治化"——论泰国宪法法院的功能退化及原因》，载《南洋问题研究》2017 年第 4 期。

584．庄聪生：《协商民主：中国特色社会主义民主的重要形式》，载《马克思主义研究》2006 年第 7 期。

585．韩震：《党的领导是社会主义法治最根本的保证》，载《光明日报》2014 年 1 月 2 日。

586．杨光斌：《民主集中制是我国根本政治制度的优势所在》，载《光明日报》2014 年 9 月 30 日。

587．刘瑞兰：《改革开放以来中国政治的现代性成长研究》，兰州大学博士学位论文，2012 年。

588．牛余庆：《政党政治视角下中国党政关系研究》，中共中央党校博士学位论文，2005 年。

589．乔建平：《埃及与南非宪政制度比较研究》，湘潭大学哲学与历史文化学院国际关系专业学位论文，2009 年。

590．秦志龙：《中国共产党法治能力建设的基本问题》，山东大学硕士学位论文，2016 年。

591．屈永刚：《儒家政治正当性观念发展研究》，香港浸会大学博士学位论文，2014 年。

592．汪火良：《党领导法治中国建设的逻辑进路研究》，武汉大学博士学位论文，2016 年。

593．王焕清：《改革开放以来中国共产党与政府关系的历史考察》，新疆师范大学硕士学位论文，2008 年。

594．王守贵：《论当代中国的法治精神》，吉林大学博士学位论文，2010 年。

595．武小川：《论公众参与社会治理的法治化》，武汉大学博士学位论文，2014 年。

596．杨绍华：《中国共产党执政方式研究》，首都师范大学博士学位论文，2008 年。

六、外 文 原 文

1. Jeremy Waldron, "The Concept and the Rule of Law", *Georgia Law Review*, 2008.

2. Labunski, *James Madison and the struggle for the Bill of Rights*, Oxford University Press, 2008.

3. Adam Smith, *Wealth of Nations*, Book1, Chapter2. Andrew Skinner (edited), New York: Penguin, 1999.

4. Darin E. W. Johnson, "Beyond Constituent Assemblies And Referenda: Assessing the Legitimacy of The Arab Spring Constitutions in Egypt and Tunisia", *Wake Forest Law Review*, Vol. 50, (2015).

5. John Raz, "The Authority of Law".

6. Mara Revkin, "Egypt's Constitution in Question", *Middle East Law and Governance*, Vol. 5, (2013).

7. Paul M. Handley, *The King Never Smiles-Biography of Thailand's Bhumibol Adulyadej*, New Haven and London: Yale University Press, 2006.

8. Philippe C. Schmitter and Terry L. Karl, "What Democracy Isand Is Not", *Journal of Democracy*, Vol. 2, (1991).

9. Pridi Banomyong, "Some Aspects of the Establishment of the People's Party and Democracy (1972)".

10. Tarek Osman, *Egypt on the Brink: From the Rise of Nasser to the Fall of Mubarak*, Yale University Press, 2011.

11. Umaral Tilmissany, "Memories Not Memoirs", 1985.

12. Yoram Meital, "The Struggle Over Political Order in Egypt: the 2005 E-lection", *Middle East Journal*, Volume 60, No. 2. Spring 2006.

13. Wei Pan, "Toward a Consultetive Rule of Law Regime in China", *Journal of Contemporary China*, 2003, 12 (34).

14. Healy, "Paul Reading the Mao Texts: The Question of Epistemology", *Journal of Contemporary Asia*, 20, 3 (1990).

15. Albert V. Dicey, *Introduction to the Study of the Law of the Constitution*, 4th Ed., London 1894 (1stEd. 1885).

16. Amy Dru Stanley, "Instead of Waiting for the Thirteenth Amendment: The War Power, Slave Marriage, and Inviolate Human Rights", *American Historical Review*. 2010-06, 115 (3)

17. Anand Panuarachunetal, *King Bhumibol Adulyadej: a Life's Work*, Bangkok: Editions Didier Millet, 2011, p. 129.

18. Borwornsak Uwanno, Attorney Wayne D. Burns, "The Thai Constitution of 1977: Sources and Process", *Columbia Law Review*, Vol. 32, Issue2 (1998).

19. Brian Z. Tamanaha, *On the Rule of Law: History, Politics, Theor*, Cambridge University Press, 2004.

20. Carl Schmitt, *Verfassungslehre*, Berlin 1928, S. 126.

21. Cass Sunstein, *The Second Bill of Rights: FDRs Unfinished Revolution*, Basic Books, 2006.

22. Charles River Bridge v. Warren Bridge, 36U. S. 420-649 (1837).

23. Chicago, Milwaukeeand St. Paul Railway Co. v. Minnesota, 134U. S. 418-466 (1890).

24. Dred Scott v. Sandford, 60U. S. 393-633 (1837).

25. Du Bois, W. E. B. *Black Reconstruction: An Essay Toward a History of the Part Which Black Folk Played in the Attempt to Reconstruct Democracy in America*, 1860-1880. New York: Russell&Russell. 1935.

26. EijiMurashima, "Democracyandthe Developmentof Political Partiesin Thailand, 1932-1945", *Institute of Developing Economies*, Tokyo, 1991.

27. F. A. Hayek, *Law, Legislation, and Liberty*, London: Routledge and Kegan Paul, 1982.

28. F. A. Hayek, *The Constitution of Liberty*, London and Henley: Routledge and Kegan Paul, 1960.

29. F. A. Hayek, "The Road to Serfdom: Text and Documents. eds", *Bruce Caldwell*, The University of Chicago Press, 2007.

30. Flectcherv. Peck, 10U. S. 87-149 (1810).

31. Friedrich Julius Stahl, "Philosophie des Rechts", Bd. 2, Abt. 2, 5. Aufl. 1878, S. 137f.

32. Gunther Teubner, *Verfassungs fragmente*, Frankfurt/M. 2012.

33. Hermann Heller, *Rechtsstaat oder Diktatur*, Tuebingen, 1933.

34. Holden v. Hardy, 169U. S. 366-398 (1898).

35. J. S. Mill, *Principles of Political Economy: and Chapters on Socialism. Jonathan Riley (edited)*, Oxford University Press, 1998.

36. John Locke, *Two Treatises of Government. Eds. Peter Laslett*, Cambridge University Press 1967.

37. John Rawls, *A Theory of Justice*, Harvard University Press, 1999.

38. John Rawls, *Justice as Fairness: A Restatement*, Erin Kelly (edited),

Harvard University Press, 2001.

39. Jongsuk Chay, *Unequal Partners in Peaceand War*: *The Republic of Korea and the United States*, *1948-1953*, London: Praeger Publishers, 2002.

40. Joseph Raz, *The Authority of Law*: *Essayson Law and Morality*, Oxford Scholarship Online, 2012.

41. Joseph Stiglitz, *The Price of Inequality. Paperback*, New York and London: Norton & Company, 2013.

42. Juergen Kleiner, *Korea*: *A Century of Change*, New Jersey: World Scientific Publishing Company, 2001.

43. Khair baza, *Political Is lamand Regime Survival in Egypt*, The Washington Institute for Near East Policy.

44. Kobkua Suwanna that-Pian, *Thailand's Durable Premier*, Oxford University Press, 1995.

45. L. T. Hobhouse, "The Historical Evolution of Property, in Fact and in Idea", *Liberalism and Other Writings*. James Meadowcroft (edited), Cambridge University Press, 1994.

46. Lochner v. NewYork, 198U. S. 45 (1905).

47. LonL Fuller, *The Morality of Law*, Connecticut: Yale University Press, 1969.

48. Louis Favoreu, "La politique saisie par le droit, Alternances, cohabitation et conseil constitutionnel", *Economica* 1988.

49. Marbury v. Madison, 5U. S. 137-180 (1803).

50. McCulloch v. Maryland, 17U. S. 316-436 (1819).

51. Mississppi v. Johnson, 71U. S. 475 - 502 (1867); Georgiav. Stanton, 73U. S. 50-78 (1867).

52. Muller v. Oregon, 208U. S. 412-423 (1908).

53. Munn v. Illinois, 94U. S. 113-154 (1877).

54. National Labor Relations Board v. Jonesand Laughl in Steel Corp., 301U. S. 1-103.

55. Nebbia v. New York, 291U. S. 502.

56. Northern Securities Co. v. United States, 193U. S. 197-406（1904）.

57. Panama Refining Co. v. Ryan, 293U. S. 388.

58. Paul Hirst, *On Law and Ideology*, Palgrave Macmillan UK, 1979.

59. Plato, *Law*, trans. A. E. Taylor, eds. Edith Hamilton & Huntington Cairns, Princeton University Press, 1961.

60. Plato, *Republic*, trans. Paul Shorey, eds. Edith Hamilton & Huntington Cairns, Princeton University Press, 1961.

61. Plato, *The Stateman*, trans. J. B. Skemp, New York, 1957, 294b.

62. Plessy v. Ferguson, 163U. S. 537-564（1896）.

63. Randall Peerenboom, *China's Long March toward Rule of Law*, Cambridge University Press, 2002.

64. Richard H. Fallon Jr, "The Rule of Law as a Conceptin Constitutional Discourse", *97 Columbia Law Review 1*（1997）.

65. Rudolf von Gneist, *Rechtsstaat*, Berlin, 1872.

66. Schechter Poultry Corp. v. United States, 295U. S. 495.

67. Standard Oil Company v. United States, 221U. S. 1-106（1911）.

68. The Cherokee Nation v. Geogia, 30U. S. 1-81（1831）.

69. The Civil Rights cases, 109U. S. 3-62（1883）.

70. The slaughter house Cases, 83U. S. 36-130（1873）.

71. United States v. E. C. KnightCo. , 156U. S. 1（1895）.

72. United States v. Harris, 106U. S. 629-644（1883）.

73. Wabash, ST. Louis & Pacific Ry Co. v. Illinois, 118U. S. 557（1886）.

74. Wang Xigen, *The Right to Development*: *sustainable development and the practice of good governance*, Brill, Nijhoff, 2019.

75. West Coast Hotel Company v. Parrish, 300U. S. 379.

76. Worcester v. Georgia, 31U. S. 515-596（1832）.

77. Geoffreyde. Walker, "The Rule of Law: Foundation of Constitutional Demacracy", 1988.

78. Christine Sypnowich, *The Concept of Socialist Law*, Oxford: Clarendon Press, 1990.

79. Kai Nielsen, *Equility and Liberty*: *A Defence of Radical Egalitarianism*, New Jersy: Romman & All a held, 1985.

80. William Warren, *Prem Tinsulanonda*: *Soldier & Statesman*, Bangkok: M. L. Tridosyuth Devakul Press, 1997.

81. R. H. Tanney, *Equility*, London: Allen & Unwin, 1964.

82. Willem J. Witteveen and Wibrenvander Burg, Rediscovering Fuller: *Essays on Implicit Law and Institutional Design*, 2Amsterdam University Press, 1999.

83. Kaufmann, Daniel and Kraay, Aart, *Growth without Governance.* (*November 2002*). World Bank Policy Research Working Paper No. 2928.

84. S. Humphreys, *Theatre of the rule of law*, *transnational legal intervention in theory and practice*, New York: Cambridge University Press, 2010.

85. John Finnis, *Natural Law and Natural Rights*, Oxford, New York, Oxford University Press. 1980.

86. Joseph Raz, *The Authority of Law*, Oxford: Clarendon Press, 1979.

87. John Austin, *The Province of Jurisprudence Determined*, David Campbell & Philip7. Thomaseds, Dartmouth Ashage, 1998.

88. David Lewis, *Convention*: *A Philosophy Study*, Oxford: Basil Blackwell, 1968.

89. Andrei Marmor, *Philosophy of Law*, Princeton University Press, 2011.

90. Joseph Raz, *Ethicsinthe Public Domain*: *Essays in the Morality of Law and Politics*, Oxford: Clarendon Press, 1994.

91. Timothy Hedeen, Ombudsas Nomads: "The Inter Sections of Dispute System 12. Design and Identity", *University Of St. Thomas Law Journal*, Vol. 2 (Spring1990).

92. Raffaele Cantone, "The New Italian Anti-Corruption Authority: Duties and Perspectives", *Nat'lItalian American Bar Ass'n Journal*, Vol. 24, (2016).

93. Niklas Luhmann, *Theories of Distinction*, Standford University Press, 2002.

94. Michael Kingand Chris Thornhill, *Niklas Luhmann's Theory of Politicsand*

Law, 16. Palgrave Macmillan, 2003.

95. Niklas Luhmann, *The Theory of Society* (*Volume2*), translated by Rbodes Barrett, Standford Unversity, 2013.

96. Nicholas Bardsley & Rupert Sausgrube, "Conformit yand reciprocity in public good provision", *Journal of Economic Psychology*, 26 (2005) .

97. United Nations Committee of Expert son Public Administration (2006) . "Definition of basic concept sand terminologies in governance and public administration". *United Nations Economic and Social Council. E/C. 16/2006/4.*

98. Fairclough. *Language and Power.* London: Longman, 1989.

99. Fairclough. *Discourse and Social Change.* Oxford: Blackwell, 1992.

100. Luminita Ionescu, "Has China's Anti-Corruption Strategy Reduced Corruption or 23. Purged Political Rivals?" *Contemporary Readings in Law and Social Justice*, Vol. 8: 1, (2016), p. 245.

101. Carolyn Hendricks: "The Ambiguous Role of Civil Society in Deliberative Democracy". *Refereed Paper Presented to the Jubilee Conference of the Australasian Political Studies Association*, Australian National University, Canberra, October 2002.

102. Jurgen Habermas, *Moral Consciousnessand Communicative Action*, The MIT Press, 1990.

103. UNDP, *Human Development Report* 1990. *Concept and Measurement of Human Development*, New York, 1990.

104. Keith Graham, *The Battle of Democracy*, Wheatsheaf BooksLtd. , 1986.

105. Geoffrey M. Hodgson, "Social Darwinismin Anglophone Academic Journals: A Contribution to the History of the Term", *Journal of Historical Sociology* Vol. 17 No. 4 December 2004.

106. Griffin, James, *On Human Rights*, Oxford University Press, 2008.

107. Isaiah Berlin, *Four Essays on Liberty*, Oxford University Press, 1969.

108. Gui Xiaowei, "How Local Authorities Handle Nail-like Petitions and Why Concessions Are Made", *Chinese Sociological Review*, 2017, vol. 49, is-

sue. 2.

109. Plato, *The Statesman*, transl. J. B. Skemp, New York, 1957.

110. Alan Bloom, *The Closing of The American Mind: How Higher Education Has Failed Democracy and Impoverished the Souls of Today's Students*, Penguin Books, 1987.

111. Henderson, J. "Comic Heroversus Political Elite in Sommerstein", A. H. S. Halliwell, J. Henderson, B. Zimmerman (ed). *Tragedy, Comedy and the Polis*. Bari: Levante Editori. 1993.

112. Leo Strauss, *Natural Right and History*, The University of Chicago Press, 1953.

113. Leo Strauss, Joseph Cropsey (ed.), *History of political philosophy*, Rand McNally, 1972.

114. JSMc Clelland, *A History of Western Political Thought*, Routledge, 1996.

115. C. B. Macpherson, *Democratic Theory: Essays in Retrieval*, Oxford: Clarendon Press, 1973.

116. Michael Mann, *The Sources of Social Power. Vol. 2, The Rise of Classes and Nation States, 1760–1914*, Cambridge: Cambridge University Press, 1993.

117. Henry Rosemont, "Rights-Bearing Individuals and Role-Bearing Persons", Mary Bockover (ed), *Rules, Ritualsand Responsibility: Essays Dedicated to Herbert Fingarette*, Chicago: Open Court Publishing Company, 1991.

118. Elizabeth Perry, "Chinese Conceptions of Rights: From Mencius to Mao-and Now", *Perspectives on Politics*, vol. 6, no. 1, 2008.

119. Immanuel Kant, "Ground work of The Metaphysics of Morals", Mary J. Gregor (trans & ed), *Practical Philosophy*, Cambridge University Press, 1999.

120. Immanuel Kant, "Perpetual Peace", H. S. Reiss (ed), *Kant's Political Writings*, Cambridge University Press, 1970.

121. Francis Fukuyama, *The End of History and the Last Man*, New York:

Macmillan Inc，1992.

122. J. Raz，*The Authority of Law*：*Essay's on Law and Morality*（*2nd Edition*），Oxford University Press，1999.

123. J. Rawls，*A Theory of Justice*（*Revised Edition*），Harvard University Press，1999.

124. Zhao Dingxin，"The Mandate of Heaven and Performance Legit imation in Historical and Contemporary China"，*American Behavioral Scientist*，vol. 53，no. 3，2009.

125. Zhao Dingxin，"Authoritarian Stateand Contentious Politics"，in *Handbook of Politics*：*State and Society in Global Perspective*，ed. By K. T. Leicht and J. C. Jenkins，Springer，2010.

126. Gui Xiaowei，"A Theoretical Frame work on the Role of the State"，*Rural China*：*An International Journal of History and Social Science*，2017，vol. 14.

127. Gui Xiaowei，"How Local Authorities Handle Nail-like Petitions and Why Concessions Are Made"，*Chinese Sociological Review*，2017，vol. 49，issue. 2.

128. Gui Xiaowei，"Which Path the World Might Take：When Trump Asserts America First but Xi Advocates Global Cooperation"，*Chinese Sociological Dialogue*，2017（forthcoming）.

129. John N. Hazard，"Guyana's Alternative to Socialist and Capitalist Legal Models"，*American Journal of Comparative Law*，Vol. 16，Issue 4，1968.

130. E. E. Schattshneider，*Party Government*，Holt，Rinehart & Winston，1942，1.

131. 小林直樹『憲法講義上』〔新版・東京大学出版会・1980 年〕

132. 川島武宜『日本人の法意識』〔岩波書店・1967 年〕

133. 西原博史『良心の自由』〔増補版・成文堂・2001 年〕

134. 高田敏『法治国家観の展開』〔有斐閣・2013 年〕

135. 伊藤正己『法の支配』〔有斐閣・1954 年〕

136. 佐藤功『日本国憲法概説』〔第 4 版・学陽書房・1991 年〕

137. 佐藤幸治『日本国憲法と「法の支配」』〔有斐閣・2002 年〕

138. 土井真一「法の支配と司法権――自由と自律的秩序形成のトポス」佐藤幸治ほか編『憲法五十年の展望Ⅱ』〔有斐閣・1988 年〕

139. 大浜啓吉『「法の支配」とは何か』〔岩波新書・2016 年〕

后　　记

　　本著作是国家社科基金重大项目"中国特色社会主义法治道路的理论创新与实践探索"的最终成果形式。衷心感谢国家社科基金对本成果的特别资助！

　　法治道路的探索是一个漫长的历史过程，而法治道路的选择，无论是对法治体系与法治制度构建，还是对法治运行与法治监督实践，抑或法治中国建设的其他方面，都具有至关重大的前导性价值。本成果致力于从历史脉络、演进规律、法理基础、构成要素、核心要义、实践路径来探索法治道路的核心要义，研究坚持与拓展法治道路的重大理论与实践问题。

　　在课题获批之后举行的开题报告中，中国法学会副会长、学术委员会主席、吉林大学和浙江大学资深教授张文显先生，武汉大学人文社会科学资深教授李龙先生，武汉大学副校长周叶中教授，武汉大学法学院陈晓枫教授、秦前红教授，西南政法大学张永和教授，中南财经政法大学张德淼教授，华中科技大学何士青教授等来自全国有关学术机构的著名专家学者，对写作提纲与研究思路提出了十分宝贵的修改意见和建议。在此，特向各位专家表示衷心的感谢！同时，随着研究的不断推进，课题负责人对写作提纲和安排进行了反复修改完善，力争做到宁缺毋滥；对各有关章节文稿，经过多次修改、反复推敲，甚至推倒重来、根据需要重新安排写作。特别是在课题获批后，随着党的十九大、十九届四中全会等的召开，中央对法治道路建设作出新部署新调整，迫切需要在理论上进行回应与凝练。所以，对本课题成果的最终完成进行了一定的延展与调整。

本著作是主编负责制下集体分工合作的产物。研究人员分别来自武汉大学、吉林大学、中山大学、上海交通大学、华中科技大学、华南理工大学、暨南大学、华中师范大学、安徽大学、中国地质大学、广东外语外贸大学、上海大学以及最高人民法院、《求是》杂志社、北京市政法委、湖北省高级人民法院等单位。为了便于对国外法治道路进行比较分析，获取第一手资料，我们也约请日本早稻田大学社会科学学院院长西园博史教授和韩国法哲学学会副会长、仁荷大学法学院郑泰旭教授提供了有关国家的研究素材和学术资源。

各部分具体分工如下：导论（汪习根）；第一篇"历史探源篇"：第一章（武小川），第二章（陈骁骁），第三章（汪茹霞），第四章（汪茹霞），第五章（陈骁骁），第六章（武小川）；第二篇"法理基础篇"：第一章（程关松），第二章（程关松），第三章（孙来清），第四章（廖奕），第五章（廖奕），第六章（程关松），第七章（潘传表）；第三篇"域外借鉴篇"：第一章（陈亦琳），第二章（刘诚），第三章（黄怡），第四章（西园博史），第五章（汪习根、武西锋），第六章（黄怡），第七章（武西锋），第八章（武西锋），第九章（武西锋）；第四篇"党法关系篇"：第一章（汪习根、宋丁博男），第二章（任颖），第三章（程关松），第四章（汪火良），第五章（汪习根、宋随军）；第五篇"制度保障篇"：第一章（徐明），第二章（汪习根、徐明），第三章（何士青），第四章（汪习根、朱林），第五章（李硕），第六章（桂晓伟）；第六篇"法治理论篇"：第一章（凌晨），第二章（雷槟硕），第三章（杨汉臣），第四章（李硕），第五章（伍德志），第六章（黄怡），第七章（汪习根、宋随军），第八章（汪习根），第九章（汪习根、李硕），第十章（安效萱）；第七篇"实践构建论"：第一章（程关松），第二章（高轩），第三章（程关松），第四章（桂晓伟），第五章（桂晓伟）。

在课题研究和分头写作过程中，博士研究生崔杨、林高松、李俊明、吴凡参加了有关章节的前期写作和研讨活动；博士研究生陈骁骁（现任教师）、刘远担任本课题的学术秘书，从事了大量对外联络、资料整理与表格填报工作，研究生宋筱、肖夙、张晓肖、刘浩然承担了部分行政事务工作。在课题结项过程中，博士研究生周亚婷、段昀、王文静以及硕士研究生雷济菁等同学在文稿校对、编辑打印各方面承担了大量琐碎细致的事务性工作，博士研究生彭艺璇负责了目录的英文翻译。在此，谨对各位付出的辛勤劳动表示感谢！同时，衷心感谢人民出版社以及法律与国际编辑部主任洪琼！

学术研究无止境。对中国特色社会主义法治道路理论与实践探索，需要不断深入推进。由于研究时间跨度长，加之水平有限，对本成果中存在的不足和疏漏，敬请专家学者不吝批评指正！

2021 年 3 月

责任编辑：洪　琼
封面设计：肖　辉　汪　阳
版式设计：肖　辉　周方亚

图书在版编目（CIP）数据

中国特色社会主义法治道路的理论创新与实践探索.第1—3卷/汪习根 等 著.—北京：
　人民出版社,2021.5
（国家哲学社会科学成果文库）
ISBN 978－7－01－023412－0

Ⅰ.①中…　Ⅱ.①汪…　Ⅲ.①社会主义法制-研究-中国　Ⅳ.①D920.0

中国版本图书馆 CIP 数据核字（2021）第 079353 号

中国特色社会主义法治道路的理论创新与实践探索
ZHONGGUO TESE SHEHUIZHUYI FAZHI DAOLU DE LILUN CHUANGXIN YU SHIJIAN TANSUO
第 1—3 卷

汪习根 等 著

人民出版社 出版发行
（100706　北京市东城区隆福寺街 99 号）

北京盛通印刷股份有限公司印刷　新华书店经销

2021 年 5 月第 1 版　2021 年 5 月北京第 1 次印刷
开本：710 毫米×1000 毫米 1/16　印张：107.25
字数：2000 千字

ISBN 978－7－01－023412－0　定价：699.00 元（共三卷）

邮购地址 100706　北京市东城区隆福寺街 99 号
人民东方图书销售中心　电话（010）65250042　65289539